中国文化大革命の大宣伝

上

草森紳一
Shinichi Kusamori

芸術新聞社

中国文化大革命の大宣伝［上巻］

目次

宣伝体

紅衛兵

スローガン

下放

米中外交

林彪／四人組

大義、親ヲ滅ス

表表紙写真＝「毛主席万歳！　万々歳！」と高らかに叫ぶ、慶祝大会に参加した紅衛兵（新華社＝中国通信）

裏表紙写真＝「アメリカ帝国主義打倒！」とこぶしを振り上げて高らかに叫ぶ北京の青年（新華社＝中国通信）

中国文化大革命の大宣伝——［下巻］——目次

◉壁新聞

◉筆蹟／肖像

◉数詞の霊力

◉革命模範劇

◉中国文化遺産の発掘

◉天安門

本書は、雑誌『広告批評』（マドラ出版）にて、一九八九年一月号から、九九年五月号まで掲載された同名の連載を、書籍化したものである。

【凡例】

1　原文のオリジナリティを尊重し、特に以下の点に留意しながら、連載時の原稿への修正は最小限にとどめている。

　a　記述の内容が、執筆以後に定着した新解釈・新事実と異なる部分もあるが、修正は行っていない。

　b　雑誌連載の性質上、「今日の」や、「〇年前」など、執筆時点における時間の表現が存在するが、修正は施していない。巻末の「初出一覧」をもとに、いつの時点での記述か確認されたい。

2　本文引用文中の〔　〕内の注は、著者によるものである。

3　本文中（＊　）内の注は、編集者によるものである。

4　新華社配信の写真キャプションについては、配信時の情況が分かるように、当時のものをそのまま掲載した。ただし、今日との情勢の変化を鑑みて、特に〔　〕内に表記するようにした。

5　中国人名ルビは、連載時に著者によって振られているものはそのまま掲載し、それ以外は『中国人名事典—古代から現代まで』（一九九三年・日外アソシエーツ刊）を参考にしている。

宣伝体

［せんでんたい］

★毛沢東の「長江遊泳」

水泳に目がなかった毛沢東

「人はどうしても死ぬものだが、死ぬにも様々な死に方があり、敵に殺されるのもあれば、飛行機に乗っていて死ぬのもあり、水泳中おぼれて死ぬのもあり、細菌によって病死するのもあり、病気はなくても老死するのもある。原爆によって死ぬのも含めて」(『毛沢東思想万歳〈下〉』東京大学近代中国史研究会訳・一九七五年・三一書房刊)

これは、毛沢東《マオツォトン》の一九六四年六月の講話である。人が死んだら、大きな損失があるか、そんなことはないという自問自答につづくくだりである。戦争になっても、天下が大いに乱れ、人が死ぬだけのこと、あわててはならぬと物騒なことも言っている。

つねに巨大な大地と人口をかかえ、戦争によって調整してきたともいえる中国の伝統的発想でもあり、驚くにたりないが、このころの毛沢東は、そろそろ、自らの死

❖……〔1966年７月16日、風波をものともせず、ゆうゆう揚子江を泳ぐ毛主席（新華社＝中国通信）〕

と後継者の問題を考えるようになっていた。同時に政治社会軍事、あらゆる分野で若い世代との交替をはからねば、中国は老化するという危機感もあった。紅衛兵を出動させた文化大革命への無意識の伏線でもあるだろう。

原爆の比喩などもでているが、この年の十月には、実験に成功している。実験はわかっていたはずだから、正直と言えば正直な談話である。しかし、ここで私が興味をもつのは、「水泳中おぼれて死ぬのもあり」の言葉である。この比喩も正直である。

なぜなら、毛沢東は、水泳に目がなかったからだ。つい、水泳が比喩として口から飛びだしてしまうのである。彼の生家（湖南省韶山）の前には、池があり、少年時代、ここでよく泳いだといわれる。小さな池にちがいないから、水浴び程度と思われるが、泳ぎの初歩は覚えただろう。学生時代は、水泳部の主将であり、しばしば揚子江支流の湘江で寒中泳をこころみた。

この水泳狂ぶりは、死ぬまで一貫していたようだ。長征中に暇を見つけて川で泳ぐのはともかくとし、中国を解放し、その最高責任者になってからも、川を見ればすぐ泳ぎたいと言ったらしい。たとえば長江三峡を視察した時、泳ぎたいと言いだす。そのころの公安部長は、のちに文革で紅衛兵に三角帽をかぶせられて失脚する羅瑞《ルオルイ》卿《チン》であり、外出先ではかならず影のように従いボディガードを勤めていた。困った彼は、ただちに水流を調査、渦巻きの多いのを確認し、泳ぎを断念させたというエピソードもある。

冷水摩擦を欠かさなかった毛沢東は、水泳を身心の強健につながると信じきっており、川を見ればむずむずするらしく、いつでも泳げるようにと自邸（寄贈という）にプールがあった。避暑地の北戴河（河北省）に別荘があったが、ここは海水浴場として有名である。

これらの話は、ただの私的な挿話でしかないが、偶像崇拝の対象である「毛沢東」ともなれば、いつでも「政治」に利用することができる。すなわち宣伝の道具になる。「水泳中におぼれて死ぬのもあり」と言った同じ一九六四年の秋、のちに文化大革命で脇役を演じる甥の毛遠新《マオユアンシン》との談話が『毛沢東思想万歳』の中にある。毎日泳ぎを怠らぬこと、大風大波の嵐の中でも遊泳することをすすめている。

毛遠新が、僕も泳げると言ったのか、「水のことを認識し、すでに水を支配するようになっているのは、大変すばらしいことだ」とほめている。調子にのったのか、毛遠新は、寒い日、遊泳した時の体験を語りだし、水中よりも陸に上ってからのほうが寒かった、水は気持ちのいいものですね、と物知り顔に応ずれば、毛沢東はぴしゃりと出鼻をくじく。

「君はやはり気持ちがよいのを喜び、艱難辛苦するのを恐れるのだね。君は自分のために考えることしか知らず、考えていることはすべて自分の問題である」

甥の顔をまじまじとみつめて言った。毛遠新としては、寒中の遊泳が大風大波の時と匹敵すると思って述べたのだろうが、「気持がよい」といったのがいけなく、あげ足をとられるのである。

これらは、「偉い」叔父と甥のただの会話にすぎないが、いったん公表されると、ぐらり政治的なものへ豹変する。この『毛沢東思想万歳』は、未公開の速記録が中心で、なまなましい迫力をもっているが、一九六九年、「内部学習用」にと刊行された。出版社も編者も不明だが、英米日本と翻訳されたから、中国内のみならず世界各国へ流布したはずで、それを計算し、秘密出版を装いながら公刊した宣伝書だと言ってよい。つまり、大失敗と見なされつつあった文化大革命に対する毛沢東の自己弁護だとも言える。紅衛兵の暴走に困りぬいている様子や江青《チアンチン》ら文革派へのたしなめも、ふんだんに入っており、それが事実だったとしても、自己弁護である。

遊泳が〝健在〟を広告する

これらは、図らざる結果的な宣伝利用であり、話の中に「水泳」がでてくるにすぎぬが、かなり宣伝の意識があったと思えるのが、一九五六年五月の「長江遊泳」である。だが、これは世界中を驚かした一九六六年の「長江遊泳」にくらべれば、宣伝的ボルテージは低く、後者に匹敵する大キャンペーンを張った様子はない。文献的に未調査であるが、一九六六年『人民画報』十月号に大特集された「毛主席のあとについて大風大浪の中を前進していこう」の記事によれば、その「長江遊泳」は大群衆を鼓舞した。

ロバート・ペインの『毛沢東』（宇野輝雄訳・一九六七年・角川文庫）という本には、この一九五六年五月の第一回渡江について、その裏話がすこしだけ書かれている。一九五一年の春と一九五四年の冬に大病したと伝えられ、死亡したという黒い噂がひろまったが、増水期の揚子江を武昌から漢口まで泳ぎきって、みごと打ち消してしまった、とある。

黒い噂は、白い噂とちがい、悪宣伝であり、内外の敵によって故意に流されたにしろ流されなかったにしろ、早目に打消しの宣伝をもって対抗しておかなければ、国民に不安をあたえるだけでなく、内外の敵の乗じるところとなる。実際に噂通り病気であったにしろ、悪質のデマであったにしろ、早急にその火種を消しておかなければならない。政治宣伝にとって、飛ばされたデマは強敵である。なぜなら、自分たちも有効な宣伝力としてデマを行使するからである。

おそらく、黒い噂の間、病気だった可能性が強い。この時、毛沢東は、二度三度とたてつづけに泳いで見せた。この元気の強調が、あやしいと言えないこともない。元気だからこそ三回も渡江できたのだが、それは快癒したのちの元気とも言えるからだ。

これまで毛沢東死亡説（暗殺説まで含め）は、日本の関東地震説以上に発生し、真実、あの世にみまかる年まで、二、三十度に及ぶ。『人民日報』に一週間写真がのらなかったり、しばらく動静不明だったりすれば、すぐ死亡説が飛んだ。毛沢東は、しばしば故意に行方をくらますところがあり、それによって政敵の動きをひそかに観察したり、油断させたりの策も弄するので、死亡説を自ら計略的にまきちらす可能性もあり、一概に言えないが、またして一九五六年十一月から五七年二月まで、外部の消息筋の目から動勢不明となった。三度の遊泳がたたり、それこそ年よりの冷水で、また病気が吹きかえしたのか。

ただ、一九五六年の「長江遊泳」は、「元気」を示すだけでなく、他の思惑もあったと言えるだろう。年表をたぐるなら、五月二日に「百家争鳴」を最高国務会議で示唆し、五月二十六日には、のちに文革で三角帽をかぶせられる党宣伝部長陸定一《ルーティンイー》が「百花斉放、百家争鳴」の講演をしている。

つまり、新政策として「百家争鳴」の自由な討論を奨励する大運動を開始するにあたっての景気づけ、前座の役を兼ねていたとも言える。翌一九五七年一月の書記会議で、早くも毛沢東は「百家争鳴にはいいところがあり、妖怪変化や、ばかものどもみんなおどり出させてくれる」とおそろしい発言をしており、いわゆる、のちの「走資派」を識別するための牙をひめた陽動的な政治運動でもあった。

長征に従軍したアメリカの女性アグネス・スメドレーは、彼と逢った印象を『中国の歌ごえ』（高杉一郎訳・一九五七年・みすず書房刊）の中で「毛沢東のユーモアは、精神的な孤独のふかい洞穴のなかから噴きだしてくるように冷笑的で、おそろしいものだった」と鋭く観察している。が、これを毛沢東の冷徹さと言ってしまえばおしまいで、逆に言えば、巨大国家を統率する「巨人」の哀しい宿命であり、大きな器量の証拠だとも言えるのであり、好きな水泳をこころみながらも、同時にいろいろな思惑が彼の頭の中に渦巻いていたとして不思議でない。

もちろん、泳ぎたいという彼の気持は、いつも宣伝的ジェスチャーを兼ねるとかぎらないが、人に知れれば意志を問わず兼ねてしまうだろう。一九五七年の第四回「長江遊泳」の時、毛沢東は「揚子江を人は大きい、実に大きいという。がいかに大きかろうと、こわがるべきでない。アメリカの帝国主義は大きくないか。世界には大きなものがたくさんある。こわがるべきでない」というメッセージを残したと『人民画報』にある。この遊泳には、宣伝的意図ありと見てよいが、一九五九年、揚子江の支流である故郷の湘江を泳いだ時などは、ひたすらそうしたかったにちがいない。羅瑞卿があわてて、水流を調べたあと、なお安全を守るため、自らも一緒に泳いだという。思わざる事故のみならず、暗殺者にチャンスをあたえるからだろう。中国の偶像「毛沢東」は、おのずから宣伝体である。いかに人間的に我がままを働こうともその宣伝体の運命から脱出できる「自由」はない。

万里の長江　横に渡る
目を極《きわめ》れば、楚天は舒《ひろが》れり
風吹き浪打てど、(われ)管せず
閑《しづ》かなる庭を歩くに信《まか》すよりも勝れたり

これは、一九五六年の「長江遊泳」の時にできた毛沢東の詞である。

世界中をかけめぐった証拠写真

一九六六年七月、若いエネルギーを利用した紅衛兵が出現し、中国文化大革命が幕を切って落し、世界中を呆然とさせるすこし前まで、毛沢東死亡説が国際情報として流れていた。私なども憶えがある。六五年十一月から六六年五月にかけて、動静不明だった。

事実、この間、つぎのようなドラマがあったという。一九六五年十月、党中央拡大会議の席上、毛沢東は劉《ルウ》少奇《シャオチ》を罵った際、軽い脳卒中をおこして昏倒、気がついた時は、劉派による軟禁状態にあり、周恩来《チョウエンライ》の助けにより、やっと北京を脱出、杭州へ逃れたが、ここでも監視を受けた。この隊長が、のちに造反派の黒幕となる康生《カンセン》の教え子だとわかり、江青が寝返りを打たせて監視のネットワークをはずさせ、六六年三月から四月にかけ、劉少奇がパキスタンなどへ外遊している隙に反撃の策を練りあげ、上海の林彪《リンピアオ》とともに北京へ帰還したのが、半年後の五月である。

これらの筋書きは、中嶋嶺雄の『北京烈烈』(一九八一年・筑摩書房刊)にドラマチックすぎるので検討の余地ありとして書かれたものだが、権力争いは、いつだってドラマチックである。これに似た事件があったとすれば、死亡説が流れておかしくない。立ち戻るや、毛沢東はまず走資派の根城と言われた北京市党委員会へ攻撃をかける。有名な「三家村批判」である。六月一日の『人民日報』の社説にはじめて「プロレタリア文化大革命」の言葉が用いられ、紅衛兵の徒歩旅行がはじまり、各大学の壁新聞による批判も、日を追うにつれ、激しくなる。

そういう情勢のさなかの七月十五日、まず『人民日報』は、毛沢東の最新指示として、「長江の水は深く、流れは急だ。身体を鍛練することも、意志を鍛練することもできる」と発表し、翌十六日、人々をおっと言わせる第五回目の「長江遊泳」が十五キロ一時間五分にわたって行われ、その写真が「俺は生きているぞ」とばかりに世界中をかけめぐった。

私なども、あっと思った。そうか、生きていたかというよりも、七十過ぎた老人がまさかと疑った。なぜこんなへたなことをすると思った。

もう一つ異様に感じたのは、生きている証拠としてこれまで泳いで見せた政治家はいないからである。ヒットラーとて、暗殺未遂事件のあとは、生きている証拠を示すのに苦労したし、これほど奇抜でない。彼としては、「長江遊泳」をこれまで繰りかえしてきたという伏線あってのことだろうが、こちらは知らない。さらに異様だったのは、写真の力である。

それは、二枚の写真で、『人民画報』では、なんとカラーである。一枚は、泳ぎ終った毛沢東が、ガウンを着て、微笑を浮べながら手をふっているもので、やはり病後なのかなという顔面のひきつりが感じられる。もう一枚は、波間に顔だけをつきだして、毛沢東が泳いでいる。すぐうしろに何人かが従って泳いでいる。水中に顔だけだしているので、着せかえ人形のごとく見える。カラーだと、長江の水が白茶色に濁っているため首から下が消えるのだと、合点がいく。

しかし、これら証拠写真は、人々の疑いと向かいあっている。さあどうだと示されれば、むっくり影武者説も立ちあがってくるし、モンタージュなどお茶の子さいさいだろうと疑い深くもなる。大森実などは、アメリカのグラフ雑誌『ライフ』の偽写真説を引き、よく見ると「毛沢東の首を貼りつけた跡は歴然」とまで断言している。(『毛沢東』一九七九年・講談社刊)すでに生きていたことは知っているわけだから、泳ぎの写真のみをモンタージュと見たのだろう。

このような世界の疑惑の目が、宣伝部の耳にも届いたせいかどうか、それから十二日たった七月二十八日、毛沢東はふたたび「長江遊泳」している。前々日の二十六日の『人民日報』は、最新指示として「水泳を学ぶには法則がある。法則をつかめば学ぶのは簡単だ」と若者を激励し、毛沢東の詞「遊泳」を一面にのせた。再遊泳の写真は見ていない。

五千人が参加した水泳大会

ともあれ、一九六六年七月十六日の「長江遊泳」は、これまでとちがって彼の趣味ないし健康法が政治化し、練りに練った「プロレタリア文化大革命」の一大キャンペーンの序奏として意図され、たんにその健在の証明をすればよしとするものでなかった。

『光明日報』は、同七月二十五日、当日の模様を長いルポルタージュにまとめあげて発表したが、『人民画報』の記事とまぜながら、その日の宣伝的組み立てを見ることにする。

まず、この日の朝九時三十分、両岸のスピーカーから「東天紅」の歌が流れたあと武漢の少年(男女)たち五千人の参加による、第十一回揚子江横断水泳競争が行われた。岸辺は無数の旗とプラカード、そして人の波である。

おりしも江上に太陽が顔をだした競泳開始まぎわ、一隻の快速艇が波を切って疾走してくる。すでに水中に入り泳いでいる少年が、「毛主席がきた！　毛主席万歳！」を叫ぶ。同じく水中で待っていた軍人の水泳隊がいっせいに百面紅旗をかざして、止まった快速艇のほうにむかって泳いでいく。波止場に停泊中の船が、いちどきに汽笛を鳴らす。

毛沢東は、甲板の上から、観閲する。少年たちもその快速艇に向かって突進する。一部の者は『毛沢東語録』（＊『毛主席語録』）を記したプラカードを押したてて泳ぎ、他の大勢は、手に手に『毛沢東語録』をかかげ、「ぼくたちは共産主義の後継者」を斉唱しながら、荒波をけって、かき進む。毛沢東は手をあげて、「少年たち、今日は！」と親しげに挨拶を送る。

競争がはじまると、いちいち少年たちは快速艇のそばまで近より、「毛沢東万歳！」を叫んだあと、ゴールを目指す。岸辺に着くや、群衆は歓呼の声を毛沢東に向けて送る。そのたびに毛沢東は、「人民万歳！」を叫ぶ。『光明日報』も『人民画報』も、この時「人も喜び、水も笑った」と書く。

午前十一時、快速艇は武昌大堤口付近に進み、ゆっくり毛沢東は舷にかかった梯子を降り、水につかるや両手を大きく開いて泳ぎだす。湖北省第一書記王任重《ワンレンゾン》と同志、そして男女の若者たちがあとにつづく。泳ぎながら「三人に一人は泳げるかね」と毛沢東はきく。「はい」と王任重。「それは、凄い」と毛沢東。正午近く、風が出てきて波が高くなり、王任重は休むようにと告げる。「どのくらい泳いだのかな」と毛沢東。「四十五分ほどです」と同志。「まだ一時間もたっていないじゃないか」と不満げに言うや、東の方へ泳いでいく。一時間より五分オーヴァーしたところで、王任重はストップをかけている。

これは、あきらかに宣伝の儀式にのっとっている。五月二十八日に発足した陳伯達《ツンボーダー》を組長、江青を副組長とし、陰謀家の康生を顧問とする「中央文化革命小組」と地元武漢の王任重が協同して企画した知恵の結晶で、偶発的に宣伝利用したものではない。

この日、あたかも目撃者の役割をはたすかのように、アジア・アフリカ作家緊急会議に出席の各国の代表が招かれ、快速艇に同乗して、その遊泳を観覧していたという。インドネシア・ニジールといった国名をあげているから、でまかせではないだろう。

この年、十二歳で、毛沢東の「長江遊泳」のニュースを興奮してきいたという元紅衛兵の梁恒の手記がある。

（『中国の冬』田畑光永訳・一九八四年・サイマル出版会刊）

「それまではやや神秘的だったこの偉大な指導者が、身近になったように私は感じた。……毛主席といえども、人間の血と肉でできていることがわかり、同時に私は強い尊敬の念に動かされた。もう一度あらためて、全身全霊で毛主席に仕えようと決心した」

少年梁恒はミステークを犯している。毛沢東の「長江遊泳」の報をきいて、人間くささを感じれば、身近になるどころか、遠くなるということに気づいていない。「毛沢東神話」は、その肉体性、個人性が発揮されればされるほど、偶像として確固たるものになる。

それは、毛沢東自身にとってもジレンマである。だが、この時にかぎって言えば、彼は、若者は利用できるぞと確信しただろう。彼の詞「遊泳」から文句をひろうなら、まさに「宏《おお》いなる図《はかりごと》に起《た》てり、一つの橋は飛んで架《か》からん」の時であった。

★原爆は張り子の虎である

毛沢東の原爆論議

毛沢東が「原子爆弾」について、はじめて語ったのは、一九四五年八月十三日、延安の幹部会議の演説であるから、案外と早い。

米軍は八月六日広島へ原爆投下、同八日ソ連が参戦、翌九日長崎に原爆投下、十日に日本は降伏申し出の照会、そして十五日、ついに無条件降伏する。その宣言の二日前に毛沢東は、「日本帝国主義が降伏するという大勢はすでにきまった」ことを知っていた。(『新中国資料集成〈第一巻〉』一九六三年・日本国際問題研究所刊)その演説の中で、彼はこう述べている。

「アメリカと蔣介石《チアンチエシー》の宣伝機関は、二発の原子爆弾でもって赤軍の政治的影響力を払いのけようとしている」

「原子爆弾は戦争を解決することができるだろうか。できない。原子爆弾で日本を降伏させることはできない」

なにがなんでも毛沢東は、ソ連の参戦こそが戦争終結のき

❖……〔1967年６月17日に行なわれた中国初の水爆実験(1969年配信◎新華社＝中国通信)〕

め手になったと主張したいのである。原爆を落とされた日本人としては、ダメ押しになりこそすれソ連の参戦のみでは降伏したはずもないという気分もあり、鼻白む議論だが、毛沢東にしてみれば抗日戦で蒋介石の国民党はなにもしなかった、むしろ日本と手を組んだという不快な思いもあり、原爆投下のアメリカに早くも便乗、中国の代表者づらして「勝利の果実を横取り」し、つづく内戦で一挙にアメリカの応援をえて中国共産党を叩きつぶそうとしている蒋介石のあつかましさが許せず、そのためにも「原爆」の絶対性を認めたくなかったのだろう。

　ソ連のスターリンは、戦争中、毛沢東の中国共産党を認めず、むしろ蔣介石に援助していたといわれる。だとすれば毛沢東は、腹の中で煮えくりかえっているスターリンへの怒りをなんとかおさえこんで、この勝利のきめ手をアメリカの原爆ではなく、社会主義国家のボス「ソ連の参戦」にしぶしぶ帰さないわけにいかなかったのだろう。

それにしても、この「原爆」の出現ほど、営々と人類がくりかえしてきた「戦争」をむなしくさせたものはない。この夢の兵器も、包みを開いてみれば、とてつもない悪夢の兵器で、以後、容易に行使できない空虚な兵器だとわかったからだ。このことをもっとも最初に察知したのは、のちに原爆を脅迫宣伝の武器としてふりまわすアメリカよりも、原爆のおかげで自分たちの労苦を無視されかかった毛沢東だったのかもしれない。彼の有名な「原子爆弾、張り子の虎」説は、その空虚をよく衝いていたとも言える。

「原子爆弾はアメリカの反動派が人をおどかすために使っている張子の虎で、見かけは恐ろしそうでも実際にはなにも恐ろしいものではありません。もちろん、原子爆弾は大量殺戮の兵器ですが、戦争の勝敗を決定するのは人民であって、一つや二つの新兵器ではありません」

これは、アメリカの新聞記者アンナ・ルイズ・ストロングに語ったもので、のちに華々しく中ソの宣伝戦に用いられた「原爆、張り子の虎」説は、一九四六年八月に、早くも登場していたことになる。それは第二次世界大戦が終って一年、米ソ対決による第三次世界大戦の噂が暗く囁かれていたころに当る。

一九六四年十月十六日午後三時（北京時間）、中国は最初の原爆実験を新疆ウイグル自治区のタリム河盆地の南、砂漠タクラマカンで行なった。南北に六千メートルの裸山ではさみこまれた人跡未踏の砂漠である。

翌日の『北京日報』は、国防力の増強の重大な成就であり、世界平和を守るための重大な貢献であると見出しをつけ、中国はいついかなる情況にあっても、自分たちから先に核兵器を使用することはないと述べ、世界各国の首脳が集まって核兵器の全面禁止と徹底廃棄の会議を開くことを提案している。「鄭重《ていちょう》に」と副詞つきで語っているところが、喜びを抑えているようでもあり、世界の世論に対して慎重であろうとしているかにも見える。

実験した場所は、「西部地区」とあるのみで、タクラマカン砂漠などとは書かれていない。外国の消息筋の推量である。中国の新聞は、ニュース報道というより、これすべて宣伝であるので、政府のメッセージが主体となる。場所などはどうでもいいというより、この場合は、軍事秘密だからである。

ロベール・ギランの『中国これからの三十年』（井上勇訳・一九六五年・文藝春秋新社刊）は、一九六四年の旅行記である。実験の時は、もう帰国していたが、旅の間、いっさい「原子爆弾」の話が中国人の口から出ず、施設らしきものも見なかったと書いている。おそらく、緘口令がひかれているためというより、中国の庶民には、いっさい原爆のことなど知らされていないのである。このほうが緘口令より、確実に国の秘密が守られる。

だが、西欧陣営は、中国の原子核準備の秘密をほとんど知っていた。アメリカ帰り、フランス帰り、さらにソ連で学んだ物理学の教授の名さえ知られていた。一九六二年に米国のＵ２型機が中国で撃墜されているが、これはスパイ機である。侵入し、撃墜されずに帰投した場合も多いはずで、そのつかんだ情報を政府内でとどめず、対宣伝的材料として流したから、一般の中国人よりも、世界の大衆のほうが、その原爆準備を知っていた。

ただ、米ソに対抗して原爆を作っているらしいという情報を頭にインプットして、中国を旅した西洋人は、まさかと首をかしげてしまったらしい。トラックの姿も見えず、どこへ行ってても工場へ運ぶ荷物運搬の手段は、人力車と自転車のあいのこの三輪車と駄馬のひく荷車だったからである。これを見て、あるフランスの旅行者などは、ギランに「どうして原子爆弾が作れよう」と言ったが、「極度の秘密保持力と、ときとして、あきれかえるほどの矛盾と、野心満々の意志をもった、新しい中国をよく知らないものの言うことである」とたしなめ、「ロバに荷車をひかせる国、三輪車による輸送の国が、原子爆弾をもつ決意をして、それに成功したという点」こそを見るべきだとしている。

それは、毛沢東の戦略でもあった。核保有と人民戦争の二本立てで、米(ソ)の核威嚇しまさかの場合に対応する決心をしていた。核抑止としての超近代兵器を作り、敵に攻撃された際は、抗日戦や内戦で見せた遊撃戦、近くは朝鮮戦争でも成功した原始的な人海戦術の二つとで戦う決心をしていたからで、兵法家で詩人の毛沢東らしい得意の矛盾論と弁証法による壮大な構図でもあった。

この構図は、かならずしも、評判のいいものでなかった。核兵器の開発には金がかかり、中国の経済力では、自殺行為と思われていたからである。しかし、国民が一ドル節約すれば、その膨大な人口からして可能だというものもいた。同じ社会主義国の中国に原水爆をもたせず、あくまで傘の下におきたかった口の悪いフルシチョフなどは、無理して作ればズボンをはけなくなるぞと嘲笑した。

核実験の静かすぎる宣伝

だが、『人民日報』などを見ても、この多大な経済的犠牲を払った原爆実験の成功を大大的に宣伝していないといういぶかしさが感じられてならない。国務院の「第一回核実験の巨大な勝利を熱烈祝賀する」というメッセージ（一九六四年十月十八日）、ホーチミンの毛主席へのお祝い電報（十月十八日）、アルバニアと北朝鮮の頭首の完全支持の声明（十月十九日）をのせているだけで、原爆実験成功の宣伝キャンペーンはない。写真がないせいもあるが、そのおとなしい紙面は不気味なほどである。

共産主義国は、いっさいが宣伝である。だから宣伝しないことも、宣伝のうちであり、上からの厳しい指令だったと言えるだろう。この不気味さは、なにも私だけの感想でなく、日本の新聞社の北京特派員の書いたルポ『ドキュメント文革の三年』（伊藤喜久蔵・柴田穂《みのる》著・一九六八年・経済往来社刊）にも、つぎのようなことが書かれている。

「第一回実験の六四年十月十六日当夜はトラックで号外をくばり、人びとがそれにむらがって大変なさわぎだったそうだ。しかし翌日になると、東単公園とか北海公園に人びとが黒く固まって、静かに原爆の意義を講演者から聞いていたという」

第二回実験は、翌六五年五月十四日であったが、この時も、ドミニカ政変へ米国が武力介入することを反対するデモが終ったのを見はからって発表されたという。これを「さわぎを避け、デモの宣伝効果を盛り上げる」ためと著者は見ているが、それは逆で、「原爆効果」のためドミニカへの米国介入反対デモをタイムリーにぶつけたのであり、その静かさは、宣伝のたくらみなのである。最初の実験では、「フルシチョフ解任」とぶつけあわせている。偶然だったにしても、宣伝国家には、偶然はない。偶然をも利用するからだ。「ぶつけあわせ」はショック度を高めるための政治宣伝の常套であり、穏かであったとしても、策略のうちである。

外国人にも、この静かさに注目するものがいた。元軍人のアメリカのパウエル教授などもそれである。（『核時代の中国』江頭数馬訳著・一九六九年・軍事研究社刊）

「中国が一九六四年十月原爆実験を始めて後一年間ぐらい、核理論や核兵器の発展について以前ほど発表を行なわなくなった点は注目にあたいする」

とし、世界の世論をなだめる狙い、超大国を刺激するのを回避する狙い、さらに原爆は張り子の虎であるという人民戦争理論の優勢を主張するためとしている。だとすれば、複雑な思惑をひめた「穏かな宣伝」作戦だったことになる。

一九五八年十二月、八期六中全会での講話で毛沢東は「われわれの手中には原子爆弾はなく、戦争が始まったら三十六計逃げるにしかずである。……われわれは遊撃戦をやる。十数年、二十年逆戻りして、延安時代にかえるのだ」と言っている。

一九五七年ソ連は人工衛星とＩＣＢＭの開発にアメリカより早く成功、その年のモスクワ会議で、フルシチョフは、それを武器に平和共存政策を打ち上げるが、毛沢東は強く反発し、有名な「東風は西風を圧する」という演説をぶち、原爆戦争になっても人類の半分は残ると言い、アメリカを核攻撃すべきだとまで述べたと伝えられ、以後中ソの関係は険悪化していき、五八年にはソ連へのあてつけのようにアメリカを挑発して台湾の金門島攻撃を開始している。あたかも「原爆は張り子の虎」であるという彼の持論を実証しようとするかのようにである。

だが、原爆をもっていないと毛沢東は言っているが、一九五六年には、すでにミサイル核開発を決定していたことが、最近になってわかった。一九五五年にソ連と原子炉援助協力協定を結び、一九五八年に稼動していたから、フルシチョフが原爆貸与を拒むなら、ソ連と訣別してもよし、「帝国主義」とは共存しえないという思想の優先をきめ、あとは何年かかっても「自力更生」で原爆を開発してみせるとほぞをかためていた。

五〇年代、脅しのきかぬ中国のやり方に対応して、アメリカのダレスは、ぎりぎりで脅すという「瀬戸際作戦」を開始、中国は朝鮮戦争、インドシナ戦争、金門島攻撃と、みたび核戦争の危機を身をもって感じ、結局は脅しに屈し、「張り子の虎」説の限界を知り、それが、自らも所有するという執念になったのか。彼は、日本の敗戦宣言以来、「原子爆弾」に誇りを傷つけられ通しであり、所有への道を歩むことは宿命だった。各国の実験を見れば、張り子の虎も「牙をもつ」とフルシチョフに教えられなくてもわかるからだ。

しかし、この説をあっさり棄てたわけでない。原子核の投下後でも、半分は生きのこるという中国の広大さと大人口のイメージを棄てきれなかったからだ。冒険主義と非難されたし、また死の灰への無感覚もやや気になるが、中国史を知っているものにとってはリアリティのある発想であり、彼もそのように猛進する。それが「大躍進」の人民公社政策でもあり、総民兵化をはかるのである。自ら原爆をもつことは、あくまで核抑止のため、米ソに核抑止の力を独占させないためであり、一方いつ完成するかわからぬのだから、「張り子の虎」の牙に対し原始的で人間主義的な「人民戦争」を戦略戦術の中心にすえたのである。これが「原爆と荷車」のからくりでもある。

第一回の原爆実験における宣伝に戻るならば、なぜ、あのような静かな宣伝をすすめたのか。ひそかに中ソの間で原爆見本と技術資料提供の協定がむすばれていたが、一九五八年にフルシチョフが中国の港に原潜寄港を申し出て、それを蹴ったあたりから、両者の関係は一挙に悪化し、一九五九年六月、ソ連は協定を一方的に廃棄し、経済援助も停止、工業技術者も総引きあげとなり、文字通り「自力更生」を余儀なくされるのである。以後、世界中の目をまるくさせる泥仕合にも似た「中ソ論争」がおこり、一九六三年七月の「米英ソ三国部分的核停止条約」をめぐっては、中国は全面禁止と廃棄を主張し、中ソは激しくののしりあった。六四年の原爆実験の静かな宣伝に意外を感じるのは、それまで核をめぐっての宣伝戦が、あまりにも派手なものだったからという反動もある。

この静かなる宣伝は、世界の平和共存ムードへのおもんぱかりもあるが、毛沢東の指示が強く感じられ、それは、彼に反対した内外の敵への怒りの表現にも見える。実験日が決定されていた場合、技術的に調節がつくのかどうかわからぬながら、「フルシチョフの解任」に強引に合せたとさえ思えるほどだ。しかも、そのぶつけあわせには、目立たぬはからいがなされている。二カ月前には、「原爆の父」と言われる銭三強の論文を『人民日報』がのせている。その内容はきびしいもので、原子力研究は、莫大な投資と大規模な建設を必要とし、中国の技術力はそれを満たすにほど遠いとし、仕事を邪魔する官僚主義まで攻撃している。この記事は、実験間近を予想させる布石でもあるが、静かなる原爆成功宣伝の前座を果しているとも言え、きめのこまかさを感じないわけにいかない。

中国人民の死の灰不感症

一九六六年、中国は三回の核実験を行なった。文化大革命の真最中である。五月九日に熱核材料をふくむ核爆発。十月二十七日のミサイル核兵器の発射。十二月二十八日の核爆発。『人民日報』の記事は、いずれも地味なあつかいである。『ドキュメント文革の三年』の著者たちは、五月の実験の際、まず、北京放送の午前〇時のニュースの途中から重大放送があるとして発表されたのを聞くや、ただちに『人民日報』の本社前へ駈けつけている。そこには百人ほどの人が集まっていたが、号外を手にいれるやすぐに闇へ消え、やはり「意外に静かだ」と書いている。真夜中ということもあるし、党の作戦もあるが、市民の慣れもあるだろう。

さきに引いたパウエル教授は、この年の実験が重要なものばかりにもかかわらず、米ソの攻撃を配慮してか「大々的に対外宣伝を行なわなかった」としている。だが、対内宣伝効果は、かなりのものだったと言い、「この実験は毛沢東のイメージを賛美し、〈文化革命〉として知られる大規模な権力闘争と政治紛争における毛沢東主席と林彪将軍の地位を評価するため利用された」と言う。

「走資派」「中国のフルシチョフ」が指弾されていたのだから当然という気もする。ミサイル核兵器発射実験成功の日は、林彪が機関車に「毛沢東号」とつけた命名二十周年記念に抱き合せた。しかし騒乱の「文化大革命」をしのぐ効果はなく、うまく合体せず、つけあわせても影が薄くなる感じはいなめない。十二月二十八日の実験成功の日には、「全国上京長征隊経験交流会」を開き、紅衛兵たちを前に周恩来、江青らが演説している。

ただ、『人民日報』は、核ミサイル発射成功を発表した翌日の紙面で、すこし工夫をこらした。「毛沢東思想の偉大な勝利」という大見出しに「毛沢東思想こそ最大の武器」という小見出しを対応させ、兵器の威力を低めたあと、『人民日報』の号外を手にして万歳を叫んでいる紅衛兵の女の子を描いたイラストを添え、さらに解放軍兵士の詩をのせた。あきらかに「文化大革命」とつきあわせる魂胆が見えている。

原爆成功の日の報道がひとつ冴えないのは、つつましさを装っているからでもあるが、写真が公表できないからでもある。敵国の分析の対象になるので、発表は見送られるという事情がある。大気中の放射能塵を採集し、意外にも最初の原爆が、プルトニウム爆弾でなく、進歩した濃縮ウランだとアメリカはすぐわかった位であるから、写真公表は危険である。しかし写真がなければ、「張り子の虎」原爆の「牙」を感じとることができない。広島の原爆投下の恐ろしいまでのイメージは、その写真のリアリティにあった。

それでも九月三十日、核実験カラー記録映画『毛沢東思想の偉大な勝利』が全国各地で上映された。十月一日の『人民日報』は、その上映の特集を行なっている。六四年の一回目から六六年の三回目までの爆発の瞬間写真をのせている。すでに西欧側に分析されずみで、「ばれもと」として公開を許可したのだろう。記録映画『毛沢東思想の偉大な勝利』は、日本でも一九六七年にテレビ放映されたらしいが、その時のフイルムどりした写真を私は見たことがある。

そのうちの一枚は、最初の原爆実験のもので、きのこ雲というより、地球に侵入して原子の中へ隠れひそんでいた異星人が、悪意の牙をむきだして、ついに正体をあらわしたとでもいうがごとき不気味な図像である。毛沢東はこれを見て、なにを感じたか。大衆は、党の説明入りで見たにちがいないが、これを見てなにを感じたのか、胸のうちを聞いてみたいようなインパクトのある写真である。

もう一つ気になったのは、六六年五月のもので、科学者や兵士が砂漠で爆発の瞬間を見守っている写真である。被爆しないのかという心配である。中国人の汚染不感症は、前々から気になるところだったが、さらに恐ろしさを感じたのは、一九六七年六月十七日の水爆実験の成功の写真においてだった。

まず『人民日報』は、一面のトップでその成功を報道したが、例によって写真をのせなかった。ただ、これまでとすこし変っていたのは、袖の見出しに「我々の偉大な領袖毛主席は、早くも一九五八年六月に、私のみるところ、十年もあれば、原水爆をつくるぐらい完全に可能であると指摘した」と置いたことである。中国共産党の宣伝的引用術である。「英明な予言」とも言っており、予言者あつかいしている。

「昨日の水素爆弾についてのコミュニケでは、私は、偉大な領袖・偉大な統帥者・偉大な舵取りということばを、すべて、消した。〈限りなくどこまでも照らす〉も削除した。この世界での光りがどうして無限であろうか。すべて〈有限〉である」

これは「対外宣伝工作についての指示」として『毛沢東思想万歳』にある。『北京日報』というより、『北京周報』が対象らしいのだが、ほめすぎは効果のないことを指示し、唯物論に反する言葉は削除している。いずれにしろ毛沢東は、新聞の宣伝にまで、口を出していたことがわかるが、「予言」などという神秘主義的言辞は、よしとしたのか。

この水爆実験の写真は、半年後の『人民画報』十二月号に大々的にカラーで発表された。その中にまた一枚気になる写真がある。それは爆発のきのこ雲を前にして、人民解放軍の兵士たちが、『毛主席語録』をふって、成功を祝っている写真である。これは、モンタージュであろうか。それにしても、勇壮なまでの死の灰不感症である。

★桃園のネックレス

「一」

「お祭り気分」のつるしあげ

問：この服を、お前はなにがなんでも、着なければならぬ！

王：着ません！

問：おとなしく着るならいいが、いやだというなら、こちらが着せてやるしかない！

王：（急に表情をやわらげ、今着ているものを指し）これだってお客と会う時の立派な服よ。

問：（厳粛な声で）なに！　客と会うだと？　今日は、これからお前と闘争するんだぞ！

王：このようなもの、私は着れません。もう着れなくなっているのよ。

問：じゃあ、インドネシアでは、どうして着たのだ！

王：あの時は夏だったわ、（特に暑い）ジャカルタでしたし。

❖……王光美をつるし上げる紅衛兵（写真提供：共同通信社）

この問答は、一九六七年四月十日、王光美《ワンクワンメイ》つるしあげ大会における第一審の記録の中にある。「王」は、国家主席劉少奇夫人の王光美。もとより「問」は、紅衛兵である。

第一審の場所は、北京清華大学の中央主楼七階。清華大学は、北京大学とならぶ理科系の名門校であり、アメリカが義和団事件で奪った「賠償金」を謀略的に寄附して創立された。走資派のレッテルをはられた劉少奇は、この大学を牛耳っていた。紅衛兵は、清華大学の付属中学生からはじまったとも言われ、北京大学とともに造反運動の中心であった。

「反動的ブルジョア階級分子王光美をつるしあげ、劉〔少奇〕・鄧〔小平〕の黒い司令部に死刑を宣告する大会」。長いタイトルだが、これが、この日、紅衛兵の大スターであり、紅代会清華井岡山兵団のボス蒯大富《クワイターフー》が主宰した大会名で、大学構内には、二、三十万（一説には五十万）の人々が、雲のごとく潮のごとく、朝から詰めかけたと言われる。

どうやら、この第一審は、本番の大会の時ではないらしい。大会は、午前九時半に開始されたが、第一審は午前六時半頃とある。場所も広い構内でなく、本館七階であるから、何十万もの群衆を収容できない。

「拡声器をつけたトラックがこの対決のことを放送しながら市内を走りまわり、ポスターが広い地域にわたって貼りだされ、学校や工場の三百以上の集団が招待されていた。……道路にはバスが何キロにもわたってジュズつなぎになり、人の海は大学のグラウンドにあふれて周囲の区域にひろがった。拡声器が大学の外にまでとりつけられなければならなかったほどである」

W・ヒントンの名著『百日戦争——清華大学の文化大革命』（春名徹訳・一九七六年・平凡社刊）には、この日の模様が、かく語られている。あらかじめ「対王光美闘争司令部」が作られ、この大会に対して、大がかりな宣伝が行われ、まるで北京市内は、「お祭り気分」だった。現国家主席の夫人、美人のきこえ高い王光美がとっちめられるさまを一目見ようという大衆の残虐性には性的好奇心も手伝っていたにちがいなく、また紅衛兵の宣伝にも、たとえその気がなくても結果的にはそういう気分を煽ることになったはずだ。

おそらくこの大会の趣向は、二段構えになっていた。いわゆるメインの大衆大会に先だち、本館の大教室ないし講堂での特別審問会があった。外へもきこえるようにスピーカを窓にとりつけた可能性もあるが、第一審は空もようやく明けそめた早い時刻からであり、大学に泊りこんでいる紅衛兵のエリート集団中心の闘争集会に思える。王光美に対し、劉少奇と一緒にインドネシア訪問の際に着た衣裳をつけるように強要したのは、メインエベントの大衆大会へのはずすことのできない宣伝的「効果」を考えてのことであろう。

用意されたグロテスクな服装

いったい、紅衛兵たちは、その旗袍《チパオ》をどこからさがしだしてきたのだろうか。王光美にさしだすように命じたのか。それとも劉少奇の先妻の子がこっそりもちだしたのか。或いは近似したものを紅衛兵がどこかからさがしだしてきたのか。この世に流布する江青伝のネタ本と言われる老竜の『江青外伝・文革の終焉』(杉田茂訳・一九八一年・新國民社刊)によると、この旗袍の色は、緑であり、黒いニワトリの絵が描かれていたという。

王光美は、当時、鬼よりこわいレッテルの「三反分子(汚職・浪費・官僚主義)の老婆《ババア》(女房)」と紅衛兵にののしられても、最初のうちは断固と拒否する。北京の四月の気候は、どのようなものかわからないが、やはり、かなり寒いのか、連行される時、彼女は毛皮のコートを着ていた。アフガニスタン政府から贈られたもので、これで人前にでても十分に耐えられると反撥するが、訊問の紅衛兵は、計画を狂わせてならじと、インドネシアで着た旗袍に固守する。それは夏物だと彼女も粘る。紅衛兵は、彼女の季節のこだわりを「ブルジョア階級の分別《しゅうかん》など、俺たちにはわからぬのだ」ときめつける。たじたじの紅衛兵にしては、大当りの指摘だが、彼女はひるまず衣がえは大切だという毛沢東の言葉を引用して抵抗する。彼等も負けじと、彼は比喩として、政治の季節に注意しろ、と言ったのだと一蹴する。

この丁丁発止のやりとりを読みながら、両者のズレ合いが強く感じられてならない。まず彼女は、劉少奇夫人、いや女としての誇りから、季節論によって旗袍を拒否している。その誇りの中には、小僧っ子たちの前で毛皮のコートを脱ぎ、下着一枚になってから季節はずれの夏服に着がえるなど我慢ならないという気持が入っている。紅衛兵たちは、控え室やトイレへ行って着がえろと礼を尽したりしない。彼女は、党規の「人身の自由」をもって抗議するが、三反分子であるから「自由」はないと彼等は怒鳴りつけている。季節論による反撃のみでは、毛沢東の言う「ブルジョアの習慣」を白状したも同然となる矛盾に彼女は気づいていない。

そもそも、旗袍そのものは、清朝の衣裳であり、封建主義の遺物のはずである。彼女もそれに気づいていないし、紅衛兵たちも不勉強であり、ただ社会主義に反するぜいたく品を身につけた証拠品としてしか「旗袍」を考えていない。ただし彼等は、その着衣の強制が、インドネシアの旅を再現するみせしめの陳列効果と女の羞恥心への猥雑な痛撃に、さらには劉少奇への侮辱になることを本能的に知っているだけである。彼女もまたそのいやらしさを本能的に知っているからこそ、わざと季節論でそらそうという機転《ちえ》を働かしたのでもあるだろう。

「こいつに構うな、十分間だぞ。その時は綺麗になってもらおうではないか」。紅衛兵が着がえの制限時間を十分と区切った時、王光美は沈黙している。その沈黙に気負されて、紅衛兵の一人が劉少奇に話を転じると、相手のペースにはまるから危険と見てか、ボスらしい一人が、「構うな」と叫んだのである。王光美は、なおも頑固に季節論で歯向う。夏の薄絹では寒すぎると。その上にコートを着ろと紅衛兵はうそぶく。小さくなったので、もう着られないと答え、(だとすれば、やはり彼女に本物をつきつけている)それでも妥協して用意された靴だけはこうとするが、もちろん拒絶される。ついに十分が過ぎる。彼女は着ようとしない。紅衛兵たちは、時間切れしばかりに無理矢理とらえて「妖衣」を着せようとする。なお「ちょっと待って!」と拒んでいる時、王光美は尻もちをついてしまう。そのまま着せられまいと地べたに座りこんだが、強引にひき立てられ、ついに着せられてしまう。記録にないが、毛皮のコートの下に着ていた衣裳は脱がされたはずである。女紅衛兵がその役目を買ったのだろうか。

ついに王光美は、旗袍を着させられたばかりでなく、(あきらめたように自分ではいたと言われるが)透き通ったストッキングに先の尖ったハイヒールをはかせられ、特製のネックレスを首からぶらさげられる。その間、用意された『毛主席語録』の文句が、合唱され続ける。「一斉に」とあるから、だれかが読みあげたあと、会場の紅衛兵たちが唱和するにちがいない。王光美が、毛沢東は武闘を禁じているはずと言えば、語録の中の「革命は暴動である」とか「永遠に頑固でいることはできない。……人間のうちにはいらぬ犬の糞になる」などを一斉に叫ぶ。そして、つぎのようにボスがしめくくる。

「お前はこの服を着てインドネシアへ行き、スカルノといちゃつき、中国人民の顔に泥をぬりつけ、中国人民を侮辱した」

老竜の『江青外伝』は小説仕立てなので、すべてを信じるわけにいかないが、黒いニワトリ(女が国政に口をだす比喩か)を描いた旗袍の他に、インドネシアでかぶった大きな草の帽子を頭にかぶせたともある。清華大学井岡山兵団の記録では、特製のネックレスだが、『江青外伝』では「首にドクロの絵のかかれたピンポン玉を連ねた首環をつけさせ」たとある。まんざら嘘でないと思えるのは、ヒントンの『百日戦争』を見ると、九時半からの、数十万の群衆を迎えたという闘争大集会では、つぎのようないでたちで王光美は、四つの椅子の上に板をのせた壇上に立たせられたと書いているからだ。

「イギリスの貴族が園遊会でかぶるような、つばの広い奇妙な麦藁帽子をかぶせられ、明るい黄色にぬって黄金にみせかけたピンポン玉の首飾りを首から掛けられていた。ありふれた灰色の〔緑としていない〕上着は彼女のしなやかな身体をきゅうくつそうにしめつけ、足は先のとがった踵の高い靴で飾られていた。扮装はなにからなにまでグロテスクであった。これは数年前、彼女が国賓としてインドネシアを訪問した際のしゃれた服装をもじっていたのである」

劇的な現実が宣伝になる

ピンポン玉を珠数つなぎにした特製ネックレスは、鎖のかわりに荒縄が通されていたと老竜は言う。紅衛兵は、「犬のクソ」という毛沢東のなまなましい言葉をもって王光美を鞭打ったが、ピンポン王のネックレスに荒縄をあえて用いたことは、この用意された毛沢東の言葉の引用とよく対応している。つまり彼等は、王光美の抵抗にカッとなったにちがいないが、あらかじめ対決のシナリオにはその引用はきちんとはいっていて、すかさず対抗したのであり、つい口汚く口走ったというわけでもないだろう。「犬」には、スパイの意味もある。ネックレスに犬の首環を連想するのは自然であり、むしろ平凡でさえあるが、「もじり」の効果としては、それゆえに暴力的に生きる。

この暴力的空想力は、本来、子供がもっているものであり、学園祭の仮装行列の次元であるが、その単純にして残忍でマンガチックな発想のエネルギーをそっくり大衆集会にスライドさせた時、その侮辱効果は、大きなものにならざるをえない。女子紅衛兵のだれかが、王光美に扮装したのではなく、なにしろ「ほんもの」が戯画を演じて見せるのである。会場が異常な興奮に包まれたとしても、なんら不思議でないだろう。

裁判や処刑を見せしめのため公開することは、古来からある世界共通の政治宣伝術である。毛沢東の赤い中国が、近代になっても、あえてこの古い手法を用いているのは、なお野蛮だからというより、むしろ近代の宣伝術を突き抜けているのである。世界が驚きをもって瞠目したのは、古いからでなく、新鮮だったからだ。「やらせ」であっても、なまぐさい肉がたっぷりついている、と思わせるものがある。なにより装置は一応近代である。

批判集会は、イヴェントでもありページェントでもあるが、復讐劇でもある。一口に「闘争」と言うが、両者対等でない。闘争にかけたほうが有利に立っている。刑事部屋の拷問が白日にさらされたような要素も多分にある。そもそも復讐、拷問は、手順、手続きの世界である。王光美は、第一審で「死んでもかまわない」と紅衛兵の侮辱に耐えかねて叫んだが、「死ぬだと？　お前のごとき活宝《かつぽう》（生きた宝物）を死なせてたまるか。（旗袍を）着るんだ！」と応酬されている。三文映画のセリフだが、実際は、三文映画のほうが現実を真似しているのだ。現実より先にドラマがあるわけでない。手順、手続きのある世界は、おのずから曲が生じ、屈折が生じ、どうしたって劇的にならざるをえない。どうせ殺すにしても、ゆっくり趣向をこらして味わうように殺さなければ、拷問も復讐も成立しない。だから現実の劇的空間とは手のこんだ順序立ての連続スペクタクル空間なのである。順序立ては、人工的なものだが、物が「ほんもの」であるから、やすやすと順序立てを破り、ハプニングが生じる。だから人工的な順序立てがあればあるほど、予定が狂いやすく、なまぐさくなる。つまり宣伝効果も高い。反修正主義などという大義の他にサディスティックでエロチックな私心なども加われば加わるほど、なまぐさい宣伝効果があがる。事実、紅衛兵、江青、毛沢東の怨みとは思想でもあるが「人民独裁」の大義と串ざしになっていた。

　実は、王光美を紅衛兵がひっぱりだしたのは、これがはじめてではなかった。一九六七年一月六日、北京師範大学第一付属中学生であった娘の平平《ピンピン》を利用し、彼女が自動車事故に遭い、外科手術しなければならぬと電話し、王光美の「ブルジョア的母性愛」を刺激しておびきだそうとしている。しかし病院へかけつけたのは、案にはからず妹の亭亭《テインテイン》と警護兵だったが、彼女に電話させ、母の王光美のおびきだしに成功している。この時、予定になかった劉少奇までやってくるというハプニングが生じるが、あわてて帰ってくれと戻し、王光美のみをジープにのせて清華大学へ拉致している。その車の中で、

「あら、君たち、ずいぶんドラマチックなことするじゃないの」

　いままで泣いていた彼女が、急にサッと顔を明るくして言ったと、井岡山兵団の「智をもって王光美を擒《とら》える」という壁新聞は「女は化け物」だと言わんばかりに書いている。この事件を嗅ぎつけた周恩来首相は、暴力

をふるわぬこと、恥辱をあたえぬこと、食事と睡眠をあたえ、自己批判が終ればすぐ帰すことを条件にしぶしぶ認めている。しかし、この批判大会は、学生たちの準備不足のため、逆にやりこめられて失敗した。かどわかしのアイデアに溺れ、それに神経を集中し、かんじんの闘争の順序立てや、とっちめるための資料蒐集を怠ったからで、尻きれトンボの「ドラマ」になってしまった。だから四カ月後の四月十日の大会は、誘拐のドラマはないものの、たっぷり訊問のための準備と闘争の順序立てを練り、正面から対決を要求、毛沢東と周恩来の承認をえて、彼女を国家からひきわたされてのものであった。

前宣伝により北京中を祭礼気分にしたことや、王光美にインドネシア訪問の服装を再現させてひっぱりだす戯画的着想のことや、前座として小規模公開の審問会を行ったことはすでに見たが、数十万の群衆を前にした大集会では、グロテスクな衣裳を着せた王光美のうしろへ、すでに闘争を受け三角帽をかぶせられた六人の劉少奇派の党幹部が背景として立った。前北京市長彭真《ポンチエン》。前党宣伝部長陸定一。清華大学学長蒋南翔《チエンナンシャン》。国家経済委員会主席薄一波《ポーイーポー》。清華大学工作組副主任楊 天 放《ヤンテイエンファン》。工作組主任葉林《イエリン》の六人である。まさに「役者」を揃えたのである。

まず、壇場に立ったのは、王光美の指導する工作組の弾圧を受けた二人の紅衛兵である。一人は鉄道自殺を試み、もう一人は片脚に重傷を負ったものが選ばれ、激しく告発している。つづいて、職務停止を工作組にくらった清華大学の党幹部。さらに王光美が主宰し、その名を高めたのは、いわゆる「桃園体験」だが、その桃園生産大隊の民衆の一人がバクロ演説し、彼女を指弾した。最後にはアメリカの共産党員で放送事業局顧問の、のちにスパイ容疑で追放されるリッテンバークまで批判発言するという彩りである。

闘争大会は、群衆参加のスペクタクルであるから、その間、「打倒劉少奇！」「王光美を闘争して倒せ、闘争して悪臭を放たせしめよ」「牛鬼蛇神を倒せ！」のスローガンが叫ばれたのは、言うまでもない。「われわれの心のなかで、もっとも赤い、もっとも赤い、赤い太陽、毛主席万歳！」の叫びとインターナショナルの合唱のうちに、午後一時すこし前に大会の幕を閉じる。元気の盛りあがった若者たちは、ひきつづき一時より清華大学中央館に席を移して第二審、午後五時半から十時まで第三審と「王光美」を痛めつけている。この時の記録はただちに市中へ配布され、すでにスターだった井岡山兵団のボス「蒯大富」の名は、いやがうえにも高まった。

怨嗟をかった名ホステスぶり

だが、私は、この卑猥にしてスキャンダラスな大会の写真を一枚も見ていない。批判大会で写真は撮られたにちがいなく、第一審の際も、衣裳をつけ終った王光美の姿を撮影したという注釈が入っているのだから、一枚ぐらいあってもよさそうだが、なぜなのか、まだお目にかかっていない。(*執筆時一九八九年三月)

公式の新聞や雑誌などに掲載されないのは党がおさえたからだとしても、大会には外国人記者やカメラマンが潜入していたにちがいなく、海外へ流出してもおかしくないが、空港で没収にあうのか、未見である。すくなくとも、紅衛兵の壁新聞には牛鬼蛇神の退治として写真も大々的に貼りつけられたと思うのに、見たことはない。壁新聞の撮影が禁止だとしても、香港経由で流れてもよさそうだが、国家主席夫人の醜体図には、厳しい党の管制処置がとられたからか。

写真と言えば、第一審で、紅衛兵が王光美に対し、スカルノ大統領のタバコに彼女が火をつけてやっている写真をつきつけ、中国人のメンツをつぶしたと非難するシーンがある。「女主人としてインドネシアの習慣を尊重するのは当り前でしょ?」と答え、「うるさい!」と怒鳴りかえされている。それにしても、ピンポン玉の首飾りで代用した問題の「金のネックレス」である。これも、一度見たいものだとさがしたが、タバコに火をつける写真と同様にいまだ見ていない。

劉少奇夫妻は、一九六三年の四月から五月にかけ、インドネシア、ビルマ、カンボジア、そして北ベトナムと東南アジア諸国を訪問した。インドとの国境紛争とモスクワとの亀裂が深くなったため、東南アジアに抑えとして中国の力を植えつけておきたかったので、本来は周恩来の役だったが、彼をさしおいて劉少奇自ら外交の旅にでた。

前年、「共産党員の修養を論ず」(一九三九年)の改定版をだし、千八百万部刷ったと言われ、一九五九年、毛沢東の大躍進政策が失敗し、国家主席をゆずり受けて以来、新経済政策が成功し、彼の権力は、毛沢東をたてながらも棚上げし、絶頂期にあった。内心、それを心よく思えない毛沢東は、反撃のチャンスをうかがっていたのである。

ちなみに一九六三年の『人民日報』『光明日報』を見ると、劉少奇の東南アジア歴訪の写真が、こと細かく掲載されていて、彼の国内の安定した権力を示してあまりある。『人民画報』も、大きく特集を組んでいる。それらには、ホステスとしての役目をはたしている王光美のにこやかな姿が写っている。片手に花束と白い大さなハンドバックをもち、もう一つの残った手でスカルノの腕をまいて、にっこり笑っている写真などは、のびのびと屈たくなく、水を得た魚よろしく生き生きとしている。(もっともスカルノ夫人の手も劉少奇の腕にぎこちなくまきついている)だが、スカルノにタバコの火をつけてやっている写真は、ふくまれていない。

出発の前、上海と香港で衣裳をあつらえたと言われるが、写真を点検する時、かなりの種類と量の衣裳を揃えていたことがわかる。人民服の中国女性にとって、これらの写真を見ることは目に毒であり、羨望をこえ、怨嗟の声すらあがっても不思議でないだろう。

大きな白い麦藁帽子は、ビルマやカンボジア旅行の写真にある。サングラスもかけている。ネックレスと言えば、ビルマの海岸で休憩している写真の中にそれらしきものを彼女が首にかけているのが一葉あるが、小さすぎてしかとは断定できない。

いずれにしろ、中国中のだれよりも激しい怨嗟のまなざしで、王光美の名ホステスぶりを伝える「報道」をみつめる女性がいた。それは、毛沢東夫人「江青」にほかならない。

問：答えるんだ！　江青同志は、お前が外遊する時、ネックレスはつけるに及ばぬと言ったのに、どうしてさからってまでつけたのか？
王：江青同志はブローチをつけちゃいけないと言ったのよ。ネックレスのことはなにもおっしゃらなかったわ。でも、同じことよね。
問：ごまかすな！　お前は、三反分子だ！
王：そうじゃありません！

二　王光美は〝大毒草〟である

このくだりは、やはり王光美つるしあげ大会の第一審にあるもので、紅衛兵がネックレスをつけるように要求したさいの小問答である。第一審を順追って読むと、すでに、ピンポン玉のネックレスをつけさせられていたはずだから、途中で彼女がはずしてしまったのであろうか。とすれば、その時、審問役の紅衛兵たちは、うっかりとがめるのを忘れていたことになる。

この問答で重要なのは、東南アジア歴訪の旅に江青がネックレスをつける必要がないと王光美に忠告したことである。どうして紅衛兵がそんなことまで知っているのか。それは、江青がばらしていたからである。

一九六六年の暮れ、ついに劉少奇が党中央工作会議で自己批判したという壁新聞が北京にでてから、まもなくして国営デパート前に江青の「王光美は不正直だ」という談話の新聞が、追いうちをかけるようにはりだされた。それまでは、「党内最大の資本主義の道を歩む実権派」とか「×××」と名の部分は伏せ字になっていた。十一月二十五日、第八次紅衛兵観閲に出席したのを最後に劉少奇が公式の席から姿を消した。以来、堂々と名ざしの攻撃がはじまったのである。

紅衛兵運動は、「四旧」(古い思想・古い文化・古い風俗・古い習慣)破壊にはじまり、つづいて全国経験交流、その混乱に手を焼いてか、党中央文革小組が指導するようになる。江青は、その第一副組長であり、紅衛兵指導者との会見で、「王光美は不正直だ」と語ったのである。当時、毎日新聞の北京支局長だった高田富佐雄の「王光美の悲劇」(『婦人公論』一九六八年八月号)には、その江青の談話が引用されている。それによると、一九六三年のインドネシア訪問にさきだって、王光美は、上海で病気療養中の江青を訪ねている。

「ネックレスをつけたり、花模様のある衣服を着て行くのはどうか」

とわざわざ訊くためである。国家主席夫人の王光美は、元国家主席夫人で、なお党主席夫人の江青に対して、一応気がねし、アドバイスを求めたのだろう。できれば、国際外交なのだから、それなりのおしゃれをしてもいいでしょうという言質をえておきたいという智恵だったかもしれない。これにたいし、江青の答えは、こうだった。

「あなたは大国の元首夫人なのだから、なん着か余分に衣服をつくるのはよいでしょう。しかし、あなたも共産党員である以上、ネックレスをつけることは許されませんよ」

私などの記憶には、人民服の江青の写真のみ印象に残っているが、四人組の逮捕後、私生活では外国製品ばかり用いていたことが暴露された。このころの彼女は、どうだったのか。二人とも私的には派手であったように感じられてならない。だから二人の私的にかわされる会話は、同じ穴のむじな同士の相談のようにも思えるのだが、江青は、この相談にノーの断をくだしたらしい。このため、王光美はいく晩も眠れなくなったと、そのプチブル根性をも、ついでに江青談話は暴いている。

かかる王光美を、女らしくて可愛らしいとは、けっして見ないのが、社会主義国家である。私たちにとってささいな感情もむしろブルジョワ的無意識として攻撃の材料となる。毛沢東が、こういった「習慣的無意識」を諸悪の根源のように許さなかったのは、その時にはじまったことではない。だが文革では、批判大会、壁新聞を通して、首都の北京を中心に大幹部たちを公私もろとも「公開」で叩いた。そのため、資本主義国家の週刊誌に見られるようなスキャンダリズムの様相を呈した。この場合、「劉少奇」を叩く宣伝、そのキャンペーンの前座として、妻王光美のネックレスは、やはり重要な意味をもっていた。自由主義陣営のスキャンダリズムとは、まったく違っていると言うべきだろう。

結局、王光美は、江青の忠告をしぶしぶ承知したらしい。それなのに、王光美は、インドネシア訪問の記録映画を見ると、「ちゃんとネックレスをつけていた」というわけだ。

「あの映画を清華大学へもって行って上映しなさい。あれは大毒草です。王光美をひきずりだすことは、私も支持します」

やるときは徹底的にやれ

これで、王光美つるしあげの批判大会は、江青（あるいは毛沢東の肝入りの「党中央文革小組」）の背後よりの演出だということが、はっきりとわかる。ピンポン玉のネックレスという発想も、江青の発案であったとは思えないが、すくなくとも、江青にへつらった紅衛兵たちの暴力的イメージの実践ではあっただろう。

しかし王光美は、審問の紅衛兵にむかって、江青がやめるようにと言ったのは、「ブローチ」であって「ネックレス」でないと抗弁している。三年前のことであり、どちらの記憶が正しいか、わかったものでないが、この場合、先にもちだしたほうが、勝ちである。そもそも王光美は、帰国後、多少は江青の目がこわかったかもしれぬが、劉少奇の権威がいやがましに上昇していた時であり、直接の非難を受けなかったのか、そのまま忘れてしまっていたのだろう。江青にしてみれば、思いちがいであろうとなかろうと、「ネックレス」と憶え、「ブローチ」などと憶えていなかったのは、幸いである。ブローチでは、小さくて、芝居にならない。つるしあげ大会を盛り上げる小道具として弱い。

ともかく芝居は、進行してしまっている。いまさらブローチのほうが正しいと王光美が主張しても、遅すぎるのであり、彼女としても、言うだけは言っておくといったところである。それより王光美のかしこいのは、ブローチであろうとネックレスであろうと、それが「資本主義の道を歩む」しるしであるなら、どっちこっちだとすぐ気づいたことである。だから即座に「でも、同じことよね」と言ったわけだ。へたをすれば、紅衛兵のほうから、「どちらであろうと、五十歩百歩ではないか」と揚げ足がとられるところを先取りするのである。

だが、このような攻防も、シナリオのある公開批判大会では、無意味である。つねに勝利者は、主催者側とあらかじめ決まっていて、かかる丁々発止もシナリオに緊張をあたえる効果として吸収されるのみである。紅衛兵が、王光美の反撃にたじろいだとしても、場のサスペンスを盛り上げるのみ。大会を盛り上げるのに役立つのみである。

昨年（一九八八年十一月）、生誕九十周年を記念して『緬懐劉少奇』（中央文献出版社刊）なる本がでた。「緬懐」とは、遙かに懐《おも》うの意味である。劉少奇が河南の開封で、一種の「処刑死」したのは、一九六九年、はや二十年の歳月が駈け去った。まさに「緬懐」というべきである。この回想文集に二人の間にできた三人の子供が、共同執筆している。劉少奇は、この日の王光美批判闘争大会の模様をきいて、眉をしかめ、急に一言もしゃべらなくなり、夕食の時も一口としてものを食べようとしなかったと書いている。

とはいえ、この「批判闘争大会」は、もともと相手に答弁を認めるだけ、かえって酷薄な性質と構造をもっていて、劉少奇も王光美も多かれすくなかれ自らも指揮してきたところのものだ。ただ「少年」のエネルギーを用いて「幹部」をとっちめるという傾向は、これまでなく、その異常効果に毛沢東もびっくりしたにちがいなく、あわてて、いきすぎをたしなめつつ、しかし「やる時は徹底的にやれ」と指令している。こうなれば、勢いこの少年たちが後者をとるのは、必然だったとも言え、それも彼の計算のうちであっただろう。

ましてや、「党内最大の資本主義の道を歩む実権派」という長ったらしさに効果のあるレッテルのベールが、ついに剝がされ、現国家主席「劉少奇」という実体があらわれたからには、紅衛兵にとってこれ以上、かっこうな「やる時は徹底的にやれ」の標的はない。その火付け役が、王光美に宿怨をいだく江青ともなれば、その批判も惨鼻にならざるをえない。毛沢東は、江青に手を焼きながらも利用しようとしたであろう。劉少奇一派によって棚上げの屈辱に甘んじていた彼は、「少年」と「女」を活用したのだと言える。その意味で、ヒットラーと同じである。

もとより「批判」なるものは、過去へ過去へとさかのぼる性質をもつが、どちらかと言えば、女性的である。江青は三年前の忠告が無視されたことを忘れていなかった。結局、王光美は「あなたの意見を受けいれます」という約束を破り、数着のスペアは作ったほうがよいという江青の許可も、無視した。鍾華敏の『江青正傳』（一九六七年・友聯研究所刊）によると、出国時にたずさえた衣裳ケースは百箱もあったという。この王光美の心理は、意見を求めながら、いくら外国へ行く国家主席の夫人としての体面という大義名分があったとしても、ひとつ解せない。なにがなんでも、あれこれの衣裳を着る女の楽しみを、せっかくのこのチャンスに、だれがなんと言おうが、味わわないでおくものかという執念さえ感じられる。ここには、鍾華敏が「両夫人の競技」と言うように女と女の戦いがあったと見てよいだろう。俗なようだが、中国の正史などは、このような戦いを正面からとりあげる。俗こそ人間だという考えがあるからであり、思想闘争とて、この俗性の批判が排除されることはない。

王光美の派手な衣裳の作りすぎの発見は、東南アジアでの彼女のにこやかなホステスぶりを伝える新聞報道の写真からでも容易である。しかし「ネックレス」のほうは、インドネシア訪問の記録映画からだったと、江青の談話でわかった。映画は、スチール写真のように断片的でない。ネックレスやブローチなどの小物アクセサリーでさえ、よく見えるのだろうか。ましてや、江青は、忠告を無視されて、尊厳を傷つけられただけでなく、そもそも女であり、かつては女優だった。

文化大革命中に批判された映画のリストを見ると、劉少奇関係のものが三本ある。まず一九六一年製作の『劉少奇黒龍江に在り』『劉少奇内蒙を訪問す』の二作は、自分を立志伝中の人物として飾りたてたというのが、その理由である。一九六三年の『印度尼西亜を訪問す』は、資本主義陣営との和平合作、議会への道の鼓吹が批判された。江青は、女性特有のドリヴィアルなところまで届くえげつないまでの嫉妬の日により、この記録映画の中にめざとく「ネックレス」を発見したのであろう。（ビルマのレセプションでの電送写真でネックレスの王光美を発見したという説もある。これだとはじめから江青は、王光美がどうするかに着目していたわけだ）

尻馬に乗るジャーナリズム

「ネックレス」の物議は、江青の「王光美は不正直だ」という談話から端を発したことを見てきたが、この前後の壁新聞に「劉少奇の女房は大資本家で、彼は女房のいいなりになった」という批判談話もはりだされた。（高田富佐雄「王光美の悲劇」）

「私生活の暴露」という宣伝効果は、なによりも身近で具体的で、人々の心に入っていきやすいという点にある。江青のネックレス批判には、たんに私怨を晴らしたものと片附けられないなにかがある。

核心に迫るためには、まず身近なところから攻撃していく、という中国伝来の宣伝技術でもある。大衆は、のちに大々的に展開される「修養」批判や「清宮秘史」批判で闘争がはじまったなら、なにがなにやらさっぱりわからなくなる。「私生活の暴露」は、人格無視につながり、えげつないが、だからこそ核心の本題に迫っていく、その導入口となる。

また、「連動」を呼びやすいという特長をもつ。このような身近な批判から入ると、呼び水になって、人々はその尻馬に乗るため、つぎつぎと同次元の類例が喚起され、キャンペーンが残忍性と軽薄性を帯び、いぎたなく盛りあがるところがある。伊藤喜久蔵・柴田穂の『ドキュメント文革の三年』の中に、一九六七年一月九日、北京市内に大量の写真グラフが貼り出されたという記事がある。

これなどは、ジャーナリストが尻馬に乗った例である。『人民日報』と『新華社』の造反団の編集になる壁新聞で、劉少奇がインドネシアの女性と踊ったり、王光美がスカルノ大統領にタバコの火をつけている写真などで、一枚ごとに×印がつけられ、「劉少奇はハナもちならない女房を連れて、六三年インドネシアに行き、酒と女に狂う醜悪を演じた。……王光美は新中国の婦人のようであるが、実はコビを売る女である。かれらは中国人民をもてあそんだ民族の不良分子である」といったコピーが附されていて、「これを見たとき情けなくなった」と『文革の三年』の著者たちは、嘆いている。

この嘆きは、同感できるものだが、社会主義国家の「新聞」の目的は、あくまで宣伝であり、権力者が変われば、日和見となり、時にえげつなく尻馬に乗るのであってみれば、その嘆きも、ジャーナリズム精神などという観念が働いているからであり、お門違いだとも言えるのである。

この煽動宣伝の盛り上げに加勢する尻馬行為は、かならずしも、自発的と言えない。うっかり乗せられたのでもなく、積極的に乗ったのでもなく、脅迫的に尻を叩かれる可能性も濃い。これらがまじりあって盛り上がる(時に混乱状態となる)ジャーナリズムなるものは、使用未使用のなまぐさい資料をたっぷりもっているのであり、江青の文革小組がその尻を強く叩いたのだとも言える。

モスクワ留学のさいのロシア娘にはじまり劉少奇は六度の結婚歴をもっている。毛沢東も四度だが、これをしのぐ。二十歳以上齢が違うとされている王光美は劉少奇六番目の妻(初婚)であり、江青は毛沢東四番目の妻(彼女にとって四人目の夫)である。結婚には、党委員会の許可がいる。江青が、文革まで、スポットライトを浴びなかったのは、あまり表面にでてはいけないという党の留保がつけられていた。二人が一緒になった時、毛沢東の妻は離婚を承知しなかったからだ。

元女優であった江青は、毛沢東が党と国家の主席だった時も、そのうしろに身を隠し、劉少奇が国家主席になった時は、一六五センチの長身、英語はペラペラ、シルクの旗袍を着こなし、頭はパーマセットし、一代・二代ではできぬ「金持ち面」の美人と呼ばれ、屈たくない笑顔を明るくひらいて、トップレディとして公式の席に活躍する王光美を、生来の顕示欲を抑えて横目で見ていなければならなかった。もとより、これは、俗的ゴシップ観測にすぎない。しかし「すぎない」と考えるためらいは、むしろプチブル発想で、俗と思想とが一串になっている中国文化大革命に困惑するもとになる。どうも、文革当時の日本の識者には、讃美者も批判者にも、このあたりが、つかみ切れてなかった。

実子を使ったつるしあげ

江青は、三年前のネックレスをもちだして王光美攻撃（毛沢東にとって劉少奇攻撃のダミー）の火蓋を切ったが、他に彼らの子供を使っての攻撃も、なまなましい。王光美をおびき寄せるため、娘の平平を利用したのは、すでに見たが、劉少奇の三番目の妻王前《ワンチァン》との間にできた二人の子供を利用した。

まず清華大学女子大生であった娘の劉濤《リウタオ》は、初期紅衛兵である。王光美の主催する工作組の指導の下に（劉少奇派は、あくまでも毛沢東の文化大革命に賛成の姿勢をとっていた）同大学の議長を勤めていたが、文革小組の肝入りで同大学の造反組織の井岡山兵団が勢力を伸ばし、彼等を用いておおっぴらに劉少奇批判を開始した時、劉濤は、江青の説得を受け、父を告発した。家庭と毛沢東思想は一線をひくべきだと説得したのである。親子の愛情は、諸悪の根源だという原始共産主義とも言うべき大同思想が、古代から中国にある。子供が親を公開批判するという報道は、世界を驚かしたが、それなりの伝統はあった。

劉濤は、生母の王前に取材、劉少奇を、清廉潔白を装うニセ君子であり、「少し損して大きくもうける」という商人哲学をもった個人主義の典型だと批判した。みんながトウモロコシのつぶしたのを食べている時、ひとりニワトリやミカンを食べていたとか、十六歳の母と結婚する時、四十三歳だったのに三十二歳だと偽ってだましたといった具体的ななまなましさをもった告発だった。金皮ベルトや金の靴ベラを汚職したとも、叫んでいる。後妻となる王光美に対しては、輔仁大学の物理学科学生だったころ、神父とあやしかったとか、国共合作のころ、英語の通訳をしていたが、合作が終った時、アメリカへ留学するか中国共産党の延安へ行くか迷っていたとか、その心中にまで押し入っている。

延安に決めたのは、幹部の劉少奇の寵愛をうることによってえられる名誉と地位を求めた、ブルジョワ階級の小娘の野心であり、いずれにしろ臭いもの同士が意気投合したのであり、人民に頭をさげろと言い、反動親爺には徹底的に造反します、といった激しいものだった。「劉少奇の醜悪な霊魂を見よ」が、彼女の批判演説の題だが、「霊魂」というのは、すこし唯心的である。

一月六日、清華大学で王光美第一回目つるしあげ大会が開かれた日、劉濤の弟で国務院勤務の劉允真《リウニンチエン》も、「劉鄧ブルジョワ反動路線徹底批判大会」で「毛主席の真理の前で、無条件降伏しろ」と演説したという。おそらく彼にも江青の文革小組の強制力が働いていたと見てよい。

劉少奇をひきずりおろすに当って、その妻王光美への戯画的で猟奇的なつるしあげと、「実子たちの批判」という趣向をもった二本立てのだしものは、異常な宣伝効果をもったにちがいない。

骨肉の争いは、人間の常態とも言え、ただ水面下に隠れ、表沙汰にされないだけだが、中国の共産党がヘゲモニーを握る社会主義体制の下にあっては、人民裁判や批判大会などで、常時、水面上にあったと言えるだろう。だから自由民主主義の体制下にある人々ほどに中国の人々は驚かなかったと思われるが、驚いたとすれば、いつも命令をくだす「大幹部」がその対象になったことに対してであろうか。これとて、なまぐさい中国の正史、毛沢東の愛読した二十四史をまがりなりにも読んできた私には、不思議でもない。このような現象は、共産主義特有の一面というより、中国人の「中」にあるものである。

一九六七年の第二回王光美つるしあげ大会の第一審問の中にも、金皮ベルトと金の靴ベラの話がでてくる。王光美は、たえず工作中、国民党に逮捕される危険が劉少奇にあったので、それを免れるための用意であったと答えている。おしなべて中国人は国家発行の紙幣を信用しないが、そういう習性のあらわれでもある。この時、王光美は、これをばらした第三番目の妻王前をよくない人だと叫び、金皮ベルトも金の靴ベラも、離婚の際、ともに彼女がもっていったと言い、金皮ベルトを母に贈ったのに盗まれたと言って罪をかぶせたという劉濤の証言と、くい違っている。

第三回訊問は、紅衛兵の「まず、お前の出身について白状するんだ！」ではじまっている。王光美は、「出身家庭は民族資産《ブルジョワ》階級、本人は大学の出身であり、家には四十以上の部屋があり、いくらかの××会社や揚威会社の株を所有していました」

と悪びれずに答えている。

三

原則は〝醜くすること〟

「痛快です。大変、よくやってくれました」

江青は、王光美公開闘争の第一審問における報告を紅衛兵から受けとるや、こう答えた。「もう一回やりましょうか」と紅衛兵がお調子にのると、「もう一回ですって！　回数に制限をつけてはいけません」と叱りつけている。この場面は、老竜の『江青外伝』にあるもので、脚色の匂いもあるが、この大会の背後に彼女がいて、指令を発していたことは事実であろう。

第一審問のテープをきき終るや、つぎの闘争で、劉少奇との関係の追及を命じ、「原則あくまで醜くすること」を江青は条件づけている。まさに王光美へのあさましき復讐劇でもあったわけだが、同時に彼女を「醜くすること」は、中国のフルシチョフ劉鄧一派に対する権力闘争のボルテージをあげ、相手をくじく宣伝効果にもつながっていた。

第三審問に対する江青の指令は、王光美を徹底的に疲れさせることであり、テーマは、「彼女の経歴、家庭環境がよい」であった。最後の審問会が、紅衛兵の「まず、お前の出身について白状するんだ！」で幕が開いたのは、そのためであった。「疲れさせること」は、彼女の生理状態を極限に追いこむという個人的快感にもまし、「醜くすること」の政治宣伝性をドラマチックにすると江青は信じていたのだろう。

また、出身への審問も、王光美を「醜くすること」の武器でもありえた。彼女がブルジョワ出身であることは、周知であったからだ。それは幹部クラスが知っているとか、そのようなゴシップが世間に流れていたとかの次元でない。文革で王光美批判が壁新聞にのりはじめたころから、さかんにとりあげられていた項目だったにちがいない。審問の中で、彼女が父親のことを「大字報では、天津の大富豪とあったけど、まちがっているわ」と答えている箇所があるからだ。

このころ、すでに中国では、矛盾といえ、あらたな階級社会が成立していたといってよい。「紅五類」「黒五類」という出身の分類が成立し、有効に社会を動かしていた「黒五類」とは、旧地主、旧富農、反動分子、悪質分子、右派分子である。都市では、資本家が入る。これは、素性が悪い出身とされた。血統がよしとされたのは、「紅五類」で、労働者、貧農・下層中農、革命軍人、革命の犠牲者、革命幹部の出身者である。

この「紅五類」こそが、中華人民共和国のエリートであり、すこしでも権力的地位に近づこうとするものは、その血統をあえて誇ったし、そうでないなら、偽ってでも貧農出身を装ったりしなければならなかった。封建主義や資本主義の社会とは、まったく逆転している。初期の紅衛兵は、「紅五類」の出身でなければなれなかった。貧乏こそが、育ちのよさのあかしなのである。

では、王光美の場合、どうなるか。あきらかにブルジョワ育ちだが、「紅五類」に入る。革命幹部だからである。周恩来も劉少奇も、旧地主階級だが、革命以前からの党員であり、幹部であるから、黒五類でなく、紅五類である。

王光美が、紅衛兵の出身追及に、四十も部屋があったと悪びれなかったのは、居直りというより、あくまで党幹部であって紅五類に入り、ブルジョワ出身であることも党に報告ずみだからである。にもかかわらず江青が、出身の追及を紅衛兵に命じたのは、「ああ、やっぱり。悪い血筋は争えない」という印象をひきだすためであり、走資派のボス劉少奇の妻らしいという状況証拠を固めるのに都合がよかったからだろう。「走資派」という攻撃目標ができた以上、紅五類の幹部とて、その出身の「黒五類」的要素を「悪宣伝的に」叩いてもよいわけである。劉少奇も「地主階級の御曹子」と非難された。

王光美は、北京生まれであり、カソリック系の輔仁大学物理学科出身であり、女子部を首席で卒業している。当時、ブルジョワの子弟でなければ、大学に入れない。父の王槐青は、早稲田大学法学部出身であり、帰国後役人になり、汪傀儡《かいらい》政権の商工部長になっている。いわば「漢奸」である。母の董潔如は、天津の紡績工場の社長の娘である。王槐青が、天津のゴム土であったという噂は、母の血統からの誤伝であろう。

王光美に言わせれば、日本が侵入した一九三七年ごろは、収入がなくなり、家作を売って生活していたが、その金を銀行に預け、利子を受けとっていたので、民族ブルジョワ階級だといってもよいのだという複雑な言いかたをしている。曽祖父は、塩商だったというから、財産はそこで築かれたのだろう。父は商工部長となった位だから、「反動官僚」だったと正直に批判しているが、そういう親父の墓を作ったのは、なぜかと問いつめられている。彼女は、過去は過去と悪びれるところはないのだが、やはり矛盾はでてくる。彼女の兄弟姉妹についても、追及の手を紅衛兵たちは伸ばしているが、みな知識階級であり、「走資派」の匂いに彼女が囲まれていることを印象づけるのに成功している。

さらに紅衛兵たちに、党員になったプロセスや、劉少奇と結婚するまでのいきさつをしつこく問いつめられ、「どうせ私はブルジョワ階級のお嬢さんですから」とヒスをおこしたり、護衛の解放軍兵士に持病の薬を要求して、少年たちに「死ぬのがそんなにこわいか、死にぞこないめ！」とののしられるや「怒気天を沖《つ》く」ばかり「我れ死を視《み》ること帰するが如し」と答え返したりしている。この古くさい「文語体」による返答そのものが、プチブルの証明ともなる。

彼女が、これ以上に（発狂せんばかりに）怒ったのは、れっきとした「共産党員」であるという彼女の砦を侮辱した時で、「人をこけにするにもほどがあるわ」と叫べば、「おまえなぞ、もっともっといじめてやるぞ。……発狂したら許さんぞ！　気分をゆったりしておれ！」と叫び返されている。

「お前、泣いているのか？」

「ただ涙がこぼれただけよ」

劉少奇を反革命分子だと紅衛兵が断定した時のくだりである。

この三つの審問を通して言えることは、王光美は、かずかずの屈辱を受けながらも、国家主席夫人としての矜恃をたもちつづけたということで、また一貫して紅衛兵の問いに対し正直に答えるよう務め、反論すべき時は、きちんと反論する姿勢を崩さなかった。

その意味で立派だったと言えるが、宣伝の立場から言えば、やはり江青の演出の勝利だった。なぜなら、この情況にあって、王光美の堂々たる態度は、かえってにくにくしい仇役を表現することにもなってしまったからだ。この三審の問答は、清華大学井岡山兵団の機関誌『井岡山』にのせられたが、その宣伝印刷物としてのまとめかたも、堂々たるドキュメンタリー・シナリオと言ってよく、世界中を驚かすだけのできばえである。特に「気が狂わんばかりに怒って」とか「語らず」「皮肉っぽく」といった彼女のしぐさやセリフへの注のつけかたのセンスが、卑劣なまでに抜群である。これらは彼女を「醜くすること」への宣伝技術にほかならない。

「桃園の経験」とはなにか

「桃園の四清《スーチン》運動でお前はなにをやらかしたのか！」

この訊問は、第一審にある。これに対し王光美は、「君たちに何がわかるというの」「君たち〔の農村体験〕はたったの五日間でしょ、私は一年いたのよ」とたしなめている。

ここで言っていることは、一九六三年秋から一九六四年の秋にかけ、王光美みずからが、工作組をひきつれて、河北省撫寧県盧庄公社桃園大隊に蹲点《とんてん》し、四清運動を行った体験を指し、いわゆる「桃園の経験」と呼ばれるものである。

毛沢東は、「大躍進」の失敗の責任をとるかたちで劉少奇に「国家主席」の椅子を一九五九年にゆずった。劉少奇は農村の危機を救う政策として、生産ノルマを請け負わせる制度をとった。性急な毛沢東の人民公社政策に面喰った農民が心に抱いた「働くものも働かないものも同じだ」ということへの不満を解消するための、いうなら「物質刺激」である。これは、生産回復に成果をあげたが、毛沢東は、これを資本主義の復活ではないかと、黙っていなかった。劉少奇一派の三自一包（自留地拡大、自由市場、自ら損益を負う企業・生産の請負い）や「四大自由」（土地売買、土地貸付、雇用、金銭貸借の自由）の政策は、たしかに数々の弊害も生みだし、一時息をひそめていた迷信や心霊術が流行し、人身売買、売買結婚、賭博も復活した。

一九六二年、毛沢東は、それらを防ぐために階級闘争の継続をとなえ、六三年五月には「中共中央の当面の農村工作における若干の問題に関する決定」を公布し、社会主義教育運動を開始した。これが「前十条」と呼ばれるもので、その中に「四清」工作がふくまれる。

四清とは、人民公社内の賬（帳簿点検）財（財政点検）庫（在庫点検）工（労働点数点検）の不正を清めることであり、劉少奇の政策によって汚職がいかに農村に漫延していたかを示している。「前十条」を読めば、あきらかに劉少奇批判でもあり、彼はあわてないわけにいかなかった。

すでに毛沢東は、一九六二年より、妻の「江青」を利用し京劇改革に着手しているが、劉少奇もまた妻の「王光美」を利用しようとした。それが「桃園の経験」となる。老竜『江青外伝』によると、劉少奇が、田舎へ行って労働参加するようにすすめ、

「貴方は私に田舎に行って泥いじりしろというの？」と彼女は反撥すれば、「いや、君が労働の真似事をすれば、君の名前があまねく天下に知れ渡り、江青など足もとにも及ばない人気と喝采を君にプレゼントできると思うからだよ」と説得している。老竜は、まるで自分がそばで見ていたように書いているが、大筋においては、彼の言うように「完全に仕組まれた芝居」だった。つまり、彼女の桃園大隊における「蹲点」は、毛沢東に対抗する劉少奇の宣伝大芝居だったのである。「蹲点」とは、幹部（工作組）が桃園なら桃園という地点に根をおろし、肉体労働に参加しながら社会主義教育活動をすることである。

王光美が、劉少奇の懇願により、桃園に蹲点したのは、表面的には毛沢東の「前十条」の指示に従うという建て前を実行するためであった。毛沢東の「前十条」は、実権は劉少奇が握っている。王光美の「桃園の経験」をもとに、劉少奇は一九六四年九月、「農村社会主義教育運動中における若干の具体的政策に関する規定」を公布した。これを「後十条」と呼ぶが、のちに文革で「形は左だが、内容は右」と批判される草案だった。「前十条」実施のための細則というスタイルをとりながら、幹部の「四不清」の摘発を中心に据え、徐々に資本主義と封建主義の勢力を追い払うという、これまでの劉少奇の政策の続行ないしその訂正を意味していた。

ここに毛沢東はまたもや棚上げの匂いをかぎつけ、一九六五年には、いわゆる「二十三条」を発表、「四清」

の内容も「政治・経済・組織・思想」といった曖昧なものに変え、国家が援助し即効を狙う劉少奇の「桃園の経験」に対し、自力更生の「大寨《たいさい》に学ぶ」のモデルをもって対抗するにいたる。「文化大革命」は、この路線闘争の延長にすぎなかったとも言える。

「〈工作組〉組員には都市の住民が多く、農村を良く知らぬものが多い。貧農・下層中農と一緒に住み込んだとしてもその生活感覚はあまりにかけはなれていたために、貧農・下層農民は〈工作組〉に対して生産隊の内実を率直に打ち明ける気にならなかった」

これは、『中国の現在と未来』（一九七二年・三一新書）の浜勝彦の言葉だが、「蹲点」という唯物弁証法の永遠なる滑稽的限界を示している。劉少奇路線でも毛沢東路線でも、同じ滑稽をくりかえすことになる。ただ両路線の「宣伝」の悪魔だけが、ばら色に輝いて中国の上空を舞い、人々を混乱と恐怖におとしいれるのみである。王光美は、つるしあげ大会で、君たちは、たった五日、農村にいただけ、私は一年と誇ったが、目糞鼻糞を笑うようなものである。

しかし、王光美は、大衆運動を束縛したことを認めても、「桃園の経験」は、好い点もあったことを、紅衛兵の訊問に対し主張しつづけた。これを大会に参加の群衆は怒り、彼女に衣裳がえさせ、写真に撮ったと、『井岡山』の記録に注釈としてある。彼女は「どうもありがとう。でも君たち侮辱はいけなくてよ」と答えている。いったい、王光美は、なにを着せられたのか。インドネシア訪問の旗袍でないことは、たしかだ。老竜の『江青外伝』には、農婦の恰好をさせられたとあるから、文脈からして、これであろう。このつるしあげ大会では、お色直しに桃園の百姓着まで用意されていたことがわかる。

王光美は「国家主席夫人」の身分を伏せ、河北公安庁秘書「董樸」という名をつかって桃園に入っていった。「善行で名声をえたいと思うなら、秘かに行へ」という諺の実行だと老竜は言う。かつて江青も、映画『武訓伝』批判のための調査に出かけた時（一九五二年）、「李進」という偽名を用いている。偽名は、中国の古代からある自己宣伝の知恵である。早くも翌一九六四年に覆面はとり去られ、農民と食住労の「三同」を実行した「模範労働者」として王光美の美名は中国に轟く。そのように宣伝工作したからである。「さすが劉少奇」と彼の評価も、いやがましに上昇した。「桃園の体験」＝「前十条」は、ベストセラーになり、王光美は各地を講演してまわった。北京では七千の観衆を前にして講演、その録音テープの注文が殺到したという。

のちに「ニセの三同」を行ったと王光美は批判される。桃園では、一番立派な家に住み、部下の工作組員に対しては貧農の家で食事をするよう命じながら、自分は宿舎で食べた。どうしてもそうしなければならぬ時は、農家の炊事道具を消毒させ、自分の茶碗と箸をもっていって食事した。茶菓子は天津のレストラン「ケスリン」からとり寄せていたという細かい暴露まである。（金雄白『続・文化大革命』一九六八年・時事通信社刊）

北京から東三六八キロのところに海の避暑地北戴河がある。毛沢東の別荘もここにあった。ここから車で一時間したところに桃園がある。劉少奇王光美夫妻が、この地を訪れたのは、一九五八年で、人民公社設立を決定したのも、この北戴河での会議である。劉少奇は反対だったが、決定となった。その決定の代償に、毛沢東は国家主席の地位を渡したところもある。夫妻は、この桃園で、口のうまい関景東という男に出会い、以来、彼をひいきする。桃園を自分の農業政策のモデルにしようと思ったからで、機械を買ったり電気を引いたり道路をつくる国の援助を受けられるようにした。生産をあげるためには、この方法しかないと思っていたからである。

一九六三年、毛沢東の「前十条」が発表され四清運動がおこった時、夫妻がひいきしていた関景泉が批判の対象となっていた。一九六七年、桃園大隊の四清運動を暴露した記事が「ニセの四清、真の復活」と題し、『解放軍報』にのったが、それによると、関景東の悪事が、汚職・窃盗・投機空取引・賭博のピンハネという風にあげつらねてある。「党員をクビになったって、バクチをやめるもんか」というタイプの男だった。

王光美が、桃園に蹲点したのは、関景東を救いだす目的もあった。そうしなければ、ゴロツキと知らずに援助した自分たちにも火の粉がかかってくる。関景東を摘発しようとする急先鋒の党員呉臣ら幹部を、偽名を使って蹲点していた王光美（彼女はいつも大きなマスクをかけ、大きなスカーフをかぶっていたとある）が、徹底して痛めつけている模様が三面記事のように描かれている。

王光美は、いう通りにしない幹部に対し、工作員をつかって、かわるがわるに攻めるたてる「車輪戦法」をとったり、ツバメの飛ぶかっこうの「飛燕の仕置」や、頭をストーヴに押しつけさせ、「火力が弱い。もっとやれ！」と命じたり、時にはピストルをつきつけたという。これらの事例は、まさに王光美が、つるしあげ大会で紅衛兵たちにやられたところのものである。関景東に対しては、まっさきに自己批判させるという作戦をとり、大衆が摘発しようとする鋭鋒をそらし、あげくには、劉少奇のお墨付きをとりよせて彼を大隊長にしてしまったという。また彼女は、

「食事をするときにも、カメラマンをつけ、ここかしこでちょっとポーズをとり、写真をとりおわるとすぐに帰ってしまった。そして、このようなニセ〈三同〉の写真を大量に公社員にばらまいたのである。大隊、公社、県指導機関の事務所にも王××の写真をかけた」（『中国プロレタリア文化大革命資料集成〈第三巻〉』東方書店出版部訳編・一九七一年・東方書店刊）

このような告発をすべて信じるとするなら、劉少奇のモデルケース「桃園大隊」に対し、まずその腐敗を隠し、その同じ手で、こんどは華々しく塗りかえて、中国全土に四清の成功例として祭りあげたことになる。

それにしても「桃園の経験」は、いいネーミングである。桃という言葉と王光美のイメージが、ぴったりということもあるが、中国人なら『三国志』の劉備と関羽張飛の「桃園の契り」をさらに想いだすだろう。あるいは、陶淵明のユートピア「桃源境」であろうか。中国にあって「桃園」と「桃源」はしばしばダブルイメージである。地名でも、桃園が桃源と改められたり、桃源から桃園になった例もある。

生き残った王光美

毛沢東は、この「桃園の経験」を「うまく書けている」と褒めたらしい。老竜の『江青外伝』によれば江青は不満だったらしいが、今は党中央を劉少奇に牛耳られているのだから、忍耐しろ、彼に油断させる手段なのだとなだめる場面をまことしやかに書いている。

一九六五年、毛沢東は、会議席上、劉少奇をののしり、血圧が上って昏倒、軟禁状態にあった時、王光美に頭を下げ、杭州で療養する許可をもらってくれと江青に頼んでいる。一九六三年、インドネシア訪問のさい、衣裳の件につき王光美は江青に相談し、はねつけられた記憶がある。しかしその忠告を無視した疚《やま》しさもある。頭を下げる江青に許可のとりつぎを勝ち誇ったような声で約束する。江青はこの時、伝記作家の老竜に言わせれば、必ず王光美にいつの日か復讐してやると誓ったのである。これによって毛沢東の上海を拠点として巻き返しがはじまり、文化大革命の突入となるのだが、つるしあげ大会は、その実行だったと言ってよい。

さらに言えば、紅衛兵たちの復讐劇でもあったと考えてもよい。文化大革命がはじまると、公然と名ざしされていないことを楯に劉少奇は、当然、賛成という顔をして行動した。これは四清の時と同じである。ただその行動は、自分たちの路線の方向へ運ぶようにするのである。

清華大学は、紅衛兵運動の巣窟であったが、劉少奇は、ただちに工作組を送りこんでいる。その指導者が、またも王光美であった。何璞《ホープー》、小何《シアオホー》の偽名で、大学内の建て物に潜伏し、工作組を指導していた。「桃園の経験」の応用でもあった。他の幹部をどしどし批判、粛清したが、学長の蔣南翔を守る手段でもあった。学長は劉少奇派であった。

初期の紅衛兵は、「紅五類」の大学生たちであり、賀龍元帥など大幹部の子弟が多く、のちに父の劉少奇を批判するにいたる劉濤もその一人であり、彼女は集会の議長をつとめ、王光美の工作組の指示に従っていた。のちに紅衛兵の大スターとなる蒯大富は、少数の造反派に属し、工作組に歯向っていた。学内には「蒯を引きずりだせ」のキャンペーンがはられた。蒯大富に賛成した学生は、「反革命分子」のレッテルをはられ、宿舎に軟禁、自己批判を書かされた。『百日戦争』の著者ヒントンは、「劉濤の助けをかりて〈清華大学の経験〉を文化大革命の全国的模範」としようとしていたと指摘している。

一九六六年七月二十二日、江青は、毛沢東の命によって北京大学へ行き、工作組を批判し、七月二十八日に党北京市委員会は全工作組の引揚げを命じた。七月二十九日になって、王光美は、学生食堂にあらわれ、はじめて本名を名乗り、「私は料理や掃除をし、肥桶をかつぐのにやぶさかでありません」といい、ジャガイモの給仕係となった。「王光美は天使が花をまくように、ジャガイモをばらまいている」という大字報が貼りだされた。八月に入って毛沢東は紅衛兵を閲見したが、以後、彼等は分裂をかさね、王光美に痛めつけられた学生たちは、彼女との対決を望むようになり、かくて一九六七年四月、江青がうしろだてになった蒯大富のひきいる連合井岡山に手渡されることになったわけだ。

一九七九年に出獄するまで王光美は、北京郊外の秦城監獄に十一年つながれていた。「アメリカCIA特務」という罪名で、死刑を宣告された。林彪の指示である。即時執行とならなかったのは、四人組が追放されたためとも、毛沢東が「生き証人を残すため、殺すな」と判決に添え書きしたからともいわれる。

一九八〇年、ひそかに処刑されていた劉少奇は、名誉回復した。その新聞を見て喜ぶ王光美とその子供の亭亭・愛琴・平平・源源の写真が発表された。文革の開始した時、かりに王光美が四十五歳だったとしても、六十歳をこえている。さすが白髪もまじっている。母を真ん中にはさみ、みな笑っている。新しい執行部の宣伝写真にちがいないが、これまでのやらせの笑顔の写真と違い、その笑顔の奥には、まだ重くるしいものが残っている。王光美の笑顔にも、かつての「どうせブルジョワのお嬢さんよ」の屈たくのなさはない。

それでも、王光美は、『緬懐劉少奇』に寄せた回想を読むと、いつも彼は「人民の利益を第一位」においた人だったと書いている。このような言いかたは、権力争いをしたどの派もいうことだろう。これは、あくまでも名誉回復してくれた現政権を意識しての言葉であり、またそう考えることはこれから生きていくためのバックボーンとなるにちがいないが、いったい彼女の今の本心はどうなのだろうか。

さて林彪の娘豆豆は、両親を裏切り、父の野望を打ち砕き死にいたらしめたともいえるのだが、彼女が重病で入院している時、かつての政敵である王光美が見舞いにきてくれた話が、林彪の秘書だった張雲生の『私は林彪の秘書だった』（横山義一訳・一九八九年・徳間書店刊）の中にある。

「豆豆は昏睡状態だったが、王光美は、彼女のやせこけた頬を撫でて〈かわいそうに……〉と涙を流した。あとでこの話を聞いた豆豆の心は激動したという」

★思うツボ――針刺《ハリ》麻酔手術

奇跡の「大ニコニコ」

「二人はピンポンの試合をやってきたところだろう」

と思いたくなるほどだと言ったのは、W・バーチェットである。一九七三年に中国を旅行して書いたルポ『中国――生活の質』（杉山市平訳・一九七五年・筑摩書房刊）の作者である。「と思いたくなるほどだ」というからには、彼が見た「二人」はピンポンの試合をやっていたわけではない。

では、なにをといえば、十五分前まで手術を受けていた。一人は、のどのコブ、もう一人は首のワキの腫れものである。二人は紡績工場に勤める婦人労働者である。

「ニコニコしたり、クックッ笑ったりしながら、のどに厚く包帯をまき、青いガウンを着た姿で部屋に入ってきた」

と上海の華山病院の休憩室で待っていたバーチェットは書いている。つまり、そのふるまいが、まるで二人が、ついいましがたまで楽しくピンポンをやっていたといわんばかりの寛いだ感じだ

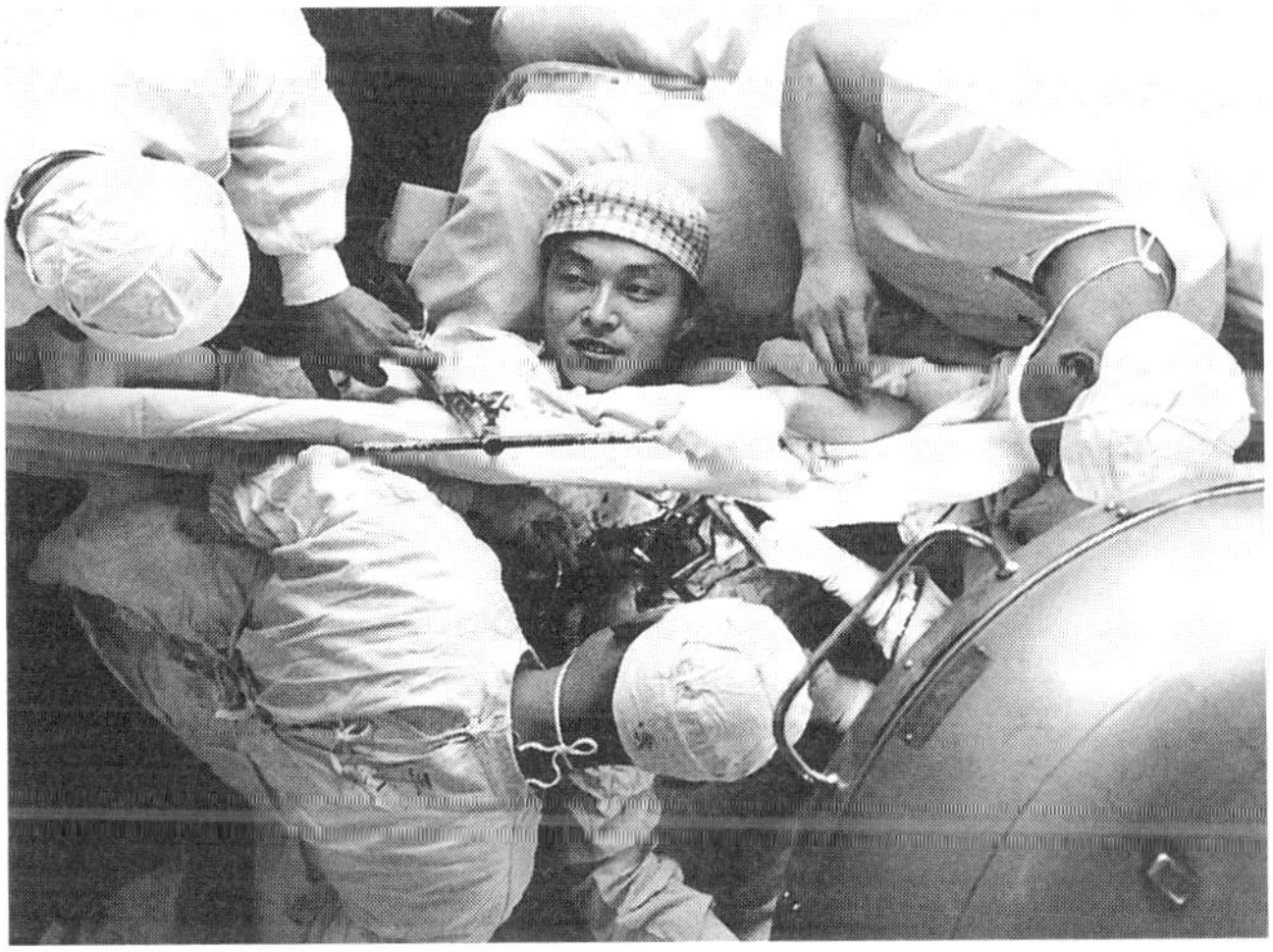

❖……〔1本の針をもって、1つのツボで針麻酔を行ない、病肺の切除に成功した北京市結核病研究所の医務工作者（1972年配信◎新華社―中国通信）〕

ったと彼は言いたいのである。つまり、手術は、人を不安と苦痛におとしいれる人生の一大事であるという前提に立っている感受性で、まったくその逆だったので、びっくりしたわけだ。

この日、バーチェットは、そのころ、世界中で話題になっていた「針《ハリ》刺麻酔」の手術を見学した。はじめ針刺麻酔による脳腫瘍の大手術を見学していたのだが、外科主任の指示により、途中から他の病室へ赴いた時、二人の女性の手術も見たわけである。彼女たちが、彼のいる休憩室へやってきたのは、取材に応じるためだろう。宣伝のためである。

まもなく執刀の外科医もやってきて「今日、労働者がどんなに手厚く保護されているかを見せたいと思ったからである」と語るが、これまた対外宣伝のセリフである。そばに外科主任もいて、二人にむかって、二、三時間もすれば、針刺麻酔の効果が消え、すこし痛みを感じるだろうが、中国薬の麻酔注射ですぐとまるだろうし、それでもだめなら、さらに針刺を打つと説明している。

これは、患者への説明であると同時に、よき宣伝の媒介者として外国人へ解説していると見てよい。痛みがでたら、従来の薬物麻酔注射を打つのみでは、あらぬ疑惑を外国人に招きかねない。というわけでもない。「中西合作」（中国と西洋の医学をともに生かす）のスローガンからすれば、これはこれでいいわけである。しかし、それでも効果なければ「また針刺」に戻るということによって、医師の労働者への誠実ぶりを見せつけるだけでなく、躍進する中華人民共和国の「針刺麻酔」の優越を誇示したと見るべきである。

それにしても、二人の婦人の「大ニコニコ」は、やらせなのだろうか。かえって不気味な印象をあたえかねない。なんらかの宣伝的指示があったにしても、異様な「大ニコニコ」である。なにしろ手術直後であり、スポーツで一汗かいてきたといわんばかりのそのリラックスなしぐさは怪しい。だが、それを疑えば、「針刺麻酔の手術」そのものさえ、怪しいと見なければならなくなる。

バーチェットは、「よく西欧の懐疑派がいうような、催眠術をかけられていた、というような形跡もなかった」

としているから、彼にしたところで、首をひねりながら見学していたことになる。ジャーナリストなら、いくら親中派であっても、当然の習性であり、中国の医師と患者は、疑われるのを承知の上で、なお宣伝的に立ち向っていたのであろう。結果は、西洋医学の常識を破った「奇跡」として世界中に喧伝されたわけだ。

笑顔は宣伝的「しつけ」である

「かれは笑顔でおしゃべりをしていた」

それだけでない。頭の頂点に穴をあけられ、イワシの缶詰のフタをあけるように頭骸骨がひきあげられ、脈動している大脳がまる見えになっているというのに、「患者はまだ看護婦とおしゃべりしている」とバーチェットは言う。まるで目くらましの手品だが、彼は手品にちがいないとは思わなかっただろう。

彼が見学したもう一人の男も、「ふつう患者は顔面蒼白になっているものだが」、そのような様子もない。さきの二人の女性たちの手術風景も、同様だった。一人などは外国人の参観者に気づき、「毛沢東バンザイ」を叫び(「ハイル・ヒトラー」と同じように「今日は」程度の意味か)、「外国のお客にお目にかかれて大へんうれしいです」と挨拶した。もう一人の女性も、電子脈動器でつながれた親指がまだピクピクしているのに「全く何の痛みも感じません」と言ったとある。

ここには、単に生れつき愛想がよいというより、やらせがあると考えてよいだろう。たとえ、そうしろの宣伝的指示があったとしても、無痛の針刺麻酔手術そのものまで、否定できないという問題は残りつづける。看護婦は、脳腫瘍手術の男性の要求にしたがい、「果汁をスプーンでかれの口にうつして」やっていたというが、その間も、医者のほうは「頭蓋骨の奥深く手をいれて、残りの腫瘍を探っていた」とバーチェットは書いている。果汁を飲むのも、やらせ効果のようだが、実際は、針刺麻酔をすると、口の中がからからになり、事前に患者は、そのような時は要求しなさいと注意されているらしい。これは、単なる看護婦のスキンシップでなく、手術中の患者の観察も兼ねているらしい。

「一九五八年から針による鎮痛手術の試行にふみきった。現在までだいたいにおいて成功率九十%、不成功十%というところである。針麻酔の手法は捻針(針をひねる)と、刺した針に電流を通ずる方法が用いられる。針麻酔の特徴は、副作用がまったくないことと、吸入ガス麻酔よりも操作が簡便であり、費用がきわめて低廉であり、農村等僻地の医院でも行なえる便利がある。麻酔効果は、手術が終了し、抜糸ののちまでもかなりの時間続く利点があって、吸入麻酔より各器官の機能が阻害されることが非常に少ないために回復も早い。ただ、内臓を引きだすときに不愉快な感じが患者に起こり、これが十%の不成功に関係し、まだ針麻酔によらない症例が残されている理由である」

一九七二年の五月、訪中医学代表団の一員として、広州の広東省人民医院で、針刺麻酔手術を見学した日本の内科医近藤宏二が、院長の説明として、その著『私のみた中国医学』(一九七三年・社会保険出版社刊)に記したものである。最初の成功は、一九五八年、「大躍進」のころの上海第一市民病院での扁桃腺手術であるから、ほとんど同時に、この病院でも実験が行なわれていたことがわかる。

この院長の説明に誇張はないだろう。むしろ、謙虚である。いや、あえて慎重にというべきか。外国人や専門家に見せるからには、それなりの用意(成功のデータや効能)なしに、つねに「宣伝の効果」を考えている政府として踏み切らないだろう。

ニクソン訪中の橋渡しをしたといわれるエドガー・スノーは、はやくも一九七〇年に北京の反帝医科大学の病院で、女性の博士によって執刀された針刺麻酔手術(妊娠中絶)を見学している。手術後の患者の元気さに彼はびっくりしている。

病院側の革命委員会は、最初、スノーに公表しないという条件をつけた。数日後、周恩来首相に逢った時、彼は記事にしてもよいと言った。新聞発表の許可を求める書類が回ってきて、それに彼が「ゴー」のサインをしたからである。政府と医師団が発表のチャンスをさぐっていたことは、これであきらかである。毛沢東は、この年の十二月、スノーにニクソン招請の意向を伝えた。

その後の外国の見学者への中国医師の説明は、どこの病院においても、日本の医師近藤宏二に語ったのと大差ない。紋切りである。あらかじめ、とりきめられたコードに従って語っている。この紋切りは、発表してよいというぎりぎりに従っていると思えるが、ここで問題なのは、その内容でなく、紋切りが持つ宣伝力である。「紋切り」そのものが、政治宣伝のコピーになってくるわけである。

だから、このことは、バーチェットのびっくりした「大ニコニコ」の仕草にも、言えることである。事実、無痛で副作用もなく、手術後も平常とさしてかわりなかったとしても、又、そういう「人ニコニコ」の人がいても不思議でないにしても、人間みな、なにも「大ニコニコ」である必要などないからである。そもそも「大ニコニコ」は中国文化大革命下の大衆への政府の「しつけ」であり、つまり、宣伝なのである。

「執刀した医師と微笑を交わしながら握手する」「明るい表情で、……二階にいる我々に向かって手を挙げて〈これこのとおりうまくやってもらえました〉といった表情であった」「にこやかに笑うのである」「患者はにっこり笑う」「ニッコリと笑って見学者三、四と次々に握手を交わし」

針刺麻酔だと、手術中、出血が少ないため、血圧がさがらず、ついでにハリの効果で便秘がなおったり、白血球の増加で抗菌能力を増大させたりの効果まで出るのも信じられるが、これらの患者の笑いも、すべてその副産物というわけにいかない。

著者の近藤宏二は、患者とかぎらず、街で出会う人にこの共通項を見出してか、「衆人悉《ことごと》く 微笑す」とし、革命前と一転し「今日の中国人が、このような心に変革されたという事実は驚嘆であり、感動であった」としている。その恐るべき一様さに中華人民共和国の宣伝的「しつけ」を見ていない。

国家も個人も宣伝体

写真は、むずかしいものである。それは、人間が、むずかしいからである。三留理男の『document中国』（一九七二年・主婦と生活社刊）という写真集がある。（*二回取材したうちの一回は）外交部新聞司の招きで、一九七二年六月から八月まで撮影取材した成果をまとめたものである。

一年前の九月におこった林彪のクーデター失敗と墜落死が発表されたのは、七月二十八日であるから、その旅行期間中ということになる。翌々日の三十日には、長沙で二千数百年前の完全屍体が発見されたと公表され、連続して世界中を仰天させた。林彪の事件が、ほぼ一年、隠されたのは、七一年の七月にニクソンの訪中計画が、すでに両国で発表されたからであり、内外の影響をおもんぱかった政治的配慮である。このような配慮も、政治宣伝のうちである。

七月二十八日の林彪事件の公表は、ほとぼりが醒めたこともあるが、放置しておけば、かえって不自然であるからだ。このショッキングな発表後、ただちに長沙の古墳発見の発表が連続したのは、宣伝の妙である。古代中国の科学技術を世界に示すに足る朗報であり、内には国民の動揺を一挙に差し引きする絶好の宣伝素材だった。

実際は、両者まぜこぜになって、なにやらわからぬ中国の不気味さをかえって示威する結果を生んだと思える。事実、一カ月後の九月には、田中首相の訪中がきまっていたからであり、ニクソンの頭越し外交で困っていた日本への無言の脅しともなったかもしれない。中国は、その意味で、世界に冠たる宣伝の妙術をこころえた国家だといえるだろう。すぐマイナスをもプラスに切りかえす力は、さすが陰陽五行の国である。

「針刺麻酔」の公表と公開は、ニクソン訪中、田中角栄訪中の前後に集中しており、その政治的からみを大きく当てこんだ文化戦略だったともいえる。世界中は、写真や文章のみならず、テレビを通じても、その手術の模様を見ることになった。

ちょうどこのころの「中国」を撮った三留理男の写真は、当然、向うが見せてもかまわぬと決め、それなりに防衛的に対応できる場所のみに決まっている。にもかかわらず、彼の写真がすこしかわっているのは、当局の見せたい、撮らせたいシーンを、なんとかかいくぐろうとしているからである。もちろん、彼は、上海華山病院で、「針刺麻酔」手術の模様も撮影しているが、この写真集でみるかぎり、「大ニコニコ」の写真は、一枚もない。患者が笑っているらしく見えるのも一葉あるが、かならずしも「大ニコニコ」といえず、どこか重くるしい不安も表情から伺うことができる。おそらく、これまで中国の宣伝写真をずいぶん見てきて、そこからなんとかはずれたものを撮りたいと彼が思ったとしても、それも素直な気持であろう。

人間の印象は、おおまかである。相手にいろいろな表情があったとしても、もっとも印象に残ったものを口にする。命にかかわる手術という条件下であるなら、まず暗いという先入観があり、たえず不安な表情を見せていたとしても、そこへ一発「大ニコニコ」があったとすればどうだろうか。人々の印象は「大ニコニコ」の表情をもっとも強くキャッチする。それは見学者たちの報告が単的に証明している。三留理男の写真は、他の旅行中に撮影したものにもいえることだが、そういう仕掛けにあえて逆らっている。

では、そのように逆らうことによって中国の真実を彼が垣間みることができたかといえば、そうはいかない。社会主義国家にあって、個人そのものが自ら「宣伝体」を生きている要素が強くあるからだ。不安なら不安だけが、その人の生活の真実といいきれない。たとえ心に背いた虚偽の表情であっても、ニコニコすることも、また彼等の生活だからだ。政治宣伝としては、この場合、「大ニコニコ」にのみ目を注いでもらわなくては困るのはもちろんだが、それからはずれるものも絶対の真実といえないから、外国人にとってなお困るのだ。総じて社会主義国家は、対象としてカメラマン泣かせであり、とりわけ中国は長い伝統をひきずっているだけに一筋縄じいかない。むしろ「大ニコニコ」のほうにこそ、中華人民共和国の複雑な真相が隠れているともいえるくらいだ。

毛沢東思想と針刺麻酔

もっとも、「針刺麻酔手術」に関していえば中国の宣伝写真とて、はじめから跋山渉水しながら、たえず微笑をたやさない「はだしの医者」のように、演出するわけにいかなかったようだ。おそらく、生死にかかわる手術中ということに、心がひっかかった。患者はすでに指示通り「大ニコニコ」していたにもかかわらず、それを撮影することにためらいがあった。

それは、一九七一年十一月号の『人民画報』を見ればわかる。特集の巻頭に「医学衛生工作の重点は、農村にこそ置け」「中国の伝統的医薬学は、偉大な宝庫であり、まさにその現代的発掘に努力し、さらに上へと高めよ」という『毛沢東語録』中の言葉をまず一頁大に文字だけで埋めている。他は、写真入りのグラフィック処理で、手術中の男は、けっして痛そうでないが、キョトンとした不安な気持ちを表情に浮かべている。

「けしからんことがある。医者が検査する時に、かならずマスクをかけようとすることだ。……これは、自分が病気で、他人にうつしはしないかと心配しているのだろうか？　私のみるところでは、他人から病気がうつるのを恐れているのだ」

毛沢東は、「はだしの医者」の養成と都会の医師の下放を促した「六・二六指示」でこんなことも述べているが、さすがに医者たちは、それを守らず、みなマスクをかけている。そのため患者は、白覆面に囲まれることになり、写真として、めりはりがない。メスをいれる局部以外は、白いシーツでおし包まれるのだから、顔の表情がよほど目立った動きがないと、宣伝効果はない。

だが、一年後（田中訪中後）の一九七二年十二月号に、ふたたび「針刺麻酔」の大特集を同誌は行なっている。それにしても、かっこうな美少女が臨床例として舞いこんだものだ。頭髪をすっかり白の布で覆われてしまっているので、大人びてみえるが、十六歳の高蓓という名の少女である。長生きはできないといわれていた先天性心臓病の彼女に「針刺麻酔」による大手術を行い、成功するまでを追っている。他にも子宮をすべて截除した婦人の例もあるが、これもまた美人である。

ともに、ニッコリ笑っている。明眸皓歯というものは妙なもので、目をくっきりと開いて笑うと（美人はふつうにそうしただけでも、構造的に勝手にくっきりになってしまう）、設定が設定だけに、人間らしさは消しとんで、異常性を帯びてくる。まさに絵にかいたように「大ニッコリ」効果となる。

やらせとまで悪想像したくないにしろ、結果としては、「やらせ効果」になる。内臓は切開され、その臓物はまるまる見えているのに、当の本人の顔だけが涼しげに笑っていると、「やらせ」に見えてしまう。ジャーナリズムへの美人の起用は、プチブル発想だと一時、否定された時期もあったが、ここでは、あたかもわざと選んだようにそうなっていて、「針刺麻酔」宣伝の大目玉である「大ニッコリ」が、めざましく生きている。

写真とはなにかと、中国のカメラマンに問うと、「宣伝です」と言下に答えが返ってきたのでびっくりしたという話をきいたことがある。「宣伝です」とは、「毛沢東思想です」でもあるだろう。手術中の「大ニッコリ」が、矛盾や困難を突破して発見した針刺麻酔の成果のあらわれであるとするなら、毛沢東思想にかなうはずで、写真家もそのように撮影しなければならない。一年前にはできなかったことが、ここでは、めでたくその矛盾が統一されているともいえる。

これまで、針刺麻酔の対外的宣伝利用や、視覚面における「大ニッコリ」の宣伝効果について見てきたが、他にもある。一つに劉少奇路線の破壊効果がある。劉少奇の西欧医学一点ばりな、いわゆる「ブルジョワ医療衛生路線」は、都市的で権威主義で、理論とデータに偏し、古代中国からの漢方をかえりみようとしなかったからである。

一介の衛生兵でしかなかった趙晋羽は、「不治」のろう唖者を針刺のツボの発見によって「治」に転化させたものとして、一躍、若い英雄となった。まさに彼の功績は毛沢東思想にかなうが、一種の大才主義、理想主義、才能主義の側面もある。いかに彼の唯物的弁証法を学ぼうと、だれもが大発見というわけにいかない。毛沢東は宣伝の力によって、これをいいことずくめに見せてしまったが、多くの弊害も生みだしたはずだ。

それゆえに、「毛沢東思想」の大宣伝になった。「ニクソン訪中」(文革の行き詰まり、林彪との確執が裏にある)が発表されると、それまで手術がかさねられていたにもかかわらず慎重に抑えてきた「針刺麻酔」の成功を、ぶつけあわせるように公開し、宣伝することへ踏み切った。一九七一年八月の『紅旗』には、四つの論文が一挙に掲載された。『紅旗』は、人民解放軍の機関紙だが、病院は国防省の後勤部所属だからである。

その学術論文の内容は、『毛沢東選集』の中の文句と逐一対応させて展開されている。無痛麻酔のツボの発見は、「実践、認識、再実践、再認識が循環往復して無限にくりかえされ、実践と認識の内容は一循環ごとにより一段と高い段階に進んでいく」という毛沢東の言葉から教わったという風にである。

いまだ「針刺麻酔の原理」は、解明されていない。外国人の見物客に対し、医師は、みなさんも一緒に考えてください、と自信をもって「わからぬ」ことを宣言しているくらいである。西洋医学の仮説、データ、論証のやりかたでは、説明がつかないからだ。

もともと、針刺とかぎらず、伝統医学の漢方は、科学と呪術をとも抱きして発展してきた。西洋科学は、この説明不能な呪術面を叩き落して発展した。その影響を受けた近代中国も、日本と同じように、漢方を斬り落した。毛沢東は、漢方の呪術面を巫女がもっぱら支配することにも、科学を信奉する西洋医の傲慢と同様に否定した。「中西医結合」の発想は、両者のよいところをとるという発想であり、ツボで患部をさぐる針刺(中国)による麻酔とメスで患部を切る手術(西洋)との合併が、無痛の「針刺麻酔手術」である。フィリッピンの心霊手術が同じでないのは、これに対して西洋医のアプローチがなく、呪術師のみの神秘世界に目下とどまるからである。「文化大革命」のあれこれが、卓抜した宣伝術により、地球上を駆けめぐったが、宣伝のみならず、行きづまっている西洋医学にツボとハリを突きつけた意味は、やはり無視できない。

紅衛兵

［こうえいへい］

★孫《こう》悟《えい》空《へい》、旅に出る

――全国経験大交流

大きな禍い・紅衛兵

「大字報、紅衛兵、大交流というようなものがこんな大きな事をひきおこすとは、私は予想もしなかった」(『毛沢東思想万歳』)

毛沢東は一九六六年十月二十四日の「中央政治局総合報告会議での講話」で、こう述べている。翌二十五日の「中央工作会議での講話」でも、

「極めて短時間に、それほどすさまじい勢いでもりあがるとは、私も予想していなかった。北京大学の大字報がラジオで放送されると、全国が大騒ぎとなった。紅衛兵への手紙をまだ出さないうちに、全国で紅衛兵が行動を起こし、一撃で諸君をこっぴどくやっつけた。私という人間が、こんな大きな禍いをひき起こしたのだ。だから、諸君が不平を言うのも無理はない」

と毛沢東は語っている。

この毛沢東主宰の中央工作会議では、二カ月間の文化大革命が総括され、劉少奇・鄧小平《ドンシャオピン》をここで批判、またそれぞれ自己批判した。

❖……〔赤い『毛主席語録』を振り、「毛主席万寿無疆、毛主席万寿無疆」と叫ぶ紅衛兵たち(1967年配信◎新華社＝中国通信)〕

毛沢東の弁説は、ねちっこく、紅衛兵たちによって痛めつけられ、怒り、当惑している幹部たちに向って、脅したり、すかしたり、なだめたりしている。

「どうせ誤ちは犯すものだ。路線の誤りなど、改めればよいのだ。誰が諸君を打倒しようとしているのか。私も諸君を打倒しようと思っていないし、私のみたところでは、紅衛兵だって、諸君を打倒しようとはしていない」

「諸君はあせっているが、私もあせっている。諸君をとがめることはできない。なぜなら、時間があまりにも短かすぎたからだ」

これらの発言から、慎重に大胆に言葉を運びつつ、じっくりと構えている毛沢東像が浮んでくる。自己否定がはいることにより、彼が攻撃目標にしている相手への締めつけが、より厳しくなっているともいえる。しばしば謙虚と正直と反省は、権力者のおそるべき武器となる。

たしかに、すさまじい紅衛兵のもりあがりが、毛沢東の予想をこえていたのも、事実だろう。五月二十八日、北京大学の哲学科講師聶元梓《ニエユアンチ》が北京大学党委員会書記陸平《ルーピン》を批判した大字報に対し〈中央文化革命小組〈五月二十八日成立〉の康生らが彼女を操ったと言われる〉、彼は劉少奇の党中央を無視してパリコミューンの宣言書をしのぐと大袈裟にコメントし、六月一日、それを放送、中国全土の若者たちに向って煽ったのだが、そのスピード効果は、おそらく彼の想像をうわまわったのである。

紅衛兵は、その放送にさきだって五月二十九日、すでに同大学付属中学で生れており、清華大学の井岡山兵団よりも早い。彼等は六月二十四日「革命者は孫悟空である。金棒を振りあげ、その神通力を発揮し、法力を使い、旧世界をくつがえし、人をひっくり返し、こっぱみじんに打ちくだくのだ」と大字報を貼りだし、押えこみにかかった劉少奇の工作組の方針に激しく抵抗した。七月二十八日、毛沢東は王光美が口惜しがって泣いたという工作組を廃止し、さらに八月一日、「北京であれ、全国であれ、文化大革命運動の中で、諸君と同じような革命的態度をとる人々に対し、われわれは同じように熱烈な支持を送る」と清華大学付属中学の孫悟空たちに手紙を送った。この公表により、北京の各学校に紅衛兵組織が陸続、乱立して生れ、あっというまに全国にも拡がった。八月五日には、自ら「司令部を砲撃しよう」という大字報を書き、劉鄧の「ブルジョワ反動路線」の攻撃を命じている。

劉少奇路線に対抗する手段として、若者のエネルギーへの着眼は、ヒットとしても、その成果は、しかし「大きな禍い」にまで発展した。もともと、毛沢東にはカリスマ性がある。生来の「宣伝体」的素質をもっている。彼はたえず個人的にも政治的にも否定してきたが、劉少奇でさえ、権力を掌握してからも、彼のカリスマ性を無視できずに温存した。棚上げしたのは、その温存の方法である。毛沢東がその棚上げに反撃した時、当然、自ら否定するカリスマ性は、かえって強大な力となって逆流してくる。少年少女の熱狂的崇拝によって、以前にもまして「毛主席万々歳」と神格化されていく。つまり、ふたたび煌々と輝くばかりに棚上げされる。

それが、毛沢東のいう「大きな禍い」であり、「私という人間」がもたらす「大きな禍い」なのである。しかし「時間があまりにも短すぎ、新しい問題について精神的準備がなく、政治思想工作が充分にやられなかった」といいつつも、毛沢東は、このおこってしまった若さという暴風雨の「大きな禍い」に対して、なんとか関所を越えようという覚悟のようなものができている。

腹をくくって、紅衛兵の若さを操作しようとするが、その利用するにたる若さのエネルギーの量は、底なし沼のように未知数であり、握った手綱を思うようにさばくことができない。それが、彼のあせりでもある。「われわれは、すべての旧い思想、旧い文化、旧い風俗、旧い習慣を批判し、たたきつぶさなければならない」となれば、北京中がパニックとなるほど、みさかいなしに紅衛兵たちは徹底してしまう。彼等にむかってなされる政治宣伝は、そのつど効果を発するが、たえずオーバー・ヒートしてしまう。制御不能に陥る。

まさしく「孫悟空」の紅衛兵たちは、その力を強めるため、まず北京の各学校間で「経験」交流をはじめ、地方の学生もそれを模倣し、つぎつぎと全国から上京してくる。北京の紅衛兵が、「走資派」のレッテルをはられた大幹部を血祭りにあげれば、全国の紅衛兵も、それにならって地元の幹部連を袋叩きにしようとする。広い中国の各地方は、それぞれに毛沢東の怖れる「独立王国」でもあり、「走資派」と気脈も通じているから、紅衛兵と正面衝突して、流血事件があいついだ。この弾圧に不満の若者たちは、「党中央・毛主席」に告訴するため、北京へ向った。

徒歩で北京へ

「造反したために圧制を受けた天津大学などの一部の教員と学生が、〈経験を学ぶ〉ため徒歩で北京に行くことを決めた。彼らは腕を組み、肩を並べ、歌を歌いながら、風雨を冒して北京をめざして出発した。足にマメができても痛さをこらえ、互いにいたわりあい、〈毛沢東語録〉を朗読して士気を奮い立たせた」

厳家祺・高皋の『中国文化大革命』(リュウ・グァンイン訳・一九八七年・PHP研究所刊)からの引用である。きわめて一般的な筆致であるが、「純粋概念」に燃える初期の紅衛兵の実体だったかもしれない。天津大学の孫悟空たちの北京詣は、正確にいつか、この本に記載はないが、毛沢東支配の「党中央文化革命グループ」は、これをかぎつけるや、「宣伝」の材料になるとにらみ、ただちに特別列車をだしている。

「楊村駅でこれらの青年を迎えた。青年たちは、〈毛主席の派遣した列車〉に乗りこんだとき、小躍りして歓呼し、〈毛沢東万歳〉と叫び続けた。党中央文化革命グループのこの行動は、交流を肯定したばかりでなく、むしろ煽動する役割を果たした。加えて新聞がこれを宣伝したため、北京に来て交流する活動が急激に増加した」

自発的な北京詣が、それまで黙認でしかなかったのに、「毛主席の派遣した列車」でやってきたという宣伝の対象となることにより、いわば公認化され、いやがましに同一行動を全国の学生に煽動する役割をはたしただろう。それは、毛沢東のみならず、中国、いや世界中がびっくり仰天するほどの宣伝効果をあげ、北京市内をまもなく赤い腕章の孫悟空で埋めつくすことになる。

だが、これは、やはり大誤算をふくむ宣伝策であった。なぜなら、この時点での若者の中に潜在するエネルギー量が、計算されていなかったから、のちにこの成功の落し前をとられて、あたふたし、「大きな禍い」と自らいわなくてはならなくなるのだ。つまり彼等の行動に対しブレーキをかけることができなくなり、社会秩序が乱れてしまうのである。政治宣伝としては、失敗作であったといってよい。紅衛兵のイメージは、いまなお強烈だが、あまりに代償が大きすぎたからだ。

それにしても、この天津大学の孫悟空の北京行には、大交流（大串連《だいかんれん》）の原型がでている。宣伝的にいうなら、「旅」であり、その形式として「徒歩」と「列車」である。この二つが合併した「かたち」が、ここにはっきりとある。それまでも、北京参詣の大半は、列車によってやってきたにちがいないが、「毛主席の派遣した列車」の誕生により、括弧つきの「列車」になったことが重要である。つまり宣伝としての「列車」となったわけで、こうなれば、紅衛兵をのせた専用列車が生れるのも、まもなくの問題である。

「徒歩」による紅衛兵の旅も、また同じである。徒歩旅行は、一九六六年の「六月二十五日、大連海軍学院の十五学生が、〈長征紅衛隊〉を組織し、各地の紅衛兵との交流をめざし」（『中国プロレタリア文化大革命資料集成〈別巻〉』一九七一年）出発した時にはじまるとされている。この具体的な資料をもたないが、国家宣伝の立場から見る時、この「長征紅衛隊」の徒歩旅行は、まだ熟成されていない。少年達の組織の宣伝になっても、さらには「毛沢東」の宣伝に遠くでつながったとしても、自発的すぎるからである。国家宣伝の牙によって、その情勢が、空虚化されていない。

天津の紅衛兵の場合は、徒歩に対し、「毛沢東の派遣した列車」が送りこまれ、喜んで乗車した瞬間に、「宣伝体」のフォームの中に組みこまれる。その「列車」だけでなく、それまでの「徒歩」も、同時に国家宣伝の鋳型にはめこまれる。造反した彼等が徒歩で旅立ったのは、おそらく天津市によって列車に乗ることを拒否されたからだろう。

天津の紅衛兵は、「腕を組み、肩を並べ、歌を歌いながら」徒歩を続けたというが、たんずというわけであるまい。また、こういった青春と連帯のしぐさによる表示形式は、もともとあるもので、彼等の発明というわけでない。他よりの引用であったり、他よりスライドして再構成したものだろう。学校にはもともと人民解放軍が関与しているし、なにより紅衛兵も『兵』なのであるから、軍隊の表示形式でもある。『毛沢東語録』の朗読にしても同じであるが、党中央文化革命グループ(中央文革小組)の認知を受けるやいなや、これらすべてをひっくるめて、徒歩旅行のありかたのモデルケースとなっていくということなのだ。つまり「宣伝」にしてやられる。

だが、そのことに彼等は、無自覚なはずである。なぜなら、国家の認知を受けようが受けまいが、徒歩の長い旅は、いくら「長征」を気取ったところで、つらいからであるし、また喜びもあるからである。つまり、このあたりが、国家宣伝にとっても、紅衛兵たちにとっても、「うまみ」であり、またのちに両者の「あだ」になってくるのである。

若くて率直で無知なエネルギー

紅衛兵が、名実ともに毛沢東と党中央の認知を受けたのは、一九六六年八月十八日に天安門広場で開かれた「プロレタリア文化大革命祝賀百万人大集会」だが、それにさきだつ八月十六日、文革小組長の陳伯達は「北京に来た地方学生の大衆集会」を開いている。これには、当然、北京の学生も参加しただろう。この狙いは、なんだったのだろう。

地方の学生が、つぎつぎと北京へ集まってきたのは、単に憧れの聖地訪問のみでなく、彼等の造反が弾圧されたためで、援助を求めてきたという側面もある。つまり、地方では、北京ほどには、うまくいっていないということである。そこで、北京の学生の誇りと義侠心を煽り、彼等を地方へ逆流させる手段に文革小組はでるのである。「紅衛兵」の認知の大会に先立って、地方の学生の不満と訴えをきく会を開いたのは、そのためだ。上京の地方学生を慰撫する目的もあるが、北京の学生にこそ働きかけたのだともいえる。

しかし、この紅衛兵の全国大交流という「北上南下西進東征」は、かならずしも、うまく運ばない。地方の指導者は、いよいよ頑固になったからだ。湖南省では、南下した北京学生を逮捕した。武漢では地元の学生と北京の学生は、ハンガーストライキにはいって、無抵抗という抵抗をした。上海でも、三千名も入りこんだといわれる北京学生は労働者・赤衛隊によって包囲攻撃されている。また北京紅衛兵の増上慢に反感を覚える地元の学生もでてきた。だが、あつれきをふくめ、この北京を中心とする「大交流」は、「長征」という徒歩旅行のパターンも生みだし、もりあがって見えたので、その意味では成功だったが、毛沢東は、あせってもいた。この「大交流」が、おそらく「大混乱」のうずまき現象に近いものであることを直観していた。

イタリアの作家アルベルト・モラビアが、中国を訪れたのは、一九六七年の四月である。男女各二名の紅衛兵と、ある大学の応接室で面談している。

「大学はなぜ閉鎖しているのですか」

「われわれが旅に出かけ、そこで団結し、毛主席を訪ねるためです。それからカリキュラムをやり直すためです」(『わたしの中国観』河島英昭訳・一九七一年・サイマル出版会刊)

モラビアが「腕に紅衛兵のしるしの赤い腕章を巻き、手に手に〈毛主席語録〉をにぎっている」学生にインタビューしたのは、どこの大学であろうか。毛沢東に逢いにいくといっているから、地方の大学であろう。

紅衛兵の長征中止(二月七日)、紅衛兵の交流再会中止(三月二十三日)が、党中央からすでに出ていたはずだが、学生の応対をみると、まったく馬耳東風という感じである。「毛沢東」と「党中央」は、まったく別だという認識を地方の学生たちはもっていたのだろうか。半ば当り、半ば当っていない。それとも無謬の毛沢東は嘘をつくはずがないと思っていたのだろうか。モラビアは、このあたりの機微がわかっていないままに、「彼らはみな若い、若いどころか子供だ。だからこそ、このように新鮮で、無知で、率直で、進取の気にあふれているのだ。まだ子供だからこそ、これほどまでに誠実で、信仰にも似た信念をもっているのだ」と観察し、ヨーロッパの「少年十字軍」のことを思いだしている。十二世紀に狂信的な十二歳の牧童がヨーロッパ各地から何千という少年少女を集め、聖地解放に向うが、結局は、アルジェリアで奴隷として売りさばかれるという史実である。モラビアは、暗い顚末を予想していたといってよい。

北京で孤立無援の棚上げ状態であった毛沢東が、劉鄧の路線への反撃の手段として、軍隊としては林彪と手を結び、場所としては遠い上海をあえて拠点としたことだが、最大のポイントは、「紅衛兵」という「新鮮で、無知で、率直で、進取の気」をもつ少年を自分の味方にして跋扈させたことであろう。江青大人という「女」ヒステリの逆用もあるが、むしろうしろから「紅衛兵」を動かす存在として役立ったにすぎない。ともに利用しながら、あとになって彼等の動きにブレーキをかけられなくなっている。

「少年」のエネルギーを利用するということで、私は、「旅」をふくめ、ヒットラー・ユーゲントを月並みながら想起したが、すぐに後漢の「党錮の禁」を思いだした。外戚と宦官、それらと結びつく官僚たちの腐敗集団を「濁流」と呼び、自らを「清流」と呼んで戦う官僚とそれを支持する在野のインテリたちが、ついに弾圧される事件である。この時、清流派は、実権を握る濁流派と戦うにあたって、首都洛陽にいた三万余の学生と全国に散在するぼう大な塾生の支持を受け、かつ利用している。彼等は、宮門に押しかけ、座りこみ戦術にでたりもした。血も流れたが、中国全土にわたって宣伝戦がはなばなしく展開され、若者の血をかきたてる方法として清流派からは数々の潔白が売物のスターが捏造された。彼等の心をとらえるには、誰かに対し「ファン」化するのが早道と知っていた。ファン化に成功すれば、それ自体で若者たちは強力な清流派の「宣伝体」になってしまうのである。清流派といったところで、権力争いであったのであり、若者の「純粋」は、利用された。

利用しあった毛沢東と紅衛兵

一九七九年、元紅衛兵の魏京生が、反動分子として逮捕され、懲役十五年の判決を受けた。彼の壁新聞が、毛沢東も華国鋒《ホワグオフオン》も鄧小平も、民衆を抑圧する点では同じだと主張したためである。この彼が逮捕以前に自叙伝を英国の記者に渡していて、それが公表されたが、それを読むと、彼は、文化大革命を、毛沢東の発動とみず、「共産党が多年にわたり積み重ねてきた暴政への怒りの表れだった」としている。(「元紅衛兵・魏京生の鮮烈告発手記」小野圭祐訳・『サンデー毎日』一九八一年二月八日号〜二月二十二日号)

つまり、毛沢東は、かりに発動したにすぎず、それに乗じた紅衛兵の動きに、さらに乗じたのが毛沢東だといわんばかりである。だがその「怒りの爆発は、暴君崇拝の形をとったうえ、暴政を擁護する闘争、そして犠牲の道へと誘導されていった」としている。とすれば、これは、もはやシンボルの問題である。「毛沢東」というシンボルをはさんで、毛沢東と紅衛兵が、たがいに誤解しあいつつ、利用しあったことになる。

「紅衛兵は熱狂的な毛イストの集団だったが、同時に現実に対する不満分子の集団でもあった」

「この後者の要素はとりわけ重要だった。単なる毛イストの集団であったなら、おそらくあのような〈造反〉的態度をとる必要はなかっただろう。紅衛兵のほとんどが私と同じように社会の不平等に対する不満分子であった。この要素ゆえに紅衛兵たちはしばしば自己犠牲の精神を発揮し、したがって屈強な戦闘力を持ち、容易に分解しない力を形成するにいたったのである」

その通りだと思うと同時に、はじめから、わかりきった話ではないかという気にもなる。モラビアの若者の「無知」は、これだが、わかりきっていると思うことも、また五十歩百歩の「無能」だ。人間は、生れ落ちた時から、平等でありえないし、満ちたりることを知らないのが、人間であってみれば、「民主化こそ唯一の希望」

という魏京生の言葉も期待できない。ただ、つねに空手形の「希望」だけが、人間の自由としてある。この希望もないとなれば、「人間」などやっていられない。

紅衛兵時代の魏京生も、毛沢東の指示にこたえ、経験交流し、全国を旅し、そこで数々の矛盾につきあたる。そういうジレンマから紅衛兵たちは分裂し、ついには毛沢東否定にまでいたったのだと彼は主張する。これもまた毛沢東の「経験に学べ」の成果だともいえ、だとすれば彼は、おそるべき反面教師でもある。しかも毛沢東は、自分の死後の権威失墜や近代化の波までふくめ、見通しだったのではあるまいか。「毛沢東は首切り人の面貌を隠し、人民の領袖の面貌を装うことに成功したのである」といわれることまでふくめてである。彼の矛盾論には、それくらいの透視能力はある。なにより彼は、中国の史書の熟読により権力者の運命を見すぎていた。しかも、見通すということは、それだけの無力の価値しかない。そこまでも、彼は知っていた。

魏京生は、「旅」をする紅衛兵たちについて、つぎのように言っている。

「文革の経験交流を名目に、物見遊山に出かける人が一番多かった。この連中ときたら、頭はからっぽ、無教養で、何もわからないだけか、何かを見てもわかろうともしなかった。彼らの神経はとっくにマヒしており、その生きる目的はただ一つ——享楽だった」

これを読みながら、江青の一九六七年一月十七日の紅衛兵に向っての講話を思い出さないわけにいかない。この頃は、地方から交流にやってきた多数の紅衛兵の他に、全国から無数の労働者や農民も訴えを理由にやってきて、北京の人口はふくれあがっていた。江青はヒステリックに、これらの中の大半を占める「ただめし食い」の者たちが、地方の持ち場に帰って団結するように説得してほしいと紅衛兵に向って叫んでいる。明らかに宣伝としての「旅」は早くも破産している。

★私は宋彬《スン》彬《ピン》彬《ピン》と申します

——毛沢東の紅衛兵接見

『人民日報』はなぜ回収されたか

あたりまえながら、物ごとには、それなりの準備がいる。紅衛兵の出現は、とつぜん、ぼうふらの湧くがごとき強烈な印象をあたえたが、事前の工作は着々と地下で進んでいた。

紅衛兵の存在が、中国のみならず世界中に認知され、注視の的となったのは、一九六六年八月十八日、天安門広場で開かれた「プロレタリア文化大革命祝賀百万人大集会」である。ここで、毛沢東は、紅衛兵と接見するというスキンシップ戦術に出る。大成功をおさめるや、以来紅衛兵たちは孫悟空の分身となって中国全土に暴れまわる。

文化大革命の年表をたぐっていくと、七月十六日の「揚子江遊泳」ですでにスキンシップの味をしめているといえるが、その大集会の一週間前にも、毛沢東は「接見」をこころみている。つまり八月十日、北京で、文化大革命の決定を支持するデモ隊と接見している。

デモ隊といっても、おそらく市民だけでなく紅衛兵や学生も、かなり参加していたとみてよい。当時、毎日新聞北京支局長だった高田富佐雄の『七億の林彪』（一九七一年・新人物往来社刊）によれば、こうである。九日の朝、

❖……毛沢東に紅衛兵の腕章を巻く宋彬彬

支局の窓の下の大通りを東へ東へと大群衆が流れていくのを、著者は目撃する。

「車道いっぱいの自転車隊を、スシづめのバス、トラックが追いぬいて行く。両側の歩道にも徒歩の隊列が無限に続く――それらがみな、ひと目で学生とわかる若者の集団なのだ」

あちこちから洪水のように若者が湧きでては合流していくが、よく見ると無秩序でなく、赤い腕章の紅衛兵（一〇〇人に五、六人）によって調整されており、その数五十万の大動員と著者は踏んでいる。まもなくその流れは、北京工業学院のアーチの中に吸いこまれていく。「経験を交流して、革命をやりぬこう」というスローガンのもと、各大学中学の紅衛兵の決起大会を開くためである。「紅衛兵」と一口にいっても、一握りであり、大半は学生（階級審査により紅衛兵になりそこなった）だった。W・ヒントンの『百日戦争』を読むと、十日に北京市内の大衆接待所《ステーション》で、毛沢東は学生代表と接見したとある。決起大会が終った翌日、その代表が毛沢東と会見したのだろうか。

ところが、妙なことが、その翌日になっておこっている。その「接見」を記事にした『人民日報』が発売直後回収され、版をいれかえて発売されたからである。どうして回収されたのか、回収された現物を見ていないので、今はたしかめようもないが、宣伝的見地からミスがあって、毛沢東の逆鱗に触れたのだろうか。だが、翌十二日の『人民日報』は、その回収記事を赤見だしつきで特集しなおしたという。（中嶋嶺雄編著『中国文化大革命』一九六六年・弘文堂刊）同日の新聞の見出しは、「毛沢東、首都革命群衆と会見」とあり、学生中心の記事になっていないが、北京師範学院や北京女子中学の学生との接見は、サブ的ながらきっちりと書かれている。ただし「紅衛兵」の強調はない。

おそらく、毛沢東の権威をよく宣伝していないというより（事実上のミスなどは、自由主義諸国のように問題とされることはない）、「接見」なるものが、どのような政治宣伝としての意味をもつものかを編集局がよく理解していない記事だったからだろう。

この場合、「毛沢東」が地上におりたって、親しく大衆と接見するという宣伝行動は、最終的に神聖効果を示さなければ、意味がない。「大衆を信頼し、大衆に依拠しよう」「まず大衆の学生になってから大衆の先生になる」というスローガンをかかげ、劉鄧の走資派を打倒するために「少年」たちを利用しようとしている毛沢東にとって、ただの事実報道では意味がない。それまで、毛沢東は大字報に対してコメントしたり、紅衛兵に手紙を出したり、自ら大字報を書いたりして、つぎつぎ擬似スキンシップを計って、段階を踏んできた。「接見」は、もろのスキンシップであり、いずれ少年たちの心を摑みとる手段なのである。しかし、十日の段階では、一般大衆を正面に立てるが、学生を重視しすぎても無視しても、次のステップに用をなさない。回収された記事は、このあたりに抜かりがあったのかもしれぬ。

　毛沢東にも、ヒットラーにおけるゲッベルスに匹敵するような宣伝の天才が、かたわらにいたのかどうかわからないが（おそらくいない。強いていえば林彪）、頂点に立つ毛沢東自身が、ヒットラーを凌がんばかりの宣伝の天才だった。ひょっとすると、故意に新聞を回収し、どうしたのかと人々が好奇心を騒がせるのを狙い、翌日にはあっさりと発表し、人心をたぐりよせる（人心を惑乱させる逆効果もある）という作戦だったのか。

　邪推ともいえるが、しばしば国家権力は、このような手のこんだ芸当をやってのけるので、油断ならないにしても、やはり毛沢東が回収をはかったのは、「宣伝のつなぎ」を最初の記事が無視していたからだろう。営々と築いてきたコンセプト（孕《はら》み）の無視と見たからだろう。八月八日、中国共産党中央委員会は、十六項目の「プロレタリア文化大革命に関する決定」を発表し、「接見」というスキンシップにより、「造反有理」の十六項目の徹底をはかろうとしていたのであるから、その記事は重要であった。

　そればかりでない。「宣伝のつなぎ」とは、前段階のつみかさねばかりでなく、うしろにも尾を引いていく。事実、八月一日から十二日まで、「中国共産党第八期中央委員会第十一回総会」が開かれていたことを、翌十三日になって発表している。その夕方からは、十六項目の公報をラジオでも放送した。いわば、秘密裡のうちに総会は開かれていた。毛沢東が「接見」宣伝策に出たのは、この総会で十六項目を決定したといっても、「実権派」

の抵抗にあって難産であったことを逆に示し、外の力を借りようとしているのでもある。

事実、この総会には、すでに紅衛兵がはいりこんで、実権派を脅かし、毛沢東の「私の人字報」を会場にかかげて、毛沢東起草の十六項目(実権派を叩きつぶす内容をもった)を通過させているのである。だから、たんなる接見といえ、外圧作戦としておろそかにできない。なによりも、八月十八日にスキンシップ戦術の総仕上げとして紅衛兵の大観閲を行う段どりになっていたはずであるから、ステーションの接見は、ひかえめに抑えておく伏線として重要だった。このスキンシップは、単なる人気とりなのではなく、実権派打倒の「力」として、また「武器」として利用する計画だったのである。

熱狂する百万の群衆

「本日早朝五時、太陽が東方の地平線から顔を出し、あたりを遍《あまね》く照らしだしたとき、多数の群衆と赤旗が林立する天安門広場に毛主席はその姿を現わし、すでに四方から広場に集まっていた革命的大衆と会った。毛主席は緑色の軍服を着、軍帽には赤い星が鮮かに輝いている。毛主席は天安門前の金水橋を渡って、ただちに群衆の中に歩いて行った。囲りに集まってきた多くの人としっかり握手し、全会場の革命的大衆に手を振ってあいさつを送った。このとき、広場は興奮のるつぼと化し、人々は両手を高くあげ、毛主席を見ようと飛びあがり、歓呼の声をあげ、手をたたいた」(竹内良雄訳)

これは、新華社発の「毛主席和百万群衆共慶文化大革命」というニュース記事で、『光明日報』の八月一九日号に掲載された。(『ドキュメント現代史16　文化大革命』竹内実編・一九七三年・平凡社刊)凡庸な宣伝ルポ記事だが、宣伝装置としての「大会」の式次第を見るのによい。厳家祺・高皋夫妻の『中国文化大革命』(原題『文化大革命十年史』)を参照しながら、宣伝の角度から八月十八日の真の「第一回毛沢東接見」というべき「プロレタリア文化大革命慶祝大会」の模様を見ていきたい。「模様」とは、まさにデザイン装置なのである。「早朝五時」の設定は、日の出の時刻だからで、美的演出というより、国歌の「東天紅」と符合させている。天安門広場に集まった百万の「革命的大衆」(つねに大衆とは、一方的きめつけであり思いこみであり、虚構である。つまり実体はない)とは、北京と全国各地から集まってきた農民や労働者や学生であり、すべて「紅衛兵」というわけでない。

しかし紅衛兵は、「革命的大衆」のエリートにするつもりなのである。広場のどまん中の最前列は、「大字報」の模型をかかげた北京大学の隊列である。大字報(壁新聞)は、北京大学から発生した。さらに上海、天津、広州、ハルビン、ウルムチという風に、各地から選抜されてやってきた教員と学生が並ぶ。城楼両側の観閲台には、万をこす紅衛兵代表が立つ。他は、各界の代表である。毛沢東は、演出通り五時に出現したが、「革命的大衆」は、深夜一時から、指揮にしたがって集まっている。それでなければ、「百万」という数を処理できない。

毛沢東は、単独で出現したのでない。若い女性兵士(秘書か)に伴われている。さらに林彪、周恩来ら党幹部が相伴《しょうばん》している。おそらくバツの悪い思いで劉少奇もいた。ここで微笑をたやさない毛沢東は、脱いだ軍帽をもっていた手をふったり、握手したりする。天安門城楼の下から歩いて、金水橋にさしかかった時、群衆はどよめき、広場は、「毛沢東万歳!」「毛沢東がわれわれの中にやってきた」の声とともに赤旗の揺れる海となる。あの世とこの世の中間的寓意をもつ「橋」は、あたかも神の降臨のごとく最大限に利用されている。しばらくして、毛沢東は、帽子をかぶりなおして、天安門城楼にのぼる。

七時をすぎると千五百人の各地より選抜された紅衛兵代表が、合図によって、天安門城楼に駆けのぼる。毛沢東を真近に見ることができるエリートであり、生き証人でもある。七時十六分、毛沢東は、大字報を書いた聶元梓ら北京大学の教員や学生代表四十名と接見し、一人一人と握手をかわす。一方、千五百名の紅衛兵代表も、林彪や周恩来、江青らと接見、言葉をかわし、記念写真をとる。

一九八八年、北京で全国写真コンクール優秀作品展が開かれ、それが日本でも一冊にまとめられたが、その中に「毛沢東、紅衛兵と初会見」の写真がある。これを見ると、天安門楼上で、男女の紅衛兵たちは座り、うしろに毛沢東ら幹部が立って談笑している。

これは、お座なりな物のいいかたで、よく見ると、みな赤い腕章をつけているとかぎらない。紅衛兵の資格が、貧農、労働者、幹部の子弟といった「紅五類」の血統のよい階級出身に限られていたことを示しているが、しかし天安門楼上にあがる光栄に浴したもの千五百名は、かならずしもみな孫悟空集団のエリートたちとかぎらず、教師、労働者、農民、人民解放軍の代表もふくまれている。この大ページェントは、紅衛兵の存在を大きく披露したのはたしかだが、あくまでも建て前は、「プロレタリア文化大革命慶祝大会」であったとわかる。

この写真の中央にいる毛沢東は、背後に立つ人民解放軍の兵士たちとしゃべっていて、うしろ向きのため顔がわからない。童小鵬という撮影者は、天安門楼上に登った代表の一人なのか、あるいはカラーであるところからみて、報道機関のニュースカメラマンだったともいえるが、だとすれば、宣伝写真として失敗であり、没になったものだろう。

毛沢東のまわりには、党幹部がいる。左に林彪がいる。彼が筆頭副主席兼中央軍事委員会主席に任命されたことは、すでに三日前の十五日、ユーゴの通信社によってスッパ抜かれていたが、すがすがしい青空の如く　晴れやかに破顔一笑している。彼の隣りに、大字報のヒロイン聶元梓が眼鏡の婆さん顔をほころばせて毛沢東のほうを覗き見ている。不謹慎なまでの林彪の表情にくらべ、暗い表情で、毛沢東の右にならぶのが、のちに「二月逆流」と呼ばれる反逆をおこす徐向前《シユイシヤンチエン》、董必武《ドンビーウー》、賀龍《ホーロン》、陳毅《ツンイー》らの長老的元帥たちである。

名前を変えた宋彬彬

「午前七時半、慶祝大会ははじまった。〈東天紅〉の音楽が流れる中を、毛主席と林彪同志が天安門上に姿を現した。このとき、会場にいた百万の大衆は喜び踊り、赤い色の〈毛主席語録〉をふりかざした。無数の手は天安門の方へさしのべられ、熱情的な百万の心は毛主席のほうへ飛び、革命的豪壮さのあふれる百万対の眼は輝いて毛主席を仰ぎ見た。彼らは、敬愛する毛主席が質素な軍服を着ているのを見たとき、感きわまった。〈毛主席は永遠にわれわれと共に闘っている〉」

これは、さきに引いた『光明日報』の中にあるものだが、陳腐な宣伝文句の羅列というより、文章力の欠如のため、「大会」の盛りあがり以下になっている。子供たちを中心においたこの大会の熱狂ぶりは、筆舌に尽しがたいものであったはずだからだ。

毛沢東が、人民解放軍の軍服を着たのは珍らしく、まさに宣伝的選択であり、彼が紅衛兵の統帥になったことを示し、以後、右ならえして紅衛兵たちが兵服を流行的に特権的に着るという根拠となったにちがいないが、かならずしも、毛沢東の「軍服」は、質素というわけでもあるまい。スタイルは同じでも、生地に差別があるはずだからだ。「平等」の策略《ペテン》として人民解放軍は、文革期に階級章をとっぱらったが、実際は階級がなくなったわけではない。階級なしに軍の秩序を保てないし、命令系統が崩れてしまうため、戦争もおこなわれない。まあ、「質素」の修飾語は、毛沢東信仰の宣伝のテクニックとして否定するわけにもいくまい。

この大会の主宰者は、中央文化革命小組組長の陳伯達（かつて毛沢東の秘書であり、代筆もしたといわれる）であり、その開会の辞ではじまった。毛沢東到着は五時であるから、二時間半もたっての開幕である。「われわれの偉大な指導者、偉大な導き手、偉大な舵とり毛主席」という肩書きを彼は捧げた。以後、この肩書きは、中国全土に吹き荒れる。

つづいて、林彪が挨拶に立つ。「ブルジョワ思想を絶滅」とか「修正主義の根源を掘り棄て」とか、「妖怪変化を打倒」といったこれまでのスローガンの羅列である。林彪は、「毛沢東信仰」の演出者ともいわれるが、彼の宣伝の才とは、陳腐を繰り返すことであったかもしれない。

「反革命修正主義分子、ブルジョワ右派分子、ブルジョワ反動権威を徹底的にうち倒し、たたきつぶして、彼らの威風をはぎ取り、永世にわたって翻身できないようにしなければならない」と叫ぶが、天安門楼上には劉少奇ら実権派もならんでいるのだから（一種の見せしめだが、その懲罰は群衆に諒解されているわけでない）、「権力」の魔はなんともむごい。

さらに周恩来が演説する。彼は、十一回総会で通過した「十六条」を学習し、「戦闘的武器」とするよう強調した。しかし、しんがりとして毛沢東が演説したわけでない。この「質素な」神は、黙すのである。黙すことが「神」であるといわんばかりにである。そのあと演説したのは、北京大学の代表として聶元梓であり、ハルビン、南京などの大中学生の代表である。「わたしたちは中央を守り、毛主席を守ることを、死をもって誓います」と叫んだ。「死をもって」とは、激しい。

実権派にとっては、威嚇的なページェント、少年少女にとっては祭典といってよい大会のハイライトは、天安門楼上で、北京師範大学付属女子中学の女子学生宋彬彬《スンピンピン》が、毛沢東に赤い腕章をつけるという演出である。この時間帯が、式次のどのあたりか不明だが、彼は「紅衛兵総司令官」たることを認めたわけであり、これによって孫悟空たちは、心置きなく暴れまわれる保証をえたのである。

のちに彼女は、『光明日報』（八月二十日号）に一文を寄せている。（『文化大革命』竹内実編）署名は、宋彬彬から、宋要武《ヤオウー》に変っている。彼女が赤い腕章を毛沢東につけたのは、演出だろうと思いこんでいるのだが、手記によれば、そうでもない書きかたをしている。毛沢東に会えて「すっかり興奮」し、紅衛兵が「限りない信頼と愛情」

を彼に抱いていることを表明するため、大会の主宰者に「赤い腕章」の献上を要求したのだとある。

これだと、一種のハプニングであり、主宰者がすかさず宣伝的に乗じたことになる。このような宣伝は、いつでも効果大であり、この眼鏡の少女は、たちまちスターとなる。

「毛主席がわたしに名前をきかれました。

〈わたしは宋彬彬と申します〉

〈文質彬彬の彬かね〉

〈はいそうです〉

〈武が必要（要武）ですね〉」

これが、宋要武と彼女が名前をかえた理由である。「文質彬彬」とは、内実ともに美しいという君子の条件として『論語』にあるものだが、紅衛兵は、兵であるから「武」の精神も必要だと毛沢東は言ったわけだ。また、彼女が「北京師範大学付属女子中学」の生徒であったことは、重要な意味がある。偶然にしてはよくできている。この学校は、劉少奇らの「教学路線」のエリート養成校であり、拠点でもあり、その学校から造反者が出たことになるからだ。

「かつて、修正主義の教育制度にわたしたちはがんじがらめにされていて、わたしたちの革命的積極性はすっかりけずりとられ、造反などしない文質彬彬の書物バカにしてしまいました。……わたしたちは造反を起こし、武を必要としています。〈彬〉から〈武〉へ。……毛主席のため、革命のため、たとえハリの山、火の海の中をも恐れることなく、危険なところに飛び込んでいくつもりです」

それにしても、これを読んで、二〇世紀後半最大の宣伝の天才毛沢東も、たいへんなことになるぞと思ったかもしれない。「紅衛兵」は、彼にとって火中の栗を拾うようなものだったが、この純情な栗は、一途になにをやりだすか、わからないからである。

彼女が毛沢東に「赤い腕章」をまいた瞬間は、天安門広場に集まった百万の群衆にとって、かならずしも劇的といえない。ほんのわずかのものにしか見えないからである。これを「劇的」にしたのは、ラジオ放送とテレビ放映なのである。ことあるごとに群衆は熱狂し、歓声をあげたが、それは合い図ひとつでそうなるのであり、彼等は、機械仕掛けの「感激人形」なのである。午前五時にはじまった（集合行動としては午前一時）慶祝大会は、何時に終ったか、はっきりしないが、その終了後は、国慶節などでこれまで練りあげられてきた大行進である。

全国の各新聞は、翌日から数日にわたってこの毛沢東接見のニュースを大々的に流し、まもなく「大型（シネマワイドスコープ？大広場の大行進にふさわしいだろう）カラー記録映画〈百万の文化革命大軍とともにいる毛主席〉」が全国上映された。百万のデモンストレーションの真の主役は、マスメディアであった。マスメディアの宣伝威力を知っているからこそ、百万の群衆を集めたのである。十億に近い人口をかかえる中国にあって、百万の数など、たいしたことはない。数の表現こそが、主役なのである。

★見えた！見えた！——紅衛兵の毛沢東一見

スキンシップの政治的魔術

「子供と接触するのはとてもよいことだと思う。百五十万人との大きな接触も、数時間でおわるが、これも一つの方式であり、それぞれにそのはたす役目がある」（『毛沢東思想万歳』）

毛沢東は、一九六六年十月二十五日の中央工作会議で、幹部たちを前にして、こう述べた。「全国で紅衛兵が行動を起こし、一撃で諸君をこっぴどくやっつけた」ことも、「子供と接触する」「一つの方式」であり、毛沢東の紅衛兵の観閲も、「一つの方式」といいたいらしい。

「百五十万人との大きな接触」といっているが、十月一日、十月十八日の接見をさしている。八月十八日の「プロレタリア文化大革命祝賀百万人大集会」を皮切りに、第二回の八月三十一日は五十万といったん半分に減るが、第三回の九月十五日は、百万に戻り、第四回の十月一日、第五回の十月十八日には百五十万にはねあがる。

❖……〔天安門前広場で、偉大な指導者毛主席と林彪同志の検閲を受ける全国各地から来た百万の革命的小勇将たち（1967年配信◎新華社＝中国通信）〕

接見は、ほぼ二週間に一回のサイクルだが、第六回の十一月三日は、ついに二百万となる。この時は、さすがの天安門広場も狭くなったのか、第七回は十一月十日の六十万、十一日の百五十万の二日にわけ、数としては二百十万とすこし増える。第八回は十一月二十五日の六十万、二十六日の百八十万で、計二百四十万の新記録となったところで、とつぜん打ち切りとなる。

「数」は、動員の能力と示威の手段として、政治宣伝の常套的魔術である。あくまで概算的な「数字」の打上げであり、そのまま信じる理由はない。それよりも、この数字が「紅衛兵」そのものであるかのような印象をあたえた詐術をも知るべきである。

第一回の動員百万のうち、紅衛兵はその一部分であったように、以後も、学生中心であったとしても、「紅衛兵」がすべてではない。引率の「革命的教師」「一般学生」もいた。そもそも、紅衛兵は学生の十分の一にも満たない「紅五類」のエリート子弟である。大半は、紅衛兵になれない残念を胸に抱いて参加する一般学生だったと思われる。重要なのは、あくまで「紅衛兵」のイメージを鮮明にすることである。

毛沢東は、「接触」といみじくも言っている。いわば、スキンシップの政治的魔術のことだといってよい。紅衛兵に痛めつけられる幹部も、「接触」であるなら、「一人対二百万」の観閲も、同じ「接触」だと毛沢東は、うそぶくのである。

「私は北京から選ばれたものですが、沢山の人が、私を見たことがありません。全く見たこともないのに、どうして選ぶのでしょうか。ただ、名前が知られているからということにすぎません。私と総理〔周恩来〕はともに名前が売れているわけです。しかし、やはり紅衛兵には及びません」（傍点筆者・『毛沢東思想万歳』）

これも、毛沢東の言葉である。一九六七年二月三日、アルバニア軍事代表団のカポとバルクに語ったものである。この談話で当時の選挙の実態について、私は不勉強だが、毛沢東は、外国人を前にして平気でこの制度を否定しているのにびっくりするにしても、ここでは「沢山の人が、私を見たことがありません」と、「名前が売れている」の語が重要である。接見、観閲という「スキンシップ」が、政治宣伝上、大きな力をもつのは、この二つの条件に立ってのことである。

名声は、紅衛兵にかなわぬともいっているが、その実体に対しては、希望ありといいつつ、「大学生のうちの相当な部分に、私は疑いを抱いています」とアルバニアの代表に語っている。このころ紅衛兵の分裂は激しく、そのための不信ともいえるが、実際は、はじめから不信をもちつつ、「数時間で終る」接見というスキンシップにより、彼等を煽ってきたのである。

毛沢東を一目見たい

国慶節は、十月一日である。今年（*一九八九年）の祝賀パレードは衛星テレビで放映されたときくが、一九六六年の国慶節は、「紅衛兵」が、主人公だった。解放軍参加は七年ぶりだったが、その予備軍ともいうべき「集団的大スター」紅衛兵の露払いのようなかたちで登場した。

「解放軍につづいて石膏でつくった毛沢東の真っ白な高い立像が進む。そのあとは、もう限りなくつづく紅衛兵の大軍。約二百列にならんだ紅衛兵の巨大な流れが、怒濤のように押し寄せる。……手に手に〈毛語録〉を高くかざして進む二百万の紅衛兵の目は、天安門上に釘づけにされたまま離れない。足は前を向いて行進しているが、顔は天安門を向いたまま、毛沢東の姿を追っている」（伊藤喜久蔵・柴田穂『ドキュメント文革の三年』）

二百万と著者は言っているが、公表は百五十万である。実数などは、主催者側とて、はじきだせないだろう。なにより、「約二百列」というのが、なんとも凄い。感情に訴えるデザインである。「毛沢東万歳」を叫ぶ紅衛兵が興奮して、泣くのはよしとしても、その怒濤の隊列が、天安門前に到って急に狂ってしまうのである。「毛沢東の姿を一目見ようとする紅衛兵が足踏みし、行進の流れが止まろうとする。司会者は何回となく、マイクで、先へ進むよう注意する。周恩来は楼上から語録を横に振って早く先へ進むよう懸命に合図している。毛沢東は何度となく楼上に姿をあらわし、ゆっくりと手を振って紅衛兵の歓呼に応える」（傍点筆者）

あらかじめ行進の練習は、やらされているはずなのに、本番では狂ってしまうのである。それは、緊張のあまり、あがったりしたためでなく、「毛沢東の姿を一目見ようとする」ためである。毛沢東は、この行進の思いがけぬ弛緩《たるみ》をどう思っただろうか。主催者たちは、あわてて困惑したにちがいないが、毛沢東はおそらく満足しただろう。「子供と接触する」スキンシップは、この隊列の頓座によって深まったといえるからだ。

ここに、この日参加した広州の紅衛兵の例がある。（『紅衛兵だった私』ゴードン・A・ベネット他編・山田侑平訳・一九七八年・日中出版刊）広州の高級中学生だった戴小艾《ダイシアオアイ》は、二日二晩の汽車旅行を終え、北京に着くと、すぐ血統検査（紅五類黒五類の再チェック）を受ける。それをパスすると、北京紅衛兵の案内で「串連接待センター」へ行き、宿の紹介を受ける。それが、第一機械工業部附属の寮である。

バスで寮まで輸送される途中、天安門広場を窓から見て、想像より高くも大きくもないのに、がっかりし、仲間の一人は、「これは実物ではない。模型だろう」と叫んでいる。広州は、中国でも有数の豊かなところだから、北京の食べ物のまずさや故郷よりも高層建築がないことに失望している。天安門への落胆は「政府が子供向けの宣伝で、勝手な誇張をやったせいである」と彼は後年になって批判している。天安門の「写真《イメージ》」が少年たちの心の中に先行インプットされているから、「本物」は太刀打ちできない。

「われわれは十五人一組で、九列になって行進することになっていた。十五人が横に並んで、毛沢東語録を振りながら〈毛沢東万歳〉を叫んで、歩いていくのである。また十五人の列が交替で、大きなプラカードは、全体で毛主席の語録をなすようになっていた」

わかりにくいが、紅衛兵のもつプラカードの動きで『毛沢東語録』の模型を作ることだろう。「九列」と「約二百列」の関係も、文章ではわかりにくいが（パレードの幅は百三十五人、「約二百列」の語に準じていえば百三十五列。

十五人一組が九組だ。横一列は百三十五人になるとすれば「約二百列」はややオーバーな表現ということになる)、広州の紅衛兵の回想では、何時間練習しても、列がまっすぐになったためしはなく、みんないやいやで、途中抜けだして市内見物に出てしまうものもいたらしい。

当日、真夜中に集合し、西長安街へ向う。五時間走りつづける。立ち停まると、仲間からはぐれるので、走りつづけねばならない。目的地に着くと、革命歌を唄い、眠らないようにする。寒さにふるえながら、「われわれの暖い偉大な統帥」は、いまごろベッドの中でぬくまっているはずと想像する仲間もいる。朝九時になると、ヘリコプターが頭上を飛びまわりはじめる。

「毛主席があれに乗っているかもしれない」

「いまごろは、ちょうど歯をみがいているところだ」

退屈しのぎに、おしゃべりをする。ようやく十時になって拡声器が鳴り響き、「毛主席が到着されました」と男と女の声でかわるがわる、しかも合唱による発表があり、群衆はいっせいに「毛主席万歳」を叫ぶ。予定通りの段取りともいえるが、十時間も待たされれば、叫ばないわけにいかないだろう。

「われわれは、天安門の前で観閲台をみているわけでなかったので、専ら拡声器に注意を集中した」

群衆の一粒でしかない彼等にできることは、「拡声器」の声に心を傾けることのみである。現場にいながら、林彪や周恩来の演説も「拡声器」なのである。林彪は、なまりがひどく、「小学生だって、あれより上手にしゃべる」といいだす仲間もでてくる。なぜ、こういう男を毛沢東は後継者に選んだのかと思ったりする。

外部のものには、熱狂する紅衛兵の姿としか映らないが、待たされて退屈すると、こらえしょうもなく少年たちは不埒《ふらち》になる。マスの一粒でしかないから、その不埒も見えない。そのような宣伝効果の計算の他に、待たせるという宣伝技術もふくまれている。限界ぎりぎりまで、いらいらさせておいて、ようやく真打ちの登場となり、一気にたまった感情を爆発させるのである。

「文革を通じて、紅衛兵が規律を守ることは、めったになかった。中央の指導者が演説している間でさえ、居眠りするものが多く、時には拡声器の音が、いびきに圧倒されることもあった。ふざけるものもいれば、ゲームを始めるものもいた。どこかへ消えてしまうものさえあった」

少年の情熱の政治的利用とは、このような不埒の許容までをふくんでいると見なければならないだろう。十一時になってパレードがはじまる。マスの一粒として行進するものにとって見えるのは、ただただ、赤い腕章と、赤旗の「赤一色の海」である。「目を刺激して、落ち着けなかった」と広州の紅衛兵戴小艾は言う。パレード効果としては、マスの一粒の彼等の落ち着かない気持など、重要でない。

だが、少年たちにとって、この北京詣の楽しみは、市内見物と毛沢東を「一目見たい」に尽きている。小学校にあがる前から、「毛沢東」をインプットされているので、今や心の中に救いの星、全能の太陽神として輝いており、「だから彼を一目見たいと、興奮していたのである」と彼は自己分析している。

僕も泣いた、みんなも泣いた

戴小艾の場合、天安門の側から二番目のグループとして行進していた。「一目見たい」ということでは、好位置をキープしているようだが、ドーム球場の最前列にいても、選手の姿が小さいのと同じで、たいしてよくは見えない。

彼の回想録を読んでいると、天安門のあたりから、急に列が渋滞したという意識や記憶はないように見えるが、少年一人一人の毛沢東を「一目見たい」という感情によって、全体としてそうなっていたとして不思議でない。

毛沢東の姿を見たのは「ほんの一瞬」であったが、「堂々として、健康そのものにみえる」と観察している。なにしろ、後列の紅衛兵に追われるように行進しているのだから、自らが毛沢東を置き去りにしてしまうメカニズムなのである。観閲台の前を通る時は、感情が昂揚し、熱にうかされたようになり、「毛沢東をみた瞬間、彼らの目には、涙があふれだしたのである」という言葉に嘘はないだろう。

たとえば外国人用観閲台から双眼鏡で観察していた日本の特派員の目からも「泣いている紅衛兵の顔、顔、顔」であり、「涙」という一点では合致している。この涙を特派員は、「熱狂的な毛沢東賛美」の現象といぶかしげに見、広州の紅衛兵は、「敬愛」のためとなつかしげに自己分析している違いはあったとしてもだ。

この「涙」の真実は、政治宣伝的にどのようにも利用できる。人々の心の中に涙を人間らしさと見たがる習慣があるからであり、よほどでないと阿呆と見ない。ビートルズに熱狂する少年少女を、かつて日本の大人は阿呆と見たが、毛沢東の場合も、同質に近い涙の現象なのに、阿呆と見ないだろう。そこに政治宣伝の介入してくる余地がある。

ここに河北省の師範大学生であった紅衛兵の話がある。馮驥才の『庶民が語る中国文化大革命』(田口佐紀子訳・一九八八年・講談社刊)の中にあり、名前は伏せられているが、彼は三回、「毛主席を見ました」と言う。北京へ行く動機は、作家協会の動きを知りたいと思ったこともあるが、やはりなによりも「毛主席を見るため」だった。話の内容からして二回目の八月三十一日、三回目の九月十五日、四回目の十月一日の接見であり、ここの談話では、主に一回目の体験を語っている。

真夜中の三時に清華大の校庭に集合、徒歩で新華門まで歩き、午後の三時まで待機したが、行進はしていない。天安門の下にある観礼台に参列できる資格をえたからである。

台上では隣にいた江蘇省から来た女子紅衛兵と仲良くなって、おしゃべりしていたのだが、毛沢東が現れた時、感激のあまり群衆の中から「何の声もあがらなかった」という。まさに神がかりの登場だが、実際は、迎える側に「毛主席を一目見たい」という意識が強いため、目の前に出現した時、本当かと呆然とするのである。自縄自縛の催眠術である。半分は自分からかかるのである。

「まわりの人が泣いた。僕も泣いた。みんなが泣いた」

と彼は語っている。観礼台からは、やはり毛沢東の姿をかなり大きく見ることができるらしい。顔が「赤黒くつやつやしていた」ところまで見れるらしい。一貫して、毛沢東を見た人の報告は、「健康」である。病気の噂も流れていたから、それを阻止するためにも、逆に健康を宣伝するためにも、特殊のメーキャップを施していたのだろうか。

背が低い「隣の娘は毛主席が見られないので気狂いのようになっていた。どうするんだと僕がきくと、抱きあげてくれと言う」。そうしてやると、「見えた！　見えた」と「身体をバタバタさせて」喜んだ。彼女の場合、見えない時はまだ涙がでず、見えた時にはじめて泣いたのだろうか。感激のあまり『毛沢東語録』まで落してしまったという。

「毛主席！　口を開け」

もちろん、涙を流さない例もある。東北地区の紅衛兵であった李水生の場合である。

彼はのちに香港へ脱出し、北京のことを北平（台湾の呼びかた）と呼んでいるので、彼の発言は、そのまま信じることはできないが、紅衛兵列車で北京に着いたのは十一月十六日というから、彼の接見体験は、第八回の十一月二十五日か二十六日ということになる。しかし解放軍兵士に午前三時に叩きおこされ、パレードに参加したのは、十九日のように彼の手記「紅衛兵落第記」（築地多計士訳・『中央公論』一九六七年増刊号）では書かれている。この日は特別の召見日だったのか。

到着の日だけで四十万人の紅衛兵が下車し、それだけの宿泊所の用意がないため、トラックが迎えにくるまで寒空の下で野宿している。末期現象である。この頃の北京は、紅衛兵でふくれあがり、宿さえなくなっていた。

初期の頃は、「敬礼」をもって遇していた市民も、憎悪の目をもって対するようになっていた。

酷寒の僻地で生れたから平気だと李水生はいっているが、接見大会は朝九時にはじまり、待機も五時間で、これまでの紅衛兵の場合より短い。最前列に近い場所だったらしいが、緑色の軍服の毛沢東が二人の女性にささえられて台上に登った時、「私は一生懸命に見つめた」とある。彼の場合も、わが目で毛沢東を見ることが、最大の夢であったにしろ、やや濁りのある夢であることは、次の言葉でわかる。

「写真や映画でみたより遥かに若く見える。フト私の脳裏を〈これは替え玉ではないか〉と疑いがかすめ通った。毛沢東は体力が衰え歩行困難なため替玉を使っており、この替玉は髪型から歯並びまで非常に巧みに出来上っているが、声だけは違いすぎてどうにも細工できないので口をきくわけにいかないのだという噂は早くから聞いていたからだ」

涙を流す少年少女たちが、同時にかなり不埒な想像力をケロリとめぐらすことは、すでに見ているが、この僻地からきた紅衛兵は、なんと「替え玉」の疑惑にとらわれている。接見の儀式も八回ともなれば、新鮮さを失い、いろいろな噂や情報が乱れ飛んで、こうなるのか。香港に脱出したので、気負いのため、いいたい放題なのか、よくわからない。彼はこうも言う。

「開会の当初から最後まで毛沢東は一言もしゃべらず、時々手を挙げ、あるいは台上を左右に数歩あるいてみせたばかりで、〈毛沢東はまだ動けるんだ〉ということを示すのが精一杯という感じである」

まったく、毛沢東の戦術そのものを皮肉に読んでいる感じである。なりやまぬ紅衛兵の喊声は、感激のためでなく、「替玉かどうかを確かめたい気持が外に発した叫び」だともいい切っている。

強弁すぎるともいえるが、第八回目の接見のころの毛沢東は、四分五裂していた紅衛兵の利用の方向を転換しようとしていたし、北京はもちろん、全国の交通網は混乱していたから、このような儀式を打ち切ろうともしており、それを敏感に感じとって裏切りと見る不信の心理が少年たちにあったともいえる。

解散を宣しても紅衛兵は聴きいれず、周恩来が、「毛主席は年をとりすぎているのだから、帰って休ませてくれ」と懇願しても、「毛主席！ 口を開け」と絶叫したという。事実だとすれば、かなりこのころは紅衛兵の反抗気分が横溢していたことになる。

だらだらした接見は、夕五時まで続き、お腹がすいたので、替玉説の確認をほうりだして、ようやく天安門広場を去っているのは子供らしいが、接待所に戻った途端、即刻北京を去るように命ぜられている。楽しみの北京見物は、オシャカになり、上京後三日で追い払われるのである。

末期の接見は、政治的思惑や交通の混乱を除いても、天安門の楼上に立つ毛沢東をはじめとする老幹部たちにとって肉体的限界だったともいえる。

「あるときは紅衛兵を東西の両長安街の大通りに坐らせ、その中を毛沢東がオープンカーに乗って通りすぎるとか、トラックに紅衛兵を乗せて、天安門前を行進させるというように、いろいろな形で行なわれた。あたかも紅衛兵を接見する偉大な指導者を退屈させないように側近グループが頭をふりしぼって工夫した〈紅衛兵集会の芸術〉のようだった」

と『文革の三年』では、八回にわたる接見の儀式を総括している。

これらの趣向の変化は、毛沢東のためというより「毛沢東を一目見たい」という地方の紅衛兵の願望をさきとどけようとする工夫にちがいないが、末期の接見が、李水生の暴露手記のような要素が多少でもあったとしたなら、毛沢東のスキンシップの魔術に破れ目が生じたということでもある。姿だけでなく、声まできこうという風に紅衛兵の欲望が一歩深まっているからである。

とはいえ、毛沢東は完全に接見をとりやめたのではないようだ。湖南省の紅衛兵である梁恒の『中国の冬』を読むと、彼が北京に着いたのは、接見中止になったあとだが、地方紅衛兵はまだ市内で交流しており、時々、臨時の接見が行われたようだ。梁恒は軍用ジープに乗る毛沢東を見て、「私は赤ん坊のように大声で泣きながら

〈あなたは私たちの胸の中の最も赤い太陽です！〉と何度も何度も夢中で叫んでいた」とある。

また頤和園《いわえん》などにも毛沢東が現れ、握手に恵まれた青年もいる。機会を逸した青年たちは、まだぬくもりの残る青年の手に握手し、さらにその手をもう一人が握る大スキンシップ・リレーが行われたとも語る。

梁恒は、北京を去る時、金水橋へ行き、「幸福の水」と呼ばれる水をすくって水筒につめているが、帰りの汽車の中で、いまわしい光景を目撃する。数人の紅衛兵が、石炭車の中で一人の女子紅衛兵を輪姦していた。

★兵隊に扮した俳優ばかり
——聖地巡礼

全国経験大交流の成功と失敗

「車体がふくらんで、きしみだすような満員列車に詰めこまれながら、若者の大群は、ひたすら冒険心に酔っていた。彼らの多くは、自分たちの政治的責任に対しては、ほとんど注意を払っていなかった。紅衛兵の大字報が率直に表現しているように、〈一文も出さずに、全国を旅行できるようにして下さった毛主席に感謝する〉というのが本音だった」

これは、広州の紅衛兵であった戴小艾の仲間への観察である。（『紅衛兵だった私』）

紅衛兵の全国経験大交流が途中で頓挫したのは、毛沢東の動員目的を知らず、「自由を謳歌して、興奮と放縦に身を任せてしまった」からだと反省している。彼のいう毛沢東の目的とは、「人間および物質面の犠牲を無視して、若者のエネルギーを動員し、大串連（全国経験大交流）の方法によって、劉少奇の陣地を破壊しよう」という決意である。

❖……延安の楊家嶺にある毛沢東の住居（1966年撮影◎写真提供：共同通信社）

そもそも文革とはなにかよくわからない（今だってそうだろう）うちに、なにやら面白そうだと起ちあがった過半数の若者たちに見抜けるはずもないし、毛沢東の陣営もわざわざ意図をあかすはずもない。「一文も出さずに全国を旅行」という大宣伝の餌をまいたのは、毛沢東陣営（のちに失脚する陶鋳《タオチュー》のアイデアだという）であり、それに乗じたのは、全国の学生なのである。予想をこえた効果にあわてふためいたのは、毛沢東陣営であり、「興奮と放縦に身を任せ」るあまり、その甘い桃蜜の特権をはやばやと失ってしまうのは、紅衛兵と学生である。

これを宣伝的な立場から見る時、成功というべきか、失敗というべきか。宣伝の即効性からすれば、成功のち失敗である。成功がすぎることにより大混乱が生じ、表に高邁な理想と裏に権力闘争の牙を秘めた（両方とも偽りではない）全国経験大交流を中止しなければならなくなるからである。しかし、見方によっては、「成功のち失敗」そのものが「成功」だったともいえる。

なぜなら、もし「一文も出さずに全国を旅行」という宣伝に乗じる軽薄な若者たちが過半数（九五パーセント）でなかったなら、最初の成功もおぼつかなかった。疑うこともなく毛沢東の理想を信奉する優等生ばかりなら、あれだけの力とならない。この力の源泉は、数だからである。

この数なる学生たちのうち、紅衛兵はわずかだったのだが、当時、そう思えなかった。起ちあがる学生は、すべて紅衛兵に見えたのである。たしかに写真を見ると、交流にでかける学生で、赤い腕章をしているものは、まばらである。紅五類出身の子弟しか、あの赤い腕章を腕にまけなかったわけであり、大多数は不平を抱いたまま、「毛沢東万歳」を叫んでいた。

だが、宣伝的にいえば、学生はすべて「紅衛兵」に見えることが、成功だった。それと同じように「一文も出さずに全国を旅行」できて楽しいという浮薄な学生が大多数でなければ、「数」がもつ迫力を生みだし、実権派を脅し、大人をびくびくさせ、世界中の目を丸くさせることなどできない。強制的大動員は、全体主義のオハコだが、整然たる迫力でとどまる。なにしろ、この冒険旅行には、毛沢東一見や、名所見物の楽しみだけでなく、暴力の楽しみもあったのである。そこにはアナーキーなまでの「興奮と放縦」が自然発生し、それが大迫力を生みだす。

国家経済が破綻をきたしたにしろ、なんとか数年のうちに御役御免と「紅衛兵」の全国経験大交流を打ち切って、収拾をつけたのだから、まずは成功だったのである。若者たちを裏切ったことになるが、「走資派」をひとまず打ちのめすという目的は果たされたからである。これが、政治なるものの退屈なまでに不変な姿である。

しかし長い目で見るなら、(今のところ)失敗だったという裏目が出ている。深い禍根を残したと判断でき、成功に見えた「紅衛兵運動」は失敗に逆転しているからだ。だが、宣伝に「長い目」などはありえるだろうか。つねに即効(人間が待てる範囲の時間)が期されている。結果的に「長い目」の宣伝的成功はあるが、たまたまそうなっただけで、期されていない。人間はこらえしょうがなく、長い目で見た宣伝を打つ芸当などできない。

そもそも、宣伝は、成功か不成功かであって、善い宣伝悪い宣伝などというものはない。善悪の色をつけるのは、いつだって人間であって、しかも、それまた宣伝の種となるだけである。宣伝そのものは、むなしいまでに透明である。とすれば、成功不成功をめぐっての一喜一憂さえも、むなしい人間の判断にすぎないといえるが、それこそが「生きる」ということなのだろう。

それぐらいは、わかったところで、宣伝の天才毛沢東は、「文化大革命」を発動したはずである。熱狂する若者の大半が、「一文も出さずに全国を旅行」できることに魅かれているにすぎないとも見抜いていたはずだし、それよりも、彼が気になったとすれば、少年少女の軽薄な行動原理の裏に蓄まりに蓄まった欲求不満を覗き、その爆発を誘ってしまったことに対してである。

眠っている無意識を誘いだすことは、宣伝の成功を意味するが、この場合、同時に毛沢東の失政を意味する。すべてを「走資派の責任」にするわけにいかない。人々は権力を彼が失っていたとは知らない。なによりも、彼は党主席なのである。嫌い、かつ否定していた個人崇拝を黙認するだけでなく、むしろ煽動して、カモフラージュするしかない。カモフラージュも宣伝のうちである。それに乗じるのが、若者の欲求不満である。文革の「毛沢東崇拝」の正体である。

毛沢東の歴史をたどって

「毛沢東がかつて住み、話し、教えを説いた所はどこでも聖跡のような印象を与える。案内人はカトリック寺院を案内するサクリスタン（香部屋係）そっくりの調子で説明する。それは中国の端から端まで遺跡めぐりをすることは、中国革命運動および毛沢東の歴史をゆっくりとたどってゆくことにほかならぬことを示している」

フランス人の政治家アラン・ペールフィットが、一九七一年、「延安《イエンアン》」を訪問した時の感想である。（『中国が目ざめるとき世界は震撼する』杉辺利英訳・一九七四年・白水社刊）延安は、一九四七年、国民党軍の反攻を受けて撤退するまで十一年間、中国共産党の根拠地であった。「長征」の完了地である洞窟の町延安は、数ある聖跡の中でも、毛沢東が生れた「韶山《シャオシャン》」、ゲリラ基地となった「井岡山《チンカイシャン》」、中華ソビエト共和国臨時政府の首都であった「瑞金《ロイチン》」、中華人民共和国の首都「北京《ペイチン》」とならび「五大聖地」の一つと呼ばれた。

アラン・ペールフィットは、トラックでやってくる労働者や農民の他に、「赤い腕章でそれとわかる紅衛兵」や教練中の兵隊が、集団で続々と延安の聖地にやってくるのを目撃している。党大会の開かれた部屋では「石のように動かず、熱いまなざしを上げて、声をそろえて〈毛沢東語録〉の章句を唱和し」、つづいて巡礼さながらに毛沢東の住んだ四つの洞窟を順番に訪れ、「粗末な家具、かつて主席が触れたことのある品々を、口をあけ、素朴なまなざしでうっとりと眺めているだけで満足する」と皮肉な目で見ている。

毛沢東が、どこまでカトリックの宗教宣伝を意識的に応用したのか、よくわからない。しかしカトリックの宣伝テクニックに身にしみてうんざりしている西欧人は、ペールフィットならずとも、このような光景を見せられると、ただちにマイナス反応を示す。それは、たんに記念の観光地としてでなく、宣伝的に「信仰」性をもちこんでいると思えるからでもある。ヒットラーの聖地宣伝と同じである。

この聖地化は、文化大革命にはじまったわけでない。おなじフランス人の文学者ジュール・ロワが中国を訪れたのは、一九六四年であるから、文革以前である。その著『中国で経験したこと』(篠田浩一郎他訳・一九六六年・至誠堂刊)は、すでにあった「毛沢東信仰」を否定している。彼は、毛沢東の生地韶山を訪ね、そこには聖書と聖人伝があるとし、そこでの見物は「十字架への長い道のような苦業だった」と述べている。「神なる赤ん坊が生まれた寝室」「毛が眠った寝台」の展示に怒髪している。

実際は、この時期の毛沢東の権力は、劉少奇らに抑えこまれていた。だが、あいかわらず人気は高く、彼らとしても象徴として祭りあげるしかなかったというべきだろう。つまり、のちの「毛沢東崇拝」を強固にするのに手を貸したことになる。つまり、棚上げの手段になるどころか、毛沢東に反撃のチャンスをわざわざ残してしまっていたわけである。

外国人の見学に対しては、かならず身分に応じた付き添い(監視人でもある)が着く。韶山に近い長沙の役人が、ロワについた。記念館直属の案内人はうっとりしていると見たのに反し、役人に対しては退屈を見とり、それは「教会の香部屋係が神聖なものにふれてももはや感動しない」と同じだとしている。おそらく、そうではないだろう。この当時、毛沢東の権力が、衰退していたからだと見るべきだ。中国の官僚は、権力に敏感である。毛沢東崇拝の嵐が吹きまくって、彼等の地位を脅かすような時がくれば、このような態度をとることはない。

毛沢東と父との間に、激しい確執があったことは、エドガー・スノーのインタビューで知られているが、聖地韶山では、英雄の父として祭りあげられていた。ロワは役人にむかって、わざと二人の仲はどうだったのかをきき、「とてもうまくいっていましたよ」の返事をきくや、猛烈に喰ってかかる。

「この問題についてまったく無知な人たちを相手に、たとえそうじゃなかったと言ったところでなにになりますか？」

これが、役人の答えだった。政治宣伝（宗教宣伝も）の立場からすれば、その通りであり、この役人を追いつめたことにならない。魯迅が中国人の体質として絶望したところのものだが、政治宣伝的には正しいのである。毛沢東崇拝者も、真実を求めていないし、そうでない大衆も、ただ観光客として物見遊山にやってきているにすぎないことをよく役人は知っている。求めてもいない真実は、ただ彼等を白けさせるだけである。

だが、文革の時は、どうだったのだろうか。「一文も出さずに、全国を旅行できる」紅衛兵たちによって、これまで以上に聖地化された。そこへ巡礼の旅をすることは「全国経験大交流」の名目が立つ。毛沢東の宣伝機関もそれを奨励し、煽った。

北京の聖地を詣《もう》でたあと、紅衛兵は、徒歩で延安に向った。列車に乗ることが、まだ中止になっていないころでも、徒歩で行進し、カンナンシンクの再体験という「長征」を気取ったのである。たとえば馮驥才のルポルタージュ『庶民が語る中国文化大革命』の中に、ある紅衛兵の回想が入っている。

「北京から延安までは歩いたんですよ。全部で二十日以上かかった。遊びながらの道中で、少しも疲れず、すごくはりきったね。……いちばん歩けた日は四十キロ歩いた」

これでは、「カンナンシンク」の「ミニ長征」というわけにいかない。「遊び」である。遊びであるから、疲れない。疲れても、つらい疲れでない。疲れも、冒険のうちである。毛沢東の少年の利用とは、「遊び心」にとりいることだったのである。

だから、いざ聖地「延安」に着いた時、この紅衛兵は、非常に失望したりする。「なんか泥の塊みたいでね、少しもきれいじゃない」とがっかりする。「延安」が、どのような場所であったか、ひとつもわかっていなかった。この黄土地帯の建築物は、泥づくりか、窰洞《ヤオトン》と呼ばれる洞窟形式であり、だからこそ要塞たりえたのである。

この紅衛兵が延安を訪れたのは、文革のはじまった一九六六年であるから、この聖地の象徴である宝塔山には、まだイルミネーションもなく、堂々たるホテルもなかったのかもしれぬ。ふつう、このような観光化に対してこそ、「近代人」は単純に失望するのだが、彼は、そういう施設にこそ他愛なく感動しただろう。文革がはじまるや、この「延安」は、早くも尻馬にのった巡礼者でいっぱいだったらしい。そのため「何も見なかったですね。見たのは毛主席が江青たちと三人で写っている写真だけ」とうそぶいている。

まちがいなく、この紅衛兵の場合、一九七一年のペールフィットが延安を訪れた時より何倍もの人だかりだったにちがいない。そして、巡礼者の顔ぶれも「当世の流行」である紅衛兵中心で、彼等の表情は、ペールフィットのいうように「石のように動かず、熱いまなざし」であり、「声をそろえて」毛沢東語録を斉唱していたにちがいない。つまり毛沢東崇拝のまなざしとしぐさである。だが、ロワが目撃したような退屈げな役人は、もはや、いなかっただろう。劉少奇の時代に翳りがでていたし、こわい紅衛兵に下手をすれば突きあげられるからである。

そもそも表裏複雑な中国人の心の中まで、長く住んだことのない旅の外国人には覗くことはできない。表情というものは、人類共通のようでいて、意外と傍目《おかめ》八目《はちもく》がきかない。特に観察力を誇る人はまちがいやすい。紅衛兵の過半数が、観光気分、冒険旅行気取りで、延安詣していたことを外国人が見抜くのは、容易でない。ひたすら不気味な毛沢東信仰の群に見えたにちがいない。しかし、中国人の遺伝子の中には、あらゆる国家への不信が流れている。生き抜くために演技など簡単である。

毛沢東思想には、経験主義というより、王陽明の「知行一致」的なところがある。知性と行動の一致を理想とし、知のみの偏向を嫌う。権力闘争と一口にいっても、その中には、思想闘争もふくまれている。つまらぬ授業は、居眠りしてもよいと毛沢東は言ったが、教育改革でたちあがった紅衛兵に賛仰されるだけのものを最初はもっていた。

ただ、延安まで徒歩で聖地巡礼したところで、革命兵士の労苦を再体験などできないが、それなりのことはある。この紅衛兵の場合、延安の人々の中に宿泊無料の観光旅行を続ける紅衛兵に対し敵意のあるのを感じとったことである。この敵意は、貧しさのせいだとした。「僕の心はとても陰うつだった。延安は革命の溶鉱炉ではないか。共産党が生長した所ではないか。どうして今に至るまで、この有様なのか」と反問している。すくなくとも聖地の延安の人々は、豊かな暮しをしていなければ、「革命」とはいえぬという素朴な感情を抱いていたのである。延安が「少しもきれいじゃない」という失望は、そこからきている。

たとえば毛沢東のいう経験に学べとは、そういう貧しさを見て、なにかを感じとることだが、ひとつまちがえば「革命」への疑惑を生産し、党主席である彼への批判とも直結する危険をふくんでいた。そのくらいは承知の毛沢東だったと思えるが、その承知が一つまちがうと、のちに紅衛兵を排除する時、農村へ追いやったような「上山下郷」という暴挙にでてしまうのである。

学生が農村で働くことは、知行一致につながるが、農民の邪魔になるだけで、片手に書物、片手に野菜という知行一致の成果をあげるとはいえない。戦時の延安の理想を横すべりさせるわけにいかない。言葉はやすし、「知行一致」は、一種の神わざなのである。

「長征」で学んだもの

「中国は突然、すくなくとも若者に関する限り、兵隊に扮した俳優ばかりの国になってしまったようだった。われわれは紅軍が三〇年以上も昔に味わった苦難を、自らのために再生することになった」

この言葉は、梁恒の『中国の冬』の中にある。聖地歴訪をふくむ長距離行進は、無料で紅衛兵に開放していた列車の渋滞のために奨励されるが、若者たちは、これを「気晴らし」と呼んでいた。彼等の狂うような「毛沢東崇拝」の中に「気晴らし」という醒めた発想があったことは認めなければなるまい。

あの狂気は、「気晴らし」のための擬態でもあった。「気晴らし」のためなら、歩くことさえ、いとわないのであり、それは「毛沢東崇拝」という信仰の力ではない。あくまで「毛沢東崇拝」という言葉を生かしたいならば、彼らはバネに利用したのである。紅衛兵の中にも、したたかな知恵があったといわなくてはなるまい。若者の「純粋」などと感傷的にいってすますことはできない。

そのころ、「長征」には、つぎのようなコースがあったという。一つは、地元から井岡山と瑞金への行進。二つに、いわゆる「長征」の全行程踏破。ありふれたコースとして北京から延安。「紅軍の粗末なグレイの軍服に草鞋《わらじ》ばき、紅軍と同じ重さの荷を背負い、戦時の軍隊の行進速度を守る」の条件であり、まさにシミュレーション・ゲームであったわけだ。「聖地」の装置を用意する旧態然たる党宣伝部の意識とは、相当にずれがあったといわなくてはならぬ。

毛沢東は、延安に帰れとしきりに言ったが、紅衛兵は、それに忠実に動いたように見えて、そうではなく、気晴らしのシミュレーション精神で対応していたのである。近代化の遅れているといわれる中国にも、等しくシミュレーションの風だけは吹いていた。紅軍の兵士に扮する俳優の意識が、「長征」の一万二千キロを踏破させる原動力になる。

当時、まだ十二歳であった『中国の冬』の作者梁恒は、自分の家から千六百キロ離れた「井岡山」へ徒歩行進している。紅軍の足跡をたどり、「われわれ自身を革命の松明のふさわしい継承者に変えなければならない」と真剣に考えたタイプだが、それもまたシミュレーションである。「気晴らし」の擬態であることを免れない。その熱狂的な擬態精神こそが、一日四〇キロの行進、松明で道を照らして夜の行軍に耐えさせるのだ。

だが、同時に多くのことを学んだのも事実だ。「学ぶ」ということは、「真似」の意味だから、シミュレーションの原型だが、いわゆるシミュレーションといえない。彼等は「いわゆるシミュレーション」を遊んでいるのであり、その彼等が「学ぶ」という時は、遊びの精神が破れたことを意味する。

たとえば、井岡山への道は、シミュレーションを遊ぶ紅衛兵の行進の群れで溢れかえっている。通過する村々では、党の指令によって、食事の接待や宿所の用意をしなければならない。このような時、お腹のすいた少年たちは、同志愛などたちまち忘れて、先を争う。雲集する紅衛兵を前にして、村の接待に限界がおこるので、餓鬼状態になる。つまり人間の動物性を学び、シミュレーション・ゲームは、ふっとんでしまう。また、接待する農民の中に敵意を見とる。飢えによる直感の働きである。農民の利己を見逃がさない。そこから一挙に「農民たちは共産主義や社会主義といったことより、自分たちの土地を手にいれることのほうに、より大きな関心を持っていた」のだと結論に達し、悩む。

ついに目的地の井岡山に達した時、少年梁恒は感激する。それは踏破の喜びよりも、そこに「超近代的な何階建てもの政府の建物が五つもあった」からである。いかに紅軍の聖地とて、もはや近代建築の装置の出迎えがなければ、完了しないのだということがわかる。

小田実の『中国体感大観』(一九八七年・筑摩書房刊)を読むと、一九八三年に「革命の聖地」延安を訪れている。中国の観光地はどこも観光客でいっぱいだったが、ここは今や閑古鳥が鳴き、かつて聖地詣の人々を収容した大きなホテルには、彼をふくめて二人しか泊っていなかったという。翌一九八四年には、毛沢東の生地「韶山」を訪れている。文革のおこった一九六六年には、二十四時間営業でフル回転し、二百九十万人の参詣があったという。「近代化」の始まった七九、八〇年には、二十万人にまで落ちて、今は四十万にもちなおしたと報告したあと、小田実は、かく述べる。

「今はとにかく閑散。ツワモノドモガユメのアト。家のまえに池があった。昔は毛少年がそこで泳いだ。その前で写真屋さんが営業していた。もちろん、〈生地〉訪問の記念写真である。ただし、客はいない」

★赤はゴー、青はストップ
——四旧打破（上）

紅衛兵の暴走と情報の混乱

「紅衛兵」なるものの存在が、世界に披露されたのは、一九六六年八月十八日、毛沢東が彼等を接見した時である。彼等の個々の心情はともかくとして、政治宣伝の立場からすれば、毛沢東のために命を捧げて行進する少年（少女）人形として大陳列されたわけである。つづいて世界中をあっと驚かしたのは、この人形たちが、二日後の八月二十日の夜になって、とつぜんハンマーと梯子をかついで北京の市内に進出、「四旧打破」を叫んで大暴れを開始したからである。

しかし海外向けの宣伝雑誌『人民画報』を見ても、孫悟空の分身たちの大暴れの模様は紹介されていない。世界に対して、それは悪宣伝になると、配慮してチェックしたからだろう。北京には、世界各国の報道陣が詰めているから、チェックも無意味のようだが、そうでもない。内容は記者の頭の中に隠れていて、とりだすことは無理だとしても、撮影されたフィルムのほうは空港で差押えできる。わざわざ、『人民画報』で、「四旧打破」でたちあがった「紅衛兵の勇姿」、つま

❖……〔首都の紅衛兵は中国駐在ソ連大使館前の東揚威路を反修路と改名した。こぶしを振り上げ「反帝するなら、必ず反修もしなくてはならない」とシュプレヒコ ルする紅衛兵小勇将（1967年配信◎新華社＝中国通信）〕。「反修」とは、反修性主義のこと

りその暴力風景を示す必要もない。

実際は、写真の流出が、皆無だったといえない。世界を仰天させたのは、写真を通してだったからである。だが、今、ふりかえる時、紹介された写真がきわめて少かったといえる。そのわずかな貴重写真の直截なイメージと、それを補い、説明し、煽るコピーのイメージとが合体して、「紅衛兵の勇姿」は、世界を駈けた。たとえば「走資派」の幹部を少年少女たちが痛めつけている写真は、品不足のため同じものが、繰り返し紹介された。

このことは、はからずも、宣伝部の失策とならずに、ある宣伝効果をもった。結局は、衝撃的だが、「わからん」という効果をもたらしたからである。政治宣伝にあっては、たとえ流出しても、わずかなら、よいというわけでない。そこから拡大されて情報を読みとられるおそれがある。この場合、そうではなく、謎の国中国という先入観に救われて、読み切れないということがおこった。世界の非難を浴びたにしても、その底には「わからん」という心理が流れていた。そのため、わずかな写真による酷薄無惨なイメージの繰りかえしにより、中国(中華人民共和国)の不気味さをかえって宣伝することになった。かりに、もし流出する写真が多かったとしても、やはり「中国」はミステリーというイメージに救われて、その非難を効果あらしめることはできなかっただろう。つまりどちらにしたってミステリー効果をもった。

写真そのものは、それ自体で、独立した力になりえない。人間に読みの習性があるからだ。そのため読ませる工夫もおこる。コピーが重要になってくる。写真も言語の介入なしに撮影不可能だが、コピーのほうは、純粋言語体系なので、それだけで独立した力をもっている。だが、コピーに支援された時の写真にくらべれば、はるかに力は弱い。だから海外の場合、コピーをつけるのは、あくまで向うであるから、写真の流出を禁じたのである。

では、国内の政治宣伝においては、どうしたのか。『人民日報』にさえ、紅衛兵の大暴れの写真は掲載されなかった。社説では、よくやったと煽っても、どのようによくやったのか、写真で示すことはしなかった。『人民日報』が、国内向けといっても、世界に流通しているので注意しているともいえるが、この場合は、積極的に中国の人民へも曖昧にしておきたいからである。なにやらたいへんなことがおこっているという不安をあたえておきたいからである。

ここで、すぐ考えられるのは、壁新聞の存在である。とはいえ、この媒体にあって写真とコピーが、よく合体して宣伝的作動をなしていたといえない。その中身は、アジと暴露が中心である、文章主体である。ただ、北京の市民は、みずからの目で、孫悟空たちの大暴れを眺めるだけでなく、時に自らが被害者として、なまなましく立ち会ったということである。「四旧打破」を叫ぶ紅衛兵たちは（彼等の真意はともかく）、まさに毛沢東の放った恐怖の「宣伝体」であり、暴力ロボットであった。

この首都でおこった具体的事件は、噂となって北京から全国に波及し、同時に毛沢東の抽象的な指示がマスコミを通して全国に伝播される。その中で全国の走資派はあわて、全国の若者は意気に燃える。噂は、なまなましくても、マスコミで流す写真は、なまなましくある必要はない。よくある美化の宣伝写真でよい。かくて、この合体しないで走りまわるクチコミとマスコミの宣伝の二つの車輪がよく廻り、大混乱を呼びおこす。それは、宣伝の失敗ではない。この混乱こそが、「文化大革命」の目的であった。この混乱の中で一致しているのは、「四旧打破」のスローガンのみである。毛沢東にとって、予想通りの「走資派」の激しい抵抗や、予想を越えた「紅衛兵」の暴走があったにしても、はじめから「混乱」こそが狙いだった。

看板破壊による宣伝のレトリック

「いま王府井で若い連中が商店の看板をこわしている。いや、一軒や二軒じゃない。ほとんど軒並みだ。たいへんな人数で、町じゅう大騒ぎだ」（高田富佐雄『七億の林彪』）

王府井は、北京の目抜き通りである。一九六六年八月二十日の夜、それも「土曜の夜のなごやかな雑沓」を破って、四旧打破、破旧立新のスローガンをかかげ、ハンマーをもった孫悟空たちが、とつぜん乱入する。

なぜ商店の看板を破壊するのか。「四旧」の象徴だからである。四旧とは、旧文化、旧思想、旧風俗、旧習慣のことである。この「四旧」は、八月八日に発表された「中国共産党中央委員会のプロレタリア文化革命についての決定」、いわゆる「十六条」の中に、かさねて言われているところのもので、大衆の心をむしばみ、ブルジョワジーの復活をもくろむ温床として、まっさきに「商店」が狙われたのだといってよい。

すでに「十六条」発表に先立つ七月四日、七月二十七日（ただし八月二十四日『人民日報』発表）、清華大学付属中学紅衛兵の放ったアジ文の中に、「四旧打破」は詠われている。彼等が率先して「四旧」の標的にまず商店を選んだというより、毛沢東支配の「中央文化革命小組」の指示によるものとみてよい。「四旧」といっても、あまりに漠然としているが、標的を与えられれば、頑是ない孫悟空たちも、行動に移しやすくなる。

資本主義階級の「復活の門」として狙われたのは、デパート、宝石店、クリーニング店、高級レストラン、写真材料店、骨董店、古本屋、洋装店、理髪店、漢方店、時計屋、そして市場である。

「なごやかな雑踏」といっても、電力節約のため、その夜、市中は暗かったらしい。ルポの傑作というべき伊藤喜久蔵・柴田穂の『文革の三年』によると、「暴徒に襲撃されているというのに」「弥次馬は異様にシーンと静まり返ってい」たという。

「群衆も感情を外に現わさない。民衆の率直な反応がないのだ。これはまたなんという奇妙な暴行だろう。……おそらく若もののこの暴行に、人びとは内心驚き、あきれつつも、それがだれの手によってなされているかを知り、口を閉ざし、感情を押し殺しているのだろう。文化革命だけでなく、中国の大衆はこうした無気味な沈黙の傍観でいく多の歴史の激動を迎えてきた」

こういう市民のニヒルな傍観力は、永遠なる中国の凄みでもあるが、魯迅などがいらだっていたところのものであり、毛沢東なども、しばしばいらだち、ここでは、ことさらに挑発し、仕掛けている側面もある。

そもそも、孫悟空たちが、「四旧」の温床として商店に殴りこみをかけていながら、看板のとりこわしにその暴力を限定しているところが、妙である。ナチスの親衛隊やヒットラー・ユーゲントがユダヤ商店に殴りこみをかけた時は、もっと暴力そのものである。

しかし、故意に限定しているところもある。つまり、宣伝のレトリックがある。びっくりさせるにも、まず看板だけのほうが、「紅衛兵」に対して人々の反感を抱かさずに目立たせることができるし、まだまだ序の口だぞという牙をちらりと見せる脅しにもなる。大衆も商店主も、まずなんだろうと考えこませることのできる不気味なレトリックである。

看板をとりはずしたり、ペンキで文字を塗りつぶしても、商店内部の破壊にまでいたらず、改名のみを要求している。名は体をあらわすという中国的発想により、まずプチブル的商店名を改めたのち、思想も改めよと迫っている。まず批判し、悔い改めればよしというレトリックである。しかし悔い改めても許さないのが、毛沢東である。

改名は、商店主が考えるのではなく、紅衛兵たちが、はじめから押しつけているのを見ても、その厳しさがわかる。新店名を書いた紙を一方的に入口へ貼りつけている。

東安市場は、「東風市場」。王府井百貨店は、「王」がいけないとして、「北京百貨店」。国営骨董店の栄宝斎は、「人民美術出版社」。七十年続いているペキンダックの店、全聚徳は、「北京烤鴨店」となった。いずれも、封建主義的で資本主義的だというわけだ。

「〈栄宝斎〉は黒い美術店だ。数十年というもの、働く人民の血と汗を絞りとり、ブルジョワ階級のお坊ちゃん、お嬢さん、奥さま、旦那さまのために奉仕し、封建的地主の金持ち親子に奉仕してきたのだ。それればかりか、甘んじて西洋人の奴隷として働き、外国の大資本家、即ち吸血鬼に奉仕してきたのである。これをひとことでいいかえれば、社会主義に奉仕せず、労農兵に奉仕しないことだ。反党、反社会主義、反毛沢東思想の黒幕的存在、鄧拓こそ、おまえたちの支配人であり、顧客なのだ」

これは、中央美術学院付属中学の紅衛兵によって書かれたアジである。(『文化大革命』竹内実編)「栄宝斎」の襲撃は、中央美術学院が担当したと思えるが、この学校は「抗大美術学校」と改名している。「われわれは〈栄宝斎〉から地位も名誉も奪いとってしまわなければならない」とも叫んでいる。

改名のもたらしたもの

ここにも、背後の指示が感じられる。『燕山夜話』を書いて反党的と批判された作者の鄧拓(すでに五月、自殺)が、名ざしにされているからである。『人民日報』の編集長も社長も体験した人で、元北京市長彭真の息がかかり、その奥殿には劉少奇がいる。毛沢東一派で文人趣味の康生と硯に趣味のある鄧拓とは意見が合ったといわれるが、文革とともに、敵対関係になっていた。文人康生は、特務スパイのボスというもう一つの顔をもち、「中央文革小組」の黒幕であった。

改名は、商店だけではない。通りの地名も、つぎつぎと変えた。つき当りがソ連大使館の東揚威路は、「反修路」。ソ連は、修正主義だからである。ヨーロッパの公使大使館の集っている東交民巷は、「反帝路」。帝は、帝国主義である。王府井大街は、「革命大路」。さらに「人民路」と変わった。東単北大街は、聖地瑞金にちなみ、「瑞金路」。北大前の通りは五四運動にちなみ「五四大街」。長安街は、「東方紅大路」。光華路は、「援越路」。ヴェトナム支援を意味するのか。台基庁は、「抗美路」。「美」は、アメリカである。

通りの名だけではない。公園や建築物も、改名した。頤和園は、「人民公園」。北海公園、景山公園は、「工農兵公園」。神武門は、「血涙宮」。ロックフェラーの寄附によって作られた協和病院は、「反帝医院」。同仁病院は、「工農兵医院」。北京崇文織布工場は、「北京東方紅興無織布工場」。外国人が住むアパートの友誼賓館は、「反修友誼賓館」と改められた。学校名も改められた。清華大付属中学は、「紅衛兵戦校」。北京第二女子中学は、「反修路中学」といった風にだ。

かつて毛沢東は、街路名に指導者の名を附すことを禁じた。ソ連は、古都ペテルブルグをレニングラードと改名した。レーニンが自ら要求したわけであるまいが、毛沢東の念頭にあったのか、指導者の傲慢と見た。こんどの改名は、そのように人名を附したわけでないが、その裏に毛沢東の承認（黙認）があるはずで、やはり彼の傲慢といわねばなるまい。

実際、急激な変化に人々は、困惑した。それまでの標識の上に改名を書した紙を貼っただけであり、似た名前が多く、覚えにくく、路をきかれても、市民は直答できなかった。のちに毛沢東は、こう述べている。（一九六七年二月十二日）

「名称をあまり変えすぎるのはよくない。……わが紅衛兵たちが北京の街道の名前を変えたのとほとんど同じで、変えてはみたが、みんながおぼえられず、やはり古い名前の方を人はおぼえていた」（『毛沢東思想万歳』）

毛沢東は、この悪しき改名を紅衛兵のせいにしている。それは卑怯であるというより、むしろおとぼけを感じる。はじめから「混乱」こそが目的だったと思えるからである。今もって元に復していない地名もあるらしいが、毛沢東にとって、ひとまず混乱させることこそが地名変更という恐怖宣伝の目的であり、「走資派」から奪権するための戦術である。商店名や地名の改名のため、いっせいに北京市内を孫悟空たちに駈けずりまわらせ、毛沢東のおそるべき私兵である「紅衛兵」の恐怖の印象を「走資派」や市民にあたえることに成功したといえる。混乱を生みだす宣伝体、暴力をふるう宣伝人形として「紅衛兵」は、毛沢東の期待によくこたえた。

たしかに滑稽なことも、おこった。たとえば、交通信号を変えようという主張なども、それである。「赤」は、革命の色であるという発想から、これまでの「青はゴー、赤はストップ」の信号を逆転させようとしたのである。

（『これが〈文革〉の日常だった』余川江編・村山孚訳・一九八九年・徳間書店刊）

「赤い色は前進を示すものである。それを停止の合図にするのは、赤を冒瀆する反革命にほかならない」

これが、その理屈であった。交通事故が増えるという理由で、結局、採用されなかった。姓名の改名騒ぎも、滑稽談の一つである。毛沢東に紅衛兵の腕章をまいた宋彬彬は、のちに死刑になったという噂もあるが、彼のすすめで、宋要武と男のような名にかえた。この改姓は、全国的に流行したらしい。『中国の冬』の梁恒は、級友の文建平は、文造反とし、近所の女性の李林は、李自紅と、血統のよさをあらわす「自来紅」に似た名にした。趙財発は、「四旧打破」の精神にそむくとして趙衛東となった。なるほど、「財発」は、封建的で、プチブル的である。

四旧打破の嵐

紅衛兵の四旧打破の街頭革命に対し、開始後四日目の八月二十三日、『人民日報』は、「たいへん結構である」という歓呼の声援を送った。毛沢東思想を武器とした孫悟空が、鉄のほうきをふりあげ、数日のうちに搾取階級の思想を示す名称や風俗・習慣を大掃除し、その革命的行動は、いかなる頑迷な旧勢力も阻むことはできないと、おだてあげた。

最初、紅衛兵の行動は、改名というような抽象的なものに向かい、比較的穏やかだったが、その効果を見はからうや、暴力性をエスカレートさせるように煽動しはじめた。まず「宗教」が、対象となった。北京市内のカトリック、プロテスタントの各教会が、紅衛兵の襲撃を受け、破壊された。尼僧は逮捕され、のちにスパイ容疑で国外に追放した。もとより、仏教寺院も、襲撃を免れなかった。

「郊外の臥仏寺や碧雲寺あたりにゆくと、乾隆帝の詩文などを刻んだ清朝時代の石碑がたくさんたっているが、その碑面はすべて石膏で塗りつぶされ、その上にさまざまなスローガンあるいは毛主席の詩詞などが書いてあ

る」(安藤彦太郎『第二・中国通信』一九七二年・亜紀書房刊)

これに対し、著者は、「文化財保護の一法」だし、紅衛兵をかばい、「適当な時期がきたら石膏を剝がせばよい」としているが、やはり破壊であり、落書である。

ベルギー生れの中国学者シモン・レイは、一九七二年、六カ月間の滞在をもとにして『中国の影』という本を執筆した。(大田千博訳・一九七九年・日中出版刊)その第二章は「ガイドに従って」と題され、中国のあちこちを見てまわった旅行記のスタイルで書かれているが、その中に紅衛兵の寺院破壊を語っているくだりが、いくつもあり、「逆らうべき迷信も、一種の迷信でないことはない」と怒りの口吻がみなぎっている。

まず北京。ラマ教寺院(雍和宮)は、外国人向けに修復工事中。五塔寺は、立入禁止で、「毛沢東思想研究会」の会場。孔子廟は、へいの上部に有刺鉄線が張られている。白塔寺は、ゴミ処理場で廃墟と化す。回教大寺院は、無人の空き屋。乾寧塔は、その前に工場が立っている。道教寺院白雲観は、兵舎。

洛陽。紅衛兵の破壊から奇蹟的に免れたが、白馬寺や関帝廟の見学は拒否された。

西安。「城皇廟では立像の全部が失われていたし、彫刻をほどこした木の立つアーチを持つ回廊はなくなっていた。神殿は倉庫になっていた」。ガイドは、「何も見るべきものはありません　紅衛兵がみんな焼いてしまったのです」と言った。

合肥。「はい、二つ三つ古い寺院がありました。しかし今は何も残っていません。すべて破壊されてしまいました」

上海。街の守護神のある寺院(城隍廟)は半分壊され、半分は小さな工場に変わる。

蘇州。有名な寒山寺を見学しているが、この地の寺院は、文革による破壊はなかった。

杭州。大仏寺も岳墳寺も彷膳寺も「毛政権と紅衛兵の偶像破壊欲の犠牲となって姿を消した」とある。霊隠寺は、僧侶たちは還俗させられたが、物は残っている。文革中、保存すべきか全面破壊すべきか、論争になったが、市当局が国務院レベルの判断を待った。周恩来は、保存を命じた。

ここで、『中国の冬』の著者の姉、紅衛兵である姉とその父の会話を思いださないわけにいかない。略しながら摘記する。破壊欲を誘って、少年少女を「暴力宣伝体」としてしまった毛沢東の力腕をそこに見るだろう。

「湖南大学の学生と一緒に丘麓山の上で、あそこの古い碑や建物〔寺〕を取り除こうとしているのよ。半分は石造りだから、らくな仕事じゃないわ。ナイフや斧で碑文を削るの。封建社会の悪臭ふんぷんたる詩なんかをね！」

「何だってお寺の古い詩を目茶目茶にするんだ？　どういう行動だ、それは？」

「どういう行動、ですって？　革命的行動だわ。衡陽地区の紅衛兵は、衡山の南岳のお寺を全部破壊したわ。〈聖山〉もこれでおしまいよ！」

「誰がそうしろといったのだ？」

「お父さんは文化大革命がまったくわかっていないのね。私たちは〈四旧〉から脱け出さなければならないの。古いもの全部からよ」

「古い習慣や思想から脱け出すことと、昔のお寺を壊すことは別の問題だ」

「あんなもののどこがいいの？　人民をだまし、迷信的にするだけだし、若い人にも悪い影響を与えるわ」

腹を立てた姉は、怒って父を修正主義だとののしって去っていく。「孫悟空ロボット」たる紅衛兵の「四旧打破」という名の破壊宣伝は、まだまだ序の口でしかない。

★死者には棺桶を用いず

――四旧打破（中）

紅衛兵の壊せなかったもの

いかなるものでも自由に破壊するがよい、といわれても、人間、やはり困ってしまうことはあるようだ。

文化大革命中、破壊小僧ともいうべき紅衛兵たちでさえ、手がつけられないものが、三つあったという。

一つは、天安門と故宮紫禁城である。これに手をつければ、走資派の幹部だけでなく、彼等が神と崇める毛沢東をも攻撃の対象にしなければならなくなる。党と高級幹部の根城であるからだ。二つは、万里の長城である。長大なスケールをもっているので、破壊の道具がハンマーだけでは手に負えないということもあっただろう。三つは、北京の北にある明の十三陵である。これについては、『中国の影』のシモン・レイが、こう言っている。

「革命的プロレタリアのつるはしが、今日まで、この言語道断な連中の埋葬された地下墓場にふれないできたと

❖……「四旧打破」のスローガンの下、多くの文化財が失われた。仏像も破壊の対象になった（1966年撮影◎写真提供：共同通信社）

いうのは、不注意によるという以外になく、全く理解に苦しむことだ」

レイのいう「言語道断な連中」とは、紅衛兵のことでない。明国の十三代にわたる皇帝たちである。「王」とか「福」という文字を発見すれば、「四旧」なりとして、紅衛兵たちは破り棄てたり、削りとったりしたといわれる。これでは、王という姓をもった人は、文革当時、肩身のせまい思いで生きたにちがいない。

ところが、どういう分別あってか、紅衛兵たちは、明の十三陵へ殺到していない。レイは「不注意によるという以外になく」と言っているが、この自らの言葉を信じているわけでなく、この壮大な陵を作るために民衆は苦役に駆りだされたのを知らないのかという皮肉をひそめつつも、「破壊を免れたナゾをあまり突っ込まない方が良い」としている。

外国から来た旅行者であるレイが、夜にも散歩できたのは、今なお神秘的なたたずまいを見せる明の十三陵(他に昼間の万里の長城がある)であり、それだけでもよしとしなければならぬという気持の他に、この時もサイドカーにのって彼のあとを追ってきた三人の移動監視兵の下にあったからだ。

いずれにしろ、北京はいなごの大群が去ったあとのように瓦礫の街となり、レイの言葉でいえば、「暗殺された街」となったが、ただ清の紫禁城、秦の万里の長城、明の十三陵という「巨大」なるもののみが残った。ここには、どこか、いいしれぬ、おかしみがある。どのような宣伝的意図があってそうなったのかしらないが、ソ連のクレムリンと同様、清朝の遺物である紫禁城に陣取っている毛沢東にとって、「四旧打破」は、矛盾なのである。

このような矛盾に対し、「矛盾論」の王たる毛沢東は、どこまで自覚的であったか知らない。しかし破壊の喜びに心躍らせる紅衛兵同士の中でも、時々、議論がわかれることもあったという。

明の十三陵のちなみでいえば、「四旧」の大きな対象として、墓である。毛沢東は、政権を獲得するやいなやすぐ「墓」をとりのぞくことに着手している。畑を再編成するため墓地が邪魔になるという土地問題もからんでいたが、共産主義の敵は、村に根を張る頑迷な長老支配の氏族的結合にあり、その象徴は「墓」であると見ていたからである。これを消滅させないかぎり、富農と貧農の厚い壁は破れないと見ていた。

この強行は、農民の反抗を呼んだが、かたちの上では、権力の行使により、ひとまず視界から消すことに成功した。だが、心の中に象徴としての先祖の墓は残りつづけるのだから、すこし気をゆるめると、たちまち、かたちとしての墓も、復活する。これは、幹部でさえ同じであり、劉少奇の妻の王光美は、先祖の墓を立派にしたと紅衛兵にとっちめられた。これを見ても、毛沢東は、絶望的な闘いをしていたとしかいいようがない。

「四旧打破」の矛盾

かって、紅衛兵だったハルビンの女性は、文革後、母が死んで夢に出てくると紙銭を焼いてあの世へ金を届けるという話が西条正の『二つの祖国をもつ私』（一九八〇年・中公新書）にでてくる。「文革はこういう古い習慣を一掃することから始まったのではなかったのか」と著者は考えこんでしまっている。

アニタ・チャン等の執筆になる文革期の広東省農村を描いた『チェン村』（一九八九年・筑摩書房刊）には、紅衛兵たちの「四旧打破」の行動の一つとして、農家へ侵入し、先祖の位牌を見つけて打ち砕いたり、旧地主の墓を掘り返したりする場面がでてくる。これを見ても、毛沢東の施政方針は無視され、位牌や墓の習慣が、容易になくなってはいなかったことを示している。

「四旧打破」の運動により、祠堂は、倉庫になり、墓の位置を占いで定める風水先生は商売ができなくなったり、村人の病気をなおすまじない婆さんは、息をひそめる。「暴力宣伝体」としての紅衛兵は、有効な働きをした。その上、とかく少年少女は、このような習慣を馬鹿にする性癖がある。しかしこれらの呪術に代替するものとして、毛沢東の物神化が必要だったともいえるが、万能であったとは、いえない。

すぐに復活する。ヴィルス菌のように弾圧すればするほど力をたくわえて生きかえってくるところがある。現今の輸出されている気功ブームなどを見れば、死んだふりをしていたにすぎないとわかるだろう。

政治宣伝が、おそろしいまでの力を発揮することは、文化大革命を見てもあきらかだが、その洗礼を受けたものは、一時的に宣伝に順応し息をひそめるにすぎないのだということでもある。『中国の冬』の梁恒は、避妊リングの宣伝映画に鼓舞された農婦が、ただちにその「挿入に同意したのだが、その後彼女は畑にも出られないほどの痛みにさいなまれる」話を書いている。

人民公社の診療所は、宣伝キャンペーンのたて前からリングの除去を拒否する。しかたなく卵五個で、もぐりの産婆に頼むが、かえって悪化し、こんどは村の巫女にたよる。宣伝隊をこわがって巫女はやってこないだろうとあきらめていたが、ある雨の日、こっそりやってくる。

「盲目の老婆が部屋のなかを何ごとか叫びながら踊りまわり、桃の小枝を剣のように使って目に見えない悪魔を脅し、追い払おうとする。見たところ、悪霊のほうも頑強に抵抗しているようすで、見物人にもそれがわかるように助手が悪霊のうめきや嘲笑を演じた」

このような呪術風景は、太古からつづいているものだが、少年の梁恒は、目をまるくして見ている。除霊が終ると、村人たちは、この巫女に運勢を占ってもらっている。文革に疑惑をもちだしていた紅衛兵の彼も占ってもらっている。彼の場合、予言は適中したといっているが、避妊リングの彼女の場合は、どうやら悪魔払いに成功しなかったようだ。

淫祠の破壊などというものは、時の権力者により中国では、たえず行われてきている。

『三国志』の魏の曹操なども、若いころ、任地で徹底して淫祠の破壊をやって、名をあげるが、この場合も、民衆は死んだふりをしたのだろう。権力も、オカルトをとりいれて腐敗することもあるが、しばしば敵対勢力がオカルトと連帯するので、弾圧しなければならなかったのであり、毛沢東の「四旧打破」も、そのヴァリエーションでしかない。

「死者には棺桶を用いず、死装束をつけることを許さず、すべて火葬にせよ」
伊藤喜久蔵・柴田穂の『文革の三年』は、北京七中の壁新聞の中から、右の言葉を拾っている。棺桶や死装束も「四旧」と見ていたわけである。さらに杭州へ取材旅行した時、奇妙な体験をしている。前日、撮影したばかりの秋瑾の墓が、翌日には、なくなっているのに気づく。びっくりして、そばまで行ってみると、土台だけが残っている。この墓の近くで著者は泊ったのか、「昨夜、夜どおしコツン、コツンと石をたたくらしい音とエイコラ、エイコラのかけ声が聞えていたが、それがこれだったのだ」と合点し、墓を「あばいた理由はなにか」と疑問を呈している。

秋瑾は、死刑になった清末の女性革命家である。日本に来たこともある。日本の短刀をかざし和服姿で撮った写真は有名であり、武田泰淳に彼女を主人公にした小説『秋風秋雨人を愁殺す』がある。革命家なのになぜというのが著者たちの疑問である。家が資産階級だったから、というわけであるまい。

おそらく、紅衛兵たちは、秋瑾を知らなかったのだろう。それにしても、なぜ彼等は夜陰を盗んで破壊するのか。墓の場合、昼間だと強力な市民の反対があるのを知っていて、それを避けたのか。シモン・レイも、『中国の影』の中で、杭州を旅行した時、千五百年前の「宮廷女性〈蘇蕭々〉の墓」が地上から抹殺されているのを知り、嘆いている。蘇蕭々というのは、「蘇小小」のことだろう。宮廷女性というより歌妓であり、悲恋のヒロインである。中唐の鬼才李賀の詩集の中にも、「幽蘭の露、啼眼の如し」と詠った「蘇小小墓」がある。この二人の女性の墓は、いずれも写真で見たことがあり、文革で消えたのを知るが、紅衛兵たちは、西湖のほとりにある墓(遺跡に近いというべきか)なら、なんでもみさかいなく破壊したようにも思われる。

だが、シモン・レイは、かならずしも、そう思っていないようだ。正確には、もっと深読みしている。北京南西の郊外にある八宝山公墓を訪れた時、いたるところ墓石が割られたり、引っくりかえされたり、赤いペンキが塗られたり、写真のはめこまれた墓には穴があけられたりしているのを見て、「指導者階級全体に狙いを定めた盲目的な怒りの表現」と感じとっているからである。

この墓地は、毛沢東政権の幹部のみを葬る特別地域である。走資派のレッテルなどはられていない革命幹部の墓なのである。しかし、この特別あつかいの墓地そのものが、封建的遺制だともいえ「四旧」に触れているともいえる。紅衛兵たちの分別を失った破壊する喜びの中に、図らずも毛沢東の矛盾をまるごと見抜いていたともいえるだろう。

広東では、黄花崗烈士墓碑の頂上にある「自由神」を彼等は破壊したという。(趙蔚『趙紫陽の夢みた中国』玉華訳・一九八九年・徳間書店刊)この場合、批判会を開いたのち、破壊を決定したといわれている。この時、広東の党書記であった趙紫陽は、四旧破壊の模範的行動と祝辞を述べざるをえなかった。

もちろん、紅衛兵たちが、背後の幹部の指示によって、墓を破壊する場合もあったにちがいない。胡月偉等の『小説張春橋』(阿頼耶順宏他訳・一九八二年・中央公論社刊)と、彼の名ざしの指令により、「ツルハシや工兵シャベルをかついだ紅衛兵が(上海)虹橋公共墓地にのりこみ、地下三尺の穴を掘り、墓碑を倒し、棺を叩きこわす」くだりがある。

かつて彼を馬鹿にし、文革中に自殺した教授の墓を侮辱するためである。死者に鞭を打つと、よくいうが、中国にあって、比喩ではない。死んだからといってあとで罪が発覚した場合、罰が免れるわけでない。墓から死体をひきずりだし、鞭打つのが政治的にも制度的にも伝統としてある。小説ながら「四人組」幹部の張春橋の「四旧打破」の感性の中にも、遺制はあったといわなくてはならない。指示する側も、すぐに矛盾にかかえこまれる。いずれにしろ、墓ひとつ例にとっても、状況はバラバラであり、「四旧打破」の宣伝運動は、混沌をきわめたというべきである。この宣伝的失敗による混沌すら、表面的なもので、深い水面下ではなにも変っていないのである。

野性にかえった猫

「プロレタリア文化大革命」という言葉が『人民日報』にはじめて登場したのは、一九六六年六月である。以来、中国の教育機関はすべて開店休業になる。授業は、全ストップし、学生は、壁新聞づくりに狂奔するようになる。毛沢東は、北京大学ではじまった「壁新聞」に歓呼を送ったからである。

生徒たちは、この歓呼を学校や教師を批判すればよいと受けとめたから、これなら簡単と壁新聞づくりに狂奔するのである。これまでの不満をかきたてればよいのだから、『人民日報』の真似をする必要はない。なにもむずかしいことはない。退屈な授業を受けないですむ解放感から、壁新聞づくりのために、せっせと登校するのである。

八月は、夏休みだったが、少年少女たちは、せっせと登校した。壁新聞を作るためである。いいたい放題の楽しさと物を作ることの楽しさを味わうことができたのだから、夏休み返上も苦にならない。

退屈の権化である授業がなく、いやな教師を攻撃してもよいと、毛沢東のお墨つきを貰ったのだから、鬼に金棒である。八月の十八日、天安門広場で紅衛兵の接見があってから、どのような背後からの煽動と指示があったのかわからないが、たんに壁新聞による批判だけでなく、校庭に先生をひきずりだし、その出身を攻撃し、学業成業を重んずるプチブル教育路線を批判するようになった。

この批判には、暴力がともなった。華僑と結婚し、中国へ行き、文革を体験した日本女性の林滋子の『中国・忘れえぬ日々』(一九八六年・亜紀書房刊)を読むと、中学生の娘の体験を通し「自分が勉強を怠ったことなど棚に上げて、なぐりかかり、先生が倒れると蹴とばし、それをよけようとして起き上るところを、また蹴る……。円陣の中で先生は、フットボールのように、四方八方から蹴ったり蹴り返されたりして、立ち上る暇さえありません」と実況している。「大字報を貼るためのバケツに入った糊を、頭から浴びせかけ、墨汁や赤インキを、先生の顔といわず衣服といわず、めったやたらに塗ったくり、唾を吐きかけるなどの暴行を加えているのです」とも、わが目で見てきたかの如く語っている。「野性にかえった猫」と彼女は表現しているが、もともと子供同志の間で、大人にわからぬようにしておこなわれる「いじめ」の暴力は、いつの時代も、このように「強暴で残忍」なものである。けっして豹変ではない。毛沢東のお墨つきによって、いじめの相手が「大人」になり、公然といじめるようになっただけのことである。教師たちが、毛沢東をおそれていて、おとなしくしているのをいいことに、かさにかかっているのである。

一九六六年の夏休みは、まさに中国の学生たちにとって、特に紅衛兵としてリーダシップをとることのできた少年少女にとって、「黄金の時間」だった。聴くことのできなかったビートルズに熱狂するよりも、はるかに充実していたように思えてならぬ。

壁新聞づくりと先生への暴行が終って、帰校する途中にも楽しみが待っている。「四旧打破」への参加である。いわば、「街頭革命」の一刻である。

「紅衛兵達は、五人、十人と徒党を組んで、付近の元資本家の家へなだれこみ、衣類、骨董品、家具など、手当り次第に道端や庭に放り出し、叩き壊し焼き払っていたそうです」

こんどは、大人たちが、いじめの対象となる。元資本家であると、それにしても、なぜ簡単に子供にもわかるのか。

「自分の学校の付近の町内会や派出所から、目標にする家を調べて来るらしい」と彼女は言う。各戸の身上調書を握っている町内会の組織（農村では人民公社）や公安警察に訊けば、たちどころにわかるからである。それらの機関は、ひそかに協力するように指示されているのか、ただ毛沢東の権力をおそれて協力するのか。子供たちが、賢いというより、毛沢東の宣伝指導部が、こっそり紅衛兵の幹部にその知恵をさずければ、たちどころに仲間の間にひろまる。著者の林滋子の体験は、地方の大都市である天津でのものだが、このノウハウは北京から流れこんだものにちがいない。

「四旧」とは何か?

いったい、どのようなものが、家宅捜査の際に「四旧」の対象となり、破壊狂となった紅衛兵たちにより、摘発されたのか。林滋子は、「衣類、骨董品、家具」と書いている。これだけでは、わかりにくいが、紅衛兵たちが(はじめは、中学生が四旧打破の主役であった。大学生よりも、はるかに抵抗しがたい不気味さをもっていたにちがいない)とつじょ襲いかかって改名までした北京の商店、つまり古本屋、骨董店、写真館、洋装店、レコード店、理髪店、宝石店、漢方店などから、品物を類推していけばよい。

まずは、本。ディケンズの原書などもっていれば、たちどころに没収である。本を読んだり、研究したりすることも、プチブル的と拡大されていたから、反革命的な本とか年代ものの古書のみが対象ではない。そもそも、少年たちに識別能力はないから、極端にいえば毛沢東選集や語録以外は、すべて焼却の対象となる。いったい各大学の図書館の本に対しては、どのような指令がでていたのか、どのようにして守られたのか、心配になる。

万年筆。中国製のパーカーが文革中、しきりと日本にもでまわったが、国内では奢侈品だったのか。

麻雀セット。トランプ。鄧少平の趣味であり(江青の趣味でもある)、のちに彼は復活させるが、この時は摘発された。もとより将棋も碁も、だめである。

ソファ。肘掛け椅子。楽なものは、すべてブルジョワ的なのである。

西洋のレコード。クラシック音楽やジャズは、西欧帝国主義の敵性音楽である。

毛皮のコート。化粧品。絹など高級服地。ネクタイ。背広。刺繍品。フロック・コートやシルクハットも、摘発された品物の中に混じっていたらしい。

骨董的なトランク。金銀装飾品。樟の長持ち。古いタンス。花瓶。これらの王ともいうべき品々を集めた博物館は、閉鎖される。

絵では、山水画。

金魚、小鳥。庭の花さえも、対象となる。

銀行の預金通帳。

エロ写真などは、もちろん摘発されたが、写真館では、つぎのような禁止の掲示があったという冗談がある。

（『これが〈文革〉の日常だった』＝『文革笑料集』）「側面写真（前向きの精神をだいじにする）。逆光写真。パーマをかけた者。赤いネッカチーフをつけたもの（文革以前の青年組織である少年先鋒隊の象徴）。ダンス服を着た者。目の小さい者。鼻の高い者……」。時がたてば冗談にはちがいないが、当時は、批判の対象になったといえないこともない。

これらは、四旧の精神を示す「物」であるが、「人間」も対象になる。子守、乳母、女中、料理人のいる資本家階級や幹部に対し、彼等を解雇するように少年たちは命じている。女性地下党員に扮した現代京劇の男優は、革命を踏みにじるものだと批判され、過去の例をひいて抗議すると、それこそ四旧だとし「反革命現行犯」とみなされた。

髪が長い女の子が好きだといえば、「四旧」とみなされ、女言葉を使う女性は、プチブルだと攻撃された。

「古瓶《がめ》、古土瓶《どびん》、まあとにかく古い物さ、それを始末した。焼いたり叩き壊したり」（馮驥才『庶民が語る中国文化大革命』）

家宅捜索であらさがしされるのを防衛するため、骨董品ともいえぬ古瓶や古土瓶まで始末している。「四旧」の基準が曖昧であるから、いくらでも拡大解釈されるのを嫌っての処理だが、大昔の家賃の領収書を発見され、この男性は牛小屋（臨時の監禁所）へほうりこまれる。もっとも、これは、紅衛兵のしわざでない。紅衛兵の没落後、町会の造反分子が「四旧打破」を継承した時の例である。

その場で焼却されたものは、ともかくとし、いったい押収されたこれらの品々は、どうなったのか。以下次節で見る。

★コレクターは吸血鬼

――四旧打破（下）

道徳のもつ暴力性

本能という言葉がある。本能は、明治時代の造語だろうが、個人的には好きになれない言葉である。都合がよすぎるのと、動物的本能というようにマイナスの否定的イメージで用いられるからである。

とかく人は、動物である、私は動物である、昔なら獣であると思いたがらない。たとえ「万物の霊長」であったにしても、動物であることに変りない。これを忘れすぎるため、人を否定する時、「人間じゃない、まるでケモノだ」といったセリフを吐く。他人に向って、こういってしまえば、自分だけはそのケモノから除外されてしまったような傲慢さがあって、気にいらないセリフである。動物がこのセリフをきいたら、怒ってしまうぞとハラハラすることがある。元巨人軍の長嶋茂雄という野球選手がとかく「動物的カン」があるといわれたが、それにたいして本人は抵抗を覚えているらしいという記事を読んだことがあり、もっともだと思った。

この賞賛のレッテルに軽蔑の匂いをかいだからであろう。練習と努力

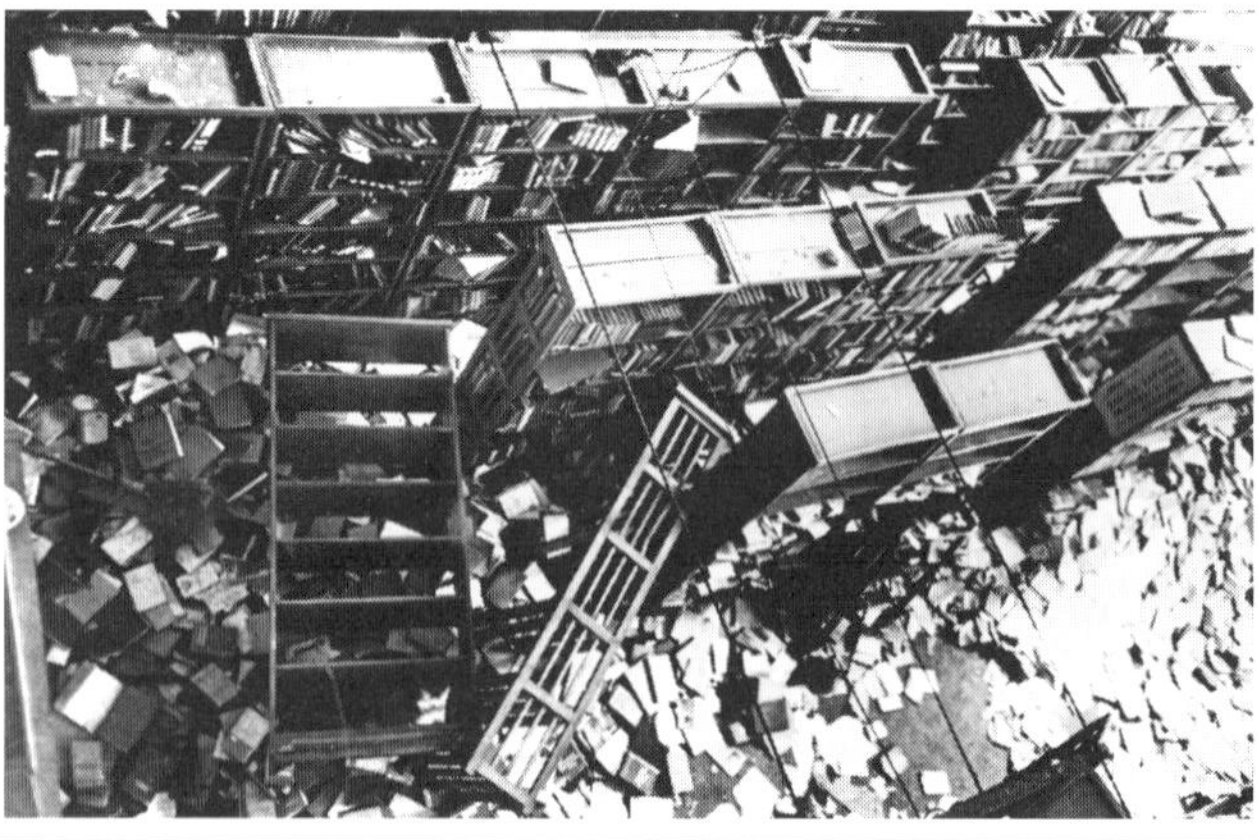

❖……紅衛兵に破壊されたハルビン大学の図書館（写真提供：共同通信社）

のたまものだといいたいのである。しかし、この抗議はすこし、おかしい。動物だって練習をするのである。努力もする。いかなる動物にも、カンのよいのとわるいのとがある。ノイローゼなども、なにも人間の特権でない。

動物的本能という言葉も、おかしい。では人間的本能が別にあるのか、といいたくなるからである。動物と本能の間に「的」をいれるから、ややこしくなる。ほとんど同義で使っている。「あいつは本能的なやつだ」という場合、「動物的なやつだ」といいかえても同じである用いかたをする。

「敵は本能寺にあり」は明智光秀のセリフである。この「本能」は、あるがままの意味で、仏教でいう「円」にひとしい。神や仏に等しい。あるがままに生きられぬ人間が、あるがままになることが、本能の完成である。野性児といわれた織田信長が、この本能寺にいたのは、なんともおかしい歴史の符合で、長嶋茂雄も、これを引くくらいの悪知恵があれば、むくれることもなかった。

本能を英語でなんというのか知らないが、仏教語をあてはめたところに、ずいぶんと近代の混乱がおこっている。ただ、人間と動物をわける発想は、古今東西問わず、為政者のやってきたことだ。統治しやすいからである。「道徳」は、それに手を貸す。道徳は、動物を疎外する元兇である。

だから「正義」とか「大義名分」といった道徳的な言葉には、つねに眉に唾しておかなくてはならないのは、この文句に便乗した人間は、自分だけが「人間」だと思って、なにをしでかすか、わかったものでないからである。紅衛兵たちは、「造反、理あり」の名分にみごとにのった。名分の呪文をとなえながら、暴れ放題となった。毛沢東は、道徳的呪文によって、動物性を去勢するのではなく、むしろ解放した。人間という動物の中にある攻撃性をフル回転させた。「四旧打破」の嵐とは、道徳のもつ暴力性をよく示している例と見てよい。

紅衛兵は、「四旧」という言葉の曖昧さに乗じ、見境いなく破壊しただけでなく、分捕りもした。破壊行為には、分捕りがついてまわる。破壊行為の勲章として、分捕りを許すのが、古代からの戦争のしきたりである。いくら破壊が重ねられても、なにかが残ってしまうのは、そのおかげである。文化という化物の正体である。

もちろん、文革では、分捕りといわない。押収という。国家が分捕るのである。個人が分捕る場合は、ひそかに猫ばばするしかない。この無差別に近い「襲撃を正当化するために、紅衛兵たちはのちになって、襲撃中に発見したり、押収したりした品物の展示会をひらいた」(『文化大革命の内側で』小島晋治・杉山市平訳・一九七八年・筑摩書房刊)とジャック・チェンは言う。

紅衛兵の積極的知恵というより、この宣伝的陳列行為は、毛派の指示だというべきだろう。王光美のワードローブも展示されたし、失脚後の江青のワードローブも展示されたが、これらに先がけて、「展示会」が行われていたことがわかる。古代からある「見せしめ宣伝」の延長上にあるものだ。

「それは信じ難いような見せ物であった」とジャック・チェンは言っている。金銀の延べ棒を匹頭に、「国民党の旗や身分証明書、旧地主がもっていた土地証書」まで出てきたともいい、

「これは明らかに、もし反革命のクーデターか、国民党あるいは外国による侵略で土地取戻しの機会が生れたときにでもなったら、証拠に持ちだそうという意図でかくしていたものだ」と彼はいう。

彼は、四旧打破のいきすぎに批判をもっているが、こういう押収品を見ると、「信じ難い」と首をひねってしまうのだ。台湾の国民党のスパイからの押収品とも考えられるが、あまり利口なスパイといえないし、破壊の正当化のためにでっちあげた扮飾宣伝ともいえるが、変転きわまりない権力者の交代劇の中で翻弄されつつ、いつなにがおこるかわからぬと自分にいいきかせて生き抜いてきた中国人の国民性からすれば、このしぶとさは、ありそうだともいえるのである。

展示会の物品は、無差別の陳列でないから、選択がある。四旧の典型例のみを選んで展示した誇張の宣伝であり、なにが四旧なのかわからぬ紅衛兵にお手本を見せたという教訓性をもっているわけでない。無差別的破壊への批判をそらす隠れ簑宣伝でもある。

つまり、この展示会からひきだせることは、二つある。一つは、この背後に無数の押収品があるということ。

もう一つは、破壊され、押収される側の自己防衛の感覚というものである。「聖書をくりぬいて中に拳銃をかくしたもの」もあったという。「聖書」そのものが、「四旧」であるから頓馬といえるが、あえて本能という言葉をつかうならば、「防衛本能」が働いている。そもそも、権力側の展示会そのものが、言い訳をふくんでいるとすれば、これまた防衛本能の所産である。

破壊と没収

攻撃も、積極的防衛にすぎぬといわれるが、そうであるなら、防衛本能とわざわざいう必要もない。両者ともに生き抜く知恵というべきだし、あえて人間機械論的にいうなら、自然にわが身のうちに備わった消火装置と放火装置であり、立場や状況に応じ、それらが交互に作動するにすぎないともいえる。

「隠してあることも考えられたので、家宅捜索は徹底的に行われた。壁をこわしたり、漆喰をはがしたり、さらにシャベルやつるはしで穴を掘ったりして、隠された品を捜し回った。われわれの小隊には、宝石が隠されているのではないかと、練り歯みがきをチューブから搾り出していたものもあった。身体中を歯みがきだらけにした隊員には、私も思わず笑い出してしまった」(『紅衛兵だった私』)

この広州の元紅衛兵の手記を読むと、なにを壊すべきか、なにを没収すべきか、その判断に慎重さがあるようだが、あとでなら、なんともいえるのだし、ほとんどの場合、こうはいかなかっただろう。「なにかをたたきこわすのは、効果をあげるため」で、没収が基本だったとも述べているが、破壊の快楽は、効果などという節度を守ってなどいられなくなる。その守れないところが、初期の紅衛兵運動の最大の宣伝効果でもあった。

壁を壊したりするのは、家宅捜索を受ける黒五類のものたちが、「四旧」の品をあらかじめ隠すからだという。事実、自己防衛として隠すこともあったにちがいないが、つねに隠しているとは、いえない。どちらであるかをたしかめるためにも、壁を壊したり、漆喰を剝がしてみなければならない。いったん壁の中があやしいとなったら、以後のすべての捜索にあたって、その破壊行為を続けなければならない。疑惑と暴力が結合した時のこわさである。

没収した品物は、広州の場合、街道委員会という町内組織に預け、管理を依頼した。

「われわれは没収品を運ぶために、ありとあらゆる車を徴発した。救急車さえも駆り出された。家具、像、衣類、書籍を満載したトラックに紅衛兵が鈴なりになって、歌ったり、はやしたりしている光景は、ごくありふれたことだった。戦利品を積んで前線から引き揚げる兵士の気分だった」

紅衛兵が、捜索に一回はいった家は、これでおしまいになるわけでない。紅衛兵は、隊を組んでいるので、入れかわり立ちかわりちがう隊が訪れる。あらかじめ黒五類の札がはってあるので、すぐわかる。もう捜索ずみといったところで、先の隊の見落しもあるという理由がつく。たくみに隠したかもしれぬ、という理由がつくので、黒五類の家は、なんどもなんども襲撃を受ける。

それでも、四日目か五日目でもう、どの家からも四旧の痕跡を見いだせなくなったという。畑を一瞬にして丸裸にしてしまう蝗害に近い。黒五類の家では、その害をなんとかすくなくしようと、『毛主席語録』を戸口に張って、自己防衛をはじめたという。いわば魔よけ札である。家具は真赤に塗った。家具が骨董である場合、それを隠すための赤ペンキだったかもしれないが、なによりも赤は共産党の色である。毛沢東に「忠実」を誓ったしるしでもあるが、もう一つその奥には、語録札にも赤の色にも、魔よけという呪術的祈願がこめられていたとみてよい。

この場合、悪魔は、毛沢東であり紅衛兵である。ただ、残念かな、悪魔のつもりもなく正義のかたまりのつもりである紅衛兵には、この魔法もきかない。おまじないであるとも知らず、どんどん結界を突破してくるからだ。しかたがなく、こんどは、自分たちで壊したり焼いたりするようになる。

つまり、被害者の黒五類のほうでも、紅衛兵様のお手数をかけないというより、どうせ壊すなら自分の手でというわけで、ついに破壊衝動に駆られるようになったわけだ。ある蔵書家は、自前に泣く泣く九千冊を焼いたり棄てたり紙屑屋に売ったりして、以後、読書欲がまったくなくなったと回想している。（陳宝琛編『北京旋風』一九七七年・大陸研究社刊）

物は集りすぎると、保存に困難をきたすから、ちょうどよいともいえるが、紅衛兵の没収品とて同じである。『紅衛兵だった私』には、管理を引き受けた街道委員会から、大量すぎるので、没収品をひきとってくれと苦情をいってきたとある。「忙しすぎて、そんなことはできないといってやった」と気持よさそうに書いている。大人を困らせることが楽しいのである。

没収品の行方

「破壊という自分たちの仕事をしている紅衛兵たちは、とても幸せそうだった」

そう書いたのは、『上海の長い夜』（篠原成子・吉本晋一郎訳・一九八八年・原書房刊）の鄭念である。一九六六年の春に閉鎖するまで、シェル国際石油の代理支配人をしていた鄭念の家は、当然、紅衛兵の襲撃を受けた。シェルの関係から、それまで自由な生きかたを共産党にも認められていた数少い特権階級の一人である彼女の家は「四旧」が叫ばれるや、たちまち絶好の攻撃対象となる。激しい打壊しのさまを見ながらも、紅衛兵たちは「とても幸せそうだった」と感じる度量と度胸が彼女にある。カメラや銀器の没収に対しては、しかたなしと思っていた。だが敢然と抗議したのは、「康熙帝時代の酒杯を床に一列に並べて、足で踏みつけていた。酒杯の砕ける音に、私はたまらなくなった」ときである。

「衝動的に、私はパッと前に飛びだし、紅衛兵が次の杯をつぶそうと足をあげた瞬間に彼の脚を捕まえた。紅衛兵はつんのめった。彼と私はいっしょに折り重って倒れた」

彼女が体当りまでしたのは、「この小僧たちめ」とか、「高価な骨董を」とかという発想からでない。中国が誇るべき文化財だという意識からである。足でふみ割らんとする紅衛兵が康熙帝の酒杯だと知っていたと思えないが、彼女の抗議は、

「プロレタリア文化大革命の目的は、古い文化の破壊にある。われわれを止めることなどできない」

の言葉のもとに一蹴されるものでしかない。それでも彼女は粘る。上海博物館にもち去るように提案したり、「昔の労働者によって作られたのです」と痛いところをついたりもするが、紅衛兵としては、一つでも割ったあとでは、「この女の美辞麗句なんか、聴くな」といらだつしかない。そこで彼女は必死に知恵をしぼり、香港で売って、世界革命の資金にしたらと再提案する。これが効を奏し、破壊は免れ、没収品としてもち去られるが、この間、こっそり紅衛兵のだれかによって、エベルの時計と金のブレスレットが盗まれたことがわかる。

上海の場合、どのように没収品が保存されていたのか、わからない。彼女は逮捕されて長い刑務所生活を送っていたが、四人組追放後、釈放される。政府は、略奪したものを返還すべしと布告をだした。「略奪家財整理局」から彼女のもとへ出頭命令が来る。「値打ちもない財産の領収証や請求権を放棄する誓約書」を集めるため、上海の役人が、あわてて作った機関である。だから奇妙な役所名なのである。つまり、没収品の大半は、文革十年の間に、管理がいきとどかず、目星いものは盗まれたことを意味している。

行くやいなや「書籍とレコードを探しに倉庫へ行くか」と彼女は係員に問われている。つまり、なにも残っていないという問いかけである。書籍やレコードは、記憶と一致するものがあったとしても、蔵書印や所有印がなければ、自分のものだという証拠にならない。ただ偶然にも箱に名前がついていたため、陶磁器のみが助かっていたとわかった。そのうち十五点を上海博物館が買いたいといって持っていったと伝えられる。この中に彼女が固執していた康熙の酒杯もふくまれていたのかどうかわからないが、返却された明代の青磁の皿には、「古美術

収集家は吸血鬼である」と落書きされていた。箱の中のコレクションも半分しか残っていなかったというから、他は掠奪されたのである。博物館が所望する十五点は、のちに彼女は寄付している。

「あなたがたは、〈四旧〉を大いにうちたてるたたかいのなかで、輝かしい戦果をあげました。あなたがたは、資本主義の道をあゆむ実権派、ブルジョア階級の反動的〈権威者〉、吸血鬼や寄生虫どもをあわてふためかせました。あなたがたは正しいことをやっており、それをりっぱにやっています」

　これは、一九六六年九月十五日の紅衛兵大会での林彪の演説である。

　だが、このように紅衛兵をおだてあげ、「四旧打破」を叫んだ林彪の執務室には、山水画がかかっているのである。張雲生の『私は林彪の秘書だった』を読むと、妻の葉群《イエチユイン》が、秘書たちに林彪の部屋とかぎらず、事務所の壁にかかっている山水画をすべてはずすように命じているくだりがある。

「首長（林彪）は四旧を大いに破ろうと紅衛兵に呼びかけました。今、どこでもそれをやっています。それなのに私たちの住まいでは古い山水画をかけたままで、総理や党中央文化革命指導部の人に見られたりすると、まずいでしょ。でも、あの山水画はみな貴重なもので、首長も私もとても好きだから、はずした後は大事にしまっておきなさい。傷をつけたりしないようにね」

　この矛盾にすぐ気づくとは、葉群、さすがかしこい女房だと皮肉をいうために引用したわけでない。政治と実際の関係は、つねにこういうものだと知ってもらいたいからだ。こういう矛盾に驚くようでは、いつも政治宣伝にまんまとのせられてしまう。あとで、だましたなと怒ってみても、しかたがないのだ。林彪一家の住んでいた毛家湾には、映写室、書庫、古美術収納室、ビリヤード室があり、さらに葉群のプールもあった。

　葉群が見られるのをおそれた「党中央文化革命小組」のメンバーとて、自らの主張を裏切っているという意味では、同じことである。この小組の黒幕的存在で、顧問であった康生、特務機関のボスといわれた康生などは、裏切り者の最たるものである。文人趣味の彼の骨董好きは、文革以前から知られていたのだから、だれかが気づいてよさそうなものだが、攻撃を受けることもなく、平気で「四旧打破」を陰から指揮していた。
趙峻防・紀希晨の『二月逆流』（立花丈平・斎藤匡史訳・一九八八年・時事通信社刊）を読むと、康生の部屋の様子が、つぎのように描かれている。「赤い光があふれた部屋は、文化財庫のように、古書、軸物、彫刻、陶器、玉印、金章、硯、拓本が所狭しと並べられている。ガウン姿の康生はテーブルの上に置いた軸物を一つ一つ愉しそうに鑑賞していた」と。「栄宝斎」を叩きこわせと背後から糸をひいた康生が、古画骨董に囲まれている。

宋の詩人で書家の黄庭堅の真筆を眺めながら、「とても手に入る代物じゃない」と康生がいえば、女房の曹軼欧は、「手に入れにくいと言ったって、手に入れているじゃありませんか」とからかっている。

「解放後ずいぶん大勢の人に行方を確かめてもらったが分からなかった。紅衛兵の小僧どもなかなかやるわい」と康生は、うそぶいている。「四旧打破」をおとりに旧幹部を一掃することが目的であったとわかった今、康生がふてぶてしく落ちついていても、なんら不思議でない。ある「反動分子」から押収したトラック二台分の骨董を紅衛兵たちが焼却に附しているとき、周恩来が中止させたので、何箱かが残って「北京文物管理所」へ送られ、その中からとりだしたもののいくらかが、康生のテーブルの上にならべ置かれていたわけである。おそらく、おべっかつかいの官僚が、「北京文物管理所」の中に入って持ちだし、康生にプレゼントしたのである。この『二月逆流』の著者たちの出自は、不明で、あまりにも目で見たかのように書いているので、情報関係の覆面作家だろうといわれている。そこへ、またも江青が康生の喜ぶプレゼントをもってやってくる。一目見るなり、「あっ、これは百一硯だ！」と叫ぶ。

これまた紅衛兵の押収物である。清の乾隆以来、宮中にあった北宋の名硯で、英仏の軍により円明園が焼打ちにあった時から行方不明になっていた。

「紅衛兵の神通力は大したものだ。及ばぬ所がない……まったく恐れ入る」

とも感嘆している。悪いやつほどよく眠るの諺どおり、文革の末期に、康生は、弾劾を受けることもなく死ぬが、四人組追放後は、いっさいの名誉が剝奪されている。

「四旧打破」の紅衛兵運動は、街頭革命だともいわれた。『上海の長い夜』の鄭念は、自分の家が襲撃を受ける前、街の中で紅衛兵の一団が、ひとりの女の子をつかまえ、

「なんであんたは先のとがった靴をはいてるんだ。どうして細いズボンをはいてるんだ」

と叫んでいるのを目撃している。彼女は靴を脱がされ、ズボンをはさみで切られ、抗議すると、顔を殴りつけられ、とうとうズボンを全部はぎとられてしまう。「周りをとり囲んでいたヤジ馬は面白がって笑い、やじった」。鄭念にいわせると、文革の初期の破壊対象は、ブルジョワ階級だったので、市民はいずれ自分に火の粉がふりかかるとも知らず安心しており、「紅衛兵の行動は見世物であり娯楽であった」と鋭い意見を述べている。被害者をのぞけば、みな楽しかったわけだ。とつぜん大娯楽が降って沸いたのである。

つまり紅衛兵は、暴力宣伝体であると同時に街頭劇を演じる役者でもあった。被害者は、真剣に、抗議したり抵抗するのだから、迫力がないわけはない。

細みのズボンは、華僑の学生が海外からもちこんだ流行だった。お下げ髪の女の子やリーゼント刈りの男性は、その場でハサミで短く切られた。ヘアピンもだめである。ポマードをつけたり、パーマの髪も紅衛兵が用意したハサミの餌食となる。ひどい場合は、女性でも坊主頭にされてしまう。わざと女性の頭を虎刈りにしたりもする。

紅衛兵たちは、破壊の喜びと観念の陶酔を味わっているうちに、まもなく暗い穴に落ちこみ挫折していった。いまも元紅衛兵たちは、傷を負いつづけているにちがいないが、短い期間だったが、あのときは面白かったなと、どこか懐しがっているところもあるかもしれない。

★三角帽のフォークロア

三角帽に隠された意味

「われわれはこづき降され、わたしの脚が地面につくかつかないかに、誰かがわたしの頭からバケツで糊をかぶせた。また他の者たちがわたしの身体に大字報を貼りつけ、頭には〈牛鬼〉と書いた高い三角帽子をかぶせた。首につるすボール紙には〈馬思聰・ブルジョア反対派の代理人〉とあった。のちに〈蛇神〉という呼び名も書き加えられた。しまいに彼らはわれわれにそれぞれ鐃鈸《にょうはち》―葬式のときの楽器―とそれをたたく小さな棒をもたせた」（『ドキュメント現代史16　文化大革命』）

　これは、北京の中央音楽学院長であった馬思聰《マースーツン》の手記（団真樹子訳）からの引用である。彼は、ヴァイオリニストであり、作曲家でもあった。のちに香港に脱出、アメリカへ亡命する。

　文革がはじまると、彼はその音楽と私生活のブルジ

❖……ハルビン市で開かれた黒龍江省党委員会書記・任仲夷のつるし上げ大会（1966年撮影◎写真提供：共同通信社）

ョア性が批判され、革命的精神の学習のため社会主義学院に強制収容されるが、ある華氏一〇〇度の暑い日、一台の紅衛兵のトラックがやってきて、中央音楽学院へ同僚とともに連れ戻される。校内は学生で埋めつくされていて、トラックから降りるやいなや、右の引用のごとき洗礼を受けた。

頭からバケツで糊をぶっかける――からだ中に大字報を貼りつける――三角帽子をかぶせる――首からボール紙をつるす――葬儀の鐃鈸をもたせる。これが、「闘争」にかける前の扮装手続きである。

文革の初期、世界中、まず度肝を抜かれたのは、紅衛兵たちによって闘争にかけられた幹部たちのこのスタイルであった。とりわけ目を魅いたのは、三角帽子である。日本では、「三角帽」と訳されたが、原語は「高帽」である。時に「紙帽」である。

当時、まるで学芸会の扮装かなにかに思えたものだが、権威をふるっていた幹部たちが、まだ鼻ったれの小僧の紅衛兵たちにこの三角帽をかぶせられている姿は、不気味なまでに滑稽なコントラストであり、なまなましい宣伝効果をもつにちがいないとも思えた。

なにより、紙製であるのが、怖ろしいまでに生きている。芝居の雰囲気がでる。この三角帽を無理やりかぶせられた幹部たちが、幼児帰りして喜々とするわけもなく、屈辱に苦が虫を嚙みつぶした表情をしているにきまっているから、いやでも大見世物になる。

実際は紙製が手っとりばやかったにすぎないのだろうが、彭徳懐《ポンデーホワイ》元帥などは、特製の鉄の三角帽子をかぶせられた。この場合も、その鉄に新聞がはられていたというから、「紙」で作ることによる非リアリズムの効果を少年少女たちの残酷な芝居心（いじめの論理）は、よく知っていたといえる。

だが、この儀式化した悪ふざけには、もう一つ奥がある。日本人は、この「高帽」を直訳ではさまにならぬと見て「三角帽子」と訳したが、もっと民俗学的な奥がある。「高帽」とは、地獄の獄卒である牛頭馬頭のかぶる帽子を意味したからである。なぜ、三角形なのかといえば、多分、妖怪の「角《つの》」を意味していて、中国民衆には、たちどころにわかる悪魔の表徴なのである。

日本人は、トンガリ帽子の時計台とか、西洋のお伽話を演じる学芸会の扮装であるかのように牧歌的に見、それでも大幹部がかぶせられるわけだから、十分に異常なグロテスクを感じたが、それ以上に中国人の心には、地獄のフォークロアがしみこんでいて、この「高帽」のいでたちに震撼し、戦慄したはずである。

もう一つ、世界中の人間が、凝然としたのは、漢字を墨書することの魔力である。それをからだ中にはりつける呪術的力である。意味的にも「牛鬼蛇神」とか「黒い一味」「吸血鬼」という風に政治的レッテルを指示しているが、それにもまし、その表現形式が、インスタントの効用から、ことごとく手書きであったことである。「墨痕淋漓《ぼつこんりんり》」とよくいうが、まさに墨の軌跡は、血のしたたりに似た迫力をもつのである。

いうならば、この「三角帽」は毛沢東の放った「牛鬼蛇神（走資派）を一掃せよ」というスローガンの図解でもあった。それに加え、なまなましさが宣伝的道具立てとして必要であるとすれば、手がきの墨書は、うってつけだったわけで、中国人はもちろん、世界中にこの「漢字」の力を見せつけた。

馬思聰の手記によれば、かく紅衛兵に「牛鬼蛇神」の扮装をいやおうなく暴力的に強いられた彼は、同じ指弾を受ける同僚とともに、校内を行進させられている。その行進の両側を埋めつくす学生たちは、口々に気が狂ったようにスローガンを叫び、中には殴ったり蹴ったりするものもいれば、唾を吐きかけるものもいた。その群衆の中を自らの手で葬式の楽器を鳴らし、私は牛鬼蛇神でございますと唱えながら、かきすすむことを命じられるのである。これも、集団モッブの自然性というより、れっきとした儀式である。鬼ばらいの豆まきの本来のかたちだとさえいえ、それを政治宣伝化したといえる。

この儀式に参加した学生の中には、馬思聰の教え子もおり、その表情は歪んでいたという。恩師をいたぶるという児戯的な快感にくわえ、一方では良心的な心の痛みがあって、それを毛沢東崇拝から生れる大義名分の観念で切りかえしているため、かえって快楽を複雑なものにし、それ故にこそ顔はひきつる。わんぱく小僧には、大義名分などないが、たいてい、いじめの時、顔が歪む。

『中国の冬』を書いた、当時紅衛兵であった梁恒は、北京へ交流にやってきて、中央音楽学院を訪れているが、この時、便所掃除をしている馬思聰を目撃している。見慣れた風景なので、無感動だったというが、一カ月後には、彼の脱出を知り、「誰かの自転車の後ろにしがみついて」、その空き家になった邸宅を見物に行っている。まさしく好奇心に忠実な少年である。

なぜこんなむごいことをしなければならぬかという自らの疑問に対しては、よっぽどの悪党なのだろうしいいきかせたのち、毛沢東のため、若者は偉大な文化大革命を支えねばならぬといいきかせる。というパターン認識が紅衛兵たちの過半数を占めていたにちがいない。なによりも彼等のエネルギーをひきだしたのは、最大娯楽ともいうべき「祭り」をあたえたからである。ふつう国家認容の祭りは、狼藉三昧が許されるといっても、実際は牙が抜かれている。うっかりか故意にか毛沢東は牙を抜かなかった。

私の正体、牛鬼蛇神

「大道芸人のごとき隊列が、数かぎりなく街頭にあらわれた。高さ三尺もあろうかしいう紙製の三角帽子には、種々さまざまな獰猛なバケモノがところせましと描かれていた」

これは胡月偉・楊鑫基合作の、『小説張春橋』の中にある。「大道芸人のごとき隊列」だというのは、三角帽の強烈なイメージのせいもあるが、上海の越劇の俳優や映画スターたちが槍玉にあがっているからで、つまり「四旧」の証拠の舞台衣装を着させられたり、顔にはドーラン化粧を強制されたりしているためである。すなわち作者たちの言葉でいえば、「反動的本質」を演技させられている。

「よおッー、名優やスターを見にいこうぜ。入場無料だぞ」。大衆は、いつ自分にお鉢がまわってくるとも知らず、降ってわいた娯楽(お祭り)見物に仲間を誘ってでかける。闘争にかけるものにとっても、見物人がいなければ、最終目的である走資派打倒の宣伝効果を発揮しないし、侮辱の効用も生じない。

「私の裏の家の主婦は、中庭に引きずり出されて、髪は坊主に切られました。……頭には新聞紙で作った、円錐形のピエロのような帽子(三角帽子)をかぶせられ、そこには〈牛鬼蛇神(妖怪変化)〉と、毛筆で書いてあります」

これは、台湾人と結婚し、のちに中国に住んだ日本人林滋子の手記『中国・忘れえぬ日々』からの引用である。「ピエロのような」と書いているのは、中国のフォークロアと見せしめの伝統を彼女が知らないからである。

「昔、お前が貧乏人をいじめた時の残虐非道のやり方を、披露しろ! 言え」と紅衛兵が攻め立てる。再現の儀礼が、この祭りの特長である。ふだん仲の悪い人が、弥次馬の中にまぎれこんでいたりすると、この時とばかり紅衛兵といっしょになっていじめ、とんだハプニングとなって、街頭劇を盛りあげる。

毛沢東の計算をどんどんとのりこえていったにちがいなく、学生を問わず、大衆の心の中にいかにストレスが欝積していたかを証明している。そそのかす為政者でさえ、これを見れば、ウソ寒くなっただろう。再演を拒んで黙っていると、紅衛兵たちは「〈言わなきゃ、こうしてやる〉と頭をこ突いたり」、「吸いかけのタバコを、首すじに押しつけて揉み消したり」、「ペイッ! と唇の音を荒らげて、つばを吐きかけたり」するのである。

彼女は、七、八十人のキリスト教徒が、ことさらに黒い僧衣を着させられ、三角帽子や額に幽霊のしるしである三角の白い紙をはりつけられたりしながら、四列縦隊になって、街の中を紅衛兵にひきまわされているのを目撃している。その間、彼等は、「私は妖怪変化です」「俺は人間のでき損いだ」「私は反動派です」と呟きながら、のろのろと歩いていく。「自分自身への罵詈雑言を、お経を読むような調子で、休みなくつぶやき続けることを強制され」ると著者は書いている。

この「自分自身への罵詈雑言」という呪文も、残酷な道具立てである。黙っていると、鉄拳が飛ぶので、言わざるをえない。しぶしぶ言うのだが、それがかえって劇的効果をあげる。さきにあげたヴァイオリニストの馬思聴も、つぎのような歌を毎日、唄わされたという。「くり返し」の宣伝魔術がここで応用されている。たしえ上からの指示がなくとも、人々の中に住む童心は、「くり返し」の魅力を知っているので、すぐに応用される。

私の正体、牛鬼蛇神
私に罪有り、私に罪有り
人民よ、どうか私を独裁しておくれ
私は白状しなけりゃならぬ
白状しなけりゃ
粉っ葉末塵に私を砕いておくれ

さすが音楽学院である。造反派の学生の中で、『自己批判』の形式を勝手に作りだして作曲するものまで出てくる。おそろしくも滑稽なファーㄙそのものだが、政治的には、歌ったかどうか、悔いあらためているかとうかが上部へ報告されるのである。

「紅衛兵は馬車にのり、資本家を馬車の後にしばりつけて走る。初めのうち、彼等は馬車からはなれまいと必死になって走るが、時間がたつにつれてだんだんつかれて倒れてしまう。体は丸太の様にコロコロと引っぱられていく。着物は破れ、ヒフも破けて血がにじみ、その残酷さは言語にも絶する。それで紅衛兵はかあかあとわらって興じる」

これは、大陸帰還者協会の発行した『自由よ、もう一度』（一九七五年刊）からの引用である。まるで古代ローマのようである。西部劇などにも、よくでてくる。どこまで信じてよいかわからないが、それに近いことがあったことだけは、たしかだろう。

三角帽の政治宣伝的効用

「われわれは人民解放軍だよ。今、学校では、人をつかまえると、捕虜にして、脅迫し、自白させ、ようやく信用する。自白しないと、すぐなぐって、殺したり、負傷させたりする。……いま、ジェット式（両腕を逆手にねじ上げて、後から擁しながら、街を引き廻すやり方を指す）などという懲罰方法が発明されたが、このやり方を発明した主犯は私だ。私は《湖南農民運動視察報告》の中で、〈三角帽子をかぶせて、街を引き廻す〉ことについて述べてはいるが、飛行機に乗せることなど述べてはいない。私が主犯だ。罪の責任はまぬがれない」（『毛沢東思想万歳』）

これは、一九六八年七月二十八日、各派紅衛兵の指導者を集めての毛沢東の談話である。前日、セクト競いを続ける各大学へ労働者からなる毛沢東思想宣伝隊が入り、事実上紅衛兵運動にピリオドが打たれた。文闘を指示しているのに、やめないため、ついに見棄てたのである。引用は紅衛兵を前にしてのきわめて屈折した毛独特のセリフまわしだが、悪名高いジェット式も、「三角帽」も、「発明した主犯は私だ」と彼はいっている。

彼の指摘する「湖南農民運動視察報告」は、『毛沢東選集』の第一巻にはいっていて、それを読むと、「三角帽子」のくだりがある。地主に打撃をあたえる一法として「三角帽子をかぶせて村をひきまわす」と書いている。この報告は、一九二七年のものである。

「このようなことは、各地でさかんにやられている。土豪劣紳に紙でつくった三角帽子をかぶせる。その帽子には、土豪なにがし、あるいは劣紳なにがし、というように書きつけてある。なわでひっぱりながら、前後をおおぜいの人がとりまいていく。なかにはドラを鳴らしたり、のぼりを押し立てたりして、人目をひくようにする」

毛沢東は、三角帽子をかぶせてのひきまわしを、自分の発明のように述べていたが、ここでは「各地でさかんにやられている」と書いているのを見ると、もともと中国に古くからある見せしめ宣伝を兼ねた懲罰方法である。

そのにぎやかな道具立ては「人目をひくようにするため」だと彼は分析している。

事実、村だけでなく、都市でも、日本商品をあつかった商人なども、毛沢東以前に、この「三角帽」をかぶらされている。毛沢東に発明があったとすれば、この風習を地主打倒のために政治化し政治宣伝化したことであろう。「いちど三角帽子をかぶせられると、体面はまるつぶれになり、人まえに出られなくなる」ことを見透しての宣伝術であった。

しかし、この方法よりも、なおよいのは、三角帽子をかぶせると宣告しながら、実際にそうしないことで、このほうが地主たちの心胆を寒からしめるともしている。その後も、毛沢東文献類を読んでいると、しきりと「三角帽子をかぶせよ」という発言につきあたるが、このほとんどは、反革命のレッテルを貼るという比喩で、実際の引きまわしまでを意味していない。だがこの比喩も、レッテルを貼るという恐怖の実効力をもっているから、ただの比喩ではない。

その点でいえば、紅衛兵が、狂ったように実行した黒五類黒七類分子への三角帽をかぶせてのひきまわしは、宣伝術として上々だったといえない。ひきまわしの荷い手が、少年少女だったところに、世界中を仰天させるめりはり効果をもったが、内外からの批判と苦情が殺到した。武闘がついてまわったため、中国全土が無法状態にさえなった。

この三角帽ひきまわしを紅衛兵に指示したものは、だれか。毛沢東をバックにした康生らの「文革小組」らが、過去の体験を応用しようと思いついて指示したともいえるが、紅衛兵の幹部で『毛沢東選集』を暗誦したものの中からアイデアが生れたともいえる。一九六六年の八月に決定した文革の「十六項目」には、武闘よりも文闘とあるが、結果的には逆に煽っているところがあり、事実林彪などは、文闘を口にしながら、やる時は徹底してやれと紅衛兵を煽っていたのだし、実際にも、最終目的である走資派の打倒は、その幹部たちに三角帽をかぶせてひきまわすという武闘なしに文革初期の勝利はなかった。大きくは毛沢東の内意もあったはずだ。

さかまく「二月逆流」

私のてもとに「壁新聞による中共〈文化大革命〉関連資料集（3）」というガリ版刷りの小冊子がある。日本政府筋の資料と思われるが、首相周恩来の三角帽否定の発言が目立つ。「諸君はこれでかれらの〈威風堂々〉をたたき落とせると思っているかもしれないが、末端の党委員会をこのようにして車にのせ、諸君はそのあとをついて歩くのは諸君にとってなんの取りえがあるのか」（一九六七年二月一日）といい、こんなことでは大衆の造反派への同情はえられないとしている。

「車」とは、トラックであろう。紅衛兵たちは、ひきまわしの前戯（儀式次第）として、走資派の幹部に三角帽をかぶせて「トラック」へとくべつのせたことへの批判である。

「老幹部は党の宝である。……毛沢東は闘争はもっと文化的にやらねばならないといっている」とも二月十七日には述べている。

三角帽をかぶせる紅衛兵の対象が老幹部に及びはじめた時、非人道的という批判がおこった。紅衛兵にしてみれば、煽られて火がついたからだをどうしてくれるというものであったし、背後から彼等を煽るものとして冷眼視された「文革小組」の陳伯達などは、沸きあがった三角帽子批判にたいし「大衆運動のなかで大衆が犯した誤り」にすぎぬとし、われわれの責任ではなく、そういう闘争方式そのものが敵の作戦だと強弁している。

このような情勢の変化がおこっている水面下で、「二月逆流」と呼ばれる老元帥たちの反乱が企てられてもいた。「毛沢東」をはさんで、なお軍を握る老元帥たちと文革小組との闘争を描いた趙峻防・紀希晨の『二月逆流』は、一九六七年一月一日午前〇時、雪の降る中を三角帽子をかぶせられたトラック上の前軍参謀総長羅瑞卿の姿を、老元帥の徐向前が目撃するところから開巻する。

周恩来が、弾圧される老幹部と文革小組との間にはいって苦労しているさまも丹念に描かれ、毛沢東に「紅衛兵が、首から札を掛けられた老人たちを糾弾する場面を撮った写真」を見せるくだりがある。現場を知らない毛沢東へ作戦的に写真を示したのである。

「やり過ぎだ。走資派に対しても人道主義がなければならない。三角帽子や、札を掛けることにわたしは反対だが、聞かない者がいる」

と不満そうに毛沢東は呟いている。このドキュメンタリ小説は、つんぼさじきの毛沢東の孤独とそれを無視して独走する康生や江青らの「文革小組」、そして林彪のうまいたちまわりが、老元帥たちの怒りとともに典型化されて描かれている。

二月三日、数千の紅衛兵は、元帥の一人で、外交部長の陳毅をつるしあげようとしていたが、周恩来は毛沢東の指示だといって、反対している。その一方で、毛沢東は陳毅、康生を従え、周恩来が来ないのをいぶかりながら、アルバニアの政府代表団のカポと会見している。カポは「老幹部を糾弾するのに、三角帽をかぶせ大きな札を首から掛けていますが、これも中央が許しているのですか」と質問した。

「党中央のある者がその方法をとるのを支持しているだけです」

文革小組の黒幕康生を陳毅がわざと一瞥して言う。毛沢東も「それは紅衛兵のやっていることで、何度となく反対しましたが、聞き入れません。ですから、わたしの言葉も一言一言が効き目があるというわけではないのです」と答えている。『毛沢東思想万歳』にも、この日のカポとの談話がのっている。しかし、無政府主義となった紅衛兵への疑惑と不信は語られているが、自分の言葉が効き目がないなどと発言していない。

その後、陳毅は、軍人の血気をとり戻し、断固として紅衛兵と戦う気になっている。毛沢東の助言さえ無視する。周恩来はいう。

「しかし、三角帽子をかぶるようなことがあってはならない。外交部長が三角帽をかぶって、外国の賓客を迎えるわけにはいかない。国の尊厳を傷つけることになる」

この『二月逆流』は、伝統的な稗史《はいし》に近いスタイルの書物だが、説得力がある。「三角帽子」というひきまわしの宣伝道具は、それ自体の中に暴力を呼びこむ力がひそんでいる。武闘をやめて文闘せよといっても無理なところがある。一九六七年四月六日附けの中央軍事委員会命令として「林彪同志　この件はひじょうによろしい　毛沢東」の前書きつきで「高い帽子をかぶせたり、罪状を書いた板をかけさせたり、街頭をひきまわしたり、土下座させたりすることは許さない」という一項がいれられた。こんなことでセクト化した紅衛兵たちは、いうことをきかなかったわけだが、以後、確実にその運動は尻すぼみになっていく。労働者や軍隊を用いて紅衛兵の牙を抜いていくからである。

★飛行機にのせろ!

パターン化される政治劇

「要《ヤオ》不《プ》要《ヤオ》給《ゲイ》他《タ》戴《タイ》高《カオ》帽《マオ》子《ツ》?」(彼に三角帽子をかぶせる必要がありますか?)

「要!要!」(ある、あるぞ!)

ぼくも大声で叫んだ。

文革当時、北京大学に留学していた日本人の西園寺一晃の手記からの引用である。(『青春の北京』一九七一年・中央公論社刊)作者は、陸平一派糾弾集会を実体験したわけで、彼自身も共感していたことがわかる。

「頑固に抵抗したり、ノラリクラリと逃げ廻る者に対しては」、高帽子がかぶせられ、游街《ユージエ》(引き廻し)させられたとも語る。つまり、最初から三角帽子をかぶせたわけでないというのだ。怒りで興奮していても、「決して殴ったり、けったりしなかった」ともいう。「学生たちは節度」を守り、「革命の秩序は見事に保たれていた」と断言している。この時期(一九六六年六月)は、劉少奇派遣の工作組支配の紅衛兵と文革小組が背後にいる造反派との闘争も熾烈であった。

❖……紅衛兵に批判闘争大会にかけられる失脚した彭徳懐(写真提供:共同通信社)

北京大学とならび、文革期の二大拠点の一つとなった清華大学は、その初期、劉少奇の妻王光美が名を秘して工作組を指導していた。W・ヒントンの『百日戦争』を読むと、工作組のメンバーは、集会で議論に負けて「自分たちの論理を証明できな」くなると、すぐ造反派に帽子をかぶせたとある。これが、事実であるなら、三角帽子は、劉少奇らの工作組下の紅衛兵（といっても毛沢東崇拝）のほうから先にもちだされた。それを復仇的に踏襲したのが、毛沢東を背後に控えた文革小組下の紅衛兵ということになるのか。

「〈戴帽子〉という中国語は、だれかに政治的帽子をかぶせることであり、これは現代の中国の語彙の中では最も悲惨なものの一つである」（『中国人〈上〉』佐藤亮一訳・一九八三年・時事通信社刊）

このバターフィールドの言葉は、多分に「汚名のラベル」の比喩として三角帽のおそろしさを語っているが、闘争のあるところ、これがついてまわるとすれば、その時点で「力」をえていたものが、独占的に行使する。闘争集会といっても、対等に言論を戦わせるわけでない。集会を開いた側が、つねに「力」をもっているのであり、訊問に近い。その返答が鋭くしたたかであれば、訊問者こそがたじたじとなり、議論に負けそうになると、発作的にすぐ三角帽をかぶせてしまうのは、そのためである。争う以上、負けたくないという本能が働くのであって見れば、三角帽は手っとりばやい武器である。この三角帽は、同時に「走資派」とか「牛鬼蛇神」のラベルもついてまわったから、悲惨でもあった。

議論に負けそうになると、すぐ三角帽をかぶせる癖が、いったんついてしまえば、あとは、ただ相手が気にいらないというだけで、「戴帽子！」というのも時間の問題である。

のちに香港に脱出した季水生の「紅衛兵落第記」を読むと、文革が起った時、地方ではなにがなにやら、さっぱりわからなかったらしい。造反してもよいぞといわれても、北京の学生とちがい、対象が見つからないのである。しかたがないので、「常日頃、生徒にとって憎い存在の教師」が目標となった。

「教師たちは浮き足だち、自動的に教師たちだけの批判会を開き、自我闘争会と称してお互いにコキおろし競争をおっぱじめた」

というマンガさえおこる。学校には党派遣の「領導幹部」なるものがいて、その「自我闘争会」を観察し、「反党反毛」分子ときめつけた教師の何人かを紅衛兵にひきわたすのである。

「それぞれ本人の背丈より高い通天帽をかぶらせ〈満艦飾〉よろしく街中を行進させる。市民はこれに対し罵声を浴せ唾を吐きかけ、こづいてもよいことにした」

このパターンは、全国的なものである。おそらくこのパターンが北京より地方の「領導幹部」に伝達されていたのだろう。これを読むと、市民が唾するところまで指示されていたことがわかる。

「ひどいのになると干し草を背負わせ、口中に青草を啣《ふく》ませて行進させ、見物に〈驢馬〉と呼ばせる」

ここまで来れば、もはやパターン・ブックの指示にないものだろう。パターンを覚えこんで、がぜん面白くなった紅衛兵たちが、子供の中にひそむ悪魔的な想像力を実践に移したとしか思えない。幹部によって、「反党反毛」のレッテルがはられなくても、生徒に気にいられていない教師は、すべて通天帽(三角帽子)をかぶせられた。どうやら、毛沢東は、少年の「力」を存分にひきだしたが、彼等紅衛兵を理想的に買いかぶった面もあったようだ。

「ジェット機のように両腕をねじまげられて、さらしものにされた連中の写真が外人記者によって発表され、海外に送られた。闘いの水準はあまりにも低い。われわれは次の世代を教育しなければならない。そうでなければ、次の世代も同じ低い戦術に訴えるだろう。大切なことは、政治的水準で闘うことである」(『毎日新聞』一九六七年二月二十五日)

日本に洩れた毛沢東の談話である。紅衛兵の闘争パターン(見世物形式)として、三角帽子、プラカード、引き廻しの他に悪名高きジェット式がある。毛沢東は、壁新聞の内容は、いかに海外に洩れても、中国の現実なのだからよしとしたが、このジェット式だけは、悪宣伝になると見た。悪宣伝は、彼にとって「低い戦術」であった。

ジェット式の実際

たしかに、対外的には、悪宣伝となっていた。三角帽をかぶせる芝居形式に世界中は驚いたが、さらに唸ったのは、「反革命修正主義」とレッテルをはられた幹部たちを「ジェット式」で吊しあげたからである。

見せしめの形式は、日本の警察も、今や行っていない、とはいえない。容疑者を逮捕し、連行する時、車にのせるまでの取材をジャーナリズムに許している。もちろん、ジャーナリズムが執拗に報道したがるからでもあるが、警察が見せ物にする意図がないわけでもない。容疑者の顔を隠したり、はめられた手錠にハンカチをかぶせたりするからである。隠すことにより強調になるだけでなく、まだ容疑者（犯人である確率が多いにしても）であるのに、わが非を悔いているかのような演出になってしまっている。

三浦（*和義氏）逮捕などは、あきらかに見せしめのための花道を作っていた。三浦は、いつか、その日の来るのを予期していたのか、手錠をはめられた姿のままで、いかにかっこうよくできるかを前もって深く意識していたように思えてならない。顔だけ白布をかぶされて保護されるほうが、はるかに意識家の三浦にとってかっこうの悪いものだったと思える。ところが警察の見せしめの意志が、あえてその顔を大衆に罰としてさらす選択をしたため、堂々と背筋を伸ばし不敵で神秘な微笑をたたえて逮捕される姿をブラウン管を通して国民は見ることができた。

おそらく、うしろ手にでなく手錠を前ではめられても、背が伸びきらない仕組みになっていると思えるし、ましてや両腕を二人の刑事にかかえこまれれば、どうしたって、かっこう悪くなるし、足のスピードも刑事にあわせなければならないから、どこか乱れが生じる。そういう悪条件の中で、三浦は頑張ったといえば頑張った。

紅衛兵に大衆の面前で吊しあげられた「走資派」の面々は、高級官僚であり、大幹部である。面子もあれば、誇りもある。「国事犯」であるから、罪の意識などない。

そういう彼等の面子をつぶすために、三角帽子や胸から吊された大プラカードといった小道具がある。それらの中でも、もっとも強力な道具として、ジェット式があった。

文革の初期、彭真や陸定一、楊尚昆《ヤンリンクン》や羅瑞卿、清華大学の校長蔣南翔。女性では北京日報社長の范瑾《ファンジン》などが、ジェット式でやられている姿が、日本の新聞にも掲載された。それを見ながら、これでは、どのように頑張っても威厳のたもちようもないな、と呟いた記憶がある。いったい、具体的に「ジェット式」とは、どういうものか。

「闘争の対象となった人間を連行し、批判集会の台上にひきすえるさい、ふたりが両側に立ち、当人の左右の手をつかんで背中のほうにねじ上げる。同時に髪をうしろに引っぱるのだ。その形がちょうどジェット機のようだったので、その名がついたのである」

余川江編の『これが〈文革〉の日常だった』の説明である。林滋子の『中国・忘れえぬ日々』は、大幹部が対象でなく、紅衛兵にひきずり出された主婦の例である。

「洗濯板を置いた椅子の上に、膝をついて上体を真直ぐ立てさせられ、両手を水平に上げさせられ（この形を当時、飛行機と呼んだ）たのです」

この説明では、「椅子」という小道具が示されている。さらに洗濯板の小道具も出ている。その上に座らされている。私が写真で見たかぎりでは、椅子の上に立たされたもの、洗濯板なしに椅子に坐らせられたものがある。

髪に関していうならば、北京の主婦の場合、丸坊主にしてから、ジェット式のための椅子の上へのせている。紅衛兵が街頭に飛びだした時、ハサミとバリカンを懐にしていたという。長髪者を見つけて切るためである。この主婦はすぐ丸坊主にされているが、珍しい例で、紅衛兵の刈り方の基本方針は、「陰陽頭」と呼ぶようにわざと縞に残す虎刈りである。そのままではかっこが悪い上、髪が揃って伸びるのを待つためには本人自ら丸坊主にするしかなくなる、という作戦である。ところが、ジェット式という儀式の上から、これは、矛盾である。

「髪をひっぱる」という手順に支障が生じる。いや、そうでもないか。虎刈りにされるなら、毛が半分残るので、それなら引っ張ることができる。事実、女の子をふくめた四人の紅衛兵によって虎刈りされている幹部の写真は見たことがある。

『これが〈文革〉の日常だった』によれば、「両手をねじあげられる」のは仕方がないとしても、少しでも苦痛を少なくするため、「走資派」のレッテルをはられそうな人々の間では、前もって「毛を剃ったり、丸刈りや角刈りにしたりすることがはやった」という。それにしても、虎刈りや丸坊主は、闘争が終ったあとでも、自ら「走資派」であると、いやいや自己宣伝しているのも、同然になる。

みせしめの儀式

なぜ、この「ジェット式」だと威厳を保てないのか、面子を失うのかに戻る。

「田漢は腰を曲げ、頭を垂れていた。あの頃、北京の人間の闘争のやり方は大したもんだったな。どうやるかというと、跪かせて背中をまるめさせ、頭を太股にくっつけさせる。よく見ると、田漢の頭からは、血が三筋、流れてた。丸坊主だった。おそらく剃られたばかりだったんだろう。もちろん、もともと毛は多くはなかったけど」

田漢《ティエンハン》とは、劇作家であり、演劇界のボス的存在であった。馮驥才編『庶民が語る中国文化大革命』の中に、ある紅衛兵の回想がおさめられているが、右のくだりは、批判闘争にかけられた田漢の姿を目撃した例である。

この紅衛兵は、田漢を崇拝していたらしく、「僕の心の中で神聖なものが、すべて砕け散った」と述べている。彼を落胆させた最大の理由は、人体に対するこの闘争形式にある。腰をまげて「頭を垂れる」というスタイルである。これは、他人の目に、過誤を犯したので、人民に対し深く悔いているという印象をあたえる。不本意ながら、深々と腰を折り頭をさげていると見えるから、他者には痛快な見世物である。

なるほど、かたちとしては、お辞儀にも似ている。だがお辞儀は、神に対してであれ、初対面の他人に対してであれ、一瞬のうちに終る。人間は、動物であるから、同じ姿勢を長時間維持できない。寝たきり老人の床ずれを思い浮べれば、諒解できるだろう。このお辞儀スタイルは、ニセの「悔悟」という心の苦痛を強いられるだけでなく、直接暴力を加えなくても、肉体的苦痛があたえられる。

元帥の一人彭徳懐が闘争にかけられている写真を何葉か見たことがある。そのうちの一葉は、彭徳懐以外にもう一人、壇上に立たせられている。うしろに立つ紅衛兵は、ジェット式をやっていない。髪もつかんでいない。丸坊主にされてしまっているから、つかみようもない。お辞儀する彭徳懐は、今にも崩れ落ちそうで、非情を装う紅衛兵も、さすがに心配そうに見守っている。この頭を垂れるという簡単なスタイルが、いかにたいへんであるかが、これでもわかる。

「北京航空学院の南側運動場で、伯父と張聞天《ザンウエンテイエン》（党中央政治局委員候補）を批判する十万人規模の闘争会を開きました。伯父は病いが重いうえに、けがも回復しておらず、顔じゅうあざだらけ、服もズボンも破れ、片方は綿ぐつ、片方は布ぐつという格好でしたが、腰を九十度も曲げさせられていました」

この証言は、彭徳懐の甥（彭梅魁）のもので、周明編『沈思』（袁海里訳・一九九〇年・原書房刊）の中にある。私が見た写真は、おそらく、この時のものか。彼が今にも崩れ倒れそうなのは、病気の上、拷問を受けたのちに陳列台へ連行されたからだとわかる。

もう一枚の彭徳懐の写真は北京航空学院のものである。これは、あきらかに「ジェット式」だ。鼻孔を大きく開いた紅衛兵が慣れた手つきで両手を後ろからねじり曲げ、服のうしろの襟をひっぱりあげている。こうすれば、ひとりでに頭は、お辞儀したかたち（悔いあらためのかたち）になる。彭徳懐の見開いた目には、無念がこもっている。自白の強要に対し、私に罪ありとせば、日本の侵略者をやっつけたことであると、痛烈な逆説でもって拒否した彼である。病いと拷問で弱りはてながらも、この理不尽に彼の意識は怒りに燃えあがっている。

『天安門に立つ』(三宅真理訳・一九八九年・日本放送出版協会刊)を書いたソールズベリーは、この批闘を「殺人劇」と呼び、ひきずり出された高級幹部は、老人が多い上に、ひきずりだされる前の暴行で、ほとんどが立っているのもやっとだったと語っている。

紅衛兵の陳列メニューには、ただお辞儀を強いるものから、ジェット式まで、多種多様であったことがわかる。『庶民が語る中国文化大革命』の紅衛兵は、こう回想している。

「中国人というのは、つまらない事ほど、みんなが興味をもち、徹底的にやる。彼がいかに修正主義を行い、反革命を鼓吹したかを批判するだけでは、大衆は批判に身を入れない。まず彼の名誉を傷つける。そうすれば政治的にも自滅する。やりやすいわけだ」

「ジェット式」は、「名誉を傷つける」方法として、もっとも苛酷なものだった。この批判闘争には、自白が強要されるから、それに強く抵抗した場合(抵抗が計算に入っている)、おそらくお辞儀の極刑である「ジェット式」が選ばれるのだろう。「大衆」の欲望は、観念的批判よりも、具体的に「名誉を傷つける」ことを喜んだところから、「ジェット式」も考案されたとみてよい。

刑をめぐる人間模様

「ジェット式」の極刑に処せられた高級官僚の表情は、さまざまである。

北京副市長の万里《ワンリー》は、ジェット式を強いられながら、昂然と顔をもちあげて頭をさげることを拒み、正面をきっと見すえようとしている。つまり誇りをもちつづけようとしているわけだが、かえって表情は乱れている。文化部副部長の斉燕銘は、痛みに耐えかね、苦悶の表情をさらしてしまっている。北京市委員会第二書記の劉仁は、屈辱を噛みしめ、痛みに耐える気力をもっているが、誇りを示しているといえない。もはや宣伝部長の陸定一は、あごがあがって苦痛に息たえだえとなっている。どうしても、かっこの悪くなってしまうメカニズムをもったジェット式に、写真で見るかぎり耐えているかに見えるのは、宣伝副部長の許立群《シュイリーチュイン》のみである。なまじ誇りの意志をもったり、意識の葛藤をもって対応すれば、かえってジェット式の罠にはまるだけだと知っているかの如く、お辞儀をさせられたまま従容としている。この従容が、彼の誇りのあらわしかただったのかもしれない。

「私はかがませられ、頭を地面から五〇センチぐらいのところまで押しさげられ、両腕を後ろに回された。競泳でスタートしようとしている水泳選手の姿勢と言ったらよいだろう」「たちまち、背中がこわばって痛みだしたが、体を伸ばそうとするたびに、横に立っている紅衛兵がどなり、私の腹を強く打って、力ずくで頭をさげさせた。別の一人は、私の両腕を、たえずまっすぐ背中のうしろに押えていた」（柴田穂『毛沢東の悲劇〈第二巻〉』・一九七九年・サンケイ新聞社刊）

これは、グレイという英人記者の手記を柴田穂が引用した例である。一九六七年の後半になると、帝国主義の手先として外国の記者も槍玉にあがった。彼はジェット式を、気絶するほどの効果があると述べている。

しばしば、紅衛兵たちは、批闘の際、幹部たちを椅子の上にのせた。群衆にその誇りを失った姿をよく見えるようにするためではない。はじめから高所に立たされているのだから、そんな必要はない。人間は動物であるから小さな面積しかない椅子の上にじっと立ち続けるのは、苦痛である、というメカニズムを冷たく洞察したところから編みだされたものであり、さらに直接手を加えて仕上げる「ジェット式」は、その土なのである。

このジェット式を執行している紅衛兵は、みな酷薄な表情をしている。その役に選ばれた若者が、刑吏的素質があるから自然そうなるというより、片手で首ねっこを押え、もう一つの手で腕をねじまげるというスタイルに忠実であろうとすることが、顔を残酷無比の表情に見えさせる。一面では肉体のメカニズムからくる「機械」の表情だともいえる。

劉少奇夫人の王光美も、「ジェット式」の犠牲になっている。彼女が批闘（批判宣伝）されたことについては、既に書いたが、その時、どうしても手にはいらなかった実況写真が、最近になって、ようやく一般公開された。(『近代化への道程―中国・激動の四十年』一九八九年・講談社刊)あの江青をいらだたせた屈託のない美貌の彼女が、ピンポン玉の大ネックレスを首からかけられ、ジェット式で二人の紅衛兵に腕をうしろへねじられたまま、大群衆の前を歩かされている写真(*三〇ページ参照)である。彼女の顔には、抵抗の表情も苦痛のそれも浮んでいないが、屹然としているわけでない。頭の中を駈けめぐる屈辱の思念で、表情が重くるしく曇天になって、いっさいの生気を失っている。名誉は回復されたものの、かわりにこのような公開禁止の写真が公開された。「文革後の中国の姿」を世界に示す宣伝に使われたともいえる。

一九六七年の後半、毛沢東は、「江西省での談話」で、「ジェット式にしめあげたりするのは、よいことではない」と述べた。(『毛沢東思想万歳』)この「殺人劇」がエスカレートしていた時点での発言である。すぐにこの「神」の発言は全国に拡がり、ピタリと毛沢東の鶴の一声で、この「殺人劇」が停止したとは思えないが、じょじょにその潮が引いていったのは、たしかであろう。

「飛行機にのせろ」という言葉が、このころ、紅衛兵の間で、さかんに用いられた。「ジェット式にかけろ」の言いかえであろうか。『中国の冬』の梁恒は、彼の父が頭を床につけさせられるのを目撃している。父は、「人民に服務する」という自白のしるしとしての言葉をわざと力強く朗誦した。しかし紅衛兵の質問にしくじった父の仲間の一人は、群衆から「飛行機に乗せろ」の罵声を浴びた。

「すると造反派は、彼の手を背中でしばっているロープを講堂の天井のパイプに通して彼を空中に吊り上げ、羽根をつかまれたとんぼのように、もがき苦しませた」

中国人は、おそるべき「比喩」の感性をもったロマンチックな民族だが、比喩通りに実行に移す現実的な民族でもある。「飛行機にのせろ」という比喩が、実際にも、空中へ吊り上げるところまで、エスカレートしていたともいえる。

スローガン

［すろーがん］

★すべての牛鬼蛇神を一掃しよう

——「横掃一切牛鬼蛇神」

民衆を挑発するキーワード

中国共産党の機関紙『人民日報』の社説の見出しは、しばしばスローガンである。いや、すべてだといえる。その社説は、軍事委員会の機関紙『解放軍報』、党中央の理論雑誌『紅旗』と同一のものが同時に掲載されるため、一際、強い宣伝力をもっていた。

「すべての牛鬼蛇神を一掃しよう」。これは、一九六六年六月一日の『人民日報』の社説の見出しである。文革中、たくさんのスローガンが飛びだしたが、この「すべての牛鬼蛇神を一掃しよう」ほど猛威をふるったものはない。「プロレタリア文化大革命」の大目標になっただけでなく、その中の牛鬼蛇神という言葉は黒五類七類九類をおどろおどろに指し示すレッテルともなったし、三角帽子をかぶせるという流行形式さえ生みだした。

新聞の見出しが、スローガン化し（スローガンとなるように見出しが作られるとも言える）、具体的な政治行動を呼びこんでいったのである。その荷い手が孫悟空とおだてあげられた紅衛兵である。

人民日报
RENMIN RIBAO
社论 横扫一切牛鬼蛇神
少年儿童立志做毛主席的好孩子
坚定地按照毛泽东思想办科学

❖……社説「すべての牛鬼蛇神を一掃しよう」が掲載された1966年6月1日付『人民日報』

具体性とは、時に残忍を帯びる。しかし、よくよく考えてみれば「すべての牛鬼蛇神を一掃しよう」（横掃一切牛鬼蛇神）というスローガン（見出し）は、きわめて抽象的である。意味的には、反社会主義、反毛沢東主義の一派を叩きだせということにすぎないからである。にもかかわらず、残忍な具体的行動を惹起したのは、この抽象的なスローガンの中に選ばれた「言葉」の力である。

その力の中心になる言葉は、「牛鬼蛇神」である。この反毛沢東主義者の代名詞にすぎぬ抽象的言語が、もう一度くるりと反転して具体的なイメージを喚起し、人々を野蛮な直接行動にまで誘導するのである。

中国共産党のスローガンは、総じて抽象に終っている場合が多い。共産党独裁だから、そのままパスするが、自由主義諸国のＰＲ観念からすれば、この抽象性は失格である。

もともと民衆に抽象も具体もない。このような分別は、悪しきインテリの習性にすぎない。民衆のイメージは、抽象＝具体、具体＝抽象、つまり一体として受けとめる。この「すべての牛鬼蛇神を一掃しよう」のスローガンは、そのような民衆の心を触発し、挑発するものだったといえる。

その意味で、このスローガンをチェックしたにちがいない毛沢東は、悪しきインテリでなかった。具体的行動への誘導者であり、放火犯人である文革小組の顧問康生、特務機関の大ボスであり、個人的には文人趣味をもった康生は、したたかなインテリであった。

このスローガンは、文革中にあって、その語句のすみずみ一つ残らずが、行動として具体化された。なによりもまず悪名高き「三角帽」は、「牛鬼蛇神」の表徴であった。「一掃しよう」（横掃）にしても、たんなる比喩ではない。

映画『芙蓉鎮』（一九八七年）を見た人なら、右派や走資派のレッテルをはられたヒーロー、ヒロインが、毎朝、箒をもって町を清掃しているのを覚えているだろう。あれは、ただ罰として掃除をさせられているのでなく、「横掃」の具体化そのものである。「掃」の語が入っているので、それをそのまま生かして「掃《ほうき》」を彼等にもたせているわけである。箒は横に使う。

かつて民国初の文学者厳復は、『政治通史』の著者ジェンクスの社会に表れるシンボルの概念を、「図騰社会」(日本人は「徽章社会」と訳した)と訳した。まさにこの「掃」は、文革中の図騰《ずとう》であり、風景とまでなった。厳復の目のたしかなところは、シンボルを立体的にとらえている点であり、「図騰」の「騰」の字が、それをよく示している。「騰」は、物のたちあがり、沸きあがるさまを示す語である。これが中国人の文字感覚でもあり、地面を刻むような竹箒の用い方にしても、まるで書道のような対応をしている。

しかも、町を竹箒で刻むように清めることは、悔悟を強制するだけでなく、「牛鬼蛇神」の表徴であり、いやいやながら、そのことを自己宣伝しているという屈折した情景をつくりだしたのである。またスローガン中にある「すべて」を意味する「一切」という副詞語も、あの紅衛兵たちの徹底した摘発ぶりを思う時、あさましいまで、その図騰化に成功していたといわざるをえない。

最初の発表後も、しばらく、このスローガンは、『人民日報』の社説の見出しの上で、すこしづつ語句のいれかえをしながら、繰りかえされた。一九六六年六月十七日の社説の見出しは、「けっして牛鬼蛇神とは平等でありえない」であり、六月二十日には「革命的な〈壁新聞〉は、あらゆる牛鬼蛇神をあばきだす照魔鏡である」と変容したが、「牛鬼蛇神」というキーワードは変えていない。

『人民画報』は、その八月号で、六月一日の社説をそっくり見開きで掲載し、タイアップしている。まさに大キャンペーンの指令がでていたことがわかる。つまり、グラフ雑誌である『人民画報』は、破格にも文字だけで見開きを埋めたのであり、横組の「横掃一切牛鬼蛇神」のスローガンは、四字づつに分割されて、とりわけ大きな書体活字で堂々と見開き頁を横断し、図像として奔騰しているのである。

毛沢東にとっての牛鬼蛇神

「牛鬼蛇神」という言葉は、文化大革命ではじめて用いられたわけでない。毛沢東は、一九五七年の「中国共産党全国宣伝会議における講話」で使用している。

「およそ誤った思想、および毒草、およそ牛鬼蛇神は、すべて批判を加え、それらを自由に氾濫《はんらん》させてはならない」という風にである。いわば引用である。この時期は反右派闘争に当るが、「牛鬼蛇神」は、まだ一人だちしていない。「誤った思想」や「毒草」とともに、並列の一つにすぎない。つまりスローガン化されていない。この講話で毛沢東は、それらの批判に際して「粗暴、官僚主義、あるいは形而上学的、教条主義的であってはならない」とつけ加えている。

しかし、「牛鬼蛇神」が、文革のキーワードとして独立し、意を恣にして暴れだした時は、その批判のありかたが、「粗暴」をのぞき、「形而上学的」「官僚主義的」「教条主義的」と断定されたなら、ただちに「牛鬼蛇神」の仲間にいれられるほど徹底された。自分は違うと思って攻めている側も、明日はわが身かという逆転劇が繰り返され、戦戦恐恐たる修羅場をつくりだした。

中国人が用いる言葉は、ほとんど出典がある。中国人は、引用の民族である。たまたま私の専門は、「鬼才」と呼ばれた中唐の詩人李賀（長吉）だったので、文化大革命がはじまって、すぐに「牛鬼蛇神」の語が飛びだしてきた時、オヤと首をかしげたものだ。

なぜなら、この語は、亡霊を幻視し、詩の中に妖怪をもちこんだ李賀の瑰麗《かいれい》なる作品への批評だったからである。ある人は、「牛鬼蛇神あまりに甚し」とけなし、逆にある人は、それ故に嘆賞し、彼の詩集へ死後に序を寄せた杜牧などは、「牛鬼蛇神、その虚荒誕幻となすに足らず」と賞めてるようで批判しているような妙な評を書いた。

毛沢東の文章を読むと、はたして李賀への言及があり、その詩詞にも李賀の句を踏んだものがある。あきらかに毛沢東は、李賀の詩を愛した形迹があるのだが、政治的に「牛鬼蛇神」を用いた時は、否定の対象となっている。このような屈曲した毛沢東の物への思考は、さして珍らしいとはいえない。

一九五七年四月、中共中央は、整風運動を展開し、大衆に「知りて言わざる無く、言いて尽きざる無し」を求め、自由な発言を要求した。いわゆる「大鳴大放」である。だが、これは詐謀で、十日もたたぬうちに「魑魅魍魎や牛鬼蛇神に大いに鳴放させ、毒草を大いにはびこらせ、これらの悪者を一気に殲滅」するように諸機関へ通告した。

毛沢東は、これを「陽謀」といった。党内外の右派（一種の知識人刈りといってよい）に言いたい放題言わせておく作戦である。そのことにより相手の正体がはっきりわかり、発言の証拠も残る。つまり「蛇を穴から誘い出す」兵法を政治闘争に応用したわけである。

「牛鬼蛇神は表に跳び出させてこそ退治することができ、毒草は芽を出させてこそ摘みとることができる」というわけである。そうであるにちがいないが、自由発言に咎めなしとさきに保証していたのだから、いわば、だましうちである。毛沢東は、政治を戦争と考えていたから、だましではなく、陽謀だったのであろう。かくて、しばらくして「右派分子」のレッテルを張られて逮捕、労働改造を受けさせられるものが続出する。（林秀峰『長夜』山田侑平訳・一九八六年・日中出版刊）

文化大革命は、この反右派闘争の継続だったともいえる。つまり、失敗だったわけで、「陽謀」作戦にもかかわらず芽を出すことを拒んだ毒草や穴から出てこなかった蛇は無数にいたということになる。

もともと毛沢東は蛇の比喩で語るのが好きである。一九四九年の年頭の辞でも、「中国の国土にあちこちにとぐろを巻いている大蛇や小蛇、黒蛇や白蛇、毒牙をむきだした蛇や美女に化けた蛇どもは、すでに冬の脅威を感じていても、まだ凍《こご》えきってはいないのだ」と述べているくらいであるから、否定の媒介として蛇のイメージを用いながら、そのしつこいまでの蛇の羅列を見ると、グロテスクのイメージを愛好しているところがある。

しかも毛沢東が文化大革命を発動する前は、正体をあらわさなかった彼流の「蛇」たちに権力を奪われていたのである。もはや蛇などという比喩では不足であり、スローガンも「牛鬼蛇神」（本来は、ともに民間の神である）の一本に絞りこみ、「陽謀」などという小細工もやめ、そのかわり怖さ知らずの紅衛兵たちを動員して、退治に乗りだしたのだともいえる。

しかし、予想をこえた孫悟空たちの大暴れを横目で見ながらも、なお毛沢東には、不安があったようだ。一九六六年七月に江青宛てに書いた手紙が、一九七二年になって党内に配布されたが、それを読むと、つぎのような言葉がある。（ヤープ・ファン・ヒネケン『中国の左翼』山田侑平他訳・一九七八年・日中出版刊）

「天下大乱によって天下大治が得られます。七、八年たてばまたあるでしょう。牛鬼蛇神は自分から跳びだしてきます。彼らはその階級的本性によって決定されているのですから、跳びだして来ざるをえないのです」

この毛沢東流の弁証法的発想は、「天下大乱によって天下大治がえられます」というように、まさしく「易」の伝統に従うもので、さらにこうも言う。

「私は二十世紀も六十年代にあって共産党の鍾馗さまになっているのです。……高く持ち上げられれば持ち上げられるほど、落ち方はひどくなります。私は落ちて粉々になることも覚悟しています。それは大したことではありません」

「七、八年後には牛鬼蛇神を一掃する運動が必要でしょうし、その後も何回となく大掃除をやらなければならないでしょう。……右派は私の言葉を利用して一時的に勢力を得るかもしれません。しかし左派は私の別の言葉を利用して組織を作り、右派を打倒するでしょう。今回の文化大革命は真剣な演習です」

なぜ一九七二年になってこの手紙を配布したのか、きわめてキナ臭い匂いもするが、文体はきわめて毛沢東的であり、そのまま信じるなら文革の初期にあって、不安と同時に失敗の確信さえ抱いていたことがわかる。

しかも、「七、八年後には牛鬼蛇神を一掃する運動が必要」という予言は、文革がその後十年続いて、予言がはずれたといえ、毛沢東の名や言葉を利用しての右派(鄧小平一派の台頭)の再登場は、その通りになったのだし、「左派は私の別の言葉を利用して組織を作り、右派を打倒するでしょう」の可能性は今も秘めているといえる。

実は、この毛沢東発言、予言でもなんでもない。中国最大の哲学書『易経』を熟読した結果というより、その思想に立って生きている中国人の行動を描いた歴史書を深く読みこんだところからくる認識にすぎないのだともいえる。インテリならずとも、どの中国人の無意識の中にも眠っている逆転認識でもある。左派が再登場した時、この「牛鬼蛇神」のスローガンは、ふたたび甦り、右派に対してこのラベルを貼りつける可能性がある。これを回避するためには、右派こそが毛沢東の流れを汲む左派を「牛鬼蛇神」ときめつけ、先手を打つしかない。

手当り次第暴露せよ

このおどろおどろした、しかし、子供にもたちどころにわかるイメージをもった「牛鬼蛇神」というスローガンは、いざとなれば、案外とわかりにくいところがある。

そもそも、唯物主義を標榜する中国共産党が、霊体である「牛鬼蛇神」を目の仇にするのは、矛盾だと揚げ足をとることだって、できる。このスローガンが猛威をふるったのは、「走資派」打倒という実践を期していたからである。つまり名ざしの標的を必要とする。「牛鬼蛇神」は、霊的存在であるから、人間になりすました妖怪変化である。たとえ比喩だとしても、標的化するには見えにくいわけで、背後からの強力指示がなければ、孫悟空たちも如意棒をふるうことができない。

そもそも「牛鬼蛇神」の解釈がむずかしい。出典もわかっているし、土俗的にもわかりやすいが、この言葉を政治化する時にむずかしいのである。香港の中共問題研究家である金雄白は『続・文化大革命』（本郷賀　訳・一九六八年・時事通信社刊）の中で、こう解釈している。「牛鬼蛇神とは、牛頭の神、蛇身の神の意味であるし、鬼にして鬼ではなく、神にして神ではない、でたらめな、そらごとの意味である」と。

毛沢東にとって、その解釈にふさわしい存在は、「資本主義の道を歩む党内の第一級の実権派」のはずだということになる。ところが六月一日に「すべての牛鬼蛇神を一掃しよう」のスローガンのもとに紅衛兵の嵐が吹きまくっても、攻撃目標にされたのは、まだまだ雑魚ばかりであった。八月一日の「中共八期十一中全会」では、依然として「牛鬼蛇神」のはずの政治局員が大多数残っていたから、金雄白は、それなりの理由を臆測しつつも、首をかしげている。

「人びとの魂にふれる大革命」という見出しによる社説（よくスローガン化されたといえない）が出たことがある。唯物主義なのに、「魂」なんておかしいじゃないかと書いたのは、のちに牛鬼蛇神として逮捕される『上海の長い夜』の作者鄭念である。

「〈牛鬼蛇神〉というのは中国の神話に出てくる悪魔のことで、悪を働くため人間の姿になれるが、人間が悪魔の正体を見破ると、悪魔本来の姿に戻るのである」と解釈、一九五七年の反右派闘争の時は、「知識人」をその悪魔とみたが、文革中は、九部門の敵に拡大されたとしている。文革中、いわゆる闘争の対象となった「黒五類」と呼ばれる反社会主義的存在は、「黒七類」「黒九類」へとメニューを増やしていった。彼女のいう九部門とは、この黒九類であろう。八部門日として「走資派」の高級官僚、九部門目としてブルジョワ階級出身の知識人を彼女はいれている。

だが、紅衛兵たちが、この程度の説明で、「牛鬼蛇神」をひきずりだす根拠がえられたといえない。闘争相手の反撃につまると（暴くのだから闘争はしなくてならぬ）、「うるさい！　牛鬼蛇神め」とレッテルを有無を言わせずに張りつけるしかないのである。

文革末期にフランスで出版された『毛沢東を批判した紅衛兵』（エクトゥール・マンダレ他編・山下佑一訳・一九七六年・日中出版刊）を読むと、「二十二カ条の問答」という壁新聞（大字報）が、その中に採録されている。一九六六年六月十八日、新北京市委員会大学部の許克敏が、北京林学院の紅衛兵と会見した時の問答であり、「すべての牛鬼蛇神を一掃しよう」のスローガンが出てから、二十日も経過していない。

「おおっぴらに自分が牛鬼蛇神であると宣言する牛鬼蛇神が一人もいないから、これを暴露することが先決だ。もし諸君が牛鬼蛇神とされたら、釈明しなくても大衆は事実によって必要な結論を下してくれるだろう」

許克敏の返答であるが、これを読むと、紅衛兵こそが、牛鬼蛇神あつかいされた時もあったとわかる。なるほど、紅衛兵が「孫悟空」であるなら、彼等とて「牛鬼蛇神」である。その時、釈明不要とあるのは、毛沢東の「御神託」が孫悟空に下っているから安全だという意味だろう。「大衆」がくだす結論とは「毛沢東」の後盾があるという意味である。許克敏は、こうも言う。

「諸君が手当り次第暴露すればよろしい。ちょうど射撃のようなものだ。遠い的を射って届かないなら、近い的を射てばよい」

教師たちが真先に血祭りに上ったのは、まさに「近い的」だったからということになる。

「目下のところわれわれは党委員の告発からはじめなければならない。ひとたび党委員の問題がかたづけば、すべての大小の牛鬼蛇神が一掃されることになる。……彼らは、身代りとして何人かを〈生贄〉に供してでも、自分の安全を図るかもしれない」

許克敏の言葉から引きだされるのは、「すべての牛鬼蛇神を一掃しよう」のスローガンがあまりにも独り立ちしすぎて成功したため、初期にあってかなりの混乱をもたらしたことと、はっきりと背後の指令があったことである。また許克敏は、「牛鬼蛇神」を学生たちにわかりやすく定義しえていない。「走資派」とイコールとまで指摘していても、これまた「牛鬼蛇神」と同様に曖昧なものであり、紅衛兵の困惑もわかる。

ただ許克敏は、「手当り次第」暴露しろと指令している。結局、「牛鬼蛇神」の標的づくりは、これしか方法がない。初期にあってこのスローガンが猛威をふるえたのも、「手当り次第」という作戦が、紅衛兵によって実践されたからだ。だが同時に収束のつかないほどの大混乱をも生みだすのである。

生き残るスローガン

私の手もとに丁望編になる『牛鬼蛇神集』(三家店書屋刊)なる小冊子がある。一九六七年の刊で、牛鬼蛇神と判定され批判された全国の党幹部や芸術家や学者の一覧表である。名だけでなく彼等の経歴が記され、「牛鬼蛇神」たるゆえんも書かれている。

大幹部の羅瑞卿や陸定一、芸術家の田漢や老舎《ラオセー》の名はあるが、「走資派」の大ボスと目されていた劉少奇、鄧小平の名まではあげられてはいない。重要人物は写真入りだが、ボケているので、さすが牛鬼蛇神と思わせるトリック効果をもっている。この本が、全国に出まわったということは、おそらく単に「牛鬼蛇神」の烙印を押したというにとどまらず、そのサンプルの呈示として、ハンドブック的な役割りを果したにちがいない。

「牛鬼蛇神」と断定されたものたちは、「牛棚」という臨時刑務所にほうりこまれ、労働改造を受けた。食事の時には、かならず自らが「牛鬼蛇神」であることを告白した「悪魔の歌」を唄わされたが、さらに紅衛兵たちは、それこそ悪魔的に「牛鬼蛇神踊り」までを編みだしている。これは、食事のお代りを要求した時にのみ適用され、小屋の入口から配膳口まで十五メートルの距離を踊らねばならぬのである。どんな踊りか。

「片手に飯碗をもち、片手にはしをもち、両手を交差させて高く低く揺り動かしつつ、両ひざをひらいて腰を落とし、右足左足を交互にぴょんぴょん前に踏み出す」

これが基本動作である。まるで香港のホラー映画のキョンシーである。この話は古華の小説『芙蓉鎮』の中にあり、この場面は映画にない。どうしても空腹で、お代りが欲しい時は、これを踊りながら、「妖怪変化にお代りを　ご飯を一杯お代りを」の歌を唄い（「食事感謝の歌」とも呼ぶ）、紅衛兵たちはそれを囲んでヤンヤと喝采する仕組みである。

左派として権力をふるっていた女性幹部の李国香という登場人物が、紅衛兵の出現とともに旧左派（つまり左派をよそおう右派）のレッテルをはられ、「牛鬼蛇神踊り」を命ぜられるが、どうしても実行できず、かわりに「犬さながらに四つんばい」で配膳口まで這わされる場面がある。

「李国香」のような逆転劇は、ひんぱんに行われたらしい。毛沢東派遣の労働者宣伝隊により紅衛兵のエネルギーが去勢されていったあとでも、「牛鬼蛇神」のスローガンは生きた。紅衛兵に代って「労働者宣伝隊」や「解放軍宣伝隊」が「牛鬼蛇神」の摘発を引き継いだからである。林秀峰は『風暴』（山田侑平訳・一九八六年・日中出版刊）の中で、労働者宣伝隊の場合をこう述べている。

「〈牛鬼蛇神〉は百二十人以上にのぼった。そのなかには〈文化大革命〉の初期に省党委工作組から〈悪党〉として引きずり出された教師もいれば、〈文化大革命〉の初期に〈悪党〉をつかまえる側に回り、後に造反派から〈資本主義の道を歩む実権派〉として引きずり出されて闘争にかけられた幹部もいた」

文革末期の一九七四年、李一哲の大字報が広州ではり出された。それは、林彪体系を批判し民主を要求したものである。民主精神があるならば、たとえ「牛鬼蛇神」であれ「人間」であれ、一切構わぬという思い切ったものであった。裏返せば、このスローガンの猛威を示している。

★愚公、山を移す

——「愚公移山」

寓話から生まれたスローガン

西ドイツの社会主義問題の研究家クラウス・メーネルトが、文化大革命のさなかにあった中国を訪れたのは、一九七一年の春三月である。一九六七年、文革が劉少奇打倒のキャンペーンをもってクライマックスを迎えたあたりから、外国人の国内旅行を禁止するという方向に転じていた。共産主義の国家にとって、このような禁止は、対外宣伝の中止ではない。禁止という「宣伝」なのである。

メーネルトはひさしぶりに訪問した外国人であったわけだが、それなりの前走路と後走路がすでに布かれていたともいえる。ひそかに一九七〇年の暮れには、アメリカのキッシンジャーへの招待状は送られていたし、「米中ピンポン外交」は、一九七一年の四月である。七月には、キッシンジャーの北京訪問、一九七二年二月のニクソンと毛沢東会談とつながっていく。この間に林彪の毛沢東暗殺失敗とモンゴルでの謎の墜死事件がはさまっているわけである。

だから、メーネルトへの訪中許可にも、当然ながら、西欧への宣伝的役割が割りふられていたはずである。彼が帰国後に執筆した『嵐のあとの中国』（赤

❖……（山東省臨朐県治原ダム灌漑区治源公社の広範な社員は荒山を段々畑に作り変えた（1968年配信◎新華社＝中国通信）」。「愚公移山」のスローガンが掲げられている

羽龍夫訳・一九七二年・読売新聞社刊）を読むと、三十二日間に渡る旅行中、通訳兼世話人（監視人）として彼に随行した二人の中国人とのやりとりが、ひんぱんに描写されている。

メーネルトが、たとえば毛沢東のこの言葉は、いつ、どこで、どんな場合に発言した時のものかときけば、二人のどちらかが、たちどころに答えるのである。だめな場合でも、ポケットの中の『毛沢東語録』をすぐにとりだして答える。その中にもない場合は、あわててカバンの中の『毛沢東選集』をとりだして、出典をさがしだす。

答えられなかったのは、たった一回だけだというから、二人とも優秀な毛沢東のロボットだったといえる。当時、このようなオウム返しを「毛沢東思想で武装する」といった。だが、言ってみれば、「引用ロボット」だったのである。単なる「暗記ロボット」でないのは、その引用にあたり、補足、解釈までするからで、判断と想像の能力もある「引用ロボット」だった。

監視される旅に倦きたのか、メーネルトは、道中、ことあるごとに二人をためしたらしい。ゲームに転じたのである。向うもそれを感知して合せてきたというから、高性能なロボットだったといえる。（おそらく西洋の知識人に対しては、大学の講師級をつけたはずだ）ある時、彼は、旅先で知り合った男に、毛沢東のどの言葉が自分にとって重大であるかを問うた。妙なことを口走らせないためにも、監視役の通訳がつくのである。

「問題が起こるたびに、われわれは毛主席の思想をよりどころにしますが、問題が違うごとに、よりどころにする毛主席の言葉は異なります。わたし自身は、とくに〈愚公〉が好きです」

模範的な解答である。危険なことをしゃべったり、不都合な返事をしたとしても、通訳は、にこやかに内容を改めて、右のように翻訳して答えた可能性もある。だが、その中の「とくに〈愚公〉が好きです」の言葉に対し、メーネルトは「彼の好きな話をよく暗記していた」と感心しているが、驚くにたらない。

「愚公」といっても、日本人には、ピンとこないが、文化大革命中の中国人なら、いやが応でも暗誦させられていた『毛沢東語録』の中にある寓話の主人公の名である。さらにいえば、「ベチューンを記念する」（一九三九年）

「人民に奉仕する」（一九四四年）「愚公、山を移す」（一九四五年）の三論文をつねに学習すべきものとして『老三篇』と呼び、国民に暗誦を強いてきたものであり、旅で知り会った男が、すらすらと愚公の寓話の内容まで詳しく答えられたとしても、なんら不思議でない。

「愚公、山を移す」という題の論文は、『毛沢東選集』の第三巻に入っている。『毛沢東語録』も『老三篇』もここから引いた訳である。一九四五年六月十一日、中国共産党第七回全国代表大会での毛沢東の開会の辞で、彼は、愚公の寓話を用いて演説したのである。おそらく前もって書かれた論文を読みあげたのであろう。題は、選集へ採録するに当って、あとでつけたものだろう。この題が、のちに「スローガン」として甦るのである。

いったい、どのような寓話であるのか。

『毛沢東選集』に沿って説明するなら、愚公の話は、その論文のほぼ真ん中にある。愚公は、老人で、彼の家の南側に大きな山が二つあって、家に出入りする道をふさいでいた。不便なので愚公は息子たちをひきいて、くわで二つの山を掘り崩そうとする。それを見て、ある老人が笑う。愚公は、俺が死んでも、息子がいる、息子が死んでも孫がいる。こちらは子々孫々絶えることがないが、山はこれ以上高くならない。掘れば掘るだけ減るのだから、いつかはなくなると反撥した。これをみて感動した上帝は、二人の神を下界に送りこみ、あの二つの山を背負ってこいと命じたというのである。

これが、毛沢東の語った「愚公、山を移す」の要約である。メーネルトは、これをきいて、宗教を弾圧している毛沢東が、「上帝」のような神が出てくる寓話を引くのは矛盾していないかと、旅で出逢った男を問いつめる。すると、待ってましたとばかり、つぎのように答える。

「毛主席はこの話をつぎのように結んでいます。現在もわれわれの前には帝国主義と封建主義という二つの山がのしかかっている。われわれが決意をまもりとおし、働き続ければ、われわれもまた上帝を感動させるであろう。この上帝こそほかならぬ全中国の人民大衆であり、それがわれわれと一緒になって一つの山を掘るなら、山は掘りくずせるだろう」

愚公の家の前にたちはだかる「二つの山」は、帝国主義と封建主義の二つの敵として、毛沢東は見立て、「上帝」のほうは、人民大衆とこじつけたわけである。神を否定しているはずではないかという疑問への解答になっているとは思えないが、上帝＝人民大衆だと提示されれば、聴く者は一瞬アッと声をあげずにはいられないだろう。

毛沢東の引用術

たとえ話をふんだんに用いるのは、毛沢東の論文や演説の特長である。わかったような気持にさせるための寓話の利用は、多小論理は強引であっても、イメージが人の心に飛びこんでいくため、宣伝効果ありと彼は考えていたにちがいない。これは詩のテクニックでもある。彼は一等の詩人であった。なによりも、愚公の寓話は、中国の空間にふさわしく、壮大である。日本の「塵も積れば山となる」という格言の正反対の内容を備えている。しかし、この塵が積って出来あがった山より、神が二つの山を引き抜き背負っていくイメージのほうが、はるかに壮大である。

「子々孫々」で解決という発想も、鄧小平が外交などで、よく用いる手で、中国人らしい壮大な「時間」の観念である。しかし、この「子々孫々」という中国人の中に住みこんでいる発想が、毛沢東主義の前にたちはだかる障害になるとは、この演説の時、まだ考えていなかったらしい。封建主義の残存や官僚主義の温床となり、農村の中に抜きさしがたく根を生やしていて、毛沢東主義の暴力的浸透さえ阻んだ長老システムとも、「子々孫々」という伝統的発想はつながっていたはずだからである。人口調節としての出産計画を破綻させたのも、この「子々孫々」なのである。

なにしろ、この演説の段階では、まだ中国共産党は、日本軍と戦い、国民政府の蔣介石軍と戦っていた。毛沢東にとっては、この「子々孫々」の継続という愚公の寓話によって、いつか、やり上げるという不屈の精神を強調する必要があり、人民大衆を「上帝」とおだてあげて味方につけることが急務だったともいえる。

『毛沢東語録』を見ると、このくだりは、二十一章の「自力更生、刻苦奮闘」の中にはいっている。『毛沢東選集』の「愚公、山を移す」の中の「愚公」にからむ個所だけをすっぽりと抜きとっている。

つまり、前後を欠いている。まず「わが党の指導のもとに、日本侵略者をうちやぶり、全国人民を解放し、新民主主義の中国を樹立する」という党の路線の決定を「宣伝」するようにというくだりだが、省略されている。これが前半で、つづく「愚公、山を移す」の話は、「決意をかため、犠牲をおそれず、あらゆる困難を克服」するように全国人民に仕向けるための宣伝的具体例である。つまり宣伝のノウハウとして用いるように毛沢東が大会に集ってきた同志たちへ授けた寓話である。それに続く後半部分は、「アメリカ政府の援蔣反共政策」への反対表明であり、これは省略されている。『毛沢東選集』を調べれば、たちどころに省略部分をたしかめることはできるのだが、文化革命中の宣伝書である『毛沢東語録』にあって、前後は不要と判断された。

「自力更生、刻苦奮闘」の語録として、前後の省略部分も、無関係といえないが、集中力としての宣伝性には欠けてしまうのである。それだけでなく、この省略は、メーネルトが、旅先で逢った中国人がのたまわった「問題が違うごとに、よりどころにする毛主席の言葉は異なります」の典型例だともいえるのだ。

「語録」とは、抜萃省略による金言化であり、頭の中へたたみこみやすい手法として宣伝的に採択したものだ。『聖書』や『論語』と似ているようでいて似ていないのは、それらが引用による金言化でないことである。もちろん、『聖書』や『論語』から引用することはできる。しかし、それ自体、独立した骨格をもち、抜萃省略した文章の寄せ集めではない。『毛沢東語録』は、時代状況にあわせて都合よく省略し抜萃した引用のコレクションなのである。

毛沢東は、一九四五年の演説用論文の中で、「愚公、山を移す」の話をするにあたり、それが老荘の系列書である『列子』からの引用であると、あらためて述べたりはしなかった。むかしからある中国の寓話であると語ったにすぎない。事実その通りであり、『列子』も、自己主張のため、その寓話を利用したのである。だが、あきらかに毛沢東は、『列子』を読んでいたはずである。それは、文字の用いかたでわかる。

それなのになぜ、毛沢東は、『列子』からの引用と述べなかったのか。西洋の引用術の発想からすれば、不誠実である。へたをすれば、盗用であるが、このようなオリジナリティを信用する物の考えかたは、「中国」を見誤りやすいのである。

もとより中国の伝統的な引用術でも、文中にわざわざ出典をあきらかにする場合もあるが、かならずしも誠実さのゆえにではない。レトリックとして、そのほうがよいと考えたからにすぎない。出典をあきらかにしない場合も、また同じで、レトリックとして不要だからである。

つまり、出典を明示しようがしまいが、引用なのである。極端にいえば、インテリを任じているものなら、たちどころになにからの引用であるかをわからなければ恥なのだ。しかし、わからないものもいるだろうという前提に立って『毛沢東選集』を編集したものは、「愚公、山を移す」という論文の末尾に、きちんと『列子』の全文を引いているのである。毛沢東の詞集にしても同じである。注釈者は、一語一句に出典を引いている。つまり彼の詞は、一語たりとも毛沢東のオリジナルな語句などはなく、引用のモザイクである。

中国人は、たかが人間のオリジナリティなどというものを信用しない。だから詩ひとつ作るにも、積極的に先人の語句を借りて構築する。これもまた「子々孫々無窮」の発想と通底している。問題は、借りかたであり、それによって自分の世界をつくりあげることだ。中国の引用術は、先人を尊ぶという要素の他に、自分の好きなように我田引水するという、冒瀆的な要素とがせめぎあっている。

毛沢東は、『列子』の湯問《とうもん》篇の中にある愚公の話を都合よく自分に引きつけてまとめている。まとめて話すのも、引用術で、愚公の年齢が九十歳近いとかは、「老人」ですます。愚公の賢《さか》しらな女房が、崩した土や石は、どうするのサと馬鹿にするくだりもない。操蛇（山海）の神が、愚公の山を着々と崩していく勢いを怖れ、天帝に告げ口する話も省略である。

毛沢東が、一九四五年の党大会の演説で言いたかったのは、愚公を通じて、不屈の精神なるものの宣伝である。だが、『列子』の言いたかったのは、そんなことではない。愚公に忠告する賢しらの女房や利己的な老人の「分別」を笑うことであった。これほどに違ってしまうのである。生きる知恵としての詐術ともいえるが、先人を尊ぶことからくる伝統ともいえ、隣りの国でおこる政治的事件の背後には、この発想が根づいているのであり、ロラン・バルト流の近代のからくりを見る西洋引用術などは、子供だましのようなものだともいえ、このあたりの理解がたりないと、中国への誤読をかさねることになる。

たしかに、毛沢東はインテリの出典癖引用癖をプチブル的だと否定もしている。しかし、彼の政治行動は、この世のすべてみな引用のモザイクだという伝統を拒否しきれず、自らも用いている。この矛盾をたとえ衝いたとしても、「永遠の矛盾」との闘いという彼の思想からすれば、痛くも掻くもないといったところだろう。

実践される「愚公移山」

「愚公、山を移す」という論文の題が、スローガン化したのは、中ソ関係の決裂を覚悟した一九五八年くらいからであろう。

この時、「自力更生」と「愚公、山を移す」の言葉が、スローガン化された。「自力更生」も一九四五年には、すでに毛沢東によって用いられていたが、スローガンとして顕在化するようになった。「愚公、山を移す」の意味あいも、かつての「不屈の精神」の奨励より、「自力更生」の色あいが強くなった。いくたの水利事業の難題が残っていたから、「愚公、山を移す」の寓話は、まさにそれにふさわしいものとなった。それぞれ独立したスローガンでありながら、両者はドッキングして用いられるようになった。

この時、「精兵簡改」というスローガンも打ちあげられた。これも延安時代の政策であり、それがまた復活し、役人の数を減らし、その人員を生産と戦闘へというものだったが、「愚公、山を移す」「自力更生」にくらべれば、活性化したスローガンといえない。

秋山良照の『中国土地改革体験記』（一九七七年・中公新書）を読むと、一九五七年の暮れごろから「愚公、山を移す」のスローガンは出はじめたようだ。作者は、日本人で、工作員として土地改革を指導した人である。重慶にほど遠からぬ跳石郷の両河村（四川省）で、それを目撃している。

作者は、絵心があり、跳石郷の展覧会場の入口に泥絵具でもって豊作をテーマの壁画をかいて評判となるや、こっちにもかいてくれと近くの村々からも引っぱり凧の人気ものとなる。そんな時、「愚公移山」のスローガンがはりだされると、跳石郷両河村のため、愚公を先頭に、村人が一丸となって山に挑む絵をかくことになる。『列子』では、愚公に従うもの、たった数人であるが、なにしろ「上帝」扱いの人民大衆であるから、人海戦術である。秋山良照は、『列子』の愚公よりも、毛沢東のプロジェクトに従って絵にしている。

「上にたつ者が自らを正し、他を正す勇気をもち、公道をあゆむとき、正気がみち、人々の心がひらけ、躍動がはじまる。いまの農村には、正気がたちのぼる」

と秋山良照の上役に当る男が呟いている。これに対し、「愚公はいつ神々を感動させる山をならすのだろう」と著者は考えこんでいる。しかし、『列子』の「愚公」の意気ごみの奥には、「無為」の精神が悠々とよこたわっており、単なる突貫精神ではない。

一九五八年一月二十一日より、北京郊外の十三陵ダムの建設工事がはじまった。

「ブルドーザーやダンプなどの気のきいた土木機械などあるはずもなく、クワで土を掘り、モッコをかついで石を運ぶ素朴な作業が雨の日も風の日も休みなく続けられた。付近の農民たちはもとより、北京の町から、男も女

も老人も子供も、クワを手にし、モッコをかついで工事にかけ参じた』（西村忠郎『中国未来論』一九七一年・読売新聞社刊）

まさに毛沢東流「愚公、山を移す」の実践である。参加延べ人員四十余万、わずか半年でダムは完成している。これには、毛沢東も朱徳《チユーデー》元師、周恩来もモッコをかつぎ、クワを振って参加した。幹部の率先を示す「やらせ」である。シャベルで土を掘っている「愚公もどき」の毛沢東の写真は有名である。北京市長の彭も毛沢東と並んでシャベルをふるっている。のちに文化大革命で彭真は失脚したため、彼の姿は、のちに修整トリック技術により抹消された。

「移山造海・衆志成城」。「山を移して海を造り、衆志城を成す」。十三陵ダムの記念碑へ朱徳は、筆をふるった。このように水利事業の促進、国土改造計画の「大躍進」にむかって、「愚公」のスローガンは、大活躍を見せるわけだが、反対者もいた。

三十四歳の若さで中共中央華南分局副書記となった趙紫陽《ザオスーヤン》、天安門事件の時の首相趙紫陽である。この猪突猛進は、「労働強度」によって、かえって人民大衆の自信を失わせることにつながると考えたからである。一九五八年四月の広東省合作会議での趙紫陽は、こう演説している。

「最近、香禺県で、〈愚公、山を移す精神がなければならない〉というスローガンを出している。こういう精神はよい。しかし必ずしも愚公、山を移すやり方をとらなければならないことはなく、諸葛孔明のやり方があってほしい。諸葛孔明は木牛流馬を創造したのである」（趙蔚『趙紫陽の夢みた中国』玉華訳・一九八九年・徳間書店刊）

趙紫陽は、「政治と大衆の情熱以外によき管理制度の保証がなければならない」としたのだが、諸葛孔明の「木牛流馬」をもちだしたということは、「機具の革新」を意味し、いわば劉鄧の近代化路線を主張したのだといってよい。『趙紫陽の夢みた中国』の趙蔚は、彼の「木牛流馬」を「比喩が生き生きとして具体的であることで、人々に深い印象を残した」としている。

しかし、「愚公、山を移す」にくらべる時、イメージの喚起力は、はるかに劣るといわねばならない。まず「愚公」なら、自分でもなれるような気がする。ほとんどの人は「諸葛孔明」に憧れたとしても、彼は天才で、自分に程遠いと思ってしまう。

さらには、「愚公」の場合、シャベルとモッコで足りる原始性をもち、直喩に近いが、諸葛孔明の「木牛流馬」は、奇抜すぎるだけでなく、いったん、最先端を行く現代の機械に置きかえて見なければならぬ弱さがある。具体的であるが、身近で壮大な夢想性において、劣る。文化大革命中、趙紫陽は、「劉（少奇）鄧（小平）陶（鋳）の広東における代理人」「大胆にも諸葛亮の木牛流馬をもって毛主席の愚公移山に反対する」として攻撃を受ける。それにしても、趙紫陽とて諸葛孔明、ないし『三国志』の引用癖は逃れられない。

一九六四年、毛沢東は、「農業は大寨《たいさい》に学ぼう」と呼びかけた。劉少奇の妻、王光美が主催した「桃園体験」に対抗するためである。

大寨は、山西省昔陽県にある。そこに大寨大隊がある。平地のない石ころだらけの不毛の谷間である。ここに段々畠を作り、ダムを作った「愚公」が陳永貴《ツンヨングイ》であり、毛沢東は、そこに目をつけた。かくて「大寨に学ぼう」というスローガンが誕生する。「自力更生」と同様、「愚公、山を移す」のスローガンと、あらたにドッキングする。

★大《たい》寨《さい》に学《まな》べ

――「学大寨」

「老三篇」を暗誦せよ

「暗誦」は、理解でない。

理解への道ではある。日本の昔のインテリ階級の子弟が、四歳の時から中国の古典である「四書五経」を暗記させられたのは、理解への道としてである。まず、暗誦からというわけである。しかし、後年になって、その暗誦が生きて理解の道に達するものは、ごくわずかであるし、その理解を足がかりに応用の世界へ踏みこみ、ましてや自らの世界を切り開くものなど、さらにすくない。

そのようなむなしさに「暗誦」は、最初からつきまとわれている。ただ、私は理解しましたという見せかけの魔力なら、暗誦によって備わる。この世の「学習」とか「試験」には、この暗誦力が左右する。なまじ、理解から入ろうとするものは、テストのつきまとう社会からは落伍する。人間の頭脳を機械にすることなしに、暗誦はかなわぬからだ。丸暗記とは、理解の拒否ではじまる。

❖……文革末期、山西省大寨で、労働者に扮して農作業に従事する江青(中央)のヤラセ写真(写真提供：共同通信社)

毛沢東の社会主義教育運動は、文化大革命への突入とともに、この暗誦地獄を現出させる。千数百年も続いた「科挙」の再現である。「科挙」は、官僚志望者の地獄であるが、こんどは、毛沢東思想の学習として七億（当時）の中国人を相手に暗誦を課すことになった。毛沢東思想に忠実であることを示すには、暗誦しかない。暗誦していないと、文化大革命の嵐の中を生きていけない。

だが、世界中のインテリを夢中にさせるだけの内容をもった『毛沢東選集』は、文盲の多い七億の民には無理である。そこで、林彪編の『毛沢東語録』という便利なものが生まれ、最初、人民解放軍の中から、その学習がはじまったが、まもなく紅衛兵に、さらに全党全人民へと拡がり、ついには聖書化されるに至る。これは節録だが、さらに『老三篇』の学習という運動がはじまる。これは『毛沢東選集』の中から抽出した三篇で、節録でない。長くても三篇ぐらいなら、暗誦も可能だろうという宣伝的大衆理解が働いている。

『老三篇』の「老」は、日本人に異様だが、親しみを示す接頭辞である。あえて訳せば、「愛誦すべき三篇」となる。「人民に奉仕する」「ベチューンを記念する」「愚公、山を移す」の三篇である。このうち「ベチューンを記念する」は、ふつう国際精神を学ぶためにと解釈されているが、『老三篇』の中に加えた宣伝的意図は、そうでないだろう。

カナダ生まれの共産主義者である彼は、中国で医療にたずさわっている最中、患者の病気がうつって死んだ。この『老三篇』を選んだ代表者として名をあきらかにした林彪、そして、おそらく自ら選びだし、林彪に指示したと思われる情報機関のボス康生、その運動を許可、ないし黙認した毛沢東の意図は、国際主義の強調よりも、むしろベチューンの犠牲、献身の精神をひきだすことであろう。なんのためにか。走資派の劉少奇の勢力を排除するためである。とすれば、「毛沢東」のため、犠牲・献身のエネルギーをひきだすということでは、他の二篇とも、よく通底する。

一九六六年十月、林彪は、毛沢東の著作の「活学活用」を指示し、学習を現実に結びつけろと主張した。その時に、『老三篇』がその「活学活用」の教科書として呈示された。死んだ学問の拒否であり、理想の実践ともいえるが、ここには、牙が隠れている。

文盲が多い上に人間の本性が勉強嫌いだとすれば、毛沢東の著作を強制的に暗誦させるしか手がない。暗誦させた上で、「活学活用」のスローガンへ誘導すればよい。『老三篇』による誘導の狙いは、劉少奇の政策を打破することである。犠牲、献身のあかしとして、毛沢東の政策である「自力更生」による治水工事の完遂や荒地の開拓があり、走資派のつるしあげがある。

まもなく、二百数十項目の『毛沢東語録』と『老三篇』の全文をすべて暗誦したという五歳の子供のニュースが新聞にのった。自由主義社会では、「びっくりニュース」でしかないが、ここでは暗誦熱を国民に高めるための誘い水である。五歳の子供でさえもというわけだが、吸収力のよいスポンジの頭脳をもった五歳の子供だからこそ可能だともいえる。おそらく、この子供は、見世物パンダとして全国を巡行させられた可能性もある。

『毛沢東語録』と同様に『老三篇』は、歌にもなった。歌にしたほうが楽しいということもあるが、暗誦しやすいからである。『毛沢東語録』の場合など、暗誦のスピード競争が大会として開かれ、逆さまに暗誦してみせる達人さえ生まれる。毛沢東思想宣伝工作隊により『老三篇』は、「劇をともなったナレーションの形式で上演される」（山田慶児『未来への問い』一九六八年・筑摩書房刊）ようにもなる。ここには、暗誦の娼楽化現象と、一方では「活学活用」として、文盲大衆に啓蒙しなければならぬ側面がでている。

「毛沢東支持の熱情」を示す形式として暗誦ブームがおこり、それがスピード競争にまでなったのを見てジャック・チェンは、『文化大革命の内側で』の中で、「毛主席の著作をほんとうに学習することが、無意味な、あるいは偽善的な語録の口頭禅へと堕落してしまった」としている。

アラン・ペールフィットは『中国が目ざめるとき世界は震撼する』の中で、こういう。彼の出会った中国人があまりにも素早く同じようなことをいうので、「彼らは自分の言葉を探さない。決してまごついたりなどしない。

われわれがだしぬけに質問しても、彼らは躊躇することなく、深く考えもしない様子で答えるのである」と結論に達する。

どうやら暗誦のメカニズムをさぐりあてたようだが、はじめから彼等は、だしぬけの質問にも対応できる暗誦ロボットなのである。

「文字をおぼえた貧農たちが、生まれてはじめて読む本らしい本は、毛沢東である。これを〈活学活用〉するのだ。〈活学活用〉とは、読みとった内容を基準として、周囲の現実を見わたし、そこにある問題・矛盾の解決にその基準をあてはめてみる。そして、もう一度、老三篇にかえる。この往復の作業を〈動脳筋〉という」(『中国の文化大革命』福島正夫他編・一九六六年・御茶の水書房刊)

文化大革命中、農民が、労働の鍬をおいての休憩中、本を開いて学習している宣伝写真をずいぶん世界の人々は見せられたはずである。右の引用は、安藤彦太郎の「文化大革命の展開過程」からのものだが、「初級の学習過程」である『老三篇』が、この指導によって農民へ「活学活用」されたと思えない。

「動脳筋」という言葉は、面白いが、むしろ一時的にロボット化するだけだろう。なぜなら、自然と闘って生きている彼等は、たえず「活学活用」しているのであって、文字の押しつけによる「活学活用」など心から受けいれるはずがない。お上がうるさいので、従うふりをする。そのためにも暗誦は重要である。率先してロボットになる紅衛兵などと違って、ロボットのふりをするのである。

暗誦の背後には、恐怖がある。人間は、ロボットになりきれない精巧なロボットである。暗誦は、頭脳の表層にあるロボット部分をフル回転することによって可能だが、その下層には、そのようにできない場合の恐怖が隠れている。だから『老三篇』の学習宣伝は、その下層をも狙い打つ恐怖宣伝でもあり、大衆を「毛沢東」にひきよせるという意味では、大成功だった。とりわけ知識分子は、たえず、この恐怖にさらされた。内容把握から入るインテリにとって、『老三篇』の暗誦は、かならずしも簡単な作業といえない。

それを見抜くかのごとく紅衛兵を含む造反派のリーダーは、彼等インテリを闘争集会でテストした。毛沢東への敬愛を計る踏み絵としたわけだ。間違えた場合は、集会が終わるまで毛沢東の像の前で、頭をつけてひざまづかされる。権威を誇っていた大学教授も、厳しい担当教師の下で体罰を喰う小学生のように、ここでは大逆転してしまう。（しかし走資派のレッテルをはられたものは、毛沢東思想の暗誦の権利をあたえられていなかった。暗誦も、特権化していた）

寒村から聖地へ

国家宣伝にとって、「無名」は、あまり問題にならない。「有名」にしてしまえばよい。山西省の五百人たらずの寒村である山寨《さんさい》が、一躍、その名を中国どころか世界中に轟きわたらせたのも、一九六四年、毛沢東が、「大寨」に学ぼうと呼びかけたことにはじまる。

中国共産党の放つスローガンの特長は、有機性にあり、他のスローガンとたがいが連結しあっている。一つ一つを孤立させないのが特長である。中国の漢方医学に見られるように全体で有機的に物をとらえる伝統思想と深くかかわっている。「愚公、山を移す」は、「自力更生」とか「一に苦しみをおそれず、二に死をおそれず」といったスローガンと連結した。「大寨に学べ」が生まれると、これらはふたたび、そこへくっついていく。「愚公、山を移す」のスローガンが、文革の開始とともに、『老三篇』の一つとして吸収されると、「大寨に学べ」が、大きくクローズアップされていく。「愚公、山を移す」が尻つぼみになったのではなく、『老三篇』となって、より強力に「大寨に学べ」をささえる。一九七〇年になって、『人民日報』は、あらためて「大寨に学べ」の社説を発表した。

「大寨」は、昔陽県《せきようけん》の一生産大隊にすぎない。しかし昔陽県の全体が大寨を学ぶことによって、食糧生産高が増産したので、「大寨式」として全国にひろめようとしたのである。かくて「大寨」は、これまでの単発的な「愚公、山を移す」の奇跡的モデルとして扱われることから大きく止揚して「大寨式」となった。そのことにより、「大寨」は、ますます聖地化していく。大寨を学ぶとは、なにか。その経営管理、生産技術は、あくまで第二義であり、自力更生、刻苦奮闘などの毛沢東思想で武装したからこそ成功したことを学ぶべきだと『人民日報』の社説は強調している。経営管理、生産技術を第二義としたのは、走資派がこれらを盾に喰いこんでくることを事前にチェックしたためでもある。

私などは、「大寨に学べ」のスローガンが「大寨式」に変貌して、全国的な農業政策として、いかに政治化されていったかというより、なぜ、大寨の属する「昔陽県」が、この愚公の村と同じになったと麗々しく宣伝するのか、そのことに不思議な感情を抱く。あれだけ、スローガン化されて有名になったのだから、周辺はたちまち同調しておかしくないと素朴に思ってしまう。

このあたりのことは、W・バーチェットの『中国—生活の質』を読むと、やや氷解してくる。一つは、のちに走資派呼ばわりされる劉少奇の派閥の政策（物質刺戟と個人の利益を無視しては、増産につながらないとし、副業も許した）が、いかに深く農村に浸透していたかを逆証しているが、もう一つは、農村に根を下している長老システムである。地主・富農は土地改革によって痛撃を喰ったが、村の中心をなす長老的存在を葬ることはできなかった。毛沢東の強力なスローガンをいつも空振りさせるものは、紀元前から中国の農村を支配してきた長老である。

大寨大隊の隣りに武家坪大隊がある。谷間の大寨の倍以上の人口を持ち、土地は平地である。ある意味で、毛沢東は、だれも見向きもしない荒地の農地化の成功によってしか、活路はなかったのだともいえる。

武家坪大隊は、三つの集落からなる。それぞれの集落は、郭家、李家、王家で占められている。つまり各集落に住む人の名は一つである。大隊の党支部は、自動的に一族から委員を出してくるわけで、それぞれが一族全体の利益に立って意見を述べるので、まとまらない。もっとも困るのは、村を支配する長老の利益を図る幹部がでてくることである。

それでも、一度は、大寨大隊と合作した。

大寨の陳永貴が指導し、生産高は上ったが、谷間の大寨と平地の武家坪が一緒に評価されてはかなわないと不平をいうものが出て、すぐ脱退している。その後、大寨は、岩山を段々畑にし、増産を続け、武家坪は、副業のため都市に出かけて労働者となるため（乞食となって金を稼ぐものも出た）、減産一方となる。そうこうしているうち、一九六四年になって、毛沢東の「人寨に学べ」のスローガンがうちだされる。ふたたび、陳永貴を招き、打開を計る。増産のためには、毛沢東思想に立って、階級分化の問題をまず学習することが重要だとなった。

最初に着手したのは、墓地の整理である。これによって、農地としての土地が新しく生まれるからである。バーチェットは、この時の武家坪の民兵隊長であった郭来良が彼に語った言葉を引いている。

「私たちは墓を一つあけてみました。そこには地主と貧農が、ならんで埋葬してあったのです。二人ともワン（王）の姓でしたが、地主の方は絹の衣にくるまり、金や銀の飾りをつけ、えらく頑丈な棺のなかに横たえられていました。一方、貧農のワン（王）の方ときたら、残っていたのは、ボロボロになったござの小さなきれはしの上にのっていた白骨でした」

同姓であっても、階級差がこれほどまでにあるのかを農民へ示すのに、絶好の方法である。まもなく、劉鄧派の党指導部の激励によって都市へ出稼ぎに出ていた連中も戻ってくる。「自分のポケットに金をねじこむだけ、という生き方よりも、集団のために働く方がましだ」と。

バーチェットが、『中国—生活の質』を書くために取材したのは、一九七三年である。劉少奇らは息の根をとめられたかのごとく表面から姿を消していた時代である。郭来良の言葉に嘘があると思えないが、人間の左右にとかく揺れ動く心の習性に即すならば、「自分のポケットに金をねじこむだけ、という生き方よりも、集団のために働く方がましだ」というセリフは、状況をにらんでの、その場かぎりのものだ。すぐに「集団のために働く」のがいやだというエゴがでてくるにきまっている。では、出稼ぎがよいのかといえば、当然、そこに商売上手なものと下手なものがでてきて、不平を抱く。この「欲」のブランコに対し、絶対の制御方法はない。

さらなる大敵として、姿あって姿なき長老システムの根深さがある。村を、国家権力は支配しきれない。権力が暴力をふるえば、従ったふりをするだけ。いかなる思想も、村の中核になりえない。墓を開いて階級差別を知ったとしても、永遠に目醒めることはない。村が生き伸びていく中核として必要なのは、権力や思想よりも長老的存在である。その存在がいかに理不尽であっても、国家権力よりましだという考えが、民衆の奥にインプットされている。だからそういうバケモノとなんとか手を結んでいこうとする鄧小平の時代に戻れば、たちまち復活してしまうドラキュラなのである。破壊された墓も、死んだふりをしていた巫術も風水も気功も、たちまち息を吹きかえすのである。

毛沢東は、この敵をよく知っていたがどうにもならなかった。一九七〇年、昔陽県全体が、みな大寨を学ぶようになったと、ことさらに強調したのには、十分すぎる理由があった。『老三篇』をいくら暗誦させてみても一時の暴風として受けとめる抜きさしがたい精神的土壌があり、毛沢東の文革は、それに対する負けを覚悟の挑戦だったともいえ、大寨式の全国化は、あせりともいえる。

作られた宣伝の村

「大寨式」の全国化が宣言されてから、「大寨」は、そのモデル村として聖地化されるに至る。もはや、生きた村といえない。

一九六七年、頬かぶりしたままの野良着姿で、大寨の英雄陳永貴は天安門上で毛沢東と握手した。頬かぶりは、宣伝部に要求されたのかもしれないが、それでもまだ、このころは、不屈のアイデアマンであり行動家である彼は、生き生きしていた。この年、昔陽県の革命委員会の主任となる。さらに「大寨に学べ」のスローガンが大寨式の全国化に向かって発進するや、「生ける愚公」の陳永貴は、山西省の党書記、中国共産党の中央委員へとうなぎのぼりに出世していき、ついには北京に住居をもつ高級官僚の道を歩んでいく。スローガンを権威化するための処置である。

この栄達は、彼の望んだことであるまい。一九七一年陳永貴は、農地の機械化宣言をする。彼の積極的発案というより、英雄の口を使っての宣伝である。生ける「宣伝体」と化したわけである。

辛らつな視線の持主であるベルギー生れのシモン・レイは、一九七二年、「ガイドに従って」、聖地大寨を見学した。北京より陽泉まで急行で七時間。陽泉よりジープで一時間半で、『老三篇』のスローガンを具現化した聖地大寨人民公社大寨大隊に着く。

「八億の中国人は大寨の住民六百人の模倣をするように絶えず催促されており、一方、大寨の人々は、何千何万の巡礼者が、この奇跡の村に注ぐ視線のもとで、聖体顕示台のように彼等自身の聖徳を示すということ以外に他の任務は一切持ちあわせていないように見受けられる」

「この地域の農民が彼らの手によってやり遂げたとされる大工事のある部分は実際には軍隊の手で実行されたが、中国の他の村の人々がそのような援助をあてにすることは不可能で、彼等に続こうとする者は、この模範農村が人を絶望させるものであることを悟るようになる」

シモン・レイは、その著『中国の影』の中で、右のように書く。陳永貴はレイをふくむ外国人のために歓迎パーティを開いた。

「この時、彼は、畑や太陽のもとでは、汗を吸いとるという本来の役割を果たしてくれそうなスポンジの汗どめ（新式の手拭いのことか）を丁寧に頭に結って現われたが、公的な集まりや他の社交の場では、まるで観光客のバスにおみやげを売りに来るアパッチの首領がワシの羽を頭につけたような案配になってしまう」

シモン・レイは口が悪い。しかし、この手拭いかぶりは、もはや宣伝の衣裳と化し、彼の言葉を借りていえば、「悪賢い素朴趣味」に陳永貴は落ちこみ、「大寨式」のための宣伝役者に扮してしまっているのである。

人口五百人足らずの大寨へ聖地詣でするもの、文革中には、紅衛兵や地方幹部らの中国人の場合、一日二万をこえた。外国人でも二、三百人。おびただしい数である。五百人収容のホテルもできた。かつては洞窟に住んでいた農民は、大寨楼と呼ばれる二階建てのアパートに住むようになった。成果の見世物としてのアパートである。千人収容の大食堂。立派な会議場も劇場もできた。訪れた人々は、映画で解説を受けたのち、「自力更生」のあかしである段々畑で働くやらせの農民を眺め、水害や日照りから農地を守った貯水池やダムを見物する仕組みになっている。もはや、村全体が、宣伝映画のセットのようになってしまった。百二十メートルの谷間にかかる水路橋もある。

一九七五年九月、昔陽県で、「農業は大寨に学ぶ」の全国会議が開かれた。この時、江青は頭を手拭いで向こう鉢巻きにし、麦わら帽の陳永貴とシャベルをふるって農作業に参加した。あきらかに、『人民日報』にのせるためのやらせ写真である。この会議で、一九七六年から八〇年まで、第五次五カ年計画で農業の機械化による全国大寨化が決定した。陳永貴は、副首相となり、大寨に帰ることはすくなくなる。江青は、大寨が気にいる。一九七六年九月九日、毛沢東は死去す。一週間前の三日から、江青は大寨に行っていたが、五日急遽北京へ呼び戻された。一九八〇年、劉少奇の名誉は回復され、同時に、陳永貴は副首相を解任される。

「洪水の被害から自力で立ちあがったところまでは真実だが、その後の驚異的な生産高はすべて、灌漑施設建設のための莫大な補助金、何部隊もの人民解放軍兵士による労働力の提供、といった中央政府からの援助の〈洪水〉によって達成されたものだった」

と暴露された。（ソールズベリー『天安門に立つ』）八〇年から八一年にかけて留学体験した西倉一喜の『中国・グラスルーツ』（一九八六年・文春文庫）は、訪れた大寨に一章を割いている。

大寨に着き、連れのアメリカ留学生とホテルのロビーにはいると、まったく人の気配がない。二月以来（訪れたのは十月）、中国人をふくめて、はじめての客だと、でてきた主任が言う。二人は、段々畑を散歩する。「頂上の揚水式貯水池は乾上がったまま、冷たい風に吹かれながら、私は大寨の英雄たちの末路を思いやっていた。その時突然、同行の米国人留学生が笑い声をあげた。〈やっぱりそうだ。あれは幻想だったんだ〉と彼は意味不明の言葉をわめき散らした。以前はラジカルな毛派だった男だ。彼は丘の上に一面に生えた腰ぐらいの高さの雑草を引き抜くと私の目の前に突き出して言った。〈全部マリファナさ。それも最上級のだ〉」

印象深いくだりである。大寨は、スローガンで作り出された幻の村だというのか。一九八四年三月に大寨生産大隊はなくなり、大寨村となり、かつての寒村に戻った。アパートの住民も、洞窟に戻った。

★造反、理有り ――「造反有理」

反乱を起するに道理がある

文革がはじまると、すぐに「造反有理《ツァオファンヨウリー》」という言葉が、日本のジャーナリズムをしきりとにぎわした。あくまでスローガンであるから、「造反に道理がある」とか「反乱を起するに理由がある」といった調子の訳では、歯切れ悪しとみたか、しだいに「造反有理《ぞうはんゆうり》」と漢音で言いならわすようになった。

折しも、日本は学園闘争が花盛りであり、七〇年安保闘争とドッキングして高潮しはじめていた時であり、学生たちも隣の国でおこっている文革のスローガンである「造反有理」を拝借、流用して、さかんに声をはりあげるようになっていた。

そもそも、「造反」という文字そのものが、従来の伝統的な漢語の中になく、白話運動がおこってからの中国でつくられた新しい言葉である。「有理」もまた、そうであり、慣用の熟語でない。訓読という日本伝来の魔術を用いれば、ともに「反を造《つく》る」「理有り」という風に分解でき、なんとか意味は通るものの、スローガンとしてなら、一層のこと、まっすぐ日本語読みして「造反有理《ぞうはんゆうり》」としたほうが、

❖……『人民画報』1967年4月号より

なんだか、よくわからないにしても、勇ましくかっこがいい。時しも、学生たちは二言目には「ナンセンス！」を叫んで、反抗していた時代でもあった。この「ナンセンス」感覚にぴったりだったと見える。中国文化人革命中に、つくだ煮にできるほど大量生産されたスローガンの中でも、学生のみならず、この時代を生きた日本人によく親炙したのは、この「造反有理」ぐらいであろう。

『広辞苑』の新版に、「造反有理」、すくなくとも上の「造反」だけでも収録されているのかどうか、調べていないが、あれからすでに二十五年、完全に「造反」のほうは日本語になってしまっている。六〇年代は「スチューデント・パワー」の時代と呼ばれ、世界中の学生が反乱をおこした。毛沢東は、彼等の神でもあり、紅衛兵は、彼等の模範でもあった。「造反有理」は世界中によく売れたスローガンであったが、アメリカやヨーロッパでは、どう翻訳したのだろうか。

　しかし、宣伝論的にいうなら、わかりにくい耳慣れしない言葉は、かえって利用価値が高い、という暴力的側面がある。宣伝には「大衆」がつきものだが、それ故にこそ可能だともいえる。大衆は暴力に弱いからである。ふつうのPRの要諦は、大衆が相手だから、やさしく、わかりやすい言葉でということがある。これは、媚びの宣伝術で、いわゆる手揉みのお客様発想である。

　これに反して、逆に威張り、脅すという宣伝術がある。高度成長のはじまった六〇年代からそうなのだが、日本の広告界は、やたら外国語をカタカナに直し、大衆に押しつけた。安っぽくイキがっていやがると識者に評判の悪いものであったが、いっこうに広告界は反省の色もみせなかった。見栄っぱりの大衆がしかたなく努力して意味をさぐり、しぶしぶ従うと知っていたからだが、一方でわからない言葉にこそ大衆は魅かれるという側面があることもよく知っていたからである。知らないものは、不気味で不快だが、つねに新鮮でもある。

　広告界でさえ、そうなのだから、ましてや国家権力が牛耳る政治宣伝では、暴力的にそれを押しつけることができるのだし、大衆もまた積極的に従って、貪欲に消化しようとする。大衆の媚びである。

毛沢東の共産党支配になってからの中国でも、まだまだ熟していなかった「造反有理」という耳慣れぬ言葉が、なんと十代の高校生の中から、とつぜん噴き出してきたのである。

毛沢東からの手紙

「紅衛兵達が天安門広場で、毛沢東から造反有理《ツアオファンヨウリー》（謀反には道理がある）と、激励されたことで、図に乗り暴れ回るのを、誰も抑えることはできませんでした」

当時、天津《てんしん》にいた日本人の林滋子は『中国・忘れえぬ日々』の中で、こう回想する。

毛沢東の天安門広場での紅衛兵閲見は、一九六六年八月十八日である。だが、それに先きだつ八月一日に、毛沢東は、清華大学付属中学の紅衛兵に手紙を送っている。

「君たちがわたしのところへ送った二枚の大字報、および転送されてきた返事をもとめた手紙を、七月二八日に受け取りました。六月二四日発行と七月四日に君たちが発行したこの二枚の大字報は、労働者、農民、革命的知識分子、革命的党派を搾取し、圧迫するすべての地主階級、ブルジョア階級、帝国主義、修正主義およびその走狗にたいする怒りと非難をあらわしています。反動派にたいして造反することには理がある、といっています。わたしは君たちに熱烈な支持を送ります」（竹内良雄訳・傍点筆者・『ドキュメント現代史16　文化大革命』）

つまり、毛沢東の紅衛兵へのお墨つき、「造反有理」への支持は、公然たる天安門広場での承認よりも早かったことになる。しかし、この封信の事実が公表されたのは、一九六七年六月二十九日、ほぼ一年たってである。

それも、毛沢東自身の口からではない。アルバニア労働青年同盟の大会で、四人組の一人姚文元《ヤオウエンユアン》が、中国紅衛兵代表団団長として祝辞を述べた中で、この手紙をはじめて引用したのである。六月二十九日、『人民日報』に全文が公開され、さらに遅れての八月三日、姚文元の演説文が同じ『人民日報』に掲載された。いわゆる「証拠」宣伝である。

中国人は、伝統的に「引用」の民族だが、これなどは、とつぜん闇の中から刺客が飛びだしてくるといった感じである。公開、引用の手順は、ずいぶんと手がこんでいるが、神格化された毛沢東という大前提なしに行なわれえない宣伝の離れ技で、私など、すぐに陰謀くさいと思ってしまうが、大半の人にとって「手紙」は、真実の証拠の感覚で受けとめられているし、ましてや毛沢東の手紙なのだから、今だから語るといった秘密めかした公開（実物公開などしない）は、宣伝として秘術的な効果をもつのである。まさに神社仏閣の「秘物公開」である。

毛沢東は、一九六六年六月二十四日、七月四日の大字報を読んだとその手紙に書いている。その大字報が『人民日報』に掲載されたのは、天安門広場での紅衛兵閲見後の八月二十四日である。

「革命とは造反のことである。造反は毛沢東思想の魂である」

というのが、六月二十四日の大字報の書きだしである。なんとも元気がいい。この元気は、どんどんエスカレートしていく。

「修正主義は学校を十七年ものあいだ支配してきた。いまわれわれが造反をおこさないとすれば、一体いつまでまつというのか」

紅衛兵の造反に「あまりにも一方的だ、あまりにも無茶だ、あまりにも乱暴だ、あまりにもゆき過ぎだ」というのが、造反された側の意見だったらしく、これに対し、それらの言葉を修正主義のやり口だと切りかえし、

「反対したいなら、反対するがよい。……造反をおこすといっている以上、われわれは、お前たちの世話にならない。われわれは、むせかえるような火薬のにおいを立ちこめさせようと思っているのだ。爆破筒と手榴弾をいっしょにぶちこんで、命をまともに大格闘をやろうというのだ」

といった大元気で、百戦百勝の孫悟空たるを自負し、さらにこう結ぶ。

「われわれはプロレタリア階級の大騒動をひきおこし、大いにあばれてプロレタリア階級の新世界をつくりだす

のだ。プロレタリア階級の革命的造反精神万歳！」

これが、空元気でなかったことは、実証ずみである。今、読めば、姚文元も加わっていた江青ら文革小組らの煽動の所在が、はっきりその文体文調に感じられるのだが、その元気に嘘はない。「お前たちは、われわれがあまりにも無茶だといっているらしい。そうだ。われわれは〈無茶〉でなければならないのだ」という言葉にも、偽りはなかった。

だが、この大字報を読むかぎり、「造反」の語は頻出していても、「有理」の語はない。では、七月四日の大字報は、どうか。その書きだしは、こうである。

「以前、労働者が資本家をたおし、農民が地主をうちたおすことを、搾取階級は造反だと中傷した。プロレタリア段階の造反——これは、まことに光栄きわまるレッテルである」

高校生たちが、孫悟空気取りで、教師や校長をつるしあげ、その興奮のため、いくら感性が異常発光していたとしても、「造反」という言葉の使われかたの歴史までは知っていたと思えないが、かつての敵が用いていた言葉をわがうちに逆倒させて、さらにわがうちの敵にむけて用いることの光栄までを彼等少年たちは宣言している。この逆倒心理の主《ぬし》は、毛沢東にほかならず、そのねじれた槍を紅衛兵に「光栄」なるものとして与えたのである。その内なる敵とは、「黒い一味」であり「帝国主義・現代修正主義とすべての反動派」ということになる。この敵を破るには、「少年の魂《エネルギー》」しかないと毛沢東は思いついたのだろう。この段階では劉少奇と鄧小平の一派だとまで断じていないが、

「ブルジョワ右派の先生がたよ。われわれこの造反者のあつまりは、上からの指導もうけておれば、武器ももっており」

と脅しをかけている。「先生がたよ」とあるのは、教育改革の要求から紅衛兵運動がはじまったから、当面の造反の相手は、その「先生」だったからだ。そのターゲットが、まもなく先生たちをのりこえていくことをはっ

きり予告してしまっているともいえる。しかも、「われわれを指導しているのは党中央と毛沢東主席だ」とまで叫んで、水戸黄門における助さん格さんよろしく凄んでみせ、

「さいきん左派と右派がいっせいに造反をおこすと叫ぶ奇怪な現象があらわれているのも不思議ではない。……われわれは、左派の造反だけを許して、右派の造反は許さない。おまえたちがあえて造反をおこすなら、われわれはただちに弾圧する。これこそ、われわれの論理である」

と居直らせている。

これは、最初の大字報より、さらに「少年」らしさがない文体となっている。たしかに、やりすぎだ、無茶だと批判した「右派」もまた「造反」を叫んだのは、事実だ。劉少奇は、学校へ工作組を派遣し、造反を逆取りした。造反の紅衛兵に造反し弾圧したのである。それを許さぬと少年たちは言うわけだ。

この大字報で（「これこそ、われわれの論理である」の部分）はじめて、「造反」は「有理」であるという発想がでてきている。しかし、のちに猛威をふるった「造反有理」というまとまった言葉としてのとらえなおしが、かならずしもできているといえない。つまり、スローガンとして成立していない。

しかし、八月二十四日、『人民日報』に発表された、もう一通の清華大学付属中学紅衛兵の大字報（七月二十七日）には、はっきりと、

「毛主席は〈マルクス主義の道理はたくさんあるが、結局は『造反有理』の一句につきる〉とのべている」

と金科玉条のだんびらを引き抜いている。「矛盾の存するかぎり、われわれは造反をおこすのだ。革命的造反精神は、百年たっても必要であり、千年たっても必要であり、一万年たっても必要なのだ」と毛沢東そのもののようなことを「少年」たちは叫んでいる。

しかし、一年後に公開された、その年の八月一日に送ったとされる毛沢東の紅衛兵への手紙には、この七月二十七日附の「造反有理」の語をはっきり詠った大字報について、いっさい触れられていない。にもかかわらず、

毛沢東が示した他の二通とともに、八月二十四日の『人民日報』に同時掲載されたのである。ここには、なんらかの伏線操作が背後で慎重に行われていたとみてよいだろう。（紅衛兵の手紙の引用は、すべて『中国プロレタリア文化大革命資料集成〈第二巻〉』の訳文）

暴走する造反有理

それにしても、なぜ一年も後になってから、毛沢東が紅衛兵に手紙を送ったことや、彼自身が有名な「司令部を砲撃しろ」（一九六六年八月五日）の大字報を書いたことを、やっと公表したのか。毛沢東の手紙も彼の大字報も、紅衛兵の幹部たちだけは見ていたともいえる。そうでなければ、知らなかったはずの大多数の紅衛兵をあれだけ手際よく熱狂化させることなどできない。

「紅衛兵達は、この〈造反有理〉の正統性を旗印に〈打破四旧〉の美名をかりて、学校の机や椅子などを破壊し、寺院、教会、その他の公共施設にもなだれこみ、多くの貴重な文化財をも、破壊し焼き捨てました」

林滋子の『中国・忘れえぬ日々』からの引用である。八月十八日の天安門広場で毛沢東が紅衛兵閲見した翌々日から、さっそく北京で「四旧を打破せよ」のスローガンのもとに破壊活動がはじまった。この時には、毛沢東の公然たるお墨付きとともに、「造反有理」もスローガンとして一人立ちしていた。「造反」だけでは、スローガンとして弱い。「四旧を打破せよ」のスローガンと連合するにも、「造反」だけでは、同義反復に近く、しかもお墨付もなければ、大義名分もない。「造反有理」なら、それらをふくんでしまう。

八月二十四日の『人民日報』に発表されたもう一つの大字報の役割は、この「造反有理」に完全なるお墨付をあたえ、「四旧打破」の暴力をフォローすることであった。

「マルクス主義の道理はたくさんあるが、結局は〈造反有理〉の一句につきる」の語は古を尚ぶ習性の中国人にとって、過去の文献からの引用であるため、絶対的信用度をもち、おそろしい力を発揮する。

康生をボスとする文革小組が、はじめから、この毛沢東の言葉を宣伝的見地からしっかり把握し、紅衛兵（の幹部）を煽動し、じょじょにスローガンとして高めていったと思えないが、おあつらえのいい言葉が、見つかったものである。この発見によって「造反有理の毛沢東思想」として武装できるからである。中国共産党の歴史をふりかえれば、まるまる納得のいく言葉であるし、事実、この発言は、まだ中国を支配する前の一九三九年の講話の中にあったのである。

「発見」といったのは、それなりの理由がある。それは、聖典ともいうべき『毛沢東選集』にははずされていた「延安各界のスターリン六十歳誕生日慶祝大会における講話」の中に、隠れこんでいたからである。なぜはずしたのか、理由がはっきりしない。

スターリンと毛沢東の確執を想像できないでもない。聖典にないことは、宣伝的に多少のためらいあったと思えるが、彼の発言であることはまちがいなく、熟語として「造反有理」とはっきり意識化して用いており、スローガンとして利用しない手はないのである。これまでの「圧迫有理」、「搾取有理」、「造反無理」という歴史的把握もなした上、社会主義者にとってのもう一つの神マルクスをもちだしているのだから、鬼に金棒である。

さて、マルクス、毛沢東という二神を背負い、生きものとなった「造反有理」のスローガンは、当の毛沢東陣営でさえ、びっくりするほど、獣のように中国全土を駆けずりまわる。スローガン論的にいえば、わかりにくいと、とっつきにくいが、なんだなんだというわかりにくさの魅力とともに、その意味しているところが、どうやら、これまで自分たちが古いと感じられたものや、権威と感じられたものを徹底的にやっつければよいのだと理解できれば、それまでの不明瞭さがむしろ大きな溜めになって大爆発する。もう一つ、予想もしない効果として両派の為政者が勢力争いをしているうちに想像できないほどの不平不満がたまっていたこともあるだろう。

この「造反有理」のスローガンも、時の動きとともに、変化していく。たとえば、歌謡化と舞踏化である。唐亜明の『ビートルズを知らなかった紅衛兵』（一九九〇年・岩波書店刊）はつぎのように書く。

「男女学生はトラックに乗って、威風堂々たるさまで歌いながら、その〈反動派〉たちの家へ急ぐ。当時よく歌った歌は〈造反歌〉であった。歌詞は次のようである。〈筆を刀や銃として使う。たとえ火のなか水のなかでも恐れずに飛び込む。党の悪口を言う奴がいれば、ただちに閻魔大王に会わせるぞ。一二三、バカヤロ！〉」

この歌詞に「造反有理」の語は、織りこまれていないが、紅衛兵たちは「造反有理・革命無罪」と色をつけた。ここには、あきらかに知的な詩の対句発想があり、つけ足された「革命無罪」の語の中に、彼等の暴力行動を是認し、むしろ激励している傾向を見ることができる。自然発生もありうるが、背後操作ありとみてよい。図版として挿入した版画（*一九八ページ）は、文革初期のポスターだが、「革命無罪」の語がはっきりと彫りあげられている。

ベルトリッチの『ラストエンペラー』（一九八七年）を見た人は、記憶にあると思うが、紅衛兵が「造反有理、革命無罪」を叫ぶシーンがあった。これは叫ぶだけでなく、エロチックなまでに舞踏化されていた。『未来への問い』の著者山田慶児が、文革中の中国を訪れたのは、一九六七年の五月だが、訪れた工場の保育所で、「かわいらしい子供たちが〈ザオ・ツアヌ・ヨウ・リー（造反有理）〉と唄いかつ踊ってくれるのであった」（一九六九年・筑摩書房刊）と書いている。

歌と踊りを、民衆のエネルギーの表現そのものと見るのは、美化にすぎ、宣伝的に中国共産党が利用してきたものである。頭をからっぽにさせるためにも、いよいよ彼等を乗せていくためにも、娯楽として骨抜きするためにも有効であり、すぐ歌詞化し、踊りの振りつけをする宣伝工作隊がひかえていたはずである。『小説張春橋』にも、造反の紅衛兵たちが、襲撃した銀行の「ポーチの石段を力いっぱい踏み鳴らし、ふしをつけて」、「革命無《ゴーミンウー》罪《ツウエ》！　造反有理《ツアオファンヨウリー》！」と叫ぶ場合を描いている。ここにも、節だけでなく踊りがふくまれている。ただ叫ぶ以上に、乗りがよくなる。中国人の内なる音楽舞踏感覚をよしとただ感心するより、江青が握っていた「現代京劇」

をその背後に見とるべきである。振りつけは、京劇バレーの見得なのである。

ここで、ふたたび、なぜ、一年たってから毛沢東の造反有理を認めた紅衛兵への手紙が公表されたかの問題に戻るなら、おそらく、紅衛兵をなお叱咤激励するというより、むしろ、そろそろ手が追えないまで暴走した紅衛兵は御用済みだという予告としてであったように思う。いれかわりに労働者の造反隊が、勢力としてのしあがってくる。

「造反有理」のスローガンは、禁止されたと思えないが、この公表以後、いれかわりに毛沢東指示として「破私立公」とか「闘私批修」といったスローガン運動が活発になる。「造反有理」のスローガンのもと、あまりにも「私」を解放しすぎ、「革命無罪」でいい気になりすぎた紅衛兵に「内なる私」の検討を罪ありとして要求したのだといえる。しかし、さんざんおだてられた紅衛兵にとって、「それはないぜ」というものだろう。

当時、紅衛兵は、なんらかの造反団に属した。極端にいえば、一人でも成立したというが、それぞれの組織は、勇ましい名前を勝手につけた。

「この頃、〈狂人造反団〉というのがありましてね、その組織のかたさと規律はすごかった。腕章に〈狂人〉の二字が書いてあるんだが、これが普通の書き方じゃなくて、〈人〉の字が風に吹かれたようなかっこになっている。彼らは死体を担いで街をデモるのが得意だった。その死体はぜんぶ、両派の武闘で死んだ人間です」

これは、地方都市の例で馮驥才の『庶民が語る中国文化大革命』の 篇「ある老紅衛兵の反駁」の中にある。地獄というべきか、学園祭の仮装行列というべきか。

造反団づくりは、その後労働者にも移行する。『造反有理」のスローガンは、鎮静したと思えるが、そのお墨付に立った「造反」の語は、なお生命を保っている。どこかの造反団に属することは、生きていく上の安全弁になりさがっていく。林滋子の『中国・忘れえぬ日々』から引用すると、中国人の各家庭はつぎのような地獄図を生みだしていく。

「現場のOさんは、○○造反隊に入っているけれど、彼の奥さんは、その対立面の××造反隊なんですって。だから家庭の中でも、お互いの観点を主張しあって、離婚寸前らしいわよ」

「そうだなあ、家庭が同じ造反隊なら、家庭不和も起らないで済むのに、それぞれ職場が違うからなあ……。職場の連中と同じ隊に入らなければ、自分だけ孤立してのけ者になるし、それじゃ仕事もやれないからねえ……」

路線変更の「破私立公」「闘私批修」も、かえって混乱を増し、あえて混乱(造反)を起すという毛沢東の理想の出発も、泥沼にはまっていくばかりとなる。

下放

［かほう］

★某月某日、マンゴーが貴県を通過する

毛沢東からの贈り物

北京大学と双璧をなす名門清華大学における紅衛兵の内ゲバは、中国文化大革命（最近、中国では「十年動乱」と呼ぶようだ）のハイライトの一つである。一九六八年七月二十七日、「首都工農毛沢東思想宣伝隊」の介入により、さしもの百日戦争と呼ばれた「井岡山兵団」と「井岡山四・一四兵団」の抗争にも終止符が打たれた。

そのピリオドの象徴となったのが「マンゴー」である。もともより果物のマンゴーである。八月三日、パキスタンのアルシャド外相は、お誂えのステレオタイプな中国の旅を終えて北京へ戻り、その時、毛沢東へマンゴーをプレゼントした。

マンゴーは、東南アジア産の果実である。パキスタンにも産出されるのか不明だが、外相の見学の旅の間に、大使館が事前に用意しておくのなら、毛沢東へプレゼントしたとしても、つじつまが合う。それが、何籠であったかわからないことながら、

❖……（毛主席の贈り物の周りに集まり、毛主席の長寿を祝う首都工農毛沢東思想宣伝隊の革命的戦士（新華社＝中国通信）。同じ写真は、1968年8月7日付『人民日報』にも掲載された

ともかく一籠を、八月五日の午後、清華大学の毛沢東思想宣伝隊へ送った。

だれの発案なのか、どのような効果を期待していたのか、八月七日付の『人民日報』は、第一面第二面のすべてを「マンゴー」の記事で埋めたのである。

「最大の思いやり、最大の信任、最大の支持、最大の鼓舞」

とトップに「最大」をリフレインした言葉を羅列したあと、次の大文字による見出しが三行くる。

「我等の偉大なる領袖は、永遠に群衆の心とつながっている。毛主席は外国の朋友から贈られた珍貴な礼物をそっくり首都工農毛沢東思想宣伝隊のために転送した」

下段に写真がある。芒果、つまりマンゴーを囲み、男女まじえた宣伝隊の面々が、『毛沢東語録』を手にかざして、歓呼の声をあげている。中央の隊士は、天安門から手をふっている毛沢東の写真を張りつけたプラカードをもち、その前のテーブルにひろげられたマンゴーの山には、横長の「敬祝毛主席万寿無疆《まんじゅむきょう》」のカードが置かれている。

「万寿無疆」は封建時代の皇帝に捧げられる言葉である。このころの毛沢東は、皇帝たるをためらいつつも半ば自認し、そのように扱われることを政策として黙認していたのだろう。写真の上の左端に、中国のゲッベルスともいわれ、諜報機関のボスであり、文革小組の顧問である康生らしき顔が見える。やはり『毛沢東語録』をかざしている。私の錯覚かもしれないが、彼の仕組んだ演出である可能性も強い。

写真のマンゴーは、三十七個まで数えられる。下に埋れて見えないものもあるとすれば、四十個以上はある。清華大学へ宣伝隊が進駐した時、三万とも十万ともいわれるが、以後は数百人の常駐である。数百人でも四十個を仲良く割って食べるわけにはいかないというより、もちろん毛沢東が宣伝隊に対し「最大の思いやり、最大の信任、最大の支持、最大の鼓舞」を示した象徴としてのマンゴーである。つまり、新聞に書かれていないが、毛沢東が紅衛兵を袖にしたしるしとしてのマンゴーである。

ところが、このたかがマンゴーが、中国全土に一大ブームをひきおこすのである。『これが〈文革〉の日常だった』の中に、おかしすぎて、笑えないような話がでてくる。中央文革指導部から、全国各地の革命委員会に、

「全国人民に毛主席の恩情をひとしくわかつため、贈られたマンゴーを全国各地に巡回させて展示する」

という緊急通達があった。「展示」は、中国共産党のオハコの宣伝術である。ある辺塞の県の革命委員会は、

「某月某日、マンゴーが貴県を通過する」という連絡が入り、さっそく出迎えの方法を検討することになる。一方、県民の間で、つぎのような噂がおこった。

「マンゴーは世界でも珍しい果物だ。一口食べただけでも長生不老、少なくとも健康にいい」

「マンゴーは黄金よりも高いものであり、マンゴー一個でトラック十台と取り換えられる」

どうやら、マンゴーが、果物だということは、わかっていたらしい。しかし、このマンゴーが、毛沢東の身代りに近いものだということも、よく心得ている。だから出迎えの式典などという発想も生まれる。

当日、沿道には、一万人の県民代表が立ち並び、「マンゴー様」のお通りを待ち受けた。炎天下、三時間。待ちに待って、ようやく、仰々しくも三台のオートバイに守られて車がやってくる。県革命委員会の主任が、うやうやしくガラス箱に入ったマンゴーを受けとる。見ると「レモンを大きくしたようなものが二つおさまっている」。泰山鳴動してねずみ一匹といった感じで、みんなは、がっかりする。それだけではない。さらにがっかりすることがおこる。

「マンゴーはその夜、県の賓館に一泊することになった。随行してきた者が夕食のため、マンゴーを安置してある部屋を空けたとき、賓館の服務員がふたり、大胆にもしのびこんでガラス箱からマンゴーを取り出し、においをかいでみた。それが蠟の模型だと知った。いうまでもなく腐敗を避けるため蠟細工の複製品を作ったのである」

マンゴーの巡行を発案した文革小組も、人が悪い。あの文人(書画をよくし、紅楼夢の研究家でもあった)の側面をもつ康生の悪魔的空想力であろうか。それとも追従の部下の貧弱な空想力がもたらす反面の凄みか。毛沢東の人

民への思いやりのしるしである「マンゴー」のおすそわけの宣伝精神からでたものであるが、実体は神聖化し、オートバイに先導される車のシートにおさまりかえって広い中国全土をつぎつぎ巡狩していくさまを頭に浮かべただけでも、不気味である。

しかも、そのマンゴーが、腐敗するからといえ、徳川綱吉の「お犬様」とちがい、蠟細工としてキッチュ化しているところが、宣伝性と直結している。食べられない蠟細工だからこそ、毛沢東の身代りとして具現するのである。食い意地を張る大衆は、本物にあらずとがっかりしたにしても、のちにセトモノのマンゴーもでまわったというから、まがいものを通し、いやそれ故にそれをもつことによって毛沢東と心をつなぐことができたりであり、政治宣伝としての狙い目でもあったわけだ。

「武闘でなく文闘を！」

「マンゴー効果」の最大特点は、毛沢東のプレゼント（おすそわけ）という擬似スキンシップ性にまずあり、もう一つに、マンゴーという果物を貧しい中国人は、だれもしらなかったことの力である。まさに「珍果」なのだ。第三に、このマンゴーには、数にかぎりがあって、しかも腐ることがある。

W・ヒントンは、『百日戦争』の中で、この贈物を「事件」と見、いぶかりながら、つぎのように書いている。

「その夜、ほとんどの人々は眠らなかった。あらゆる人〔清華大学に進駐した労働者宣伝隊〕が、直接に毛主席から贈られたマンゴーを見たりさわったりしようとした」

「マンゴーはガラスのケースに収めて保存され、主要な工場の応接室に展示された。やがてこのマンゴーの模造品がたくさん製造され、清華大学の鎮圧に参加したすべての工場に飾られたのである。まるで宗教的な聖遺物——仏陀の髪とかキリストを磔刑にした十字架の釘とか——にたいするのと同様な真の崇拝がこのマンゴーをめぐってまきおこった」

ヒントンは、局外者として、この「情熱は理解しにくい」としながら、しだいに「深く理解できるようになった」としている。ヒントンが書いていることは、私のいう「マンゴー効果」を裏づけるものだが、その「情熱」の異常性を証明するにたりるといえない。ヒントンが、あとで「深く理解」できるようになったのは、つぎのことを知るに及んでだという。つまり、

「労働者たちが赤い語録を片手に、五人の仲間が殺され七〇〇人以上が重傷を負うのを見ながら、非暴力の規律を最後まで破らなかったあの七月二七日から二八日にかけての二四時間の恐怖と英雄主義」

を取材しながら、よく理解できたからだとしている。マンゴー崇拝は、「二四時間の恐怖と英雄主義」の反動だというのである。だとすれば、ここですこし、清華大学へ「首都工農毛沢東思想宣伝隊」が入っていった時の状況を見ておかなくてはならない。それには、ヒントンの『百日戦争』にまさる資料はない。

清華大学では、劉少奇夫人の王光美が指揮し造反学生の弾圧を図った工作組を駆逐したあと、三十歳で大学に入ったという蒯大富の指導する造反派の「清華大学毛沢東思想紅衛兵」＝八・八総部が結成され、対抗として保守派の「清華大学紅衛兵」＝八・九総部も誕生する。保守派は組織分解していくが、造反派も分裂し蒯大富は最左翼の「清華大学井岡山兵団」を結成する。まもなく江青指導の「連合井岡山兵団」にまとまるが、すぐ内部対立がおこり、いわゆる「兵団」と「四・一四」に再分裂し、内ゲバがはじまる。

ついに一九六八年四月二十三日、「兵団」が講堂を占拠してから、両派の間に武力闘争が開始される。両派の思想の違いは、「兵団」が大学の旧幹部の復帰を全面的に拒否するのに対し、「四・一四」は、一九六七年の党中央の指示に従い、大部分の幹部は、よい幹部であり、無差別に打倒すべきでないという考えであった。毛沢東は、全国各地に革命委員会を作って、武闘より文闘をすすめ、内戦に近い混乱を収束しようとしている時であり、北京の大学の中でも、もっとも激しい清華大学の分派闘争は、なにがなんでも中止させなければならなかった。

しかし労働者の介入を指示したのは誰か、はっきりわからないとヒントンは述べている。すでに労働者たちの中に入って、分裂していた彼等を連合させるのに貢献した毛沢東の親衛隊である「八三四一部隊」の指揮官なのか、毛自身なのかわからぬといっている。が、学生に武闘中止を呼びかける小規模なデモ行進そのものは、すでに七月二十五日二十六日と行われ、この時、北京大学清華大学の紅衛兵たちは入構を拒んでいる。

まず二十六日の夜、新華印刷廠の革命委員会が、介入進駐を決定し、六十近くの北京の工場の労働者も参加することになった。労働者を七つの部隊に分け、三万人を動員、二十七日の午前十一時、清華大学を完全包囲したあと、構内へ整然と入っていった。

労働者たちは、手に『毛沢東語録』と胸のポケットに七月三日と二十四日に中央委員会から陝西省と広西省へ出された武力闘争指令の写しをもっているだけで、いっさいの武器をたずさえていなかった。武闘を止めさせるのだからという理由のもとに、ストイックにそれらを排除する決意を固めていたのだろう。

夜勤あけのままの労働者の大多数は、Tシャツに半ズボン、『毛沢東語録』を読みあげ、一つ終ると、一斉に、「武闘でなく文闘を！」のスローガンを叫んだ。

学生たちは「全員が槍を持っており、ある者は軍用ベルトからトウモロコシの房のようにぶらさげた手榴弾をもてあそんでいた。彼等の指揮官は拳銃をふりまわした」。清華大学は、理科系であり、武器を作るのは、お手のものだった。

数は、労働者が圧倒的であった。内ゲバ中であった「兵団」と「四・一四」は、あわせても数百であったが、武器をもっていた。江青が「文攻武衛」をとなえて彼等を煽ったため、武器を作り、或いは武器を他から入手して、もっていた。

劣勢であった「四・一四」にとって、労働者の介入は、救いの雨でもあったが、蒯大富のひきいる「兵団」はいらだち、午後三時になると、陣地から「石やボルトやナットや墨汁の入ったビン」が労働者に向って投げつけられるようになる。ついには彼等の「槍の穂先は獲物をもとめ、手榴弾が爆発し、拳銃や小銃の発射音がひびき、混乱のなかで労働者の血が流されていった」

どしゃぶりの雨が降りだした。「兵団」はすこしひるんだが、その間に労働者たちは隊列を組みかえ、しつこく「武闘でなく文闘を！」のスローガンを叫びつづけた。

「兵団」のゲリラ部隊は、労働者のための食糧を運んできたトラックを襲撃して奪った。「小熊」という仇名をもつ女子紅衛兵は、それみよがしに、二階の窓から包囲する労働者に向って身をのりだし、「ゆうゆうとドンブリからソバを食べてみせた。彼女はドンブリに箸をつっこんで、ソバをつまみあげ、昼食を失った何千という労働者の眼の前で挑発的にソバをふってみせびらかしたあげく、ゆっくりと自分の可愛いらしい口に入れて見せた」

労働者たちが、この小僧たちめがと怒髪せず、終始、整然としていたのは、おそらく毛沢東直属の「八三四一部隊」の兵に指揮されていたからだろう。死者が出、負傷者が続出する中で、怒りを抑えることができたのは、「武闘でなく文闘を！」のスローガンにしがみついたからだという。

また「打たれても打ちかえすな、ののしられても、ののしりかえすな」という人民解放軍の「八項注意」を守らせたからでもある。内乱状態の中国全土の人民解放軍は、すでにこの「八項注意」を破って武器をかざして突っ込む造反派に発砲し大虐殺さえ公然と行っていたから、ここには「毛沢東」の厳しい通達があったといわなくてはならない。

全土の内乱状態を鎮静させるためには、りっぱな「見本」を作らねばならぬという宣伝的戦略もあったはずである。「首都工農毛沢東思想宣伝隊」は、はじめから毛沢東の威光を背負っていたのだともいえる。「兵団」にとって、この圧倒的多数による無抵抗攻撃は、不気味であるとともに、戦いにくい相手だったともいえるし、労働者のとなえる「武闘でなく文闘を！」のしつこいスローガンのくりかえしは、これまで武闘を煽られてきたともいえる彼等にとって、納得のいかないものであったにちがいない。しかし、ようやく翌朝になって、抵抗を続けていた「兵団」の全員も、清華大学舎から撤退する。

労働者は五人の死者を出し、七百三十一人の重傷者を出した。三万という数からすれば、わずかのようだが、その一人になる可能性を個々はみな同時にもっていたわけであり、ヒントンのいうはかりしれない「恐怖」があったとしても不思議でなく、それが「マンゴー」への異様な情熱ともつながったのであろう。

それにもう一つ、解放軍兵士や「八三四一部隊」の工作組に指揮される彼等労働者が、これまでの二年間、毛沢東のお墨付をいいことにわがもの顔にふるまう「紅衛兵」に対して、いかに深く反感を抱いていたかをも示している。

その反感と怒りをさらに抑えこんだところに雨中じっと耐えて無抵抗主義をもって戦うヒロイズムも生れたわけで、しかも毛沢東のお墨付は紅衛兵から「毛沢東思想宣伝隊」にまわり、彼等を指導する立場に逆転した。マンゴーへの異常興奮は、そういう感情の屈折が発条《バネ》となっている。

否定される紅衛兵

マンゴーが届けられた八月五日も、雨だったらしい。

八月七日の『人民日報』の二面の下段にある写真を見ると、毛沢東が贈った珍貴礼物のマンゴーの包みを捧げもつ男のまわりを北京新華印刷工場の女性たちが囲み、語録をふりあげながら、笑顔で「万万歳」を叫んでいる。レインコートを着ているものや傘をさしているものもいるから、雨だったのだろう。

このマンゴーに清華大学の紅衛兵は、どう反応したのだろう。『人民日報』によれば、彼等も無比の幸福感の中にひたり、その多くは激しい感動のあまり、「これは我々に対する最大の鼓舞、最大の教育、最大の鞭だ」と叫び、「首都工農毛沢東思想宣伝隊の革命行動を断固支持する」と言ったとしている。

たしかに清華大学の構内に牢城し、内ゲバをしていたのは一部の紅衛兵であり、その極左分子が排除されたと知って、脱落していた大多数の紅衛兵が戻ってきて、そう叫んだともいえるが、いまなお毛沢東崇拝の彼等とて、労働者の支配を受けることに矛盾と不安を感じていたにちがいなく、この「マンゴー」のプレゼントに対し、手離しで喜べたと思えない。

おそらく紅衛兵の気持を勝手に先取りして無理心中させたでっちあげの宣伝記事である。外部に対しては、さしもの紅衛兵も温順になったと見せかけ、紅衛兵に対しては、さあ、どうだとばかりに彼等を圧服するための戦術のひとくだりだったと見るべきだろう。宣伝隊の介入以来、紅衛兵たちは、連合するように労働者の指導と説得を受けていた。彼等が抵抗したとすれば、毛沢東が自分たちを支持しているという確信からである。そこへ突如としてマンゴーが宣伝隊へのプレゼントとして到着したのである。彼等にとって、マンゴーは「紅衛兵」の否定のしるしとして受けとらないわけにいかないはずである。宣伝隊の自信にみちた歓喜の声は、当てつけにしか思えなかっただろう。

マンゴーの記事は、翌日の八日にも大々的に扱われた。前日の記事で、毛沢東の思いやりに答えるため、マンゴーの長期保存を考えなければならぬとしていたが、その結果がもう報道されている。

北京の人民印刷所の宣伝隊のマンゴー大会で、夜中十一時ごろ、一個たりとも腐らせてはならぬと決議され、翌日さっそく、医院や自然博物館へ駈けずりまわってその方法をさぐり、ホルマリンのビンにいれるしかないという結論に達する。この方法は、即座におすそわけを受けた他の工場にも伝わったらしく、女工に囲まれた男子工員が、マンゴーの入ったビンをかかげ拍手を受けている写真がのっている。「精神の原子爆弾」たる毛沢東思想の「永遠」に、マンゴー保存による永遠がかさねられたわけで、この事件以前の中国にあって、毛沢東の威信がいかに失墜していたかを逆証してもいる。

八日の記事には、労働者のやらせの手記の他、これまた、やらせのマンゴー賛美の詩が、うんざりするほどのっている。さすが、詩の国だと言いたいところだが、中味は凡庸で、『人民日報』の論説をつなぎあわせた内容でしかない。マンゴーを毛沢東と同一視し、それに自分の忠義心をかさねるというパターンである。マンゴーの色は、黄色だが、「金色のマンゴー」「マンゴー、金色の閃き」という風に「金」が強調されている。「金」は、永遠の象徴である。

『人民日報』は、十日にも一面を割いているが、いってみれば、マンゴー＝毛沢東の合唱でしかない。しかし宣伝としては、したたかなものがある。波状効果によって、聞きなれぬマンゴー（芒果）への好奇心が動き、まだ見たこともないマンゴーのイメージを、しっかりと大衆に植えつけることに成功しているからである。

この無内容の記事から、それでもはっきりとわかってくるのは、労働者階級をおだてあげ、あらたな尖兵として用いようとしていることと、「多中心」の論である。中心が多すぎるのは、中心がないのと同じであり、中心を毛沢東の司令部に一本化しなければならぬという主張である。それが、永遠の毛沢東＝永久保存のマンゴーとつながっている。すなわち、内乱状況にまで追いこまれているセクト争いの否定であり、紅衛兵運動の否定である。この無内容なマンゴー記事を読んだ紅衛兵などは、自分たちが否定されたことをはっきりと知るだろう。それは、「無内容」がもたらす宣伝力だともいえる。

各地の紅衛兵は、毛沢東思想宣伝隊に対し最後の抵抗をする。が、毛沢東のお墨付をもはや失った彼等に対し地方の指導者は容赦せず、そのため、まだ成立していなかった革命委員会がつぎつぎと産声をあげていく。マンゴーおそるべしである。

永久保存の「マンゴー」は、今日の中国に一個でも残っているだろうか。中国全土を遊歴した蠟細工のマンゴーでもいい。一個でも残っているのだろうか。マンゴーにしてやられたともいえる紅衛兵たちは、まもなく都市を離れ、農村へ下りていく。いわゆる下放である。

★毛沢東思想宣伝隊

追いやられる紅衛兵

食べられない聖遺物と化した「毛沢東」のマンゴーの噂が、宣伝機関にのって中国全土を駆けめぐり、どうやらそれが紅衛兵に引導をわたし、労働者の毛沢東思想宣伝隊がそれにとってかわったらしいことの象徴であるとわかったころ、タイミングよく、一九六八年八月二十六日、「労働者階級はすべてを指導しなければならない」というのちに四人組の一人となる文革小組の姚文元の手になる論説が『紅旗』に発表された。

「労働者宣伝隊が教育の陣地にはいることは、天地をゆり動かす大きな出来事である」

と見得を切ったあと、「毛沢東の最新指示」として、ゴシックでつぎのように引用した。

「――労働者宣伝隊は長期にわたって学校にとどまり、学校におけるすべての闘争・批判・改革の任務に参加するとともに、いつまでも学校を指導していかねばならない。農村では――労

❖……〔上海復旦大学の労働者毛沢東思想宣伝隊の趙国華さんは三代に渡って伝えられたぼろ布を青年学生たちに見せて、旧社会における彼の家の悲惨さや地主資本家の残酷な搾取を訴えた（1969年配信◎新華社＝中国通信）〕

働者階級のもっとも信頼できる同盟者——貧農・下層中農が学校を管理すべきである」たしかに驚天動地の最新指示であり、紅衛兵たちは暗然としたであろう。新しい「インテリ狩り」の宣言でもあった。

「〈労働者は学校の事情を知らないし、二つの路線の闘争の歴史も知らない。〉同志よ、心配は無用だ。労働者は、いずれ知るようになるのだ。労働者は、あの近視眼的な、自分の小さな縄張りしか目にはいらない知識人にくらべて、どれほど水準が高いかわからない」

反対勢力のいいそうな言葉を先取りして引用化して宣伝コピーにするのは、いつもの手だが、おだてられた労働者の内心の不安をも先取りして激励する役目も果たしている。文革は、一九六五年十一月に発表した彼の「新編歴史劇〈海瑞の免官〉を評す」からはじまったといわれるが、彼の元気のよい文章は、いつも裏切りのきなくさい匂いがする。この場合、毛沢東を困らせる紅衛兵の造反派を焚きつけていたのは、彼の属する文革小組にほかならないからである。

九月七日、いわば「マンゴー効果」により、全国に革命委員会が成立したことを祝賀する十万人集会が開かれた。会場は新しいヒーロー、労働者の群れで埋まり、だれも気づかぬほど、かつてのヒーロー紅衛兵の姿はわずかだったといわれる。毛沢東の妥協を喜ぶ紅衛兵嫌いの周恩来は、若者は山地や農村に行って労働せよと演説し、労働者毛沢東思想宣伝隊は、人民解放軍の指導のもとにあるとも脅してみせた。

シモン・レイは『毛沢東不断革命の実相』(原題『毛沢東の新しい制服』緒方君太郎訳・一九七六年・現代思潮社刊)の中で、周恩来(あるいは毛沢東)へあてつけるような江青の演説は、「記念すべき造反」だといっている。今日の集会を知ったのは、つい朝方であったといい、「小勇将(若い戦士)たちの中には何らかの誤りを冒したものが何人かいたかもしれません。私たちにはその誤謬を正すべく彼らを助ける義務があります」と江青は短くスピーチした。だしぬけに演説を頼まれたし先に断っているから、このハプニング演説は周恩来の仕組んだ懲罰的ないたずらであったかもしれない。

十月一日の国慶節。紅衛兵の姿は、先の集会よりもさらに減った。北京の紅衛兵は、ぞくぞく地方へ追いやられていたのである。

一抹のあわれを感じないわけにいかない。一方、全国的に組織された「労働者毛沢東思想宣伝隊」は、一省で約二十万、全国で一千万の隊員を誕生させ、人民解放軍の指導のもと、いっせいに学校（大学中心）へ進駐し、抵抗する紅衛兵を鎮圧すると、引きつづき教師や学生を指導する代表だけを残して引きあげた。

宣伝隊の起源

首都労働者によってはじまった「毛沢東思想宣伝隊」は、その後、大きく三つにわけられた。労働者のそれ、貧農・下層中農のそれ、人民解放軍のそれだが、本筋のところでは、人民解放軍の毛沢東思想宣伝隊が牛耳っている。

清華大学に進駐した労働者が、ストイックなまでに学生へ暴力をふるわなかったのは、人民解放軍の「八項注意」を守らされたからだが、それ以後、あくまで武力で抵抗する紅衛兵に対しては発砲してもよいという指示がでていた。

まもなく、この「毛沢東思想宣伝隊」は、「紅衛兵」にかわって悪名高きものにかわっていくのだが、しかし、写真資料をめくっていると、このネーミングは、なにも労働者が清華大学へ進駐した時、はじめて作られたものでないことがわかってくる。

たとえば、昭和四十二（一九六七）年二月九日号の『週刊読売』のグラビアを見ると、吉林省の交通学校の紅衛兵たちが、凍道を革命歌を歌いながら行進している写真がのっている。

いわゆる「長征」である。この年の三月十九日には、交流禁止が通達されるが、それ以前のものであることだけは確実である。寒いため、みな耳あての防寒をしているのが印象的で、先頭の紅衛兵は、旗をささげながら歩いている。それには、「長春—北京」と交流の「長征」区間が示され、旗の真ん中には、「毛沢東思想宣伝隊」と、はっきり赤地に白抜きで文字が染められている。

もちろん、この言葉は公的化されたわけでなく、吉林省交通学校の紅衛兵たちが、勝手に名づけ、毛沢東への忠誠を示したものだろう。おそらく「長征」そのものが、「毛沢東思想」であり、旗をかかげて歩くことそのものが、その宣伝であると信じていたにすぎないであろう。

もう一つひっかかるのは、「宣伝毛沢東思想小分隊」である。一九六七年六月号の『人民画報』を見ると、その小特集がある。

首都大学院校の造反革命派の紅衛兵が、上海の一月革命に串連交流に来ていた時、八人一組の「宣伝毛沢東思想小分隊」を組織し、深く工場や農村まで入りこんで、毛沢東思想を宣伝したという報道グラビアである。戦闘性と造反精神に富んだ簡潔にして精悍な文芸作品（寸劇）を創作して披露、労働者、農民、兵士の歓迎を受けたと写真のコピーにある。

この「宣伝毛沢東思想小分隊」の存在は、案外と知られていない。それは、発展せずに、尻すぼみになってしまったからであろうか。グラビアを見ると、やらせ宣伝写真にしては、上海郊外の農村や、上海の湾岸で、歌いながら腕を左右にふったり、からだを倒して踊っている紅衛兵たちの姿は楽しそうだ。やらせで集ってきたにしろ、彼等の寸劇舞踊をグルリと輪に囲んで見物する人々の笑顔にも嘘がない。『人民画報』のグラビアにしては珍らしい。

踊りのふりつけは、どうも江青の改良京劇の匂いもするが、これは、やはり文革小組の指示によって組織されたものなのだろうか。このころ紅衛兵の評判は、すでに悪かった。汚名挽回のための宣伝活動だったのだろう。

上海一月革命の時のものだとすれば、紅衛兵の旗色は悪かった。北京から交流にきた紅衛兵も、さんざんに叩かれていた。

上海一月革命は、文革小組の張春橋の演出で、「走資派」の巣窟であった上海人民公社を奪権し、上海革命委員会と改称した事件である。文革小組は、これを機に紅衛兵の流れもかえようとして、「宣伝毛沢東思想小分隊」を作ってみたのだろうか。

いずれにしても、清華大学の内ゲバ紅衛兵を征圧した労働者の「毛沢東思想宣伝隊」の起源をさぐっていけば、どうやら「紅衛兵」の発想にその根があり、その名を逆取りして彼等の息の根をとめたのだといえるのだ。

毛沢東最大の失敗

「八項注意」とは、いわば人民解放軍兵士の心がまえともいうべきものである。㊀言葉づかいはおだやかに。㊁売り買いは公正に。㊂借りたものは返す。㊃こわしたものは弁償する。㊄人をなぐったり、ののしったりしない。㊅農作物をあらさない。㊆婦人をからかわない。㊇捕虜をいじめない。

紅衛兵は、人民解放軍の予備軍でもあったが、この「八項注意」はすべて守らなかったといってよい。「造反有理」を認められたのだから、守る必要もなかったのである。

しかし、紅衛兵制圧にのりだした毛沢東思想宣伝隊の労働者たちは、はじめのうちだけ、宣伝的効果を狙う文革小組の指示通りに動き、八項注意を守ったが、あらたな教育革命の荷い手となった彼等はすぐに破った。紅衛兵が毛沢東の威光を背負って、したい放題であったように、こんどは労働者の毛沢東思想宣伝隊がしたい放題する番だった。

『庶民が語る中国文化大革命』の中の一篇「ある老紅衛兵の反駁」にこの逆転劇が描かれている。「毛主席の最大の失敗だね」と回想したあと、こう語る。

「労働者宣伝隊は学内に入るやいなや、われわれ労働者階級が学校を占拠する、毛主席がわれわれをよこしたのだ、とのべた。一人は手に、プラスチック製のマンゴーを持っていた。話をする時も、われわれ労働者階級は無骨者だと言って、パラッと上衣のボタンをはずし、片足を演台の上にかける。ちょっと信じられないでしょう？」

毛沢東思想宣伝隊の指導者は、することがなくなると、すぐに学生を農村へ連れていこうといいだす。よしということになると、これには、人民解放軍の毛沢東思想宣伝隊と軍事訓練隊、そして労働者の宣伝隊がついてくる。

「号令一下、一、二、三で水田に入る」

生理の女の子は、たちまち足が腫れあがり、指で押すとへっこむ。

朝は必ず、毛主席の写真の前で、こう叫ぶ。

「毛主席、毛主席、今日わたしはこれこれのことをしようと思います。あなたのどの思想に照らしあわせて行えばよいのでしょうか」

夜は、立てないほど疲れて農村から戻ってくると、こう叫ぶ。

「毛主席、今日わたしはまたこれこれの罪を犯しました」

まるでコックリさんにお願いしているかのようだ。このような愚劣で素朴で悪夢のような形式を発明したのは、労働者の「毛沢東思想宣伝隊」なのだということが、これを読むとよくわかる。毛沢東が、こういうシーンを目撃したとするなら、なんと言ったであろうか。しかし政治宣伝論的にいえば、この素朴な洗脳術には、力がある。

毛沢東の思想は、「紅」だというので、学校はいたるところ、赤ペンキで塗ったくられる。毛沢東は、太陽だということで、毎日、宣伝用のキッチュ商品である「ヒマワリの花」を彫らされる。馬鹿げているほど徹底しているのである。言葉を実行に移すのが毛沢東のいう「活学活用」といわんばかりだが、その行為は、デザインである。共産主義とは宣伝であるということからすれば、正解でもある。

一九七〇年になって、彼は下放がきまる。毛沢東思想宣伝隊が、どこへ下放するかの査定の基準を作りだす。

「恋愛中の者は遠地に、病弱者は近地に、独り者はその中間に」

「恋愛関係にある者は、特別配慮をもって別れさせはしないが、しかし遠地で革命をする。病気持ちや家族の面倒をみなけりゃならん者は、近い所で。近くも遠くもない所には独り者がゆく」

これは、下放の場所論である。

「独り者」というのは、学生なのだから、恋人のいない者である。恋人がいるものは、離ればなれにさせないが、罰として遠地へ下放というのも、芸が細かい。

この老紅衛兵は、毛沢東の失敗といったが、下放体験をもとにした映画『子供たちの王様』（一九八七年）を監督した陳凱歌《チエンカイコー》は、もっと複雑ないいかたをしている。（『私の紅衛兵時代』刈間文俊訳・一九九〇年・講談社現代新書）

「教育を受けなかった者が、教育を受けた者やいま受けている者を統制する。これは、毛沢東思想の数多い偉大な壮挙のうちの一つだ。しかし、それでも国内情勢は安定しなかった」

彼が毛沢東思想宣伝隊に父や友人のことで尋問されるくだりがある。はじめはやさしかったが、途中から「陳凱歌！　白状しろ」となり、ついには、

「いいか！　毛主席が俺たちを派遣されたのだ！　主席は、その上、労働者にマンゴーを贈って下された。食べるのがもったいなくて、ホルマリンにつけたんだ！　主席は、俺たち労働者の赤い太陽だ！　貴様が白状しなければ、俺様が一発ぶちまかしてやるぞ！」

まるで刑事かやくざだが、似たような役割を彼等はさせられているのだともいえる。「インテリ狩り」の刑事なのである。ここでも、「マンゴー」がでてくる。

暴徒化する宣伝隊

かつて「牛鬼蛇神闘争大会」は、紅衛兵が「インテリ狩り」の実況展示としてスペクタクル化した大宣伝であった。この荷い手は、労働者の毛沢東思想宣伝隊の手に移った。

各大学に進駐した宣伝隊は、「三査一清」という刑事まがいのことを開始した。各人の「思想・組織・階級」の検査を「三査」といい、「階級隊伍の粛清・整頓」を「一清」という。この検査の結果、「牛鬼蛇神」と認定された教師・学生は、宣伝隊の音頭のもとに闘争にかけられる。かつての紅衛兵も、みなこの「三査一清」の尋問にかけられる。

ヒントンの『百日戦争』は名著だが、清華大学に入って駐留した「毛沢東思想宣伝隊」が学生たちと、とことんまで話しあうというまじめな姿を描いているが、この点にかんしては取材不足である。

最初は、そうだったとしても、すぐに馬脚をあらわし、リンチでもって自白を強要するものへと変っていった。査問の時、返事をしなければ、そのたびに歯を一本づつ抜き、釘の出た棒で尻を叩くというようなこともおこなわれたらしい。

マンゴーのご加護があるからには、なにをやってもいいというように思えてくる魔力が働いている。「マンゴー」は、とかく自分のせいにしたがらない防衛のメカニズムにかなった呪物であった。紅衛兵たちのような獲物は、「三査一清」によって、自殺するものが続出した。

党の新聞雑誌は、この「毛沢東思想宣伝隊」の活躍とその成果を宣伝するに当り、しばしばレポートのかたちをとらせた。真剣にやっているという感じをだすためには、レポートのほうが有効だからである。一九六九年の『紅旗』第三第四号合併号は、清華大学駐在労働者・解放軍毛沢東思想宣伝隊の「洪鋼・武強」という匿名くさい二人の執筆になるもので、「政治思想戦線における新しい課題」というのが見出しである。(『中国プロレタリア文化大革命資料集成〈第五巻〉』一九七一年)

「〈教育によって立ちなおれる青少年子女〉にたいする工作をりっぱにはたそう!」

このスローガンのような文句が副題になっている。いったい「教育によって立ちなおれる青少年子女」とは、どういう意味か。「ひとにぎりの裏切り者、特務、死んでも悔い改めない資本主義の道をあゆむ実権派とそのほかの反革命分子」の子女のことである。

一部の宣伝隊の仲間は、こんな連中の子とかかわりたくないという態度をとり、数が知れているから、ほっておこうと消極的だが、あえてこれらの子女にコミットし、毛沢東の革命路線に引きいれる努力をすることにしたというのである。こちらが引きいれないと、「ひとにぎりの階級・敵」が引きいれてしまうから、こちらから先にやらねばならぬのであり、「家庭の影響や修正主義の害毒」によって、彼等の精神はひどく犯されているので、けっして改造はなまやさしくないが、「親父が反動なら、息子もよくなるはずがない」とあきらめるのは、プロレタリア文化大革命の教育的作用を否定することになり、熱情とねばり強さをもって彼等に対するならば、たちなおらせることはできなくはないと優等生的なことを言っている。

「これらの青少年子女は、文化大革命のまえは、よく強い優越感をしめしたが、のちに父母の問題がでると、こんどは頭もあげられない思いがして、まわりの大衆に近づくことをいやがり、なかには、対立的な感情をもつものさえいる」

とまず分析している。

ここで二人のレポーターが言っている「青少年子女」とは、「紅五類」の血統を誇り、父親が党幹部の初期紅衛兵たちのことである。文革小組の煽動によって、まんまとはめられ、おだてにのって、図にのりすぎてひどい目にあった紅衛兵たちのことである。文革初期にあって、子供に親を批判させるという謀略宣伝にまんまとのっかってしまった彼等であった。今や「毛沢東思想宣伝隊」によってかつて二重の挫折を受けて沈黙している彼等へ救いの手がさしのべられているのである。一体、これは、どういうことなのか。

というのは、「労働貴族劉少奇打倒」のキャンペーンがおこなわれている真っ最中における論文だから、この余裕あるやさしさには首をかしげざるをえないのである。それにもまして、清華大学の造反派の内ゲバを鎮圧し、毛沢東思想宣伝隊を誕生させ、教育に立ちいる光栄を荷った北京労働者にとって、もっと焦眉の問題があったはずであると思えるからだ。つまり毛沢東によって否定された造反派の紅衛兵たちをその挫折から立ち直らせることができるか、そのほうが、よっぽど肝腎ではないかと思えるから、いったい、この論文の宣伝的意図は、どこにあるのかと迷ってしまう。

ただ、このレポートで、みどころのあるのは、彼等の挫折心理をよく分析しているところである。「一気に千丈落ちた」「親父が失脚したので、息子はばかをみる」「俺の生涯は終わった」という典型的なセリフを俎上にあげ、いちいちそれをひっくりかえしていくさまは、それなりに見ものである。

彼等は「劉少奇反革命主義の影響を次第に洗い清めていき、最後にはかれらが父母との境界線をはっきりひき、毛主席の革命路線の側にたつことができるように努めなければならない」とし、自分たちの努力により、その成果は着々とでていると報告を終えている。

ここまで読んできて、そうか、これは、やはり「劉少奇打倒」キャンペーンの補強宣伝であるとともに、なかなか彼等の「三査一清」の教育に応じようとしない頑固な造反派分子への変化球なのだと思わざるをえない。

農村における中小学校は、貧農・下層中農によって管理されることになった。毛沢東の指示である。一九六八年の夏以後、新聞は、もう大学は終わりとばかり、好んで農村の教育革命の成功例をあげるようになる。貧農・下層中農は、学校革命委員会を作る。それが農村の「毛沢東思想宣伝隊」である。

『人民日報』は、一九六八年十二月十日号で、遼寧省の松樹小学校の民営による成功を記事にした。『人民画報』

の六九年二月号でも紹介された。毛沢東の「教師はいらぬ、教室もいらぬ、教科書もいらぬ、一銭もいらぬ」を実行、たちまち就学率九〇％になったという。「毛沢東思想宣伝隊」の旗や毛沢東の肖像をもった小学生たちが山間を行く宣伝写真がのっている。おそらく毛沢東の「艱難をおそれず」の絵ときである。子供たちは、このやらせをハプニングとして打ち興じながら尾根伝いを嬉しそうに歩いている。

都会にあって、労働者の「毛沢東思想宣伝隊」は、大学だけでなく、知識人のいそうなところなら、どこにでも押しかけた。病院はかっこうなターゲットだった。

はじめのうちは、まだ神妙だった労働者たちも、ほどなく紅衛兵なみに牙をむくようになる。つぎの例は、医者同士の結婚式の最中、病院へ乗りこんでいった隊長の話である。（『これが〈文革〉の日常だった』）

「お前たちは、誰の許しを得て結婚するのだ」

「私たちは、ちゃんと病院革命委員会の許可を得ています」

「革命委員会の許可がどうした。そんなもの効力がない」

「私たちは区の結婚登記証ももらっています」

「結婚登記証だと。それがなんだ。労働者階級がすべてを支配しなければならないという指示を知らんのか！お前たちのような〈九番目の鼻つまみ者〉同士の結婚は、労働者毛沢東思想宣伝隊の許可を必要とすることをここに宣言する。わかったな」

九番目の鼻つまみ者とは、知識人のことである。

★山に上り郷を下る
——下放(上)

郷を下る紅衛兵

そろそろ邪魔になり、手に負えなくなった紅衛兵を、農村山村に向って「下放」しようという動きは、早くも一九六七年の七月八日附け『人民日報』の社説にではじめている。

この段階ではまだ劉少奇ら「走資派」の連中が、この下放に反対であったとし、その糾弾の抱き合わせのかたちで示されているにすぎないが、すさまじく分裂していた紅衛兵たちは、派閥争いをこえて、みな一様に、まもなく訪れる「不吉」な運命のようなものを感じたかもしれない。

十月一日の国慶節の主人公は、もはや紅衛兵たちでない。労働者と解放軍が、その座を占めている。十月八日になると、党中央、国務院、中央軍事委員会、中央文革小組の連名のもとに、「上山下郷」、つまり知識青年の「下放」の指示がだされた。

「連名」というのは、官伝論的に、時に脅しの技術である。強固な姿勢を打ちだす方法でもあり、いかに紅衛兵に対し、困っていたかをも

❖……〔毛主席の呼びかけに応え、貧農・下層中農の再教育を受けるため、農村に出発してゆく北京市の一群の中学生（1969年配信◎新華社＝中国通信）〕

示している。

ただ、その指示を読むと、文革以前に下放していた知識青年が都市へ舞い戻って紅衛兵化していたものを追い戻すことが、その中心となっている。それぞれの土地に戻り、革命と生産に精をだせ、走資派の煽動にのるなという説教つきである。

いわゆる「紅衛兵」、つまり文革時にあって、全国の中学大学に在学、経験交流のため、北京をはじめとする大都市に雲集してきた「孫悟空の群」を頭にいれて考えていると、この緊急指示は、わかりにくい。しかし、アニタ・チャン等の手になる『チェン村』（小林弘二訳・一九八九年・筑摩書房刊）を読むと、ややわかってくる。

この華南の村に、広州から中学を終えた下放青年たちがやってきて住みついたのは、なんと一九六四年である。「私たちは革命的に行動するために農村にやってきたのです。……当時は誰に強制されたわけでもありません」とその一人は言っている。著者たちは、この言葉をまるごと信じず、「彼等の多くは挫折させられた理想主義と満たされない野心の入りまじった、爆発しかねない複雑な感情を抱えていた。この複雑な感情は、全国的な事件が触媒となれば容易に造反を引き起こすものだったのである」としている。

「全国的事件」とは、文北大革命の信号であり、「野心」とは、理想主義と表裏した出世主義である。「挫折」というのは、このチェン村で思うようにいかなかったことである。たとえば、入村十一ケ月後に、「精力的に働いたにもかかわらず」食糧の自給ができず、最初にあたえられた土地をとりあげられ、生産隊に編入されている。農村に派遣されていた劉少奇の工作組は、紅五類の下放青年しか貧農下層中農協会にいれなかったから、あらたな「複雑な感情」が彼等におこった。

文革がおこると、ここで一挙に彼等も、村で造反する。工作組は、紅五類でないと、「毛沢東主義紅衛兵」になれないのだとし、そうでない出身者に対し、新しく「毛沢東思想紅衛兵」という組織を作ってあたえた。彼等をおとなしくさせ、又、自分たちの思うように手なづけるためである。しかし、そうはいかない。「毛沢東主義紅衛兵」と闘争がおこり全国の紅衛兵たちと同じように「四旧打破」を叫んで、暴れまわった。下放青年たちは、仲間割れしたが、毛沢東崇拝ということでは同じである。一九六六年の終りには、工作組はチェン村を退去していく。毛沢東は、紅衛兵の力を借りて、「走資派」の息の根をとめられたからである。

もちろん、彼等の活動は、チェン村にとどまったわけでない。「中国全土で、多くの下放青年が都市に基盤を置いた独自の紅衛兵組織を作るために、下放先の村を離れて都市に戻りつつあった」。当然、一九六七年になるとチェン村からも、故郷の広州で大暴れするため、戻るものもでてくる。三十人近くいたというが、さして大きな働きをしなかったばかりか、途中で、いや気がさしたらしい。そのうちの一人は、こう述べている。

「私はまだ毛主席を信じていました。しかしもはや、林彪も、毛主席の部下の誰をも、信じてはいませんでした。文革はなんら問題を解決しないことがわれわれには分かったのです。それどころか、多くの人びとが死に、公共の秩序が崩壊しました。学生紅衛兵のなかには多くの性的な乱れもおきました！」

毛沢東だけが、ここで信用されている。彼のカリスマ性の力だが、信じなければ、寄る辺を失い地に立っていられなくなるからである。実際は、毛沢東不信だったともいえ、この時期の広州の紅衛兵は、「年寄りのでぶ！」というまでになっていたのである。

さらに注目すべきは、「学生紅衛兵」と彼が呼んでいることである。チェン村の下放造反青年たちも、まだ十代であったが、いざ広州へでて見て、俺たちはもはや現役じゃない、ついていけないという思いを抱いたのではないか。だから「学生紅衛兵」と軽蔑的に言っているのであり、彼等の混沌乱脈な行動力にたじろいだというべきだろう。おそらく「兄さん」あつかいされ、「遅れてきた青年」にされてしまったのである。

だが、文革以前から「上山下郷」していた知識青年たちは、チェン村の彼等とちがって、おとなしくはなかったとみてよい。労働者毛沢東思想宣伝隊に鎮圧された清華大学の造反派の中にも、彼等は混じっており、ボスにはなれなかったが、兇暴なまでの抵抗を見せた。

だからこそ、一九六七年十月八日の緊急指示で、「学生紅衛兵」をまずさしおいて、生産の現場へ戻るように彼等へのリターンを命じ「戦闘、破壊、強奪、略奪、拘留を計画し、組織し、指揮した少数の不良分子、右派分子にたいしては独裁的処置をとるべきである」（柴田穂『毛沢東の悲劇』）としたのである。

これより先に『人民日報』の社説で知識青年の「下放」を語った時、劉少奇批判を抱き合わせにしたのには、それなりの理由があったわけだ。文革以前から下放していた青年たちが、都市へ舞い戻ると思っていなかったし、そのように仕向けたのは、工作隊を操作した劉少奇一派だとしたかったからだ。

自らすすんで下放してみて、農村に失望した彼等の中に過激な分子もいたにちがいないが、大半は、この混乱に乗じ、そのまま自分たちの生れた都市に戻り、そのまま帰らぬつもりだったのではないか。だからこそ「上山下郷」の親たちに農村へ戻すように言い、「居住登録」を許さないとしたのである。

紅衛兵を名乗って都市に戻り暴れた「上山下郷」の先輩の数は、どのくらい居たのだろうか。おそらく数は知れている。「学生紅衛兵」のように都市の機能を麻痺させるほどの数でない。毛沢東としては、まず手はじめに彼等から撤去しようということである。そうしなければ、つづいて「学生紅衛兵」を「下放」するための根拠を失うからである。緊急指示の効果は、はっきりわからぬが、『チェン村』の場合、舞い戻ると、さっそく民兵に逮捕され、闘争にかけられている。いためつけられた生産隊幹部たちの復讐である。

下放大キャンペーンへの伏線

腹案をもちながら、それを小出しに宣伝しながら様子をうかがいつつ、時来たると見れば、一挙に大宣伝に転じるというのが、毛沢東の戦略である。

一九六八年七月十五日、北京の『光明日報』は、一面のトップを使い、大学と専門学校の卒業生は、労働者や農民と結合すべきだという社説をのせた。北京大学や清華大学をはじめとする各大学や専門学校では、内ゲバがつづいていたころである。二十二日になって、毛沢東の最新指示として、大学は理工科系だけを残すと『人民日報』に発表された。二十七日、清華大学へ労働者の「毛沢東思想宣伝隊」が進駐する。伏線のピッチが早くなる。柴田穂の『毛沢東の悲劇』によると、「学生紅衛兵」の下放は、八月九日、北京よりもいち早く上海ではじまった。文革前、北京で孤立していた毛沢東が、反撃を開始したのも、この上海である。

まず初級中学と高級中学から、開始している。日本の中学高校にあたるが、紅衛兵運動は彼等の年代からおこった。

「卒業生約一万人で九日から辺境各地の農村へ、農民として一生を過ごすため移住を始めた。その第一陣は、九日上海市革命委員会が列席した〈大歓送会〉激励を受けたのち上海を出発した。これら青少年は、毛沢東主席の〈教育をうけた知識青年は、労働者、農民の生活にとけこむべきだ〉との教えに従い、毛主席にたいする忠誠を示すために、全員が農民移住を志願した」

これは、上海放送の報道だと、柴田穂は言う。この中には、おそろしい言葉が、たくさん含まれている。まず「辺境各地」。『チェン村』の広州出身の下放青年たちの場合、行先は華南地方であるが、辺境といえない。一生を過ごすため」も、おそろしい。これまでの下放は、けっして永久でなかった。

一九六八年九月七日、全国革命委員会成立祝賀十万人集会が北京で開かれ、周恩来は、紅衛兵の地方下放を演説した。上海は一ケ月前だったのを見てもわかるように、その計画準備は着々と早くから進められていたにちがいなく、その三日後には、北京の大学、専門学校の卒業生約二万名が、下放の第一陣として出発している。上海の場合と同様に、放送機関を利用しているところが、漢字の国らしく、慎重である。新聞は、放送よりも、消えずに残ってしまう媒体である。

だが、紅衛兵の下放は、一九六八年七月十五日、『光明日報』に学生は労働者や農民と結合すべきだという社説がのった時から、もう開始されていたと見るべきである。ただし、放送や新聞の媒体を用いてキャンペーン化しなかっただけだ。

そもそも下放の呼びかけは、さらに一年前の一九六七年七月八日に行われていたのである。志願者中心であり、「上山下郷」は、小刻みに行われていたと考えるべきであり、大都市の市民は知っていたにちがいなく、それを見て裏切られたと思った紅衛兵たちは、ますます過激の度を増すという現象をひきおこし、内ゲバ現象にもつながっていたはずである。

その一年後の一九六八年七月十五日、『光明日報』に社説がのった時は、いずれ大キャンペーンを張るという決心の伏線であり、『人民日報』でなかったところに、臆病なまでの宣伝の妙がある。しかも、海外向け宣伝雑誌『北京周報』七月三十日号の日本版では、あたかも、まもなく起こす大キャンペーンの練習をするかのように「山村や農村に行く青年知識人」の特集を組んでいるのである。

その記事は、物語形式をとり、遼東半島の農村に入った十五人の都会育ち（旅大市＝旧旅順・大連）の少女たちが、いかに深くその大地に根をおろし、「毛沢東思想の大きな学校」をつくりあげていったかを謳いあげている。彼女たちの「上山下郷」が、文革のはじまった一九六六年の春であるところがミソである。

知識人の「上山下郷」は、毛沢東のむかしからの理想であり、また実行されてきたものだが、それにしても紅衛兵がまだ暴れまわっていないにしろ、文革が開始されている一九六六年の春という設定は、ミソでありすぎるともいえる。時間設定において、つじつまがあっても、すぐ「造反有理」と大煽動したことと矛盾するからだ。

一九六七年になって、物語の少女たちも村の造反組織に入る。まもなく仲間の青年知識人たちが、都市へ出て革命をやろうといいだす。「青年」という言葉は、中国語にあって、男のみをささない。少女も青年であるが、この場合、「青年知識人」は男子であろう。彼女たちは、紅衛兵運動にひきずられる彼等を否定、組織を脱退し、村に帰る。

この物語は、欲ばりすぎている。『チェン村』のような下放青年たちを村へ戻そうとしていると同時に、「学生紅衛兵」を下放させる前座の宣伝物語にもと欲ばっているからだ。

それは、ともかくとして、毛沢東は、自ら生みだした紅衛兵の処理に困っていた。学校は二年近く、休校だったからだ。みな繰りあげ卒業にして農村へ下放しようと決心し、志願を待ったが、紅衛兵たちは、その気になってこない。そのため、最初の呼びかけから一年もたってしまったのだともいえる。それなら、もはや強制するしか方法はない。急激にやるわけにいかないから、すでにはじまっているのに、宣伝媒体を微妙にかえて、内外の反応を伺いつつ、「下放大キャンペーン」への伏線を小出しに張っていった。約二万もの、辺境への配転、分配が決まり、紅衛兵たちが北京から離れているのに、なお「放送」だけにとどめるという慎重さであった。だれもが知っていることなのに、なかなか、党の機関紙である『人民日報』の第一面を使って「公然」化しなかったのである。ただ繰り返し、学校が貧農中農の支配下に置かれたという報道はなされた。これも伏線といえた。

「両手があるのに、都市《まち》（城市）でむだ飯を食っているべきでない」

という一面大見出しのもとに、「知識青年は農村へ行き、貧農中農の再教育を受けねばならない……各地の農村の同志は、彼等が行くのを歓迎せねばならぬ」という言葉が『人民日報』という題字の右脇にある「毛沢東語録」に掲載されたのは、一九六八年十二月二十二日になってからだ。

これを皮切りに二十三日二十四日二十五日と連続して、知識青年、つまり「紅衛兵」の「上山下郷」の記事が一面を飾り、あらゆる宣伝媒体と連動した大キャンペーンが開始される。国営通信社の新華社は、二十二日の前日、武州市二万、蘭州市一万八千の定住を発表。二十三日の翌日、天津市五万の定住のニュースを大々的に流し、『人民日報』の宣伝報道をサンドイッチした。

「笑顔」の宣伝写真

発売の遅れる雑誌、たとえば海外向けでもあるグラフィック誌『人民画報』は、一九六九年の二月号から、紅衛兵の「上山下郷」をのせはじめた。写真中心であるから、現場取材が必要で、遅れるのもしかたないが、雑誌の発行はナンバー通りといえないので、一九六八年十二月二十二日の、『人民日報』とさして日数の差はないともいえる。

『人民日報』の十二月二十五日号は、北京通県の五人の紅衛兵が、毛沢東の額入りの肖像を胸に抱きしめ、語録の歌を高唱しながら、ニコニコと下放地の「内蒙古自治区涼城県」に徒歩で向っている写真をカットとして挿入した。その年月日は、新聞に欠如しているが、『人民画報』の一九六九年二月号を見ると、前年の八月二十五日に北京を出発し、十日間かかって五百キロを踏破したと書かれている。

そのまま信じてよいのかどうか（途中で汽車に乗ったかもしれぬ）わからぬが、後日の発表を期し、事前に新華社のカメラマンによって演出撮影してあったわけだ。『人民画報』の役目は、呼びかけに対し、率先して自ら志願したことである。その強調のために「徒歩」の進軍も重要な演出になってくる。『子供たちの王様』を撮った陳凱歌も、下放体験者だが、彼の自伝『私の紅衛兵時代』を読むと、「六十年代末の中国では、軍事動員と同じ方法により、大量の都会の青年たちが、辺鄙な田舎へ送りこまれたのだ。行きたくなかった若者が大部分だが、ほかに選択の余地がなかったのだ」と書いている。一九六九年の春までに全国で約二千万人の「紅衛兵」が辺地へ強制送達された。いわば流刑である。

『人民画報』は、一九六九年二月号三月号四月号と連続して下放青年たちの姿を集中的に追いかけ、一九七〇年、一九七一年になってからも、報道を続けた。『毛沢東の悲劇』の柴田穂は一九六八年の秋から冬にかけて連日、紅衛兵の地方大移動を宣伝マシーンにのせ「キャンペーンはかならず毛沢東への忠誠、自発的志願、革命委の歓送会による激励——というパターンをとっていた」と分析し、「あちこちで〈美談〉〈英雄〉〈奇跡〉」が作りだされたと述べている。『人民画報』の役目は、下放の紅衛兵が現地の農民と溶けあい、いかに楽しげにやっているかの演出をもっぱらに心がけている。それは、「毛沢東への忠誠」を示す表現となるからだ。

笑顔は、毛沢東下の宣伝写真の大きな特長である。同じ国家宣伝写真でも、ナチスの場合、あまり笑わない。女性も笑わなかった。中国共産党の宣伝にあって、男も女も、よく笑っている。女よりも男が、薄気味悪いくらい、嘘笑いする。同じ東洋でも、日本帝国の宣伝写真は笑わせなかった。兵士というせいもあるが、同じ社会主義国家のソ連の場合は、どうなのだろう。スターリンの微笑はあっても、歯を見せて笑っている首脳部の写真は、記憶にない。

もちろん、中国の宣伝写真の笑顔は、嘘笑いである。とかく嘘笑いは、自然めかすので、現実に向いあっている時、よほど露骨でないかぎり、気にならないものだが、写真は嘘を暴くのである。そのようなことを百も承知のはずなのに、『人民画報』のモデルたちは、嘘笑いする。これぞ宣伝写真の要諦とばかり、嘘笑いさせられている。

大半の登場人物は、もとより素人だが、「毛沢東への忠誠」をあらわす時は、「モデル」になってしまうのである。文革後、作家の故有吉佐和子が、自ら鍬をもって中国の女性の農民たちと一緒に働く姿を撮った写真を見たことがある。それは、戦慄すべき写真であった。農民たちは、一様に身をこわばらせ、黙りこくり、しぶしぶ鍬を動かし、その中にあってニッコリ嘘笑いしているのは、ハイ・チーズ式の有吉佐和子ひとりであった。そのコントラストの激しさが、凍るような不気味さを感じさせた。

お金を貰ってモデルを命じられた中国人たちが嘘笑いしているわけでない。「毛沢東への忠誠」のしるしとして嘘笑いしているのであり、その背後に恐怖政治があるとすれば、本気で笑ってなどいられるものかという素顔が隠されているのだともいえる。

『人民画報』は、一九七一年になってからも、まだ時々、下放青年たちを扱うことがあった。四月号では、もと女子紅衛兵たちが、黒龍江省の深山密林で、橋梁架設労働者として働いている姿をルポしている。辺境に下放された場合、ほとんど農村山村への移住であり、農民として働くわけだが、ここでは労働者である。

見開き四点の組写真のうち一点は、もと女子紅衛兵たちが（十五、六人）、森林を背にぞろぞろ集まって記念撮影しているといった感じの写真である。みな一様に笑っているが、右端の一番大きく写っている模範労働者となった元紅衛兵の嘘笑いをのぞけば、他はみな本物の笑いをしている珍らしい写真だ。笑いをこらえているものさえいる。模範労働者の彼女が、「わたしたちは、困難や危険が大きいほど、勇気を鼓して前進する決心です」と紋切りのセリフを言った時、だれかが、チャチャを入れた瞬間かもしれないが、よくぞ編集部はセレクトしたものぞというべきである。だが、ニセの笑いであろうが、ホントの笑いであろうが、背後には、つねに恐怖政治がひかえていたことだけは確実なのである。

★わーんという泣き声が起った——下放(中)

十五年後の下放写真

毛沢東暗殺を企てた林彪の息子の林立果《リンリーグオ》は、「上山下郷」運動に対し、そのクーデター計画の要項である「〈五七一工程〉紀要」の中で「形を変えた労働改造に等しい」とし、「紅衛兵は、はじめのうち〈鉄砲代り〉、のちに身代りの山羊にされた」と批判した。(『李一哲の大字報』チイ・ハオ他編・山田侑平・小林幹夫訳・一九七七年・日中出版刊)その批判は、半面の妥当性ありだが、もしこの「〈五七一工程〉紀要」が林立果の手になるものなら目糞鼻糞を笑うというべきである。

クーデターの失敗は、一九七一年九月である。一九八八年、「艱巨《かんきょ》歴程《れきてい》」と呼ぶ全国写真コンクール展が北京で開かれた。新中国誕生以来の写真をプロアマ問わず公募し、その展覧会は、日本でも開かれ、本にもなった。応募二万二千点という。展示は二百点余である。文革の宣伝に頭をめぐらしている今、見落した写真をぜひ見たいという気持に駆られる。

おそらく、応募してきたものは、その巧拙はともあれ、秘匿されて

❖……〔北京の知識青年が延安に着くと、地元の人民公社、生産大隊革命委員会と貧農・下層中農から熱烈な歓迎をうけた(1969年配信◎新華社－中国通信)〕

きたものか、使用不許可になったものだろう。なぜなら建国以来、写真は党宣伝の忠実なる家僕として位置づけられていたであろうからである。この写真集にショックな点があるとするならば、私たちが見慣れてきた毛沢東下の宣伝写真と文脈が違うからである。ほんのわずかなのだが、その差は大きい。

「下放」、つまり「上山下郷」でいえば、一九七三年の李振盛の写真が選ばれている。この作者は、プロのカメラマンである。トラックの上から手をふっている少年少女たちが写っている。左右の沿道は、見送り人でいっぱいである。

下放運動は一九六八、六九年がピークで、宣伝キャンペーンも激しかったのはこの時期であるが、文革終了まで続いた。毛沢東暗殺計画が失敗したのは、一九七一年だが、林立果の「〈五七一工程〉紀要」が公表されるのは、ずっとあとであるから、その批判も目に触れず、一九七三年の「上山下郷」の写真を見て、まだやっていたのかと思う必要もない。（ただ、下放していくのは、紅衛兵世代といえないだろう）宣伝は過熱した時だけ記憶に残るので、そういう印象があるのだが、地道に下放宣伝はおこなわれていたのだろう。

だが、この李振盛の写真は、どうして未使用になったのであろうか。

もし、下放の目的があくまでも紅衛兵を「身代りの山羊」として僻地の農村へ送りこむことであるなら、どうしたって祭壇がいる。この祭壇が、あらゆる宣伝装置であり、はなやかな「送り出し」の儀式は、重要なものとなる。「送り出し」を「別れの儀式」といいかえてもよい。下放の場合、彼等が運ばれていく乗りものとして、列車とトラックがある。列車は、プラットホーム、トラックは沿道がかっこうな儀式の舞台となる。出征兵士の見送りの儀式にも似ている。

私などは、第二次世界大戦中、かろうじてこの儀式に参加した世代に属する。日の丸の旗をもって、駅頭へ見送るために動員された。当日、各自、半紙を半分に切って、その真ん中に日の丸を描き、その端を割り箸にのりづけして小旗を作っていかねばならない。この見送りの日を、私は、不器用なので、いつも恐怖したのだ。のりづけが下手なため、自製の小旗をふって軍歌を唄ったりすると、すぐビリビリに裂けてしまうのである。

李振盛の写真に見える左右の沿道に立ち並ぶ人々は、下放の青年たちの家族をふくむかもしれないが、ごくわずかであり、ほとんどは強制的に動員されたのである。

いたいけな、しかし兇暴な力を発揮した彼等少年少女たちの壮途を祝し声援を送って見送る、と同時に観客の役割を果している。その真ん中を走るトラックは、動く舞台である。「革命」とか「下郷光栄」などと書かれたトラックの上につめこまれた彼等の胸には、大きな造花の花がつけられ、「さよなら」と手をふっている〃彼等は、沿道の観客の姿が視界から消えるまでは、即席のスターなのである。

戦争に行くわけでないが、都会育ちの青年たちを辺地の農村へ送りこむわけで、年に一度の帰郷を許すなどといっても流刑に等しいわけで、それなりのお膳立てをしなければ、後続の「上山下郷」の運動がうまくいかない。

多少は、いまだ見ぬ土地や、やってみたことのない野良仕事への好奇心があったにしても、いくら毛沢東への忠誠をいい聞かせても、はるかに不安が多く、そういう彼等をどのように送りだすかの宣伝手段として、人間の普遍の「別れ」を装置化したのである。

一九七三年は、下放がはじまって七年目であり、悪い情報はふんだんに入っていたはずだが、初期のうちなら、まだ毛沢東崇拝の少年少女も残っていて、ひたすら明るい子がいても不思議でないにしろ、なんとも明るいのである。それにしても李振盛の入選作品が、当時ボツになったのは、なぜなのだろう。フィルムを見て宣伝の基準にあわせて自己チェックしたともいえるし、カメラマンの習性で撮影だけはしても使用の予定はなかったのかもしれない。

なぜなのか。一見、「別れ」の宣伝写真として上出来でないかと思える。明るいイメージがあるためである。哀しいくらいの明るさがある。トラックの後方に六人の青年たちが乗っている。左から女子三人男子三人という配列である。よくよく見ていると、みな一様に笑っているが、一人の女の子をのぞいて、みなさびしげで不安そうであることに気づく。このためかと、はたと気づく。

左から二番目に立って手を振っている丸ぽちゃの、すこし太っているが、明眸皓歯《めいぼうこうし》といってよい少女の笑顔だけが、屈たくなく、ひたすらに明るいことにも気づく。作り笑いの明るさでない。いったい、なにが嬉しいのか、目は完全に笑っている。なんとも不可解な写真だ。一人だけやらせの演劇少女をもぐりこませたとも考えられるが、その場合、かならずくさみがでるものだし、目を細くしてまで笑うことはないにしろ、考えようによっては彼女の笑顔は挑戦的だともいえる。

この百万燭光の明るさをもつ少女の笑顔が、他の五人の気のない暗い笑いを消し去る勢いをもち、一瞬、彼女にのみ目をひきよせられ、全体を明るいものに錯覚させる力をもっている。写真は、一度使用されると、固定されて他者の視線に晒される媒体であり、他の子供たちの表情は暗すぎると指弾されるのを避けるため、やはりチェックは賢明だったのか。しかし、この写真が十五年後になって陽の目を見るに至るまでのプロセスは、いずれにしろ、よくわからない。中国共産党の宣伝写真の要諦は、あくまでも「作る」(わざとらしさをもって是とする)ことにあるとすれば、百万燭光の少女の笑顔も、うらさびしすぎる他の少年少女の笑顔も、失格の表情ということになる。

強制と脅迫のキャンペーン

一九六九年三月号の『人民画報』は、四ページにわたって、下放奨励宣伝を行った。出発の儀式、見送りの儀式中心にページ編成されているが、トップに「毛主席の最新指示」が活字で大きく置かれている。

「知識青年が農村へいって、貧農・下層中農から再教育をうけることは、たいへん必要である。初級中学、高級中学、大学を卒業した自分の子供をいなかにおくるよう、まちの幹部や他の人びとを説得すべきであり、ひとつ

動員をおこなおう。各地の農村の同志はかれらが行くのを歓迎すべきである」（傍点筆者）

この最新指示は、すっと読んでしまえば、それまでだが、実際には、強制的に下放を開始し、その大キャンペーンを張ったにもかかわらず、すべてがすべて、うまく事が運ばなかったことを示している。毛沢東のジレンマ、苦悩が、にじんでいる。

この指示を裏読みするなら、学生たちの間で毛沢東崇拝に翳りがでていることがまず理解できる。まず紅衛兵たちが、行くことを拒否している。さらに都会っ子が農村で働けるはずなしという親たちの常識が、この指示に反対している。日本流には、まだみな十代で、親の保護を受けているひよっ子である。親は手放したくない。「一生」など、とんでもない。とりわけ幹部の親たちは、非協力的であったことが想像できる。

広州は紅衛兵の運動の激しい地域の一つだったが、柴田穂の『毛沢東の悲劇』を読むと、一九六八年の十一月には、ついに毛沢東思想宣伝隊が介入している。

「戸別訪問のキャンペーンを展開し、学生と親たちを説得し、移住を志願することのほうが有利であると説いて回った。志願したものには、広州中の近くの農村を選ぶことができるという条件が出された」

妥協のエサをまいたわけだ。毛沢東思想宣伝隊のことであるから、甘言をもって説得しながら、当然、ドスもつきつけていた。

「移住をシリ込みしたり、拒否したものにたいしては、軍区幹部の圧力が加わり、事実上、強制的に同意させられ、たいてい海南島のような困難な地区や、新疆《しんきょう》や内モンゴルなどの遠隔地へ送られることになった」

志願がスムーズに運ばなかったら（つまり宣伝の失敗でもある）、志願の強制に出るのが、つのパターンである。説得とは、強制と脅迫の代名詞である。

一九六九年三月号の『人民画報』の「毛沢東の最新指示」の下にある写真は、天津延安中学校の父兄会の模様である。教師と父兄、そしておさげの少女たちが机を囲んで談笑している風景である。笑いが強制されたにちがいないが、表情はみなこわばっている。親や幹部が消極的だったのは、なにも広州とかぎらなかったことを示しているが、宣伝的には、このこわばりの笑顔は、どうなのだろうか。

OK、パスではないだろうか。すべてが宣伝であるような体制の下に生きる人々にとって、あらゆる宣伝の虚実は見えているのであって、それを踏まえて、虚を表現すればよい。人々も、それを読みとりながら、自分の行動を考える癖がついている。

嘘笑いにしては、カラッとしたところのない「こわばりの笑い」であっても、十分に効果がある。困るのは、あくまでも自然性である。「こわばりの笑い」であるならば、国民は、そこに隠れている脅迫の牙を感じとるだろう。牙を感じさせて強制・脅迫の方針を滲透させたほうが、宣伝にかなう。

毛沢東最新指示のあった時、すぐに北京の知識青年たち（中学高校生、大学生は知識分子と呼んだらしい）は、赤旗と毛の肖像をかかげ、天安門へ歓迎デモを行った。もちろん、強制である。重々しく笑っているのは、先頭の少女だけで、後続の男の子たちには嘘の笑顔の気力さえない。宣伝としてはこれでよい。この表情を見れば、俺たちは田舎に流されるのだと観念するはずだからである。

この時期のデモをする少年少女たちの腕から、あの誇らしげな「毛沢東紅衛兵」と書かれた腕章は消えている。（もともと紅衛兵は一部エリート学生の特権で、大半は腕章をつけられなかったのだが）反抗気分の北京の紅衛兵たちは、いまわしきものとして、かなぐり棄てたのかもしれない。しかし、地方はまた別で、甘粛省会寧県のある町の場合、下放学生たちをのせた長蛇のトラックの前を腕章をつけた紅衛兵たちのみが、二列に並び歌を唄いながら特別行進している。田舎ではまだエリートだったのだろう。（『人民画報』一九六九年四月号）

だが、いざ下放がはじまると、すぐに脱走する学生たちが続出したし、柴田穂の『毛沢東の悲劇』によると、「広東省の人民公社では、一列車分の学生が到着したとき、農民たちは追い返してしまった」とある。足手まといになるからである。

「また地方の人民公社に送られたあと、逃亡して山中に逃げ込み、ゲリラ隊を組織し、軍機関を襲って武器を奪ったり、村落を襲って食糧を奪ったりするものも出てきた」。毛沢東の最新指示は、そういう情勢の中で出されていたわけだ。

無視された涙

「別れ」は、トラックより、汽船や列車のほうが、ロマンチックだと、通俗的に言えるが、「別れの儀式」ともなれば、そうはいくまい。『人民画報』の一九六九年三月号は、出発の光景を四点いれた。そのうち、一点は、乗り物が撮りこまれていない。他の二点は、汽船と列車である。

一見、ロマンチックに見えるのは、海南島の農村に向かう広州の知識青年たちの写真で、船上が別れの場である。知識青年といっても、女の子たちばかりで、一応デッキの上から笑って手をふっているが、こちらの先入観もあって、みな今にも泣きだしそうである。つらい気持をふり切って親族に笑いをふりまいているともいえるが、彼女たちのうしろに毛沢東思想宣伝隊の連中がしゃがみこんでいて、「笑え」とからだをつねったのかもしれない。この位は、お手のものの宣伝のテクニックである。

彼女たちが打ち沈んで嘘笑いもかなわぬのは、中国の中でも最も食物に恵まれた広州の地に別れを告げ、両親や恋人や友人たちと別れなければならぬからにもまして、これからでかけて行く海南島は、古来、不毛極悪の地とされているからだ。かつては流刑地で、書や詩で名高い宋の文人官僚蘇東坡《そとうば》も、ここに追いやられた。

労働者毛沢東思想宣伝隊の説得に応じないものは、海南島へ下放すると脅迫したことは、すでに見たが、実際にもこのように少女たちが向かわされていたわけである。海南島が恐怖の島であることは、海に面した地域の中国人なら、だれでも知っているわけで、彼女たちの表情に毛沢東思想に殉じるけなげな少女たちを見るものなどいないだろう。当局の強腰な「やる気」を感じとらざるをえないだろう。

列車の窓から乗りだし、見送り人たちと談笑している写真がある。山西省に向かう北京の少女たちだが、見送り人は、なんと紅衛兵にかわってニュースターとなった労働者毛沢東思想宣伝隊のおじさんおばさんで、いつもの鬼の表情を棄てて、嘘笑いしている。

いったい、この別れの場は、現実には、どうだったのか。映画監督の陳凱歌が下放されたのは、一九六九年の春で、十七歳。彼は『私の紅衛兵時代』の中で、こう書いている。

「一番忙しかったのは、北京駅だ。毎日、何千人もの若者がそこを出発し、それ以上に多くの人が見送りにやって来た。見送りの者も、明日は出発するかもしれない。送られる者も、いつ戻ってこられるか分からなかった。だから、すべての人が泣いていた」

見送り人の方が激しく泣き、旅立つ者のほうが反対に笑顔を見せたとも書く。雲南に向かう彼には、父と何人かの友人が見送りに来た。「汽車の車輪が回り始めると、父は汽車の後を追って、小走りに走った。そして、ホームの端まで駆けてくれた」「涙が湧き上がってきたが、北京を離れると、私の心のなかはもうカラッポになっていた」という。

小久保晴行の『毛沢東の捨て子たち』（一九八一年・世界日報社刊）の中に、上海北駅へ恋人の秀英を見送りに行った青年の手記がでてくる。駅の構内ではスピーカーが、たえず『毛沢東語録』をがなりたてていたらしい。元紅衛兵の秀英はさきに音楽家の父が流された新疆ウイグル自治区ウルムチに向かうのである。

「私の服のエリは、小雨のためか、それとも秀英の涙のためなのか、すっかり濡れていて、彼女の眼は泣きはらして真赤になっていた」とある。ここでも、涙である。彼女は、トランク検査で、チリ紙が多すぎると難癖をつけられ、「おまえの尻は農民よりも上等に出来ているのか」と風紀係にののしられている。

見送り人はホームに入れぬのか、改札口で二人は別れる。「金網のこちら側から私は大声で叫び、秀英も何かを言いながらふり返って手を振っていたようだったが、小柄な彼女は、チリ紙が一ぱいつまった重いトランクを持っているので、わずかに頭の大きな白いリボンだけが真黒な人混みの中に見えかくれしているだけ」とセンチメンタルに書いている。

文字通り積極的な志願者は、駅頭で、どのような表情を示すのであろうか。『庶民が語る中国文化大革命』につぎの例がある。彼は、毛沢東主義紅衛兵（高級幹部子弟）でも毛沢東思想紅衛兵（労働者・貧農下層中農の子弟）でもなく、紅五類ではないが黒五類でもないものが入る毛沢東思想紅外囲であった。このことに屈辱を感じていて、一九六九年の下放の呼びかけにまっさきに名乗りをあげ、人の嫌う内蒙古をあえて選ぶ。当時、出身の悪い者は、九〇％内蒙古。良い者は、北大荒（東北地方）と言われていた。

出発当日、高熱であったが、「家族に支えられて汽車」に乗る。「あの頃は志願でした。強制的になったのは後のことです。泣く人間はほとんどいなかった」と強弁している。

「ホーム〔天津駅らしい〕は人であふれんばかりでドラや太鼓を叩いて送ってくれた。もちろん泣く者もいたが、しかし遠地に流されるといった感じはなかった」と胸を張っている。こういう下放青年ばかりであったなら、毛沢東も苦労しなかっただろう。

『ビートルズを知らなかった紅衛兵』には、青海省に流された兄の手記がのっているが、ここにもホーム（北京）での別れのシーン（一九六八年）がある。兄の恋人の汪静が見送りに来ている。

「いよいよ発車だ。乗客はみな列車に乗り込んだのに、私たち二人はまだ手を握りあって、涙を流しながら見つめあっていた。発車のベルが鳴っている。仕方なく列車に飛び込んだ。この時、農村へ行く中学生を見送る人たちの中から、急に誰かが甲高い声で〈天が高く、雲が淡く、南行きの雁が見えなくなるまで見送る。万里の長城まで行かなければ立派な男子とは言えぬ……〉という毛沢東の詩を歌い始めた。この勇壮な歌が、その時は何とも悲壮に聞えた」

中国人は、なんとよく泣く人種なのだろう。文化大革命という動乱の特殊現象なのだろうか。これらの発言の中に、笑いというものが、ほとんどない。『人民画報』の笑顔が、まさに宣伝的強制であったことが、はっきりしてくる。

阿城の『チャンピオン(棋王)』(現代中国文学選集8『阿城』一九八九年・徳間書店刊)は、小説である。この作者は、雲南への下放体験をもつ。陳凱歌と同じである。阿城の原作『孩子王』を映画化したのが陳凱歌の『子供たちの王様』である。下放の別れのプラットホームの場面が、『チャンピオン』にある。しかしながら、この小説の主人公には、見送り人がいない。両親は、文革で批判されて死んでいるし、友人はみな下放されて、自分の番が最後になった。

「ホーム側の窓際の席は、窓から身をのりだして別れを惜しむ各校の学生ですでにいっぱいだった」

主人公は、窓際と反対側に自分の指定の席を見出して坐ると斜め向いにひとりの痩せた青年がさきに坐っていて、すぐに「君、将棋をする?」ときいてくる。見送り人はいないのかときくと、そんなものはいないと答え、「向うに行けば飯が食えるというのに、泣いたりわめいたり、たいへんなことだ」と呟く。まもなく、あたりが騒然となる。

「立って窓越しに北側のホームのほうを見てみると、見送りの人びとが列車のまえに殺到し、押しあいへしあい口ぐちになにか叫んでいた。そしてゴトンと動くと同時に、わーんという泣き声がおこった」

下放青年たちは、どうしようもない位に泣いたことがわかるが、将棋の青年は、知らぬ顔で君の番じゃないかと促す。文革中の共産党の宣伝部は、この「泣き」を無視し、やらせの「笑い」を専らに撮ったわけだが、紅衛兵が暴れまわっていた時も、下放にあたっても、将棋にしか興味のないチャンピオンの姿に、ほっとした気持を抱かざるをえない。

★空には一面にホタル

——下放(下)

都市に戻る知識青年

「私は下放から帰京して、もうかなりの月日が経ちますが失業していますし、独身です。仕事につきたくともありません。北京には現在私のような立場の人間が、はっきり分かりませんが十数万人いるといわれています」(小久保晴行『毛沢東の捨て子たち』)

これは、一九八一年、著者が北京へ帰ってきた下放青年にインタビューしたものである。

下放運動は、一九七八年まで続いていた。一九七六年、毛沢東死去、四人組逮捕による文革終了後も、続いていたわけである。一九七九年になって、どっと下放青年たちが帰ってきた。それを受けいれるだけの大皿が、都市にあったと思えないから、どうして帰郷を許したのだろうか、という素朴な疑問が起る。

ひとまず毛沢東の、革命的な青少年に農村を体験させるという「理想論」を横において言うなら、下放運動は、文革でだぶついた紅衛兵世代に対して就職の場をあたえられないところからくる苦肉

❖……〔謙虚に貧農・下層中農から農業生産技術を学ぶ広西チワン族自治区に定着した知識青年(1969年配信◎新華社＝中国通信)〕

の策であった。そのことは、すでに言いふるされた指摘であるが、文革終了後も、続行したのは、やはり同じ理由からだろう。

しかし、一九七九年になって帰郷を許したのは、下放青年やその家族、あるいは厄介者を預っていた農民からの苦情が続出し、抑えきれなくなったからともいえる。それにくわえ、鄧少平体制は、一九七八年になって「四つの近代化」を打ちだした以上、いよいよ、そのままにしておくわけにいかなくなったのだろう。受け皿が揃わぬまま、かつての「お荷物」を戻してしまった。つまり、都市から農村へ送りつけた「お荷物」が、ふたたび農村から都市へ逆戻りしたわけである。

一九八〇年の十月、戻ってきても職のない下放青年王志剛による北京駅爆破事件が発生した。また同じころ、上海から送りこまれていたウイグル地区の下放青年たちが、帰還請願のハンストに入った。土地の者と結婚していたため、戸籍が農村に置かれ、帰還できずに居残ったものたちの反乱である。

毛沢東の理想に殉じ、農村に住みついたのではなかったのかというのは、あくまで傍観者の感想である。結婚しても、あくまで、よそ者であり、最低の境遇に置かれていたからである。毛沢東が死んで、体制が変ってしまえば、もはや殉じようもないし、農民たちの圧迫も強くなったと見てよいだろう。

いやいや農村へ下放されて行ったのではなく、毛沢東の理想の指示に喜んで従ったものでも、途中から疑問をもちだした。『毛沢東の捨て子たち』の著者のインタビューに応じた青年李忠民（八一年当時、三十二歳）は、こう言っている。彼は、黒龍江の辺地へ下放されていた。

「私達は知識青年であり、学生である以上、肉体労働と同時に学問を学びたいという意欲を抑えられるでしょうか。学校へ行かせてくれるという当初の約束は、私が申請すると、上部ではねられて実現しませんでした」

「学校へ行かせてくれないことがはっきりしたころからでした。知識は国家に不必要だ、肉体労働こそ国家建設のためのすべてだという考え方にも疑問を持ちました」

もともと勉強嫌いだったはずの大半の下放青年たちがみなこのように考えたのかどうか、よくわからない。しかし、党は、そのように「約束」して送りだしたのだから、かえって勉強したくなるということだってありうる。人間の心理機構は、哀しいかな、そうなっている。阿城の『棋王』を読むと、大きな木箱いっぱい本をつめこんで下放地の雲南へやってきた知識青年のことが描かれている。そんなものは、辺地の農村へ行くのに必要かと党当局もいえなかったことの証左である。

たしかに、推せんによる大学進学の道は開かれるのだが、きわめてわずかであり、かならず「学校へ行かせる」という約束には、程遠いものだった。また長時間の肉体労働のあと、勉強するなどということは、その疲れからして、まったく非現実的な約束だった。

同じ阿城の短篇『孩子王』に、こんな場面がある。主人公は、とつぜん生産隊の支部書記に呼ばれ、村の学校の先生を命じられる。仲間はこれをきいて「偉そうな顔して子供たちに字を教え、風が吹こうが、日が照ろうが屋根の下にいられるんだからな」と嫉妬し「いったい、どんな手を使って学校にもぐりこんだんだ」などと疑惑の目を向ける。つまり、労働が彼等にとっていかにつらいかを示し、卑怯な手段を使って農場から脱出したものもいたことを示している。

この主人公は、高校一年生の時、下放され、生産隊の中学三年生を教えることになる。たった一年しか違わないが、教科書さえない彼等は文盲に近い。しかし主人公といえ、文盲ではないが、ほとんど『毛沢東語録』しか読んでこなかったのであり、そのくせ「知識青年」というレッテルを張られた世代である。

学校で、映画会があるというので、かつての仲間たちが、やってくる。彼等の一人が「おれたちに授業してくれ」と言う。主人公は承知する。

「さあ、よく聞いて。むかしある山にひとつのお寺があって、お寺に坊さんがいてお話をしてくれました。そのお話は、むかしある山にひとつのお寺があって、お寺に坊さんがいてお話をしてくれました。そのお話は――」

いつまでたっても前へ進まない終りのない話というナンセンス・ユーモアである。すぐ、これに気づいた仲間たちは、一斉に声を合せて、吠えるように声を張りあげる。「山から重い材木を運びだすときに掛け合う掛け声のように、それは谷間にウォンウォンとこだました」と阿城は書いているが、感動的なくだりである。これを映画化したのが陳凱歌の邦題『子供たちの王様』である。

映画は、さらに感動的である。リフレーンする場面に、思わず私など落涙してしまったほどである。それは、このリフレーンに少年たちのやりきれなさが、集約されているからである。映画なら、吠えるリフレーンが、はっきり表現できる。そのやりきれなさの裏には、授業を放棄し、すすんで紅衛兵を生きた過去の、もはや栄光ともいえぬ痛い日々があり、知識青年と呼ばれていても、実際はなにもその根拠をもたぬいらだち、そして今は辺地に流されて身につかぬ肉体労働するしかないモヤモヤした怒りのこみあげがあり、それが吠えるようなリフレーンのかたちをとる。終りのない話そのものも、中国の堂々めぐりの構造とよくかさなっている。

原作にないが、陳凱歌は、この吠えるような都会青年のリフレーンの場面を村の子の一人にこっそりと覗かせている。しかも、映像の可能性を最大限に生かし、このシーンを巨大なる自然によって包みとるような撮りかたをしている。これぞ「象徴」といってよく、このシーンがあるだけで、名作といってよいほどである。

鄧小平は、帰還した下放青年は、役に立たぬといったが、彼等にとって、それはないだろうというものである。下放による十数年のブランクにくわえ、ほとんど学生時代も勉強していないことが、「四つの近代化」の都会にあって、使いものにならなくしている。鄧小平にして見れば、毛の政策に反対であったのだから、そういいたい気持はわかるが、下放青年たちの気持は、ごもっともとおさまり切れるものでない。

日本の大学院などにも、今や四十歳をこえた下放青年が勉強しているときく。彼等はおそらく日本の大学にも失望しているだろう。それはともかく、下放の地で、どうも違うぞと気づきだした青年たちは、どうしたか。さきのインタビューを受けた北京で失業中の彼の言葉を引くなら、こうなる。

「いろいろなことを考えるんですね。例えば病気になると、なるべく重くなるように無理をする。そうすれば故郷へ帰してもらえるからです。若い女性の中には、上級の幹部にとり入って体を提供して都会へ帰してもらうように懇願し、成功したことを私も身近に知っています。女性にはひとつの武器がありますが、私達男にはそれもありません……」

「いろいろなケースがあって枚挙にいとまがなかった、というところでしょうね。体を提供した結果、妊娠して自殺した女子学生もいましたし、風紀は乱れていました。想像以上です。つまり〈文化大革命〉という名のもとにすべてが失われていった。われわれはこの十数年間に何もなくしてしまったということです」

この吐息をききながら、「政治宣伝」なるものについて考えざるをえない。少年少女たちは、いとも簡単にその宣伝にのって躍る。悪のりさえする。子供だったから、なにもわからなかったとあとで言ったところで、むなしい。あとの祭である。

大人も躍る。わからないで躍るものもいるし、わかって躍るものもいる。そんな大人も、あとになれば、時世に罪をかぶせ、しかたがなかったとしか言わないし、あとでその失政を非難する。政治宣伝の機関を握る権力の座にあったものは、理想や思想がからむから、死刑に処せられても、悪かったとは言わないだろう。

歓迎すべからざる客

下放運動のピークである一九六九年の『人民画報』を見ると、この時点でなにを宣伝したかったのか、よくわかる。この年の四月号を見ると、革命の聖地延安へ「流刑」された紅衛兵の姿が特集されている。延安は、革命のシンボルとして宣伝的に聖地化されていたから、もはや辺地といえず、おそらく紅五類の子弟が下放されていたにちがいない。

ただ、このころ党の宣伝機関は、もう「革命小将」とか「紅衛兵」の呼びかたを抹殺していて、もっぱら「知識青年」にかわっている。「知識青年は農村へいって、貧農・下層中農から再教育をうけることは、たいへん必要である」という「毛沢東指示」に即応させているのである。

このあたりの変化を、機微に名前をまちがえて呼ばれただけで不機嫌になる少年たちは、敏感に感じとったはずで、だから下放忌避の動きもでたのだが、これに対処するため、もう一度、「毛沢東」のイメージを彼等の胸に叩きこもうとしている。毛沢東をなお信じているものなら、激励鼓吹ともなるし、疑っているものも、行かされる以上、毛沢東のためと自分にいいきかせたほうがよいからである。

そのためにも、グラフ雑誌の下放キャンペーンのモデル地区としての「延安」は、後続の「知識青年」に見せるためにも、かっこうな選択だったといえる。なによりも「毛主席が戦いを指揮された革命の聖地」だからである。「最上の教育」という見出しをつけられたグラフのトップ写真は、知識青年を満載して、北京から延安に到着したトラックの列である。これを見ながら、オヤと思うのは、かならずどのトラックにも、額入りの毛沢東の写真を胸に抱いた知識青年が混じっていることである。額に入っているため、まるで遺影のように見える。

これは、新手の宣伝であり、アイデアであったように思われる。胸に抱かせるかたちは、毛沢東の神的イメージを頭に強く浸透させる力をもっているからだ。まるで、下放運動は、紅衛兵運動で失敗した毛沢東への葬い合戦のいでたちにさえ見えてくる。

この妙なマジカルな力は、それを抱かされた元紅衛兵たちに効果があったばかりでなく、少年たちの受け入れに対し渋面を作っていた農民たちへの脅しでもあった。写真の毛沢東の口から、マンガの吹出しのように「各地の農村の同志はかれらが行くのを歓迎すべきである」という呪文がきこえてくるような効果をもっている。写真は、肖像画以上になまなましい呪力をもっている。

いかなる権力をも信用しない中国のしぶとい農民たちが、反面、脅せば、信用するふりくらい平気でやってのける深い狡智をもっているとよく知っているからでもある。

延安が最良のモデルなのは、よく名の知れた聖地であるだけでなく、この聖地の農民が、他の地域よりも、「毛沢東」を看板にして生きているからでもあった。この地の農民たちは、たえず党の手厚い支援を受けているから、やらせに柔順である。

見送りの儀式について既に語ったが、ここでは、出迎えの儀式が、他の地域も従うようにモデル化されている。「村という村、生産隊という生産隊は、五色の色に門をかざり、貧農や下層中農は、秧歌（ヤンコー）踊りをおどり、爆竹をならして、これらの新しい社員をむかえ、自分の家のあたたかいオンドルの上にまねきいれて、延安特産のアワでつくった〈迎親飯〉をふるまうのでした」

というネーミングがこのグラフ頁に附されている。そもそも歓迎会にしろ、送別会にしろ、不吉なものである。とかくこの世の歓迎会にいい気持になっていけないのは、今日のところ、たっぷり楽しませてやるが、次の日からはビシビシと痛めつけてやるぞしいう内意がふくまれているからだ。送別会は、方をつけるための儀式であり、そのため御馳走の他に涙の装置まで用意されるのである。

この特集には、まず毛沢東の旧居の前で、旧赤軍兵士が、紅衛兵の腕章をはずされた「知識青年」たちを前にして、主席が息子を「生きた大学」である農村へ送って労働させたことを演説している。おそらく彼は、いつも聖地詣の観光客の前で、同じことをしゃべらされてきたにちがいないから、演説慣れしている。他の地域で、この儀式はいらないが、一種の「労働改造」として送りこんだ少年たちに大義名分をあたえる宣伝力にはなる。

さらにその下にある写真は、女子の「知識青年」が、陝西省革命委員会委員でもある雷治富によって胸に金に輝く毛沢東バッジをつけて貰い、にっこり笑って、挙手している。この挙手は、紅衛兵時代の癖がうっかり出たのだろう。

金色の毛沢東バッジの他に、「紅い宝書」の贈呈式がある。赤い宝書とは、なんということもない。『毛沢東語録』のことで、さんざん彼等が暗誦し、ふりまわしたものだが、あらためて渡すところに、「毛沢東イメージ」の再インプットという策略がふくまれている。ここでは、李富華というおばあさんが、長い柄のクワと赤い宝書を知識青年へ手渡す写真がでている。クワもナタも、歓迎の儀式に欠かせないものになっていく。

もう一つ、儀式のパターン呈示でないが、下放宣伝のパターンとして、下放された知識青年と農民が仲良く労働している情景がつけくわえられる。下層農民を師として仰いで、話をきいている写真や、ともに『毛沢東選集』を学習している写真も、パターンである。宣伝写真であるから、都会の知識青年たちは、みなニコニコ笑い、指導している農民も、足手まといの迷惑そうな表情は見せることなどあるはずもない。

だが、このように、きっちりと歓迎の式次第に従って行われたのは、はじめのうちはともかく、モデル地区だけだったようにも感じられる。大量下放ともなれば、金がかかって、いちいち、やっていられないからである。『毛沢東の捨て子たち』の中に「私は女子紅衛兵」という章がある。彼女が下放されたのは、広東省の東莞で、辺地といえないが、未開発地はたくさんあった。「そこに着いた時、迎える者は誰一人いなかった」と書かれている。「荷物を道におろし、ぼんやり立っている」と、子供たちが「もの珍しそうに彼女をとり囲み、彼女の体にさわり」、「お姉さん、畑仕事ができるの?」「都会の人は色が白いな」と言ったりする。

のちに恋人と香港へ泳いで脱出するのだが、下放は、都会青年にとって「地獄」であり、食糧を配分しなければならぬ農民たちにとって「歓迎すべからざる客」だったと断言している。失業対策をかねつつ、「知識青年の導入によって農村に根強く残っていた旧弊や因習を断ちきり」「逆に農業生産に従事することによって、観念的になりがちな都会の知識青年たちの革命理論を実践的なものに鍛えあげる」という毛沢東の夢は、夢の夢で、かえって両者の対立を生み、学生の「逃亡」と農民の「私刑」という悲劇を生んだとしている。両者の間に人間的交情が生まれなかったとはいえず、極端ないいかただが、総体的には、当っていないといえない。

『ビートルズを知らなかった紅衛兵』を書いた唐亜明(当時十六歳)は、一九六九年九月、中ソ国境に近い黒龍江の密山へ送られている。トラクターの車庫が彼等の宿舎で、その夜のうちに仲間と脱走しているが、すぐに連れ戻されている。

しかたなく下放生活がはじまるのだが、たまたま、その日、「中隊の猟師がちょうど熊を一頭撃ったので、私たちの歓迎会にみんなで熊の肉を食べた。熊の肉がこんなにおいしいなんて、生まれて初めて知った。中隊長は熊の掌を団長に進呈した」とある。忘れてしまったのか、それとも、なかったのか、『人民画報』に示されたような歓迎式のパターン次第の描写はない。つらさにくらべれば、忘れてしまうようなものだったのだろう。なお、生産隊の隊長が受けとった「熊の掌」は、中国で古代より最高の美味の一つとされている。

現実としての「下放」は、知識青年にとって労働はつらく、無数の悲劇を生んだのは、たしかだ。そのつらさの中で、なんとか楽しさを見い出そうとしたのも事実だろう。『これが〈文革〉の日常だった』を読むと、下放青年たちはひんぱんに「豊作踊り」に興じたことが笑話として書かれている。

「豊作踊り」とは、自給自足が原則の「知識青年」たちが、飢えをしのぐため生産隊の食糧を盗むことである。「公共の物を取ってはならないというが、おれたちは私人ではなく公共の者なのだ」とうそぶいて、西瓜畑を公然と荒すものもいたという。

なるほど、「知識青年」は、文革に利用された「公共物」だったともいえる。この発想は、たくましくもある。また彼等の中には、嫌われている黒五類の元地主にとりいって「ご馳走」にあずかろうとするものがいた。穴を狙ったわけで、注意されると、彼はこう答えたという。「地主の家でご馳走になるのは、彼らを経済的に食いつぶしてやるためです」。

下放の宣伝写真を見ると、しばしば『毛沢東語録』からとった「農村は、広びろとひらけた天地だ、やる気があるなら、なんでもやれる」と書いたプラカードが目立つ。都市青年たちのつらい心を慰さめるところがもしあったとすれば、この途方もない「天地」だろう。

中国の詩の伝統的な考えかたは、性情を表現することである。天地を感じとるのは、情である。陳凱歌の『私の紅衛兵時代』は、詩情に満ちた自伝の傑作である。彼は、下放されて、雲南に着いた時のことをつぎのように書いている。

「汽車に乗っていた四千キロの間に、八つの省と市を通りぬけた。私は生まれて初めて、黄河と長江を見た」

「汽車を降りたとき、泥だらけの幼い女の子が、髪をくしゃくしゃにして、一面の泥のなかで泣いていた……。山道は、入り組んだ物語のように、くねくねと続く。目的地の景洪に着いたのは、日もとっぷりと暮れた頃で、空には一面にホタルが飛んでいた。まるで童話の世界のようだった」

あきらかに、陳凱歌の詩魂が、まだ体験していない下放の過酷な生活をさきまわりして、救いを予測しているところがある。『毛沢東語録』の宣伝文句は、半分当っている。「やる気があるなら、なんでもやれる」は、嘘であったが。

米中外交

「べいちゅうがいこう」

★

★ピンポン球は地球を回転させる

ピンポン外交はじまる

毛沢東も、周恩来も、ピンポン（卓球）が好きだったようだ。毛沢東が、ピンポンに興じている写真なら、何枚も見ている。

今から二十年近く前（一九七一年）、それまで閉ざされていた米中関係が、このピンポンによって再開され、世界中のビッグニュースとなったのは、事実である。

「郭沫若《グオモールオ》が北京でわれわれに語ったように、〈中国は一つのピンポン球を中心にして地球を回転させた〉。ともかく、われわれにとっては、中国のピンポンは、中国の新しい外交様式の象徴以上に工業化様式の象徴である」

フランスのド・ゴール政府の閣僚であったアラン・ペールフィットは、その著『中国が目ざめるとき世界は震撼する』の中で、こう述べている。

彼が中国を訪れたのは、一九七一年七月である。いわゆるピンポン外交によって、日本の名古屋で開かれていた第三十一回世界卓球選手権大会に出場していたアメリカ・チームを毛沢東が北京に招待すると発表したのは、

❖……中国の国技・卓球が、国交を断絶していた中国・アメリカ外交の道筋をつけるのに利用された

四月七日であるから、その後の訪問である。四月十六日には、ニクソンが、訪中希望を発表し、七月十六日にはニクソン訪中計画が公表されている。

ペールフィットは、文革がはじまってから、外国人の訪問を極端に制限していたのを、「ピンポン外交」以来、急激に緩和しはじめてから、まもなくしての訪問であると、わかる。彼は、旅行中、さっそく広東のピンポン球製造工場（月産百六十万個）に案内されている。気の早い宣伝術である。

「球の丸みの検査はただ、下に受け皿のついた傾斜板の上をころがしてみるだけである。一級品の球ならば中央の受け皿にまっすぐころがっていくが、こういうのは試合に用いられる。釣合のとれていない〈偏向のある〉球は右や左へと迷いこんでしまう。こうした球は日常の使用に供される」

原始的だと言わずに「創意」ありと感心しているが、それ以上に彼をびっくりさせたのは、同じ工場内で、「トランジスター用のシリコンが生産されている」ことで、「ピンポンと電子工学」の同居に驚いている。

この工場では、「体位向上させるためにスポーツを振興しなければならない」という毛沢東の発言に合わせて、世界の王者であった卓球の球を積極的に作り出したのであり、シリコンは、その生産の有用性を説く宣伝キャンペーンに乗じ、成功した例である。「反システム的なシステム」であると彼は感心してもいるが、鄧小平体制の近代化政策の下では、どうなったのだろう。

文革中、香港への脱出者は、あとを断たなかった。たとえばピンポン外交のニュースが世界中を駆けめぐった一九七一年には、一万千三百人であり、翌年には二万四千百人と倍にふくれあがっている。門戸を少し開いたピンポン外交の悪影響なしとは言えないだろう。

「海を泳いで香港に渡る青年たちは、独特の〈浮き袋〉を使っている。毛沢東がピンポンを好み、ピンポンが一般に普及しているので、ピンポンはいくらでも手に入る。そこで、たくさんのピンポン球を網袋に詰めて〈浮き袋〉にするのである。避妊具をふくらませて、網袋に詰めるものもいるという」

『毛沢東の悲劇』の柴田穂は、ピンポン球の利用のちがった側面を報告している。避妊具の利用は、ピンポン球と同様に一人っ子政策により、いくらでも手に入ったのだろう。

「行かないわけにいくかね」

スポーツが、政治宣伝に利用されるのは、今にはじまったことでないが、このピンポン外交が話題になったころ、私などは、素朴な疑問を感じたものである。

アメリカの卓球が、中国にくらべ、あまりにもその実力に差がありすぎる。両国が政治的思惑をもって、親善友好のための宣伝に卓球を利用するのだとしたら、ひとつもふたつも、迫力に欠けるものになるのではないか。宣伝上手の中国らしくないし、招待を受けるアメリカもアメリカだと思ったものだ。

だが、実際は「ピンポン外交」というネーミングさえ生まれ、あれよあれよという間に、世界の話題をさらったのである。二十世紀の大事件のような発展を見せたのである。

そのかわり、両国の卓球親善試合そのものは、ほとんど話題にならなかった。

その交流試合を大々的に扱うことによって、政治的思惑を乗せようとしたのではなく、まさに、両国間の国交開始のつまみにすぎないような大展開をしていくからである。まさしく芸術・科学界の大御所であり、学者で文学者の郭沫若《グオモールオ》が言うように「中国は一つのピンポン球を中心にして地球を回転させた」のであり、アメリカは、それに乗ったのである。

名古屋での選手権大会の最終日の七日、中国代表団の団長宋中は、アメリカ代表団のハリソン副団長の宿舎を訪れ、卓球チームを招待したいと申し入れた。アメリカ代表団は、これを本国に伝え、すぐに政府の諒承を得た。

宋中団長は、「アメリカからの数回の申し入れを検討した結果、招待を受け入れた」と自国に都合のよい発表をしたが、ハリソン副団長は、「アメリカのイニシアチブで訪中が実現したというのは正しくない」とすこし反発した。(柴田穂『毛沢東の悲劇』)ここでは、深追いを避けるが、米中国交をめぐって両者が暗に陽に牽制と誘いのサインを出しあっていたが、ついに中国側(毛沢東と周恩来)がアメリカ選手団を招待するというゴーのサインを出した。それをアメリカ(ニクソン)が、待ってましたとばかり喰いついたということであろう。

スポーツ交流、敵対国とのスポーツを通しての友好。これに対しては、だれだって否定できない。しかし、これまでの米中の関係からして、ただそれだけと考えることはできず、その真意をめぐり、臆測は、乱れ飛んだが、台湾などは、あきらかに米中接近、和解の動きとして警戒をあらわにした。ただ政治宣伝的に面白いのは、アメリカの卓球チームの実力を考えて、どうしたって、純粋なスポーツ交流でありうるはずなしとしたことで、私と発想を一にしている。

このことは、周恩来も、また同じで、十分に熟慮した上でのゴーサインであったことが、『人民日報』記者の銭江が書いた『米中外交秘録—ピンポン外交始末記』(神崎勇夫訳・一九八八年・東方書店刊)を読むとよくわかる。その交流を報じる『人民日報』や『人民画報』の扱いかたが、意外と地味であったことの裏もこれでよくわかってくる。中国以上に世界が、これを大宣伝したのである。政治宣伝論的にも外交としても、中国の勝利だったともいえるが、ニクソンとしても、それはそれで、けっして損でないと踏んでいたはずである。

「突破口がまったく予期していなかった方法で開かれた。………私はこの知らせを喜ぶと同時にびっくりした。対中和解努力が卓球チームの訪中という形で達成されるとは、まったく予想していなかったからである。私は直ちに招待の受諾を承認した」

『ニクソン回顧録』(松尾文夫・斎田一路訳・一九七八年・小学館刊)の中で、その時の驚きをこう語っている。中国とアメリカが、互いに微妙なサインを送りあって相手の動きをさぐりあっていたのは、あきらかであるが、その突破口を開く主人公が「ピンポン」になるとは想像外だったのである。

強い陸上や、国技に近いアメリカンフットボール、野球にくらべ、卓球は、米国人にとって、なじみの薄いゲームなのである。外交手段としてスポーツを用いるにしても予想もつかぬ種目だったといえる。しかし、卓球王国を誇っていた中国であり、ピンポン好きの周恩来には、ひそかな構想があったにちがいない。

文革によって第二十九回第三十回世界卓球選手権に中国は欠場している。日本の招待を受けた時、参加すべきかどうかに周恩来も迷い、選手たちにも自由に発言させていたことが、『米中外交秘録』を読むとよくわかる。

「まず政治的にものごとをとらえるべきだ。文化大革命自体も政治運動であって、その必要のためなら、自ら最大の犠牲を惜しむことなく、大会への参加を放棄した方がよい」

これが、大半の意見だった。「政治問題を考慮しなければならないが、われわれが具体的にタッチしているのはスポーツであり、スポーツを政治とみなすことはできない」、参加すべしとしたのは数人だった。

あたかも、少数意見にこそ真理ありといわんばかりに、周恩来は、「行かないわけにいくかね」と決断を下している。ただし、毛沢東にお伺いをたてることを忘れなかった。

「わがチームは行くべきである。一に苦しみを恐れず、二に死を恐れてはならない。何人かは死ぬ積りをしておくこと、死ななければなお良い」

と毛筆でこれでよしと書いて、指示した。

しかも、これよりすこし前、国務院へ外務省と国家体育運動委員会の関係者を呼び出し、

「アメリカがレベルが高くなっているなら、彼らを呼んで試合をしてよい」

と述べ、一同をびっくりさせていたことが、のちにわかっている。「レベルが高くなっているなら」の留保が、なんともおかしい。レベルが拮抗していてこそ、友好試合の意味があり、外交手段にもなれば、宣伝効果もあがるという固定観念に、周恩来にしても、なおこだわっていたわけだ。

手のこんだ逆行的宣伝術

一九七一年四月九日、アメリカ卓球団の選手たちは、羽田から香港に向かい、十日中国大陸に入り、その日の夜、北京に着いた。

毛沢東が最後の断を下したのは、四月七日であるから、両国の行政官僚システムを棚上げしたところで、急速に実行されたことがわかる。

アメリカ側にも、実力への危惧の念があったことは、『米中外交秘録』を読むと、わかってくる。アメリカのハリソン副団長は、中国の団長宋中へ、つぎのように語りかけているからだ。

「試合についてですが、アメリカ選手と中国選手の間には、かなりの差がありますので、観衆の前でプレーすると、その差がはっきりしてしまうし思います」

これに対し、宋中は、

「わが国に来られましたら、友好試合を通じてお互いに技術を交流し合いましょう」

とすかさず答えている。

この世界卓球選手権大会で、中国は、男子チームが団体戦で優勝、女子チームは、シングルス、ダブルスで優勝、混合ダブルスも征した。

「もちろん勝つにしくはないが、実力さえあれば、二位でも三位でもかまわない」と周恩来はたえず練習場の体育館へやってきて彼等を励ましていた。一九七〇年、スウェーデンで開かれたスカンジナビア卓球選手権大会で、文革の空白がたたり、欧州のループドライブに惨敗していた。

政治的効果からいっても周恩来が、「二位三位でもかまわない」と思っていたわけでない。しかし、米中接近という政治的意図を最優先しようと心にきめていたにちがいないから、「もちろん勝つにしくはないが」でもあったのだ。

毛沢東のゴーのサインを得るや、周恩来は、アメリカ専門の外交官を呼び出し、

「毛主席が、アメリカ卓球選手団の即時招待を自ら決定した。これは、中米関係を打開する極めて良い機会であり、重要任務と受けとめ、アメリカ選手団の受入れを成功させねばならない。アメリカ選手訪問の政治的意義はスポーツそのものの意義より大きい。今回訪中する外国選手団は五つであり、各国の受入れはバランスのとれたものでなければならないが、重点はアメリカ選手団に置く」(傍点筆者)

と通達した。ハリソン副団長のひけめを、すぐに宋中が打ち消したのは、政治大優先の通達を受けとっていたからだろう。「友好試合を通じてお互いに技術を交流し合いましょう」と宋中は言ったが、「お互いに」は、あくまで世辞であり、試合よりも「技術交流」に中心を置き、実力差のアンバランスの問題を捨象したのだともいえる。

周恩来は、アメリカ卓球団の訪中のスケジュールは、「毛沢東」の名のもとに、すべて掌握、操縦していたといえるようだ。最大の宣伝機関である『人民日報』の責任者は呼び出され、「簡単な報道をするにとどめる」よう指示を受けた。ニュースは、通信社の新華社が統一して流すことに決め、初日の天安門広場での記念撮影、清華大学の訪問と逐一すべて、しっかり把握していた。

「拍手すべきところでは拍手を徹底すること。アメリカ・チームのレベルは高くないので、よく教えてやること。とくにレベルの落ちる選手には、励ましの態度をとること。試合にあたってはわれわれだけが勝ってしまわないようにすること」

と指示し、友好試合の実況放送の原稿にも朱を入れている。日本へ中国チームが行った時も『毛沢東語録』の携帯を許さず、それが宣伝的効果をもったが、あとで友好試合での勝ち星が多すぎるとも批判している。力のあるものが、わざと、しかもごく自然に負けることは難しい。負けようとしているのに勝ってしまったりする。い

かに周恩来が、このアメリカ・チームの招待に賭けていたかがわかる。

だが、ここで注意しなければならぬのは、このように気を使いながら、アメリカ・チームが、できるだけ目立たぬようにしていることである。『人民日報』の指令からでも、それは伺うことができるだろう。宣伝的には、逆行である。アメリカ・チームの実力が低すぎるので、恥をかかせないように配慮したと言い切れない。

もう一つ注意しなければならぬのは、招待したのが、アメリカだけでないことである。英国、カナダ、ナイジェリア、コロンビアの選手団も、同時に招待していたのである。

「各国の受け入れはバランスのとれたものでなければならないが、重点はアメリカ選手団に置く」と微妙な指示をしている点にも、注目すべきだろう。

この微妙さは、招待した他国への配慮から、待遇を「バランスのとれたもの」にすると指示したのだと、言い切れない。待遇は、アメリカ選手団中心に気を使うが、宣伝的には彼等が目立たぬようにするという周到な計略が、背後に隠れているように思えてならない。いわば、死体は死体の中に隠すに限るというトリックである。

なぜ、こんな手のこんだことをするのか。おそらく「米中接近」という政治的テーマが、国内よりも海外において、より効果を発揮するようにするためである。アメリカのジャーナリズムも同時に招待してあった。彼等は自国に向けてニュースを流すであろうから、国内で地味であったほうが、より際立つといえる。宣伝は彼等にさせるというわけだ。これが弱すぎるアメリカ・チームを迎えるにあたっての最大限の宣伝的対策だったといえる。

周恩来渾身の大宣伝

なるほど、『人民日報』を見ても、まったくといってよいほど、周恩来の指示通りに動いて、アメリカ・チームを特別扱いしていない。

各国、ほとんど平等の扱いである。写真も、「全世界人民大団結万歳」という標語を記した横長大の巨幅のある、群衆でいっぱいの体育館の観客席を背に、各国の選手と中国の選手、そして幹部が並んだ記念撮影したもののみを掲載している。写真の大きさも同じで、アメリカ・チームのみをクローズ・アップしていない。

各国の選手との交歓風景も同じである。各国平等の配分である。ネームを見ると、「相互学習」と謳っているものの、あきらかに五カ国の弱小卓球チームの選手たちへ、中国の選手たちが、手とり足とり教えている感じである。

グラフ雑誌の『人民画報』は、どうか。一九七一年六月増刊号で、「友好第一、勝負は二の次」のタイトルのもとに小特集している。名古屋で在日朝鮮人・在日華僑から「熱烈歓迎」を受けている写真を一頁大でもってきたあとは、北京を訪れた各国のチームの写真となり、参観写真、観光地見物写真、手とり足とりの技術交流写真を組み合わせてのレイアウトである。

ただ、アメリカの卓球代表団の扱いで、すこし他と違っているのは、両国の試合風景の写真をなにげなく、載せていることである。これこそが各国のバランスをとりながら「重点はアメリカ選手団に置く」という周恩来の指示に対する用心深い具体化だともいえる。

アメリカ選手団の中には、長髪のヒッピー青年のコーワンがまじっていた。彼は、「新しい思想の形態」としてのヒッピーについて毛沢東と周恩来の意見を訊くとはり切っていた。彼はヴェトナム戦争反対だった。天安門では、長髪を珍しがられて逃げ出した彼だったが、人民大会堂で、各選手団が周恩来と会見した四月十四日、ついに意見を訊くチャンスをつかんでいる。

周恩来は、この会見のしかたや席の構成に対しても、アイデアを出している。

「場所は、人民大会堂の東大広間。五つの代表団は一つの大きな円形になって座る。各代表団の間に私の座る場所を設け、マイクを前に置く。会見のとき私が各団のところに行ったら座って話をする。一つの団と話しているとき、ほかの団のメンバーは、スピーカーを通してその内容を聞ける。こうすれば、自然でなごやかに話せるし、だれからも良く見える」(『米中外交秘録』)

　ここにも、周恩来の平等とバランスの感性がよくあらわれている。ヒューマンといえるものでもあるが、同時にアメリカ・チームを目立たせない宣伝的な思惑も隠されていたにちがいない。

　長髪スタイルのコーワンに「ヒッピー」について感想を求められた時、周恩来は、

「青年たちが、いろいろなやり方を試すこと、これは認められなければなりません。私たちも、若いころはずいぶんいろいろなやり方を試しました。ですから、青年たちの考え方は理解できます」

と答えた。清末の太平天国の乱は、長髪賊の乱とも呼ばれる。どうやら、周恩来は、これを想い出さなかったらしい。

『人民画報』の交流試合の写真をよく見ると、左側に長髪をヘアーバンドしたコーワンらしき青年が写っている。だが、おそらく北京で人目を惹いたであろうコーワンについて、いっさいの記述はない。写真もそのような撮りかたをしていて、彼を突出させていない。荘則棟など中国の名選手が手とり足とりの相手をしたにちがいないが(試合には、国際大会に出場するような選手はふりむけなかったともいう)、その名さえ記していない。周恩来の指示だったともいえる。

　ピンポン外交のニュースが、世界中を駆けまわり、対米一本槍の日本などは、ニクソンの頭ごし外交におろおろしていたころ、アメリカの副大統領のスピロ・アグニューが、ヴァージニア州で、ニクソンの対中政策を批判した。内部割れである。(『米中外交秘録』)

「私は卓球ができる。昔はずいぶん鳴らしたもんだ。今度のアメリカ記者の報道はひどいね。まるで共産中国の宣伝をしている」(傍点筆者)

「中国の招きを受け入れ、卓球チームを北京にやったのはだまされたんだ」

ニクソンは、その回顧録の中で、「私は、ハルドマン〔補佐官〕に対し、アグニューに今後、この問題に触れないように伝えることを命じた」と書いている。

アグニューの言い分は、半分、当たっており、半分、当たっていない。周恩来は、外には対ソ関係、内には林彪との確執を抱え、アメリカとの関係回復により、起死回生を図って、渾身の大宣伝を打ったのだともいえる。

半分、当たっていないというのは、そうすることがニクソンの作戦だったともいえるからだ。彼は、ヴェトナム戦争を抱えていてその打開のため中国の協力を期待していたし、次期大統領選挙の効果を意識していたことは、確かだ。ではあるが、大統領就任以来、「米中国交」は彼の悲願であり、その糸口を模索しつづけていたという側面も、見逃すわけにいかないだろう。

★ニクソン・ショック

ニクソン声明の波紋

「ピンポン外交」よりも、さらに世界中を驚かせたのは、「ニクソンの訪中」である。「ニクソン・ショック」と呼ばれた。

ショックを受けたのは、なにも日本だけでない。台湾もそうである。北ヴェトナムもそうである。ソ連もそうだ。アメリカ国内もそうであった。党や閣僚スタッフはもちろん、うるさい国務省など官僚組織をも出しぬき、秘密裡に交渉をすすめていたのである。

一九七一年七月十五日午後二時四十五分、ホワイト・ハウスは、五時間後に全米テレビやラジオを通して、ニクソン大統領が、国民に向かって重要な声明を発表すると告知した。

このような思わせぶりな予告は、人を不安におちいらせる演劇的な宣伝術でもある。反面、事前に心配させておいた分だけ、いざ発表した時、なんだ、そんなことかとショックを軽減する力をもっている。ショッキングな報告には、予告があったほうがよい。ただ、時はまさに泥沼のヴェトナム戦争のさ中であり、どうせその発表であろうと厭戦気分の濃い

❖……〔専用機のタラップをおりて周恩来総理と握手するニクソン米大統領（新華社＝中国通信）〕

国民は、失望する可能性もあり、そうなれば発表効果が薄れるので、あらかじめ、そうではないと注釈をつけるべきだという案もでた。ひそかに中国を訪れ、ニクソン訪中の段取りをつけてきたキッシンジャーは、これに反対し、人々の憶測をおそれず大統領は堂々としていればよいと主張した。

「アメリカ国民は、その政府が平和のために大胆な動きに出る能力のあることを知るだろう。これは、安全と進歩がアメリカの自信と決意に依存している世界中の人たちを元気づけるだろう」(『キッシンジャー秘録』斎藤彌三郎他訳・一九七九年・小学館刊)

これが、キッシンジャーの胸のうちだった。しかし「大胆な動きに出る能力」というのは、なんともおそろしい言葉だともいえる。威信の回復のために、なにをするかわからぬからである。湾岸戦争も、その例だといえぬことはない。(もっとも、キッシンジャーは、アメリカ生まれではない)

ニクソン大統領は、ヘリコプターでロサンゼルスへ向かい(キッシンジャーも同行していた)、NBCテレビ・スタジオに入ると、七分間の演説を行なった。キッシンジャーと周恩来の会談の結果、ニクソン大統領が中国を訪問するよう招待され、それを喜んで受諾したと述べたあと、

「中華人民共和国と新しい関係を求めるわれわれの措置は、友邦を犠牲にするものではありません……アメリカと中華人民共和国の間の緊張緩和と関係改善から、すべての国が利益をえることになると深く確信するからです」

いつもニクソンの悪口を言っているリベラル派が賛辞を述べ、彼が共鳴している保守派は批判的であった。逆の結果がでたわけだが、ヴェトナム戦争に批判的なリベラル派が賛辞を呈したのは、当然だったといえる。

キッシンジャーは、米中接触を、人気のないニクソン売り込みの絶好のチャンスであるというスタッフの考えを極力抑えたらしい。回想録の中で「歴史は、起こるものであって、でっち上げられるものでなく、今度こそは、大統領が控え目にすることこそ、最善の広報政策なのだ」と反対したとある。

秘密のうちに外交をすすめ、あとでその結果を発表した場合、それだけで派手な効果が生じる。「ニクソン売り込み」に利用したいという意図があったとしても、極力、「控え目」にしたほうが、宣伝の力学からいっても効果が大だったといえる。世界平和の大義名分の他にヴェトナム戦争の解決や次期大統領選のための人気とりを意図していたにちがいない。ニクソンは、アメリカ人らしく派手に、壮大なドラマにしたて上げたかったようだが、ドイツ系のユダヤ人であるキッシンジャーは、否定しているわけである。

日本人にとって、まさに「ニクソン・ショック」だった。当時、日本の新聞は「頭ごし外交」として批判した。事前通告がなかったことにアメリカびいきの日本人は動揺し、毛沢東崇拝者たちもショックを受けた。アメリカの「帝国主義」を攻撃しつづけていた毛沢東が、こともあろうに、その相手と友好の手をむすんだからである。

私は、なんという日本人のうかつさよと思い、腹が立ったほどだ。中国の歴史を読みすぎている私には、この「裏切り」は、なんの不思議でもなかったからだ。かつてビスマルクは、彼のもとへ訪れた明治の政治家にむかって、大国の論理を説明したことがある。大国は、つねに弱国に対し、条約などを盾にとって攻めたてるが、自分に都合が悪くなった時は、一方的に破棄するものだと。明治の国権主義やアジア主義は、この忠告を胸にたたんでいたところがある。

キッシンジャーは、公式発表の数時間前に日本の佐藤首相に通告していたなら、外交のマナーにかなったであろうと反省しながら、さらにこう強弁している。（そもそも「数時間前」という発想も、なんとも凄いようだが、パール・ハーバー奇襲の時は、日本もこの外交マナーを用いている。しかもその結果、通告が届いていないミスが起こったが、なお謎が多い）

「もし、この旅行が事前に発表されていたら、何週間にもわたって、さまざまな憶測が乱れ飛び、われわれはこれに対応しきれなかったろう」

としている。私に言わせれば、「ピンポン外交」の時、なぜ予測するだけの想像力をもてなかったかというものだが、散髪中にこの報道に接したマイヤー駐日大使は、自らびっくり仰天しながらも、「日本側は、習慣として秘密を保持できない」から、しかたなしかと結論づけている。日本は、スパイ王国である上に、ジャーナリズムもうるさいので、事前通告は危険と見たのであろう。

なぜ、それほどまでに秘密保持が必要であったのか。世界情勢の微妙さもあったが、世界をあっと言わせたいニクソンの野心も無視できないであろう。ニクソンもほぼキッシンジャーと同意見で、「日本が特にやっかいな問題を提起した。事前に通告を受けなかったことが、不満だというのだった。しかし、われわれにとって、ほかの方法はなかった。こんどの計画を流産させかねない情報漏れの危険をおかし、他国には知らせずに、日本にだけ知らせるというわけにはいかなかった」としている。まさにこれも大国の論理だが、さかんに気にしているところが、意外でおかしい。この秘密外交を「世界平和のため」と自分にいいきかせすぎていたため、おためごかしに良心が傷つき、かえって気にしているのだろう。

北京空港の握手

アメリカは、「ニクソン・ショック」の世界の反応を見ながら、つぎつぎと手を打っている。十月五日、キッシンジャーの第二回北京訪問を発表、一週間後の十月十二日、訪ソを発表。「内心はどうあれ、中国人は、歯ぎしりしながらも、なんともいわなかった」とキッシンジャーは回想している。十月二十五日、国連は、中華人民共和国を招請し、国府台湾の追放を決議した。いらだつソ連を逆撫しつつ、台湾を犠牲にして中国へ大盤振舞いしているのである。

一方、中国では、ニクソンの訪中により、ソ連の牽制に一安心したのか、国内の敵に鉾先を向け、八月、毛沢東が林彪批判を開始した。九月十三日、蒙古で、反乱を計画した林彪は墜死している。（ただし発表したのは、翌年の七月）

ニクソンは、気負っていた。「中国大陸が国際社会の枠外にあって完全に孤立し、その指導者たちが世界の指導者たちとの意思疎通に欠けていることは、全世界にとって危険な存在となろう……だから、中国を国際社会に仲間入りさせるための一歩が、いま踏みだされねばならない」と。キッシンジャーは、このようなニクソンを冷ややかにこう観察している。「政府や議会と相談せずに決定を下したニクソンは、もしなにかしくじれば、無防備ということになる。こうした孤独な決定にあって、彼は、きわめて勇敢だった。しかし、彼の複雑な性格から、高邁な動機が絶えず、さほど高潔でない考慮と拮抗していた。彼は、北京を訪れた最初の米大統領として名をなすことを切望していた」と。

ニクソンは、引退したとはいえ、まだ生きているのに、仕事のからみが終わると、早くもこのような調子の毒のある発言となる。東洋人には、考えられないことだが、「きわめて勇敢だった」とほめてはいる。当時の印象でいえば、ニクソンは、キッシンジャーの操り人形のように見えたが、『秘録』を読むと、彼の行動はわがアメリカの壁へ挑戦しているようなところがある。キッシンジャーのいう「勇敢」とは、大統領権限の発動を意味しており、秘密裡にすすめたのは、雑音によって挫折しないためでもあった。交渉の成功を知らせる二人の間の暗号は、アルキメデスの「見つけたり」を意味する「ユリーカ」であった。

かくて、ついに一九七二年二月二十一日、ニクソン大統領は、「未知の国への旅」に出て、北京空港へ降り立つ。機外に出ると、

「周恩来がタラップの下に、寒天のなかに帽子もかぶらず立っていた。部厚いオーバーコートを着ていたが、そのやせた、きゃしゃな体の線は隠せなかった。〔妻の〕パットと私がタラップの中ほどまで降りかかったとき、彼は拍手を始めた。私は一瞬立ち止まり、中国の慣習に従って拍手を返した」

この拍手は、周恩来の演出である。一瞬、なにごとかと立ち止まったものの、拍手をすぐに返したのは、ニクソンの機智である。海部首相の指きりげんまんの所望に、ゴルバチョフが応じ返したようなものである。だが、

ニクソン側にも演出が用意されていた。

「私は、周恩来が一九五四年のジュネーブ会議の際、フォスター・ダレスに握手を拒否され、ひどく侮辱されたことを知っていた。だから、私はタラップを降りきったとき、彼の方に歩み寄りながら、自ら進んで手を差し出した。二人の手が合わされたとき、一つの時代が終わり、もう一つの時代が始まった」

ニクソン訪中の写真として、この握手の瞬間は、二月二十二日の『人民日報』にも掲載されたし『人民画報』の四月号にも載った。通信社の「新華社記者摂」としてあるが、半分は、アメリカの宣伝的演出と知らずして乗って複写してしまったことになる。ニクソンは、用意の笑顔を作って手をさしだしているが、緊張しているのか、その手は開きっぱなしで、微笑しながらさしだす周恩来の手を握るところまでいたっていない。握手は、簡単のようで簡単でないのである。掌の開きかた、閉じかたにタイミングがあるからである。

当時の国務長官ダレスに握手を拒否された事件では、実際のところ、侮辱にちがいないとしても、かえって周恩来の株があがったのである。ディック・ウィルソンの『周恩来』(田中恭子・立花丈平訳・一九八七年・時事通信社刊)によると、気むずかしがり屋のダレスは、周恩来を忌みきらっていた。アメリカは、ヴェトナムを対中国の基地として使っていると非難したからでもある。「道で、彼の車と私の車が正面衝突でもしない限り」個人的に逢いたくないと公言してはばからなかったが、控え室でバッタリ二人は顔を合わせてしまう。

周恩来は、この時、さっと握手の手をダレスにさしだしている。彼は首をふり、手をうしろにまわし、「できない」と呟き、大股に部屋を出ていった。

「周は遠ざかっていくダレスの背中を目で追いながら、〈なんというふるまいだろう〉とでもいうように肩をすくめ、両手をあげてみせた。この芝居がかった一幕によって、彼は世界中に友人を獲得した」

芝居がかっているのは、だれか。ダレスではない。周恩来である。中学時代は、女形であり、演技力もあったのである。「肩をすくめ、両手をあげてみせ」るジェスチャーは、もともと中国にもあるのか、よくわからない。

当意即妙に西洋人のよくするジェスチャーをあえてやってみせたのだともいえる。それとも、侮辱に腹を立てず冗談で打ちかえした瞬間の演技に、西洋人（特にアメリカ人の無作法を嫌うヨーロッパ人）は感心したのかもしれない。

もちろんニクソンは、回想録でシナリオ通りに演じたなどと書いていない。だが、キッシンジャーは、その舞台裏をきっちりと書いている。

「われわれが北京に着いのは、午前十一時三十分だった。これは、好都合なことに、アメリカ東部時間で日曜の夜十時三十分、テレビのゴールデンアワーだった。この到着の歴史的瞬間も、すべてあらかじめ計画されていた」

ニクソンは、キッシンジャーの報告書を読んで、かつて周がダレスに侮辱された事件を知り、その「償い」をしようというアイデアをだしていた。ハルドマンという広報担当官は、その場面を組み立てた。ニクソンがタラップを降りて、周恩来と握手する時まで、他のアメリカ人がテレビの画面に写ってはならぬとした。

「〔国務長官の〕ロジャーズと私は、握手が終わるまで機内にとどまることになっていた。われわれ二人は、北京に着くまで少なくとも十数回はこの点について注意を受けた」

さすがのキッシンジャーも、ハルドマンのしつこさに、こぼしている。用心に用心をかさね、ニクソンが、プラン通りにタラップに足をかけると、側近の一人が、だれも通さぬと立ち塞がったからだ。

「われわれは——歴史的なニクソン、周の握手が、栄光の孤独のうちに終わると——魔法が溶けたように、姿を現わした」

あきらかにアメリカの宣伝を皮肉っている。キッシンジャーは、アメリカを恥ずかしがっている。ニクソンの回想では、妻のパットとタラップを降りたことになっているが、キッシンジャーはあたかもニクソン一人のような書きかたをしている。『人民画報』の握手の写真にはパット夫人の姿は見えないが、『人民日報』の写真では、パット夫人が左端に立っている。やはり夫人も一緒に降りたのである。

キッシンジャーには東洋的なものに対する感性があり、中国人の故意の行為が、自然めいていることに対し、はてしなき有機性の輝きを感じ、西洋人の「散文的な知性」を粗雑なものと見ている。周恩来の挙動は、優雅な有機的知性の典型と映っていた。

巨人の面前に案内された

翌二十二日の『人民日報』の第一面は、周恩来とニクソン大統領の握手の写真ではない。毛沢東とニクソンの握手である。例によってニクソンは、歯を出して快活に笑いながら（作り笑いが身についてしまっている）、半微笑の毛沢東の手を握っている。

訪問のスケジュールは、いっさい知らされていなかったらしい。アメリカは、よくぞ承知したと思われてならない。ロジャーズ国務長官は、このことに不安を感じてか、飛行機の中でニクソンにつぎのような懸念を述べたと『回想録』にある。

「毛沢東が壇上にいて、その壇上までわれわれが階段を上がるといったような、毛沢東を上位におくような形で会うわけにいかない」

それもそうだと思ったにちがいない。壇の上下は、宣伝デザインの要諦であり、威信にかかわるものであり、そのような破目におちいったところを写真に撮られるわけにいかない。ニクソンは迎賓館で一休みして、シャワーを浴びようかと思っていた時、キッシンジャーが飛び込んできて、毛沢東が逢いたいと言っていると告げた。階下には周恩来が待っていて、毛沢東が自邸ですぐ逢いたいと言っていると告げた。

ニクソンは、これでその懸念が消えたと述べている。そうだろうか。たしかに自邸なら壇上にのぼらないですむかもしれないが、向こうの勝手な時間に呼び出されて、はいと出掛けていく心理的なヒエラルキーの問題は残るはずである。

「彼と会見の予定を立てて会ったものは、一人もいない。政府当局から招かれるのではなく、彼の面前に出ることが許されるのだ。私は、彼と五回会った。五回とも、ニクソンの時と同様、突然呼び出された」

これは、キッシンジャーの感想で、「東洋的神秘」に惑わされてか、もうしかたがないなの感じである。

毛沢東は、病気だった。病気なら、向こうの体調のいい時に逢うといわれてもしかたないなと思わせるなにかが、側に立つ周恩来の動きの中にあり、ニクソンたちの戸惑いは、救われたともいえる。会談は、十五分の予定だったが、一時間延びた。周恩来は、てきとうなところで腕時計をなにげなく覗いた。日本人なども、よくやるジェスチャーである。ニクソンは、「毛主席にあまり無理をさせないよう、会見を切り上げるべき時になったと知った」と書いている。十五分が一時間にも延びたのだから、ニクソンにしても恐縮するだけである。

ニクソンは、また毛沢東が一分間近くも彼の手を握っていたことに感動している。サッと切り上げるのか握手の作法であり、おそらく西洋の流儀にない握りかたをしたのである。それも、「一分間」という時間の問題でないことが、キッシンジャーの『秘録』を見るとわかる。

「巨人の面前に、われわれは、今や案内されたのだった。彼は、独特な横目使いの眼差しでニクソンを迎えた。〈私たち共通の友人蒋介石総統は、このことをよく思わないでしょうな〉と冗談をいうとニクソンの手を自分の手にとり、カメラマンの前で、懇ろに歓迎の意を表わした。このこと自体、少なくともその場に居合わせるか、〈人民日報〉で写真をみる中国人には、たいへん象徴的な意味のある出来事だった」

一見、写真を見るかぎり、ふつうの握手に見える。しかし、実際は、写真で見えないながら、もう一方の手で、ニクソンの拳をそっとささえるように副えていたともいえる。

もっとも、『人民日報』の第一面は、この写真だけでない。そのすぐ下に横位置ワイド版で、毛沢東の書斎で、ニクソンと会見している写真がある。「中国の主人」たる毛沢東を真ん中に挟み、左から周恩来、通訳。右からキッシンジャー、ニクソンの配列となっている。

いまはやりのパノラマカメラで撮影したわけではない。おそらく上下を切って横長にトリミングしたのである。その下に、ようやくアメリカ側が歴史的一瞬として逆演出した周恩来とニクソンの握手の写真がきている。

私が気になってならぬのは、このパノラマ写真である。二面にも、横長の写真が四点のうち三点もはいっている。二十三日の『人民日報』のニクソン訪中の写真は、二点ともにワイド版である。二十四日の体操競技を見物している写真などは、超ワイドである。

なぜワイドなのか。人物を一挙に入れるため、そのようにしたといえば、それまでのことである。たとえば中国の詩は、西洋人の目から見れば、ことごとく象徴詩である。だが、中国人は、一度だって、象徴詩だなどと言ったことはない。キッシンジャーは、毛沢東の手の握りかたを見れば、象徴的な意味を中国人は感じとると書いたが、それは粗雑な知性の発想であり、むしろ「気配」と言ったほうがよいだろう。では、このワイド多用は、なんの「気配」なのか。ひとつ私もつかみ切れていないが、幹部たちが国慶節の時に横に並ぶ天安門序列感覚ともいうべきものではないだろうか。この序列は縦の三角形ヒエラルキーではなく、横のそれである。

一九七二年二月二十八日、米中共同コミュニケが発表された。それを読むと、日本やパキスタン、インドの名が、アメリカと中国の他にもでてくるが、金輪際、一語としてその名の出てこない重要な国がある。それは、どこか。ソ連である。この米中接近の隠れたテーマは、このソ連にあったことが、逆証されているともいえる。

もうひとつ気になることがある。それは、ホスト役を務める周恩来が、いつも片方だけ拳を作っていることだ。体力の衰えを気力で補って真直ぐわが身を立たせていたのではないだろうか。事実、ニクソンが帰米して数日後、彼の主治医は癌に犯されていることを告げるのである。

★毛沢東の書斎

「突然」の魔術師

田中角栄が、中南海にある毛沢東の邸宅に招かれたのは、一九七二年九月二十七日である。第三回目の田中・周恩来の会談を終え、迎賓館で日本側が食事をしていると、中国の儀典長がやってきて「午後八時か九時ごろに毛沢東主席が田中首相をお待ちしています」と告げた。（永野信利『天皇と鄧小平の握手』一九八三年・行政問題研究所刊）

会談中、「周恩来は誰かのサインを待っている」、毛沢東以外にないと日本側は感じたらしい。

「一行が訪問の支度をしていると、予告なしに周恩来が迎賓館にやってきた。そして自ら田中たちを中南海にある毛沢東の私邸へと案内した。時刻は八時半を回ろうとしていた」

永野信利の本にはこうある。外国とのスケジュール調整で事前に毛沢東との会見日を組みこまないのは、いつもの中国の手である。いわば王者形式である。この「突然の招待」というスタイルは、アメリカのニクソンの場合も、そうだった。それにくらべ、日本の場合、すこし前に予告はあっ

❖……〔毛沢東主席は９月27日夜、北京の中南海で田中角栄首相と会見、真剣かつ友好的に話し合った（新華社―中国通信）〕。背後に本が積まれている様子が分かる

たといえる。ニクソンの時は、彼がシャワーを浴びている時に「会いたい」と言ってきたからだ。周恩来自らわざわざ迎えにくるのも同じだが、彼の場合、予告もなしである。突然、迎えにくるのである。いんぎんにして無礼、無礼にしていんぎんである。この「突然」は、一種の魔術であり応対術である。

ニクソンは、中国へ行く数日前にフランスの外務大臣でもあった文学者アンドレ・マルローに逢っている。マルローは、かつて毛沢東に逢っていたから、参考に意見をきいておきたかったのだろう。

「中国の外交政策は輝かしい虚偽そのものです」
「彼には魔術師のような一面があります。彼は想像力の世界に生息し、想像力にとらわれている人物なのです」
(『ニクソン回顧録』)

さすが『王道』の作者マルローは、なかなか鋭い。しかし、ニクソンは、この毛沢東の突然の魔術(もともと中国の封建君主たちの「野蛮人」への閲見形式でもある)にかかり、アメリカの大統領であるという権威を棄て、ありがとうございますといわんばかりに、そそくさと毛沢東の招待に応じている。もっとも、「危険に満ちた哲学発見のたび」だと自分の肝に命じており、敵地にのりこんで、いまさらコケンにかかわるなどと言っていられないともいえるし、物にこだわらぬヤンキー気質もあるが、やはりありがたいという気持にさせられてしまっているのである。

「われわれは簡単な造りの、本や書類で満ちあふれた部屋に招き入れられた。毛主席が座っている場所のそばのコーヒーテーブルには、数冊の書籍がおかれ、あちこちのページが開かれていた」

ニクソンは、回想録の中で、こう坦々と書いているのみだが、度肝を抜かれたにちがいないのである。個人の書棚というものは、あって当り前の図書館や本屋の書棚と違い、それ自体、とかく自惚れの強いスノブな人間にたいして、不思議な魔力を発揮する。毛沢東の書斎は、ぎっしりいわゆる和綴の古典籍で埋っていたからである。ニクソンとて、読書家のつもりだから、自らをふりかえらざるをえない圧迫感を覚える。キッシンジャーなどは、学者だから、余計にそうだったはずだ。読みさしの本が置かれているのは、すこしわざとらしいが、突然呼びつけた理由になるかもしれないし、恐縮させる手にもなる。多分、毛沢東はそんなことはしない。

この圧迫感をはねのけるには、非現実的な本の虫とあざ笑うか、どうせ見栄の飾りで積ん読、読んでやしないと思うのが一番だが、「毛沢東」の場合、まず通用しない。彼の著作や詩作において、実績があるからであり、しかも彼の波乱万丈の生きかたを知っていれば、軟弱な本の虫などと笑っていられない。そのあたりの心理をよく抑えて、逆に毛沢東は、「人民」の役に立たぬ本の虫めとしばしば国内のインテリ狩りをしたのである。

この人を圧倒することうけあいの書斎へ、いつのころから外国の頭首や貴賓を招き入れるようになったのか、たしかめていないが、ニクソン、田中の訪中により、そのスタイルは、世界周知のものとなった。まず、「突然形式」で呼びつける。だが、客のあしらいとなると、それにふさわしい「威厳形式」をとらない。あたかも圧迫した気持を救いとるように、「ざっくばらん形式」で行くのである。ほっとさせて、自分のペースにもちこむというわけだ。ニクソンが「一国を動かし、世界を変えた」とつい彼の著作のことをほめたたえると、「たいしたものでない」「なんにも役にたたない」と卑下してみせる。ほっとしたところで、本の話などしなければ、ニクソンも役者だが、やはり汗牛充棟の書物空間にほうりこまれれば、つい口にしてしまうのである。それでも、卑下をたのしんでいるように見えるとニクソンは回顧録で書いている。こう観察できただけでも、彼の手柄だといってよい。

角栄は、もうだめで、迎賓館へ帰るや、

「毛沢東の円熟ぶりはたいしたものだ。私も忙しいなどといわずに勉強しなくては……」

としきりに感心していたといわれる。(柴田穂『毛沢東の悲劇』)

この言葉から想像するに、田中角栄は、あきらかに「書斎」の「書棚」、つまり「汗牛充棟」の魔術にやられている。もともと「大学出」のインテリをいじめるのは、角栄のオハコで、その点、毛沢東と同じである。死学問したにすぎぬとして、その行動力と直観力の欠如を軽蔑するのである。（それでも角栄は、自分の無学をことさらに言いつつ、官僚たちを上手に使おうとしたところがある。毛沢東は中国の禍根として、殺すこともはばからなかった）しかし、毛沢東は、学者以上の学をもっているらしいだけでなく、行動力も直観力もそなえていると角栄も認めざるをえない。角栄のもっとも弱いタイプである。そのため七十八歳なのに、なお読書している姿やそのザックバランさに接して角栄的な発想で毛沢東を「円熟」と見なし、俺も「勉強しなくては」と一国の首相たる自分の不勉強をけなげに省りみたわけである。

毛沢東との会談では「四書五経」の話も、出たらしい。角栄のことだから、書物の包囲に落ち着かなくなり、つい読み齧った『論語』のことなど、得意の素朴のポーズで話題にもちだしたのかもしれない。文化大革命で儒教精神を徹底して痛めつけ、その種の本が出版を禁じられていることさえ知らずに、トクトクと質問した可能性は大いにありうる。このあたりの座談風景を書きとめた記事をなぜか見ていないが、毛沢東は微笑を浮べつつ、おうようの構えで受け返したにちがいない。また毛沢東の口から、つぎのような言葉もでたらしい。

「私はともかく本を読みすぎたぐらいです。けれども毎日本を読まないと暮せないんで」

柴田穂はこう書いているが、日本の新聞などを見ると、「眠れないので」となっている。これでは、悪い習慣というより、もはや老人病である。どちらが正しいのか、わからないが、「偉いですな、ここにある本、みんな読んだんですか」くらいのセリフを角栄は、そうであるまいという疑いのニュアンスをいれずに言ったにちがいなく、そうでなければ、このような毛沢東の答はでてこない。これは、角栄の手柄である。

この毛のセリフは、ニクソンの「独特の卑下する態度を楽し」んでいるの同種ともいえるが、角栄の素朴に気を許し、うっかり内心の迷いを洩してしまったともいえる。たえず書物の毒をいい、始皇帝なみに書物発行を禁じさえした彼にしては、自分だけは傲慢にも読みすぎているのである。晩年は、俺だけは毒に当らぬという自信も薄れ、やはり書物を読みすぎたため、どうも最近は決断力がにぶっていると悩んでいたのかもしれない。

だとすれば、世界中の注目を浴びた「文化大革命」そのものが、まさにマルローのいうように「想像力にとらわれている人物」が行動力に移すと、こうなるという壮大な幻想的事件だったと極論できないことはない。

ただ、毛沢東が、書斎の宇宙を楽しみ、書物の世界を愛していたことは、事実といってよいが、その汗牛充棟の古典籍をことごとく読破したわけでない。ある日本の新聞記者などは、本棚につめこまれた本に付箋があるから、すべてに目を通していると感心している。真の読書家は、読む量が多くなればなるだけ、それに比例して積ん読の本も増えるのである。読書家とは、積ん読家である。しかも、記者が付箋と思ったのは、写真では、すこしわかりにくいが、誤認である。古典籍は重ね積みするのが習慣であり、そうなると書名が不明になる。それを防ぐため、書名を書きいれた札を本の間にはさんでたらすのである。

二度の書斎公開の意味

ともあれ、毛沢東が、わが書斎にニクソンと田中角栄を招じいれたことは、脅しの接待の意味もあったが、それ以上に大きな意味をもっていた。それは、その写真をも許可したからだ。

私などは、ニクソンが毛沢東の書斎に招かれた写真を見た時、ほんとにびっくり仰天したものだ。古典籍がその背後にズラズラと並んでいたからだ。さすが、毛沢東と思ったのでない。なぜ、バックの本が写らないように工夫しなかったのかと思った。そのような写真を発表してもいいのかと、ひやひやしたほどである。それがまた、ニクソン・ショックのあと、角栄が中国へ出かけて毛沢東に逢った時の写真にも、やはり同じように二人が握手している背景に古書が陳列されたままになっていたのである。

これは、国内的には、大事件のはずである。なぜなら、彼がプチブル行為として読むことを否定してきた古典が、そっくり彼の書斎に鎮座していることになるからだ。文化大革命で、多くの古典籍は、焼かれ散失したが、これを黙認した以上、お得意、反面教師として読むことさえ禁じたも同然である。

こっそりと、読んでいたなら、わからないですむものを、あえて写真で公然とさらしたというのは、どういうことなのか。二度ともなれば、宣伝班の失敗などといっていられない。

日本では、ほとんど、この違反行為の謎を指摘するものがいなかった。さすが、学のある毛沢東よ、とかえって賛仰されるだけだった。中国からも、それが政治的反響を呼んだというニュースは流れてこなかった。毛沢東が神格化されていた時代であるから、おそろしくて言いだせなかったのだろうか。

だが、なぜ毛沢東は、書斎の写真が、世界に流れるのは、まあよしとしても、国内にまきちらされるのまで許したのだろうか。まさしく、毛沢東は、うっかり忘れ、もうろくしたからであろうか。おそらく、中国人にこれからの政治が変わることを知らせたのではないかと思える。

実際には、毛沢東の違背は、もともと、わかっていたも、同然なのである。文革のさかんなるころ、出版物は、『毛沢東語録』と『毛沢東選集』のみといった時代が、かなり続いた。他に毛沢東の詩集も出版された。選集はともかく、この詩集は、どうしたっておかしい。内容は、彼の詩人としての大きなスケールを内外に知らしめるものであったが、そのスタイルは、現代詩でない。彼が否定した古典のスタイルであった。「人民」やインテリがなじむことをプチブル行為として否定しておきながら、自らだけが、そのスタイルを独占していたのである。この奇妙さも、指摘されることはなかったが、弾圧されていたインテリたちは、気づきながら、黙っていたということなのだろう。毛沢東は、なんとも大胆不敵である。

毛沢東の詩詞について語るものは、たくさんいても、文革とのからみで、その矛盾を語る文献を内外に見たことはなかった。だが、私の知るかぎり、毛沢東の書斎の写真に疑義を呈している文献に一点だけ当っている。陳宝琛編の『北京旋風』で、その中にある「残された人生に寄せた望みはただ一つ安住の地だけ」という一九七三年にカナダへ脱出したらしい陳若曦の手記である。台湾の『中央日報』に連載されたというから、中華民国の反共宣伝文献ともいえるが、毛沢東の書斎風景に疑義を呈しているくだりがある。

熱烈な毛沢東主義者であったアメリカの華僑の青年が、いざ大陸に入って見て、あまりにも想像とかけはなれているのを知る話が挿入されている。彼が出逢った黄というインテリが、文革の四旧運動がはじまると、几千冊の蔵書を処分し、父の残した古書を焼き棄てるのに苦労した話をきき、思わず「もったいない」と呟くと同時に、「新聞に載った毛沢東が外来客と会っているとき、古書がずらりと並んでいる写真を思いだした」

というくだりがある。

「この大陸に蔵書をもち、古典ものを読む人が毛沢東一人だけになった場合、中国文化にどれほどの前途が残されるだろうか。一体〈文化革命〉は中国文化をどこまで切り倒すつもりだろうか」

と考え、いまいましい気分に陥いっていく場面がある。おそらく、勉強嫌いの紅衛兵やインテリ嫌いの民衆を除けば、毛沢東の書斎写真に、かなりのインテリたちが、この青年と同じ疑問を抱いたのではないかと思われる。

しかし、毛沢東に即していえば、四旧運動が自分の想像以上に発展したのに驚きつつ、中国の長い歴史に照合させて、いかなる焚書を為政者が行っても、古典が絶滅することなどありえなく、かなりのものを失ったとしても、人間は過去の文化を必死になって哀しいまでに匿したりしながら守るものだと図太く確信していたことだけは、まちがいない。そして、書斎の写真は、国民に対して、そろそろ政治は変るぞというシグナルを送った宣伝だったともいえる。

ニクソンの回顧録を読むと、空港に向う車の中で、周恩来は、不思議なことをアメリカの大統領に囁きかけている。ニクソンの訪中が発表される数カ月前、エチオピアの皇帝と会見した毛沢東は、彼にこう問うたというのである。

「自らを〈社会主義の悪魔〉とおどけて呼び、〈資本主義の悪魔〉と向かいあって話し合うべきだと思うか」と。

世界の平和のためといいながら、両国のやむにやまれぬ「妥協」を確認しあったわけだ。

田中角栄が、訪中した時の写真は、中国も日本も、ほとんど似たり寄ったりである。新華社が送りだす写真で統一されたからというより、写真撮影の許可される場所が、あらかじめ規制されているから、舞台写真と同じで、日本のカメラマンが撮っても、せいぜい角度による巧拙の差しか生まれない。ただし、扱いかたが、中国より日本が派手だった。いずれにしても、そういう写真を用いるのだから、中国の宣伝をしたも同然となった。総じて日本のジャーナリズムは、しばしば佐藤栄作がマスコミに対してヒステリーをおこしたほど、毛沢東びいきだった。これは、日本特有というわけでもない。世界中がマオイズムだった。毛のかかげる「理想」に酔っていたのである。

そういう時代情況でもあった。そういう紋切りの写真の中で私が気になったのは、毛沢東が、田中角栄におそらく復刻和綴じの『楚辞集注』を贈った時のものである。この時、五十四歳の若さであった角栄は、片手で六冊の『楚辞集注』をわし摑みし、残りの手で、毛沢東と握手している。

あわてる角栄のしぐさがおかしかったのか、毛沢東も珍しく歯を見せて笑っている。毛のかたわらにいる周恩来も、幼児を見る眼差しで笑っている。幼児は、このような大人の笑顔に出会うと内心腹を立てるものだが、毛も周恩来も、そういう「大人」の愛想笑いであり、つまり大国意識を棄てていなかったのである。小遣いを子にねだる親といった印象である。角栄は、腹を立てる幼児の冷静さはなく、ひたすら汗びっしょりの感じである。この種の宣伝写真の中では、小味があって、出来のよいものである。

帰りがけに『楚辞集注』を贈ったといわれているが、毛沢東は急に思いついたのであろうか。角栄があわてたのは、そのためか。『朝日新聞』は一九七二年九月二十八日の朝刊のトップに、「首相　毛主席と会う」「突然の

招待を受け　なごやかに一時間」と中国の宣伝意図まるだしの見出しをつけたが（『人民日報』もトップだが、記事は坦々。『楚辞集注』を贈ったという記事も見当らないが、『人民画報』には、この写真は載った）さらにこの詩集を六冊並べた写真も、その脇に掲載し、

「毛主席の贈り物の意味」「首相の愛国心を賛美」「古い友情回復もこめて」と勝手に想像したリーダーをつけた。

さらに「北京の日中関係筋」はこの贈り物に三つの意味があるとし、それを紹介している。

中国の春秋戦国時代の憂国詩人屈原の『楚辞』にちなみ、「日本国民の利益のために決然として訪中した田中首相の愛国心をたたえた」のだというのが、その一つ。もう一つは、田中首相が訪中にあたって作った漢詩への返礼だという。さらにもう一つは、再び古い時代から深かった日中の友情を復活しましょうのしるしとしてだという。なんとも浅薄である。

もちろん、毛沢東本人に問いただしたところで、ウッフフの微笑しか戻ってこないだろう。しかし、これらのこじつけになによりも欠けているものは、『楚辞』への知識である。

田中角栄が、迎賓館で即興の漢詩を作ったのは、事実である。

国交途絶　幾星霜
修交再開の秋《あき》　将《まさ》に至る
隣人の眼　温《あたたか》く吾人《われ》を迎え
北京の空　晴れて秋気深し

あえて訓読すれば、こうなるだろうか。返り点をまったく打つことなく読める漢詩である。訓をはずして漢字だけを七言に上から揃えて並べた詩で、平仄や韻など無視されているが、対句をいれたりしているところもある。

当時、これを笑う日本人がいたが、私は笑わない。もとより中国人は読めない。「漢詩」は、日本人の詩にすぎないのだから、むずかしい約束を無視して、角栄式に発展させる道はあったのではないかと思うほどである。つまり漢詩は、日本の西欧化近代化とともに滅びていったのだが、妙なことに、政治家の中に残った。

それは、選挙のからみで、「先生、一筆」と揮毫を求められることが多かったからだ。揮毫ともなれば、「初志貫徹」とか「温故知新」ばかりでは芸なく、漢詩の一つや二つ覚えていなければならない。角栄も、「越山」という号をもっているのは、下手なりに「書」をたしなむからだといってよい。それにしても田中角栄は、この漢詩を、頭の一つもかきつつ、ただ新聞記者に見せたのでなく、毛沢東へ贈ったのだろうか。そのお返しとして『楚辞集注』が贈られたのだとしても、おそらく屈原も『楚辞』も知らなかったといえる。

そもそも『楚辞』と毛沢東の関係は、深い。毛沢東の詩は、楚辞の影響が濃い。毛沢東の悲愁のこもった詞は、屈原の憂憤の情とかさなって格調高くなっている。屈原は、楚の宰相だった人だが、讒言にあって失脚、煩悶の末、汨羅《べきら》の水へわが身を投ずる。汨羅は、毛沢東の生まれた湖南省に属する。

愛国詩人として、しばしば祭りあげられるが、古代から中国の左遷の多い文人官僚たちが『楚辞』に己れの怨みと不平を託す呪術的な南方の辞賦なのである。文革そのものは、毛に対する劉鄧の「走資派」の棚上げへの怒りから発したが、後継者の林彪もまた棚上げをはかった。国内的には、その始末をつけたあたりから毛周コンビの米中、日中接近がはじまるのである。革命政府になってからも、愛国詩人屈原ということで『楚辞』は禁書にならなかったが、呪術性が強いこともあって、しばしば政治論争の対象になっていた。また『楚辞集注』八巻は(日本では六分冊なので六巻とまちがえて報道)、宋の朱子が注釈したものである。儒教は否定されていたのだから、田中角栄に贈ることをもって、わが怨みを表明するだけでなく、毛沢東は、人民に向って象徴詩的なほのめかしによる来るべき時代の予言宣伝を託していたともいえるのである。

林彪／四人組

［りんぴょう／よにんぐみ］

★聾唖児の「毛主席万歳！」

神薬としての「万歳」三呼

文革中の中国には、たえず「万歳」の声が鳴り響き、轟いていた、という。今日の中国では、どうなのだろう。今や文革の混乱の模様を文章やスチール写真でしか、擬似体験できないが、たえず、「万歳」の声があったのをその背後に聴きとるべきだろう。

「万歳」の上には、たいてい「毛主席」の語がのっかっていた。明治、大正、昭和の前半と、日本人も「万歳」を叫んだ。その時は、「天皇陛下、万歳」と叫んだ。だが、今も日本人は、「天皇陛下、万歳」を唱えていないわけでない。

「君が代」の国歌である。「君が代は　千代に八千代に　さざれ石の巌となりて　苔のむすまで」は、「天皇陛下、万歳」の意味だからである。「君」をどう解釈するか、意味論的に議論のわかれるところだが、明治に国歌として制定された時、つまり「帝国」時代の「君」は「天皇」の意味として受けとられていた。

「万歳」は、万年まで生きよ！　の祝福の意味である。人間が、か

❖……〔『大海を行くには舵取りに頼る』を高らかに歌う北京第三聾唖学校の学生（1970年配信◎新華社＝中国通信）〕

ならず死ぬものであることを前提にしての祝福語である。ここでいう『万年』は、「万」という限界数字でなく、「永遠に」のいいかえである。「君が代」の歌は、ゆったりとした作曲なので、「天皇陛下、万歳」の意味だなどと考えもしないが、日本語を知っている外国人は意味から入るから、そのように受けとるはずである。

つまり、日本は、いまも「帝国」時代を生きているのだと。実際にも、英国と同様に、日本も「帝制」なのである。最近、日本のボクシングが振るわないのは、ハングリー精神がなくなったからだという。たまたまテレビを見ていて、ひさしぶりに、バンタム級で、「父」の手で育てられた辰吉丈一郎という二十一歳の青年が 世界チャンピオンとなった。ボクシングは、かならず、試合前、選手の属する国の歌が交互に唱えられる。このすこしいらだつスローテンポの歌をききながら、「君が代」の歌は、「天皇陛下、万歳」の意味なんだなと思った。万歳は、三河万歳や吉本興業の万歳と、もともと同じである。三河万歳は、祝祭行事の芸能である。あなたに永遠の生命あれと祝福するのである。笑いの芸能と万歳が結びつくのは、「永遠」を神に約束させるために、神を笑わせて喜ばせなければならぬからかもしれない。それとも笑いは、生理的にも、最大の薬という発想があってのことか。

明治時代、時の帝国政府は、この「万歳」をなんと発音するかに悩んだ。「マンセイ」「マンサイ」「バンザイ」とも読めるからである。「三河万歳《まんざい》」と混同されては、威厳が保てぬからである。しかし、もともと根は、同じなのである。

中国にも、もともと万歳を叫ぶ習慣がある。王朝の祝事には、皇帝に対し、「万歳三呼」されたのである。歴史的に見るなら、どうしたって王朝は、いつか崩壊するのが常であるから、「万歳」、永遠たれと願いをこめる必要があり、制度化する必要もあった。皇帝の万歳を唱えたものは皇帝への忠誠を誓う仕組みにもなるわけだ。

制度に組みこまれると、かならず、そうなる。文革中の「毛主席、万歳」は、叫ぶことによって彼へ忠誠をも誓ったわけで、神格化現象もそこに生じざるをえない。

意味は、習慣化するとかならず無意化する。「万歳！」は、小声でなされることはない。大声でなされるのを原則とする。大声をだすのには、全身を用いなければならぬ。そこには、快感が生じる。この快感の前に、意味などは、空洞化し、からっぽになる。おそらく、霊妙なる神薬として健康につながる側面は、そこにある。

時に、喧嘩でさえ、ストレス解放につながるのは、大声をだすからである。ただ、喧嘩は、後を引く場合、ストレスの再生産となる。おそらく「毛主席、万歳」を叫ぶことはストレスを解放したにちがいなく、子供たちにとっては、毎日が祭りそのものとなった。

「万歳」の政治的な匂いを嗅ぎとった子供たちは、それを用いると、あらゆる暴力も可能になると知ったから、たまらない。

子供たちだけでなく、兵士も労働者も農民も皆叫んだから、中国全土は、ストレス解放のるつぼと化した。また一方では、「毛沢東」（の背後にある政治的組み立て）にひとたび疑問を抱けば、もう「万歳」を叫ぶ気を失うから、逆にストレスをわがうちに抱えることになる。神薬の効能は、たちまち失われる。「万歳」の祝福の甲斐もなく毛沢東が死ぬと、紅衛兵たちの心は、空洞化した。からっぽでも、マイナスのからっぽである。「万歳」でからっぽの快感をえた「つけ」である。

「毛主席、万歳」をうしろから操作したのは、林彪だといわれる。「毛主席万歳」という歌も作られた。すこし単調でもある「万歳」の神薬に、甘味をつけたのである。民衆の頭の中をからっぽにして自由自在にその力を永く利用するためには、サービスも必要である。

「万歳」は、たいてい一度だけ叫ばれることはない。「万歳三呼」（日本流には万歳三唱）には、それなりの意味づけがある。一度では物足りぬからである。最低、三度は唱えないと、からだが、ほぐれて、頭がからっぽになってこないからである。

「毛主席万歳」の歌は、三呼三唱どころでなかった。その歌は、三番まであった。一番ごとに、「万歳」が八個、その強調である「万万歳」が一個。全曲歌えば、「万歳」が二十四回、「万万歳」を三回も叫ぶことができる仕組みになっていた。私は、その曲を聴いていないので、音楽的効果を批評できないが、なんとも、やりすぎの「万歳」の大盤振る舞いである。

こんなジョークがある。（『これが〈文革〉の日常だった』）

ある田舎の高校生が、文革中「経験大交流」の呼びかけに便乗して、北京へ出かけた。興奮して帰ってきた彼は、共産党県委員会のある建物の壁に、つぎのような壁新聞を貼りだした。いわば、北京土産であり、最新情報として地方のお偉方を脅し、自慢したいからである。

「最近、北京の有名な医学者たちが、念入りに毛主席の身体検査を行った。その結果、毛主席の体はずばぬけて健康であり、百五十歳まで生きられるということを、自信をもって公表した」

神格化は、神ではない。あくまで神のように奉るのであって、神と思っているわけでない。だから、「毛主席、万歳」と叫ぶのであり、毛沢東の身体検査があっても、人は疑わない。

この学生は毛沢東が「百五十歳」まで生きるという縁起のよい情報を田舎にもたらしたわけであり、拍手喝采、大歓迎を受けると思いこみ、トクトクとして「壁新聞」を貼ったのである。ところが、貼り終るや、見んものと集ってきた人たちに殴り倒されてしまった。

なぜだろうと、首をひねりながら、地面に倒れふしていると、人々は、口々に叫んだ。

「毛主席万歳、万万歳」

そのあと、その中の一人がこう叱りつけた。

「毛主席の不死をみんなが願っているのに、どうして百五十歳までしか生きられないというのだ。こいつは、みんなにさからってでたらめを言っている。許してなるものか！」

ジョークは、かならずしも、空想の産物といえない。ほとんどそれに近いことが、真面目に行われ、それをすこし加工したのが、ジョークである。現実にあったからこそ、人は説得され、笑うのである。

ジョークもまた、抑圧解放の体系である。政治的な抑圧が強ければ強いほど、ジョークの傑作が生まれる。ソ連なども、ジョークの国である。ジョークは、囁きの構造で、裏小路に流通する。アンダーグラウンドの芸術だが、伝播力は強い。地下を走るのは、厳粛ごのみの抑圧する側が、笑いのターゲットにされることを嫌うからである。抵抗の芸術とほめたてることもない。抑圧は苦しいので、すこし風穴をあける知恵である。日本のように抑圧が不透明だと、ジョークの傑作は生れにくく、駄洒落しか生れない。

この「毛主席万歳」にまつわる文革期のジョークは、人みな狂うように万歳を叫び、文革以前のストレスを解消している中で、ひそかに醒めた目をもっている人間がつくったものであろう。自らも「毛主席、万歳」を叫びつつ、心の中で醒めているものも、またそのことによるストレスをわがうちに抱えこんでいるわけで、ジョークをこそこそ囁いて、小さな風穴をあけて生き抜くのである。

殴り倒されたジョークの紅衛兵は、それまで「毛主席、万歳」を叫びながらも、「万歳」の意味を深く考えたことなどなかったにちがいない。人間は、そういうものだが、そこをつけ狙うのが宣伝である。だから崇拝している毛沢東が「百五十歳」生きるというビッグニュースに小躍りしたのである。ところが、紅衛兵の横暴を日頃から不満に思っている大人たちは、絶好のチャンスとばかり「毛沢東、万歳」を、その言葉がもつ意味に還元し、百五十歳しか生きられぬとは失礼だと反撃したというわけでもある。

針が不治の病を克服する

「長いあいだ、わたしたちは、耳があっても毛主席の声をきくことができず、口があっても〈毛主席万歳！〉と叫ぶこともできませんでした。わたしたちにはりつけられた聾唖の〈レッテル〉をはがしてくださったのは毛主席です」

一九六九年三月号で『人民画報』は、六頁にわたって、治療法の発見により、聾唖学校の子供たちが、「毛主席、万歳」を叫ぶことができるようになったというキャンペーンを張った。

この特集のモデルになったのは、遼寧省復州人民公社にある聾唖学校の生徒たちである。一九六八年六月、中華人民解放軍三一二五部隊から、この聾唖学校へ、「二人の軍医、一人の薬剤師、三人の衛生員からなる毛沢東思想医療・衛生工作隊」が派遣され、「不治の病」をみごと治したというのである。

トップの写真は、薄暗き山の細道を六人の工作隊員が、一列に数珠つなぎになって歩き、先頭を行くボスらしき軍医の左右の手には、彼によって治してもらったと思われる聾唖児の男の子と女の子の手が握られ、その顔はニコニコである。彼等が、この人民公社に入ったのは、前年の六月であり、二カ月で百パーセントの生徒か聴こえ話せるようになったというから、このキャンペーンのため、その時の隊員たちがわざわざ動員されたのだろう。代表に選ばれた二人の子供のトクトクとした表情が哀しいまでによい。

この宣伝キャンペーンには、二つの意味がある。まず一つは、不治の病いの克服という世界へ向けての対外示威宣伝である。その点、水爆実験の成功や人工衛星打上げ成功と同次元のものである。病気は、人間にとって最大の関心事であるから、漢方医学である針のツボ発見によって、不治の聾唖が治癒したという発表は、対外示威宣伝となる。文革後期は、針麻酔による無痛手術とともに、海外向け宣伝の花形となり、中国を訪れた外国人は、かならずスケジュールの中にその見物が組みこまれることになる。

もう一つは、国内宣伝である。もちろん、国内的にも朗報にちがいないが、「劉少奇打倒」の口実として利用できたからである。走資派である劉少奇体制では、はじめから聾唖を「不治の病」ときめこんでいたというわけだ。西洋医学を信奉し、走資派の根城である医学界への攻撃ともなった。漢方を「四旧」の一つとして否定しなかったわけだ。（この矛盾を笑っても、毛の「矛盾論」をもって合理化したであろう）この特集のコピーを読んでも、その

意図はあきらかで、

「腹黒い劉少奇がやっきになって反革命修正主義の医療・衛生路線をおしすすめました。病院の門は、わたしらの貧農・下層中農のためにひらかれていなかったのです」

と息子を治してもらった親に言わせている。ついでに、かつて大病院に息子を診せに行き、「名医」に診てもらうまで二日待たされたあげく、「鼓膜が破れているから治らない」と追いだされた話をつけ加えている。劉少奇路線の「悪徳」の見本だというわけだ。

劉少奇否定は、そのまま「毛沢東思想」の宣伝となる。そもそも、聾唖学校へ進出した人民解放軍の医療チームは、「毛沢東思想医療・衛生工作隊」に属している。彼等が、復州人民公社にやってきたのは、毛沢東の「医療・衛生工作の重点を農村に置こう」という言葉の実践としてである。

不治の病気に挑戦しようと決心したのは、

「きみはその問題を解決することができないのか。それなら、その問題の現状と歴史を調査することである」という毛沢東の教えに従ったからである。治療の方法の発見も、「その主要な矛盾をつかめば、すべての問題はたやすく解決できる」という言葉を応用したからである。その結果、

「一般に、まずつんぼになり、そのあとでおしになっているのです。以上のことから、医療隊の人びとは、つんぼの方法が主要矛盾で、おしはつんぼが原因となってひきおこされたのだと考えました」

ここまで読んでくると、すこし馬鹿馬鹿しくなってくる。毛沢東の矛盾論に照合しなくても、こんなことは、西洋医学でもわかっているからで、ただ医療の方法が見つからず、彼等の社会参加のため、忍者もどき手話や読唇術を開発するしかなかったからである。それまでの中華人民共和国の聾唖学校も、多分、そういう教育をしていたはずである。ともあれ、医療隊は、毛沢東のいう「主要矛盾」の発見により、

「われわれ中華民族は、自分たちの敵と最後まで血戦をする気迫をもっている」

の言葉に励まされ、「毛主席の肖像の前で、真紅に輝く〈毛主席語録〉を手におごそかに誓いました」ということになる。

「自分たちの敵」とは、不治の病としての聾唖である。その敵と「血戦をする気迫」の証拠として、自分のからだを実験台として針をうち、ついに聾唖の治療にきく二つのツボを発見したというのだ。これは、「毛沢東思想」の勝利だというわけだ。

私などは、毛沢東の著作を読んでいて、中国文化の枠のようなものを感じることがある。問題なのは、毛沢東の神格化により、彼の著作が、民衆のレベルに降り立ったのは、まあ、よしとしても、滑稽なまでに卑俗化していき、まるで新興宗教の教祖の言葉の応用みたいになってしまったことである。

人民解放軍の「医療宣伝隊」が、聾唖学校へ進出することを決定したのは、いつごろからなのか、治療のツボを発見したのは、だれなのか、一つはっきりしない。

いくら発見されても、針を自在にこなす熟練者は、そうざらに生まれるわけでない。ある程度の熟練者を養成してから、モデルの聾唖学校を選定し、宣伝工作にのりだしたのだろう。復州人民公社へ派遣されたチームは、おそらくそのエリートたちからなっており、とつぜん毛沢東思想の力を借りて、聾唖の子供たちを治したわけではないだろう。

一九七一年八月、『人民日報』は、三日にわたって西洋医学はもちろんのこと、針の漢方さえ知らなかった「趙普羽」なる若い衛生兵が、治療のツボを発見するまでの不屈の業績をとりあげた。お得意の「英雄」づくりに乗りだしたのである。真相は、ともあれ、『人民日報』によれば、彼が医療宣伝隊の仲間たちといっしょに遼源市聾唖学校にやってきて、その治療にあたったのは、一九六八年三月ということになっている。『人民画報』のキャンペーンの主人公になったグループは一九六八年六月に復州人民公社の聾唖学校へやってきている。その差、わずか三カ月である。趙普羽の発見が、ただちに他の工作隊にも伝達され、すぐ学習したにしても、あまりに修得時間が短すぎるのである。驚くにたりないが、なんらかの宣伝的トリックが、この間にあったとみてよいだろう。

『人民日報』の趙普羽に対する英雄化の形式は、基本的に『人民画報』と同じである。『老三篇』の精神にのっとり、わが身を犠牲にし、聾唖という「禁止区域」の解放に立ち向かったとしている。感動の物語として『人民日報』は、つぎのようなエピソードを用意している。（『新中国医療への道』中国医学研究会編・一九七二年・亜紀書房刊）

「校門にはいるや否《いな》や、一群の聾唖の子供たちがとりかこんだ。この聾唖学校の王雅琴《ワンヤーチン》という生徒は、趙普羽の服をひっぱって〈毛主席語録〉を開き、毛主席の写真を指さし、また自分の口を指して、〈ア！　ア！〉といいながら、〈毛主席万歳〉を高らかに叫びたいという表現をし、その後、趙普羽の胸につけていた毛主席のバッジを指さし、自分の耳に手をやって、毛主席の声をききたいという表現をした」

これを見て、趙普羽は、やる気をおこし、毛沢東の「実践論」を学習、「梨の味を知りたければ、自分でそれを食べて見ること、すなわち梨を変革してみなければならない」の言葉になるほどと感心し、これまで聾唖へのブルジョワ医療が、不治の病いと判断し、はじめから治療しようともしなかったことに対し、挑戦を試みたというわけである。自分の肉体を実験台にするには、死の危険があった。実験を前に遺書を彼は書いた。

「私がそのために犠牲になったら、皆さんは私の失敗のなかから教訓をさがしだし、ひきつづき実践して、必ず聾唖の〈禁止区域〉を攻めおとし、聾唖者に毛主席の声をきかせ、高らかに〈毛主席万歳！〉とよばせて下さい」

もちろん、このあとに彼の成功譚が続く。子供たちは、「毛沢東、万歳」を叫び、「東方紅」を歌い、だれが作詞作曲したのか、

十年も枯れていた藤に芽がでた
万年の鉄の木に花が咲いた

偉大な指導者毛主席に感謝する
今の時代の聾唖者は話しができる

と合唱するようになる。「奇蹟」だというわけだ。この歌詞を見ていると、日本の「電信柱に花が咲き」といった童謡を思いだしてしまうが、まさに電信柱に花が咲いたわけで、それは彼がおこした奇蹟だというより、「毛沢東思想の奇蹟」だとするのが、一貫した宣伝のパターンである。「奇蹟」を言いだしたのだから、もはや毛沢東は、教祖であり、中国共産党は宗教である。

たいてい、文革中の宣伝キャンペーンは、なにかと抱き合わせにするか、なにかを隠したい時である。針による聾唖治療の発見も、中国全土に革命委員会がうちたてられた一九六八年九月五日と合せ技になった。

新聞雑誌より先に、ラジオで、キャンペーンが皮切られたことになる。たどたどしい声で毛沢東をたたえる「東方紅」の歌がきこえてきた。なんだろうと人々が思っているうちに、アナウンサーが、これは、「東方紅」を歌えるようになった遼源の聾唖者たちの合唱です、「毛沢東思想のかがやかしい光に照らしだされている中国の大地」では、奇蹟が起ったのですと伝えた。これは、日本向け放送だが、中国中、世界中に同時放送されたと見ていいだろう。（近藤良男『毛沢東思想のハリ』一九七二年・青年出版社刊）この時は、まだ「趙普羽」は、「英雄」にされていない。

針治療によって、「毛主席、万歳」を叫ぶことができるもの九〇パーセント、簡単な会話六〇パーセント、「東方紅」を歌えるもの三八パーセントだという。一番むずかしい「東方紅」を奇蹟の宣伝に用いたことになる。効果あり、と見たのだろう。この放送より、すこし遅れて復州人民公社の成功例が『人民画報』でキャンペーン化されるのだが、聾唖者のたどたどしい歌が人々に感銘をあたえるのを知って、早くも生きた宣伝人形として組織化されている。聾唖学校の生徒による「毛沢東思想宣伝隊」の結成である。あちらこちらと、ひっぱりだこになって公演をしてまわることになる。「かれらが舞台で〈東方紅〉をうたい、〈毛主席万歳〉を叫ぶたび、観衆は感激に涙をうかべて」のコピーがある。なんだか痛ましい。

それにしても、歌を唄う聾唖者たちの表情が、美しい。熱狂する紅衛兵たちの表情には、邪悪さがあるが、彼等にはない。宣伝の嵐にのった「毛主席万歳!」の蛮声が、中国の大地に轟いている間、その真似さえできなかったものがいたことを逆証している。だが彼等の表情の素晴しさは、その「毛主席万歳」をようやく叫ぶことができた喜びからきていない。「声が出るようになった」喜びからきているというべきだろう。

★反革命のピエロ

——白紙答案を出して英雄となった張鉄生

英雄はこうして生まれた

「上野動物園のパンダが病気になったら、診察にきてくれるか」と新聞記者が、中国の新しい英雄に質問した。馬鹿げた質問をしたのは、日本の新聞記者である。冗談がチャチなのである。「中国はまだ機械力が足りず、耕作用の家畜の役割が大きい。大学を出たら生産隊にもどって、増産に励みたい」（『週刊朝日』一九七四年二月八日号）

笑いながら、こう模範的な返事をしてみせてくれたのは、「白紙答案」でたちまち英雄となり、そのおかげで志望大学の遼寧農学院に合格、獣医学を専攻している「張鉄生《ヂァンティエセン》」である。

英雄となった今、型破りというわけにいかない。外国人のよくする素朴にして皮肉な冗談に対して、即座に「笑いながら」余裕を見せて受けながし、ハンで押したような「気味の悪い」解答ができるくらいでなければ、「自由化」などされていなかった「文革期の英雄」として生きつづけられない。

❖……『人民画報』1974年３月号で大きく取り上げられた張鉄生

白紙答案をだすような男だからと言って、型破りな答えは期待できないのである。「英雄」も「型」である以上、答えも「型」に入っていなければならない。「英雄」が、英雄らしい言葉を吐く必要がないのが文化大革命なのである。

この白紙答案が、「英雄的事件」となったのは、『人民日報』が、トップであつかったからである。一九七三年八月十日付の『人民日報』で「人をして深く反省させる答案」という大見出しで、「張鉄生」をクローズアップした。日本の新聞、たとえば『朝日新聞』はさすが一面扱いでないが、八月十四日の六面のトップであつかっている。

日中友好協会など諸団体の招待で、中国青年訪日代表団が、羽田に着いたのは、一九七四年一月二十三日である。二十二人からなる代表団は一カ月近く全国をまわることになるが、その中に「張鉄生」もいた。

にわかに英雄にしたてあげられてから、わずか五カ月にして、大学の無試験パスにも外国訪問の褒美にもありついたわけである。日本では、大学を占拠し、教授たちをとっちめた七〇年安保の余熱も急速に冷えはじめ、青年はすでに無気力時代へ突入している。「白紙答案」にびっくりしたが（こんなことが事件になったり英雄になったりすることにびっくりした）、張鉄生の名まで人々の頭に刻まれたといえない。日中国交が開かれたばかりだったから、中国としては、目玉のパンダとして「張鉄生」を送りこみ、サービスしたつもりだったのかもしれない。農学院の党委員会副書記として成りあがっていた彼は、一年後の一九七五年一月には、さらにジャンプ、第四期全国人民代表大会の代表に選ばれ、常務委員会の委員にまでのしあがる。さらに文部大臣候補と囁かれるようになるのである。典型的なヘリコプター幹部である。

一九七六年一月八日、周恩来死去。七月六日、朱徳死去。九月九日の重陽の日、ついに毛沢東が逝去した。たてつづけに長征の大御所たちが、世を去った。十月六日、四人組が逮捕。同七日、華国鋒が主席に就任した。

同年十二月十日から二十七日まで、「農業は大寨に学ぶ」第二回会議が開かれた。大寨の英雄、頬っかぶりの陳永貴は、副総理になっていて、重要報告もしている。華国鋒は、主席として総括、講話したが、「四人組」の批判が中心である。（新井宝雄『江青とその一味』一九七七年・青年出版社刊）

「なぜかれらは一貫して偉大な指導者毛主席にたてつき、あのように何はばかることなくマルクス主義、レーニン主義、毛沢東思想を改ざんし、毛主席の指示を封鎖、歪曲し、毛主席の戦略的布石をかく乱、破壊するのだろうか」

「なぜかれらはわれわれの敬愛する周総理とその他の年輩のプロレタリア革命家を打倒せずにはおかない、死地に追いやらねば気がすまないのだろうか」

この「なぜ」尽くしが、なんと十二回も鎖となってつながりリフレーンされている。その一つに、つぎの「なぜ」がある。

「なぜかれらはつねに翁森鶴、張鉄生のような反革命分子にたより、野心に燃え、投機をやり、ぬけ目なく立ち回り、殴打、破壊、略奪をはたらき、国家の財産を盗み、社会秩序に危害をもたらす悪質分子にたよるのだろうか」

ここで、白紙答案の英雄「張鉄生」の名がでてくる。彼が、四人組の息のかかったヘリコプター幹部であり、彼等の手で「英雄」にされたことが、これでわかる。

『解放軍報』は、この十二の「なぜ」に対し、くわしい解説を付しその一部が翌年の二月『光明日報』に掲載された。中国の新聞媒体を利用しての宣伝は、徹底した「まわし」なのである。「まわし」のたびにすこしずつ変化をつけていく。張鉄生とならんで名ざしされた翁森鶴は、浙江省の杭州で、四人組の指導のもとに武装組織を作って暴れた。では張鉄生に対して『解放軍報』は、どのように解説し、弾劾しているだろうか。

「張鉄生は例の白紙答案を提出して、ひとしきりもてはやされた反革命のピエロである」

「もともとブルジョア階級の家庭の出身なのだが、姓名を変えて貧農といつわっていた」

「かれは、毛主席、周総理を極度に憎み、英明な指導者華主席を口汚く罵った」

編集部の筆は、この張鉄生に対して四人組が、どのようなセリフでかつぎあげたかまでをしつこく拾いあげている。暴露宣伝の手口である。

江青は、ほめそやす。

「実に大したものだ、英雄です。敢えて潮流に逆う人だ」

姚文元は、歯の浮くような讃辞を呈す。

「先進的な知識青年に学びたい」

張春橋《ザンツウンチヤオ》は、もちあげる。

「頭に角《つの》、体にトゲを生やした奴」

「このような幹部を中央に送りこんで、ひっくり返してくれる」

副主席にまで急上昇したヘリコプター幹部のチャンピオン王洪文《ワンホンウエン》のセリフは欠いている。張春橋の「頭に角、体にトゲ」というのは、鬼の表現で、小憎らしいほど頼もしい奴という意味だろう。

当然、張鉄生は、四人組とともに、一蓮托生、数珠つなぎで逮捕されている。懲役十五年の刑が言いわたされたという。

仕組まれた白紙答案

それにしても、四人組は、どのようにして東北の遼寧から、「張鉄生」なる英雄化のための素材を発見してきたのだろうか。

ハン・スーイン（むかし大当りしたアメリカ映画『慕情』のモデルといわれる）の自伝『不死鳥の国』（長尾喜又訳・一九八六年・春秋社刊）を読むと、彼女は、一九七三年から、「上海秘密結社《マフィア》」たる四人組が、政権奪取の作戦を開始したとし、張鉄生の白紙答案事件にはじまる一連の教育キャンペーンは、王洪文を党副主席に選ばせる策動と同時並行していたという。

「〈共産主義青年団会議〉の第二回会議は、江青ファンの毛の甥が抑えている遼寧省で開かれた。これは明らかに四人組の差し金によるもので、またもや彼らは青年を狙い撃ちにしたのである」

ハン・スーインは、こういう。この指摘は、なぜ張鉄生の白紙答案事件が、北京でも上海でもなく、広州でも南京でも杭州でもなく、東北の遼寧で発生し、それが中央の『人民日報』の編集部の元へすぐ届き、取りあげられるにいたったのかの疑問を解いてくれる。

毛の甥とは、毛遠新のことで、遼寧省の瀋陽部隊の副政治委員であった。彼は、四人組と気脈を通じていた。毛沢東の逝去前後は、政権奪取のクーデターにそなえ、遠新の瀋陽部隊が北京郊外に駐屯していたという説がある。（齊辛『華国鋒政権成立前夜』杉野明夫・村田忠禧訳・一九七七年・三一書房刊）共産主義青年団会議を主催した毛遠新が、この教育キャンペーンに一枚嚙み、英雄としてのでっちあげに協力したのだと見ることもできる。

張鉄生が白紙答案の裏へ、今の入試制度への疑問を当局に向って手紙を書きつらねたことが、まず地元の『遼寧日報』で、一石を投ずるものとしてとりあげられたと一般的に言われている。ハン・スーインは、まず遼寧省のラジオではじまったとしている。

四人組のインチキ・キャンペーンだとわかった今、白紙答案―遼寧省のラジオ―『遼寧日報』―北京の『人民日報』という自然めかした伝達経路は、まったく崩れたといえる。北京の四人組と遼寧の一党とが、はじめから打合せ段取りし、最終的に『人民日報』で大々的にとりあげる手筈がととのっていたのだといえる。四人組が、地方の小事件に素早く目をつけて故意に大問題化し、進行している教育革命に対し、攪乱を計った宣伝だと、ストレートに考えることができる。

そもそもこのニュースが、日本へ伝わった時、入学試験制度が廃止されたときいていたから、また復活していたのかと驚いたが、だとすれば、白紙答案とその釈明の手紙は、ずいぶん勇気のあることだなと思った。紅衛兵運動も鎮圧された今、当局への批判になるから、命がけのはずである。命がけが成功したわけで、英雄にしてしまうのも、なんとも中国らしいなと思った。

四人組の宣伝戦略

ここで、張鉄生の白紙答案（白巻）の裏に書いた手紙の内容が、どんなものであったかを『人民日報』を通じて検討したい。その前に、試験制度は廃止されていたのだから、そもそも答案あっての白紙答案であり、妙であるという問題を解決しておかなくてはなるまい。新井宝雄の『江青とその一味』を読むと、国務院は一九七三年四月、大学生募集の改革指示を出していたのである。

「二年以上の実践の経験をもつすぐれた労・農・兵のなかから学生を選びだすこと、大衆による推薦があること、政治的な条件がかなっていること、学力を重視し、学力テストを行って基礎的な知識があるかないか、および問題を分析し解決する能力があるかないかをつかむ必要があるが、同時に点数第一主義におちいってはならない」

国務院は、周恩来首相の根城である。その指示によって変ったのは、「学力の重視」であった。ブルジョワ思想の温床とならぬように学校教育を労働者や農民の管理化におくという毛沢東の徹底したインテリ狩りは、やはりいきすぎであり、憂うべき学問の低下が生じていた。周恩来は、毛沢東の実践と経験を尊びつつ、学力テストを滑りこませた。注意深く、点数第一主義に陥る可能性を先取りして戒めているところが、周恩来らしい。

張鉄生は、一九六八年、遼寧省の興城中学の初級中学を卒業、すぐに「下放」されている。といっても興城県下の生産大隊である。一九六九年の秋には、母が故郷の白塔にある人民公社に戻ったので、彼も同生産隊に移った。（『人民画報』一九七四年三月号）この裏に、なんらかの「縁故」による操作があったとみてよいだろう。ここで、水稲の試作に成功したりして、一九七一年の春には、第四生産隊の隊長となっている。『人民画報』は、グラフィックな側面から、張鉄生をヒーローに祭りあげようとしているのだが、同時に『人民日報』にない白紙答案を出す前までの彼の動きをネームで補強している。昼休みを利用して植林したとか、家畜の飼料不足を解決するため、社員を連れて山の中へ草をとりにいったなどという話が、彼の「階級的自覚」を高め「実践的経験」を積んだ証拠として列挙されている。

一九七三年の夏、大学の新入生募集が行われた時、張鉄生は「党組織と貧農・下層中農の推せん」によって、農学院志望の入学願書を出すのである。「四人組」と気脈を通じている毛遠新は遼寧省で、林彪の死後、勢力を増して来た周恩来やカムバックした鄧小平に対し、一矢を報いようとしていたにちがいない。地方からのろしをあげるのが、反対運動のパターンであり、「学力テスト」が、知育第一主義につながると批判しはじめていた。「興城県の学力テストは、遼寧省の学生募集のテストケースとして行われた。そして、辞書や参考書は見てもよいとされ、問題もそうむずかしいものではなかった」と『江青とその一味』の新井宝雄は言う。だとすれば、全国一斉テストでもなければ、遼寧省の一斉テストでもなかったわけだ。まるで四人組が難癖をつけるためのモデルケースとして、張鉄生の属する興城県のテストが行われたともいえるのである。

新井宝雄がどのような資料をもとにしているか、たしかめていないが、テスト後、どうあるべきかの座談会がもたれ、出席者の中にもぐりこんでいた四人組に属するメンバーが「ブルジョワ階級による巻き返しや報復の疑いが実際にある」と声をあげると、張春橋が「こういうやり方は復活だ」と呼応したという。とすれば、四人組の張春橋も、出席していたことになる。そうこうしているうちに、白紙答案の裏に指導部あての手紙を書いた張鉄生のことが報告され、これは使える（反撃宣伝として利用できる）と『遼寧日報』へ発表することになってしまったのだという。

私の空想的推理では、白紙答案の「裏」に書いたという事件が、どうも怪しい。偶然にピックアップされたのでなく、はじめから四人組と、彼との間に打合せがあったように思えてならない。なぜなら、採点者は、ふつう「裏」まで丁寧に見ない。すくなくとも表に「白紙提出の理由は裏に書きましたので見てください」という注意書きでもしないかぎり、見すごしてしまうからである。

さて、『遼寧日報』を転載した『人民日報』だが、慎重に毛沢東の言葉の利用を忘れていない。四人組はマスコミを抑えていたから、『人民日報』をあやつることなど簡単だったが、下手をすれば毛沢東の怒りを買わないといえないし、その利用は大衆に対してもお墨付き効果として絶大である。

つまり「学生は、実践経験のある労働者農民の中から選択し、学校でなん年か学んだのち、また生産の実践に戻っていかねばならない」という毛沢東の言葉を『人民日報』の編集者注の中でゴシックで強調した。『人民日報』は、題字の横に「毛主席語録」を置くのを常としていたが、その日は、その同じ言葉を繰り返し効果としてあえて採用している。

張鉄生の手紙だけでなく、『遼寧日報』の編集者注も転載したが、このゴシックによる強調はテストの採点基準が三大革命（階級闘争・生産闘争・科学闘争）の実践を重視するのか、それとも点数を重視するのか、家に閉じこもって本を読むことを奨励するのかの問題提起への前座的な役割をしている。もちろん、国務院が点数主義の復活を暗に図っていると否定するため、この毛沢東の言葉は重要なのである。

それを露骨に示さず、ここに張鉄生の手紙をのせるから、「教育革命に関心のある同志よ、どうか自分の考えをどしどし発表されんことを」という『遼寧日報』の編集者注もそっくり掲載した。両新聞とも四人組の宣伝工作であり、手のこんだ三文芝居である。

「批林批孔《ひりんひこう》」への序奏

張鉄生の手紙は、毎日十八時間近くも働いていたので、勉強する時間がもてなかった。幾何や、物理化学の問題はお手あげであったと正直に書いている。正直は最大の手段《ウソ》である。その証拠にすぐ批判に入っている。

「しかし、本音をいうなら、多年来、労働をさぼり、のんびりだらだら（逍遙浪蕩）と本の虫（書呆子）であったものたちに対し、私は不服であり、大いに反感さえ抱いている。テストの合格者はそういう大学気狂いの群によって独占されてしまうであろう」

張鉄生が自己の一存で手紙を書いたとしても、四人組の手先き機関であった『遼寧日報』の記者によって、相当に手が入ったであろう匂いが文章に漂っている。「書呆子《シュタイス》」とは、教育の父と呼ばれたデューイの弟子である陶行知の造語である。生きた学問を尊んだ彼は、暁荘師範学校を設立した時、図書館に「本の虫入るべからず」の看板を出したことで有名で、毛沢東は、このプラグマチストの影響を受けている。「書呆子」は、どうもこの用語の選択に毛沢東受けを狙った四人組的な教養の匂いがしてならぬ。

「ただ自分に慰さめるところがあるとすれば、このテストのために仕事をほうりだしたりせず、生産隊の責任をすべて背負い、やりとげたことだ。喜びの春雨の中で、人々はほんとうに忙しかった」

愚痴っぽいというより、嘘っぽい感傷の腐臭がする。この感傷が、宣伝工作臭なのである。さらに彼は、「都会育ちの私は、下放により、世界観が改造された」といい、

「新しい制度の要求を考えた末、答案を白紙で出すことにきめたが（とうていこのテストは基礎知識と能力をためすものと思えない）、けっして恥とは感じていない」

と強弁している。この強弁が批判である。この特集の真下にエジプト代表団と会見した周恩来の記事と写真が

のっているが、まさにあてつけのレイアウトである。この白紙答案事件の宣伝のミソは、珍しく押しつけでなく、討論を呼びかけたところである。四人組が、周恩来に喧嘩を吹っかけたともいえるが、鎮静していた学生たちを、もう一度騒がせて、混乱を作りだそうという意図があり、たちまち、大反響を呼びおこした。

「教育はほとんど無くても、大望を抱く数多くの青年を怒りの渦に巻き込んだ。彼らはみなもっと学校教育を受けて勉強したい気持ちなどさらさらなく、またそんな能力もなかったが、〈プロレタリアを指導する〉能力なら自分にだってあると思っていたのである」

ハン・スーインは、すこしプチブル的皮肉が鼻につくが、『不死鳥の国』の中で、このようにその反響を分析している。

このあと、つぎつぎと各地で、教育キャンペーンが続出し、キャンパスは騒然となり、紅衛兵運動の復活かと思わせた。河南省の女子中学生は、帝国主義の英語をなぜ学ぶかと白紙答案を提出し、川へ投身自殺している。カンニングをしてなぜ悪いと、上海の中学生が騒ぎだし、南京大学の学生は、裏口入学を恥じて退学届けをだした。北京では、大学教授に抜き打ち試験を行った。六百十三名のうち合格者は五十三名。二百名近くは白紙答案を提出した。ベートーヴェン批判論争も起った。これらは執拗にはじまる「批林批孔《ひりんひこう》」運動の序奏でもあった。標的は、周恩来である。

いずれにしろ、張鉄生は、「潮流に逆らう英雄」となった。『人民画報』を見ると、まだ英雄慣れしていないのか、カメラの前で、ぎこちなく生硬である。一緒に写される同級生たちは、この白紙答案の英雄に心服していないのか、表情がそらぞらしい。

彼は入学当時、二十五歳だったから、いわゆる大学生らしさは、その風貌になく、どこかカンシャクもちの「お父さん」の感じがある。生産隊長として人を引っ張っていくだけの「こわさ」をもっている。事実、張鉄生は、江青ら四人組のひいきのもとに出世の階段をのぼっている。

しかし狂暴な宣伝マシーンを操った四人組の没落とともに、逮捕された張鉄生は、いかに傀儡のピエロであったかが、つぎつぎと暴露されていった。あらたな傀儡のピエロを作るためには、没落したピエロは徹底して叩かねばならぬという凄さがある。

だから、この暴露にもかなりの虚偽ありと私などは見ているが、「白紙答案」でなかったことも白日化された。このあたりのことは、新井宝雄の著書に詳しい。国語38点、数学61点、問題の物理化学も、六問に手をつけていたとわかった。「各級の指導部が今回の入試をうける学生のなかから、この小隊長の私に考慮をあたえてくれるように望みます」という売り込み部分が四人組の手によって削られたこともわかった。試験後も、批判の書信に自ら手応えを感じていたのか。こうなれば、もはや、「嗚呼《ああ》、哀哉《かなしきかな》」以外のなにものでもない。

★天才と禿頭

毛沢東天才説

「今は毛主席は健在であり、我々は大樹の下で十分涼をとることができる。毛主席はすでに七十余歳だが、身体は大変健康で、百歳までも生きることができる」

これは、一九六六年五月十八日、つまり文革初期、中央政治局拡大会議における林彪の講話の中にある言葉である。毛沢東は、どのような顔をしてきいたであろうか。

老人は、「身体は大変健康で、百歳までも生きる」という言葉をけっして喜ばない。そのように自分で思いこむように努めたりするが、他者に言われるのを好まない。いつ死んでも、しかたのない年齢であることを、他人と同様に、よく知っているからだ。

さらに林彪は、マルクス、エンゲルス、レーニンの年齢について言及する。マルクス六十四歳、エンゲルス七十五歳、レーニン五十四歳。（ちなみにこの時、林彪、五十八歳）

「毛沢東の言論、文章や実践はみな彼の偉大なプロレタリア的天才をあらわしている」

❖……『人民画報』1971年7・8月号より。林彪の禿頭のポートレートの対向面には同じレイアウトで毛沢東のポートレートが掲載された

「エンゲルスは、十八世紀の天才はヘーゲル、サン・シモンであり、十九世紀の天才はマルクスであるといった。彼はいった。マルクスは我々すべての人々よりも、いっそう高い所に立ち、より遠くまで見、より多くより早く観察しえた。だから彼は天才だと」

レーニンもまた、天才の存在を認めた。これら天才たちより、毛沢東が長期にわたってやってきたことは、はるかに多い。当然、「毛沢東は天才である」というのが林彪の論理である。

これをききながら、毛沢東は、どう思っただろう。エンゲルスも、レーニンも馬鹿なことを言ったものだと思っただろう。「天才」なるものは、なんの根拠もない絶句表現にすぎないからである。まったく唯物論的でない。これまでもマルクス、エンゲルスをさんざん引用して宣伝的に利用してきたのだから、文句も言えない。

本来中国では、「天才」を言う時、唐の詩人の李白をしかささない。李白の独占だったはずだ。天才は、二人いるわけにいかない。だが、西洋文明の流入により、「天才」なる語も、安売りされるようになっていたのだろうが、それにしたって、おかしいのである。

ただ、この時の毛沢東は、自分を棚上げした国家主席の劉少奇ら「黒い一味」をひっくり返してやろうと、文革を発動し、林彪と手を組んでいた。まさに「身体は大変健康」、色つやもよく張り切っていたにちがいなく、彼の言う「百歳までも生きる」の世辞は、なんとも不快だが我慢しただろう。林彪の「天才論」も、なんとも愚劣だが、彼が、この天才説によって、毛沢東を神格化しようとしているのは、みえみえであり、この際、のろうとしていたであろう。

毛沢東は、カリスマ的体質の持主だが、それだけではだめで、本人がそれをいやらしく自覚し、まわりが宣伝的にもちあげないかぎり人間は、『カリスマ』になりえない。劉少奇打倒のため、毛沢東は、あえて積極的にのるのである。

武内香里・森沢幸の『中国の政治と林彪事件』（一九七五年・日中出版刊）は、巻末に三つの資料を付録として付しているが、さきの林彪の講話は、その一番目である。

三番目の資料は、一九七三年の「林彪反党集団の反革命的罪状についての審査報告」だが、一九七〇年の九期二中全会での反党講話を問題としている。毛沢東が廃止を主張している国家主席のポストの存続を主張し、唯心主義的な「天才論」をそれに結びつけ、奪権を謀ろうとしたというのである。二番目の資料は、この奪権の失敗、本稿のテーマ本位には、ふたたび「天才論」をもちだし、その失敗により、毛沢東暗殺を謀るに至った一九七一年三月の「〈五七一工程〉紀要」である。この中に、つぎの言葉がある。

「B52〔毛沢東〕の前途もそう長くはないので、かれ毛沢東は急いで、ここ数年内に後々のことを決めようとするであろう。かれは、われわれに対し気を許していない。手をつかねて捕まるのを待っているよりは、この際思い切って行動に出た方がよい」

毛沢東が、自分の生命がそう長くないと思っていたのは、事実であろう。そのため「急いで」やりたいことはやっておくという平凡な心理状態を見とっているが、逆にいえば、林彪こそ、毛沢東の死を待てずに、「急いだ」のだといえる。急ぐあまり「天才論」をむし返し、墓穴を掘るのである。

国家主席をめぐる争い

「林彪同志は毛沢東同志の親密な戦友であり、後継者である」

一九六九年の九全大会は、それまでの文革の総括といわれ、党副主席の林彪は、後継者として党規に明文化された。大会そのものは、大揉めに揉めたが、後継者指名は異例の処置だった。

だが、林彪自身は、浮かぬ気持であったらしい。手を組んだが、油断のならぬ後の四人組の他に、周恩来の息のかかった国務院系の官僚、林彪がさんざん痛めつけた軍人たちの復活があったからである。後継者に指名されたものの、包囲されたも同然だったからだ。毛沢東の分割統治の気配も濃い。「過去の歴史をみても、権力の後継者を早目に発表することは、もとより後継者に威望を与えるという利点があるわけだが、それは太平の世の場合だ」「現在のように各セクトが入り乱れて闘争し、内外に敵を持つ乱世では、こういうふうなやりかたは非常にまずい。いまそんなことになれば、後継者はたちまち非難の的となる」

これは、夏之炎の『虹の彼方に消ゆ』（氷室鴻訳・一九七九年・文藝春秋刊）からの引用である。林彪の息子林立果の立場から見た小説だが、資料の読みこみが深く、小説にすぎぬといえない直観力と憶測の穿ちに説得力があり、文献主義の学者にはない推理力がある。そもそも、現実とは、人々の憶測の上に建った空中の楼閣のようなところがある。

この九全大会では、劉少奇の党籍が剝奪された。国家主席は、空白となった。林彪は、「後継者」にきまったのに、その空席を襲ったわけでなかった。

かつて、毛沢東は、党主席と国家主席を二つ独占していた。三面紅旗政策の失敗を批判した彭徳懐の首を切ったが、その後、自己批判して国家主席の椅子を劉少奇に譲った。「それで空に太陽が二つあり、国に二人の君主がいるようになってしまったんです」と夏之炎は、登場人物に言わせている。では、劉少奇がその地位を降りた今、どうするか。毛沢東がその椅子にまた戻るか。いや、彼はなくしてしまおうと言いだしている。それでは、党はあっても国家はなくなるではないか。後継者の林彪としては、当然、不満が残る。

ここで、陳伯達が登場してくる。文革小組組長だった陳伯達である。彼は、世論づくりの名人といわれ、毛沢東の秘書を三十年近くつとめ、『毛沢東選集』は、彼なしではありえないといわれる。この陳伯達を毛沢東は切る。「親密な戦友」を切るということでは、毛沢東はヒットラーと似ている。その前に、周恩来を目の仇とした極左集団の「五・一六兵団」を切っていた。この黒幕が陳伯達であり、江青だった。周恩来の実務の才を選び、別居の妻江青を残したのである。毛沢東とうまくいかなくなった彼は、林彪をたよった。林彪は、使えると踏んで、彼を庇護した。

天才論をぶりかえすのは、この陳伯達である。文革初期の林彪の天才論は、毛沢東を偶像崇拝化させるための心的なベースになったと思えるが、その言葉自体を宣伝化したといえない。初期の講話の草稿をだれが書いたのか不明であるが、林彪にすりよった孤独の陳伯達は、この「天才論」にめりはりをつけて、「国家主席」のポストをなくそうとしている毛沢東に反対するのである。

林彪が仲間と謀って、この天才論をもちだすのが、一九七〇年八月二十三日から九月六日まで開かれた九期二中全会である。いわゆる廬山会議である。この席上、陳伯達は、天才論をぶち、国家主席の必要を説き、毛沢東の怒りを買い、退場している。この会議の模様はいまだ発表されていない。『中国の政治と林彪事件』の著者は、こう推理している。

「林彪や陳伯達は毛沢東を天才だともちあげ、ついでその天才が国家主席になるのは当然だからといって毛沢東を国家主席につけようとし、毛沢東が何回ことわってもそのように主張したのだが、それは結局、国家主席を置かないという毛沢東の考えに反対し、どうしても林彪を国家主席につけて〈権力奪取〉を急いだのだ、ということになろう」

「毛沢東にいわせれば、林彪は国家主席の座をしめて権力を独占し、第二の劉少奇たらんとしているし、陳伯達はこれを積極的に支持しているということになろう」

すこしわかりにくいが、著者の言いたいことは、陳伯達の天才論の目的は、その天才説に嬉しくなってうなずいた毛沢東が国家主席の存続を認め、しかも就任を断り、その席を林彪に譲るということであったが、毛沢東にしてみれば、この席をなくしてしまうというのは、「林彪を代表者とする軍勢力の台頭を抑える」ことにあったのだから、勢い陳伯達批判に向かったのである。

「ある者が国家主席になろうと急ぐあまりに、党を分裂させ、権力奪取を急いだのだ。天才問題は理論の問題であり、彼らは唯心論的先験論にもとづいて天才をいった。そして天才に反対することは私に反対することだといった」

「私は天才ではない」

「私を崇め奉るのではなく、結局のところ彼自らをまつり上げようとしているのではないか」

このセリフは、非公式の「毛沢東の談話紀要」からのものである。九期二中全会の後（一九七〇年九月十四日）、毛沢東は、陳伯達批判を全党に呼びかける書簡をしたためた。しかし、大要である。

「陳伯達は、マルクス、レーニン主義を語るペテン師である。長時間にわたり〔秘書時代からという意味か。だとすれば文革初期の林彪の天才論は彼の代筆であり、だからのちにその関係から林彪をたよったともいえる〕私と彼は、天才とはなにかについて語りあったが、彼は天才を天性のものだとし、実践できるものでなく、大衆の中から生まれないとし、自分は天才だと私に認めさせようとした。……〔陳伯達批判については〕林彪同志も基本的に私の意見に同意している」

手のこんだ書信である。陳伯達は、毛沢東を天才だと言っても自分を天才だと言うはずがないからである。おそらく陳伯達の黒幕である林彪が、自分は天才だと言っていると、あてこすっているのである。陳伯達批判に、林彪が同意したとは、建て前として二人は手を結んだことになっていないからである。林彪は、自分に矢がまわってくるのをおそれ、しぶしぶ同意したというニュアンスを毛沢東がだしたがっているのをくみとるべきだろう。では、林彪が、自らを天才と言ったのか。言ったのである。陳伯達の口を通して言ったのである。厳家祺等の『ドキュメント中国文化大革命』（リュウ・グァンイン訳・一九八七年・PHP研究所刊）によれば、毛沢東天才論の前に「林彪天才論」をぶっている。なんとも手がこんでいる。

「……一味の者は、林彪こそ〈非凡な天才〉であり、〈マルクス、エンゲルス、レーニン、スターリンたち、革命指導者、統率者と並べることができる人物である〉」

といたるところで吹聴している。そして、

「マルクス、レーニン、毛沢東にとって、エンゲルス、スターリン、林彪は〈三大助手〉といえるが、その三人の中でも林彪は〈最もすぐれた助手〉なのだ」

とまでほめあげている。

なんとも妙な理屈だが、こういうことだろう。毛沢東は、天才である。林彪も、なかなかの天才である。したがって、林彪は、毛沢東の後継者にふさわしい。国家主席の位置にふさわしい。したがって国家主席のポストは存続すべきである。この論理は、あまりにやりすぎであり、かつ粗雑であり、毛沢東が激怒してもしかたがない。

盧山は、因縁の深い会議場である。一九五九年、毛沢東は、国防部長の彭徳懐将軍を解任した。かわりに、林彪が国防部長となった。まもなく劉少奇が、国家主席となるが、文革で、その追い落しを謀ったのが、林彪である。その彼が、こんどは国家主席を要求して、失脚しかかるのである。

仕組まれた見開き写真

林彪のドラ息子、林立果らがクーデター計画（「〈五七一工程〉紀要」）を練ったのが、一九七一年三月。ソ連寄りの林彪をあてつけるようにアメリカのキッシンジャーと密談したのは七月。八月にはいってから毛沢東は、南方巡視の旅にでかけ、各地で林彪批判をはじめた。陳伯達の追い落しから、ようやく黒幕の林彪追い落しに着手したのである。

九月八日、林彪は、毛沢東暗殺のクーデター計画の実行を命令する。この年の『人民画報』七・八月合併号は、まったく不思議な編集である。

表紙は、人民解放軍の帽子をかぶった若き日の毛沢東である。気味の悪いほど、のっぺりした美男の毛沢東である。痩せていて、目尻がさがっている。若さとは、気味の悪いことだといえるほどテカテカで不気味である。本来、モノクロ写真のはずだが、人工着色を施したのである。いったい、どういう意図で、若き日の毛沢東を表紙にもってきたのだろうか。このころ、『人民画報』などのマスコミ機関は、江青、張春橋ら四人組が握っていた。

これよりも、びっくりするのは、表紙をめくったところにある見開きのカラー写真である。左は、「偉大な領袖毛主席」。右は、「毛主席の親密な戦友林彪副主席」である。この毛沢東の写真は、「王東撮影」とある。額がかなり後退しているが、若々しく、精力たっぷりありげに撮られている。目を細め、せいかんな表情で、歯を見せて笑っている。なにボクロか知らないが、あごに大きな点粒がある。額などは、テカテカと輝いている。脂ぎっているというより、まさに中国人民を照らす太陽のイメージである。カラー写真なのだが、操作することなど、簡単なはずである。

これより、もっと驚くのは、対向頁の林彪の写真である。「峻岭撮影」とある。額は、毛沢東と同様、お義理に光っているが、なんと禿頭の林彪なのである。やはり目を細めて『毛沢東選集』を読んでいる。まさに毛沢東思想に忠実なる後継者という感じなのだが、そうだろうか。

これまで、林彪は、禿頭をけっして自慢してこなかった。禿頭をトレードマークにしてこなかった。隠してきたのである。たいてい、人民解放軍の帽子か人民帽をかぶっていた。毛沢東は、無帽が多いが、その時でもそのかたわらにいる林彪は、かならず帽子をかぶっていた。つまり、禿頭を隠してきた。

中国人民は、これを見て、びっくり仰天したにちがいない。禿頭などは、想像したこともなかったであろうからだ。大衆のイメージは、帽子をかぶっている林彪なのである。「えっ、こいつは、なんだ」と、大声をだしたにちがいない。

林彪は、これを見て、どう思ったであろうか。女房の葉群や、娘息子たちにしか見せたことない禿頭が、公前とさらされていたわけで、彼こそびっくり仰天、腰が抜けるほど驚いたにちがいない。

この雑誌が発売されたのは、いつであろうか。七・八月合併号だとすれば、七月中の発売だろうか。毛沢東が、南方を旅しながら、あからさまに地方幹部に林彪批判を開始していたころである。その批判の情報をえて、失脚、粛清の危険性を感じ、九月五日、毛沢東暗殺を決意したといわれている。しかし、この禿頭の写真を見た時だというのが、私の考えである。

毛沢東の指示と思えないが、四人組が考えそうな邪悪な攻撃である。といっても林彪粛清という毛沢東の意を受けての処置だとはいえるだろう。いつもの独走といえない。林彪は、権威失墜を謀る江青らの子供じみた邪悪さよりも、毛沢東の意志を感じたのではないか。

ここで、なぜ表紙に若き日の毛沢東をもってきたのか。この表紙にはじまる三頁は、ワンセットだと思っている。それも、林彪、陳伯達らのとなえた「天才論」と大いに関係ありである。彼等の天才論は、いつまでも毛沢東は若くはないという発想に立っていた。だから若き後継者にというわけであった。

いうならば、このワンセットは、毛沢東は、まだまだ若いぞの宣伝だったのではないか。この若き日の写真は、林彪事件のあともあちこちにばらまかれるのである。

なおも言えば、林彪の禿頭は、ただ恥をかかせるだけでなく、毛沢東より若いと思いあがっている林彪は、たいして若くはないぞと言っているのでもある。同時に、こうも言える。毛沢東に叱られた林彪が、頭をまるめて改心し、毛沢東思想の再学習をしている図だと。そのための『毛沢東選集』の読書図である。その図を真赤な太陽の毛沢東が、さあどうだと笑いながら見下しているというわけだ。林彪は、これを見て、カッと頭に血がのぼったとしても、不思議ではない。

この見開き写真は、さらに『人民中国』十月号に転載された。林彪が、クーデターに失敗し、モンゴルに墜落したのは（北京で周恩来、または康生が殺害したという説もある。とすれば墜落は謀略工作である）、九月十三日。『人民中国』が発行された時は、すでに死亡していたのだろうか。

この『人民中国』には、若き日の写真は、省略され、二人の見開き写真が流用されている。しかし同じ見開き構成でない。まず、最初の見開きは、左にあの真赤な太陽にメークアップした毛沢東の写真、右に荒波を行く船団の写真。「風に乗り、波を切る」のコピーがあり、それを毛沢東が笑顔で見守っているといった印象をあたえる構成である。

では、「毛主席の親密な戦友林彪副主席」はどこへ行ったか。つぎの見開き頁にいた。左に「撮影　峻嶺」の、禿頭で『毛沢東選集』を読むの図が置かれている。では、右にどんな写真があるのか。なんと、白紙である。この白紙は、いったい、なにを示しているのだろうか。

林彪の死か。それとも彼の狙った「国家主席」は、空白であるとでも言おうとしているのか。このいたずらも、やはり四人組のあざといしわざであるのか。

おそらく、イエスである。張雲生の『林彪秘書回想録』（徳岡仁訳・一九八九年・蒼蒼社刊）を読んでいて、合点がいった。なんと、林彪の禿頭を撮った写真は、江青の手になるものだったのである。

江青が、カメラ気狂いだったことは、よく知られている。林彪支配下の『解放軍画報』に無理を言って、「高山」というペンネームで自作を掲載して貰い、喜んでいたらしい。だが、一九七〇年の七月、発売日にまにあわなくなるのに、かならず八月号にと強要した。こんどのペンネームは、「高山」と同じ意味の「峻嶺」と「大海」である。その二枚の写真は、禿頭の林彪の肖像ではなかったが、半月遅れで出た。

だが、ちょうど一年後、すでに秘書をやめていたが、『解放軍画報』を見て張雲生は肝をつぶした。

『解放軍画報』は〈峻嶺〉のペンネームの入った大きなカラー写真を掲載した。写っていたのは『毛沢東選集』を読む禿頭の林彪だった。……いつ林彪は真剣に『毛沢東選集』を読んだのか。……江青は何故にこんな代価を払って林彪をもちあげる必要があったのだろう」

どうやら張雲生は、江青のもちあげと見ている。秘書には、平気で禿頭を見せていたので、禿頭のもたらす意味が、ぴんとこなかったようだ。それにしても、よくぞ林彪は、江青に禿頭を撮らせたものだ。毛家湾にある林彪の邸へ江青が訪れた時、たまたま彼は帽子を脱いでくつろいでいて、ちょうどカメラをもっていた彼女は、「あら、可愛い禿だこと」とかなんとか世辞を言い、『毛沢東選集』を手にポーズまでとらせ、撮影したのではないか。

それも、まだ両者がたがいに利用しあっていたころで、だから林彪は、てれ笑いしている。廬山の事件で、林彪の旗色の悪くなったのを見て、わが身に火の粉がかからぬようにと寝返り、毛沢東思想に忠実であることを示すため、古い写真をのせたのではないか。『解放軍画報』の例を私は見ていないが、『人民画報』と同じ三点セットの構成だったかもしれない。

このころ、毛沢東は、偶像崇拝にうんざりしていた。三軍統率と国務院の支配できる「国家主席」を渡す気などなかった。毛沢東は、もちあげられるのが大好きという陳伯達の予想は狂った。『虹の彼方に消ゆ』で、林立果に部下の一人が廬山の模様を伝えるシーンがある。

「主席も用心していたらしく、いくら持ち上げてものってこないのです。終始一貫、三月中に国家主席を廃止するという無茶な理論に固執して、陳伯達が主席を〈天才〉と持ち上げても全然うけつけてくれません」

★林《りん》彪《ぴょう》、ピッタリつき従う

「主席にピッタリ従わねばならん」

「新聞の写真では、いつも帽子をかぶっているが、いまの林彪は禿げあがった頭がかえって目につく。ほとんど髪の毛は抜けているが、両耳の後ろと、後頭部に少し頭髪が残っていた。一年中太陽の光を見ないのか、顔面蒼白でほとんど血の気がなかった」（張雲生『林彪秘書回想録』）

一九六六年八月十七日、瀋陽軍区の党委員会事務室の秘書であった張雲生は、とつぜん林彪事務室の秘書に就任するよう命じられる。北京に到着したのは、八月十九日。すぐに毛家湾の事務室に出頭する。

この両日の真ん中にはさまれた八月十八日には、紅衛兵の御披露目ともいうべき「プロレタリア文化大革命祝賀百万人大集会」が開かれている。林彪も四旧を打破せよと演説している。大会は熱狂的に盛りあがり、毛沢東は、紅衛兵の造反を支持した。世界中は、目をまるくして驚いた。

張雲生が、林彪と対面したのは、二日後である。秘書の仕事の一

❖……〔1970年10月１日、偉大な指導者毛主席とその親密な戦友林彪副主席は天安門城楼で中華人民共和国成立21周年を北京軍民とともに祝った（新華社＝中国通信）〕

つは、おびただしい文書を読んで、その大意を林彪に報告することである。秘書としての能力をテストするつもりもあって、就任の挨拶もかねて、さっそく報告させられている。張雲生は「北京八・一八大会」に対する外国の反応をテーマに選び、禿げ頭の林彪に向かって説明することにした。

「外電が注視したのは次の三点です。まず、〔紅衛兵を天安門上から〕接見した指導者〔林彪〕の名簿の順位です。指導者は毛沢東について第二位に並んでおり、われわれ〔中華人民共和国〕はまた指導者を毛主席の親密な親密な戦友だと報道しました。外電は、このことを、指導者が毛主席の後継者の地位にあることを表明したものであると取っております。また……」

パスである。林彪は「よかった。君の説明はとてもよく理解できた」とほめた。二カ月後に、親しく林彪と語りあったことがあった。張雲生は、四年間勤めて、この時が最初で終りだった。

「わたしのことについてどう思っている。どんな長所があるか。どんな短所があるか」

この問いに緊張してしまった彼に向かって、

「論評してもかまわないぞ」

と催促した。

「印象深いこととして二つあります。一つは指導者が毛主席にピッタリつき従っておられること、もう一つは演説が短くて要領を得ていることです」

林彪は、満足したのか、「最初の点は重要なことだ」「主席にピッタリつき従わねばならん」と言った。

この「ピッタリつき従う」には、喩的要素がある。毛沢東思想への忠実である。このことなら、一九五九年の廬山会議で彭徳懐将軍が国防部長を解任され、副総理の彼が兼任するようになって以来、軍部内に「毛主席の著作を実際と結びつけて学び、運用する」、つまり「活学活用」の運動をおしすすめていた。『毛沢東語録』は、その副産物であり、次々と生産された雷鋒らの英雄たちも、この路線なのである。

林彪の名が、世界中に知れわたったのは、一九六六年八月十八日、紅衛兵を毛沢東が接見した時である。八月一日から開かれた八期十一中全会で、林彪は、党副主席になり、党内序列も二位に躍進した。国家主席の劉少奇は、八位に転落した。天安門広場に指導者が立ち並んで、「人民」に向って姿をあらわす時、序列のデザインが、はっきり展示されるならわしになっていた。明快に指導者たちの位置の変化を見てとることができるが、逆にかえって謎が増す。なにがおこったかまでは発表されないからである。

この時、まだ二十代だった私は、林彪の登場を新聞であっけにとられながら見ていたのだが、劉少奇よりも小粒だな、毛沢東みたいな男がいったん出てしまうと、どうしても次は小粒になるよりしかたがないんだなと思ったものだ。常勝将軍だというが、小柄でやせていて、吹けば飛ぶような軽い男だなと思った。が、鋭さは、まあるかとも思った。軽く鋭いが、どこか影は薄い。

ただ眉だけは、ゲジゲジで黒々としていた。周恩来のゲジゲジ眉も目立つが、人相全体とつりあっている。林彪の場合、蒼白の顔の中で眉だけ生動しているという感じだ。しかも、眉の左右は、太さが極端にちがっている。

人相学的にどういう運命を示すのか。天才肌だったとも、いえるかもしれない。それにしても帽子の下が、禿だったとは知らなかった。むかし、中岡俊哉のオカルトの本を読んでいた時、彼が満州にいたころ、林彪が、とつぜん庭で昏倒、白い泡を吹いて失心したのを見たと書いていた。今では林彪は、モルヒネか阿片の常習者だったといわれている。倒れたのは、禁断症状だったのか。禿頭も、そこからきているのか。

「ピッタリつき従う」に話を戻すなら、たしかにそうだった。文革期に登場した彼の写真の過半数は、毛沢東と並んで撮られていた。大男に小男。どれもが大男で肥満の毛沢東に、やせで小男の林彪が、ことさらに形影相い慕うという印象であり、或いは、二尺さがって師の影を踏まずの儒教道徳を守っているようにも見えたものだった。卑屈すぎるというわけでないが、どこか人工的な匂いもした。秘書の手による『林彪秘書回想録』を読むと、林彪がきわめて意識的にやっていたことだとわかってくる。喩として毛沢東思想に「ピッタリつき従う」だけでなく、身ぶりにおいても、毛沢東に「ピッタリつき従う」ように、まるでこれが「活学活用」の見本だといわんばかりに行動していたのである。

ナンバー2・林彪の自己デザイン

あらためて八月十八日の『人民日報』を見なおしてみる。毛沢東の表情は、熱狂する紅衛兵におびえるがごとく、固い。不安を秘めた固さである。紅衛兵に向かって微笑しても、固さがとれない。ぎこちない。林彪の笑顔は、それにくらべ軽快なフットワークである。顔にも、フットワークがあるものだとわかる。本来、寡黙な人ともいわれているが、堂に入った嘘笑いというより、嬉しくてしかたがないといったところもある。周恩来ともなれば、不機嫌丸だしである。とんでもないことがおこってしまったと憂かぬ顔である。

『人民日報』は、八月二十日二十二日二十三日と、連続して写真特集している。「ピッタリつき従う」という企てを、林彪がナンバー2としてクローズアップされだした、ごく初期から敢行していたのかどうかわからない。「ピッタリつき従う」の映像化（イラストレーション）に成功しているといい切れないところがある。

林彪は、ナンバー2なのだから、自然、毛沢東のそばに立つことになるのだが、『人民日報』の写真構成は、「ピッタリつき従う」と印象づけないデザインである。二人並んでいても、林彪のはしゃぎすぎが目立つ。二人拍手している写真でも、林彪の手の叩く位置が毛沢東よりも高くなっている。これでは、「ぴったりつき従う」にならない。二人が握手している写真でも、林彪は快活に笑って演技しているが、毛沢東の口元は、歪んだ微笑で、なんだこいつは、という目つきである。

わが身わが身ぶりを宣伝に供する場合、すくなくとも、三つのことを考えておかなければならない。一つは、宣伝体としてのわが肉体の動きをきっちり計算しておく必要がある。二つは、カメラマンにきっちりと自分の意図を知らせておく。自分の動きにまちがいがなくても、カメラマンの技量や悪意で逆になるし、反対に失敗していてもカバーすることもできる。二つは、エディターとデザイナーである。さきの二つが失敗していても、カバーすることができるし、成功していても、逆転させることだってやさしい。

このことに気がついた場合、報道機関を抑えこむだけの権力をもたなくてはならなくなるし、たえず神経を遣ってチェックしなければならぬ。それでも、スタッフのまちがいがおこり、他者の悪意もしのびこみ、自らもしくじる。疲れるのである。不徹底ながら林彪は、たえず笑うこと、毛沢東につき従うことを実行しているともいえるのだが、まだスタイルが確立されていない。いわんや報道宣伝機関の掌握が不十分であったため、かえって毛沢東と林彪の新コンビを裂くような悪意がグラフ構成へにじみでている。毛沢東が脅威をいだいて、怒ってもしかたのないような林彪のしぐさになってしまっている。「ナマイキな林彪」のイメージをつくりあげられてしまっている。単独写真も多く、これでは、林彪の意図も死んでしまう。『人民画報』(同年九月号)のほうは、どうかといえば、これは、まったく毛沢東中心に大特集を行っていて、二人並んだ写真は数葉入っているものの、新スター林彪の印象が薄くなっている。『人民日報』で使った写真をほとんど流用しているのにである。

新しく秘書として入ってきた張雲生に向って「主席にピッタリつき従わねばならん」と林彪が言ったのは、この「プロレタリア文化大革命祝賀百万人大集会」が開かれてから二カ月後のことである。おそらくこの間、林彪は反省した。宣伝を甘く見ていた。これは、まずいと。宣伝にならないばかりか、敵を作る。根本的に考えなおさねばならぬ。張雲生に質問した時は、すでに毛沢東へ「ピッタリつき従う」という発想(魂胆)をきっちり観念化し、デザインしていこうという決意をあらたにして実行段階に入っていて、その成果を他者の目によってたしかめてみたかったのだろうか。つまりは、後継者たらんとする決意でもある。

悪女・葉群の宣伝戦略

林彪の妻の葉群は、江青と並ぶ文革期の二大悪女の一人だといわれる。かつてふしだらな女だったという政敵のデマから身を守るため、夫の林彪に処女証明書まで書かせた。悪女であることによって、まちがいなく中国の政史に名を残すだろう。

「毛家湾に掛かっている山水画は全部おろすのよ。四旧なんだから。指導者が外で四旧打倒を叫んでいるのに、家には四旧がそのままだなんて。客が来たら何と思われるか分かってるの」

妻の葉群は、林彪事務室の主任でもあった。林彪の宣伝戦略は、彼女によって陣頭指揮されたといえる。事務室の書記が、山水画を旧習慣、旧文化、旧風俗、旧思想のうちに入らぬと、正統《じょうしき》といってよい口答えをすれば、

「何も分かってないくせに」

「今はことごとく偉大な領袖毛主席を突出させるの。指導者は毛主席の輝ける模範に忠実だし、今日あるのも忠実だったから。これを忘れるわけにいかないのよ。毛主席を突出させないで、山水画を突出させるつもりはないのよ」

彼女は、山水画のかわりに、毛沢東の肖像と『毛沢東語録』のパネルに置きかえさせている。四旧打破の音頭とりをしたばかりに、紅衛兵の孫悟空たちが街に飛びだし、予想をこえた暴れかたをしており、いつ火の粉が自分たちにふりかかってくるかわからない。事実、政争は、そのような揚げ足とりで成り立っている。

「終わったら、点検しますからね。不合格だったら、承知しないから」

こう命令するのを張雲生は、目撃している。ただし、人の見えるところだけで、林彪の部屋には、なにもなかったし、彼女の寝室は、陳伯達の書の掛軸「克己」があった。のちに「批孔批林」の運動がおこった時、命とり

になる。このエピソードで重要なのは、「毛主席を突出させる」ということである。これまた、政治的宣伝デザインであり、最大の目標である毛沢東に「ピッタリつき従う」というデザイン戦略と不可分の関係にある。毛沢東を「突出」させなければ、「ピッタリつき従う」というデザインが危険にさらされることをよく承知しているのである。無邪気に笑ったり、単独写真がばらまかれすぎて、林彪が突出してしまっては、「ピッタリつき従う」ことに反してしまう。だからといって目立たなくすればよいわけでない。謙虚に「ピッタリつき従う」林彪のイメージを大衆に植えつけなければならない。ナンバー2に成り上がり、紅衛兵を接見した時には、まだ、ここまで、その観念が煮つまっていなかったであろう。

「〈ピッタリつき従う〉という企みには、葉群も骨身を惜しまなかった。林彪が〈ピッタリつき従う〉のを、声高に、耳障りのよい言葉でふれてまわるのを得意とした。葉群のいう〈ピッタリつき従う〉には、濃厚な封建的色彩があった」

張雲生は、はっきり「企み」といっている。夫唱婦随のコンビネーションで、この企みを進行させていくのである。しかし、このイメージは、『三尺さがって師の影を踏まず』や、いわゆる外で亭主と歩く時、女房は三歩うしろからついていくという「四旧」の精神でもあった。最初からボロがでていた。張雲生は、一九六六年の国慶節（十月一日）の日のことを回想し、「ピッタリつき従う」企てへの林彪と葉群の苦心惨憺を語っている。

中華人民共和国成立十七周年を祝賀し、百五十万の大行進があり、林彪は演説することになっていた。苦心したのは、時間のタイミングである。大会は、早朝からはじまる。林彪は、禁断症状があるため、気温に敏感な体質になっており、大会中に卒倒したりせぬように、まず衣服の気配りが必要である。その上、「主席より先に到着せず、といって遅刻しないように」と配慮しなければ、「ピッタリつき従う」デザインが崩れてしまう。手ちがいから毛沢東が一、二分先についてしまった時、秘書の一人は葉群に大目玉を食らっている。

「主席の前に指導者が天安門に登ってはいけないということだったのよ。でも主席が到着されてから指導者が着くようでもいけない。指導者は一、二分早く到着すべきだったわ。下のエレベーターのところで主席を待ってい るようにするべきだった。主席に指導者を待たせるなんてとんでもないことだわ。天安門に登るのは主席の半歩前でもいけないの。しかし城楼の下に到着するのは三十秒でも遅れてもいけなかったのよ」

このお説教、すこし頭がこんがらがるが、いわばこういうことだろう。「ピッタリつき従う」ことの視覚効果である。城楼の下に毛沢東より早く到着するのは、毛沢東への視覚効果である。これは群衆の目には見えないが、毛沢東には見える。出迎えの儀礼である。しかしエレベーターにのる時は毛沢乗のあとにのる。先に出るのも毛沢東。三歩さがって林彪は、毛沢東のうしろを歩いていく。ここからは、大衆への「ピッタリつき従う」の視覚効果も重なってくる。大衆の目に見えないエレベーターへの乗りかたをしくじれば、このデザインの企みも失敗する。葉群、なかなかだといわねばならぬ。

もっとも親しい戦友から暗殺未遂者へ

報道機関は、文革小組、のちには、江青ら四人組が一貫して握っていた。彼等とうまくやることは、「毛沢東を突出」させ、そのことにより林彪の「ピッタリつき従う」という偽のイメージをつくりあげるために必要だったはずだ。最初のころ、彼が牛耳る『解放軍報』はともかく他にはまだ、劉少奇ら実権派の残党が残っており、文革小組の連中ともスムーズに行っていなかったともいえる。

一九六七年八月一日号の『人民日報』は、林彪の報道機関への操作が、堂に入ってきた例である。再び彭徳懐をひきずり出して叩いたあと、軍事も林彪が毛沢東の「もっとも親しい戦友」として握ったことを示すために、「中国人民解放軍建軍四十周年」を利用し、『人民日報』を独占している。一面、毛沢東の大きな写真。二面三面を毛沢東の人民戦争論。四面から八面まで、林彪の抗日勝利の文章。毛沢東の二面に対し五面だが、うしろに置かれることによって、「ピッタリつき従う」感じになる。九面は、林彪が、毛沢東につき従うように撮られた大きな写真でしめくくっている。

一九六八年の『人民画報』五月号は、毛沢東に「ピッタリつき従う」ポーズが、板についてきた典型的な例である。「三・七」指示発表一周年祝賀大会が開かれた三月七日、解放軍六兵種からなる毛沢東著作学習積極分子代表一万余を林彪は毛沢東とともに接見した。『人民画報』は七頁にわたる巻頭特集だが、トップは、毛沢東が手をあげて人民大会堂の主席台に入ってきたところの写真である。

この写真を見るたび、いつも私はつい笑いだしてしまうのだが、まるで計ったように距離をとって小身の林彪が「ピッタリつき従って」いる。林彪スマイルにしても、ほどほどで、最初のころのように大口をあけて笑ってしまうこともなく、自ら演出している偽りのイメージにも慣れて得意気で、それがなんとも軽やかな印象をあたえる。それがおかしいのである。ようやく自らの「偽りのイメージ」に忠実になったのである。このイメージの奴隷になると、かたちとしては、毛沢東のイメージも「突出」してくる。

次の見開き頁は、歓呼する兵士群を左に置き、対向頁は、彼等に向かって拍手をする毛沢東を横から撮った写真。次の見開きの左頁は、二人が並んでいる正面写真。左の林彪は『毛主席語録』を片手にもち、右は手をあげている毛沢東の写真。正面写真だが、「ピッタリつき従う」ポーズになっている。『毛主席語録』という小道具の成果でもある。これを廊下の袖で秘書がこっそり手渡すことになっていた。

その右頁は、毛沢東を周恩来とはさんでいる写真。周恩来は、憂かぬ顔だが、彼の写っている写真を入れておくのがミソである。毛沢東に林彪が「ピッタリつき従う」ことそのものが突出してはいけないとも計算している。最後の見開きは、六兵種の「毛沢東著作学習積極分子」である兵士たち。このデザインワークを見ていると、報道機関も掌握して着実に後継者の階段を登るための企てがすすんでいるのを感じる。組み写真の最終チェックもしたはずである。

一九六九年は、九全大会のあった年で、ただ一人の党副主席となり、「後継者」であると党規に明記された年である。林彪の絶頂期である。葉群も政治局員となった。「指導者は主席にピッタリとくっつき、わたしは江青にピッタリとくっつかなければならない」の成果でもあった。文革中、林彪はできるだけ「口をきかず、態度を明らかにせず」の作戦をとった、と張雲生はいう。口は、わざわいのもとだからである。すべての決断を毛沢東にまかせ、「ピッタリつき従う」ようにしたのである。国防に関わることさえ、葉群の内助の功で主席に押しつけた。

破綻は、一九七〇年に入ってからやってくる。空席となっていた「国家主席」の椅子を狙い、毛沢東を逆なでしてしまったからである。「ピッタリつき従う」姿勢は、崩していないが、その表情は、しだいに暗くなっている。笑っているが、表情は重い。

一九七一年ともなれば、江青によって撮られた禿頭の写真が、『人民画報』『人民中国』にのせられてしまう。毛沢東は、林彪を切り棄てたのである。

『人民画報』の一九七一年十月増刊号は、文革の歩みを総括するように特集した。毛沢東に「ピッタリつき従う」写真も数葉入っているが、もし林彪がチェックしたなら選ばなかったものばかりだ。おそらく、この編集の時点で、林彪は(女元帥といわせた葉群も)死んで、この世にいなかったはずだ。それでもその写真には「偉大な領袖毛沢東主席と彼の親密な親友林彪副主席」のネームが入っている。国民が、毛沢東暗殺未遂とモンゴルへ逃亡中に墜落死したと知らされたのは、一九七三年になってからである。

★めんどりが歌えば、家滅ぶ

——（女帝）江青（上）

党の不吉な予感は適中した

「めんどりが歌えば、家滅ぶ」

女性（妻）が仕事に口をだすと、家が滅びる。父系社会である中国の格言である。そんなことはないと、女性が力んでみても、父系社会であるかぎり、家は滅びるといっても、まちがいないだろう。口だしの内容の是非でなく、男社会の体系が崩れるからである。それだけのことだ。

国家は、その家を単位とする。もし皇帝の妻、つまり皇后が政治に口だしすれば、国が滅びるという理屈になる。

毛沢東主席夫人である江青が、文革で登場した時、しきりと日本でも「めんどりが歌えば、家滅ぶ」の格言が囁かれたものだ。ましてや中国でも、その噂しきりだったにちがいない。この格言など、まさに粉砕すべき儒教的「四旧」の対象ともいえるが、格言ゆえに深く中国人の心の中に根をおろしているものであり、一朝一夕に消えるはずもない。文革の進展とともに、「彼女はどうして私を悩ませるのだ」という毛沢東の嘆きも伝わり、それ見たかの様相を呈していった。

❖……高らかに鳴くめんどり江青（江帆画）

延安で、毛沢東が、三流女優であった江青と結婚するといいだした時、党の幹部は反対した。第三夫人の賀子《ホーズー》珍《ズン》との離婚が成立していなかったためだ。

これが、表面上の反対理由だが、その経歴と照らしあわせ、なにとはなしに危険を感じたからだろう。おそらく、「めんどりが歌えば、家滅ぶ」の古い諺が脳裏をよぎったのである。その証拠に、党中央は、三つの条件をだした。

この同棲結婚を許すが、正式な結婚が成立したあとの再婚を毛沢東に許さない。これが一つ。離婚が成立しないかぎり江青を毛夫人と呼ばない。これが二つ。三番目は、江青に毛沢東の生活の世話以外の党内外の人事や政務に口だしさせないことである。男女平等の中国共産党とて、三番目の禁止条項を見るかぎり「めんどりが歌えば、家滅ぶ」の格言を脱しきっていなかったわけだ。一九三九年のことである。

一九七六年の暮れ、江青ら四人組が追放されると、激しい暴露キャンペーンが、水に落ちた犬は徹底的に叩けとばかり、久しきにわたりくりひろげられた。漫画は、華国鋒・鄧小平体制にとって、強力な宣伝武器となったが、その中にやはり安易な発想のものがでてくる。

安易というのは、あの「めんどりが歌えば、家滅ぶ」の諺を思いだし、江青に見立てたからである。たとえば、江帆という漫画家は、江青をめんどりに見立てている。顔だけは江青に似せためんどり、老眼鏡をきちんとかけ、その片目から血(涙か)がでている。頭には王冠。

「コケコッコ! 女だって皇帝になれるのよ」

と叫んでいる。没落後の風刺漫画なので、意気軒高なところはなく、未練のセリフを吐かされ、哀しげな表情に描かれている。頭上の王冠は、西洋の王冠だが、皇后の冠りでない。皇帝のそれのつもりである。安易な発想だが、至言的中ともいえ、四人組追放で安堵した民衆は、これで十分溜飲をさげたはずである。

毛沢東は、しばしば秦の始皇帝に擬されたが、「主席」とは、中国人にとって、「皇帝」と同義であった。あえて偶像崇拝を許した文革期にあっては、まさに「皇帝」であった。その意味で、江青もまた皇后であったはずだが、彼女はそれに我慢できなくなっていた。同棲結婚を認めた際の党中央の不吉な予感は、適中していくのである。

江青の確信犯的インタビュー

「一人の若き妻であり、祝福されない同志としての延安時代を思い起こしながら、江青は、〈性は最初のうちこそ魅力的ですが、長期にわたって関心を維持するものは、権力です〉」と語った。

女性解放史を専攻するアメリカのロクサーヌ・ウィトケは、一九七二年、江青を六十時間にわたってインタビューして、一九七七年、その伝記を発表した。（『江青』中嶋嶺雄・宇佐美滋訳・一九七七年・パシフィカ刊）

セックスの次は、「権力です」という江青の「明けっぴろげな意見」にウィトケは、ビックリしているが、「どのようにして最高指揮者たる毛沢東との結婚に至ったのか、そして最後にはこの結婚に伴う束縛をみずから権力を追求することによっていかに軽減させたかを要約したもの」だとしている。なぜ、めんどりは鳴くに至ったかを示しているともいえる。

江青がいう「権力」の蜜の味が、どのような高さのそれなのか、よくわからない。ウィトケにこう語った時、すでに「女帝」たらんとしていたのだろうか。

ふつう江青が「女帝」たらんとしたのは、一九七四年以後と推理されている。私の文学的想像では、林彪が後継者として名指しされたころ、すでに芽生えていたのではないだろうか。江青は、林彪と手を組んだ。しかし一九七〇年ごろから、林彪は皇帝の不興をかうようになり、ついに一九七一年、暗殺未遂事件をおこす。つまり、林彪は、危なくなった約束の皇帝の座を自らの力で奪取しようとするのだ。

江青一派は、連座を免れる。同床異夢の林彪一派と江青一派がいがみあいをはじめたあたりから「女帝」の夢が開き、林彪の死とともにさらに大きく胃拡張しはじめたのではないだろうか。毛沢東は、老人である。いずれ死ぬ。林彪の愚は犯すまい。その死を待てばよい。しかし「いずれ死ぬ」と思いさだめたものにとって、時間は長い。簡単には死なぬ。それよりも女帝の座を毛沢東に確約させておかなくてはならない。確約をとっても、林彪のように、反故にされることもある。

ウィトケが、江青とはじめて対面したのは、一九七二年八月十一日である。中国の女権を研究するためであった。インタビューの希望の中に江青は入っていなかった。最初から逢える見込みなしと期待からオミットしていたからである。

この年は、二月にニクソン大統領の訪中があり、九月には田中角栄の訪中があった。林彪事件は公表されていなかったが、鄧小平の復活があり、周恩来の力が増し、江青一派がそれに対抗している時期にウィトケは、インタビューの好機にめぐまれたのである。一般には、文革も終わったかと思われていた。

一見、波静かに見えたが、水面下の戦いがはじまっていた。ライバルの林彪の死後、江青一派に、穏健中立の周恩来、走資派鄧小平の復活があったからである。この対立の構図は皇帝毛沢東の演出であり、「政治」だといってよい。あらたないがみあいのはらむ中で、江青は、自らすすんでウィトケのインタビューを承知し、一冊の本にしてもよい、「私のエドガー・スノー」になれとまで言い出すのである。エドガー・スノーは、毛沢東の長征に従い、その著を世界に発表した。

ウィトケは、さきに周恩来の妻鄧穎超、朱徳の妻康克清にインタビューしていた。これをきき、毛夫人と呼ばれることのなかった延安時代、江青を蔑視した彼女たちの女権に対する意見が、世界に発表されることに、思わずカッと嫉妬して、自ら名乗りでたのだろうか。毛沢東夫人として、はしたなしと考えなかった。はしたなしとすれば、毛沢東である。文革では、彼女を先頭に立てたからである。一派は、文革の旗手とおだてあげた。

毛沢東が、党中央との約束に従い、江青を檻に閉じこめていたのは、一九五二年までである。江青はそれまで十四年間じっと自分を抑えていた。その時彼女は三十七才である。性的にいえば、たがいに倦怠が生じていたとしても不思議でない。映画の『武訓伝』批判を行い、政治に口嘴をいれる発端となった。が、尻すぼみに終る。一九五八年からの「大躍進」政策で失敗し、劉鄧のいわゆる「走資派」に権力を奪われ、棚上げの位置にあった毛沢東は、一九六二年以後、ついに江青の女の力を利用して、対抗奪権をはかる。スカルノ大統領夫人との会見に、彼女を同席させるからである。

江青も四十七才になっている。毛沢東にしても、彼女との同居にうんざりしていたのかもしれないが、権力奪回の方法として、中国の歴代の皇帝たちが戒めてきた「めんどりが歌えば、家滅ぶ」に逆らう決心をする。文革で、少年少女を利用したように、彼女を利用し奇襲に出たわけだ。インテリ階級の巣窟である走資派は、彼女の無知をあざけったが、彼女は猛進する。「女」の力である。その効果のむくいのように、彼女も紅衛兵等も暴走し、制動がかからなくなる。

江青が、ウィトケに「毛夫人」（賀子珍との離婚がいつ成立したかは不明）の面子を棄てて、インタビューを自らすすんで申しでてしまったのは、嫉妬がもつ突風的暴走もすこしあったにしても、このころすでに「皇帝」たらんという意識が完全にあり、その自叙伝の海外出版によって、「女帝」へのじゅうたんを敷こうとしたように思えてならない。大自己宣伝である。つまり、確信犯的暴走だったのではないだろうか。

周恩来が、江青にどうかと声をかけたという説と正反対に、江青のほうから周恩来へウィトケにとりつぐよう申し込んだという説がある。どちらもありえそうだが、あまりに長時間にわたり、広州の別荘まで移動したりもしたため、周恩来はへきえきしたという話もある。

毛沢東も、承知したはずだが、あとでカンカンになって怒る。

ウィトケが帰国すると、CIAやFBIが見せろと言ってきたらしいが、断っている。しかし、翌春（一九七三年）、ハーバード大学の研究室から、その原稿の一部が盗みだされ、それが無責任なレポートにまとめられ、売りにだされ、それを買いとったワシントン駐在の事務所長の黄鎮が、副総理に復活していた鄧小平と周恩来、毛沢東の三人に送った。なぜか毛沢東には届かず、鄧小平が手渡した。（江青一派が阻んだともいえるし、周にしか渡らなかったともいえる）七三年の八月のことらしい。

「毛は激怒し、すぐ離婚すると息巻き全党を挙げて江青を批判し、断固処分すべきであると主張した」（柴田穂『新中国三国志』一九七八年・日本工業新聞社刊）

江青は、毛沢東と自発的意志で結婚したわけでないとか、モスクワ入院中に一度も電話をかけてこなかったとインタビューでしゃべっているからである。周恩来や朱徳のとりなしで、「彼女を離婚と党批判から免れさせ、結局、警告を与えるだけで問題を処理した」という。

江青と毛沢東は、一九七三年ごろから、別居していたといわれる。案外、この事件が引金になったのかもしれない。とすれば、その後の江青は、それを隠し、党主席夫人の威権をかさに着て暴れ、毛沢東も黙認していたことになる。すでに周恩来は、ガンで入院していたが、批林整風運動がはじまり、江青らの四人組が結成されている。一九七三年十二月の政治局会議を江青は主宰した。この年、張鉄生の白紙答案事件などを彼等が仕組むが、その標的は周恩来だった。

「女帝・呂后」の再評価キャンペーン

毛沢東の心意は、老齢によるもうろくを計算にいれても、ひとつわかりにくい。男がしらける女の力を、利用しつつ、政治力学のはかりにかけながら、操作しきれなくなっているというのが、毛沢東の晩年の真相だったのかもしれない。とかくズレるのである。江青の暴走は、毛沢東のもどかしさが、長年生活をともにしてきて、よく見えていて、やれると踏んだからだろう。意にそむいて彼が怒ったとしても、かまうものかと暴走することができた。

共同通信社の記者、伊藤正の「続・特派員ノート」（『宝石』一九七八年二月号）を読むと、江青の息のかかった三十八才の王洪文が、第二副主席の座へ一躍ヘリコプター飛行した一九七三年八月の第十回党大会で、彼女の姿をテレビで見ながら、つぎのような感想を述べた香港の実業家の意見を彼は記している。

「おかしいんですよ、あの人の動作が。気取り切って、まるで女帝のようじゃありませんか」

この党大会が、ウィトケの自叙伝事件や別居とどう前後しているのか不明だが、このような直感は、馬鹿にならない。江青が主宰した十二月の政治局会議（毛沢東欠席）では、鄧小平の復活、十大軍区の司令官異動の他に、批林批孔運動を来年一月から全国キャンペーンするという指示がなされた。

四人組にとって不都合な指示もふくまれているが、毛沢東の高等政治力学による江青への牽制のともなう言いふくめが感じられる。なによりも「主宰」させたところが、重要である。「別居」がとり引になったとも考えられるし、カモフラージュとも考えられるし、なによりも、このあたりのことは公表されたわけでない。伊藤正は、この会議で「政治局に〈君臨〉できるという大きな野心をふくらませた」と見る。女帝たらんの希望や意志から決意まで、すこしづつ坂をのぼっていくと見ているようだ。

一九七四年にはいるや、指示通り、四人組によるモーレツな批林批孔運動、儒法闘争が行われる。攻撃を受ける「現代の大儒」なるものが、入院中の周恩来であると日本人にわかったのは、四人組追放以後である。

この時、漢の呂后、中国史上、名目ともに唯一の女帝となった唐の則大武后の再評価が行われた。彼女たちは、儒を否定し、法と刑を尊んだため、国がよく治ったというのである。これは、あきらかに、女帝への道を歩む江青のじゅうたん敷きだった。

六月十五日、『北京日報』は、法家人物紹介欄を設けた。四人組は、ペンの剣として清華大学と北京大学に執筆陣をプールしていた。江青は、これを見て、『人民日報』に転載を命じた。十六日十九日の二回にわけられた。

これを見ると、則天武后はいない。春秋戦国から漢までの法家の紹介だからである。しかし、呂后もいない。ただし、秦の始皇帝とならび漢の高祖劉邦の名は、ある。『北京日報』を見ていないが、そこでは呂后の名はあったのだろうか。全国版の『人民日報』なので、露骨すぎるとはばかったのだろう。

よく読むと、呂后の夫である漢の劉邦の末尾二行に、その言及があった。

「劉邦の死後、呂后が権力を掌握した。彼女の人となりは剛毅な性格で、よく高祖を佐《たす》けて天下を平定したが、自ら政治に当たるようになってからは、継続して法家路線を推《お》しすすめた」

まぎれこましの術である。下手をすると宣伝効果がない。なんとも、ささやかな宣伝だが、江青が、呂后をもちあげ、その心は毛沢東主席の後釜にすわるつもりだとすでに囁かれていたにちがいないから、かえって効果ありともいえるのである。

文革中、猫の目のように日がわりで政治情勢が変わった。大衆は、新聞を信用していなかったが、裏読みして実相を知ろうとする習性があった。とすれば、このささやかな二行は、効果大ともいえるのである。

しかしながら、この謀略は、記者の才智でなく、厳家祺の『ドキュメント中国文化大革命』によれば、「自分を呂后にたとえている江青は、劉邦についての内容の一部に、江青の口調に合わせた呂后賞讃の文書を強引に入れさせ」たものだった。

だとすれば、江青こそが、ひかえ目であったわけだが、やはり我慢ならなかったらしい。「呂后は大したもので、漢の高祖・劉邦の事業のために大きな役割を果した。呂后のことを単独で紹介し宣揚してほしい」と四人組の執筆者グループに要望した。そこで、『北京大学学報』(一九七四年第三期)が舞台として選ばれることになった。

もともと『北京大学学報』は、学術研究発表雑誌である。『人民日報』では、十三名の歴史上の法家が称揚されたが、倍の二十六名。『人民日報』では、北京大学の「谷滋」(ペンネーム)一人の執筆だが『北京大学学報』では、「北京大学、清華大学大批判組」の担当となっていて、個人名でない。この四人組の手先となって下働きしていたグループは、二十六名の中に「呂后」をいれ、一項目をさいた。

女帝へのおずおずとしたじゅうたん敷き

とはいえ、『北京大学学報』は、学術誌である。効果ありといえるか。文革以後、ほとんどの大学の紀要誌は、走資派の修正主義だとして廃刊になった。

廃刊されていなかった『北京大学学報』とて、内容が変わっている。大学を劉少奇たちが握っていたころは、「法家代表人物紹介」などという啓蒙記事を載せることはなかった。紅衛兵運動は終息し、大学は再開されており、批林批孔運動は、知的キャンペーンでもあったから、インテリに向かっての記事も必要であった。

たしかに呂后の一項目が入ったが、江青には、どこかまだそのじゅうたん敷きにオズオズしたところがある。大きな記事になったといっても、二十六名の一人としての呂后であり、呂后のみという単独の頁をさかせていないからである。徐々に徐々にという作戦だったのかもしれない。

毛沢東に比される秦の始皇帝に対しては、漢の武帝に次いで、もっとも頁がさかれていて、八十八行。呂后に対しては、三十二行である。行数の多少は、宣伝の目安にしかならぬが、『人民日報』の二行とくらべれば、比較にならぬ増加だといえるだろう。

「中国歴史上の著名な女政治家」

この紹介が、妙になまぐさいのも、おかしい。江青を意識すれば、こうなるというところだろう。功臣であった韓信らの反逆に対する彼女の果断な行動を讃え、延安の同志を圧迫抹殺した文革を肯定化している。

「劉邦の死後、恵帝懦弱、呂后は動乱の発生を防ぐため、自ら親しく権力の掌握を決心した」

毛沢東の死後の権力掌握をはっきり意識しているくだりだといってよい。劉邦の法家路線を継承したのは、複雑な内部闘争に対処するためだとしている。「重農抑商」政策を勧めて生産を高めたというのは、まさに毛沢東路線である。

呂后は、女帝たらんという江青の野心にとって、おあつらえの人物だったことは、たしかだ。

「呂后が政治を執っていた期間、〈海内は戦国の苦から脱し〉社会の生産力は、回復し、かつ発展した」

これは、事実である。天下泰平の世を迎えたのも、事実である。ただ、宮廷の内部闘争は熾烈をきわめ、彼女は、残酷なまでに内部の敵を処分し、功臣をおとしいれ、身内でまわりを固めたのも事実である。劉邦の寵姫を便所の中に落とし、人豚と名づけたのも、事実である。ここから、彼女を悪女とみなし「めんどりが歌えば、家滅ぶ」の諺もでてくるのだが、江青の執筆グループは、もちろんそこは書かない。世の中全体としては、動乱もなく異民族との戦いもなく、平和だったという事実を江青にもっぱら背負わせようとしている。この一面的宣伝は、反撃の食いやすい欠点をもっているといえよう。

もう一人、江青が称賛した則天武后に対しては、どのように反応し、どのように宣伝に利用し、どのように呂后と使いわけたのか。どちらが好きだったのか。

★地上八寸のドレス——(女帝)江青(中)

すべては〝女帝〟則天武后へ倣え

江青ら「四人組」は、みな個々それぞれにわが意のままになる執筆陣をかかえこんでいた。

さらに四人組支配下にあって宣伝マシーンとして働く執筆グループが沢山あった。『紅旗』執筆グループ。文化部執筆グループ。清華大学・北京大学執筆グループ。上海市委員会執筆グループ。上海人民出版社執筆グループである。みなペンネームで執筆したが、総勢百人をこす。彼等は、「四人組」の宣伝の走狗として活躍した。

江青がしばしば自らに比した則天武后は、中国史上で唯一の女皇である。自ら開いた「大周」という王朝の皇帝としてはわずか十五年の治政であったが、病弱の高宗に代わって自ら「垂簾《すいれん》の政」をとるようになってから数えると、中国の五十年近くも絶対権力を掌握していたことになる。漢の呂后も、清の西太后も、皇帝同然(以上というべきか)の権力をふるったが、則天武后のように「帝位」につくことはなかった。

夫の高宗に代わり則天武后が「垂簾の政」を開始したのは、顕慶四(六五九)年、三十一才の時である。彼女

❖……江青服のスケッチ。『江青外史』(魏紹昌編・一九八六年・中原出版刊)より

は、ただちに『姓氏録』の編纂を命じている。武后は、名門の出身でなかった。太宗の編纂した『氏族志』には、武氏の名などでてこない。彼女は『氏族志』を改纂し、あらたに『姓氏録』を作らせたのである。当然、武氏は、あらゆる姓氏の中で第一等に位置づけられた。この編纂事業には、彼女の息がかかった文学士たちが参加したはずである。

彼女が、「天后」を名乗ったのは、上元元（六七四）年である。四十七才、いわゆる「皇后」（もともと皇后の資格はなかったが、政略によって立后した）では満足できなくなったのである。というより、いずれ自ら「皇帝」になるための布石だったともいえる。政治にあって、名称は、馬鹿にならぬのである。

布石といえば、これより早く、乾封元（六六六）年、泰山で夫の高宗とともに封禅《ほうぜん》の儀式を挙行している。「封」は、山頂で天神を祀ること。「禅」は、山麓で地祇を祀ること。皇帝が、泰山に赴き、天神地祇を祭り、天下太平を祈願する。これが、封禅である。秦の始皇帝のはじめたものだが、中国の歴代王朝で、その後、この儀式をとりおこなったのは、前漢の武帝、後漢の光武帝、そして唐の高宗と玄宗である。それ以後はない。よほどわが文武の功業に胸をはるような自信がないかぎり、その挙行はおそれ多いとされているものである。唐の太宗でさえ群臣の請願を斥《しりぞ》け、最後まで辞退し通した儀式なのである。巨大な経費も要した。

とすれば、体弱にして覇気とぼしき高宗など、まったくこの儀式にふさわしからぬ皇帝なのに、僭越にもその挙行に踏みきったことになる。しかし、これを意志したのは、自らの「垂簾の政」に自信をもつ則天武后にほかならなかった。元来、この儀式に、女性は登場しないさだめであった。この習慣を打破しようというのが、彼女の意志であった。「天」が男ならば、「地」は女のはずである。この天地の祭典にどうして女が参加してならぬことがあろうかと、上表した。男社会の儒教保守の一派への痛烈な挑戦である。高宗は、皇后の威権をおそれ、これを許可した。私は、これも、いつの日か彼女が自ら皇帝たらんとする日のための布石であり、デモンストレーションだったと思っている。

さて、彼女が「天后」を名乗ったのは、この封禅の儀式より、八年後である。彼女のふくらんでいく野心からすると、女は「地」ではないか、などといってすまされなくなっていた。女とて「天」でありうるといいたい気持になっていたのである。

「垂簾の政」以来、彼女は、つぎつぎと編纂事業に手を染めていった。『氏族志』以後も、『玄監』『臣軌』『孝子伝』『列女伝』などと精力的に出版事業をおこしている。いうなら宣伝事業であり、彼女の政治意志の具体化なのである。これにタッチしたのが、彼女のめがねにかなった若い文学士たちだった。世に「北門学士」と呼ぶ。保守の門閥貴族の選抜する文学士たちを彼女は排除し、気鋭の若者を膝下に集めた。北門学士は、いわば四人組の執筆グループに相当するといってよいだろう。ただし、優秀な人材が集まったといえない。北門学士の中に、後世に名を残すような学者や詩人はふくまれていない。門閥貴族たちに「出世」の道を閉ざされ、欲求不満で急進的な野心家の若者たちが集まったのだろうが、四人組の執筆グループ同様イエスマンが多かった。

「天后」の称号をえた時、彼女がすぐに着手したのは、服制改革だった。彼女は、年号の改元魔であったが、形式や言語のデザインの人におよぼす力をよく知っていたからだともいえる。

彼女の服装改革の基本は、九品にまでわけられていた文武百官の衣服の色と帯の変更である。だから大改革というほどのことはない。たとえば、それまで袍衣は、普通の緋色（四、五品）であったものを、深緋（四品）浅緋（五品）にかえるのである。

しかし、このちょっとの変更が馬鹿にならない。色の変化も、これまで紫緋緑青と四種類しかなかったのだが、あらたに色の深浅に変化をつけて八種類に増えている。「天后」の称号の誕生を祝う大宴に、文武百官が新しい朝服を着て参列する時、まるでこれから世が変わるような印象をあたえたであろう。

江青は、四人組執筆グループに命じ、この則天武后の事蹟を調べさせた。その結果、悪名高き「江青スカート（袗）」も誕生するのである。ウィトケに彼女の伝記を書かせようとしたのも、則天武后が女帝への布石として、

『列女伝』を編纂させた故事に倣ってのことだった。のちに女皇誕生を納得させる世論操作の下地作りと見なされた。

江青の選んだプリーツスカート

中国の為政者は、童謡から、民衆の心を読みとろうとする伝統があり、古代から採取のための専門の官吏が置かれていた。このことを踏まえ、中国の民衆もまた、古代から、わざと童謡に託して、政治批判する伝統があった。そのため良心的な為政者は、たえず全国に官吏を派遣して、童謡を採取させようとした。しばしば為政者の宣伝的ポーズになりがちだったが、基本の姿勢としては、その内容の奥にある寓意をさぐり当て、治政に役立てるということがあったのである。

このような伝統があるため、それを逆利用し、政敵が故意に童謡を創作して、子供たちに歌わせることもあり、つねに自然発生するとはかぎらない。文革中も、童謡がたくさん生まれた。もちろん共産党支配下の中華人民共和国には、採取の官制などなかったが、「童謡」に託すという伝統は、やはり消えずに残っていた。たとえば、つぎのような童謡が、民衆の間に広まったようである。

上半身は　男もの
下半身は　女もの
後ろを見れば　尼さんだ
前から見れば　坊主だぜ
短いと思えば短くもない

長いと思えば長くもない
婆々が着れば娘になり
娘が着れば婆々になる

一九七四年のはじめ、江青は、自らの衣装を彼女の根拠地の一つである天津のデザイナーに依頼した。厳家祺等の『ドキュメント中国文化大革命』によると、つぎのような注文をつけた。

「唐・宋・元代の服の特徴をもった〈梅の花の模様のついている、地面まで届くくらいのプリーツスカート〉をデザインし製作してくれと指示した。スカートの裾は一寸ごとにひだ一つとして、ひだごとに梅の花を刺繍させた」

江青は、プリーツスカートが、お気にいりのようである。欲求不満のスカートとよくいわれるところのものだが、人間たるもの、欲求不満でないものなどいるはずもないから、あてにならぬ占いだが、いずれにしろ、このころは、もう王光美のおしゃれを指弾したことなど、すっかり忘れてしまったらしい。

かつて王光美のプチブル的おしゃれをにくにくしげに紅衛兵を用いて指弾した時、わが家ではともかく、公衆の前では、地味な人民服や人民軍の軍服で自らの身をつつんでいなければならなかった。そうしなければ、王光美をいためつける大義名分がえられない。

以来、歳月は消光して、文革末期の一九七四年ともなれば、すでに劉少奇王光美夫妻の権力も地に堕ちていた。劉少奇は殺され、ライバルの王光美は獄中にあった。心おきなく、おしゃれのできる時を迎えていたわけだが、その時に選んだスカートが、プリーツというのは、なんとも庶民的でみすぼらしい感じもする。

しかし、江青の側に立って見るならば、そのスカートのデザインは、社会主義である「中華人民共和国」の女皇にふさわしいものとしてつつましく選択されたものだったともいえるのである。

彼女の注文をよくよく検討するなら、つぎの二点において「女皇」らしさが、かろうじてあるともいえる。一つは「刺繡」である。その刺繡が「梅の花」というのは、清さの象徴として、すこしインテリすぎる気もするが、スカートのひだごとにそれが刺繡されるとなれば、かなりの過剰さである。そもそも刺繡は、古来、特権階級が独占したものだった。

もう一つは、やはりプリーツそのものの構造の中にある。ひだの数である。江青は、このひだの多さの中に、皇帝の袞冕《こんべん》を頭に浮べていたのではないだろうか。

袞冕は、歴代王朝の皇帝が身につける大礼装である。「袞」は、その衣裳である。上衣は、黒地の絹に日月星辰龍など八種の模様が刺繡されている。下は赤地の絹で、四種の刺繡。「冕」は、冠である。原百代の『武則天』(一九八二年・毎日新聞社刊)の説明を借りると、「冕」は、つぎのようになる。

「冠の頂に、表には黒絹、裏には紅絹を貼った長方形の板をのせ、その前後に各十二本の旒《りゅう》という紐を垂らし、紐の末端には、重りを兼ねた丸い白玉の飾りが付いている。全体として、これまたなんとも奇怪至極、まさに〈天意〉の地上における代行者、人間にして人間ならざる天子という奇怪なる存在にふさわしい形状の冠である」

四人組が逮捕されたあと、女皇たらんとした江青を風刺する漫画は、ほとんどといっていいほど、彼女の頭の上に冠をのせた。学芸会の金紙銀紙でつくった西洋の王子王女のチャチな冠をかぶせたものもあるが、ほとんどは彼女の頭にあの「奇怪至極」な「冕」をのせている。

長い中国の歴史の中で、この「冕」をかぶった女性は、唯一人、もとよりそれは則天武后である。泰山の封禅の儀では、男尊女卑の風習を打ち破り、女として、天后として、はじめて参加したが、「冠冕」の大礼装を独占したのは、やはり意気地なしの夫の高宗であった。ついに、彼女が、この高宗の没後、自ら「大周」をおこし、女としてはじめての皇帝となった時、この冠冕を着用して、群臣の前に姿をあらわしたのである。

あの前後二十四本の旒は、すだれ(ブラインド)のようにも見える。まさに垂簾である。アコーディオン・プリーツのスカートのようにも見える。頭と下半身では、大違いだが、江青の感覚としては、縦に落ちる線状のひだの多さは、なにやら高貴なものに思えていたのではないだろうか。

もちろん、私の独断遊びである。とはいえ、江青、このデザインを相当にお気にいりだったようで、同じものを作ってならぬと刺繍工場に厳命したという。社会主義国の女皇の大礼服だからである。人と同じものを着るのはいやだというおしゃれの発想からというより、「女皇」の服装は一着しかありえるはずがないのである。男女平等、みな人民服でズボンの中国にあって、ひだの多いスカートは、きわめてぜいたくなものに見えていたかもしれない。さらに彼女は「大后靴」を三足、そのプリーツスカートにふさわしきものとして特注した。

天津にも、江青の息のかかった「北門学士」たちは、媚びるチャンスを待ち構えていた。江青が、呂后だけでなく、武則天にたとえられるのも好きだと知り、一九七四年六月二十七日の『天津日報』で「則天武后」のキャンペーンを行った。

当然、反儒の法家主義者に祭りあげられた。彼女が仏教や道教を信仰したことについては無視した。夫の高宗より十倍も秀れていたと述べたてた。（これは、事実である）自ら政権を握ったのは、高宗が無能であるためだとした。天津の「北門学士」たちは、すでに毛沢東がもうろくしていて無能力者に等しいということを念頭において、こんなことを言っているのだろうか。

さらに天津の北門学士たちは、江青にへつらって、則天武后が、天后となった時、文武百官の服装改革を行ったと入れ知恵した。この情報で江青はなにをひらめいたのか、中国女性のための「国服」をデザインするように指令を発した。

自ら陣頭に立ち、彼女の勢力圏である北京上海天津の「北門学士」や服飾関係者を総動員して、古書を漁り、旧劇を鑑賞したりし、結局「唐・宋・元・明各時代の貴夫人や令嬢の服の様式を集大成して〈襟をあけたドレス〉をデザインさせた」と『中国文化大革命』の著者たちは伝える。

おそらく集大成といっても、ごったまぜである。襟あきの上衣に、下はプリーツスカートという組み合わせのスーツである。人々は「地上八寸のドレス」とあざ笑ったというから、すそが地面にひきずらんばかりに長いものだったのだろう。

魏紹昌編の『江青外史』を見ると、その「国服」の正面デザイン図が挿入されている。スカートは、四本の太いプリーツである。前後八本である。江青デザインの「女后服」である「一寸ごとにひだ一つ」のアコーディオン・プリーツと同じでない。ひだの多いスカートは、女皇を夢見る彼女の独占だったことが、これでわかる。

しかし、江青は、率先して、この「国服」を着て、あらゆる場所にあらわれた。自ら宣伝を買って出たのである。「私たちの隣国である朝鮮、ヴェトナム、日本の女性たちは、みな独自の民族衣装をもっているのに、わが国だけそれがない。この現状は改めねばならぬ」と叫んで、「国服」の宣伝をした。

毛沢東にも見せた。則天武后の高宗に比され、「愚昧無能」とみなされて作られた「江青ドレス」に対して、彼はなんと答えただろう。毛沢東の愛人と囁かれた女性秘書の張玉鳳《ザンユィフォン》も、この「地上八寸のドレス」を着させられ、写真に撮られ、宣伝に一役買った。

女性幹部、女性党員、京劇の団員、外賓の接待係は、みなこれを着なければならぬとした。しかし、評判は悪かった。たとえば上海では、六万着作られる予定だった。だが実際に作られたのは、一万八千。売れたのは二千であった。彼女は、なんと大寨生産隊の「女農民」たちに労働衣として、これを着せようとさえした。

自分だけが、ひだとりの多い梅の刺繍のあるプリーツスカートをはいて天安門上に立ち、その下に、ひだのより少ない「国服」を着て整列している女性群を見下ろすように謁見している図でも、夢見ていたのだろうか。彼女は、すこし早とちりしたようだ。まだ「女皇」へのレールを敷いている最中だというのに「江青ドレス」の打ち上げは、すこし早すぎた。則天武后なら、こんな反タイムリーなことはしなかっただろう。服制改革は、強制力がなければならない。範を示して、自らモデルになり、宣伝してみても、しかたがないのである。おそらく、毛沢東の支持もえられなかった。

この「江青ドレス」には、童謡が生まれた。この童謡が、中国全土に拡がって愛誦されたとしても、四人組の猖獗《しょうけつ》するこの時代にあって、それを採集して、民情をさぐらんとする為政者などいなかった。ただ四人組とその一党が、それを聞いて腹をたてただけだろう。

女は天の半分をかちとらねばならない

「女の肩に天の半分を担っている。女は天の半分をかちとらねばならない」と、毛沢東はかつて言った。毛沢東は、中華人民共和国が成立すると、婚姻法をさだめた。婚姻の自由（結婚・離婚の自由）、男女の権利の平等、重婚・畜妾の禁止、再婚の自由。だが、ことは絵に描いたように展開しなかった。特に農村では、女は家畜同然の私有財産であった。離婚の自由が認められるなら、働き手がなくなり、中国の農村は壊滅しかねなかった。ある地区では、離婚を要求して闘争に疲れた女性が、つぎつぎと自殺し、年間死者一万人をこえたという。

文化大革命は、おぞましき権力闘争でしかなかったとしても、女性解放の側面をもっていた。毛沢東は、「男の同志にできることは女の同志にもできる」といった。結果的には、子供たちと同様に婦人を利用したともいえるが、ウーマンリブ運動が地球規模で盛り上がっていた文化大革命の当時、その成り行きは、世界の注目の的であった。江青の女帝の夢に向かっての過激な行動が、たとえいきすぎであったにしても、その文脈の中で、是非を語る必要がある。

晩年の毛沢東が、いかにもうろくしていたとしても、それをいいことに、江青が則天武后たらんとする夢を実現しようとしても、その野心にのみ罪のすべてをかぶせるわけにはいかないだろう。「女の肩は天の半分を担っている。女は天の半分をかちとらねばならない」という毛沢東の言葉に依拠している行動であることは、否定できないからである。

呂后、則天武后のキャンペーンを露骨にはじめたころ、毛沢東が、「江青は野心をもっている」「江青は主席になりたがっている」とか、「私が死んだあと、彼女は騒ぎをおこすであろう」とか、「彼女が尊敬している人間なんていない。いや、ただ一人いる、それは彼女自身だ」と言ったとか、四人組逮捕後、あれこれと伝えられた。

ここで毛沢東が言っていることは、見当ちがいでないにしても、すこし彼はいい子になりすぎている嫌いがないでもない。江青が野心をもっていたとしても、なにも驚くにたらない。野心そのものは、悪でも善でもないからだし、毛沢東だってもっていたところのものである。問題は、そのやり口である。

厳家祺等の『ドキュメント中国文化大革命』は、もちろん江青を悪玉に描いているのだが、一九七六年三月、省・自治区の会議で、鄧小平を批判したあと、彼女はこう述べたという。

「私を武則天だという人がいるが、階級的な問題では私は彼女より進んでいる。才能の点では彼女より劣っているが——。……封建的な伝統的な観念で、この二人（江青、武則天）の政治家を比べるのはおかしい。彼女たちは男よりもずっと上だ。しかも彼女たちは〈法家〉だ」

「わたしを武則天だ、また呂后だという人がいるが、私は光栄だと思っている。呂后は皇帝の冠を戴いていない女帝だ。国の実際の権力は彼女に握られたのだ。彼女も〈法家〉の路線をとっていた。武則天は本当に偉いと思う。一人の女性が封建社会の皇帝になったのだ。偉い、本当に偉い」

本当に江青がこのように叫んだとしたなら、なんとも小気味のよい啖呵である。あきらかに彼女は、「江青スカート」の時点より、その野心の内実は、はるかに進歩し、天の半分たる女の解放についてまわる「女権」の十字架を背負っているようにも見えてくるから不思議である。

★リンゴの木の下で——(女帝)江青(下)

「後継者」を狙った前座宣伝

一九七六年の中華人民共和国は、この世も人間も、やはり天の理によってただ支配されて動いているだけにすぎないのであるまいか、と思えるほどに、つぎつぎと地響きをたてるような事件がおこった。一月周恩来の死、四月天安門事件、七月朱徳の死、同七月本物の唐山大地震。九月、地震がその予告であったかのような毛沢東の死去。それをしめくくるように江青ら四人組の逮捕。

周恩来、朱徳、毛沢東の死は、年齢的に見てなんら不思議でないのだが、それぞれが建国の英雄たちであり、生きているだけでも、大きな影響力をもっていた。

たとえ、病気が重態であろうと老衰が激しかろうと、実務にタッチできなかろうと、「生きているだけ」で大きな力をもっている。政治性などというものを抜きにしても、「英雄」はシンボルとして、人々の生きるたよりになるところがあるからだ。美空ひばりでも、石原裕次郎でもそれがおこる。周恩来、朱徳、毛沢東の連続死は、この世の終わりと中国人たちには思えたのではないだろうか。

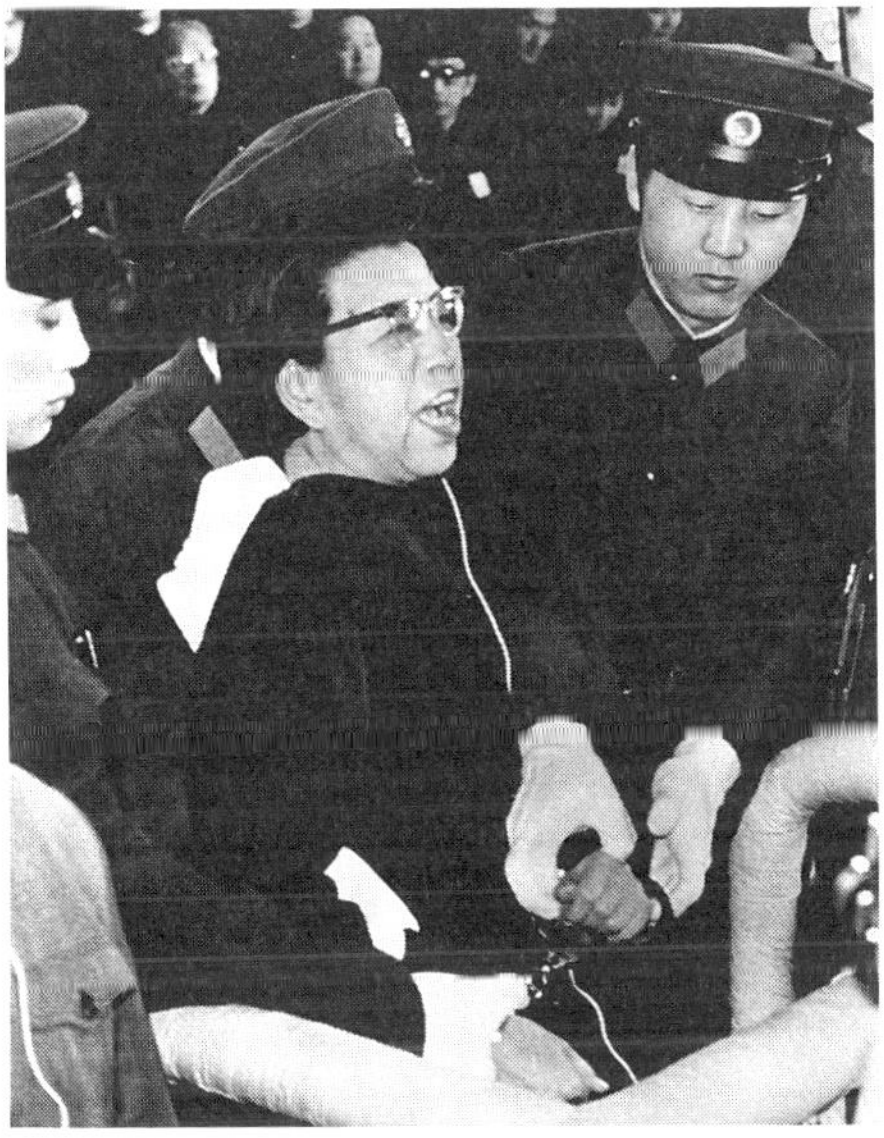

❖……死刑判決直後の江青（1981年1月25日撮影）写真提供：共同通信社）

宣伝論的には、これは「利用」できる。（もちろん死後も「利用」できるが、利用のしかたがまったくちがってしまう）

一九七七年の一月十四日、つまり四人組逮捕の翌年である。連続の地震に襲われたといってよい多難の年がようやく終わった翌年早々に、四人組の一人姚文元の批判が『人民日報』にのった。逮捕される前までは、彼がこの最大の宣伝機関を握っていたのである。

その批判の中に、カメラやテレビ撮影における姚文元のチェックがあげられている。一九七五年九月ごろから毛沢東が、外国の賓客と元気そうに会見しているさまをカメラに収めたりすると、全景写真だけでいいと、アップ写真はチェックアウトしたという。

「毛沢東が健康であること」。つねに彼の威光を利用してきた四人組にとって、これが邪魔だったからである。これは、呂后、則天武后を法家として宣伝し、江青を女帝にするための伏線をつくろうとしたころに当たる。毛沢東が「健康」だと、後継者としての地ならしである「女帝宣伝」の効果が弱くなると見たのだろう。

だが、激しい権力争いの中では、刻々と情勢が変わる。孔子批判の矢面に立たされていた、周恩来と鄧小平のまきかえしがはじまった。激動のはじまる一九七六年一月元旦の『人民画報』のトップは、毛沢東がニクソンの娘と握手している写真であった。これを『新中国三国志』の中で、柴田穂は、鄧小平に対する闘争宣言だと見ている。

背筋のシャッとしている若いニクソンの娘は、正月向きだと言っても、握手を返す毛沢東の写真は、人々の元旦の気分を一挙に暗くするようなものだったにちがいない。それは、ほとんど死者の表情だといってよい。毛沢東のからだは相当に悪いぞ、と強く印象づけないでおかないものだった。

もう毛沢東は危ない、こんどは「江青」が後継者だと人に思わせる四人組の作戦だったのだろうか。どうも、そうでないらしい。というのは、その握手の写真の真下に、紙面の残り半分のすべてをさいて、未発表の毛沢東の詞詩が二首、大きな活字で組んでのっているからである。

未発表の公開ということでは、一種の明るい事件であり、正月向きだともいえるが、しかし、その二首ともに一九六五年に作ったものだった。柴田穂にいわせるなら、「革命を決意したときの心境をうたった」ものである。だとすれば、今もその時の気持ちとすこしも俺はかわらぬぞと、「継続革命」を表明しているともいえる。柴田穂の推理はこうである。

「毛がこの詩を発表する気持ちがあったなら、この十年のあいだにとっくに公表していたはずである。毛はこの詩を発表するつもりはなく、机の引き出しに入れたままにしていたのであろう。江青はそれを持ち出して、これから発動する鄧小平追い落とし闘争を、毛が指導しているかのように示すために利用したのだ」

このうがちは、説得力をもつが、それにしても毛の死相のでたアップ写真は、その意図に反しているといえるだろう。四人組を毛沢東がなお元気に応援、指導しているぞ、という印象をあたえるはずがないからである。まだ元気な時は、「江青」の女帝宣伝の建前、困るとアップを拒否した姚文元にしては、お粗末だともいえるのである。毛沢東の「元気」な姿がほしい時、肝腎の彼の肉体は最悪だったのである。写真をアップにすれば、「元気」が表現できるというものでもないだろう。

それでも衰弱した毛の写真をのせたのは、江青が後継者としての階段を踏むための、前座宣伝の一貫した方針に従うためだったと考えられないこともないが、そうでないとわかるのは、詩の内容にもまして、毛沢東の肉筆のサインが、「詞二首」というポイントの大きい活字の下、つまり真ん中の「二」という文字の真下にあるからである。

肉筆なるものは（といっても、印刷だし、サインなど、どこからでもさがしてこれる）大きな宣伝効果をもっている。身代わりに近い力をもっている。四人組の宣伝発想もそれに従っているわけで、毛の「元気」と「支援」を示すものだと考えざるをえない。毛沢東が江青の暴走に困り抜いているという噂も広まっていた。この写真で、それをも払拭しようとしていたのかもしれないが、写真のセレクションがひどいのである。

それからしばらくしての一月八日、周恩来は死亡する。強敵が一人去ったわけだが、周の後継者としての鄧小平の存在が、クローズアップされてくる。二月上旬の首相後任をきめる政治局会議は揉めに揉め、両派争いすぎて、よくあるように中間派の華国鋒が浮かびあがり、首相代行となる。「代行」というのも、なんとも苦肉の両者妥協の策である。つまり両派の権力闘争は、ひとまず引き分けとなった。

毛沢東が、ニクソンの娘に、彼女の父の再度の中国訪問を伝えてほしいと言ったことは、すでに報道ずみだった。華国鋒が首相代行ときまってから、なお「江青らは、鄧小平追い落とし運動を合理化するため毛が指導しているかのようなイメージをつくりだす必要があった。そこで毛の名において、ニクソン前米大統領の訪中を要請した」と柴田穂はいう。

傷心のニクソンは、喜んでその招待に応じ、二月二十一日から二十九日にかけて中国を訪問し、毛沢東と逢ったのは二十三日である。翌日の新聞のトップは、毛沢東とニクソンが握手している写真がのった。こんどは、用心し、比較的元気のよい日を面会にあてたのか、あるいはカメラ操作や写真にすこし修整をほどこしたのか、ニクソンの娘と握手している時のような死相をあらわにしていない。だが、四人組を陰で指導してますといった「元気」を示しているとはいえない。

だが、四人組のこんどの作戦は、すこしちがった。どうやらニクソン夫妻の劇場案内役を「毛沢東の代理」として江青がはたすという芝居を思いついたのである。傷心のニクソンも、いいツラの皮である。その招待とホステスぶりは、共同通信の記者伊藤正の「〈江青夫人〉の四人の愛人たち」（『宝石』一九七八年一月号）というレポートにくわしい。たまたま、伊藤正は、人民公会堂での歓迎会に特派員として招かれていて、江青の姿を「彼女の香水の香りが届く距離」で見ていたからである。

ニクソンは、この夜、江青の大サービスにごきげんで、この日の出し物の半分近くは、プチブルとして否定された旧京劇や古京だったという。休憩の時間に酒でも飲んだのか、ニクソンは顔が真っ赤で、江青とおしゃべりしていたという。それは、一つの罠でもあり、台湾解放の歌が、はさまれていたのである。テノール歌手が歌い終わるや否や、「江青夫人がすっくと立ち上がり、舞台に向かって猛烈な勢いで拍手した。この夜のプログラムで江青夫人が立って拍手したのは、これが初めてだった。周囲にいた喬冠華（外相）、于会泳（文化相）、黄鎮（在米連絡事務所長）らがあわてて立って、江青夫人に追随する。他の一般観客も立った。やや遅れ気味に華国鋒も立つ。華国鋒の右隣りにいたパトリシア夫人も立った。しかしニクソン氏は、ちょっと立ちかけて、すぐ座り、それを見てパトリシア夫人も座った。長い、長い拍手だった」

劇場空間を利用した政治宣伝としては、しぶとく抵抗する指揮者のフルトベングラーをぎゃふんと言わせた、ヒットラーとゲッベルスのコンビを思わせる。パトリシア夫人が立ってしまったのは、アメリカの息のかかった台湾解放の歌だと知らなかったのだろう。招待したアメリカの賓客に対して、あざとい無礼に違いないが、毛沢東代理のホステス「江青」の「やる気」を見せたのである。ニクソンの後を継いだフォード大統領は、訪米の中国歌舞団の演目の中にこの歌があったため削除を要求、公演が中止になったという伏線もあった。「フォードに一矢を報いようと政治的挑発を試みた」と伊藤正は見ている。

それでも、ニクソンはごきげんで、公演終了後も、江青の手を必要以上に長くにぎりしめていたという。「江青夫人は平静そのもので、指導者らしい威厳すら感じさせた。ただ彼女の顔はシワ一つなく、肌はツヤツヤしており、私にはどうみても四十代前半のように見えた」と伊藤正の筆致は冴えわたっている。

そのうち「首相代行」の華国鋒の姿が消える。彼女の手を離さないニクソンにわずらわしくなったのか、江青は「グッドナイト」とカン高い声でいうや、さっと立ち去ったという。伊藤正は、帰ろうと「大公会堂の出口に差しかかると、一人の大柄な男が玄関ホールに腕組みして立っているのに気づいた。それが華氏だった」。のちに四人組逮捕に踏み切る華国鋒のプロローグのような場面である。

四人組はその後も、毛沢東に外国の賓客との会見をお膳立てしつづける。パキスタンのブット氏との会見写真などは、死鑞《しろう》のようである。見かねたのか、四人組の毛沢東利用を封殺するためか、一九七六年の政治局会議で、華国鋒が音頭をとり、会見停止を決定している。

電光石火の交代劇

一九七六年四月四日、革命烈士を悼む記念日（旧中国の清明節）は、勢い周恩来追悼の日となった。五日の朝、花輪がとりのぞかれたといって、大衆が騒ぎだし、流血騒ぎとなった。「天安門事件」と呼ぶ。（一九八九年の北京の学生を弾圧した流血事件も日本では「天安門事件」というのでまぎらわしい）これによって鄧小平は、失脚する。

この時、大衆は、「西太后を打倒せよ」と叫んだ。西太后の住んでいた紫禁城に江青は住んでいたのだから、「呂后を倒せ」「則天武后を倒せ」よりも、ぴったりだったともいえる。

小久保晴行のノンフィクション・ノベルともいうべき『奔流の女—江青小伝』（一九八二年・白馬出版刊）を読むと、中華人民共和国が誕生してまもなくのころ、天安門のある紫禁城内に「毛夫人」として住むようになった江青は、先妻の子の毛遠新と自分の生んだ娘の李納を連れて散歩しながら、「ここは、西太后が自分の妹の子供光緒帝を閉じこめた所よ」などと囁いたらしい。小久保晴行は「皇帝の住んでいた地に新しい主人として住むようになった江青は、秘かに自分を西太后になぞらえて考えていたのかもしれない」と推量している。

四人組が「西太后キャンペーン」を行わなかったのはなぜだろう。あまりに身近すぎたからか。時代が近すぎて「古きを以て今に用いる」宣伝の対象としてふさわしくないと考えたからか。一九七二年、呂后の印が発掘されると、それを取り寄せて眺めていたともいわれる。それとも清朝末葉の「西太后」は法家として祭りあげにくいと見なしたからか。

毛沢東が「皇帝」であるとするなら、彼女は「皇后」であり、かりに毛遠新が新しい皇帝になったとしたなら、彼女は「太后」でもあったのだ。ただ、文革以前の彼女には、「三大女后」たちのように権力がなかっただけである。それにしても四旧反対をとなえた毛沢東たちが、清朝の「紫禁城」を住居としていたのは矛盾である。この矛盾に誰も気がつかないほど、「毛沢東崇拝」の宣伝は成功していたということなのか。

一九七六年七月二十八日の唐山大地震は、まもなく私にも「天帝」の迎えがくると言いつづけ、それでなくても老衰の激しくなっていた毛沢東に衝撃を与えたらしい。死の予告のように受けとめたのだろうか。以後、意識混濁の状況におちいった。

これを知って四人組は、なにがなんでも権力を奪わねばと、ほぞをきめた。厳家祺等の『ドキュメント中国文化大革命』を読むと、彼等は子飼いの「北門学士」たちを動員して、権力の座についた時、江青が「女帝」になるための準備にとりかかったことがよくわかる。

「姚文元は、上海市委員会創作グループの朱永嘉に、復旦大学図書館に所蔵されている、東晋の元帝あてに劉琨が捧呈した〈勧進表〉を整理してもらう段取りをするように指示した」

勧進表とは帝位につくことを薦める文章である。人民には主が必要だとか、尊位は欠けてはならぬといった推挙の文字を書きつらねるのである。はじめは、自然の発露であったのだろうが、形式化する。帝位を奪おうとする者は、腹臣に書かせる。しかもすぐに受けずに何度も断る。謙譲の礼を重んずるからである。礼は、形式化するだけでなく、偽善化しやすい。江青は辛抱強さがあったかどうかわからぬが、辞退を何度もくりかえすその手本を調べさせようとしたのである。

「江青は、ほとんど同じ時期に、彼女の創作グループに、劉邦の死後〈呂后はいかにして諸王侯を一人一人倒したか〉という資料を早く用意してくれと指示した」

これを読んではっと思い当たることがある。それは七七年に私が買った二冊の本である。一冊は一月に刊行された『呂后其人』（中華書局刊）。もう一冊は十二月刊の『李長吉詩集』（中華書局刊）である。

前者はまえがきを読むと前年の十一月。後者はさらに早く前年の十月。四人組の逮捕は、その年の十月六日である。

鬼才李賀（長吉）は、私の専門なので、そのからくりはすぐにわかった。李賀は、共産党支配になってから、唯美頽廃主義者のレッテルをはられ、研究論文さえ、ほとんど発表されなかったが、劉少奇らが権力を握るようになった一九六〇年ごろから注釈書が出版されるようになった。しかしそれも文革がはじまるとまたピタリと止まった。

ところが、一九七〇年代に入り孔子批判が行われるようになってから、李賀には、政治諷刺の要素もあるためか、法家主義者として祭りあげる論文がチラチラと出まわるようになった。なにより毛沢東が李賀のファンなのである。

出版は、あらかじめ準備がいる。まえがき（出版説明）が、江青らの失脚と同じ月だということは、四人組時代に「法家」というお墨付きがついて刊行が決定し、編集が進んでいたことを意味する。なぜ刊行が一年以上も遅れた（おそらく一旦、この異変によって中断ないし中止されていた）のかもすぐわかった。華鄧体制になってから、紅衛兵にかつて痛めつけられた「元帥十人」の一人で一九七二年に死去した陳毅へ宛てた毛沢東の書簡が公表され、その中に「この詩人、一読の価値あり」とあったから、組版もあることだしと刊行に踏み切ったのである。
『呂后其人』の場合はどうか。江青が、漢の劉邦の死後、呂后にとって邪魔になる功臣や諸王侯の始末をいかにつけていったか、その資料の蒐集を命じた時の産物で、女帝になるための補助になることもあつて、緊急出版が決定されていたのではないか。

それが、なぜ李賀の注釈書よりも早く、新体制の下で刊行されたのか。四人組の没落から二カ月もたっていない。四人組批判の書かれた出版説明《まえがき》の月日は、十一月二十四日である。発行は一月。いかに短期間で刊行されたかがわかる。

いうならば、江青を女帝に祭りあげるための「緊急出版」であったものが、四人組逮捕の発生により、くるりと一回転して、四人組批判のキャンペーンの一環として華鄧体制により「緊急出版」されることになったのである。呂后の資料は『史記』か『漢書』である。『呂后其人』は、彼女と彼女にからむ人物の伝記を二つの史書から拾い上げ、それに注と訳を加えている。そこには、四人組に都合のよい解釈がほどこされているわけではない。史書とは（言語は、というべきか）、どのようにも解釈できるものなので、あとはキャンペーンで、大衆に四人組が自分たちに都合よく読みとった先入観の道だけ与えておけば、その通り歩いてくれるのである。たとえば、劉邦（毛沢東）の未完の大業を成就させるのは、呂后（江青）以外になし、といったふうにである。多分この「四人組」版は前言だけ、彼等の主張にそったものになっていたはずである。

四人組批判に利用しようとした華鄧体制にとっても、まったく都合のよい処理をしてくれたものよ、とうそぶくことができたであろう。前言さえとりかえてしまえばよいからである。あとは、報道機関を通して、江青が呂后を夢見たことや、四人組の解釈の誤謬を指摘すればよい。歴史書は、読み一つで、自分たちの主張に従わせることはさほど難しくはない。

一九七六年九月九日、ついに毛沢東が死去する。文字通り「巨人の死」といってよいだろう。功多く罪もまた多い「巨人の死」である。

江青ら四人組は、毛沢東が死去するや、「女帝」取りの詰めに入った。丁望の『評伝華国鋒』（戸張東夫訳・一九七八年・新泉社刊）に、つぎの記述がある。

「死去してから数日後、江青は腹心の清華大学責任者、遅群・謝静宜に、同大教師、学生名義で、江青宛て〈忠誠表明状〉を書くよう命じ、姚文元もまた、〈新華通信社〉に江青宛てに手紙を書いて〈忠誠表明〉をするよう指示した。その他の各地でも、腹臣たちが人々を動員して、江青宛てに、出馬して全党を指導してほしいという〈勧進表〉を書かせ、江青が〈後継者〉のポストに就くための〈世論〉づくりをした」

そして、毛沢東が白玉楼中《はくぎよくろう》の人となって一カ月ほど後、その詰めもむなしく鄧小平一派と手を組んだ「首相代行」の華国鋒による劇的な電光石火の四人組逮捕となる。翌七日、華国鋒は党主席、軍事委員会主席に就任する。なお四人組の根拠地である上海には、不穏な空気が流れていた。事実、反乱計画があり、実行に移されようとしていたが、十四日には鎮圧されている。

一週間後の十月二十一日から、解禁された四人組糾弾の集会やパレードが、全国で開かれるようになる。暗かった中国は、いちどきにパッと百万燭光の電燈が灯ったように明るくなったといえるだろう。(一時的現象だが)十一月に入ると、四人組から奪還した報道機関を通しても、糾弾キャンペーンが展開されはじめる。

四人組が逮捕されたのは、一九七六年十月六日の深夜であった。その日の午後、江青は、リンゴ摘みをしていた。その模様を郭宝臣等の書いた『命運』(林芳他訳・一九八〇年・山手書房刊)によって覗いてみよう。

「薄曇りの空から朦朧とした陽光が、寂《さび》れきった景山公園に鈍い光を落としていた。そこの幾株かのリンゴの木の下で、江青は様々にポーズをとってカメラマンにシャッターを切らせていた」

「今日はどうしたことか帽子を脱ぎ、頭にはいつものスカーフを巻かず、手には白いハンドバッグも提げず、人民服姿で半身像を十七枚も撮らせた」

江青の逮捕は、この十時間後である。若いころ、上海で女優であった彼女の芸名は「藍蘋《ランピン》」。ブルーアップルである。青いリンゴである。

★唐山大地震

予知できなかった大地震

「毛沢東が亡くなる少し前の一九七六年七月二十八日未明、マグニチュード七・五の大地震があった」

「日本ではその頃から、関東大震災級の直下型地震が東海地方か首都圏を襲うかもしれないといわれていたから、私は日本を離れる時、私たち一家は中国に行くから助かるが、東京にいる身内の者たちは大地震でやられてしまい、もう二度と再び会うこともできなくなるのではないかと、秘かに覚悟を決めて出発したのだ」

これを読みながら、そういえば、そうだったなと思い出すことがある。当時、日本のマスコミは、各種のジャンルの学者や占い師までを総動員して、東海大地震の特集をさかんに組んでいた。いたずらに人の不安をかきたてる興味本位の報道だが、人々に心の準備をさせる役目をもっていたともいえるだろう。日常会話でも、よくその話が出た。そろそろ大地

❖……唐山地震で廃墟となった唐山市（1976年7月28日◎写真提供：共同通信社）

震がやってきてもおかしくないころだという気持がみなあったからである。私などのなかでも、十勝沖大地震を経験しているのでこわくないという個人的気持と、このあたりでひとつ、傲慢になっている日本人も、すこしはこらしめられたらよいという文明論的気持などが心地よくいりまじっていた。

つまり、高をくくりつつも、それなりの覚悟をしていたのである。しかし、高をくくるのも、忘れるのも、覚悟するのも、みな自己防衛の一種なのだが、「天災は忘れたころにやってくる」のは、たしかなのである。そして天災への対処が悪ければ、「人災」に転ずる。

中国で大地震が発生したというニュースに接した時、妙にがっかりしたのを覚えている。ズレこんだなと思った。日本列島にふりおろしたはずの天の斧が、ほんのすこし、なにかのひょうしで手元が狂い、中国のほうへ行ってしまったのではないか。東海地震はこれでなし、日本人は悪運が強いなと感じた記憶が、当時新聞特派員の妻として北京にいたという、おかだれいこの『新聞に出なかった中国』(一九八一年・鎌倉書房刊)を読みながら急に甦ってきたのである。

「それがどう間違えたか、地震はないものと思っていた北京が揺れたのだから驚きもひとしおだった。石造りの頑丈なアパートが、メキメキいった。……北京は震源地の唐山市から百五十キロも隔たっていたためで、唐山では、少なくとも三十万人の死者が出た、といわれた。やはり大変な地震だったわけだ」

日本の新聞にも、大地震の発生と現地滞在の日本人にも死者がでたと、すぐに報道されたが、その被害の実態は、さっぱりだった。どうせ報道管制が布かれているのにきまっているので、ぜひ知りたいという気持もつのることはなかったが、日本を襲うはずの地震が、天のミステークで、中国へ行ってしまったと推理するのは、やはり傲慢で、十年近くも「文化大革命」という大動乱を体験していた中国人とて、天の罰だと思ったにちがいないと考えなおしたものだ。

中国日本とかぎらず、七〇年代は、世界中、天罰を期待する気持があったのではないだろうか。あの手この手のパニック映画が流行したのは、その反映であるように思える。不安の確認と恐怖の模擬練習という側面もあった。北京の市民は、余震対策として、家の中は危険なので、掘っ立て小屋を建てて生活するようになる。当局の厳重な指令でもあった。著者のおかだれいこは、その市民の表情に、「不幸に見舞われた時のそれではなくて、むしろ楽しそうな」ものを感じとっている。天災も長くつづかなければ、原始生活もお祭りで楽しいし、「どうあがいたってくる時はくるサ」と考える中国人の民族性もある。天災よりも人災のこわさが身にしみている民族である。天災に人事の予兆を見るのも、そこからきている。一方では文化大革命の緊張から一時的に疎外されるので、安堵しているのでもあろうか。

「中国は、この哀れな中国人たちの生活の実態が外国人にバレるのを嫌って、帰国させるのだ」

まもなく中国当局は、外国人に国外退去を勧告した。「万一のことがあっては申し訳ない」というのがその理由だが、外国人は、地震の実態が知られるのを避けるためだという見方をした。外国人の大半がジャーナリストだったとすれば、「被害状況の発表が一切なく」そのため、いらだっていたための皮肉でもある。彼女は、さらにいう。

「ようやく三日目になって〈党中央の指示で、人民解放軍が英雄的な救援活動をしている〉というニュースが出たのみだ」

日本のマスコミの報道に慣れている彼女にとって、なんとも物足りなかったが、それでもやっと「当時の中国は毛沢東の指示で、すべてのマスコミは、党宣伝のために存在しなければならない、という大前提」があることに気づき「〈人民解放軍の宣伝〉の序《つい》でに地震のあったことが知らされる」と皮肉を言ってみるしかないのである。

報道管制は、国家宣伝と表裏をなしている。報道によって、国家やその権力者の都合のよいように宣伝するだけでなく、報道しないことによっても、宣伝しているのだといってよい。宣伝しない宣伝は、社会主義国の最大の宣伝なのである。

唐山大地震のような場合、自由に取材、報道させたら、中国のボロが世界にまきちらされて、逆宣伝になってしまうという心配にもまして、国内に対し人心の混乱をまねきかねないという配慮もあった。

知らせないため、デマがデマを呼んで、パニックをひきおこすこともありうるだろうが、よほどのことがおこらないかぎり、そうならないだろう。共産党独裁下の中国人は、事実を知らされないことに慣れるよう長い間しつけられてきたからだ。自らの不満そのものにも慣れてしまっている。だから、震源地は遠く命は大丈夫だとわかれば、ひとまず外国人の目に楽しそうに見える位には、振舞えるのである。

このような天災の場合、当局が、もっともおそれるのは、内外の敵の政治的な利用である。国内的には天災に乗じ、反対勢力が、民衆の心に不安の注射をし、陰で煽りたてて暴動をあやつることだって可能である。報道機関を牛耳っている権力者は、その引き金になるような余分な材料を敵にあたえるようなヘマをやらぬようにと努めるわけだ。それが宣伝をしない宣伝のテクニックでもある。

事実、この唐山地震をめぐって、この無報道に等しい水面下では、四人組と官僚派の戦いが激しくおこなわれていたのである。が、それ以前に、この徹底した報道管制の裏には、やはり中国人としての体面もあったと思われる。当時、大使であった小川平四郎は、『北京の四年』(一九七七年・サイマル出版会刊)の中で、中国当局が、きわめて慎重であったことの理由を、つぎのように回想している。

「一つには唐山の地震が極めて大きかったこと、しかも人口稠密の地でははじめての経験だったこと、地震が予知できなかったことのショックであったかと思われる。前年の遼寧省の地震や、またこの地震の数日後に四川省で起こった地震は予知したのに、河北地震だけが予知できなかったのはやはりショックだったのではあるまいか」

「後に〈四人組事件〉が起こり、四人組の悪業がさまざまな形で宣伝された際、河北地震も予知したのだが四人組が発表を妨害したのだという話をする人もあった。だがその真偽はさだかでない」

おそらく、小川平四郎のショック説は、当たっている。文化大革命の最中、中国は、原爆実験、ハリ麻酔、人工衛星、古代遺跡の発掘、という風に、軍事、科学、文化の成果をタイムリーに打ち上げてきた。それ自体、内外へ向けての国家大宣伝なのだが、同時に、国内に政治情勢の大きな変動がおこっている時で、これらはそのカモフラージュでもあり、人々の関心をそらすための宣伝弾でもあった。

「中国式予知、手が出ず」

『朝日新聞』は、七月三十日の朝刊で、このような見出しをつけた。二十八日の午前三時におこった唐山大地震を、その日の夕刊で早くも報道したが、人口百万の唐山市は壊滅状態とわかってきた三十日に、皮肉っぽい見出しをつけたのは、それなりの理由があった。

「中国は昨年二月、遼東半島のつけ根で起きたM7・3の海域地震について、半年前に長期予報、地震発生の前日には短期予報を見事に的中させて〈世界ではじめて被害地震の予知に成功した〉と、称賛された。今年五月に雲南省を襲った連続地震のときも、直前にサイレンを鳴らしたり、銃を空に撃って住民に急を告げた、と言われる」

このように『朝日新聞』は解説している。科学的観測に加えて、井戸の水位変化、発光現象、動物行動などを観察して割りだす「中国式予知」の成功の大々的発表は、ハリ麻酔でびっくりした世界を、またも驚かせていたのである。文革下の中国の威信は、いやましに上がったのである。それが、唐山地震で失敗したとあっては、威信もがた落ちになる。宣伝的大成功も一転、逆効果となる。小川平四郎のいうショックとは、このことである。

地震予知、といっても、地震が防げるわけではない。地震被害を軽減できるということである。前もって避難していれば、死傷者の数が抑えられる。遼寧省では百万近くの人たちをあらかじめ退去させたため、死者は一三二八人ですんだ。地震は、直後の火災や、パニックによって、死傷者をだすものだからである。伝染病もこわい。もし地震予知がなかったなら、人口過密な重工業都市唐山の被害は、甚大なものとなる。

「M7・0以上の地震の予知に成功したのは、これが世界史上始めてであることが、国際的に認められている。この地震の後、アメリカ、ニュージーランド、日本、ルーマニア、西ドイツなど十数カ国の地震学の専門家や国際学術団体のメンバーたちが、海域地区の調査にやって来た。あるアメリカの新聞記者は海域地震の予知を〈科学の奇跡〉と呼んだ」

これは、銭鋼の『唐山大地震』（蘇錦・林佐平訳・一九八八年・朝日新聞社刊）からの引用である。ここで述べていることは、地震予知成功という宣伝の成果そのものだといってよい。当然、国内では「これは毛主席革命路線の偉大なる勝利である」「反動的な〈天命感〉と〈地震不可知論〉に対する力強い批判である」と高らかに自慢の鐘をならしたのが、唐山大地震により、一転、人知をあざ笑う自然のおそろしさを思い知らされただけでなく、内外にあたえる影響も大きく、大恥をかいたことになる。予知成功の発表とその世界的認知などなければ、その被害をひたすら同情されただけですんだのである。

被災当時、唐山の地震局関係者は、人々から非難の目でもって見られた。その状況も、銭鋼の著書には、克明に記されている。救援の食糧を貰いにいくと、「おまえの分はないんだよ」とすげなく係員に断られ、地震で怪我をして治療を受けようとすると、市民が騒ぎだし「彼にまだ生きる権利があるんですか。仕事もまともにできなかったのに」「なぜ地震で死んでしまわなかったんだ」「だめだめ先生、治してはいけませんよ」と罵声を浴びせて反対した。

なんともえげつない話だが、これも、さきに宣伝に成功したばかりにおこった反動だといえるだろう。政治宣伝は、成功すればよいというものでないことが、これでわかる。

地震報道をめぐる政権対立

九月九日、毛沢東死去。十月六日、四人組の逮捕。十月七日、華国鋒、党主席に就任。実質的に鄧小平の時代がはじまる。十二月二十五日、華国鋒主席は、「農業は大寨に学ぶ」第二回全国会議における講和を発表したが、

その中に唐山地震にふれた個所がある。（新井宝雄『江青とその一味』第三部「四人組」関係資料）

「党中央はすみやかに強力な措置をとって、被災地人民の生産再開、郷土再建を助け、広範な大衆を指導して震災克服の英雄的な闘争をすすめた」

「ほかでもなくこうしたときに、王・張・江・姚の〈四人組〉反党グループは、狂気のように党と人民の深刻な困難につけこみ、かれらが長いあいだひそかにたくらんできた党と国家の最高指揮権のっとりの野望をとげようとしたのである」

いったい、どのように四人組は、唐山大地震という「深刻な困難につけこ」んだのだろうか。齊辛の『華国鋒政権成立前夜』の第一章「四人組の登場から退場まで」は、問答形式になっているが、その中につぎのような「答」がある。

「地震発生後、死傷者救済、伝染病防止、物資供給の逼迫等のさしせまった重大な問題に直面した」

「華国鋒はほかの指導者と多忙な抗震救済の仕事に身を投じたが、四人組はかたわらで〈少数の者が抗震救済で革命をおさえ、鄧小平批判をおさえている〉と冷ややかに言い、〈どこで地震が起ころうが、鄧小平批判をゆるめることができない〉と言った。江青に至っては華国鋒らの繁忙な仕事を〈走資派が驚きあわてふためいている〉〈唐山のひとつがなくなったからと言って、なんだと言うのだ〉とまで言った。四人組の地位は高いので彼らのこうした態度は抗震救済を妨害するに十分であった」

当時、マスコミを掌握していたのは、四人組である。地震報道にマスクをしたのは、四人組だったとしても、もし鄧小平らの実務官僚が握っていたなら、きっちり報道したかといえば、おそらく、そういうことはあるまいと思われる。このような災害がおこった時、宣伝しない宣伝に終始するのが、中国にかぎらず社会主義国家の宿命のようなものだったからである。この閉鎖性は、守護神のようなところがあり、ソ連の雪どけも、中国の百花斉放もすぐに引っ込んでしまった。

世界各国は、救援物資の提供を申しでた。中国は、辞退した。毛沢東の「自力更生」のスローガンを守るため、これが表向きの辞退理由である。これは、しかし四人組のみの発想であろうか。

たんに主義やプライドの問題でなく、もし救援物資を受けいれたならば、外国に対して報道管制を布くことができなくなる。被災地も、代償として西洋のジャーナリズムに見せなくてはならぬ。それをおそれたのではないか。そんなことをすれば中国のボロがすべて暴露されてしまう。これを防ぎたいという気持は、四人組にとっても官僚派にとっても同じだろう。(もっとも、唐山市には、日本をはじめ西洋のプラント建設のため技術者たちがいたから隠しきれないが、当面の目隠しが重要である)

中嶋嶺雄は、『北京烈烈』の中の「震撼する毛沢東体制——中国地震の政治的意味——」で、「地震予知に成功しなかったことによって、〈毛沢東思想〉の神話の一つが潰えたことである」としている。つまり、世界から救援物資を受けいれたなら、宣伝によって神話にまで高めた「毛沢東思想」が崩壊してしまうのであり、決潰寸前でなんとか食いとめねばならぬのである。社会主義は、思想先行である。だから宣伝は最優先される。その思想を実践によって裏づけたのが、毛沢東思想でもあり、「地震」というより「地震予知」の宣伝は、その失敗により、神話を崩しかねないものとなった。

おそらく海外に悪情報が流れることに対する態度は、両派一致していただろうが、権力闘争にかんしては、この天災を両派「チャンス到来」だと思ったのである。華国鋒ら党中央は、「救済活動」へ力をいれることによって人心を自らの陣営にひきよせようとした。

国家としては、当然やるべきことにすぎぬ。だが、いまや四人組と戦っている以上、宣伝ジェスチャーにならざるをえない。四人組とて、救済活動を否定するわけにいかないが、それに力をいれすぎることは、「唯生産力論」の走資派的修正主義であり、唐山が消えたところで、まだ九六〇万平方キロの国土があり、階級闘争を続けねばならぬとした。新井宝雄の『江青とその一味』によれば、「多くの救援物資が全国から唐山へ、ぞくぞくと送られてきていたのだが、〈四人組〉は、この輸送用の車両を勝手に使い、列車の上で飲み食いやら遊びなどまでやって」妨害した。また被害のあった天津近郊にある江青のモデル村では、悲しみを力に転ずるため、革命歌と踊りを日課として、全国の大衆が従うように宣伝した。

「地震は実は地球の新しい兆しである——洪秀全の〈地震詔〉を読む」

これは、この年の『学習と批判』第九期に発表された四人組一派の宣伝論文である。洪秀全とは太平天国の乱の首領である。文献引用は過激な半インテリの巣窟である四人組陣営の得意技である。地震を以て、歓呼すべき新世界の誕生とした。厳家祺の『ドキュメント中国文化大革命』はこの論文を「地震という自然現象を利用して権力を奪い取るために世論づくりをしようとたくらんだ妄想の文章化である」としている。

しかし、官僚派とて救護活動により「世論づくり」したのである。マスコミの活用ということでは、国家の威信の問題や、四人組にその機関を握られている不利もあるが、活発な救済活動により「誠意」を売った。官僚派にとっても四人組を倒す絶好のチャンスであった。

人民解放軍を「抗震救済」のスローガンのもとに唐山へ派遣するだけでなく、北京へも移動させている。地震パニックを抑えるため、「北京」だけでも残さねばの気持もあるが、「四人組」に対抗するためでもある。

四人組は、民兵を武器としていたが、官僚派は、これに人民解放軍を対置させんとした。北京へ進駐した人民解放軍は、たちまち民兵の武装を解除する。そして、まもなく毛沢東の他界につぐ四人組の逮捕。御膳立て通りになった。

周恩来の死にはじまり大震動を続けた年がようやく明けると、四人組批判キャンペーンが、激しく全国に展開される。宣伝のメディアは、華国鋒を主席として頂く官僚派が奪還する。

『人民中国』の一九七七年二・三月号に「抗震救済の第一線に立つ中国人民解放軍」のタイトルにより、「本誌記者」のルポが載る。「われわれは人民の戦士ですから、生きる希望を人民にゆずり、死の危険を自分に課すのです」といった「感動」の文脈を一歩として出ていない。

同誌四月号は「罹災地の人民とともに春を過ごした華国鋒同志」（竹青）である。これは、唐山大地震の慰問記事ではない。地震予知の成功で世界を驚かせた遼寧省の大地震である。当時、副総理だった華国鋒は、主席となる前から人民のために働いていたという証拠写真つきの宣伝であるが、「地震予知」には、いっさい触れていない。

同七月号は「大地震のあとで最初の春を迎えた唐山」というグラビア八頁と「開灤《かいらん》炭鉱を訪れた華国鋒主席」（戈紅）という記事の二本立ての特集である。唐山大地震一周年記念というわけである。

唐山は、炭坑の町であり、生き埋めが心配されたが、被害が大きかったのは、近代建築の並ぶ地上だった。華国鋒は、八月四日に早くも慰問に訪れている。これまた四人組との対決のありかたとして行われたともいえる。グラビア頁は、日常をとり戻した「唐山の市民の風景」という宣伝的コンセプトのもとに、写真が選ばれている。『人民画報』は、どうか。唐山の被害状況を写真で示すのに、もっともふさわしい雑誌だが、当時は沈黙を守った。一九七七年二・三月号で、はじめて唐山を特集したが、やはり、その被害状況を見せたわけでない。そのかわり、再建のすすむ唐山地区の「四人組糾弾キャンペーン」にテーマを絞っている。唐山の人々は、地震のさいの四人組をさし、「羊の皮をかぶったオオカミ」「美女に化けた青蛇だ」「人殺し組だ」と腹を立てたというコピーがついている。

それにしても、『人民中国』といい『人民画報』といい、なぜ「二・三月号」という合併号なのか。宣伝方針が内部で定まらず揉めていたのだろうか。

★消えた四人組——葬儀と遺体をめぐって

毛主席は永遠に不滅である

一九七六年七月二十八日、二〇世紀最大といわれる唐山大地震がおこる。九月九日零時十分、中国人にとってめでたかるべき重《ちょう》陽《よう》（菊の節句）の日、毛沢東は、ついに死ぬ。

この大地震は、不吉の前兆だったのか、それとも吉の前触れだったのか、今もって結論づけることはできないだろう。九月九日の夜は、満月だったという。

北京放送が、毛沢東の死去を伝えたのは、九日の午後四時。「アナウンサーの声も震えていた」（おかだれいこ『新聞に出なかった中国』）という。死は、予測されていたこともあって、ある程度の準備もすすんでいたのか、「全人民に告ぐる書」をはじめ、十一日から十七日まで人民大会堂で弔問式、十八日、天安門広場で追悼大会を行うという「公告」、葬儀委員会の「名簿」も同時に手際よく発表された。

ただ、周恩来の時の葬儀委員長は、毛沢東だったが、この時は、

党和国家领导人华国锋、×××、叶剑英、×××、宋庆龄、××、×××、李先念、陈锡联、纪登奎、汪东兴、吴德、许世友、韦国清、李德生、陈永贵、吴桂贤、苏振华、倪志福、赛福鼎在追悼大会上。

❖……1976年９月18日、天安門広場で行われた毛沢東追悼大会で黙祷を捧げる中国の首脳陣。『人民画報』1976年11月号より。四人組の姿が消されているほか、キャプションも「×」で名前が伏せられている

華国鋒・王洪文・葉剣英《イエジエンイン》・張春橋の四人の名が、代表委員の意味あいで先頭に記されているのみで、不在である。後継者がきまっていないことを示している。失脚した鄧小平の名はない。

その翌十日、『人民日報』は、第一面いっぱいを用いて、黒枠で囲んだ毛沢東の肖像写真をのせた。「偉大なる領袖にして指導者である毛沢東主席は、〈永重不朽〉である」というコピーが付された。「読売ジャイアンツは、永遠に不滅です」と言って長嶋茂雄が引退したのは、いつだったろう。同じころのように思えてならない。

通夜に当たる弔問式が一週ぶっ通しというのは、さすが毛沢東といえるが、周恩来の場合も五日である。「遺体に崇敬の念をささげる」(「告示」)というのが、弔問式だが、写真などを見ると、瞑目している遺体のままのものと、水晶の棺におさめられたものとがある。

遺体の安置された人民大会堂の中は、幹部らによって捧げられた花輪で埋めつくされていた。『北京周報』(一九七六年三十八号)には九月十八日の追悼大会のルポがのっている。

「江青同志のささげた新しい花輪が毛主席の遺影のまえに置かれていた。この花輪は、まだ息づいているようなヒマワリの花、水々しいトウモロコシ、黄金色にかがやくムギ、イネ、アワの穂、ぶんかんじゅの白い花と実でつくられていた」

とある。七日間の弔問式のルポもあり、これと同じ江青の花輪が、常緑樹に囲まれた遺体の前に置かれていた。はっきりしないが、水晶の棺にまだ入っていない遺体の写真にそれらしきものがある。眠る毛沢東の足もとにである。

「花輪につけた一対のリボンの右側には〈このうえない悲しみをもって崇敬する偉大な教師毛沢東主席を悼む〉、左側には〈あなたの学生、戦友江青および毛岸青、李敏、李訥、毛遠志、毛遠新〉と書かれてあった」

捧げられた花輪は、造花なのか本物なのか、よくわからないが、本物なら、追悼式までもたせるのは、かなりたいへんのはずである。ヒマワリ、ムギやアワならどうなのだろう。やはり無理だとしても、毎日とりかえさせることだってできる。おそらく江青は、毛沢東の教えである「大寨に学ぶ」の実践者として自らを宣伝するために、このようなクサくて奇抜な発想をしたのだろう。ヒマワリは、毛沢東の象徴である真っ赤な太陽のことだろう。

しかし、この花輪をめぐり、一悶着があったことは、ソールズベリーの『天安門に立つ』を読むとわかってくる。最晩年の毛沢東は、衰弱のため、その言葉が聞きとれなくなっていた。そのため、読唇術師がつけられ、彼が秘書役の二人の女性唐聞生《タンウエンセン》と王海容《ワンハイロン》に伝えるのである。

一悶着は、江青とこの王海容の間でおこった。ソールズベリーは、何日と書いていないが、弔問式の第一日目であろう。王海容は、湖南省で毛が世話になった家の娘で、毛はその後見人になってめんどうを見ていたが、病が重くなってからは、逆にめんどうを彼女に見てもらうようになっていた。四人組の伝言の取り付け役でもあり、最晩年の毛沢東の周辺におこったことの最大の目撃者であろう。

さきに江青が、アルゼンチンのペロン大統領夫人の格好を真似たといわれる黒の喪服に黒のベールを頭に巻いて、弔問室に現れたが、しばらくして王海容が現れた。そして、江青の花輪にそえられた献辞を見た。カッとなった王海容は、「あなたにこんな言葉を書く資格はないはずよ」と叫びながら、江青にむかって突進したという。江青も、怒鳴り返す。

「一瞬のうちに毛の棺の前で、そして党の幹部の面前で——女二人の取っ組み合いの喧嘩がはじまった。王は江青の頭に手を伸ばし、その髪を掴んでぐいと引っ張った。その瞬間、王はあやうく引っくり返って尻もちをつきそうになった。気がつくと、手には何やら黒い塊がある。驚いて江青を見ると、その頭は卵のようにつるつるだった。黒いものは江青のかつらだったのである」

ソールズベリーは、すこし楽しげに「毛の遺体を前に繰り広げられたこの醜い争いは、その後の江青をめぐる深刻な暗闘の幕開けを告げるものだった」と書いている。

江青、是が非の後継者争い

王海容が怒ったのも、わかるような気がする。

毛沢東の病状が悪化したのは、北京にも余波が襲った唐山大地震のショックも手伝っていただろう。晩年、彼は、お元気そうですねなどと世辞を言われると、いや、みせかけだと否定し、いつ天帝に召されてもしかたないと答えたものだが、唐山大地震は、まさに天帝が迎えにやってきたのかと思ったとしてもしかたない。唯物論者の毛沢東が、「天帝」などというのは、不思議なようだが、そんなことはない。

根っからの唯物論者などいない。さきに唯心論があって、あとで唯物論がある。唯物論がさきということはない。つまり「天帝」が、毛沢東にかぎらず、さきにインプットされている。だから、もともと彼の中に眠っているものであり、彼やインテリよりも、唯物論者になりきれないでいる大衆をひっぱりこむためには、故意に神秘主義的な言葉を用いることもあった。「魂」などという言葉は、文革のスローガンに乱舞した。

それはともかく、江青は、病状が悪化していても、そばにつきそうことはなかったらしい。死の一週間前の九月二日、毛沢東がだめだというのも振り切って、大寨へ行き、そこで鄧小平批判大会を開いたりした。大寨は、宣伝の場所として、当時、大きな価値をもっていた。毛沢東を放っておいても大義名分のたつ場所である。通訳をしていて、その一部始終を見ていたに違いない王海容が逆上したのは、それなりにわかるというものである。

九月五日の夜、江青に北京へ戻れと至急電報が飛んだ。大寨でトランプをしていた時で、最終列車のぎりぎりまでみこしをあげなかったという。大寨で、女が権力を握ってもおかしくないと演説していた彼女は、毛沢東の死を待っていたのだろう。

九月七日、毛沢東は危篤状態に陥った。厳家祺の『ドキュメント中国文化大革命』によると、江青は、「医師の制止も聞かず、たえず毛沢東の背中を拭き、四肢を動かし、タルカムパウダーを塗りつけた。夜になると、江青はまた毛沢東の病室に行って、重要な文書はないかと探し、見つからないと言っては激怒した」

九月八日、毛沢東は臨終に近かったが、自分が後継者になるための文書を配布しようとしていた彼女は、こっそりと部屋を抜けだして新華印刷工場へ行き、無理を言って働いてもらうためか、職工たちにブンカンジュを食べさせている。「文官果《ブンカンジュ》」、つまり文官が権力を奪うこと、すなわち四人組が権力を握るための縁起かつぎの果物である。

江青の花輪が、ムギやヒマワリなのは、「大寨に学ぶ」の象徴であり、ブンカンジュの花がまじっていたのは、自らが女帝になることのひそかな宣言でもあったわけだ。印刷所から看護に戻った江青は、医者があぶないというのもきかず、毛沢東のからだの向きをあっちこっちかえたりして手さぐりした。遺言をさがしていたのである。そのため、毛沢東の顔は、青紫色に変り、血圧が上昇、ついに九月九日、逝去する。そばにつきそっていた王海容が、江青の花輪と献辞を見るや、逆上したのは、そのためである。共産党支配の中国の葬儀は、たいてい人民服に黒の腕章を巻く。ひとり江青が、特別仕立ての黒い喪服に黒いマフラー（スカーフか）で顔を包み首に巻いているスタイルにも王海容はカッとしたであろう。案外、江青の髪を直接引っ張ろうとしたというよりも、それをおおっているマフラーをひっぱがそうとしたのかもしれない。

江青が逮捕された時も、カツラが飛んだという笑い話が伝えられているが、弔問式や追悼大会の写真を見ても、同じスタイルを通している。花輪も献辞も、変更していない。恥をかかされたにしても、ここは堪忍のしどころ、意地を張り通したのだろう。

「周恩来の葬儀における鄧穎超《デンイエンチヤオ》と対照的に、江青は未亡人として振る舞わなかった――別個の指導権をもっているという彼女の気持はもう長いあいだのものだったのである」

こう述べたのは、『江青』の伝記を書いたロクサーヌ・ウィトケである。彼女は、テレビで葬儀の模様を見たのだが、江青の表情に「憔悴」を感じとっている。さらに追悼大会に触れて言う。

「九月十八日、全国民が三分間の黙禱をささげ、飛行機、船そして工場も静止した。その背後で衣鉢をめぐる競争者たちが毛沢東の遺体をどうするかでいい争っていた。まもなく主席の亡骸は水晶の棺のなかに祀られ、まわりに廟が立てられると発表された」

葬儀のかげの攻防

葬儀は、政治宣伝の花ともいわれる。

人間だれにも平等に訪れる「死」、それを形式美で包むという儀式が葬儀であり、ヒットラーの「ナチス第三帝国」などは、それを徹底的に利用したが、社会主義国家も、巧みに利用する。巧みということは、葬儀のデザインに目くらましを食って見えにくいが、それを利用しようとする政治的な裏が隠されているということである。毛沢東の葬儀の場合でいえば、四人組と走資派の闘いがあった。

追悼大会の日、華国鋒が、弔辞を読んだ。その横には、四人組の王洪文がいた。すこし離れて江青が立っていた。王洪文は、華国鋒の横で弔辞の巻紙をたぐっていた。かたちとしては、読むのを手伝っているのであるが、お目付けでもあった。『文化大革命の内側で』の著者ジャック・チェンは、こう語る。

「華国鋒総理が演説文を読み上げて、あるくだりまできたとき、そのとなりに立っていた王洪文はびっくりした顔になり、首をのばして演説文をのぞき込んだ。ほめたたえる文章のそのところでは、原文には毛沢東の遺言の一つだった、といわれている〈既定の方針にもとづいてやっていく〉という言葉があった。演説ではその言葉がはずされたのである」

省略された毛沢東の言葉は、江青ら四人組が、曖昧ながら権力奪取のために利用しようと思って、追悼文の草稿にもぐりこませていたものだったが、そのもくろみが事前に察知されて、用心深く抜きとられ、他の文章に差しかえられていたのである。テレビで、この場面が放映されたかどうかはわからぬが、まさに気づきにくいところで、血まなこに戦われていた。

四人組が逮捕されたのは、十月六日。追悼大会が終わってから二十日余りであるが、この短い時間の中で、両派の死闘が繰り返された。当時、北京にいた、おかだれいこは『新聞に出なかった中国』の中で、こんなことを言っている。

「面白かったのは、四人組が打倒されてから、四人組が明らかに写っていた写真から、四人がすっかり消されていたことだ。……追悼大会の時の記録映画からも、もう四人組を見ることはできない。四人の立っていたところから人間は消えて、なんとその背景に当たる群衆を手書きにした写真を見た時には驚いた」

彼女の見たという写真は、どこに掲載されたものであろうか。すぐ頭に浮かぶ宣伝媒体は、新聞なら『人民日報』、雑誌なら『人民画報』『人民中国』『北京周報』である。

まず『人民画報』の十一月号（十一月五日発行）を見る。なるほど、弔問式で、幹部が整列して毛沢東の遺容を拝している写真から、四人組が消えている。ネームを見ると、幹部名を書きつらねたくだりで四人が該当する箇所に「×××」が記されている。さらに見ていくと、追悼大会で、大群衆を背にして、天安門の楼上に勢揃いした幹部が、黙禱拝礼している写真があり、二カ所すっぽり空白になっている。これかと思った。たしかに空白部分に群衆が描きこまれている。

『人民画報』は月刊であるから、翌日に報道される『人民日報』ならどうだろうと見た（大会の翌日の十九日）のだが、たしかに同一写真とおぼしきものがあり、そこには、きっちりと黒いスカーフの江青、張春橋、王洪文と並び、四人おいて姚文元がおさまっていたのである。

これは、『人民日報』の時にはまだ健在だったが、『人民画報』十一月号の編集レイアウトの出稿時には、すでに四人組は没落していたことを意味する。この十一月号は、毛沢東追悼特集なので、四人組批判は行われていないが、この写真からの抹消は、まもなく激しくはじまる華国鋒体制の四人組批判キャンペーンの前ぶれであったといえる。

なおも念のため、『北京周報』と『人民中国』を見ることにした。『北京周報』の三十八号は、毛沢東追悼特集だが、ここには、天安門楼上の黙禱シーンがやはり挿入されており、しかも四人組は抹消されていない。まだ四人組が、報道機関を牛耳っていた時代の発売とわかる。追悼大会後、没落まで二十日間といっても、週刊誌だから、四人組がまだ命脈を保っているうちの発売は、大いにありうるわけである。では、『人民中国』はどうなっているか。毛沢東特集を組んだのは、十一月十二月合併号であった。『人民画報』と同じく月刊である。ここには、案の定、四人組抹消の写真がのせられていた。

といっても、『北京周報』の場合、いろいろと綾がある。当然のこととして、「華国鋒同志の追悼の辞」がのせられているが、王洪文がおかしいと原稿をのぞきこんだ個所、つまり省かれた「既定の方針に基づいてやっていく」という毛沢東の「遺言」部分は、どうなっているのか。『北京周報』がまだ四人組の手にあったなら、最初の原稿に戻すのは、わけのないことだからである。

だが、差し戻されていない。おそらく、四人組の間で論議の対象になったと思われるが、一度、世界に向けて発表された追悼文であり、手直しすると疑惑を受けると判断したのか、そのままにされている。そのかわり、弔問式のルポなどを読むと、

「必ずあなたの遺志を受け継ぎ、あなたの〈**既定の方針にしたがって事を運ぶ**〉という教えに従って、階級闘争をカナメとすることを堅持し、鄧小平を徹底的に批判し、右からの巻き返しに反撃をくわえ……」

という風に、四人組の主張を展開し、国家権力の獲得を主張、女帝江青のレール敷きに相つとめているのである。すでに九月十六日の『人民日報』で、この「既定の方針にしたがって事を運ぶ」の語の入った社説を発表し

ていたから、それをそっくり同時掲載する手段にでて、華国鋒（江青に反感を抱き走資派に傾きつつあった）の故意の削除に対抗している。

だが、この『北京周報』には、もう一つ綾がある。同編集部には、「走資派」の分子もいりまじっていて、なにげなく敵対工作をしている気配があるのである。それは、例の党幹部全員の黙禱写真である。

写真は、横長の写真である。『人民日報』の時とその大きさは、あまりかわらないが、『北京周報』は、日本の週刊誌大である。横長の写真を大きく扱おうとすれば、どうしても見開きに渡らせなければならない。その時の欠点は、どうしても綴じの喉に食いこむ。

さして『北京周報』は、分厚い雑誌でないから、なんとか喉元に食いこんだ人物を見ることはできる。しかし、目立たないのは、たしかである。それが、どうしたのか。私が、走資派の分子ががもぐりこんでいて、反宣伝的工作をしたのではないかというのは、この号をコピーで見ているからである。合本のため、喉元を十分に開くことができぬままコピーしたため、雑誌の折りの部分に当たる右頁の端の人物が、消えてしまっていた。

その人物は、誰あろう江青その人なのである。発売当時の雑誌では、江青が消えてしまうことなどありえないが、まったく女帝たらんとして、黒のスカーフを首に巻いて目立たんとしている彼女の姿が、影薄きことだけは間違いない。

うっかり、レイアウターがミスしたとも考えられる。江青をよい位置に立たせるのは、デザインの問題として、さして難しくない。編集長も、うっかりレイアウトミスの確認を怠ったともいえる。チェックしても、見逃しがちである。たとえ、入稿段階で完璧だったとしても、もし最終段階を受け持つ印刷工の中に不穏分子がいたとすれば、レイアウトをかえて江青に恥をかかせるのも、さして至難というわけでないだろう。

フランスのジャーナリストであるアラン・ジョベールは『歴史写真のトリック』（村上光彦訳・一九八九年・朝日新聞社刊）という本を出したが、日本語版の副題は、「政治権力と情報操作」である。表紙には、四人組削除の写真を用い、本文でも分析している。誤断もあるが、ジョベールが次のように言っている個所は、まあ正しい。「そこにはトリックを隠そうとする気持など見あたらない。それどころか、消したことをさらに明瞭に見せつけるためとでもいいたげに、四人の立っていた場所はぽっかりと空白になっている。新政府の正統性を主張し、その力と傲岸をひけらかし、画像に対する絶対権力を示す、どすを利かせた仕方なのだ」

もっといえば、名誉剝奪であり、水に落ちた犬は叩けであり、時によっては墓を掘りかえして白骨にも鞭打つ中国伝統の見せしめ方の方法だといえるだろう。

さて、四人組のシルエットをグワッシュで消した『人民中国』も毛沢東の生涯を示す写真は他誌と同じ材料なのでレイアウトで差異を示すしかないのだが、新しい華国鋒体制の宣伝の部分を他にもさがすとするなら、二つの決定事項を大々的に掲載したことだろう。

一つは、毛沢東記念堂の建設の決定である。完成後、「毛沢東主席の遺体をおさめた水晶棺を堂内に移す」と発表した。もうひとつは、『毛沢東選集』第5巻の刊行と全集の準備の宣言である。自分たちが、毛沢東の正統な後継者であることを宣伝している。(即ち、ひとまず毛沢東を否定しないという宣言でもある)この二つの決定は、なんと四人組逮捕のあった十月六日から二日後である。

ここで、私は、水晶棺におさめられた毛沢東の遺体について、やや、ひっかかることがある。中国初代大使の小川平四郎の『北京の四年』によれば、弔問式の十二日から、テレビで「硝子で覆った棺の内の遺体との告別の模様を繰り返し放映した」とある。

私は、初めから水晶棺だとばかり思い、製作に時間がかかるだろうにずいぶんと手まわしがよかったんだなと感心していたが、硝子ならば、話は別である。

遺体を焼くか、永久保存するかで、相当な議論があったらしい。四人組は、反対だった。厳家祺等の『ドキュメント中国文化大革命』によると、王洪文が、「毛主席の遺体保存は、決して容易なことでない」といっていきまき、遺体処理部門に、できるだけゆっくり保存方法を考えるように命令したのが、九月二十一日だという。追悼大会が終ると、すぐにこの問題がおこったとみてよい。

結局、四人組は逮捕され、権力争いに勝利した華国鋒と「走資派」は、「永久保存」を決定し、新体制へ人々の心をつなぐ宣伝の道具とした。毛沢東記念堂が完成したのは、一九七八年である。平林美鶴の『北京の嵐に生きる』（一九九一年・悠思社刊）を読むと、日本へ帰国する（一九七九年）前に彼女は、この水晶棺に入った遺体の安置されている霊廟を見物している。

「建物の内部はまことに立派で、いくつかの部屋を通りぬけ、遺体の安置されている部屋に着くと（遺体を参観させる部屋という意味か）、遺体は地下室からエレベーターで上がってきた。カーキ色の人民服を着た上に五星紅旗が被《おお》ってあったが、耳がつぶれたように見え、なんとなくミイラを見ているようでうす気味悪かった」

★毛沢東の「遺言」

【二】

遺言にすりかえられたメモ

「四月三十日、華国鋒は毛沢東の許《もと》に行き、業務報告を行なったが、華国鋒が、いくつかの省はかなり混乱していると言うと、毛沢東は、〈ゆっくりやることだ、気をもむことはない〉〈これまでの方針通りに事を運ぶよう〉〈あなたがやれば、わたしは安心だ〉と書いて、華国鋒に示した。当時、毛沢東は口を自由に利けなかったのである。毛沢東の書いたこれらの言葉は、単に華国鋒を激励するためのものにすぎず、彼を後継者にするという意味は全くなかった」（丁望『評伝華国鋒』）

一九七六年四月五日の天安門事件後、病床の毛沢東は、不信と怒りの中にあった。四月七日鄧小平を解任、周恩来の死後、空席になっていた首相

光明日報
GUANGMING RIBAO
毛主席语录
按既定方针办
认真看书学习，弄通马克思主义。
永远按毛主席的既定方针办

人民日報
毛主席语录
毛主席给华国锋同志亲笔写的指示：
你办事，我放心。
一切行动听华主席为首的党中央指挥
《解放军报》编辑部

人民日報
毛主席给华国锋同志亲笔写了“慢慢来，不要招急”，“照过去方针办”，“你办事，我放心”。
灭亡前的猖狂一跳
——揭穿“四人帮”伪造“临终嘱咐”的大阴谋
本报编辑部

❖……上より、1976年10月４日付『光明日報』、同年11月23日付『人民日報』、同年12月17日付『人民日報』。新聞題字右の「毛主席語録」の内容が次々と書き替えられている

の椅子へ、（江青グループは、張春橋を押したが）首相代行の華国鋒を抜擢、くわえて党第一副主席に任命した。鄧小平解任と同様に、この抜擢は、党規にも憲法にも違反していたが、毛沢東の怒りの副産物でもあった。

「ゆっくりやることだ、気をもむことはない」＝「慢慢来、不要招急」
「これまでの方針通りに事を運ぶよう」＝「照過去方針弁」
「あなたがやれば、わたしは安心だ」＝「你弁事、我放心」

口の利けない毛沢東が、四月三一日、首相の華国鋒に書いてあたえた三つの言葉は、考えようによっては、よくある日常会話の筆記にすぎない内容なのに、彼の死後、あたかも「遺言」であるかのように甦り、すさまじい権力闘争の宣伝対象となっていく。

いかなるささいな言葉にも、意味を持たせるのが、政治だともいえ、事実、その気になれば、どのようにも答えてくれるのが、言葉の魔力である。

一九七六年十二月十七日、『人民日報』は、そのトップに、「滅亡前の狂気の一跳《と》び」と題した特集記事を掲げた。副題は、「四人組が偽造した〈臨終遺嘱《いしょく》〉の大陰謀を暴《あば》く」である。十月六日、四人組が逮捕され、華国鋒体制が整ってからの暴露記事である。「陰謀詭計を徹底して暴くことは、その無力化に役立つ」というマルクス、エンゲルスの言葉を引き（とかくお墨付が必要なのである）、しつこく二頁近くに渡って暴露している。

「華国鋒同志は、当時、毛主席の〈ゆっくりやることだ、気をもむことはない〉〈これまでの方針通りに事を運ぶよう〉という指示を中共中央政治局に向かって伝達した。四人組も、その場に居合わせており、王洪文と江青はそれを筆録《メモ》していた。その証拠もある。姚文元も直《じか》に毛沢東主席の親筆になる現物を見ている」

これを読むと、政治局に伝達した華国鋒こそ、四人組より先に毛沢東の筆談の言葉を「指示」として利用した人だとわかる。もちろん、毛沢東は、まだ存命であり、遺書としてではない。

この暴露記事は、四人組批判のキャンペーンの大目玉商品であり、同時に「後継者」としてふさわしい人物として華国鋒が毛沢東のかぎりない信頼をえていたことを示すものだという宣伝意図を秘めてもいた。

文革中、『人民日報』は、その題字の横に『毛沢東語録』の言葉を入れ、それをケイで囲むのをつねとしていた。毛沢東思想の啓蒙宣伝であり、そのつど時局に合わせた言葉が摘出され、スローガンともなった。トップの大見出し以上に目立つ場所だった。

毛沢東の死後、この黄金の長方形の中味は変わる。『毛沢東語録』のかわりに、「偉大な領袖にして指導者である毛沢東主席は、永遠不滅である」といった言葉が入るようになる。これは、四人組が『人民日報』を握っていた時のスローガンである。

四人組が逮捕されて、『人民日報』が華国鋒体制の支配に入ってからも、この黄金の長方形は、利用され続ける。「臨終遺嘱」の暴露記事を載せた日は、「毛主席は華国鋒同志に〈ゆっくりやることだ、気をもむことはない〉〈これまでの方針通りに事を運ぶよう〉〈あなたがやれば、わたしは安心だ〉と親筆を書きあたえた」という言葉が入っている。

あきらかにこれは、華国鋒こそが、この毛沢東の言葉によって後継者に任命されたのだという印象をあたえるような工夫をしはじめたことを意味している。ただ、十二月十七日の暴露記事の中で、つまり首相の華国鋒が、中国共産党中央政治局へ親筆を伝達したというくだりで、すこしひっかかる個所がある。三つの親筆のうち「あなたがやれば、わたしは安心だ」のみ省かれているからである。

これは、中国共産党中央政治局へ、「毛沢東の指示」として持ち出した時、華国鋒が「あなたがやれば、わたしは安心だ」の親筆のみを不穏当なものとして省いたことを意味しているのだろうか。いたずらに波風が立つのを防ぐため、自らチェックしたのか。私的なものとして、幹部へ示すのにふさわしくないと見たのか。それとも、あくまで華国鋒の謙虚を示すものなのか。

だとすれば、四人組は、「あなたがやれば、わたしは安心だ」の親筆を見ていないことになる。メモもとっていないことになる。証拠があると暴露記事は凄んでいるが、のちにあたかも遺書のように華国鋒が利用するこの言葉は、四人組に伏せられていたことになる。

それとも、やはり華国鋒は、わが身を守る手段として、この三つの親筆をすべて中央政治局に提出していたことも考えられる。のちの暴露記事の中の提出のくだりでは、他の個所で強調していることだし、ここでまた持ち出しては、すこし宣伝が露骨すぎるとして「あなたがやれば、わたしは安心だ」のみを削除したのかもしれない。とすれば、宣伝処理として、ぎこちないながら、この省略は華国鋒の謙虚宣伝でもあり、それならば、かつて四人組は、この彼に対する信頼を示す親筆をも見ていたことになる。（一説では、毛沢東が三つの筆録を華国鋒にあたええた時、そばに江青らがいたという）

また、毛沢東の生きていた四月三十日の時点では、「あなたがやれば、わたしは安心だ」の言葉も、かざりない信頼というより、ただの激励、世辞としか、四人組をはじめ他の幹部にも感じとられない種類のものにすぎなかったともいえる。

だが、時が移り、状況が変われば、そっくり同じ言葉でも、応用次第で、どのようにでも、変容していく。政治宣伝の腕の見せどころでもある。四人組が、臨終にあたっての遺嘱として利用しようとしたのは、この二つの言葉のうち、真ん中の「これまでの方針通りに事を運ぶよう」をすこし変えて大々的に用いることであった。それにしても、あまりに迂闊すぎる選択ではないか。すこし変える位なら、すぐにばれてしまうからである。よほどあせっていたとしか思えない。

既定方針に従って事を運ぶ

どうやら毛沢東が、遺書を残さなかったのは、事実のようである。あえて残さなかったともいえるし、病気のため、遺書を書く気力もなかったともいえる。

この場合、遺書の重要性とは、後継者の指名のことである。林彪の指名で懲り、周恩来も死亡し、江青ら四人組を信用していない毛沢東にとって、おそらく「後継者」の名前は頭に思い浮かばなかったともいえるだろう。生き残ったものたちが考えろといったところだったかもしれない。九月九日、毛沢東が死去するや、「江青グループが最初に取った行動は、各地との連絡を密接にすることと、毛沢東のメモ、機密文書を奪って、〈遺言〉をでっちあげ、江青が後継者になるための〈世論〉を準備することだった」

「毛沢東が死去すると、彼らは直ちに、毛沢東の機密秘書、張玉鳳を脅して、文書二つを持ち出してしまった。……間もなく彼らはまた張玉鳳を脅迫して、毛沢東のメモの一部と文書を出させようとした。彼女がことわると、彼らは〈文書窃取〉の罪になると脅迫した」

丁望は、『評伝華国鋒』の中で、こう語っている。生前から、江青は、なんらかの書きつけでもないかと、瀕死の毛沢東のベッドをさぐったことは知られている。もしあったとしても、江青が後継者に選ばれていることなどありえないと思っていたはずだから、むしろ他者（走資派や華国鋒）が後継者に指名されている場合を考えて、それを事前に消滅するための行動だろう。

だから、死後の文書さがしは、遺書発見のためでなく、遺書めいたものを工作するための資料を必要としたからだろう。江青らが持ち出した文書は、改ざんの痕跡があったといわれている。しかし、遺書としての改ざんであったとするなら、失敗例だろう。

結局、彼等が利用したのは、一見、まったくドジなことに、四月三十日、口の利けなくなっている毛沢東が華国鋒に自ら筆で書いて示した三つの言葉の一つを改ざんすることだった。多くの幹部が確認している言葉であり、敵をみくびりすぎたともいえるが、むしろ、あわてるあまり、案を練る間もなく、あえて拙速主義をとりままよと見切り発車し、歯を剝き出しにして突進したともいえるだろう。

四人組が利用したのは、毛沢東の三つの言葉のうち、真ん中の「これまでの方針通りに事を運ぶよう」であった。これを四人組は、「既定の方針に従って事を運ぶよう」とかえた。中国文で示せば、「照過去方針弁」が、「按既定方針弁」となった。頭の三字をとり替えたのである。

ここには、華国鋒体制の暴露記事が指摘するように、露骨にして子供じみた「混同」と「代置」の策略《トリック》がある。おそらく、すぐ四人組の敵陣営にはばれると知っていたはずだから、挑発の策略でもあった。かつて、四人組は、「照過去方針弁」という毛沢東の金科玉条のお墨付を持ち出した華国鋒によって後退を余儀なくされたことがある。その意趣返しでもあった。しかし、大衆は、「照過去方針弁」のメモを知らないのだから、「按既定方針弁」として読む。「既定」といっても、なにが、毛沢東が示したどんな「既定」なのか、神秘的でかつ曖昧なままに巨大な力を持ち、想像力をかきたてる。ほのめかしとしては、毛沢東の遺言の存在がある。大衆は、日頃より、一見、紋切りに見える新聞から、裏を読みとる訓練ができている。ほのめかしは有効な宣伝術なのである。「按既定方針弁」の語が、はじめて『人民日報』に登場したのは、一九七六年九月十六日のトップを飾る「毛沢東は永遠に我等の心の中に生きている」という題の社説においてである。『解放軍報』『紅旗』との共同社説でもあった。

だが、よく点検すると、この言葉は、社説中、二個所しか用いられていない。

「毛主席は、我々に遺嘱した。〈既定の方針に従って事を運ぶよう〉と」

この「遺嘱」なる言葉が、曲者《くせもの》である。華国鋒体制の暴露文によると、

「姚文元は、故意に社説原稿の中にあった〈毛沢東は病の中に在って我々に遺嘱した〉という個所のうち、〈在病中〉の三字を削除し、あたかも〈臨終の遺嘱〉であるかの印象を人々にあたえようと図った」

おそらくそうではないだろう。四人組のうち、情報機関を牛耳っていた姚文元の宣伝感覚なのである。ぼかし、見せかけの宣伝技術に属する。「在病中」では、漠然としていて「臨終の遺嘱」という切迫感が出ない、それなら一層のこと省いてしまったほうが、その感じが出ると劇的に踏まえたのでない。たんに露骨を避け、曖昧を迎えとったのである。

そもそも、遺嘱（嘱咐）などないわけである。ないものをあるように見せかけねばならない。だが、ないのには、変わりない。そこで「遺嘱」の意味を拡大し、抽象化する。毛沢東の革命路線、修正主義批判、資本主義反対、右傾反対、そして鄧小平批判。いわれなくても、だれもが知っていることが、すべて「遺嘱」の内容になってしまう。鄧小平批判は、ともかくとして、他の事項は、毛沢東の死後、党中央が決めたことでしかない。まさに毛沢東の遺志といえば遺志だが、比喩的な遺志であり、遺言といえない。

この社説は、「我々」という人称をもって貫かれている。この「我々」もまた曲者である。「既定の方針に従って事を運ぶよう」という毛沢東の遺嘱も、「我々」に対してである。この「我々」の中には、人民も党幹部も四人組もふくまれてしまう。大衆は、四人組が情報機関を握っていることを知っているから、華国鋒や走資派にとって、この「我々」は、きわめて危険な曖昧性である。事実、姚文元は、そのように図ったはずである。その遺嘱は四人組に向かってのものであると暗示するために、故意に「我々」という抽象語の中に隠れ、毛沢東の革命路線の継続の意味に見せかけた「既定方針」という言葉の中に、後継者は四人組（江青）という秘密をも含めたのである。そんな事実は、ないのだから、遺書の存在のほのめかしである。

この日の社説には、「按既定方針弁」の語は、たった二個所だと述べたが、「我々」への毛沢東の遺嘱のくだりのこの言葉は、目立つようにゴシックである。毛沢東の革命路線の継続にこの言葉を付会した個所は、ゴシックでない。

『人民日報』などは、自由主義の新聞感覚では、無味乾燥、退屈きわまりないようだが、裏を読むことに慣れた大衆にとっては、面白さと怖ろしさを兼ねた情報紙だったともいえる。自由主義の情報は「モノ」そのものだが、文革期の中国の情報は、まさに人間の「情」がにじみ出ていたともいえるのである。

前に、葬儀宣伝で、華国鋒の読みあげる追悼文中に入っているはずの「既定の方針にしたがって事を運ぶように」の語がないため、四人組があわてる話を書いた。暴露文では、そのような遺書があるなら、なぜ追悼文に入れるように提案しないのかとなじり、そんなものは、もともとないからであるとしている。九月十六日に「臨終遺嘱」の存在を発表したのは彼等四人組の奇襲攻撃だと暴露文は見ている。つまり九月九日の「全党・全軍・全国各民族人民に告ぐる書」と九月十八日の追悼大会の演説の中間に割りこんで発表し、一つの党の公表を一挙に粉砕するだけではなく、

「華国鋒同志をはじめ党中央が、毛沢東主席の〈臨終遺嘱〉を隠しこみ、彼等四人組のみが、〈臨終遺嘱〉を宣伝し擁護する者であるかのような印象を全国人民に造り出すようにと企図した」

とし、これは、政治的大陰謀であり、権力奪取のための世論工作だと口をきわめて非難した。

政権奪取へのスローガン

九月十六日付『人民日報』における「按既定的方針弁」の語の回数は、控え目に出発して本文中に二回だったが、十八日は、五回である。ただし、一面三面の見出し部分に来ている。いずれもゴシックである。

十九日は、前日の追悼大会の特集号である。もちろん華国鋒の演説の中にはないが、大会の模様を伝える記者の文章と香港など海外華僑の動向を伝えるニュースの中に各一回、織りこまれている。

二十日『人民日報』は、中国の二十八省一市や自治区における追悼大会の模様を大特集している。この特集は、毛沢東の遺嘱として「按既定方針弁」の語を入れる絶好のチャンスであり、三十回の頻度である。四人組の作文であることは、あきらかだが、このおびただしい頻度は、スローガン効果を持ち、遺書の存在を示す語句として独立した勢いを持つに至っている。二十一日は、九回である。江青を党主席とする予備工作が、四人組の支配する報道機関を通して着々とすすめられていたといってよい。だが、水面下では、両派の熾烈な戦いが行われていた。「民間に伝えられた消息のいくつかによると、毛沢東が亡くなってから中央政治局は九月一九日に会議を開催した。席上、江青は毛沢東の遺稿、筆蹟を自分が保管すると提案したが、激烈な議論のあとで、毛沢東の遺稿・筆蹟は中央辦公庁が保管し、汪東興が責任を持つことを政治局の多数で決定した」「九月二九日、中央政治局が開かれて再び大論争となった。席上、江青は遺稿、筆蹟の問題をまたぞろ出してきた。華国鋒は前回の会議ですでに決定ずみで再度論議する必要はないと言明した。さらに会議の席上〔十月二日といわれている〕、華国鋒は毛沢東の〈過去の方針にしたがって事を運ぶ〉という筆蹟をみせ、〈既定方針にしたがって事をはこぶ〉は三字間違っているから以後引用してはならないと指摘した」

いずれも齊辛の『華国鋒政権成立前夜』からの引用である。華国鋒側の巻き返しである。削除の要求に対し、暴露文によると、「老奸巨猾」な張春橋が前面に出てきて、「不必要な紛糾は引きおこすべきでない」とし、削除の決定を下部組織へ流すことに反対、江青も同感の意を表明したという。とすれば、四月三十日に毛沢東が、華国鋒にあたえた親筆を改ざんしたと四人組はいさぎよく認めたということか。バレテモトモトの確信犯だったとすれば、しぶしぶもいさぎよさとも関係ないといえる。いよいよ居直るだけである。

私は、確かめていないが、十月四日まで四人組の情報機関は「按既定方針弁」の語句を文中にちりばめることをやめなかったといわれる。十月二日、喬冠華の国連総会における演説原稿に毛沢東の遺言を強調する「按既定方針弁」の語を発見し、華国鋒は、それを削除した。（のちに喬冠華は、四人組への協力者として失脚する）一方、四人組は、「按既定方針弁」の歌を作り、全国に流しはじめた。なんでもすぐ歌と踊りにしてしまうのが、中国文化大革命の宣伝の特徴である。歌だけでなく、「按既定方針弁」をめぐる闘争をテーマにした映画の製作を命じたりした。このころ、江青は、あからさまに「党主席」のポストを要求し、さもなくば走資派批判のキャンペーンを開始すると脅したという説もある。

十月四日、『光明日報』は、第一面のトップに「永遠に毛沢東主席の既定の方針に従って事を運ぼう」という梁効の論文を載せた。これまで「按既定方針弁」の語句は、文章の処々にまきちらし、激しい繰り返しによって、大衆の頭に滲透させようというものであったが、ついに牙を剥いた。ついに大見出しで、堂々と「永遠按毛主席的既定方針弁」と印刻し、『光明日報』の横にある黄金の長方形の枠内にも「按既定方針弁」と記した。

悪名高き梁効は、四人組の息のかかった北京大学と清華大学の執筆グループのペンネームである。両校と発音が同じところから、梁効と名づけられた。

その論文を読むと、ゴシックで「按既定方針弁」と記した個所は、はじめのうちの三回だけで、他はゴシックでの強調もなく「既定方針」といい切っている。その数、二十個所である。毛沢東の遺志・遺言を一身に受けているという自負の表現である。

これまでの文章は、毛沢東の死後ということもあって、団結の呼びかけの中に、「按既定方針弁」の語をまぎれこませるものであったが、きわめて闘争的になっている。標的は、毛沢東革命路線に反する「修正主義」「走資派」、いうならば、華国鋒と鄧小平につながる走資派、つまり、四人組に敵対する勢力へ荒々しく挑戦状を叩きつけているともいえるのである。

「億万の人民が、毛主席の革命路線を学習し、実行し、擁護するなら、毛主席の創造した無産階級《プロレタリア》革命は、かならず勝利すると保証してよい。かかる人民を前にして、毛主席の既定方針を改ざんしようとする修正主義のボスは、絶対よい末路をたどることはないだろう」

修正主義のボスとは鄧小平の失脚した今、華国鋒をさしている。走資派の道を歩むことそのものが、毛沢東の既定の方針を改ざんすることにほかならぬとした。

毛沢東の親筆の改ざんは、四人組こそがやってのけたことである。のちに華国鋒体制がやってのけた四人組の「臨終遺嘱」改ざんの暴露の記事は、盗っ人たけだけしい振舞いだとし、自らの改ざんを自白したも同然で、追いつめられた犬が、相手にとびかかるしかなくなった様相となんら変わらぬとあざ笑っている。

もはや、四人組にとって「按既定方針弁」の語句は、独立したものであり、毛沢東が遺書の中で江青を後継者として指名していると暗示する必要もなくなっており、まさに政権奪取の旗印となっている。

二

四人組逮捕はなぜ隠されたか

江青ら四人組逮捕は、一九七六年十月六日である。

彼らの北京クーデターを防ぐため、首相の華国鋒、公安を握る汪東興、軍部の長老葉剣英、官僚派の李先念《リーシエンニエン》の四人が結託し、電撃的に行動をおこしたのである。

しかし、党中央は、この逮捕のニュースをすぐに発表しなかった。四人組は、上海を根拠地にしていたからである。そのため、上海グループが「江青を返せ、張春橋を返せ、姚文元を返せ、王洪文を返せ」と叫び、反撃態勢に入ったのは、ずいぶん遅かった。

八日に噂として上海の幹部の耳に入ったらしいが、確認のとれたのは、なんと十二日だった。その間に葉剣英は、ひそかに広州部隊司令員許世友に命じて、四人組の息のかかったグループが武装蜂起するのを阻止してしまった。情報不足で確認がとれないと、いくら示し合わせていても行動できないという典型である。なまじ電信電話の伝達装置があるため、それを頼る心が「闇」を作る。

日本の新聞を見ると、たとえば『朝日新聞』を例にとると、十月十日に華国鋒が中国党主席に就任した模様だと一面トップで伝え、後任首相は張春橋かとも憶測している。九日の北京の壁新聞の動き、数百人の祝賀デモなどから、この憶測を引き出したのである。なにかがおこったとわかったのだが、四人組粉砕の祝賀デモだとわからなかったため、張春橋の首相説も出てしまったわけだ。

「中国指導部で権力闘争か」「四幹部を逮捕説」「江青女史らクーデター失敗?」という見出しをつけて、英紙のスクープを『朝日新聞』が掲載したのは、ようやく十月十二日になってからである。これだと上海の四人組グループの確認とほぼ同じだったことになる。華国鋒らの情報洩れ防ぎは、完璧だったといえる。噂は防ぎきれないが、広い全国に混乱のおこらぬ程度に抑えたのである。

「江青派のクーデター事件」「中国公式筋が確認」と疑問符抜きで『朝日新聞』が発表したのは、ようやく十月十八日になってからだった。十月二十一日、「四人組」反党グループ粉砕の成功を祝うデモ集会が公然と行われ、華国鋒の党主席就任の発表もこの時あった。新華社電の報道として十月二十二日『朝日新聞』に掲載された。楼上に新幹部が勢揃いした天安門広場で、百万人参加の首都祝賀大会が開かれたのは、十月二十四日だが、ここまでくると公開になっているため、堂々と翌日の朝刊の発表である。華国鋒の主席就任は、十月七日。四人組逮捕の翌日だともこの日になってわかった。中国人はもちろん、世界中が、四人組逮捕と華国鋒体制の成立を知ったのは十五日後ということになる。

「毛沢東は、長い間、個人崇拝を行なわせ、愚民政策を進めていたから、個人崇拝の後遺症を一気に取り除いてしまうことはできなかった。葉剣英には、毛沢東の偶像を破壊しようという考えはなかったし、それだけの力もなかった。華国鋒は、〈あなたがやれば、わたしは安心だ〉という毛沢東の御墨付をもっているというが、それを、毛沢東の正統後継者のシンボルにすることができるであろう。葉剣英が、華国鋒を支持して、最高指導者の地位につけたのは、主として、こうした理由からであった」(丁望『評伝華国鋒』)

丁望の評伝は、事件後一年足らずしての発表である。つまり憶測にすぎないが、いまもって、説得力をもっている。

「あなたがやれば、わたしは安心だ」=「你弁事、我放心」

かくて華国鋒は、派閥争いが決着つかぬ時の「緩衝人事」として、首相代行となり、首相となり、党第一副主席となり、ついには毛沢東のあとを襲って、党主席にのぼりつめる。熾烈な派閥争いがなければ、決して華国鋒は、浮上することのない人物だった。これは政治の世界では、しばしばおこることである。最近二十年の日本でも、三木武夫、鈴木善幸、海部俊樹が首相になったのは、緩衝人事である。

だが、華国鋒がちがっているのは、一種のお墨付をもっていたことだ。遺書でもなんでもない毛沢東の三つの筆談記録である。「これまでの方針通りに事を運ぶよう」=照過去方針弁、三つのうちの一つであるこの言葉は、すでに四人組が、臨終遺嘱として、すこし文章をかえて利用しようとした。

そのため、遺書でもなんでもない毛沢東の筆談の言葉は、実績をもつことになる。「臨終遺嘱」というイメージの類似実績である。

軍を握っていた葉剣英は、実力とキャリアからして、もっとも党主席となるにふさわしい存在だったが、おそらくその器でないと自覚していた。老齢であること、毛沢東の権威の重さもある。それならば、だれかを英雄に仕立て、背後で目を光らせる。

「〈権力簒奪《さんだつ》〉という印象を与えるのを避け、自分は公明正大だ、ということを示したかったのである。江青グループを打倒したのは、大局的見地から、党の利益を考えてやったことであり、決して党主席になりたかったためではない。葉剣英は、こういいたかったのであろう」

丁望は、このように憶測している。その場合の党主席は、四人組が利用しようとした毛沢東の「三つの筆談」

をもっている華国鋒がふさわしい。ということは、四人組がそうであったように、やはり毛沢東にあやかるということである。つまり、これからも「毛沢東崇拝」をつづけて、なんとか舵をとるという決意である。

中国の政治宣伝は、小出しに様子見をしながら、時を見計らってドーンと大きい花火を打ち上げるところがある。四人組を逮捕してから二十日も沈黙していた裏には、中国独特の様子見があったのだといえる。

この「様子見」は、他方面にわたるが、たとえば、十月十日の『人民日報』である。世界中の記者や中国問題関係者が、その時点で、微妙な変化を読み取ることができたかどうかは別として、あとでなら、なるほど納得できることも多い。つまり、公式発表を遅らせて、「様子見」することには「伏線を張る」という要素も随伴する。十月十日の『人民日報』には、四人組逮捕のことは、匂わせてもいないが、毛沢東の支持を改ざんするものは、かならず失敗するとし、それまでマスコミを握っていた四人組によって用いられていた「既定の方針に従ってやるように」の語が、さりげなく追放されている。

そのかわり、さりげなく毛沢東の三項目の基本原則の問題を出している。これに反するものとは、断固戦うと。読者はすぐに、この三項目とはなにかをピーンと理解できたであろうか。おそらくできないことが期待されている。何項目とか闘争などは、中国共産党の新聞のおハコであるからだ。目ききや感度の鋭い者が、その微妙な変化に気づいたとしても、その基本原則の三項目は、なにかと思いつきにくい。これが「様子見」であり「伏線」の宣伝術である。

もとより、三項目とは、「ゆっくりやることだ、気をもむことはない」「これまでの方針通りに事を運ぶよう」「あなたがやれば、わたしは安心だ」という華国鋒への毛沢東の激励の文句なのである。四人組によって、この他愛のない言葉も「遺言」になると気づかされた葉剣英ら一派は、早くも「臨終の遺嘱」化の工作に入っているのである。

しかし、華国鋒には、問題がある。首相とはいえ、影が薄かったからである。どのような人物で、どのような経歴をもっているか、人々はよく知らなかったからである。毛沢東の落し子であるという説は、当時、日本でも囁かれてたが、なるほど、顔がふっくらとしているところは、似ているかとも思ったものだ。

ともかく華国鋒を、毛沢東の後継者にふさわしい「英雄」に祭り上げていかなくてはならない。それを効果あらしめるために、四人組の行状を暴露するキャンペーンとセットにしなくてはならない。事実、四人組の残党の息の根をとめる必要もあった。

この二つをセットにしたことは、十月二十四日の祝賀大会の模様を大特集した『人民画報』（十二月号）のタイトルを見ると、よくわかる。「華国鋒がわが党の指導者になったことを熱烈に祝う」「〈四人組〉反党グループ粉砕の偉大な勝利を熱烈に祝う」と二本立になっている。

組写真を見ても、たえず華国鋒のうしろに副主席の葉剣英がつきそっている。おそらくそのように撮影するよう、カメラマンは指示されたはずである。

おかしいぐらいに露骨なのは、天安門楼上で横にならんで立つ華国鋒と葉剣英の写真である。なんと二人は、そろって人差し指を示しながら、わざとらしく談笑している。スターじゃあるまいしと思って笑ってしまうが、実際は、彼らはスター以上にスターだったのである。若き党主席を、長征以来の功臣である葉剣英が協力して、これからの新しい中国を担っていくという「ふりつけ」に従っているのである。

この首都祝賀大会で、中国共産党北京中央委員会第一書記の呉徳《ウーデー》が演説した。

「われわれは、華国鋒同志の中国共産党中央委員会主席、中国共産党中央軍事委員会主席就任についての中国共産党中央の一九七六年十月七日の決議を断固擁護します」

四人組逮捕の翌日、華国鋒が党主席になっていたことが、ここで明らかにされたわけである。

「華国鋒同志は、偉大な指導者毛主席が、みずから選んだ後継者であります」

はっきり、毛沢東が選んだと述べている。毛沢東が生前に後継者として選んでいたのを党中央が推して決議したのだといいたいのである。江青などが、これを聞いたなら、証拠を見せろと激怒するところのものだが、四人組はすでに逮捕されている。

四人組がやった手口を、こんどは華国鋒らの新体制が、もはや対立し反対する派閥なしに独走的にやってのける決心をしたわけである。問題なのは、人民をうまく納得させることができるかどうかである。そのてはじめとして、呉徳の演説がある。

「一九七六年四月、毛主席は、華国鋒同志が中国共産党中央委員会第一副主席、国務院総理の任につくようみずから提案されました」

これは、事実だ。しかし、後継者として選んだわけでないから、そのように思わせるすりかえのレトリックだといえる。その意図はつぎの呉徳の言葉で、もっと露骨になる。

「四月三十日、毛沢東はまた、みずから、華国鋒同志に〈**あなたがやれば、わたしは安心だ**〉と書かれ、華国鋒同志にたいする限りない信頼を示されました」

これもまた事実だが、前の場合と同じように毛沢東が「後継者」として決めたことにはならない。だが、呉徳の演説には、「あなたがやれば、わたしは安心だ」の言葉を「後継者」として選んだことと等しいような印象（錯覚）をあたえる「すりかえ」のトリックがひそんでいる。

しかも「あなたがやれば、わたしは安心だ」は、ゴシックになっており、この言葉だけが、人々の頭の中に入りこむようにも謀られている。大衆は「ゴシック」慣れしている。

新聞を深読みすることに快楽を見出さない大半の怠惰な大衆は、まず強く目に入ってくるゴシックの言葉のみを頭に入れる癖がついている。

そのような大衆は、「あなたがやれば、わたしは安心だ」のゴシックの言葉を後継者としての指名に等しきものとして受けとめることが、あてにされている。

「毛主席が逝去されたあと、中国革命の重大な時期に、華国鋒同志を先頭とする党中央は、果断な措置をとって、王洪文・張春橋・江青・姚文元反党グループをあばきだし、革命をすくい、党をすくい……闘争の実践は、毛主席の生前の決定がどんなに英明なものであったかを立証しています」

四人組の陰謀の粉砕は、毛主席の選んだ後継者華国鋒が、「あなたがやれば、わたしは安心だ」の遺言通りに実践した結果であるというのである。まだよく知られていない「華国鋒」の大宣伝でもあるが、四人組粉砕を正当化し、毛沢東の英明さと結びつける意図をもっている。つまり、これまで通り毛沢東崇拝の継続も、宣言しているのである。

「無敵のマルクス主義、レーニン主義、毛沢東思想万歳!」で結ばれる呉徳の演説は、文中、「毛沢東の遺志」という言葉を連発し、以後、「王洪文・張春橋・江青・姚文元の反党グループを徹底的に摘発・批判」することも予告している。

呉徳の長大な演説の中に四人組（反党グループ）の「粉砕」の言葉はあるが、「逮捕」の言葉はない。「逮捕」は隠し続けて、曖昧にしておくのが、中国共産党の宣伝の手口である。「粉砕」は抽象的だが、「逮捕」は具体的であり、自由主義諸国の新聞の常識である「五つのW」を示さねばならなくなる。このようなことは、あとでゆっくりでいい。

四人組は「毛主席がみずから提案した華国鋒同志の任命に反対し」たとある。実際とちがっているわけだが（いや、四人組と官僚派の主席争いの中で、そのようなこともあったと考えるべきか）、「あなたがやれば、わたしは安心だ」

の言葉が、毛沢東の任命と等しいという観点に立ってのネームである。

この百万人首都祝賀大会は、葉剣英の指導のもとに演出されたやらせであり、慎重な「様子見」の時だったといえる。四人組を粉砕したという発表が、「人民」に歓迎されているという深い手応えを華国鋒ら幹部は感じとったであろう。

新主席の「有名化」作戦

ひとまず首都祝賀大会で「様子見」を終えた新体制は、毛沢東に後継者として指名された人物としての華国鋒の「有名化」「英雄化」と、四人組批判キャンペーンの予告の実践に着手していく。性急な自由主義諸国の感性からすれば、ゆっくりすぎるようにも見える。

まず葉剣英が支配している軍機関紙『解放軍報』が、「華国鋒同志はわが党にふさわしい指導者である」というタイトルのもとに「華国鋒」の売り出しに踏み出した。それは十月二十九日。首都祝賀大会後、五日である。第二弾は、それより十日後の十一月八日。「華国鋒同志をわが党の指導者たらしめたのは毛主席の英邁《えいまい》な決定」のタイトルである。丁望は、『評伝華国鋒』の中で、この「有名化」作戦に対し、こう推断している。

「新指導部をできるだけ早く確立し、各地の混乱をおさえ、文革のもたらしたむずかしい問題を解決することによって、地方における江青グループの残党が破壊活動を拡大するのを防止しなければならない。葉剣英は、こう考えていたのである」

葉剣英は、ことあるごとに「華国鋒」の称揚にあいつとめた。一方、新体制安定のための両輪の片方である四人組批判キャンペーンが、公然と開始されたのは、十一月十四日の『人民日報』である。その日のトップに「国と民に、禍殃《かおう》をもたらす人害の虫」と題する論文を載せた。副題は、「革命に力を入れすぎ生産を促すことを破壊した四人組の罪行を批判する」というものだった。「反党グループ」から「四人組」に変化している。「かれらは他人を〈洋奴哲学〉だとののしりながら、自らは外国を崇拝し、外国に媚を売り、外国に内通し、さかんに投降主義、売国主義を実行した」「かれらは高らかに〈ブルジョア的権利の制限〉を唱えながら、自らは資本家も顔負けするほどブルジョア的権利の拡大に夢中になった」「かれらは人民の労働の果実をほしいままにむさぼり、湯水のように金を遣い、酒食遊楽にふけり、狩猟や乗馬に凝り、旧い芝居やエロ・グロ映画にうつつを抜かし、ただれきった生活を送っていた。かれらこそ正真正銘の**労働者の血を吸うブルジョワ分子**である」

中国共産党特有のものなのか、その「批判」の特徴は、観念論（この場合、生産力論）と私生活の暴露がドッキングしていることだ。もちあげ宣伝は、具体的で騒々しいが、批判宣伝はなまなましい。

この日の『人民日報』には、他にもいくつも批判論文があり、『光明日報』に書いた「梁効」の論文批判が、「四人組の党権簒奪の失敗記録」と題して掲載されている。

四人組が毛沢東の遺言として利用しようとした「既定方針」の語は、文中に用いられてももはやゴシックでない。そのかわり、十一月十二日に『解放軍報』『光明日報』に載った論文がこの日の『人民日報』に再掲載されているが、それを見ると、新体制が、毛沢東の遺言として利用しようとしている「你弁事、我放心」（あなたがやれば、わたしは安心だ）は、ゴシックとなっている。

同時に、この号は、華国鋒賛歌の宣伝も行っていて、解放軍兵士の詩や、少数民族の華国鋒の登場を喜ぶ宣伝画の他に、華国鋒の故郷湖南の人々の期待をルポしたりしている。湖南は、毛沢東の故郷でもあり、二重の宣伝効果を狙っている。そこでは黒のゴシックの「你弁事、我放心」に対し、「六個の金光閃閃の大字」として美化につとめている。

私の観察では、マスコミを通しての批判宣伝には三種類ある。まず人民公社などの大衆運動という現実の場で、キャンペーンを実施し、「様子見」したうえで、おもむろに新聞などで批判を打ちあげ、以後両者連動して進行していくスタイル。その逆に、新聞雑誌で批判を放ったあと、現実の場で盛りあげる場合もある。もちろん、同時もあるだろう。

この「四人組批判」「華国鋒賛歌」のセット宣伝は、最初の例だったように思われる。四人組に対して、まず不平のかぎりを言わせて、積年の欲求不満をはらさせたあと、「華国鋒」の存在をぶつけあわせ、それをさらにマスコミの場で徹底させようとしたのである。

十一月二十三日の『人民日報』は、題字の横の「毛主席語録」に「毛主席は、華国鋒同志に親筆の指示をあたえた。**あなたがやれば、私は安心だ**」の語を置いた。

十二月十七日の『人民日報』は、題字右の欄に「毛主席は、華国鋒に〈**ゆっくりやることだ、気をもむことはない**〉〈**これまでの方針通りに事を運ぶよう**〉〈**あなたがやれば、わたしは安心だ**〉の親筆を与えた」の語をはめこんだ。毛沢東の三つの言葉をすべて入れたのである。

これについては、前項にも述べたが、四人組の「臨終遺嘱」改ざんの暴露記事を放つための前座的役割をしているともいえるだろう。ゴシックにした文字本位にチェックするなら、四人組が改ざんした「按既定方針弁」を用いる時は、故意に普通の明朝だが、毛沢東が華国鋒に与えた「照過去方針弁」は、当然他の二つの「慢慢来、不要招急」「你弁事、我放心」とともにゴシックになっている。これまでは華国鋒を正当化するため「你弁事、我放心」のみが強調されることが多かったが、四人組の偽造を暴露する以上、三つとも必要としたのである。特に「照過去方針弁」は、重要だった。

すでに四人組が逮捕されてから、かなりの日数が消えている。その暴露文を読んでも、それだけの準備を必要とする内容ではない。極端にいえば、逮捕前からわかっていた内容だともいえるのである。新体制は、発表のチャンスを慎重に狙っていたといわなくてはならない。

一九七七年に入ると、毛沢東の親筆がらみで華国鋒の「有名化」「権威化」を謀ってきた宣伝に変化がおこる。その宣伝が「英雄化」に向かうのである。

英雄化のためには、ストーリーが必要である。『人民中国』や『北京周報』の雑誌がかっこうの場として提供される。「華国鋒主席が娘を農村に送ったときのこと」（『人民中国』一九七七年二・三月号）「抗日戦争時代の華国鋒同志」「湖南省で活動していた頃の華国鋒同志」（『北京周報』一九七七年四月十二日号）は、みなその類である。四人組の残党に対するおそれも消え、新体制が自信をもってきたころの宣伝工作だといえるだろう。

一九七七年五月十日の『人民日報』は、「全国の工業は大慶に学ぶ会議」の模様を伝えているが、この日の目玉は、油絵（靳尚誼・彭彬）の複写である。それは、書斎で毛沢東が微笑しながら華国鋒の手のひらの上へ自らの手のひらを重ねている図である。ヨイヨイの毛沢東ではなく、健康そうである。油絵の題は、「你弁事、我放心」「あなたがやれば、わたしは安心だ」である。まさに本人を前にしての堂々たる「遺言」となって、絵画化されている。

大義、親ヲ滅ス

［たいぎ、しんをめっす］

★写真「百《ひゃく》丑《ちゅう》図《ず》」から漫画「群《ぐん》丑《ちゅう》図《ず》」へ

闘争大会の〝現場写真〟

一九六六年、八回に渡り、押しては返す荒波のように、繰り返された毛沢東謁見の紅衛兵集会も、暮れの十一月二十六日をもって中止された。

かわって、それを合図に、紅衛兵の壁新聞に劉少奇、鄧小平批判が目立つようになった。『人民日報』や『光明日報』は、じっとしている。これら党機関紙は、隠微な具体的事件がその裏にいっぱいつまった抽象新聞なのである。一見、空疎な論文とスローガンで埋まった宣伝新聞であり、ニュース本位の報道を機能としていない。反対に、紅衛兵の壁新聞は、その隠微な具体的事件を人々に知らせるメディアとなった。暴露新聞であり、裏ビデオのような媒体となった。

おそらく、この文革初期、この二種類の新聞へ交互に洞察の光をあてることによって、いったい、今、なにがおこっているかが、かなり、わかったにちがいない。中国の民衆もそうだが、外国人記者

❖……劉鄧派幹部たちを批判した漫画「群丑図」

も、これができないと商売にならない。

今年（*一九九二年）にはいって死亡した、かつて産経新聞の北京支局長だった柴田穂は、抜群の嗅覚と分析力、推理力をもっていた。この『中国文化大革命の大宣伝』にとっても、彼の仕事は非常に役立ってきた。

言いたい放題の自己主張の側面をもつ壁新聞は、複製の構造をもっていない。一回かぎりのところがある。中国人がノートをとりながら読んでいたのは、そのせいでもある。壁にすきまなくはられた新聞の中から、今おこっている事件を記した新聞の発見につとめなければならない。当時の記者は、膨大な壁新聞の中から、それを発見しなければならず、たいへんであったろう。

すでに解任されていた北京市党第一書記彭真を、紅衛兵の四組織があらためて自宅からひきずりだし、二時間の闘争に付した、と柴田穂が知ったのも、そのような壁新聞を自ら発見したからである。

さらに柴田穂は、紅衛兵大集会が終わって二日目、人民大会堂において開かれた文芸界文化大革命大会で、江青が解放軍文化革命小組顧問に任命されたこと、その席上、彼女が彭真、陸定一を批判したというニュースを、すぐにこの「百丑図」（*下巻62ページ参照）とドッキングさせている。

「これが紅衛兵を刺激し、彭真引きだしのキッカケになった」

柴田穂は、『報道されなかった北京―私は追放された―』（一九六七年・サンケイ新聞出版局刊）の中で、こう推断している。暴れまくる紅衛兵が独走したというより、だれかが後方でそうするように指示したともいえるだろう。

しかし、実際には、紅衛兵の独走も多かった。彼らを操ろうとする江青らの文革小組も、指示どころか彼等の行動の後を追っかけるかたちにしばしば陥り、困惑していたのも事実である。つまり、指示による行動と独断による行動とが見きわめにくかった。独走した場合、宣伝に逆利用もできるが、反宣伝にもなりうる。逆利用できなければ、後手にまわるだけである。

いずれにしろ、彭真だけでなく、前党中央宣伝部長の陸定一、前解放軍総参謀長の羅瑞卿ら劉鄧派の「修正主義」幹部が、つぎつぎと闘争にかけられているらしい、ということを柴田穂が知ったのも、紅衛兵の心情のほとばしった壁新聞を通してである。

だが、当時、外国人は、かりに闘争大会の場所や日時をつかんだとしても、中に入れなかった。

「ある日、北京市党委員会の前を通りかかった。人だかりがしている。みると写真をベタベタならべたポスターだ。アッと息をのむほど驚いた。彭真氏がからだよりも大きな名札を首からぶらさげ、前につんのめったように立たされている。闘争大会の〈現場写真〉だ。〈百丑図〉（百醜図）と書いてある」

一九六七年の一月半ばごろのことだという。柴田穂は、『報道されなかった北京』の中で、さらにこういう。

「ずっとみるといるいる。陸定一、羅瑞卿、楊尚昆・中央委員会書記、林楓・党高級学校長、中共国歌〈義勇軍行進曲〉作詞者の田漢・戯劇家協会主席、夏衍《えん》・文化次官（劇作家）、呉冷西・新華社社長と大物がずらりとならんでいる。両手をうしろにねじあげられ、髪をふり乱している范瑾《はんきん》女史（北京市党委機関紙〈北京日報〉〈北京晩報〉の社長）の姿もみえる。写真全体が鮮明でないだけに、よけいに陰惨な印象をうける」

中国文化大革命と同時代を生きたものなら、これらの写真のなまなましさを今でも忘れられないだろう。中国人とはなんだろう。人間とはなんだろうと考えこまされたにちがいない。日本の七〇年安保の反乱学生たちも、中国の紅衛兵を真似て、大学の教師を闘争にかけたりしたが、さすがにここまでは徹底できなかった。

「写真全体が鮮明でない」と柴田は述べている。カメラの素人である紅衛兵たちが撮影したのだろうか。わざと不鮮明効果を狙ってプロが撮ったわけでないだろう。ただ、ポスターに仕立てるにあたって、江青ら、文革小組の承認はあったと見るべきだ。かえって迫力があってよい、という承認である。

この時、柴田穂は、「これをどうしても日本に伝えなければならない」と思う。

「ポスターに近づいたわたしは、分厚い綿入れオーバーに身を包み、大きなマスクをかけて、ポスターに見入っている男女の頭と頭の間から、まずポスター全体をとった。シャッターの音をきいて、ここで文句をいわれれば引き下がるしかない。だが、だれもなんともいわない。どの表情もかたく、写真のどぎつさに唖然としているようす。もうこわさを忘れたわたしは、どいてくれと手まねでいい、押し分けて前に進んだ」

北京の電報局を通すと、拒否されると経験からわかっていたので、彼はフィルム未現像のまま本社へ郵送している。一月二十七日の『サンケイ新聞』は、一面三面を大々的に開放し、報道した。スクープである。

その後も批判大会は開かれ、同じようなかっこうを高級幹部たちはさせられたはずだが、これを限りにこの種の写真が壁新聞にのることはなかったという。

しかしながら、「百丑図」と題された、このなまなましい写真のポスターは、みせしめの宣伝ではない。これは、敵陣営を震撼たらしめる予告の恐怖宣伝である。延安以来の幹部をこのようにあつかってはならぬという批判もでたし、またあまりにも世界の人々を驚かせすぎたそのビックリ効果もあり、逆宣伝になると判断したのか、以降、壁新聞に、このような写真が掲載されることはなくなった。

もちろん、劉鄧派の幹部を闘争にかける時、この「屈辱形式」は、廃止されることなく、続行していたのである。学生たちにとって、これほど面白いいじめの儀式は、そうやたらにあるものではない。彭徳懐や王光美が闘争にかけられた写真が公表されたのは、文革が終わってからである。つまり撮影はされていたのである。今も、膨大な批判闘争の写真が、未公開のまま、広い中国のあちこちに眠っており、いつの日か、陽の目を見るのを待っていると思われる。

リストアップされた旧幹部たち

だが、このショッキングな写真による「百丑図」に先立ち、いくつかの伏線があったように思われる。

すでに彭真らの旧幹部を、江青の息のかかった紅衛兵らはつるしあげて、まず劉少奇らの城の外堀を埋めにかかっていたのだが、一九六七年一月四日、彼等（中央楽団、中央音楽学院、中央戯劇学院）は、党内の実権派に属す四十一人の名簿を発表した。「リスト」も、恐怖宣伝に有効なスタイルである。

前北京市党委員会関係。彭真を筆頭に鄧拓《デントウォ》（書記・『前線』主筆）、呉晗《ウーハン》（北京市人民委員会副市長）、万里（書記兼副市長）など十一名。

前国務院文化部・党中央宣伝部関係。陸定一、夏衍《シャイエン》、田漢の他に周揚《ゾウヤン》（党宣伝部副部長）、蔣南翔（高等教育部長）、許立群《シュイリーチュイン》（党宣伝部副部長）、林黙涵《リンモーハン》（文化部副部長）ら十四名。

人民解放軍関係。羅瑞卿をトップに雷英夫（総参謀部作戦副部長）ら七名。

党中央関係。楊尚昆（書記処候補書記）、林楓《リンフォン》（中央高級党学校長）、李維漢《リーウエイハン》（党中央統一戦線部長）ら九名。

このリストには、「反革命・修正主義グループの群丑図」という題が付されていた。丑は、牛鬼蛇神の悪魔の意味である。このリスト発表以前に、みな闘争にかけられていたとみてよい。これからやっつけるぞの予告宣伝ではない。

写真ポスターの「百丑図」とリストアップの「群丑図」では、すこし文字は違うが、意味としては、ほぼ同じである。あのおぞましき「百丑図」に対する宣伝的序奏として「群丑図」があったとみてよいだろう。だが、この二つのみせしめの間に、もう一つつなぎがあった。写真グラフのスタイルをとった壁新聞である。それには、「劉少奇・王光美の醜態を見よ」のタイトルがつけられていた。

リストアップの「群丑図」（文字だけだが、図と言っている。顔は、個々に思い浮かべよというわけか）が発表されたのは、一月四日である。二日後の六日、清華大学の「井岡山兵団」が王光美をおびきだし、闘争大会を開いて、つるしあげている。「劉少奇、王光美の醜態を見よ」の写真グラフの壁新聞は、この三日後である。

もちろん、つるしあげの写真ではない。柴田穂の『ドキュメント文革の三年』から、その実情を引くなら、こうである。

「新聞紙一頁大に写真十数枚が印刷された写真グラフ。編集したのは、国営通信新華社と〈人民日報〉の造反団で、写真はいずれも四年前、劉少奇夫妻がインドネシアを訪問した時のもの。王光美夫人がスカルノ大統領にタバコの火をつけているところ、王光美夫人がスカルノ夫人と腕を組んでいるところ、劉少奇がインドネシア夫人と踊っているところなどだ」

柴田穂は、「黒山になっている中国人の間にいて、これを見たとき情けなくなった」「写真の報道を使命とする言論機関の新華社、〈人民日報〉の職員、労働者がこういうことを平気でやっているのには、いささかがっかりした」と感想を述べている。彼の大作『毛沢東の悲劇』の中では、「どれ一つをとっても、別に変な写真ではない。友好国訪問した中国の元首夫妻が当然やるべきことだ。それをさも醜悪そうに見せつけようとしているのに、一向に醜悪さを感じさせないのがこっけいだった」としている。

このグラフは、大量生産されて、北京市内のあちこちにはられた。報道機関であるから複製はお手のものだった。

写真は、「醜悪」でない。だが、写真のそばの言葉は、「醜悪」の色に塗り絵しているのである。

「反革命修正主義の頭目、劉少奇はハナモチならない女房を連れて、六三年インドネシアに行き、酒と女に狂う醜悪を演じた。この写真をみれば、かれは社会主義国の国家主席のようであるが、完全にフルシチョフ式の醜いやつとわかる。王光美は新中国の婦人のようであるが、実はコビを売る女である。かれらは中国人民をもてあそんだ民族の不良分子である」

写真は、一枚ごとにバツ印がついていたという。すなわち、このバツが、ネームそのものだといってよい。バツは、一種の呪符であり、どうということのない写真であっても、それによって否定すべき醜悪のしるしとなるのである。紅衛兵は、彼らがひきずりだした「修正主義者」たちの首に名前を書いたプラカードを吊したが、かならず名前の上にバツをしるす呪術をほどこし、人格を抹消しようとした。

この一週間後、こんどは、まさに醜く撮影され、世界中の度肝を抜いた「百丑図」が壁新聞としてはりだされるわけだ。あの両腕をうしろにまわさせて押えつけた拷問のスタイルは、どのように威厳を保とうとしても、その痛みから顔が歪んでくる。

ただ、おかしなことに、うしろから両手を押える役の紅衛兵たちの顔も、このかたちだと醜く歪んでくることである。闘争にかけられた旧幹部たちだけが醜く、背後の若い紅衛兵たちの顔だけは、あくまでもあどけなく、純粋というわけにはいかない。

旧幹部の中で、しっかりした面構え、うつむきながら表情を崩していないのは、党宣伝部副部長の許立群ぐらいである。

四十一名のリストアップではじまる壁新聞を利用しての醜悪シリーズは、彼等のボスである主席の劉少奇や鄧小平を闘争にかけるための助走であることはあきらかである。

それも、名前だけではじまり、転じて写真――写真とつないで、劉少奇の本城にせまろうとしている。『人民日報』は、まだ国家主席の劉少奇を名ざしで攻撃はしていないが、壁新聞は、まさに二人に対して言いたい放題であった。柴田穂は、『ドキュメント文革の三年』の中でいう。

「もうこのころは、北京市民の間では、表面上は劉少奇、王光美は〈悪者〉の代名詞のようにいわれ、幼稚園の生徒を連れた女教師が、ポスターに描かれた劉少奇を指して説明している光景もみられるようになった」

漫画ポスター「群丑図」の効用

この「醜シリーズ」は、まだ終わってはいなかった。言葉（名前だけをリストアップ）だけではじまり、写真のグラフから、写真のポスターへと転移をかさねてきたが、さらに転移して、漫画のポスターとなる。

このポスターも、世界中に流布されたが、ボケ写真の迫力である「百丑図」の場合とちがって、壁に一枚だけ張られるのでなく、売りにだされたからである。「百丑図」の場合、一点しかないが、「群丑図」(群醜図)と題された漫画ポスターは、売りだすほどに印刷された。

つまり、紅衛兵の背後に、マスコミを握った江青らの後盾があったことを意味している。複製技術を握っていたのである。しかも、もっとも原始的な手がきの壁新聞の洪水の中に複製のポスター、値段のついたポスターを投げこんだのである。

柴田穂は、さっそくこれを市民と一緒に行列して買い、東京本社に送り、二月二十五日の夕刊に掲載された。彼の『毛沢東の悲劇』から引くなら、その漫画のポスターは、つぎのようなものだった。

「そのころ、北京市内には、劉少奇、王光美を漫画に描いた壁新聞が増えた。こんなポスターもあった。劉少奇が〈私の修養〉と書いたカゴにかつがれて、行列の真ん中にいる。その前を王光美が〈劉少奇語録〉を持って走っている。先頭を歩いているのはドラをたたいている陸定一(党中央宣伝部長、文化相)という絵で、〈実権派〉三十九人を克明に描いた〈群醜図〉というポスターだ」

この漫画「群丑図」は、相当の腕達者によって描かれたと見てよいだろう。

群の描きかたが、S字にくねっているところが、この漫画に趣きをあたえている。これには、それなりのわけがある。祭礼ないし行列仕立てにして、群を処理したためもあるが、「牛鬼蛇神」を表現するため、身をくねりながら這い進む、蛇の動きを借りてきているともいえるのである。

ドラを叩きながら、先頭を行くのは、陸定一。党中央宣伝部長にふさわしい選択である。つづくは、中国文化大革命で批判を受けるトップを切った「三家村グループ」で、古本仕立てのプラカードを掲げている。黒い腹巻きに「先鋒」とある。彭真は「二月提綱」と書いた軸を開いてリヤカーに乗っている。彼のまわりには、元北京大学長の陸平らがつきそっている。

このような群衆図の楽しさは、自分の知っている名前を発見することだ。「劉少奇は、どこにいる?」。行列のうねりの中ごろにいる。一番目立つところに置いている。しかも、国家主席らしく御輿《みこし》に乗っている。偽装転向グループと批判された薄一波、林楓らが、かついでいる。では、王光美は、どこにいるのか。劉少奇の前にいる。チャイナ・ドレスを着て、自転車にのって、愛敬いっぱいの笑顔で先導している。頭に、リボンの風にひるがえる帽子、もちろん首にはネックレス。ハンドバックには「桃園体験」とある。毛沢東の「大寨に学ぶ」に対抗して劉少奇は、妻の王光美を桃園に派遣した。

そのまわりに胸毛をだして、葉巻をくわえている奇っ怪な男がいる。失脚したばかりの賀龍元帥である。それでは「鄧小平は、どこにいる?」。いるいる。劉少奇のうしろにいる。竹かごに乗っている。それをかつぐは、万里に李井泉《リージンチュアン》。まわりからブルジョア反動路線のボスらしく、札ビラがぱらぱらと散っている。「羅瑞卿はどこにいる?」。もちろん、いる。ギブスをはめた足をかかえて渋い顔。紅衛兵に批判されて、自殺を企てて失敗し、足を折った。しんがりをつとめるは、元中央宣伝部長の陶鋳。毛沢東派のはずだったのに、実は反革命分子だったとして失脚した。馬にまたがって元気がいい。馬脚をあらわしたということか。

乗物に乗っているのは、彭真、劉少奇、鄧小平、陶鋳。そして、もう一人いる。楊尚昆。ソ連のスパイとののしられ、彭真、陸定一、羅瑞卿とならんで、反革命修正主義の四家店と呼ばれたが、文革後、復活して、長老として今もにらみをきかせている。(*執筆時一九九二年)

あるていどの文革の知識があれば、この漫画、つきぬ楽しみがある。行列は、S字に蛇行しているが、一種のパノラマ漫画であり、発見の楽しさにみちている。

この漫画ポスターの「群丑図」、出来栄えよく、売れると踏んだのだろうか。壁にはっているこの漫画ポスターをじっと見いっている庶民の写真を見たことがある。隣に「打倒陶鋳」の漫画ポスターも壁にはられている。これは、一点きりの原画をはって壁新聞化したものだろう。

この江青一派が背後から糸を引いたと思われる一連の「醜シリーズ」は、四十一人の反毛派のリストアップではじまったが、その中に加えられていない人物も、たとえば陶鋳のように幾人か入っている。かならずしも、リストアップ四十一人の漫画化でないと、合点できる。数だけなら三十九人であるし、この行列のうしろには、「東城西城糾察隊」「連合行動委員会」の旗をかついだ紅衛兵が後についているから、もっと数が多いともいえるのである。それらは、いずれも劉鄧派の紅衛兵である。

漫画は、デフォルメを特長とする。歪曲は、攻撃し諷刺するための手段である。しかし、ここで描かれている「群丑」たちは、なんとも可愛らしい。

誇張が過ぎ、諷刺が鋭ければ、描かれた本人たちは、怒ることさえあるが、それは漫画としての成功だともいえる。この場合、しかし、おそらく怒らなかっただろう。

写真の「百丑図」は、あまりにも凄すぎた。その毒を少し薄めておこうと配慮したのだろうか。手をゆるめるつもりなど、いっさいなかった。

この年の四月に入ると、文革小組の戚本禹《チーベンユイ》は、『人民日報』に「愛国主義か売国主義か」の論文を発表し、劉少奇を、名ざしで攻撃した。この「醜シリーズ」は、もろに「劉少奇を打倒せよ」と本格的に攻撃する前座の役割を果たしたのである。

このおっとりとした漫画ポスターは、それまでの反修正主義攻撃の総括であり、あらたな段階に入る前の一服であった。四月十日には、清華大学構内で、壮絶な「反動的ブルジョア分子王光美闘争大会」が開かれていることになる。

★大義、親ヲ滅ス

【一】おそるべき子供たち

中国文化大革命が、世界中を驚かせたことの一つに、子供たちの親への批判があげられる。

もちろん、親に対する子供の批判は、なにも珍しいことでなく、むしろ普遍的ともいえるが、公然と政治闘争の場で行われたので、世界中、びっくり仰天した。そもそも骨肉の闘争は、しらず外に漏れていくものだとしても、「家」という密室の中で行われるのが建て前である。だからこそ仰天した。

もっとも世界中を震撼させた公開の席での批判は、国家主席劉少奇の息子娘によってなされた「摘発」である。

その「摘発」の内容は、私たちの目から見れば、三面記事的暴露にすぎぬようにも感じられる。だが、文革の高潮期にあって、その暴露こそ、政治批判なのである。私的な「暴露」こそ、社会主義に反する思想や政治につながるとみなされていた。親子の「情」などという常識によりかかっていると、あわてふためかねばならぬ。

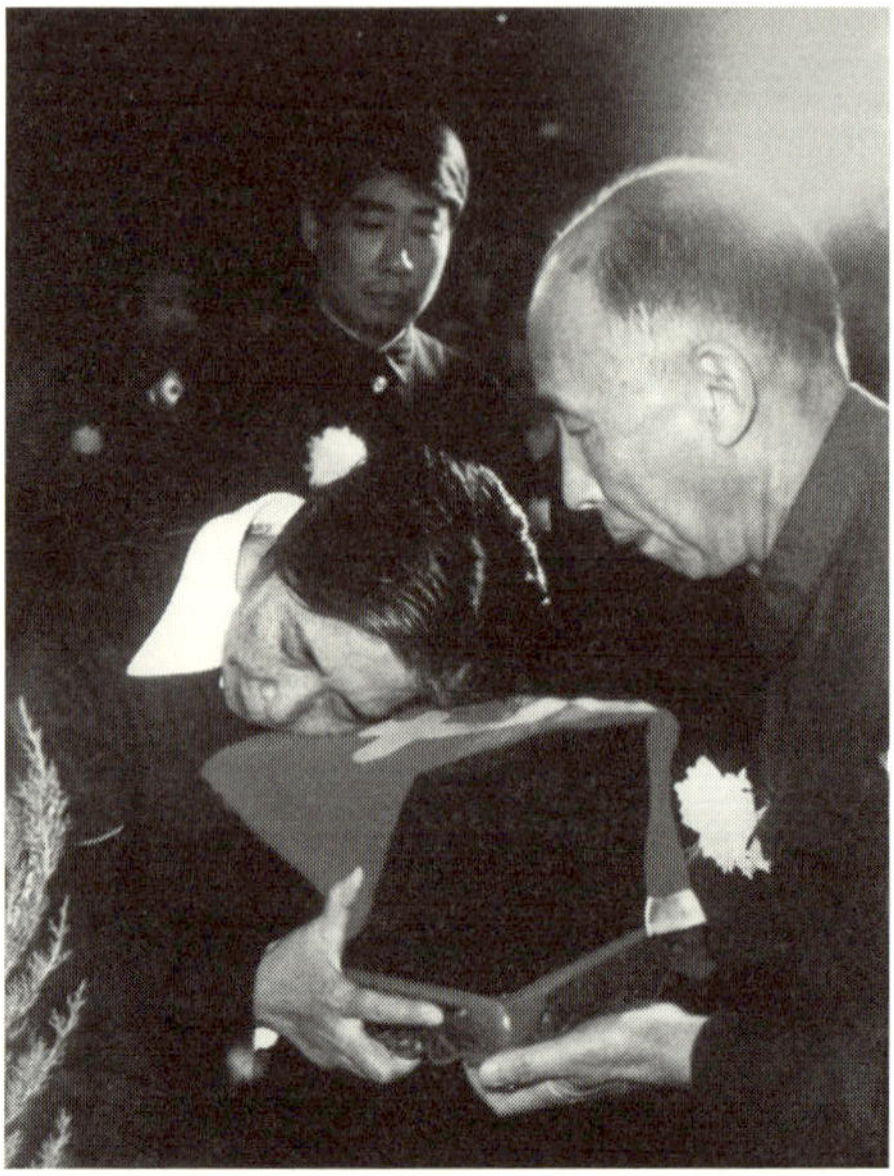

❖……文化大革命で失脚した劉少奇の名誉回復は、1980年になってからようやくなされた。写真は、劉少奇の遺骨を持つ夫人・王光美（1980年5月5日撮影◎写真提供：共同通信社）

だが、中国の格言にある「大義、親ヲ滅ス」といわんばかりの息子や娘による父劉少奇批判は、一九六七年の一月になってからである。実際は、早くからその種はまかれ、実行に移されていたといえる。国家主席の足もとで火がついたので、世界中に大きく報道されたのだともいえるが、国内的にも、その風潮の高まりに一層の拍車をかけたにちがいない。

お父さん、お母さんたち

息子、娘たちは、みな立ち上がって革命をやっています。みんな「造反」をしています。みんな紅衛兵に加入しました！　世界ではあなたたちを老革命《ラオゴーミン》（古くからの革命家）と呼んでいます。しかし、われわれは一言いいたい。老革命のなかのある人は混革命《フウンゴーミン》（その日ぐらしで、いいかげんにやっていくのを「混《フウン》」という）している！　あなたたちは、いったいいつまで混《フウン》したら終わるのですか。はてしない憂慮、数しれぬ枠が、あなたたちの頭にまとわりつき、あなたたちの躰《からだ》にはめられています。かつて沙場に血戦した英雄的気概、眉をあげて階級の敵を怒視した凛然たる大義は、いまどこにいったのですか……。

この手紙は『人民日報』の一九六六年八月二十六日号に「父母への手紙」（致爸爸媽媽的一封公開信）として掲載された。（竹内実訳・『ドキュメント現代史16　文化大革命』）

純粋な投稿というより、やらせ、ないし編集部の手が加わっているとみてよいだろう。内容としては、他の子供たちが、みな親に対して抱く普遍の不満であり批判のパターンである。子供たちは、そうだそうだと喝采するにちがいない。

しかし毛沢東のお墨付を貰って、学校における教育革命を手はじめに、校長を土下座させ、ついには街頭へ飛びだし、四旧打破を叫んで破壊のかぎりを尽くしていた紅衛兵たちは、生意気になっている。さらにいう。

……あなたたちが立ち上がって造反するときがきました！　あなたたちはわれわれの父母です。しかし「永遠に忘れてはならない。われわれはすべて人民の息子であって、労働人民が血と汗でわれわれを育ててくれたのだ！　けっしてこの点を忘れてはならない。くれぐれも労働人民がわれわれの父親であり、母親であることを覚えておかなければならない」。あなたたちが労働人民を忘れ、犠牲になった戦友を忘れ、革命を忘れるなら、修正主義分子にかわってしまうでしょう。

まさに毛沢東の理想を語っている。延安に帰れ、長征の精神に戻れと叫んでいる。ただ気をつけなくてはならないのは、肉親としての「父母」に、比喩（思想）としての「人民の息子」をたくみに交差させていることである。言うならば、「大義、親ヲ滅ス」の断行を予告している。正しくは、プロパガンダとして、意外にもよく働いた「孫悟空ロボット」たる紅衛兵の名のもとに予告させたともいえる。父と母への公開通信を『人民日報』へ送ったとされる匿名の紅衛兵は、ついにこういう。脅しに入るのである。

あなたたちが労働人民を忘れ、犠牲になった戦友を忘れ、革命を忘れるなら、修正主義分子にかわってしまうでしょう。われわれはそうなると、あなたたちに造反します！　子供が親に造反できないと、誰がいったのです！　あなたたちが、〝修〟したら（修正主義の修を動詞につかった）われわれはあなたたちに造反します！　造反有理、どこまでも造反です！

これを読んだ大人たちは、まさか、たかが子供がなにを！　とせせら笑っただろうか。毛沢東が、紅衛兵を接見し、自らも赤い腕章をつけたのは、一九六六年八月十八日の「プロレタリア文化大革命慶祝大会」である。つまり、時に自らも嫌悪することのあった「個人崇拝」の対象となることに踏み切った。これを合図に孫悟空たちは、四旧打破を叫んで街頭へ飛びだし、思うざま破壊活動を開始する。それは、たちまち全土にひろまり、大人たちは、なすすべもなかった。

この『人民日報』の記事は、大会より、わずか八日後であるが、タカをくくりつつも、本当にやるかもしれないと思っただろう。

大義のためには子も殺す

「大義、親ヲ滅ス」なる言葉は、『春秋左氏伝』の中にある。紅衛兵となった実の子供たちが、劉鄧の走資派につながる人物として両親を公衆の面前で糾弾したのを見たとき、中国のインテリたちはみなこの言葉を思いだしたにちがいない。大義のためには肉親をも殺してはばからぬ、の意味である。

戦国時代に先立つ春秋時代の魯を中心に列国の動きも記した編年体の史書、それが『春秋』であり、左氏がそれを解説した本、それが『春秋左氏伝』である。魯は、孔子の生まれた国である。儒教では、たんなる史書としてでなく、経書あつかいして尊んできた。

その「隠公四年」の記事の中に、「九月、衛人、州吁《しゅうく》ヲ濮《ぼく》ニ殺ス」のくだりがある。この部分を詳しく解説した箇所に、石碏《せきさく》は篤実な家臣で、州吁を排除するため、息子の石厚までを連累させたという評があり、大義、親《しん》ヲ滅ス」とは、このことかと感嘆している。頌《ほ》めている。

この「親」は、両親というより血族一般と見るべきである。父親の石碏が「大義」のために、主君の桓公を倒して自ら衛の国君となった州吁を「不義」なるものとして、他国に密告して殺させるのである。息子の石厚は、この州吁の寵臣であった。石碏は涙を呑んで、この悪しき国君と家臣ともども陳の国を利用して血祭りにあげるのである。つまりは、親殺しでなく、息子殺しである。

父の石碏は、衛の荘公の宰相である。荘公の第一夫人には男子がなかった。やむをえず同じように荘公の妃妾であった妹の生んだ子をわが子として育てていた。しかし荘公は、武事を好む愛妾の生んだ州吁を愛していた。これを六逆の邪道として石碏は荘公に諫言したが、ききいれない。皮肉にも息子の石厚は、州吁と仲がよい。やはり諫めたが、父の言う通りにならない。そのうち、後継者をきめぬまま荘公は車ごと河におちて頓死する。ただし、あらたに君侯となったのは、第一夫人の思惑通り、自分の育てた公子完であった。おそらく、石碏が、そのように強引に運んだのだろう。主君が死んだとき、宰相たるもの、辞職するのが礼であるから、石碏はその通り引退している。

父が愛したのは俺だという思いのある州吁は、面白くない。桓公(完)を弑殺して、自ら即位する。そして石碏の息子の石厚を謀臣とするが、いっこうに国はうまく治まらない。あせった息子は父に甘えて策をたずねる。陳へ行って周王の信頼をうるようにしろと教える。陳は、宗国の周と関係がよかったので、そのあっせんを頼んだらどうかというのである。息子は、州吁とともに陳へ行った。すかさず石碏は、陳に書信を送り、主君を殺した二人の処分を依頼する。州吁の暗殺は、陳にまかせたが、息子だけは、自国の衛より刺客を送りこんでわが手で始末している。

「大義、親ヲ滅ス」は、ここからきている。毛沢東の攻撃してやまなかった儒教思想は、「父は(子に)慈」、「子は(親に)孝」を尊ぶ。だが、義も尊んだ孔子は、その上に立って「親ヲ滅ス」ことも認めていたのである。とすれば、大いなる矛盾である。人々の心の中にしみついた儒教の「親に孝」の観念を諸悪の根源として否定しながら、毛沢東思想の「大義」のために「親ヲ滅セ」と言っているからだ。

しかも、この「親《しん》」は、紅衛兵たちをそそのかしているのだから『春秋左氏伝』と逆で、息子娘が、自分の親を摘発するのである。これもまた「親ヲ滅ス」にはちがいあるまい。このような「大義」が、毛沢東崇拝のもとに公然化すると、どうなるか。数限りない悲喜劇が、内に外にくりひろげられたにちがいない。たとえば、余川江編の『文革笑料集』、邦題『これが〈文革〉の日常だった』を読むと、次のような親と子の話がでてくる。「中学生がいたずらしているうちにポットを壊してしまった。母親が怒って打とうとすると、息子は真面目くさった顔で言った。〈ぼくは革命的造反派だ。ぼくを叩いたら、すなわち革命を叩くことになる。そうなれば、かあちゃんは反革命分子だよ〉」。

ここでいう「中学生」は、紅衛兵であろう。「革命」は、大義であり、毛沢東思想である。造反は、毛沢東認定の「親ヲ滅ス」である。毛沢東の分子たる中学生の紅衛兵は、母とて反革命分子として摘発・弾劾できるというわけだ。笑い話だが、「大義、親ヲ滅ス」は、卑俗なまでに拡大解釈され、それこそ百鬼夜行、大手をふってまかり通っていたにちがいない。

中国人は、先輩同輩後輩という風に「輩」(世代の順)を尊ぶ。親子の関係や、長幼の序もまた同じである。儒教の「六順」から来ており、国家の人民支配のヒエラルキーを構成するのになくてはならぬ思想である。そのため、「おれはお前の父親だ」と他人が言ったり、「あなたは私の息子に似ている」といったりするのは、侮辱語である。

毛沢東はこのような因習を悪としてとり払おうとしたが、紅衛兵によって成功をおさめるあまり、中国大陸に無秩序の混乱を生み出した。こんな話も、『中国笑料集』にある。

同じ造反派でも他の派閥に属す中年男を捕虜にした腕自慢の紅衛兵が、この捕虜に対し、「個別談話」することになった。「個別談話」とは、即ち殴ることである。毛沢東は、敵と話しあえといったが、ここまで卑俗化していたのである。

紅衛兵は、目隠しされた中年男を、自分の拳がはれあがる程、殴りつけた。相手が息もたえだえなのを見て、暴力自慢の紅衛兵が、まいったか！　おれを「お父さま」と呼んでみろ、そうしたら許してやるぞと叫んだ。拷問のだめ押しである。中年男は、蚊の鳴くような声で、「お父さま」と呟くとそのまま気絶してしまった。

だが、その声にきき覚えのあった紅衛兵は、ハッとして駆け寄り、目隠しをとると、はたして殴った相手は、実の「父」だった。父が息子のことを父と呼んだわけだ。

これに似たことは、数限りなく深刻に発生したにちがいない。「親に孝」の可否をめぐる中国流の弁証法である。「大義、親ヲ滅ス」の戯画ともいえるだろう。

毛沢東は、一九六六年の十月二十四日の「中央政治局総合報告会議での講話」で、こんなことを言っている。(『毛沢東思想万歳』)幹部たちに向かって、「何も恐れることはないのではないか」とドスを利かしている。

「伍修羅(外交部副部長)の家には四人の子供がいるが、それが四派に分かれている。多くの学生たちが彼の家に行った。なんども接触してみると、何もこわいことはなくなり、彼らが大変かわいく感じられた」

おそらく伍修羅は、毛沢東におべっかをつかってこう述べたのだが、見抜けなかった。だから、なおもこう幹部たちに説教を垂れる。「人を教育しようとするには、教育者がまず教育を受けなければならない。諸君はこのことがわかっていないから、思い切って紅衛兵に会おうとしないし、学生と心をうちわった話をしない。役人ぶり、旦那ぶるのであり、まず思い切って会おうともしないし、会っても思い切って話をしないのである」。

幹部の官僚主義やプチブル根性を毛沢東は指摘しているものの、かれの教育論は、「下学して上達す」、つまり『論語』の孔子の言葉が下敷きである。ましてや紅衛兵とよく話しあえという「個別談話」がすでに卑俗化して、気絶するまで殴れの同意語になっていることなど、まったく気づいていない。

劉少奇親子の悲喜劇

国家主席劉少奇とその妻王光美に対し、造反派の子供たちの行った「大義、親ヲ滅ス」の実例は、すでに「桃園のネックレス」の項で、すこし語ったが、もうすこしつけくわえておきたい。

劉少奇の妻王光美は、六七年一月六日、紅衛兵に娘がケガをしたというニセの電話でおびきだされ、清華大学でつるしあげられた。

保証書を書いて七日の朝に釈放されたと、北京市内の壁新聞で知ったのは、六七年一月九日だ、と柴田穂は、『文革の三年』で書いている。

この同じ日の朝、劉少奇の息子劉允若（国務院第七機械工業部勤務）が、「北京工人体育館で開かれた、〈劉鄧ブルジョワ反動路線徹底批判大会〉で、父を摘発する演説を行った」と柴田穂は書いている。

「劉少奇のイヌの頭をたたきこわせ。劉少奇は全国民に頭を下げて罪を認めるべきである。劉少奇は毛主席の真理の前で、無条件降伏しなければ、ただ滅亡があるだけである」

このように発言したというのだが、第七機械工業部の造反派は、二つに分裂しているので、その対立に巻き込まれ、父の批判を余儀なくされたのだろうと柴田穂は推測したが、二週間後の十九日、「彼は外国に通じているバカ者だ。つかみ出せ」という江青の指示によって、劉允若が逮捕され公安部に突きだされた、と同情の筆でさらに彼は記している。

ことの真相は、どうなのか。尾崎庄太郎編訳の『劉少奇の悲劇』（一九八〇年・日中出版刊）は、劉少奇一家について書かれた文章を寄せ集めたものである。その中の一遍である柳瑩の「劉少奇家の悲劇」を読むと、劉允若のことがやや わかってくる。

彼は、劉少奇の最初の妻賀宝珍の次男で、ソ連に留学している。彼女は、地下活動中、逮捕され一九三四年、南京の雨花台で、政治犯として処刑されている。その時、劉允若、二、三才。一九四六年になって、ようやく上海で発見されている。ボロを着て新聞売りの少年をやっていたという。

その後、北京模範大学第一付属中学を卒業すると、モスクワ航空学院に留学している。ソ連の娘と恋愛し、一九六〇年、中国へ呼び戻されている。劉少奇もソ連留学中、ロシア娘と結婚したともいわれ、かえって自分の体験から反対したともいえる。彼は、その娘との結婚に固執し、半狂乱となり「中国に自由がない」と批判するようになり、一九六四年に軍隊へ一兵卒として下放されている。そして一九六六年、文革がはじまると、戻っていた第七機械工業部の造反派へただちに身を投じている。

柴田穂の推測だと、第七機械工業部の造反派のセクト争いに劉少奇の息子として巻き込まれたとなるが、きわめて積極的に劉少奇に反旗を翻していたことになる。しかし、ソ連留学がたたり、江青によって八年間の獄中生活を余儀なくされた。「大義、親ヲ滅ス」として劉少奇を批判させるには、ソ連留学はまずいと判断したのだろう。一九七四年釈放されるが、一九七七年に急性肺炎で死亡（四十五歳位か）している。一生、妻子をもたなかった。彼の一生には、幼児期からの病理の影がある。

結婚歴六回ともいわれる劉少奇は、王光美と結婚するまで、中国女性と三回離婚している。（最初のロシア娘をいれると四回となる）二番目の謝非、四番目の王建に子はない。三番目の妻王前との間に次女の劉濤が生まれた。この子に目をつけたのが、江青である。

幹部の子弟が中心の初期紅衛兵だった劉濤は、清華大学のスターだった。王光美は、文化大革命をそれまでの四清運動の延長でとらえ、同大学に名を秘してもぐりこんで指導していたからだ。しかし、毛沢東が劉少奇を批判（政治局の序列は二位から八位にさがる）し、大学に造反派が台頭、一挙にスターの座から転げおちる。そこから劉少奇夫妻との間に亀裂が生じはじめていた。王光美は、可愛がって育てたが、ここに至って、両者の意識の中に実の子実の親でないという灯がともって、裂け目を一層拡げていったようだ。

劉濤は、大学の闘争では、どの程度のものかわからぬが、両親の誤りを摘発したらしい。しかし、家に帰ると、そのつらさを語って釈明したりした。柳瑩の「劉少奇家の悲劇」を読むとどうやら著者は、幼少期に母の離婚などで家庭的にめぐまれず、父が王光美と結婚してからは、我がままに育てられ、学校では甘やかされた劉濤には、天真爛漫さと裏腹に冷たい投機的な性格があると見ている。劉允若と同じように劉少奇の生き方のつけを背負ったともいえる。「劉少奇のいまの倒れそうでまだ倒れない微妙な社会的地位にも左右されて、彼女はどうすればよいのか、なすところを知らなかった。大学内では、彼女は積極的態度を示したいと望み、できるだけ両親の誤りを摘発して、人々から好感を博したいと望み、わが家では、また両親を問いつめたいとも考え」た。

女ハムレットである。世は、造反派の時代であり、「大義、親ヲ滅ス」に徹すべきかどうかに迷うのである。迷うのは、親への愛情や孝行の気持よりも、劉少奇の地位が、曖昧であったからか。毛沢東は、劉少奇に「資本主義の道を歩む党内最大の実権派」のレッテルをはりながら、なお国家主席であり、党内第八位のままにしていたのである。

故意にそうしているのだとすれば、ひと思いに捕えたねずみを殺さぬ猫の残忍な遊びに似ている。毛沢東にしてみれば、戦略として、敵をひきつけるだけひきつけようという用心深い魂胆からだったかもしれない。紅衛兵の動きが、毛沢東の予想を上回ったように、全国に遍在する「走資派」の動きは摑み切れず、なにがおこるかわからないということもあっただろう。

一方、江青は、清華大学の造反派から情報をえたのか、迷う劉濤に目をつけ、一九六六年十二月の暮れ、彼女をこっそりと呼びだした。

「江青は、劉濤がはいって行くと、満面に笑みを浮かべて、劉濤をそばによびよせ、〈慎重に、ゆっくり〉と、〈革命の道理〉を説いてきかせ、〈父親とははっきり一線を画さなければならぬ〉とか、……〈出身は勝手に選べないが、道は選ぶことができる〉しか、ながながと理屈をならべた」

つまり、いわば「大義、親ヲ滅ス」を説くのである。父親と一線を引けとは、そのことである。そして、最後の詰めとして、お涙頂戴をもちだす。「本当のお母さんが誰だか知っているね」。

もちろん、劉濤は知っていた。離婚した母の王前は、劉少奇に黙って、こっそり逢いたいと手紙をよこしたことがある。この時、劉濤は劉少奇にその手紙を見せている。

すなわち、劉濤は、生みの母よりも、父をとり、育ての母をとったのである。これまた彼女の「生まれながらに、〈投機的〉で、どっちが〈有利〉かと、利益のことばかり考える傾向」と言えないことはない。

怒った劉少奇は、王前に娘と逢わないでくれという手紙を出したというが、このような悶着を江青は、昔から把握していたらしい。なによりも、劉少奇の妻王光美は、江青にとって、気にくわぬ相手だったのである。

江青は、劉濤に実母の王前と逢って、父劉少奇の正体を知って、一緒になって彼を摘発しろとそそのかすのである。王前は、学長批判の大字報を北京大学の壁にはって「英雄」に祭りあげられた哲学科助手聶元梓の兄の妻となっていた。「投機的」な劉濤は、「大義、親ヲ滅ス」を決心する。

二

父に向かって「一線を画す」

「自分自身が劉少奇の本質を見抜けず……」

「自分の反動親爺と徹底的に訣別《けつべつ》して……」

「劉少奇は恥をしらないことときわまりなく」

「いまこそ、わたしたちは劉少奇の〈共産党員の修養を論ず〉のばけの皮をはぎとりましょう」

「劉少奇、汚職した金の靴ベラをさしだせ！」

「劉少奇は確かに……一点の共産党員の気風もありません」

「劉はいたるところで自分の打算のため、きわまりなく私利私欲に走り、逆に同志たちの前ではいかにも清廉潔白をよそおっていました。劉少奇はまったくでたらめなニセ君子です」

「劉少奇の極端な個人主義は妻子に対する態度の上に、はなはだしくあらわれました」

「彼は妻子を革命の同志とはみなさず、まったく軽蔑して……」
「劉少奇、わたしは、はっきりとおまえに通告します。誠実に党と人民に頭を下げ罪を認めよ」
「わたしたちは劉少奇の子女です……劉少奇の本質をさらにはっきりと見抜きました」

右の引用（『ドキュメント現代史16　文化大革命』）は、紅衛兵の機関誌『造反』（一九六七年一月十一日）にのった劉少奇の娘劉濤の文章「劉少奇の醜悪な霊魂を見よ」（山谷弘之訳）から、父の名をあげて批判している語り口部分のみを摘記したものである。

これは、かならずしも「文章」といえないだろう。おそらく演説の筆記である。いや、この演説を壁新聞にしたものからの転写であろう。

『報道されなかった北京』で、柴田穂は「東長安街にある〈紅衛兵放送局〉のスピーチが、劉濤さんの父親批判の演説を流したとき、たまたま通りかかったわたしは北京市民がスピーカーの下にむらがって、熱心に聞き入っているのを目撃した」と言っているところを見ると、放送もされたとわかる。

テレビでは、どうだったのか不明ながら、娘劉濤の父劉少奇批判は、「演説」「壁新聞」「雑誌」「放送」という四つの宣伝媒体を駆使していたことがわかる。さらに最大の強力な武器「口コミ」がある。

背後に江青らの文革小組があるのは、あきらかであるにしても、劉濤の演説もよくできたものである。父劉少奇を名ざしした部分のみを引いたのは、この演説のハイライトがまさに「娘の批判」にあるからだ。

「劉少奇」「反動親父」「劉」「彼」と、どのように使いわけたにしても、極左の学生たちが、生意気にも「国家主席」に向かって呼びかけた以上に、実の娘があえてそう言ったことのショック効果は、はかりしれないものがある。まさにこの演説の最大の宣伝効果は、「大義、親ヲ滅ス」ことのスキャンダルなモデルを作ってみせるのにあったからだ。

自己批判、父（国家主席）批判をふくめ、「劉少奇」を名ざしすること、十二回である。書道でいえば、十二回、筆に墨のつけなおしをしているわけで、そのリピート効果は甚大であり、聴くものの耳を突き抜けて、心臓の奥にまで突き刺さる恐怖効果をもたらす。

子供なら、自分が親に向かってそうする場合、親なら、自分が子によってやられる場合を想起し、多少の興奮と同時にわが心胆を寒からしめないわけにいかない。「大義、親ヲ滅ス」。これほどの秩序の逆転破壊はない。

劉濤の批判の根拠は、離婚した実の生みの母の証言にある。これもまた、なまなましいスキャンダルである。それは、「国家主席劉少奇」のプライバシーを娘の手で暴《あば》かせることになるだけでなく、昔の女房に暴かれるという二重構造になっている。つまり昔の女房が、今の女房を批判し、養った娘が育ての母を攻撃して寝返っているというスキャンダルにもなって、いりくんだ複雑な構図を呈示している。

この「大義、親ヲ滅ス」の血がしたたるむごたらしさをがっちりとささえているのが、まさしく「大義」である。すなわち、「毛沢東」が「大義」なのである。毛沢東とその思想に則していれば、すべてが許され、認容される。罪の意識から解放される。解放までいかないにしろ、すくなくとも、軽減される安全弁である。「大義」は、ここで安全装置の働きをしている。だから、劉濤は、たえず「毛主席はおっしゃっています」という語録の言葉を引いて、自分の批判と生みの母の暴露を合理化するのである。

この肉親相剋ドラマの演出者である江青側にしてみれば、この「大義」を餌に「劉少奇」に打撃をあたえるだけでなく、全国に子が親を公然と攻撃するモデルを提供することにもなったのである。

劉濤は実父批判の演説に踏み切ることにより、養母王好美のもとを離れ、父劉少奇の正体を教えてくれた「可愛想な」生みの母のもとへ行くという「お涙頂戴」劇もつくりだすのである。

演説の中で「劉濤」が「わたしたち」という言葉を用いている個所が二度ほどある。この使いかたはそれぞれ異なっている。離婚された王前は、娘劉濤の他に劉允真という男の子も生んでいた。この演説の席では、弟も姉のそばに同じ意見の持ち主として立っていたので、「わたしたち」になったり、或いは、「劉少奇打倒」によって心が一つに結ばれているはずの会場を埋めている同志「紅衛兵」をふくめて「わたしたち」の場合もある。

紅衛兵の蛮勇に鼓吹された日本の七〇年安保の学生たちも、この無理心中用語の「我々」「わたしたち」の言葉をしきりとつかった。

三番目の妻王前は、前夫を攻撃して「紅衛兵」の引っ張り凧になったらしいが、四番目の妻王建も、攻撃の一役を買っている。『毛沢東を批判した紅衛兵』の中に、『新北大』（一九六七年八月一六日号）に載った彼女の批判が「劉少奇とその黒い下僕どもを告発する」という題のもとに載っている。彼女は、劉少奇に結婚を求められ、のり気でなかったが、ある晩、

「夕食の招待を口実におびきよせ、ことがすんでから結婚させられようとは夢にも思っていませんでした。私がそのときうけた緊張、不安、精神的苦悩は筆舌につくしがたいものでした。みてください。恥知らずにもっとも下劣な欲望をみたすためには、劉少奇は手段を選ばず……」

「劉少奇、この羊の皮をかぶった狼は……結婚して一カ月もたたないうちにもう彼はブルジョワ分子王光美と接触していました……あるとき、劉と一緒に散歩しているとき、王光美の家の前をとおりかかりました。劉は中に入って、壁にかかった彼女の写真をみて、ひっきりなしに〈すばらしい、すばらしい〉というのです。口先では、道徳的なことをしゃべりちらしている偽善者の悪らつさを見てください」

王建は、劉少奇が王光美と結婚したいばかりに、彼女を精神病者に仕立て離婚にもちこんだというのだ。

「劉少奇を打倒せよ！　もっとも赤い赤い太陽、心の中の最も赤い太陽、偉大な指導者、毛主席万歳！　万歳！万万歳！」

いかなるえげつない暴露でも、「毛沢東万歳」を叫べば、清められるのである。それにしても、劉少奇は、王前、王建、王光美と、「王」の名の女性が好きである。

劉濤の「一線を画した」演説内容を壁新聞で読んで知った劉少奇は、激怒したらしい。

「私が政治的に誤りを犯したといわれるなら、私は反省し、自己批判してもよい。しかし生活態度の面から、こんなふうに、私をデマ・中傷するのを、どうして許せよう」

柳瑩は、「劉少奇家の悲劇」の中で、こう書いている。劉少奇も甘かったといわねばならぬが、父を摘発した娘の劉濤も甘かった。いかに江青らの甘言にのり、「大義」の免罪符のもとに実父の劉少奇に一線を画したとしても、初期紅衛兵時代の栄光は戻ってこないのである。

一線を画したことそのものが、あらたなる罪の加算ともなる。「大義」は免罪符でなかった。むしろ、劉濤をだましたのである。劉濤の「野心」が、だまされたというべきか。このことにより、けっして劉濤を英雄になどしなかった。これが裏切りへの原則である。なぜなら、いかに父を摘発するようにそそのかされて、それに従ったのだとしても、その後は、まったく取り扱いにくい存在となる。「大義」を盾にそそのかしに成功した陣営にとって、危険なうさんくさい人物に見えてくるからだ。親と一線を画せ、つまり裏切れと説得していたにもかかわらず、こんどは、親を裏切ったほどの女だ、自分たちをも、いつかひどい目にあわせるかもしれないという心理が働くのである。

このような矛盾した心理の動きこそ、劉濤にとって、まさに裏切りだが、どうしようもない事実で、それは歴史が証明している。そのような例題は、史書の中に、うんざりするくらい転がっているのだが、おそらく彼女は、読んでいなかったであろうし、読んでも感じとれなかったかもしれない。

ただ、はっきりしているのは、一線を画しても、自分にも、あたらしい仲間にとっても、劉少奇の娘であることまで抹消できない。自分も忘れないし、人も忘れない。この劉濤の告発を契機に、劉少奇への批判闘争は、一挙にボルテージを高めるのだが、おそらくもはや「大義、親ヲ滅ス」の旗をかかげて、批判の先陣に立つことはなかったであろう。

自分にも、後ろめたさは残ったであろうし、江青も仲間もお役目終わりとばかり彼女にふりむかない。毛沢東派遣の労働者宣伝隊によって壊滅させられるまでの「清華大学でのこれらの動乱の日々に、劉濤はずっと逍遥派をきめこんでいた」と柳瑩は書いている。逍遥派とは、ノンポリである。だがノンポリをきめこむことができただけ幸せだともいえ、最初の妻の子である兄劉允若は、劉少奇を批判したあと、投獄の憂き目にあうのである。とはいえ、その後も憂鬱な日々であったにちがいなく、それもまた一種の処刑であり、二番目の夫と雲南とビルマの国境を脱出、アメリカへの亡命を夢見るが失敗に終わり逮捕された。やはり彼女にも「獄」が待っていた。

「参加」という名の拷問

では、劉少奇と王光美の間に生まれた三人の子供たちは、この「大義、親ヲ滅ス」の時代、どうしていたのだろう。「勝利の花をあなたに献《ささ》げる」という「劉平平、劉源源、劉亭亭」の合作手記がある。（『沈思』周明編・袁海里訳・一九九〇年・原書房刊）劉濤より幼かったが、三人もまた初期紅衛兵であり、リーダーだった。すでに父は批判され、序列を下げられていたが、まだ一つピンとこないのか、「紅衛兵の家宅捜査には、私たちも何回かついて行きました。帰ってきては、家宅捜査の内容をいろいろと楽しそうに話し合ったものです」。

劉少奇は、これをきいて、四旧打破に反対しないが、家宅捜査や暴力を戒めた。まもなく三人も、学校で批判を受け、自己批判させられるようになる。

三人にとって最大のできごとは、一九六七年八月五日であったという。この日、江青らは、幹部の住む中南海で、劉少奇、鄧小平、陶鋳の批判闘争会をもくろんだ。当時、走資派の幹部は、軟禁状態になっていた。当時、上映されたのかどうかよくわからないが、この闘争大会に一流の映画監督を派遣し、録音、写真撮影、映画撮影を行ったらしい。いつの日か、それらのフィルムは陽の目を見ることがあるのだろうか。

「その日、私たち三人は大会に参加するよう命じられました。背後にはそれぞれわざとらしく、見張りの兵士が何人か配置されました」

「私たちは人びとの群れのうしろに立ち、悲しみと怒りで胸をいっぱいにして、父と母が大男らに抱えられて会場に入ってくるのを見ていました」

「大男らは父と母の首を押し下げ、両手をうしろにねじあげ、強制的に平身低頭させ、ちょうどジェット機のような格好をさせました。そして殴ったり蹴ったりしたうえ、父のまばらな白髪を引っぱって顔を上げさせ、写真を撮りました」

父や母に向かって、大衆に向かって批判することだけが、「大義、親ヲ滅ス」でない。父や母が拷問を受けている場に、強制的に参加させることも、その一つの形式なのである。

参加は、重要な批判の形式と見なされていた。自発的であろうと強制的であろうと、参加すれば、演説をぶたなくても、子が親を批判したことになる。また、子への精神的拷問でもある。親と一線を画せの脅迫ともなっていた。さもなくば、お前もひどい目にあうぞというわけである。

「突然〈ワァーン〉という大きな泣き声があがり、会場のスローガンの合唱とののしり声が中断されました。〈こんな時に誰が泣くんだ?〉人びとの眼がいっせいに出入り口にそそがれました。なんと六才の小小(瀟瀟)が、会場の残酷なありさまに驚いて、大声で泣き叫び、這いながら出入り口に向かって逃げ出そうとしていたのです」

三人の合同手記の中で、もっとも迫力のある場面である。劉少奇・王光美夫妻の間には、四人の子がいた。批闘大会に参加を命じられたのは、学校へ行っている三人だけだが、紅衛兵は、まだ一人残っていたと幼時の小小まで会場にひっぱってきたのだろうか。それとも勝手についてきたのだろうか。三人が、小小だけを家に置いておくこともできないので、連れてきたのだろうか。小小は、女の子である。

「みんなは呆然とし、会場も静まりかえりました。源源は外に出ようとしましたが、何人かの兵士にとりおさえられ、〈何をする気だ〉と大声でどなられました。源源は身をふりほどこうと、力の限りもがきました。〈小小が泣いているのが聞こえないのか〉と言って小小を抱きおこし、涙を吸ってやりました」

小小の泣き声は、会場の台上にひっぱりだされた劉少奇夫妻にも、きこえたのだろうか。

思いがけぬ愁嘆場

「批判闘争会」は、一つの演劇である。だから、主催する側には、ある程度の脚本、演出のプランがはいっている。その上で、無数の思わぬハプニングが生じる。批判に立たされたもの、即ち、いやいや舞台に立たされ、「俳優」を命じられたものには、いっさいのプランは聞かされていないから、司会者の腕次第で、思いもかけぬ場面が生じる。

いつ自分もひきだされて批判される側に立たされるかわからぬという凍るような恐怖をもちつつ、この闘争会への参加は、文革中の最大の「娯楽」でもあったという側面をもつであろう。

時に喜劇であり恐怖劇である。いわゆる映画や演劇にないドラマ、つまり文字通りの劇《はげ》しさが演じられるのである。しかも、暴行劇でもある。この「暴行」は、多分に「観客」を意識したところから「劇しさ」を増す。さらに、観客も、この「批闘」と呼ばれる劇へ文字通り「参加」している。観客としての参加でなく、いつ自分も名指しされて舞台へひきずりあげられかねないという意味の「参加」をしているのである。カタルシスは、用意されている。即ち、真っ赤な太陽、毛沢東、毛沢東思想、革命、大義。これらは、いっさいの惨酷を肯定し、あきらめを要求する。大会の写真などを見ると、観衆がニヤニヤしているのに気づく。これは人間の惨酷な側面をあらわしているというより、むしろ「あきらめ」からきた中途半端さのしるしとしての表情である。

「続いて彼らは、父と母を会場の片隅に連れていきました。そこは私たちから数歩しか離れていませんでした。彼らは父と母を押していき、紅衛兵が描かれている二枚の大きな漫画にむかって無理矢理に敬礼させました。父は殴られて鼻血で黒ずみ、顔ははれ、靴も踏まれてなくなっていました」

おそらく、この劉少奇夫妻の舞台中央からの移動は、主催者の指示である。

二人の息子娘たちのうしろには、江青支配の極左紅衛兵が立っていたのだから、目印になっていたはずで、動員された大衆には、その「顔」が広く知られていた劉少奇夫妻のようにいかないにしても、一目瞭然だったはずだ。それは、一つの「大義、親ヲ滅ス」に乗じたプランである。親の醜態を子に見せつけるという、両者への拷問的な側面をもつが、大義論の立場からは、三人の子たちに、お前たちは、「大義、親ヲ滅ス」ことができるかをつきつけたのだともいえる。

手記には、この時の彼らの反応が省かれている。顔色をかえず、平然としていたなら、子が親を批判したとみなされたはずである。「国家主席」夫妻を痛めつけるシーンの見物にもまして、大会参加の観衆がみなかたずを飲むにちがいないシーンの設定である。

当然、ここでは、子の前で醜態をさらさざるをえない劉少奇夫妻の表情の変化が「見せ物」であるだけでなく、その子供たちが、どう出るかに息をとめたはずである。

ここまでは、「批闘」のプランのうちである。しかし、思いがけぬ場面が生まれた。

「その時、突然母が手をふりほどいて父の手をしっかり摑みました。父も殴られたり、蹴られたりしながらも、臆することなく母の手をしっかり握って放しませんでした。二人は懸命に体を伸ばし、手を取りあって見つめあいました」

「愁嘆場」である。映画や演劇では、退屈がられるほどのおきまりの愁嘆場が、「現実」にとつぜんふって沸きあがるように生じたのである。

多分、劉少奇夫妻をうしろからジェット式で抑えこんでいた紅衛兵たちの手が、その息子娘たちの反応に気をとられるあまり、ついゆるんでしまったのであろう。

「こんなに乱暴に踏みにじられながら、最後の握手をしている両親を目のあたりにして、子供として悲しくないはずはありません」

「大男が二人を情容赦なく分けへだてようとしましたが、母は力をふりしぼって逃げ、父に飛びついて、上着のすそをつかみ、懸命に放すまいとしていました。しかし、大男たちはついに二人を引きはなしてしまいました」

このような場面で、江青らに派遣され、ドキュメンタリー宣伝映画を作ろうとしていたカメラマンたちは、どうしたであろうか。

これまでの批闘大会の惨酷シーンに対しては、慣れていて、驚くこともなく、アイモをまわし、シャッターを切ることができるようなっていたであろうが、思わぬ愁嘆場の出現に驚愕したにちがいない。しかし、驚嘆すれば、戦場のカメラマンと同じように、かえって恐怖を逃れるため、アイモをまわし、カメラのシャッターを押し続けるものである。

この批闘大会の真の演出者たちである江青ら「文革小組」の幹部連は、おそらくカーテンの陰から、その惨酷を覗いていることはなかったであろう。しかし、フィルムからのプリント写真は見たであろうし、撮影会は、開かれたと想像してもよいだろう。

もし全国上映されなかったとしたなら、周恩来らの阻止も考えられるが、そのなまなましい迫力の前に、人々の同情を買い、宣伝として逆効果になることをおそれて、ボツにしたとも予想できるであろう。江青は、「この女(王光美)めには、私は負けたよ」と舌打ちしたかもしれぬ。つまりこの「愁嘆場」は、宣伝にはならぬのである。

闘争の惨酷は、文革中から伝えられながら、ほとんど「映像」として、今もって陽の目を見ていない。壁新聞には、写真も相当に貼りこまれた可能性をもつが、それらは初期だけで、のちには逆効果になると禁じられたからであろう。どこかにまだ膨大な未公開写真が眠っているとも想像できる。

この時期、そもそも「宣伝」として、「映像」の類は役に立たなくなっていたといえる。「大義、親ヲ滅ス」のパターンを示すのに映像の力を借りなくても、すざまじい「口コミ」の力によって全国に伝わって、実行に移されていたともいえる。

さて、まもなく両親の批闘の場にひきだされ、「大義、親ヲ滅ス」の踏み絵をさせられた三人に対しても、一種の判決がくだる。

「ただちに荷物をまとめ、それぞれの学校に戻って審査・批判を受けよ」

という通達が届く。いためつけられて衰弱の激しい両親のことが心配な三人は、休日だけでも帰してほしいと頼むが、

「だめだ、君たちは劉少奇・王光美に情報をもらした過去があるから、自己批判をきちんとやらなくてはならない」

とすげない返事が戻ってきた。これをさいごに、親子は別れ離れとなる。

三

公衆の面前で親を批判せよ

「一線を画《かく》せ」

これは、中国文化大革命中に多産されたスローガンの中でも、とりわけ深い誘惑の構造をもったものである。甘く厳しい誘惑の言葉でもある。しかも誘惑の行為(そそのかし)には、相手に迷いを生じさせる力がある。相手が迷わなければ、誘惑の意味がない。甘い蜜を分泌しないからである。迷いの次に「決断」という蜜の香る時

間が待っている。

もとより、決断しないという決断もありうる。「一線を画せ」に即していえば、一線を画さない決断である。その決断は誘惑を退けたことになる。

さらに、文革に即していえば、親子の絆を断ち、親子の関係に一線を画すことである。子供であるならば、だれでも親は甘えられる存在であると同時に、うっとうしい存在である。保護されているから、うっとうしくもあり、甘えることもできる。その保護には、法律と道徳の幕が張られている。この関係に「一線を画せ」というのである。なんという刺激の強い誘惑の言葉であろうか。

「単純なスローガンでは（人々を）驚かすことはできない」

かつて毛沢東は、こう言ったことがある。（一九五七年「九省市宣伝文教部長座談会における談話」）

そのことからすれば、「一線を画せ」は、人々を驚かせるにたるスローガンである。「親」と「一線を画せ」と言っているのだからである。

一線を画すことは、親を公衆の面前で批判することである。しかし、いくら親がうっとうしく、四旧の患にどっぷりつかっていても、この行為に踏み切ることには、ためらわれるだろう。「大義、親ヲ滅ス」という甘くも恐ろしい言葉が用意されていて、迷うなと決断をそそのかす。

文革中、精力のあまった欲求不満の子供たちは、この誘惑にはまった。「大義」と「流行」の補助があったからである。

「大義」とは、「革命」であり、「毛沢東」である。「流行」も、誘惑と脅迫の構造をもっている。時の流れに乗れという誘惑であり、乗り遅れるなという脅迫である。「大義、親ヲ滅ス」「一線を画せ」の行為が、いったん「流行」化した時、その誘惑と脅迫を退けることは容易でない。へたをすれば、死が待っているし、すくなくとも生きにくくなる。

それならば、「流行」のスローガンに乗るしかない。「大義、親ヲ滅ス」は、諸矛盾を乗り越えるエロチシズムをもっているが、それが「流行」ともなれば、軽薄にならざるをえない。後悔が待っている。確信犯でないから、すぐに後悔する。

親たちは、家の中で面と向かって子の批判を受けるだけでなく、公衆の面前で批判を受けるようになった時、はじめは腹がにえくりかえったにちがいないが、もうこの「時の流れ」に抗しがたいと知った時、かえって、そうなった子供に深い同情を示すようになる。この「大義」にガードされた「流行」に乗らなければ、子供たちが生きにくくなるからだ。だから、むしろ積極的に、迷う子供たちに「お父さん、お母さんと一線を画しなさい」と誘惑するようになる。逆転である。

「大義、親ヲ滅ス」「一線を画せ」のモデルを提供したともいえる劉少奇親子の場合でもそうなった。『沈思』所載の劉少奇の子供たちによって書かれた回想録を読んでも、そうなっている。一線を画された親たちの口から、それを積極的に奨めるように逆転したということは、そろそろこの「スローガン」にも死が近づいたことを示している。

「私は、お前たちの批判も喜んで受けいれるし、私と一線を画すこともかまわない。しかし、必ず本当のことを話さなくてはならない。お父さん、お母さんは、お前たちを欺すようなことは決してしていないということを信じなさい」

ここには、まだ一線を画せといいながら、虚飾がある。「正直」や「信念」の交換取引をしているからである。まだ親のプライドは生きている。だが、はげしい劉少奇批判によって殺されるかもしれないと察知し、事実、逮捕・投獄されるに至った時、劉少奇はこっそり監視人を通し、

「お父さん、お母さんと一線を画しなさい」

と伝えてきている。長く生きた親の子への愛情ともいえるが、生命連鎖の本能だともいえる。

このことは、鄧小平の場合でもいえる。鄧小平の子供たちも、紅衛兵となった。父親が走資派のボスなどとは、夢にも思わなかったからである。長女の鄧林(当時二十五歳)は、中央美術学院の革命委員会に入っている。長男の鄧樸(二十四歳)は、北京大学の学生で、紅衛兵のリーダー。妹の鄧楠(二〇歳)も北京大学。三女の鄧榕(毛毛)は高校生(十六歳)、十五歳の次男鄧質方も高校生で、ともにリーダーであった。

「下の二人、とくに毛毛が一番過激だった。二人は両親兄姉の前で〈資本主義の道を歩む実権派〉を告発しはじめた。若い毛毛は、当時流行していたスローガンに従って、〈親が反動なら、子はろくでなし〉とまで言い放ったが、この発言は妹ほど〈赤〉に染まっていない長女の林を怒らせ、大げんかになった」

パトリック・サバティエの『最後の龍・鄧小平伝』(花上克己訳・一九九二年・時事通信社刊)に、右のくだりがある。鄧小平一家の家族争議だが、父こそ、毛沢東の敵である実権派のボスの一人だとまだ察知していない家庭風景だといえるだろう。まもなく激しい鄧小平批判の嵐がおこり、この一家の舟を大きくゆさぶる時がやってくる。

鄧小平が公然と批判されるようになってから、一族は「紅五類」の特権を奪われた。初期紅衛兵であった彼らは、おそらくリーダーの地位を失ったはずである。また親族からも犠牲者が出はじめた。貴州の党幹部であった弟が、紅衛兵の拷問を受け、自殺。妻卓淋の兄は、獄死。そして、いよいよ鄧小平の一族も、軟禁状態にあった中南海から追われる日がやってくる。この時の家族会議で、鄧小平はこう言った。

「ちゅうちょすることなく、私を批判し、告発しなさい」

いわば、「一線を画せ」と誘惑したのである。まったく静かな口調だったというから、ここでも、あの脅迫的なスローガンの魅力は、色褪せてしまっているといえる。

「両親の〈罪〉がその子弟にまで及ぶ狂気の世界を生き延びるには、それくらいのことをする必要があると冷静な頭で承知していたのである」

著者はこう述べるが、「罪、九族に及ぶ」は、残酷ながら、きわめてアジア的な伝統形式なのである。この時、劉少奇一族の場合とちがい、子供たちの中から、親を公然と告発し、一線を画すものは現れなかった。迫害を覚悟したのである。こうなれば、たちまちあの誘惑の悪魔ともいうべきスローガンは、威力を失ったのである。

鄧小平も、批判大会で、「ジェット式」の拷問を受けるようになるが、したたかである。「会場にひきだされる前に補聴器をはずしておいた。それがないと、まったく聞こえない。拷問者の罵声も聞こえず、彼らの尋問にもとんちんかんな答えをした」

さすがという感じもするが、そのかわり、妻の卓淋は、夫が「ジェット式」の拷問を受ける光景を「無理やり見物」させられている。見物は、夫を批判したことに準じるのである。ついに「一線を画さ」なかった子供たちもまた、当然のことのように批判暴力を受け、地方へ下放される。

造反有理に魅せられた子供たち

ここまで「大義、親ヲ滅ス」のモデルケースとなった高級幹部とその子弟の例を見てきたが、一般の場合は、どうだったのだろうか。

映画監督の陳凱歌も、「国民党分子、歴史的反革命、網にもれた右派」のレッテルを貼られた父と「一線を画し」た心の痛みをもっている。

中庭で批判大会が開かれた。父の名前が呼びだされた。その時、中学生の紅衛兵だった陳凱歌は、人々と一緒に「打倒しろ」と叫んだ。「自分の声が自分にもよく聞こえた。とても大きかった」と『私の紅衛兵時代』の中で書いている。うしろめたさが、そうさせたのである。

そのうち、自分の名前も呼びだされる。「見物」批判だけでなく「大義、親ヲ滅ス」の実践を強いられたわけである。

「自分が何を喋《しゃべ》ったのか、覚えてはいない。だが、そのとき父は私のほうをチラリと見た。私は父の肩を手で突いた。どれくらい力をこめたか、はっきりしないが、それほど強くはなかったろう。しかし、とにかく私は父を突き飛ばした」

「肩に手を置いた瞬間の感触は、まだ覚えている。父は避けようとしたが、途中でやめ、腰をさらに深く曲げただけだった。私を周《まわ》りから包んだのは、快感で熱く火照《ほて》った視線だった。私は逃げることもできず、ヒステリックに何かを叫んでいた」

陳凱歌の回想による自己観察は、さすがデリケートをきわめている。どのように批判したのかさえ覚えていないが、五感で受けとめるうしろめたさが、神経をより鋭くさせている。彼が父を批判した時、周囲の視線から来る触覚を通し、人々の「快感」をキャッチしている。

「しかし、私は十四歳にすぎなかった。だが十四歳で、もう父を裏切ることを知っていた。これは、どうしたことだろう」

威厳をもって君臨していた父が、よわい存在にすぎないことも知ったが、「他人の眼の前で、子供が自分の父を破り捨てるとき、耳に聞こえたのは笑い声だった。何という人民なのだろう?」とも反問している。

『中国の冬』の作者梁恒は、文革がおこった年(一九六六年)、十二歳だった。父は、地方の新聞記者だった。彼もまた、たちまち毛沢東の「造反有理」のスローガンの魅力にいかれた一人である。「一線を画せ」も、「造反有理」のスローガンに強力な支持を受けていることがよくわかる。父に叱られたある日、

「突然、私は家でも造反したくなった。厳しく管理されていることに、うんざりしていた。……私は叫んだ、『造反有理、造反有理、造反有理』。気がつくと、調子を取って足を踏みならし、腕を振り回していた」

毛沢東は、どの時代の子供でも過渡的に体験する反抗期の乾いた草むらに火を放ってしまったのだということが、これを読むとよくわかる。「どのくらい馬鹿にみえるか、考えてみろ」と父親は冷静な声で言い放った。

さらにカッとなった梁恒は、ただちに壁新聞を書き、父の部屋を行進し、ベッドの足元に画鋲でとめている。これに似た光景が、文革初期に、中国全土の家庭内で行われていたといってよい。「造反有理」の恍惚の威力(これを呼号している時、自分がわからなくなる麻薬性がある)に魅せられていた少年にとって、最大のショックは、父が「反動的資本主義者の悪臭ふんぷんたる知識分子」の一人である「吸血鬼」として壁新聞で叩かれた時である。造反有理の遊びは、グラリと一転し、悪意と変わる。紅衛兵のリーダーであった姉の一人も同じで、せっかく行進の指揮をとることになっていたのに、みんなに会わせる顔がないと、父を責めてる。

子供たちには、「見栄」がある。だから、父を恨むこともありえる。「こんな家庭に生まれて、私はほんとうに情けない」と。仲間のいるところには、かならず見栄が生まれるのである。見栄が破れると、一線を画すことができなくなる場合が大半だが、なおも見栄が強ければ、「大義、親ヲ滅ス」に自ら発展させていく。

梁恒の父は、子供たちに向かっていう。

「もしそうしたければ、私と縁を切ってもいい。学校で暮らしても結構だ。けれどひとつだけいっておく。おまえたちがどんなに私を憎もうと、私はつねに毛主席に忠実であったし、党と社会主義を支持し続けてきたのだ」

文化大革命には、無数の「毛主席」があって、いがみあったことがわかる。また梁恒の父は、早くより自らの口から「一線を画せ」と言っていたことがわかる。文革中の女の子は、強かった。二人の姉は、こんな反革命の家はいやだと言い、荷物をまとめて出ていく。女性は、男より同じ見栄っぱりを力に変える秀れた(時にあさましい)能力をもっているのかもしれない。

「いけ、いけ、みんないけ。おまえたちを責めはしないし、抑えつけておく気もしない」

これが父の言葉だった。梁恒の兄弟は、父を公衆の面前で批判することはなかったようだ。しかし、梁恒は父のひきずりだされた批判大会には、出席している。彼は、用心深く父の視線とぶつからない位置どりをしている。

父が毛沢東の著作を朗誦させられるのを見た時、背筋が寒くなり、つづいて涙がでそうになっている。

フォックス・バターフィールドの『中国人』の中に父を告発、批判した娘（当時十二歳）の話がでてくる。

「私はあの当時はまだ若くて純情でした」

「私は自分を革命の子と思い、私の父母の子と思いませんでした」

単純への憧れは、分別の苔の生えた大人たちよりも、むしろ単純とあざけ笑われる子供たちのものである。物心がつくようになってから身と心にまといついてくる世の中のあれこれが、わずらわしく、すっきりしたいという気持がいつも働いている。はからずも（半ばはかっていたが）毛沢東は、この憧れをついたともいえる。「まだ若くて純情」は、言いわけがましくきこえるにしても、反省の結果、そうなるのだともいえる。

走資派のレッテルを貼られている父の犠牲になりたくない「革命の子」の彼女の感情を、たくみに軍事査問委員会は利用した。彼女の父の罪業の証拠として、娘の告発を必要としたのである。その告発の内容は、きわめて些細なことであった。熱狂空間にあっては、内容よりも告発そのものが重要なのである。批判大会にひきずりだされている父の前で、彼女は叫んだ。

「父は家ではときどき肉を食べるから、そんな反動分子のような父を許してはいけない」

「父が牛乳を飲んで早く大きく健康になれと言った」

肉や牛乳も、ブルジョワ階級の思想だというわけである。まるで冗談のような話に思えるかもしれないが、このような些細なことによる指弾がまかり通ったのは、子による親への指弾そのものが演劇化されていたためだけでない。

毛沢東が、諸悪の根源は、些細なところから根を発するというようなことを言ったからにちがいない。事実、そういうところもあるが、この恐怖の熱狂空間では、完全にトリビアリズムにおちいっていた。彼女の父は、約十年の軍監獄生活を送ることになる。

当時、親と一線を画したものは、学校を宿舎にして暮らせばよかった。しかし彼女は、路上で母とすれちがっても顔をそむけた。二つの恐怖心からである。「父を裏切ったことを母が怒っている」という恐れ。反革命分子の父の妻である母と一緒にいることを仲間に見られているかもしれないという恐れである。

たとえ、観念と行動で「一線を画した」としたとしても、その一線の向こう側には、父と母が見える。見えるとは、意識でもある。かえって、その後、彼女は苦しむようになり、自殺まで考えるようになる。「もし自殺などすれば当然私は反動分子だという証拠にされるでしょう」と考え、とりやめている。

「大義」がもたらした地獄

文革中、日本人の母をもった少女は、どのように生きなければならなかったのだろうか。それには、文革の年に小学校に入った劉芊の『ポプラの街から』(一九八九年・共同通信社刊)が役に立つ。

中国人の父は、文革中、日本人を妻にしたばかりに革命性、愛国性を疑われた。彼女と姉は、「日本人のスパイの娘」と冷たい目で見られる。大学生であった姉は、初期紅衛兵のリーダーで、「革命」に燃えていたが、「出身」が問題になってからは、中心のメンバーからはずされ、「一線を画す」ことを要求され、以来、悲哀をかこつようになる。妹の作者は、かっこよしと仰ぎ見ていた姉の悲しい表情の裏をこう推測している。

「母が日本人だという家庭環境が悲しかったのか、それともその〈反革命的な〉家庭を捨てなければならないのが悲しいのか、姉には判別がつかなかった。いや、もしかしたら二十歳の姉が悲しんでいたのは、自分の出身を自己批判させるような政治運動そのものだったかもしれない」

まもなく、父が反革命分子として逮捕されると、姉は、仲間の前で、みんなから離れると宣言する。その時、「一部からは拍手がわきおこった」。この決断は、「仲間の間で争いを起こさせたくなかったためか、それとも自分の自尊心を傷つけられたくなかったためか、どちらとも分からない微妙な心の出来事だっただろう」と推測している。

「仲間の争い」というのは、彼女をひきとめようとする仲間が、「資産階級的温情」だと批判されることである。「温情」は、プチブル思想と、当時見なされていた。

　この姉の悲哀は、作者が小学校二年生になった時におこる。「紅衛兵」の予備軍ともいうべき「紅小兵」の選に洩れるからである。その選抜形式は、まず生徒の投票、それを革命委員会が認定する。彼女は、満票だったが、そのあとの父の逮捕で、取り消しとなる。

「五色紅旗は赤々と翻っていたが、私には国旗の色が以前のように輝かしく鮮やかには見えなかった」

「むらむらとした感情がわき上がったあと、闇のなかに気持ちが深く沈んでいった」

　もう一人の姉は、担任の先生が「出身」をこえて紅衛兵に彼女を推挙しようとしたが、その同情を拒否している。作者は、もし自分だったら、

「紅衛兵になれたとしたら、ひょっとして七十歳すぎの老人に石を投げるのもいとわなかったのではないだろうか。両親が普通の労働者だったら、私も〈犯人〉の子供をいじめたかもしれない」

　決然たる姉を尊敬するあまりの自己卑下と見るべきだろう。

「大義、親ヲ滅ス」「一線を画せ」は、紅衛兵世代だけの問題でなく、中国全土の人民の間に広がっていった。

「ビルの屋上に立て篭もって死守する妻と、それを攻撃する夫、ビルと運命を共にする父親と、それを攻める息子、もう既に肉親、夫婦の愛情はむろん、同僚や友人の情なんてものはひとかけらもない。お互いに理性を失い、憎悪の極みに達した野獣そのものだった」

「竹槍を握った夫が、屋上で傷ついた最愛の妻を蜂の巣のように突き殺し、その足で屋上から蹴り落とす。屋上で最後の陣頭指揮を取っている年老いた父親を、棍棒を持った息子が殴り殺す有様は、人間地獄でなくて何であ

これは、中国の革命に賛同し、帰国した華僑で、その迫害と失望から、大陸を脱出した陸豊の手記『〈自由を求めて〉二十八年』（一九八九年・大湊書房刊）からの引用である。労働者の派閥争いの惨を描写したくだりである。「大義」をこえて野獣化したというより、「大義」がもたらす地獄というべきだろう。『ポプラの街から』の劉芊が書いているように、批判大会で夫を糾弾できなかった妻は、反革命分子のレッテルをはられるのもいとわず、自殺するしか道はなかった。

毛主席万歳

［もうしゅせきばんざい］

★別のチャンネル
――紅衛兵の予備軍「紅小兵」(上)

共青・少先への割り込み作戦

この年(一九六六年)のはじめ、長く勤めた毎日新聞社を退社して、フリージャーナリストとなり、乗りに乗っていた大森実は、早くも九月「紅衛兵革命下の中国旅行十八日間の取材」に出発している。

広州に着くと大森は、「孔子廟の夏草の生え茂った中庭」で上海からきていたニキビヅラの紅衛兵をつかまえ、さっそくインタビューしている。(『天安門炎上す』一九六六年・潮出版社刊)

「キミは、誰に指示されて広州へきたのか」

「誰にも指示なんかされない。大学革命委員会の自発的決定によってきました」

「中国共産主義青年団に入っているのか。〈共青〉があるのに紅衛兵が別にできるのは不思議だな」

「〈共青〉には入っているが、それとこれとは直接、関係はない」

❖……〔天安門広場でプロレタリア文化大革命の偉大な成果を宣伝する北京香廠路小学校の紅小兵(1968年配信◎新華社＝中国通信)〕

「紅衛兵になる資格はなにか?」

「労働者、貧農、下層中農、革命幹部、烈士の子であることだ」

大森実の質問は、かなり挑発的である。しかし「はじめて出場した甲子園球場で、ヒットを打った高校生のような顔で、右腕の腕章を誇らしげにみせ」る「プロレタリアの子」「革命のエリート」の答えは、あくまでも紋切りの返しで、いっこうに挑発に乗ってこないことを悟る。「誇り」の馬鹿力を知ったといってよい。

ただ共産党の予備軍(下部機構)であった「中国共産主義青年団」が完全に「紅衛兵」の出現で骨抜きにされていることを確信する。彼をとりまいていた五十人近い紅衛兵たちと別れ、壁新聞だらけのレストランで食事を終え、外へ出た時、大森実は、玄関先で、少年たちと出逢う。

「首に赤いネッカチーフのような汚れたよれよれのタイを巻いた少年先鋒隊(ピオニール)の少年が、紅衛兵の腕章をつけ、私の手に握手を求めてきた」

「可愛い、まったく愛すべき、無邪気そのものの紅衛兵たちであった。汚れたピオニールのネッカチーフの上に、毛沢東バッジがぴかっと光って、彼のエリート意識を象徴していた」

子供は、可愛いにちがいないが、邪気もあれば、見栄もある。鼻もちならぬ「エリート意識」もある。大森の目は、この見かけの「可愛い」「無邪気」と内部にうごめく見栄の構造が、「宣伝体」として有効な働きをすることを見抜いている。

「十二才から十五才までの少年少女で組織した少年先鋒隊はこれまでは中国共産党組織の最底辺だといわれてきたのに、このピオニールたちの中からも、プロレタリア出身の少年だけを選抜して、紅衛兵の戦列に加えているとは、実におそるべきプロレタリア階級革命ではあるまいか」

ピオニールとは、ソ連の共産主義少年団である。中国共産党は、これを真似、学校と手を組んで、「少年先鋒隊(少先隊)」を作り、「中国共産主義青年団(共青)」の下部組織としてきた。七才から十五才迄(大森は十三才から十五才と書いている)が、「少先隊」の資格だった。つまり小学生と初級中学生までである。

中国のピオニール「少先隊」のシンボルは「赤いネッカチーフ」だった。大森実は、握手を求めてきた少年のいでたちに対し、敏感な視線を当てている。胸の「赤いネッカチーフ」にくわえて、その腕に「紅衛兵」の腕章が巻かれているのを目ざとく発見している。

「紅衛兵」は、初級・高級の中学生(日本の中学・高校)にはじまったが、今や大学生に及んでいる。少先隊は、小学生と初級中学生(日本の中学生)をふくんでいた。だから、当然、このうちの初級中学生は、新しいエリートの「紅衛兵」にもなれる。高級中学生と大学生が、かつてのエリート「共青」(十五才から二十五才まで)であると同時に「紅衛兵」になれたようにである。大森実は、「赤いネッカチーフ」の汚れに注目して、「少先隊」への誇りの後退を見ている。ただ少先隊の小学生が「紅小兵」と呼ばれるようになっていたことにまだ気づいていない。

なおもいうなら、初級中学生だけが、この時点で「少先隊」と「紅衛兵」の二つの「エリート」を兼ねることができた。シンボルでいえば、「赤いネッカチーフ」と「赤い腕章」である。大森実に、握手を求めてきた「無邪気そのもの」の少年たちは、この初級中学生だったと思われる。

彼等が二つのエリート・シンボルを胸と腕につけて、無邪気に欲ばって喜んでいるともいえるが、まだソ連にならった「少年先鋒隊」が解体されていない過渡期にあったことを示している。しかし、「少年先鋒隊」の威光のかげりを、「汚れたよれよれ」なところに大森実はその鋭い嗅覚を働かせており、「私はあらためて、毛沢東の巧妙な革命戦術に舌を巻かされた」と書いている。

出発前から大森実は、このルポルタージュのベースを「毛沢東は、この革命で、なぜ共産主義青年団と、少年先鋒隊を動員しないのか」という「基礎的な疑問」に置いていた。だからこそ、上海から広州へやってきた紅衛兵への、あのような質問にもなったのである。大森実は、この旅の終りに、「年の幼い少年先鋒隊はさておくとして」と留保をつけながら、こう言い切っている。

「共産主義青年団の既存細胞にも、彭真勢力の影響が根を下ろしており、毛＝林勢力は、この二つの既存細胞の中から、わざわざ、プロレタリア新勢力をゴボー抜きにして、対抗勢力をつくる必要に迫られていたのである」

これが、「毛沢東は、この革命で、なぜ共産主義青年団と、少年先鋒隊を動員しないのか」という自問への、大森の自答であった。

「劉少奇派の手中に収められていた既存党組織への巻き返しを狙った林彪は（思惑はそれぞれといえ、毛沢東とともにというべきか）、この党組織を打ち破るため、もう一つの〈代用血管網〉をつくらねばならなかった。すでに確立された共産主義青年団やピオニールの動員を避け、別のチャンネルとして若いプロレタリア紅衛兵」のエネルギーを動員したのである。

ゴボー抜きというより、割り込み、骨抜きである。毛沢東は、「共青」や「少先」とまったく別個の青少年組織を作って対抗したのではない。「共青」や「少先」に入っていない不平の青少年のみを集めたのではない。

紅衛兵―紅小兵の資格を「無産階級」の出身に置いた。つまり、かなりの数で、「共青」「少先」とダブルということである。あらたに紅衛兵や紅小兵になれ、はじめてエリートの勲章を手にしたものも生れるが、同時に共青であり紅衛兵、少先でかつ紅小兵であるものが、そのために相当の数で出てくる。しかも、このダブリ現象は、年齢基準をかえたことによっておこる。これが、割り込み、浸蝕のための巧妙な手段になっている。

この骨抜きの謀みをうしろへ前へ強力に支えるものが、毛沢東の「神格化」である。そのために紅衛兵の腕章、毛沢東のバッジが有効な働きをしてくる。少年の胸に毛沢東バッジが「ぴかっと」光るのを大森の目は、見逃していない。

憧れの赤いネッカチーフ

大森実は、エネルギーということで、あらたな「少年先鋒隊」の登場、すなわち「紅小兵」（この名はまだ紅衛兵ほど、当時は自立していなかった）に留保をつけている。

幼すぎるからでもあるが、この「紅小兵」は、生きた宣伝人形として、文革期にあって、やはり重要な役割を果したと考えないわけにはいかない。そのためにも、「紅小兵」に割りこまれた「少年先鋒隊」について検討しておかなくてはならない。

赤いネッカチーフは、
紅旗の一部だ
烈士の真赤な血で染められた

作詞は、文革初期にいちはやく自己批判し、「保身」とも「やらせ」だともいわれた詩人で学者の郭沫若である。『ビートルズを知らなかった紅衛兵』の著者である唐亜明は、文革がはじまった時、十三才である。紅衛兵となる前に、彼は「少年先鋒隊」である。

一九六〇年九月、共産党幹部の子女の多いことで知られる北京第十一学校に入っている。少年先鋒隊へ、小学二年ぐらいから優秀な生徒は入隊を許されるらしいが、彼の場合は、三年生の後学期であった。しかし一年生の時から、清明節には、革命家の墓のある八宝山へ連れていかれる。

「共産主義のために、一生たたかいます」と墓の前で赤いネッカチーフの少年先鋒隊の主導のもとに宣誓する。

こんな光景を見させられていては、憧れないわけにいかない。個性などという厄介なものがまだ固まっていない子供は、ユニホームに弱いのである。唐亜明が、ようやく憧れの少年先鋒隊の一員となった時の任命式も、この八宝山であった。「鼓笛の音が鳴り響き、わきたつ拍手の中」、その称号を受け、先輩の隊員が、「赤いネッカチーフ」を首に巻き結んでくれる。

感激と憧れのお膳立ては、完璧にできあがっている。郭沫若の「少年先鋒隊の歌」の中には、「偉大な指導者毛沢東に学び」のくだりがある。紅衛兵が「毛沢東」を神格化する素地は、または神格化の罠に疑いもなくはまるバックグラウンドは、すでに用意されていたのである。

社会主義の政治宣伝は、軍隊の宣伝が下敷きになっているように思われる。軍隊の世界は、ヒエラルキー構造である。階級性なしに、いかなる兵法もありえない。人民解放軍は、一時、階級章を軍服からとった時代もあったが、こんなことで、平等になどなるはずがない。一時的な宣伝的「まやかし」である。

そもそも、こんなことでは、いざ戦争がおこった時、一兵たりともスムーズに駒として動けない。一応、視覚的には消えたが、軍内部から階級が消え、命令系統が失われたわけでないから、中途半端な混乱をおこすだけである。席次を排除した現代日本の学校にみられる成績簿と似ている。

唐亜明の小学校は、幹部の子弟が多かったから、子供同士の会話も、父の階級を競うものとなった。

「お父さんの官職はなに?」

「僕の父さんは少将だよ、君は?」

「わたしのパパはあなたのパパより星が一つ多いの、中将よ」

唐亜明は、ジャーナリストの子弟だった。小学校一年生の時、ホラを吹いている。父は「元帥」だと。子供の無邪気などと笑っていられないだろう。子供が、このようなことを自慢したり、傷ついたりするのは、大人たちの邪気の日常が伝染しているからであるとともに、子供の中にも、高きをよしとする邪気がひそんでいるからだ。

「父が学校に私を迎えにきたときなど、学校の友達に、元帥でないことがばれはしないかと、冷や冷やもので、父に対してもよそよそしくした」

　だが、この差別上下のやりとりは、「少年先鋒隊」に入ることができたもの同士の角逐である。上には上、下には下がある。入隊したところで無限の地獄が待っている。しかし、「少年先鋒隊」が、憧れ（上を仰ぐ構造である）の対象であり、上部もそのように煽っていたとしたならば、その選からはずれたものの悲哀もあったことに思いをいたさねばなるまい。

『中国の冬』の著者梁恒も、父は、地方のジャーナリストだったが、小学生時代、この「少年先鋒隊」に入隊がかなわず、悲哀をなめている。

　この赤いネッカチーフの「少年先鋒隊」へ入るには、どのような条件を必要とするのか。勉強、礼儀、友人関係、そして親の階級が、勘案されたらしいが、生徒総数からいえば、どのくらいの比率で「赤いネッカチーフ」（紅領巾《ホンリンジン》）の栄誉をうることができたのか、今のところ、調べがついていない。

　全員、そうだという地域もあるようだが、実際は、そうでないだろう。全員なら、だれも憧れない。全員が「少年先鋒隊」に属するが、赤いネッカチーフを首にまくことができるのは、ほんの一部ということか。（少年といっても、女の子も中国では少年である。唐亜明の学年では、女の子が隊長であった）

　だが、梁恒の場合、「少年先鋒隊」に入れなかったのは、自分だけだといっている。全員なら、「憧れ」も、下に見下すものが消えて無意味となってしまうが、一人なれないものがいるだけでも、「憧れ」は成立するといえるだろう。そのたった「一人」の本人は、悲哀の仲間をもたないことになる。少年は、大人以上につらい世界を生きているものなのである。

　なぜ、梁恒が、「少年先鋒隊」からはずされたのか。それは、母が、「右派分子」として指弾されていたからだ。父は、子供のためを思って、妻を離婚する。

「離婚したからといって、私たちは右派分子の家族を持ったということから逃げられなかった」

「党の眼から見れば、姉たちと私は右派分子の子供であり、父は右派分子の妻を持っていた」

という過去の事実は、消えようもないからである。消しても「見せ消《け》ち」というやつで、消した跡が、かえって鮮明となる。離婚していても、母であることは、かわらない。母にはられたレッテルは、消えない。梁恒は、入隊希望を却下される。

彼は、父がつとめる湖南日報社の敷地内にある付属小学校にかよっていたのだが、同級生にからかわれる。しかし、「軽侮を帳消し」するために他でがんばったり、「嘲笑は無視」などという処世を身につけている。

「私の描いた絵が初めて賞を取ったとき、父がどんなに喜んだかを覚えている。私の朝日の絵は全校の一等賞だった」

とはいえ、やはり不満が残る。『先鋒隊の赤い三角形のスカーフを着ける権利を得た生徒は、……着けられない子供よりはるかに大きな称賛を浴びるのだ』ということが、なんとも気にいらないのである。

子供は、プライドによって、社会の矛盾にも気づいていく。大人が考える以上に政治的だともいえる。哀しきかな、「政治の場でうまくやること」が重要だと気づくのである。

父は、再婚し、梁恒は転校する。彼は父をのちに楽観的すぎるとすこし批判しているが、自分を生んだ母は、かわらないのである。梁恒は、現実的な少年だったのか、運命をのろいもせず、社会的矛盾に激怒もせず、「政治の場でうまくやること」を小学校五年になって転校した先ではたすのである。

梁恒は、まだ転校先の生徒たちが、右派分子のレッテルをはられた母のことを知らないうちに、不正のアイデアを思いつくのである。しかも「金で解決するという方法」である。

子供ながら、社会主義国家の大人たちの裏世界をよく見ていたといわなくてはならない。これまた「赤いネッカチーフ」の威力の側面ではあるだろう。毛沢東のもっとも嫌い、またどうしようもなかったことを実行に移したのである。しかし、これも「毛沢東」への憧れのためだともいえるのである。

「私はクラス委員たちに、父がまもなくたくさんお金をくれるから、それでサッカーボールを寄付したいと申し出た」

「これは威力を発揮し、彼らは私を少年先鋒隊員とすることに同意し、二週間も経たないうちに、私は正式に入隊した」

「何カ月かが過ぎても、サッカーボールは届かなかったが、彼らはなんともしようがなかった。私は三角形の真紅のネッカチーフを、これみよがしにどこへでもつけていった」

入隊の決定は、選ばれた子供たちの手でおこなわれることがわかる。ただ、右派分子の母がたたったということは、最終的に認定するのが、その背後で監督する「大人たち」だったからだろう。

彼も彼も彼も少先隊だった

映画監督の陳凱歌は、小学校の時にきちんと、「少年先鋒隊」に入っている。彼は、一九六五年九月に、北京の西城にある名門の四中に入っている。ここも、党、政府、軍の高級幹部の子弟が多い。

中学へ入ると、陳凱歌は、同じ級でFという変った少年に出会う。彼は、中学に入るまで、「少年先鋒隊」に入っていなかった唯一の生徒だった。入学式に遅刻してきたのも、彼一人だけだった。

自転車は、高級品だが、サビだらけ。スポーツは好きだが、顔を洗わない。カバンも汚い。気位は高いが、いつもニコニコし、気前がよい。陳凱歌は、この少年に興味をもって、仲良くなった。少年の彼にとって、気になるが理解をこえた存在だったからだろう。

彼の父は、当時の党中央政治局委員で北京市長の彭真だった。

まだ彭真は、失脚していない。劉少奇の懐刀ともいうべき大物である。陳凱歌の自伝『私の紅衛兵時代』は、Fの父の名をあかしながら、彼については、仮名で通している。

どうして、彼は、中国の少年少女たちの憧れの的である「少年先鋒隊」に入らなかったのか。勉強ができなかったからだとしている。学力は、入隊資格として、重要な要素だったのはたしかだが、それでも彭真の息子を入れないだけの勇気が検査する側にあったと思えない。

あえて推理するなら、このFは、みんなが目の色をかえる「少年先鋒隊」を馬鹿にしていた。変屈だったのである。もっといえば、父の権威に抵抗して、勉強をわざとしなかったともいえるだろう。数こそすくないが、このような屈折した少年は、どこにでもかならずいる。さらにつっこんでいえば、父である彭真が、あえて公平を期しわが息子への情実をかたくなに拒否していたともいえる。これも権力者の中に稀ながらある。

だが、勉強のできないFがなぜ難関の四中になど入れたのか。陳凱歌は、Fにまつわる一つの「伝説」があったとする。それは、さすがのFも中学生になるにあたり、父に泣きつき、父が校長に手紙をかいて圧力をかけたので、やっと合格したというのだ。情実入学である。

ところが、この伝説には、もうひとひねりがある。その手紙には、入学式に彭真自ら出席するとあったからである。市長のおでましとあって、学校当局は、大慌てするが、当日、悠然と遅刻してやってきたのは、Fひとりだった。

「どうやら手紙はF本人の作で、書いているうちに主語が〈自分〉に戻ってしまったに違いない」

としている。こうなれば、Fの屈折の度合いが、もう一つ深くなってくる。父へのさらなる抵抗ともいえるし、権威者たる父をかばったともいえるのである。

日本人の母をもつ『ポプラの街から』の著者劉芊自身は、小学校一年生の時に、「少年先鋒隊」になっている。まだこのころ、母が日本人であることが、入隊への障害になっていなかったらしい。ある日、担任の先生に呼ばれた。

「来月は国際児童節〔六月一日〕です。うちのクラスでは五名の人が少先隊に入れますが、あなたは入りたいですか」

彼女の手記からでは、場所がはっきりしないのだが、「クラスでは五名」は、すくない。地域によって、隊員となる難易度はかなりちがっていたと思うしかない。

「はい、入りたいです」

と元気よく答えている。

「私は有頂天になっていた。それは高学年の人たちが赤いスカーフを首にしているのを見て、前からうらやましく思っていたからだ。赤いスカーフは少年少女の私たちには〈選ばれた生徒〉の象徴のように感じられていたのだ」

当時の小学生の平均的な感動だといえる。「F」のように屈折していないのである。「F」は例外的存在である。

劉芊の姉は「少先隊」の隊長であった。新隊員は、隊長の姉につづいて宣誓し、真紅の国旗を仰ぎながら、「少年先鋒隊の歌」を唄うのである。一九六六年のことであるらしい。

まもなく、紅衛兵運動が、中国全土を席巻し、赤いネッカチーフの「少先隊」のエリートたちはもちろん、入隊することのできなかった少年少女たちの運命をも、ひとしく変えていく。

★赤いネッカチーフの行方

——紅衛兵の予備軍「紅小兵」(下)

「紅小兵」の生みの親

「紅小兵」という言葉の生みの親は、実は「私たち」だと、『ビートルズを知らなかった紅衛兵』の唐亜明が語っている。

一九六六年八月三十一日、毛沢東は、紅衛兵を接見した。二回目の接見である。唐亜明の兄二人も、ハルビンの軍事工程学院の紅衛兵で、たまたま北京の自宅へ帰ってきていた。父のコネもあってか、そのうちの一人である唐智明が、全国の大学紅衛兵の代表として、天安門の楼上で宣誓することになった。

「私たちの腕章は赤い」
「私たちの血は赤い」
「私たちの心も赤い」
「私たちは永遠に毛主席に忠誠を尽くします」
「私たちは毛主席の紅小兵です」

❖……毛沢東の肖像の前で、赤いネッカチーフの子供たちが並ぶ(1967年配信◎新華社＝中国通信)

紅衛兵が、自らを「紅小兵」というのは、妙なものだが、一つの綾として使ったのである。兄の演説が終わると、毛沢東が近寄ってきて握手を求める。兄は敬礼する。その日「兄は家へ帰っても感激が収まらない様子」だったと弟の亜明は記している。

当時の青少年たちは子供の時から、その頭の中へ「毛沢東崇拝」の心がしみこむようにたえまない洗脳を受けている。途中権力を把握した劉少奇のグループも、その方針をかえていなかった。統治の便法として毛沢東を崇拝させておいたほうがよいからである。

その「毛沢東と握手」したともなれば、神との握手であり、感激したとしても不思議でないだろう。多くの青少年は、幼児の時から、写真でしか毛沢東の姿を見たことがない。というより写真で見すぎている。その神との「接見」とくれば、いっさいのやらせなしで、少年少女の紅衛兵たちは、その会場にいるというだけで、万雷の歓声をあげないわけにいかぬ。

見えなくても、毛沢東があらわれたという囁きだけで見たかのように歓呼の声をあげる。「大広場」という宣伝装置の威力だ。

天安門広場へ全国から集まってきた紅衛兵たちは、エリート中のエリートである。彼等の背後には、これなかった無数の紅衛兵がいる。それ以上に毛沢東に憧れながら紅衛兵になれない若者がいる。それからすれば、百万の数は、たいしたことはない。百万人の歓呼は一億の歓呼である。

羨望と溜息と感激と嫉妬をまじえつつ、同時に複製的に「毛沢東接見」を体験したといってよい。この疑似体験という複製効果は、彼等のエネルギーをひきだすかたちで現れ、毛沢東の予想をこえた暴力的な行動力を発揮していくのである。いや、この疑似体験的興奮は、それでおさまらずに、われもわれもと、北京の天安門広場にむかって流民化していく。

この毛沢東「接見」は、ナチスドイツが編みだした「ヒットラーを見たか」の宣伝効果とやや近似している。

しばしばヒットラーは、オープンカーで、全国の都市の中を疾走してみせた。「見たか」「見た」の効果は、この「疾走」がポイントであった。顔を群衆に見せるために、ゆっくりでは、だめである。見えたか見えなかったかわからぬ、このあやうさが、ヒットラー神話をつくりだすのに大いに貢献した。

天安門広場を埋める百万の群衆に対し、天安門楼上の毛沢東は、大男といえ、たった一人。見えたといえば見え、見えないといえば見えない。人間の視力では、無理である。この無理が「接見効果」なのである。クローズアップは、テレビにまかせればよい。これなら、あくまでも今迄通りの複製写真による毛沢東の効力と大差がない。「接見」の魔術にかなわない。ただ、そういうテレビの中で動く毛沢東効果よりも、テレビに映る豆粒のような百万の紅衛兵に、若者はしびれる。つまり同化する。

この毛沢東の「接見」によって「紅衛兵」たちは「お墨付き」を貰った。小学生たちも黙っていなかった。中学、高校生にならって負けじと紅衛兵の組織を作っている。腕章をつけ、ベルトもつけ、中学生や大学生にならって教師をしめあげている。

このころは、まだ創成期であり混乱期であった。赤い腕章は、爆発的人気を呼んだが、デザインはばらばらであった。北京市人民委員会の人事局が「紅衛兵条例」を発布したのは、五月に「紅衛兵」が出現してから、ずいぶん月日のたった九月二日である。赤い腕章には、かならず黄色をもって紅衛兵と三文字のみ書くようにと指示したのは、この時がはじめてであった。

小学生の唐亜明は、憧れの赤いネッカチーフを首に巻いた少年先鋒隊員であった。しかし毛沢東も腕に巻いたという「紅衛兵」と毛沢東の書体で書かれた赤い腕章の魔力の前に、「赤いネッカチーフ」はたちまちとってかわられてしまう。

文化大革命以前、毎年、夏休みになると、党は「少年の家」を作り、少年先鋒隊員が音頭をとり、子供たちにいろいろな活動をさせた。兄弟がみな紅衛兵の唐亜明は、口惜しいのか、仲間と「少年の家」という名前を消し、かわりに「紅小兵」と改めてしまった。このころ「四旧打破」のスローガンのもとに、古い名前をなんでも新しく変えた。それにならったのである。

「女の子たちは、黒板に赤チョークでこの三文字を書き、官舎の門の一番目立つところに立てかけた。私は紅小兵の隊長に、選ばれてしまった」

まさに、子供の天国である。文革の初期、子供たちは、自分たちの思うままに恣意の羽根をのばすことができた。

「兄智明がハルビンから帰ってきた時、たまたま〈紅小兵〉という名前を見たのである。なかなかいい言葉だと思い、兄は発言の原稿（紅衛兵代表としての宣誓の原稿）に書き入れた。天安門で話したこの言葉が、思いもかけず全国に広がり、少年組織の正式名称にまでなったのである。その後、中国のすべての小学校で十一年間も使われた」

流行語は、ほんのはずみから、ドンドン予想もつかぬところへと発展していく。すみません、という感じで、唐亜明は、「紅小兵」の由来を告白している。

ネッカチーフから腕章へ

最初のころ、小学生たちも、紅衛兵を名乗っていたことはわかったが、「紅小兵」と自ら呼び、外からもそう呼ばれるようになったのは、いつごろからであろうか。一九六六年、文革がおこった時に新聞記者として現地にいて、現場を見て書いた柴田穂・伊藤喜久雄の『ドキュメント文革の三年』で、小学生の動きを点検してみたい。まず八月二十六日のできごととして、次の記事がある。

「電報局でタイプをたたいていると、歓声を挙げる小学生たちに前後を囲まれた老婆がヨロヨロとはいってきた」

「〈富農王某〉と書いたボール紙を前後にぶらさげ、子どもたちが牛でも追うように、木枝のムチで老婆をたたく」

「着物はほこりにまみれ、素足だった。老婆の頭髪にはノリともタンともわからないものが一面にべっとりとへばりついていた」

ここでいう「子供たち」は、小学生であるように思われる。目立つはずの「赤いネッカチーフ」のことは書いていないから、少年先鋒隊ではない。赤い腕章もしていないようだ。

この時期は、「四旧打破」のため、紅衛兵が街に進出し、地主・富農の「黒い分子」の摘発をさかんにやっていた。休校となって暇になった小学生たちが、颯爽と大人をやっつけている中学の紅衛兵が羨ましく、自分たちもなにか「毛沢東」のためにやらなくてはと、資本家出身の老婆を見つけては、やっつけていたのか。仲間がたくさんいれば、老婆一人なら手に負える。

二十七日の記録にも、老人の摘発がある。旧地主や旧資本階級は、いまや老人になっている。ここでいためつける役割をしているのは、女子紅衛兵と子供である。

「三輪車にうしろ向きに並んで腰をかけたふたりの女子紅衛兵が老人の両手を前でしばったヒモの端を持ち、老人を引っぱって行った」

「老人は三輪車のスピードに苦しそうにヨタヨタと走る。例によって胸に悪罵の文句と名を書いた木札をぶら下げ、顔は赤インクや墨で塗りたくられている」

「近所の子どもたちがうしろから歓声を挙げて追っかけているが、おとなたちは顔をふせた。この男もならずものだそうだ。しかし見たところ気の弱そうな老人だった」

この「子どもたち」は、ひょっとすると小学校にもまだあがっていないのかもしれない。主役は、「女子紅衛兵」である。

文革以前に、都市には、たくさんのやくざや不良分子がいた。紅衛兵となった少年少女は、かつて自分たちをふるえあがらせた彼等をも摘発した。「黒五類」のうちの悪徳分子に入るのであろうか。数の威力もあるが、神なる毛沢東が後ろ盾になっている腕章の威力でもあった。

九月二日の記事として、紅衛兵になれる生徒の比率が報告されている。北京女子二中は、千四十五人中百五十二人。実に一四・五パーセントの少なさである。条件として「紅五類」の出身であることが、きびしく審査されるようになっていたのか。北京二中は一八パーセントである。

「少年少女のあこがれは少年先鋒隊の赤いネッカチーフから、いまや赤い腕章に移った。しかも赤いネッカチーフ（毛派は実際は黒いネッカチーフだという）はだれでもつけられたのに、赤い腕章をつけられるのは二割にも満たない。全員がつけると修正主義化するという」

「赤い腕章にそそぐ子供たちの羨望のまなざしが忘れられない。それは革命のエリートを意味する。エリート養成が第一か、子供心が大切か」

と柴田穂はコメントしている。

少年先鋒隊は、全員入隊できたと思えないが（地域差もある）、紅五類はよし黒五類はだめという階級による資格審査などなかった。九月二十二日の記録に、はじめて「紅小兵」があらわれる。

「中山陵で〈毛思想宣伝班〉と書いた赤札を胸につけた可愛い小学生の女の子の一団に会った。私が中山陵の紫の屋根と白い石だたみを背景に写真を写してやると、礼のためか、彼女たちはひとりずつ私の前に進み出て毛語録を読んでくれ、私は目を白黒させた」

「小学校では三年生以上で〈紅小兵〉と呼ぶ紅衛兵の下部組織ができていた」

「上海では、バス、電車の各車輌にこの紅小兵の宣伝班が乗り込み、まず毛語録を読み上げたあと〈同志たち、なになの歌を歌いましょう。一《イー》、二《アル》、三《サン》〉と呼びかけて音頭をとる」

可愛いと他愛なく思うのは、フフリの外国人だけである。旅人の真実の目は、いつだって節穴である。滞在の長い特派員の柴田穂の目は、節穴でない。中国の大人のお客たちは、窓の外に顔をそむけて歌いもせず、歌ってもつまらなそうにお義理に口を動かしているだけ。うるさいだけでなく、憎らしくさえあっただろう。その無視も構わず紅小兵たちは、元気にお役目とばかりに、歌を唱《うた》いつづける。この「不調和」を柴田穂は、鋭く指摘している。

庶民たちの心の中には、半分は、おそろしく暴力的な紅衛兵に対する反感、残り半分は、さきのエリートである少年先鋒隊がいい子ぶって邪魔でしかなかったことへの反感の後遺症をひきずっていたであろう。

ともあれ、柴田穂は、正式でないにしても「紅小兵」の名が、一九六六年の九月には発生していることを摑んでいる。大学生紅衛兵である唐亜明の兄は、紅衛兵の別の言いかえとして「紅小兵」という言葉を用いたが、自分たちだって紅衛兵だと叫んでも認知されない小学生たちは、これこそ自らにふさわしきものとして奪還しつつあったわけだ。

北京では、「少年先鋒隊」も「赤いネッカチーフ」も「ださい」ものになりつつあった。毛沢東は「赤い腕章」を女子紅衛兵によって腕に巻かれることを許したが、実は、「赤いネッカチーフ」も首にしめて貰っている。これは「少年先鋒隊」の組織をまだ認めていたことを示しているが、流行感覚に敏な少年たちは、いくら毛沢東を崇拝しているといっても、これに乗じなかった。

しかし、かつてのような輝きを失い、地に堕ちつつあったといえ、「赤いネッカチーフ」をはずすというところまではいかなかったようだ。

『週刊読売』の一九六七年二月九日号は、「壁新聞」のグラフ特集をしているが、その中に「紅小兵」の写真が一枚入っている。

「首に赤いネッカチーフをまき、壁新聞をメモするこども。大学生高校生が〈紅衛兵〉なら、小・中学生は〈紅小兵〉と呼ばれている」

というネームがある。

人民帽をかぶっているが、この少年、風邪をひいているらしく、白いマスクをしている。一九六六年の暮れか六七年はじめの撮影と思われる。「赤い腕章」が紅衛兵に認知されてしまった以上、もはや無法に小学生たちとて腕に巻けなくなったわけである。流行遅れだが、なにもないよりましかという風に、「赤いネッカチーフ」を首に巻いている。

中学生紅衛兵たちは、腕に「赤い腕章」、首に「赤いネッカチーフ」と欲ばる権利をもっていたはずだ。しかし、すでにこのころは、一人前のしるしのように首の「赤いネッカチーフ」をはずしている。

一九六七年三月、党は、閉鎖されていた中・小学校の授業再開を呼びかけた。この時、「中・小学校の革命的小勇将の諸君」の語を以てしている。紅衛兵になれない小学生たちにも「革命的小勇将」とおだてあげている。はっきりと「紅小兵」が正式に認知されたのは、一九六七年の暮れである。唐亜明は、こう書いている。

「一九六七年十二月二十二日、党中央と中央文革小組が、北京市香廠路小学校の〈紅小兵〉組織の成立に同意した。それ以降、紅衛兵以外に、全国の小学校に〈紅小兵〉の組織が次々とでき、少年先鋒隊にとって代わって正式な組織にまでなった」

授業は再開されたが、きわめて簡単なものだった。小学一―四年は『毛沢東語録』、識字、革命歌曲のみ。それに若干の算数と科学常識。五年六年は、これらにくわえ「老三篇」「三大規律八項注意」「文化大革命十六条」の学習が入ってくる。

可愛い暴力宣伝体

私は、「赤いネッカチーフ」の行方が気にかかる。

「少先隊員はこの年に〈紅小兵〉と名前を変えられた。……依然として赤いスカーフを首に巻いていたけれど、より紅衛兵に近い存在だと思うと三年生の私たちは胸がわくわくして、先を争って紅小兵になりたい気持ちでいっぱいだった」

父が「反革命分子」だという理由で「紅小兵」になりそこなった『ポプラの街から』の筆者劉芊の思い出である。「依然として赤いスカーフを首に巻いていたけれど」と言っているが、「紅小兵」のしるしとして、必ずつけるよう強制されていたのか。

共産主義青年団の予備軍として、また生きた可愛い宣伝体としての「少年先鋒隊」は、崩壊した。赤いネッカチーフは、黒いネッカチーフとして紅衛兵に否定されもした。紅衛兵になれなかったが、その意識はいっぱいの小学生たちは、未組織のままに小さな生きた暴力宣伝体としての役割を果たした。

しかし「紅小兵」の誕生は、手を焼いた紅衛兵の骨抜きにかかったころと、軌を一にしている。壊滅した「少年先鋒隊」の如き組織を、名をかえて再組織する必要のあった時期でもあった。

小学生たちの強い要望にこたえて、しぶしぶ認知されたというより、この野放し化していた暴力的宣伝体をわざわざ組織し、骨抜きにかかったというべきだろうか。ただ、「赤いネッカチーフ」は、どうも宙ぶらりんのまま、奨励もせず、廃止もせず、かわりのものをあてがおうともせず、文革終焉後もふくめ、計一年間も中途半端に生きつづけていったように思われる。

はじめて『人民画報』に「紅小兵」が登場したのは、一九六七年七月号である。しすれば、その存在があらたな組織として認知された時よりかなり早いことになる。

三人のおさげの美少女がモデルに選ばれ、『毛沢東語録』を熱心に読んでいる。そんな風情。人民帽をきちんとかぶり、そのひさしから前髪をのぞかせている。洋服は、軍服。お揃いである。胸には、小さな毛沢東バッジがひかえ目につけられている。さて、赤いネッカチーフは、どうか。きちんと首に巻いている。「少年先鋒隊」にはなかった「赤い腕章」は、どうか。ある。彼女たちの小さな腕にきちんと巻かれている。

上に「毛沢東」と小さく、その下に大きく「紅小兵」と書かれている。まだ公式に認知されていない時期に、恣意的にこのようないでたちの、「紅小兵」と名乗る少女たちの一団が、現実にいたのだろうか。

おそらく、やらせである。紅衛兵たちのいでたちとて自然発生的なところから準制服化したにすぎない。この少女たちのスタイルは、完全に制服化されている。紅衛兵の小型版として、上からあたえられたものだと見てよいだろう。

とすれば、テスト版を作ったことになる。「紅小兵」の認知は、この年の十二月であるから、早くから準備にかかっていたことになる。

この号の『人民画報』は、「紅小兵」の特集をしているわけでない。この少女たちの写真は一点きりで、一頁の三分の二のスペースしか割いていない。そっとまぎれこませて、外部の反響をうかがうため、様子見したのではないだろうか。

おそらく小学生たちの間では、非常に好評だったはずだ。赤い腕章に赤いネッカチーフ。制服もなく、赤いネッカチーフだけであった少年先鋒隊にくらべれば（それでも憧れた）雲泥のかっこよさである。

階級審査のため紅衛兵になれた学生は、二〇パーセント以下だったのだから、そのまま紅小兵にもこの数字は、当てはまる。この制服なら、まさにそのエリートにふさわしい。

だが、いざ「紅小兵」の組織ができあがった時、このようにはならなかった。党や政府の内部から反対がおこったに違いない。第一の理由として、おそらく金がかかるということがあっただろう。「赤いネッカチーフ」のようにいかない。紅衛兵の腕章だけにしても、生地が払底して困っていたのである。また、いまや紅衛兵の骨抜きにかかっているからには、いまさらその小型版をつくる必要はない。

ふたたび『人民画報』が「紅小兵」をとりあげたのは、一年後の一九六八年六月号である。すでに「紅小兵」は、成立している。こんどは、きちんと二頁をさいている。北京市景山区「六一小学校」がモデルになっている。子供たちがみなニコニコ笑っている写真を見ながら「赤いネッカチーフ」がまったく消えていることにまず気づく。そのかわり「紅小兵」と書いた菱形の袖章をつけた少年が、一人だけいる。一人だけというのは、他の子供たちはつけていないということである。隊長だけが、かろうじて、この袖章をつけることができたのだろうか。『人民中国』は、一九六八年七月号で、「紅小兵」の特集をしている。最初に認知された北京の香廠路小学校の戦士七人が出席した座談会形式である。それに付された写真を見ても、一人として、赤いネッカチーフも、赤い腕章をしているものも見当たらない。生産隊で労働をしている写真の中に「紅小兵」と書かれた国旗が、畑の中につきささって風にはためいているだけである。

党や政府が、なまじエリート意識を駆り立ててはいけないと、ネッカチーフも腕章もとりあげてしまったとしか思えない。

写真家三留理男の『document中国』(主婦と生活社刊)は、一九七一、七二年の撮影である。一回は日中文化交流協会の代表団に加わって訪中した時の撮影である。

この中に「紅小兵」と思われる写真を何葉も見ることができる。たとえば、上海の「少年宮」でバイオリンを練習する少女。彼女の首には、赤いネッカチーフが巻かれ、胸には「紅小兵」と書かれた横長のバッジがついている。ネッカチーフが、再び登場しているのだ。三留によると、上海では八〇パーセントが紅小兵になっているとある。「少年先鋒隊」なみになっている。

これは、中国の受け入れ当局が、日本人のためにしたやらせなのだろうか。それとも、『人民中国』や『人民画報』の場合とて、わざとネッカチーフを宣伝的にとりはずさせたのだろうか。

★毛はいつも一人
——毛沢東バッジ

ナチスのバッジと毛のバッジ

文革にからむ書物を漁っていると、けっこうヒットラーの『わが闘争』を読む話や、ゲッベルスの話がでてくる。

旧ソ連のプロパガンダと中国の伝統にある帝王たちの宣伝とがミックスしたものが、「毛沢東」の宣伝だと思っていたが、意外とナチスの政治宣伝をも研究し、摂取していたのではないか。文革期の「毛沢東バッジ」は、その例のように思える。

つまりナチスのブリキのバッジである。「毛沢東バッジ」はアルミニウム製であるが、安物、ゲテモノの魅力ということでは、同じである。両者の違いは、ナチスが多種多様のバッジを作ったのに対し、文革は毛沢東の肖像にのみ絞っていることである。

ナチスのブリキのバッジによる宣伝は、ヒットラー神話だけでなく、同時にナチス神話の形成をも図ろうとしている。つねに「大衆」の心を「ナチス」のことで満杯にしようとしたのである。

それに対し、アルミニウムの毛沢東バッジは、彼のそれまでの

❖……〔光り輝く毛主席のバッジを胸につけている上海第一鉄鋼工場の労働者（1967年配信©新華社＝中国通信）〕

カリスマ性を生かし、「毛沢東神話」にまでたかめようとした。「中国共産党」ではなかった。同じ独裁でも、ずいぶんと違っている。

ベティ・パオ・ロードの『中国の悲しい遺産』（金美齢訳・一九九二年・草思社刊）は、アメリカ育ちの著者が大使夫人として里帰りした時、文革を知ろうとして親族をはじめとする多くの人の証言をきいて、まとめあげたものである。その中につぎのくだりがある。友人が餞別としてくれたものだ。

「それは古いカーキ色の上着と帽子で、その人が六十年代後半の少女時代に着ていたものだった。襟と袖口は擦り切れていた。生地は度重なる洗濯で薄くなっていた。上着の袖と前身頃は百個以上の毛沢東バッジでぎっしり埋まっていた」

人間は、だれでも愛するものを持っていたい、身につけていたいというフェティシズムを持っている。それがコレクション癖をも呼びおこす。バッジは安あがりの宣伝法である。文革の場合はわからないが、ナチスの場合、資金源としても利用した。

「いろいろな大きさや形があったが、どれ一つとして同じものはなかった。毛主席の左あるいは右の横顔、正面から見た顔、全身、笑顔、あるいは柔和な顔、いかめしい顔、帽子をかぶったもの、かぶっていないもの、立っているもの、座っているもの、手をあげているもの、手を下ろしているもの、拍手しているもの、手を振っているもの、直筆入りのもの、あるいは彼の生地、橋、革命記念碑、船、工場、標語の入った横断幕、旗を背景にしたものなど」

こう列挙して見せる彼女も、相当にフェティッシュである。彼女の目は、絵柄にしか及んでないが、大きさや色彩、そして材質の違いもコレクションの対象となるわけで、きりがなく、へたをすればマニア化する。

彼女は、この毛沢東バッジの数々を総括して、こういう。

「しかし、毛はいつも一人で、決してだれかと一緒でなかった」

「間違いなく毛沢東は〈自分の子どもたち〉の心の中にある神、先祖、一族の長、あるいは父や母といった人びとを押しのけて、唯一無比の存在という地位を獲得したかったに違いない」

殺到する子供たち

このようなバッジ攻勢をまともに受けとめて喜ぶのは、まず子供である。子供から入っていくのが、正しい宣伝の構えであり、道である。

いったい、いつごろから、毛沢東バッジは売りだされたのだろうか。いったい、だれが、このようなことを考えだしたのだろうか。私は、『毛主席語録』を考案した（康生という新説もでてきているが）林彪だろうと想定している。ジャーナリストの大森実が紅衛兵旋風の吹き荒れている中国へ入ったのは、一九六六年九月である。「紅衛兵」を認知した文化大革命百万人大集会も終え、孫悟空たちが四旧打破の名目のもと、街頭で暴れだして、まもなくのことである。彼のルポルタージュ『天安門炎上す』は、月日の記述に抜かりがあって、はっきりしないが、広州から上海に入ってホテルに泊まった夜の午前三時ごろ、とつぜん表通りが騒がしくなったので、なんだろうと驚いている。

「赤い紅衛兵の腕章をつけた〈原爆少年〉たちが、何百人、何千人、まだ夜も明けやらぬホテルの表通りに、長い行列をつくりはじめたのである。行列の目的は一個六角（九十円）足らずで売り出される、毛沢東バッジであった」

大森実は、これを見て、こんどの革命の準備不足を感じとっている。ホテルの高い窓の上からこの行列を見おろしていたのか、挿入写真を見ると、子供たちはみな仰いでいる。

「安物のニッケル台に毛沢東の肖像をあしらった革命バッジは、紅衛兵の要求にこたえて、昼夜兼行で製造が急がれているというが、なにぶんにも七億の中国大衆のマンモス要求を満たすには、まったく焼け石に水の関係である。この朝から上海で売り出されるという予告だけで、すでに真夜中から、まるで空襲のような騒ぎが展開される次第となったのだ」

これは、なにごとかとあとで調べてのコメントだろう。「子供」とかぎって売りだされたわけではないのだろうが、いちはやく反応したのが、子供だった。それも、紅衛兵になれず、まだ紅小兵の認定も受けていない小学生たちが敏感に反応したのだろう。真夜中に街へ飛びだして行列を作るとは、すでに小学生たちも、親の制止に耳をかさなくなっているということだろう。

『文革の三年』の柴田穂が、この「毛沢東バッジ」の売り出しと人気を知ったのは、九月二十日、南京においてであった。北京では、気づかなかったのか、上海や南京のほうが早かったのか、よくわからない。ともかく、「人民娯楽場（旧夫子廟）は、一個五分（七円五十銭）の毛沢東バッジを買うために、広場いっぱいの子供たちが列を争い、暑い日射しのなかに土ぼこりが立ちのぼっている」

と書いている。子供たちの殺到ということでは同じだが、上海と南京では、ともに安いなりに、あまりにも値段が違っている。翌一九六七年の一月に入って、柴田穂は、北京の保育園を見学した。この時、年長組の部屋へ入ると、「みんな胸に毛バッジ、机には〈毛語録〉がおいてある」（『毛沢東の悲劇』）のを観察している。早くも、毛沢東バッジは、保育園児にまで普及していたのである。彼は、その製造工場も見学している。

「石けん箱やクシなど日用品を製造している工場は、いまや毛バッジ生産に動員されていた。だからデザインの変わった新しいバッジが次々と出てくる」

いったい、この「毛沢東バッジ」は、政府のどの部門が管轄していたのだろうか。軍部の可能性が強い。軍部は、記章の世界である。デザインの統制、値段の統制はなかったのだろうか。製作は小さな工場が受けもったようだが、自由にどこでも生産してよかったのだろうか。

社会主義国家は、すべてが宣伝だが、毛沢東バッジは、宣伝なしで、宣伝になっている。大当たりだったのだ。「オモチャや娯楽が少ないので、子供たちにとって毛バッジは格好の遊びになった」と柴田穂は書いている。子供たちは、『毛語録』も、幼児の時から暗唱させられている。つまり、洗脳されている。ましてや、毛沢東バッジを胸につけるともなれば、頭の中は、「毛沢東」のイメージ以外、入る余地はなくなる。

フランスのド・ゴール派の政治家アラン・ペールフィットが、中国を訪問したのは、一九七一年の七月である。海外からの旅行者が課せられる慣例で、保育園を見学させられているが、赤ん坊の涎掛けに「紅小兵」と書かれているのを見て、びっくりしている。(『中国が目ざめるとき世界は震撼する』)赤ん坊も、この組織に入ることができるようになったというより、デザインとして書かれていたのだろう。彼は、国立百貨店の子供売り場も訪ねている。そこで妙な玩具を見て目を丸くしている。

「額にランプ、胸に丸い毛沢東バッジをつけ、背には〈毛沢東主席萬歳〉というスローガンのある女炭坑婦などの大きな人形がある。さらに精巧なものには、主席の言葉をメガホンで叫ぶ宣伝活動家や、〈語録〉と蠅たたきを手に持ち、蠅を落としながら〈語録〉を読む少女などの動く人形がある」

この記事から逆に言えるのは、このころ、毛沢東バッジが、子供や紅衛兵だけでなく大人にも広く普及していたであろうことである。だが、一九七一年九月(発表は翌年である)には、林彪が国外逃亡を図って失敗、死亡するという事件がおこるのである。

ともあれ、毛沢東バッジは、まもなくして自発的に買い求めるだけでなく、「つけねばならぬ」という強制的雰囲気さえできていったらしい。林秀峰の『風暴』では、湖南省の文革状況が語られているが、「バッジには、アルミ製もあれば、陶器製もあった。工場のなかには、工業原料を使って毛沢東バッジを作り、生産に影響が出るところも生まれた」

とも言っている。「つけねばならぬ」という強制的雰囲気が生まれたといっても、デザインを一つに統一するなどということはしていない。かえってデザインは、自由となった。全国の工場も、種類とデザインを競うようになっていた。そのような放恣を許したのは、「毛はいつも一人」というデザインだけは、不動だったからである。

魯迅の孫周令飛は、のちに台湾へ亡命するが、このころ、北京で紅衛兵だった。彼は、こんなことを回想している。（『北京よ、さらば』佃正道訳・一九八三年・サンケイ出版刊）

「私のクラスの級友に毛沢東バッジを専門に集めている生徒がいたが、彼は形の違った千種にも上るバッジを持っていた」

「私が推計したところでは、当時大陸に出回っていた毛沢東バッジは、少なくとも一万種以上であったと思う。毛沢東バッジはさらにカネの代わりに使うことさえでき、これを使って店で品物を買う人もいた。ある人は、〈もし毛沢東バッジに使われているアルミニウムを集めて生産に回したなら、百機の戦闘機を造ってもまだ余りがでるだろう〉と計算していた」

日本人が割箸を使わなかったら、毎年十万戸の住宅はできるとうそぶくようなものだ。

生存のためのガードとして

「毛沢東バッジ交換中」が、大陸の都市の処々に誕生した。たちまち北京にも、三、四カ所は生まれた。広州の紅衛兵であった「戴小艾の政治的伝記」、ベネットとモンタペルトの編んだ邦題『紅衛兵だった私』を読むと、上海へ「観光的革命旅行」へ出かけた時の話がでてくる。

「上海は興奮状態にあったが、われわれはその圏外にいた。むしろ時間を使ったのは、毛沢東バッジの交換のほうだった。上海は工業都市であるため、よそで作られるものとはかなり違った。良質の毛沢東バッジが、いろいろと製造されていた」

コレクション癖に火がついていた紅衛兵たちにとって、上海は、毛沢東バッジの宝庫であった。紅衛兵の中には、列車宿舎無料である革命体験交流の「串連」と呼ばれる旅は、「毛沢東バッジ」蒐集の旅である者もいた。「旅行の間にわかったことであるが、どこの都市でも例外なく、それぞれ独自の毛沢東バッジを製造していた。各地の実権派は、こうした形で、毛沢東への全面的忠誠を表現したかったのだろう。このため、学生はどこへ行っても、毛沢東バッジをもらうことができた」

泣く子も黙る紅衛兵たちに媚びるためでなく、各地の党委員会の幹部たちが、少年たちの背後にある毛沢東に媚びたのである。「忠誠を表明」する絶対のチャンスであり、その裏に激しい不安があったといってよい。なおもいえば、いつ四旧の走資派として、とっちめられるかもしれぬという不安の大人たちが、毛沢東バッジのブームを煽ったことになる。デザインを競ったのは、表面的に少年たちの心へ迎合するためであるが、その迎合の奥には、「毛沢東」への媚びがある。政治宣伝の要諦は、画一性にある。すべて「毛沢東」に収斂されるならば、自由主義諸国の企業のPR作戦のように個別性の誘惑によって、画一性を図ることができる。

パニックをおこしていたのは、まさに大陸全土の党委員会のお偉がたたちの心であり、無料配布して少年の心に迎合し、工業生産の渋滞もはばからなかった。少年たちは、あたかもその弱みを衝くがごとく、威丈高となり、コレクションに熱中した。そこには、コレクターの虚栄がある。はじめは「数」を誇るが、まもなく「質」を誇り、さらに変種の所有も誇るようになる。大都会の上海にやってきた広州の紅衛兵である戴小艾にとって面白かったのは、

「こうした記念バッジをめぐって、大規模な交換活動が行われていることだった。上海には大がかりの〈毛章交易市場〉が二つあった。一つは有名な〈大世界〉に、もう一つは上海駅にあった。これら二カ所の喧噪と混乱は、いくら誇張しても、誇張しきれないほどだった」

ある意味で、少年たちは、原始的な交換経済を学んだのだと思われる。「数」と「質」の関係を学ばせるとこ

ろが、コレクションにはある。蒐集のなかで情熱の喜びだけでなく、邪悪の情念も学ぶ。学校以上に学校である。「毛沢東バッジの交換騒ぎは交通の妨害」となった。警官が来ると、みな毛沢東バッジを隠した。非合法の楽しい練習。

「三十過ぎとみられる男たちが、上着の胸に、ありとあらゆる毛沢東バッジの変わり種をつけて、人ごみのなかをみせびらかして歩いていた。買い手を捜していることは明らかだった。われわれが交換しようというと、彼らは軽蔑の目で見返しただけだった。彼らのバッジ一個は、われわれのバッジ七、八個に相当するというのである」

少年たちが、コレクションの面白さに狂奔しているうち、一般の大人たちにも、影響が生じていく。少年たちの蒐集熱のため、「労働者、農民、機関幹部などには、バッジが一つも渡らないということも、珍しくなかった。生産が絶対的に不足していた」。

大人たちの効用はなにか。

「主席に対する忠誠を示す」

ことである。戴小艾はいう。「一つの流行だ」と。少年たちも、蒐集欲の隠れみのとしたが、大人たちも、生存のためのガードとした。

林彪の失墜とバッジの行方

人間は、矛盾した動物である。矛盾によって地上に立っていられる。しばしば矛盾に気づかない。へたに気づくとノイローゼになる。

『中国の冬』の梁恒が、井岡山へ長征へ出発するにあたり、隊長の手ではじめて上着に毛沢東バッジをつけて貰った時、「一五センチも背が高くなったような気分だった」ことに嘘はないだろう。だが、コレクションそのものの喜びも、同時化できる。つまり、矛盾しているおかげで、あとで弁解が可能になっている。

一九八八年、北京で「全国写真コンクール優秀作品展」が開かれた。この中に一九六八年に撮影された人民解放軍の兵士の写真がある。彼の胸には、毛沢東バッジが所せましと貼られ、帽子の上も円形のもの長方形のものと満杯である。総数百個に近い。紅茶の受け皿ほどの大きさのものも混じっている。最初は直径一センチ程度であったが、最後には直径十五センチにまでエスカレートしたといわれる。

この兵士は、悲痛な泣きべその表情をしているが、狂態であると批判されたのだろうか。彼は、毛沢東への忠誠のあらわしかたであり、まだまだ忠誠が足りないと言ったという。大人も幼児化して一個で我慢できなくなったと同時に、その忠誠の心も嘘といいきれない。しかし、狂気ではあるのだ。個人崇拝の狂気である。「崇拝」は、狂気なしに成立しない。健全なる崇拝などというものは、ありえない。

この写真展の作品の中に、胸に毛沢東バッジを大きなものばかり選んで三個つけ、地方から北京へでてきて、文革中の免罪を訴える農民を撮影したものがある。それは、文革の矛盾を衝いているともいえるが、自らのうちなる矛盾でもあるのだ。

都市は、ともかくとして、地方の農民や労働者には、バッジは、忠誠を誓おうにも、なかなか手に入らないものであった。『中国の冬』の梁恒は、広州へ経験交流に出かけた時、その途中、鄭州の労働者に秘蔵のコレクションの一つをあたえ、不正乗車のため途中下車させられるのを免れている。彼は井岡山のバッジを選び、「北京のは持っているから、あとは韶山、延安、瑞金があれば、五つの革命聖地のが全部そろうことになる」と宣告している。

地方の農村の子供も、なかなか手に入らなかった。『庶民が語る中国文化大革命』の中に「ある老紅衛兵の反駁」という一章があり、その中に、山西から陝西にかけて経験交流に出かけた時、ある村の子供に薬草と交換してくれとねだられる場面がある。

「毛主席に対する人々の気持は、こんなにも深いのか」

と涙し、友だちにも供出させてその子にプレゼントしている。母親はそれをみて「おもちゃにするんじゃないよ。ちゃんとお供えしなさい」と叱っている。「毛沢東」は「かまどの神」となったのだ、「悲劇だ」と呟いている。

毛沢東のバッジの効用も、時の推移につれて変化していく。「革命的な正統のしるし」ともなり、斜めにつけたりすると、闘争大会にひっぱりだされたりした。（ジャック・チェン『文化大革命の内側で』）写真の人民解放軍の兵士は、「斜め」だらけである。

だが、この毛沢東バッジは、だれでもつけられたわけでない。「黒五類」は、許されなかった。初期紅衛兵が批判を受けるようになった時、拒否された少年は、許されなかったことを訴えた。『紅衛兵の時代』（小島晋治・田所竹彦訳・一九九二年・岩波新書）の張承志は、こう書いている。

「彼が泣き叫びながら、猛然とシャツを引きむしると——その裸の胸に赤く輝く毛沢東のバッジをつけていた」

このような話は、他にもたくさんある。ユン・チアンの『ワイルド・スワン』（土屋京子訳・一九九三年・講談社刊）にも、上半身裸で働く石工の胸に毛沢東バッジがついているのを見て、びっくりする話がでてくる。『これが〈文革〉の日常だった』の中にも、紅衛兵になれなかった少年が、みんなの前で「忠誠心を見せてやるぞ」と裸になるや、「毛沢東肖像のバッジを五つも、次々にピンで胸に刺しとめ」、「血はしたたりおちてズボンが真っ赤になった」という話がある。

文革期、中央の幹部たちは、どうだったのだろう。『中国画報』を見ると、林彪はかならず胸に円形のバッジを目立つようにつけている。毛沢東への忠誠なる後継者であることを意識していたのは、あきらかである。周恩来は、どうか。彼も、小さな長方形のバッジを目立たぬようにつけている。

一九七〇年、廬山会議が開かれた。毛沢東は、林彪の「毛沢東天才論」に反駁した。あきらかに毛沢東は、林彪らが企んだ個人崇拝の宣伝にあえてのったはずだが、このころは、うんざりしていた。「自分の飛行機を返してくれ」と「人びとの胸に飾られているアルミニウムや他の金属製の毛バッジをねめつけて叫」んだ。（ハン・スーイン著『不死鳥の国』）これは、そのまま林彪の失墜を意味した。現実にも、この「毛沢東バッジ熱」は、林彪の死で退潮したのか不明だが、『中国画報』などの宣伝写真では、目立たぬようになる。

林彪の妻葉群は、バッジ・マニアであった。文革のおこった一九六六年の十二月二十六日、つまり毛沢東の誕生日まで、一万枚のバッジを手に入れて、献納すると公言していた。（『林彪秘書回想録』）夫唱婦随どころか、彼女こそが毛沢東バッジの黒幕だったのか。

おべっかつかいの連中は、葉群に競って協力し、純金のものさえあった。夜になると、口にマスク、頭にマフラーの変装をし、北京の街へお忍びで彼女は出かけ、目新しいバッジを見つけると、呼びとめて交換を求めた。

★毛主席万歳

「皇帝」へのスローガン

「一」

偉大的導師、毛主席万歳
偉大的領袖、毛主席万歳
偉大的統帥、毛主席万歳
偉大的舵手、毛主席万歳

日本のフリージャーナリストの大森実が、紅衛兵旋風の取材のため香港から中国に入った一九六六年九月、深圳駅に入った時、目をみはっている。

「大げさな表現かもしれないが、目のとどくかぎり、〈毛沢東ラベルの大氾濫〉である。氾濫といっても日本の〈選挙証紙〉のときのような、なまやさしい氾濫ではない」

プラットホームの柱という柱が、「我們的紅太陽！（我らの真赤な太陽！）」「毛沢東是我們的太陽！（毛沢東は私たちの太陽だ！）」の歌の文句とともに、導師、領袖、統帥、舵手というレッテルつきで、「毛沢東万歳」と連呼する言葉が貼られているのを見て、びっくり仰天している。（『天安門炎上す』）共産主義が宣伝を命としているにしても、ここまできているとは、思わなかったのだろう。つまり、毛沢東の神格化、個人崇拝の匂いを嗅いだのである。

いったい、いつごろより、「毛沢東万歳」と叫ぶようになったのだろうか。すぐ思いつくのは、一九四九年十月、中国共産党が北京に入城した時である。パトリック・サバティエの『最後の龍・鄧小平伝』を読むと、「毛沢東はボタン穴に赤いリボンを挿し、髪の毛を風になびかせ、門扉とそこに至る三つのアーチ橋を見おろす楼上の中央に立」って、「中国人民はいまここに立ち上がった！」と叫んだ。楼上とは、天安門である。ソ連共産党が、封建主義の遺物たるはずのクレムリン宮殿を接収したように、清朝の紫禁城を破壊せず、「中国人民政治協商会議の名において、ここに中華人民共和国の樹立を宣言する」と声をはりあげた。この時、天安門広場に集まっていた群衆は、三十万とあるが、毛沢東の宣言とともに、「すぐさま四方八方から嵐のような歓呼の声が沸き上がった。〈毛沢東万歳！〉絹の五星紅旗がこの日のために広場の中央に立てたポールの頂《いただき》めざしてゆっくりと昇っていった。万歳の声が途切れることなく続いた」

この「毛沢東万歳」は、自然だともいえる。だが、この時「彼の巨大な肖像画がバルコニーの下につるされて」おり、著者は「人民とその指導者を結びつける聖なる絆〈天命〉は赤い新王朝に移った」と書き、「毛は六億の中国人の目に天子の新しい化身と映り、また同時に全世界の人々の目にレーニンのアジアにおける後継者と映った」とする。

その後の「毛沢東万歳」の経過は、未調査だが、日本の「天皇陛下万歳」という意味での「万歳」がはじまるのは、どうも文化大革命を発動し

❖……〔天安門広場に集まった10万の革命の大軍は、「毛主席万歳」の人文字を作り、毛主席の長寿を祝った（1967年10月1日の国慶節◎新華社＝中国通信）〕

てからと見てよさそうだ。

　では、紅衛兵たちであろうか。

『人民日報』は、この年の六月六日、十一日と連続して「北京の高級中学生が党中央と毛主席に手紙をおくり、旧進学制度の廃止をつよく要求」「北京市第四中学の革命的生徒が毛主席に手紙をおくる」（『中国プロレタリア文化大革命資料集成〈第一巻〉』一九七〇年）の題のもとにその内容を公開した。

「もっとも敬愛する毛主席がいつまでも御健康をたもたれるようにいのります」「いつまでも御健康をたもたれるようにいのります」とあるのみで、「万歳」はない。まだ原文と照合していないが、「万寿無疆《むきょう》」の語を用いている可能性はある。この言葉も、のちに「毛主席万歳」と同じように、レッテル、スローガン化して、個人崇拝を促進させる役割をする。『ワイルド・スワン』（ユン・チアン著）にこんなくだりがある。

「父は、何度も何度も批闘大会にひっぱり出された。姚女史の一派は、いつも外部から大勢の造反派を動員して、糾弾や暴行に加わる群衆の数を増やした。集会はまず、全員で〈祝我們偉大的導師、偉大的領袖、偉大的統帥、偉大的舵手毛主席万寿無疆！　万寿無疆！　万寿無疆！〉（われわれの偉大な教師、偉大な指導者、偉大な司令官、偉大な舵手毛主席に限りないご長寿を！　限りないご長寿を！　限りないご長寿を！）ととなえて始めるのがふつうだった」

　どうやら一九六七年のはじめの話だが、このころには、「批闘」の儀式の中に組みこまれ、定型化している。

「姚女史」とは、作者の父の勤める四川省党委員会宣伝部における造反派のボスである。

「〈万寿無疆《ワンシヨウウーチアン》〉を三回、〈偉大的〉を四回叫ぶたびに、全員が一斉に〈小紅書〉を天に向かって突き上げる。だが、父はそれを拒んだ。〈万寿無疆《ワンシヨウウーチアン》〉はむかし中国の民衆が皇帝に対して使ったことばであり、共産党指導者の毛主席にはふさわしくない、と主張した」（『小紅書』＝『毛主席語録』）

　民衆にとって、毛沢東は、北京入城を果たした時から「皇帝」だったと言える。しかしインテリにとっては違う。毛沢東は、あくまで「皇帝」ではない。ここにも毛沢東のジレンマがある。この「万寿無疆《むきょう》」（無疆は「限りなし」の意）は、マルクス信奉のインテリ層にとって毛沢東が発動した四旧打破に触れるし思ったはずである。

しかし作者の父は、姚女史によって、「これだけで、ヒステリックな罵声と平手打ちが滝のように浴びせられた」という。これが一貫してつづく「批闘」の形式である。もし毛沢東がそばで見ていたなら、なんと裁決したかわからぬ。

七月十二日の『人民日報』にも「党中央と毛主席への手紙／人民大学の学生が文科系大学の新学制実施を提案」を掲載、これは、宣伝的利用をこえて、もうやらせの匂いがぷんぷんと立ちこめる。その出だしは、北京の高等中学の生徒たちの手紙を読んで、「心の激励をどうしてもおさえることができず、熱い涙があふれだしました」であり、「わたしたちがいいたいと思いながら数年間胸にしまってきたことばを語り、われわれ革命的青年の心から語ってくれました」というものだった。劉鄧派の知識階級の者たちは顔をしかめたにちがいないが、いつも鬱積をかかえている若者たちは、狂喜していた。だから、一気にこれらの手紙によって「造反」の火をつけられるがままにしたにちがいない。兄きたちも、応援してくれたのだと。

これらの前座の踊りが終わったあと、毛沢東は、清華大学付属中学校の紅衛兵（五月二十九日誕生）、最初に誕生した彼等への返事を書く。（「中学生の彼らがこのような造反組織と論理を案出できるとは考えられない」と、竹内実は『ドキュメント現代史16　文化大革命』で言う）七月二十八日に受けとったとあるが、八月一日の返事である。彼等の六月二十四日、七月四日発行の二枚の大字報に対して、「わたしは君たちに熱烈な支持を送ります」とラブコールを送ったのである。（共産党の宣伝論の立場からすれば、工作そのものは、自然である。問題はたくみであるかへたかである）

林彪と周恩来の〝万歳〟合戦

「毛主席万歳！」そのものは、もっと早くから定型化に向って叫ばれるようになっていたにちがいない。一九六七年七月に出た安藤彦太郎の『プロレタリア文化大革命』（大安刊）によると、「（＊一九六六年）七月三十一日、〈党中央が英明にも各学校からの工作組引あげを決定したことを熱烈に支持する〉学生と生徒たちのデモがくりだされた。これは、紅衛兵が世界を震撼させる動きのはじまりであった。〈毛沢東思想を守れ〉〈毛主席万歳〉という叫びをかれらが力いっぱいにあげ、〈毛主席語録〉をかれらが高だかとかかげた」とある。ここでいう「工作組」は、劉少奇が、各学校に派遣していたものである。

　安藤彦太郎は、「毛沢東思想を守れ」「毛主席万歳」というスローガン、そして『毛主席語録』の計三つを、「かれらにとっては、とりもなおさず自分たちが立ちあがる権利をまもれ、自分たちが立ちあがるのを支持するものをまもれ、ということであり、人民大衆こそが社会の主人であるという思想をもった指導者をまもれ、ということにほかならなかったのである」としている。

　この「毛沢東万歳」が、完全に宣伝的鋳型にはまったのは、八月十八日の「プロレタリア文化大革命慶祝大会」であった。この日、毛沢東は、紅衛兵をはじめて閲見した。また「紅衛兵」の腕章をつけた。『光明日報』（八月十九日号）のルポルタージュを見ると、毛沢東が姿を現すや、

「毛主席万歳！　万歳！　万万歳！」

　と百万大衆が叫び、「歓呼の波はしだいに高くなり、首都の空を揺り動かした」とあり、また毛沢東が千五百人の学生代表らと天安門上で接見した時も、彼等は毛主席をとりかこんで、

「毛主席万歳！」

　を繰り返し叫んだとあり、林彪と周恩来の演説の最中にも、

「偉大な中国共産党万歳！」

「プロレタリア文化大革命万歳！」

「偉大な毛沢東思想万歳！」

「偉大な指導者毛主席万歳！　万歳！　万万歳！」

と、なんども手を振りながら叫んだといい、慶祝大会終了後も、天安門上から手を上げて挨拶する毛沢東主席ら幹部に対し、

「毛主席万歳！　万歳！　万万歳！」

と歓呼したと結んでいる。(『ドキュメント現代史16　文化大革命』)

これらを読むと、「大会」によって鋳型にはまった「毛沢東万歳」が、さらに新聞によって確固たる「スローガン」としてのお墨付きを頂戴したということになるだろう。

ちなみに、この日演説した林彪の速記を読むなら、彼の演説中に「百万大衆」が叫んだという、四連発の趣向をすこしづつ変えた「万歳」と同一である。とすると、林彪が「百万大衆」に合わせて、故意に同一にして媚びたというより、はじめから承知の上での打ち合わせ、かつ誘導の結果であるように思えてならない。ただ、周恩来は、すこし違う。彼は、四連発どころか五連発だが、林彪とやや違っていて、「百万大衆」と同一でない。

「プロレタリア文化大革命万歳！」

「プロレタリア階級独裁万歳！」

「中国共産党万歳！」

「必勝不敗の毛沢東思想万歳！」

「わたしたちの偉大な指導者毛主席万歳！　万万歳！」

順番だけでなく、形容詞も違っている。「プロレタリア階級独裁万歳！」のようにまったくないものもある。

「偉大な」を林彪は、三度も用いたが、周恩来は一度だけである。しかも、その「偉大な」の上へ「わたしたちの」をつけくわえ、さらに「万歳」が一回多い。このことを私は『中国プロレタリア文化大革命資料集成』の第二巻で比較しているのだが、「出典」は不明のままになっている。

ともあれ、周恩来の演説も、その途中は、「万歳」の声に打ち消されたようだが、ラストの五連発の「万歳」は、「百万大衆」の耳にも届いたはずである。私は、周恩来のとっさの打ち返しであり、見えざるところで、毛沢東、林彪らとの間で、火花が散っていたように思えてならない。いったい周恩来は、なにを言おうとしたのだろう。なんらかの牽制球とも、皮肉とも、釘をさしたとも見える。

だが、毛沢東が返信を送ったという清華大学付属中学の紅衛兵たちの「造反有理」を訴えるアジ的な文章（壁新聞からとったのか）は、『人民日報』の八月二十四日に三本同時掲載（執筆が六月二十四日、七月四日、七月二十七日となっている。疑えば、このあたりにも操作の匂いがある）され、九月一日にも、「造反！　造反！　旧世界を徹底的に打ち砕き、帝国主義もなく、資本主義もなく、搾取制度もない新しい世界をうちたてるために奮闘しよう！」といった威勢のよい文章が一本載った。

ただ、不思議なことに、これらには「毛沢東万歳」がない。

「プロレタリア階級の革命的造反精神万歳！　万万歳！」

「プロレタリア階級の革命的造反精神万歳！」

「全世界人民の大団結万歳！」

「革命万歳！」

はたしてこれには、どんな意図が隠れているのだろうか。たまたま、「毛沢東万歳！」を加えなかっただけなのだろうか。

八月三十一日、林彪と周恩来は、また揃い踏みしている。毛沢東との接見のため、地方から無料列車にのって、紅衛兵たちが、続々と北京へやってきたが、早くも彼等の処置に困りはてていた。『中国プロレタリア文化大革命資料集成〈第二巻〉』によると、「各地から上京した革命的教員・学生と会見するための大会における林彪同志の演説」が、まず先に掲載され（演説順と見るべきか）、

「わたしたちは、かならず毛主席の教えにしたがって、文闘をおこない、武闘をおこなってはなりません。手をあげて人をなぐってはなりません」

などと言っている。ほとほと困りはてていたのか、煽りたてていたのか、わからぬところがある。そして、演説後に、先と同じく四連発の「万歳」をいれた。

「プロレタリア文化大革命万歳！

「中国共産党万歳！」

「必勝不敗の毛沢東思想万歳！」

「偉大な指導者毛主席万歳！　万歳！　万万歳！」

どこが違うかと言えばまず二番目である。「偉大な」をとって「中国共産党万歳！」だけになってしまってい る。これは、「偉大な」を連発し、個人崇拝をもくろむ林彪のうっかりとも言えるが、三番目の「必勝不敗の毛沢東思想万歳！」は、なんと周恩来が、百万人慶祝大会で用いたものだ。

ここには、あきらかに林彪が周恩来のアイデアを図々しく盗んだというより、「必勝不敗、いいじゃないか！そっちがその気なら、さっそく使わせて貰うぜ」といったところだろう。なにげないようだが、淫靡なまでに対抗の砲火が炸裂しているのだ。これに対して、周恩来がどう応酬したか。

前回と同じである。いなしたというべきである。いや、違う。前回、彼は「偉大な」を一度しか、わざと用いなかったが、こんどは、五連発すべてに「偉大な」を加えたのである。つまり、

「偉大なプロレタリア文化大革命万歳！」

「偉大なプロレタリア階級独裁万歳！」

「偉大な中国共産党万歳！」

「偉大な必勝不敗の毛沢東思想万歳！」

「わたしたちの偉大な指導者毛主席万歳！　万歳！　万万歳！」

九月十五日も、経験交流で北京へやってきた紅衛兵たちに向かって、二人は会見演説した。林彪は、こんどは、「偉大な」を一つ増した。前回削った「中国共産党万歳！」の上に「偉大な」を加えた。周恩来は、どうしたか。前回まで「わたしたちの偉大な指導者毛主席万歳！　万歳！　万万歳！」のうち「わたしたちの」をとってしまった。それだけでない。わたしたちの偉大な指導者毛主席万歳！　林彪に横取りされた「必勝不敗の毛沢東思想万歳」を抹消してしまった。つまり「万歳」の入るスローガンは、それまで四対五であったのに、四対四になってしまった。しかも周恩来は、相手のお株を奪って、四連発すべてを「偉大な」で頭を揃えてしまったのである。

人間よくいがみ合うものだと感心するが、周恩来の中には、流動する文革の推移を観察しつつ、なんらかの諷刺を試みていたと言えないこともない。

スローガンが生んだ一つの悲劇

いずれにしろ、感極まった時に発声される「毛沢東万歳！」は、その後、発展してスローガンの鋳型にはまり、あれこれの悲喜劇を生んでいく。

陳若曦の短篇「尹県長」（『北京のひとり者』竹内実訳・一九七九年・朝日新聞社刊）は、悲喜こもごものドラマというより悲劇である。彼女は台北生まれだが、アメリカに留学、結婚後、一九六六年、夫と中国に帰国、文革を体験し、一九七三年出国（ニクソン外交のおかげか）、香港で発表した第一作がこれである。小説とはいえ、このようなことは、文革期の中国のあちこちでおこったにちがいない。

主人公の「わたし」は、一九六六年の秋、北京の友人の呉の家に泊まっていた。呉のひとり息子は紅衛兵の活動家として陝西省へ行っていて不在であったが、すこし暇があったので、「わたし」は長距離列車に乗って彼に逢うため興安に向かう。

この呉君が、その街にある親戚の尹爺さんのところへ「わたし」を泊めてくれる。そこで臨時県長の尹飛竜に逢う。尹爺さんの親族である尹県長は、かつてもうすこしで反右派闘争にまきこまれるところだったが、なんとか帽子をかぶらされずにすんだ。文革がはじまり、劉少奇派の方針に従ったということで、再び危険を噂されるが、具体的な実施者は、自己批判さえすれば「おかまいなし」ということで安堵している。

ところが、まもなく「造反」の遅れていた興安県にも、紅衛兵組織ができて、こともあろうに尹県長を鳴物入りでやっつけようという方向に向かってしまう。呉君は、頭をかかえて困ってしまうわけだ。革命期、命令に反抗する兵を射殺したという噂がでるのである。

一九六八年の春、「わたし」は、北京で呉君の従弟にばったり逢う。経験交流のため、興安から出てきたのである。兄きのことを聞くと、三カ月行方不明なのだという。そして、紅衛兵批判を少しした時、彼は自己批判したあと、

「尹県長を銃殺したころは、ほんとうにはなばなしい、あにきだったんですがね」

と口をすべらし、六七年のはじめ処刑したと聞き、「いま、なんていったんだ?」と問いつめると、彼はけろりとして、

「だれか銃殺でもしなきゃ、威風を樹立することも、影響を拡大することも、できんでしょう。銃殺がすんでから、みんなもゆきすぎだったと考えたんです」

と答える。彼にとっても尹県長は親族だったはずだが、公開裁判の大会で、「即刻死刑を執行する」という判決が読みあげられた時、

「尹県長のあたまが、まえにぐらりと倒れたんです。うしろにいた紅衛兵がひっぱっていなかったら、たぶん卒倒するところでした」

大衆の反応は熱烈でなくなった。その時、

「あにきはすぐ、演壇にとびあがって、スローガンを叫びました——血の借りは血でかえせ！　軍閥、悪ボス、反革命の尹飛竜の処刑は、毛沢東思想の偉大な勝利だ！」

この従弟も、兄につづいて叫ぼうと思うのだが声にならない。ところが、スローガンの連発後、

「最後の〈毛主席万歳〉になったときは、演壇のうえにあがっている人間だけが叫んでいるだけでした。みんながみると、叫んでいるのは尹飛竜じゃありませんか！」

「両手をうしろにまわして縛られ、メガネもおとしてしまっていたのですが、あたまをあげ、蒼ざめた顔をして、眼を大きくひらき、低く力をこめて叫んでいたのです。——毛主席万歳、毛主席万歳」

紅衛兵たちは、呆然としてしまうが、「いま眼のまえであのひとが毛主席万歳と叫ぶのをみても、監視している人間は、手でその口をふさぐことができないのです。そんなことをしたら、誤りをおかすことになりはしないかと恐れたのです」といとこは、「わたし」に語る。

「毛主席万歳」のスローガンは、すでにこのころ絶対の「神格」を帯びてしまっていたのである。

見物人が騒ぎだしたので、街頭ひきまわしを中止し、彼をトラックにのせ、賽の河原へ急行する。尹県長は、一本の丸木に縛りつけられる。銃が構えられると、彼は「顔をあげて、高く」叫ぶ。

「毛主席万歳！　毛主席万歳！」

このスローガンに対して、だれも発射できない。

「あにきがちょうど大きなハンカチを二枚もっていたので、かれの口におしこんだのです。銃殺係は、やっと発射しました」

二

笑うに笑えぬ笑い話

「毛主席万歳」にまつわる笑い話は、あちこちで生まれた。それは、笑うに笑えぬ笑い話である。

権力下の笑い話は、抵抗の精神という大仰なものでなく、むしろ調和の感覚である。笑わなければ、息が詰まりそうで、地上に立っていられないので、しかたなく笑うのである。だから、調和というより、むしろ平衡本能ともいうべきものである。それも、あくまでひそかにである。

ひそかにというのは、まだまだ権力の威勢が濃い時の場合であり、消極的なのは、摘発や弾圧を避けるためだが、やはり笑わないではいられない。このケースとて、危険ぶくみだが、それでも笑うのは、それだけその権力にかげりが見えたということでもある。

これが民衆の「したたかさ」といわれるものの正体だが、あとになって「抵抗の精神」などと、あまり美化しないほうがよいのである。

ただ、個人が死を賭けて権力に向かって蟷螂《とうろう》の斧をふりかざし、笑いとばす時、その是非はともかく、抵抗の精神といってよい。笑いにもいろいろあるが、諷刺の精神は、すこし違って、弱者が集団で抵抗する場合に発揮されるが、もしその集団が、大きく成長して、政治闘争（権力奪取）にまで高まった時、その武器として「諷刺」が用いられる。

邦題『これが〈文革〉の日常だった』は、原題『文革笑料集』である。「十年の大混乱を逞しく生き抜いた庶民の知恵であり、反面教師である」と日本版の帯にあるが、ここでいう「庶民の知恵」とは、平衡感覚のことである。「記録七分に小ばなし三分というかたち」で、この「笑料集」は編まれているが、「笑えない笑い」は、「記録七分」の中にあり、消極的ながら笑えるのは、きっちり笑話になっている「小ばなし」の類である。

「毛沢東万歳」

にからむものは、二篇、見いだすことができる。一つは、北京へ「交流」に出かけて、田舎へ戻ってきた高校生の話だ。彼が、紅衛兵だったとかぎらないが、帰ってくると、「北京土産」のつもりもあってか、さっそく共産党県委員会の壁に、こんなことを書いて貼りだした。

「最近、北京の有名な医学者たちが、念入りに毛主席の身体検査を行った。その結果、毛主席の体はずばぬけて健康であり、百五十歳まで生きられるということを、自信をもって公表した」

文革中、毛沢東の「健康」は、もっとも世界の注視するところであり、それは、中国本土においてもそうであった。神格化の現象がすすむ中で、毛沢東のからだは大丈夫かという不安も、同時進行していたといってよい。だからこそ、かえって「毛主席万歳」が、スローガン化したともいえる。

「毛沢東万歳」のスローガン化は、権力側の誘導によるものだが、それに応えるかどうかは、民衆の知恵に属す。応じるなら、政治宣伝の成功である。毛沢東神格化を認めてもよい、神とあがめてもよい、そのほうが生きやすい、という知恵が、「純真」という子供たちにも働いているといってよい。つまり、毛沢東が「不死」でないことをよく知ってもいるのだ。だから、「毛沢東万歳」と叫ぶ心の中には、いつも不安がつきまとっている。この「毛沢東万歳」のおそるべき成功は、その不安症の応援を受けているといってよい。

さて、得意満面の高校生の壁新聞だが、それを読んだ、〝当面の生きかたとして「神格化」を決意した大人たち〟にとって、それは不快なものだった。彼を殴り倒したのである。

「毛主席万歳、万万歳。毛主席の不死をみんなが願っているのに、どうして百五十歳までしか生きられないというのだ。こいつは、みんなにさからってでたらめを言っている。許してなるものか！」

というわけである。

「百五十歳」という「限定」が気にいらぬのである。「一五〇歳」とて、途方もないことだが、「万歳」の精神《ねがい》に反する。「万」の言葉も、数字の上では「限定」の語であるが、心としては、あくまで不死・永遠の願いとして用いられているからである。このように、いちいち言葉にこだわりはじめた時、「スローガン」は、毛沢東個人を置き去りにして、一人歩きし、御神体として変質しはじめている。

この暴力神は、過剰を尊ぶ。ふつう、「万歳三呼」である。「三呼」なのは、「礼」がかかわっている。一度では足りず、しかし三度にとどむという儀礼である。ふつう儀式は、抑制、節度を重んずる美学をもち、過剰の迫力を尊ばない。『文革笑料集』の中にある、もう一つの「毛主席万歳」の記録は、この過剰に触れている。

「文革中、絶えず身にひびいていた〈万歳!〉の叫び声は、この〈三呼〉を何倍かにしたものである」

「毛主席万歳」が、スローガンとして認知されたのは「紅衛兵」の認知された「プロレタリア文化大革命慶祝大会」からであるが、「嵐」の効果をもったといってよい。

この大会も、宣伝にとって重要な「儀式次第」に従うものだが、この日で何度も大会を見た高田富佐雄によると(『七億の林彪』一九七一年)、その声は、「あくことなく叫びつづける」ものであり、「すさまじい若者のエネルギー」の爆発を思わせるものだったという。嵐は、時に心地よいが、畏怖心をあたえる過剰の風雨である。『文革笑料集』が引くのは、歌の場合である。「毛主席万歳」という歌も生れていたのである。

「……歌は、三段にわかれていたが、その一段ごとに〈万歳〉が八つ、〈万万歳〉が一つずつあり、あわせて二十四回の〈万歳〉と三回の〈万万歳〉を叫ぶようになっていた」

私は、この歌を一度、わが耳で聴いてみたいと思うが、この過剰は、おそらく「嵐」の如くといえないだろう。ただ、仰ぎ奉るような毛沢東への神格効果をもっていただろう。奉仕精神をかきたてるのである。宗教効果といってよい。対象に不信を抱いた時、たちまち、色褪せる。時がたてば、その過剰のリフレインは、滑稽ともなる。

この「毛主席万歳」の歌の変型として、「毛主席の万寿無疆を祈る」がある。「千万の笑顔が赤い太陽を迎える。領袖毛主席の万寿無疆を祈ります」(林秀峰『風暴』)といった歌詞で、「万歳」にかわり、「万寿無疆」が同意語となり、その属性の説明としての「祈り」の語が露骨化している。

　この神格化は、流行現象であることを免れない。伝染性をもち、わずかな違いを伴うバリエーションや、他への転化という現象をつぎつぎ引きおこす。

　たとえば、「四つの無限」と呼ばれるスローガンもそうである。「無限忠誠毛主席、無限崇拝毛主席、無限熱愛毛主席、無限信仰毛主席」である。崇拝、信仰は、もろに宗教的である。毛沢東がやっきになってその傷痕を消そうとした儒教も、れっきとした宗教であり、「忠誠」は、その中心観念である。「熱愛」は、すこし西洋的か。また紅衛兵のグループの中には「万世紅衛兵」とネーミングするものもある。（小久保晴行『毛沢東の捨て子たち』）「万歳」「無疆」「無限」「万世」、みな同意語ないし類義語である。

　祈りとはなにか。不可能を可能にと願う心である。ユン・チアンの『ワイルド・スワン』の中に、次のような笑えぬ笑い話がある。

　著者の大学での専攻は、英語であった。その教科書は、「馬鹿げた宣伝文句のよせ集めだった。いちばんはじめに習った英語の文章は、“Long live Chairman MaO!”（「毛主席が長生きなさいますように」、つまり「毛主席万歳」の意）だった」

「しかし、この文章を文法的に説明しようとする教師は、ひとりもいなかった。中国語では、〈～でありますように〉という希望や願望をあらわす表現は、〈ほんとうはそうではないのだが〉という言外の否定を含んでいる」

「四川大学では、一九六六年に講師のひとりが〈不敵にも『毛主席万歳！』がほんとはそうではないと示唆した〉といって、しこたま殴られたことがあった」

　人間の言語は、文法的に発せられるものでない。文法は、教育のための解剖である。著者も、一九六六年十月、「経験交流」のため、北京に赴き、天安門広場で毛沢東の姿を見かけている。彼女たちは、朝から長安街の北側に座らされた。寒さと眠気で、気がおかしくなりそうになったころ、

「正午少し前になって、東のほうで〈毛沢東万歳!〉という熱狂的な叫び声が起こった。私はすっかり気分がだれていて、もうすぐオープンカーに乗った毛沢東が自分の前を通るということが、なかなか頭にピンと来なかった」

早くから群衆を待たせておいて、しびれが切れたころ本人が登場するというのは、ヒットラーなどがやった古典的宣伝術である。

「突然、私のまわりで雷鳴のような絶叫が始まった。〈毛主席万歳! 毛主席万歳!〉。私の前に座っていた人々が立ち上がり、〈小紅書〉を高くかかげて振りながら、われを忘れてとび上がる」

周囲の紅衛兵が一目みようとみな立ちあがったため、足がしびれて座ったままの彼女は、見そこなっている。ようやく立ち上がった時、「生気なく沈んだ表情」の劉少奇の姿を見た。

文革初期の「毛主席万歳」には、まだ「文法」もなければ、「意味」もない。熱狂に伴う「ナンセンス語」であり、「我を忘れた」「雷鳴のような絶叫」でしかない。

だから、人は、その声に驚くが、しだいにスローガンとして定着してきてから発生する「笑うに笑えぬ」惨酷滑稽劇のように、意味や文法にとらわれていない。

国家に主席は一人しかいない

「毛主席万歳」

は、あたかも不動の成句ごとく、文革期にあって定着した。だが、それは宣伝的幻影でしかない。

不動なのは、「万歳」だけである。「共産主義万歳」とか「造反精神万歳」とか、あれこれ言えるように、「万歳」の上に来る人物の名も、いつでも〝その首とりかえ自由〟なのである。

文革中、作曲家でヴァイオリニストであった馬思聰《マースーツン》は、走資派の芸術家として「牛鬼蛇神」のレッテルを貼られた。のちにアメリカへ亡命する彼の手記「逃亡曲」の中に次のような「笑えない笑い」話がでてくる。（『ドキュメント現代史16　文化大革命』）

かつて「英雄」として祭りあげられていた「焦裕禄」を歌いあげる曲を彼は作ったことがあった。文革がはじまると、紅衛兵たちは、曲調が悲しすぎると批判した。当時「感傷」は、「プチブルの贅沢」と批判されていたのである。

まもなく、中央音楽学院長であった彼は、学校から呼びだしがかかる。学生の批判を受けるためである。

「わたしは咆えたてる数百の学生の群れの中に歩いていった。〈ブルジョア的権威を打倒せよ！　〇〇打倒！××打倒！〉そしてあらゆるスローガンにつづけて人々は〈毛沢東万歳《マオツオトンワンスエイ》！〉を叫ぶのだった。一人の男がまちがって〈馬思聰万歳《マースーツンワンスエイ》！〉とやってしまったので、皆が彼にとびかかって追い出した。（毛沢東と馬思聰の中国音はよく似ている）誰かがわたしにカバンを投げつけたが、なぐろうとする者はいなかった」

文字だけ見ているかぎり、似ているところはない。だが、発音となるとくせ者で、特に発声が綺麗でないと、人の耳に似て聞こえてしまうのである。しかし、まちがえて殴られた男は、「毛沢東万歳！」を「馬思聰万歳！」と叫んでいると聞きまちがえて叫んだとしても、たとえ、すこし常識はずれのあわてものだったとしても、不思議でなかったといえる。なぜなら、音楽家として著名な院長馬思聰が目の前を通っていくのだから。

また、こうも想像できるであろう。「毛沢東万歳」の流行をにがにがしく思っている男が、わざと発音が似ていることに着目して「馬思聰万歳！」を叫んだのだ。殴られる位は覚悟しての揶揄の行為だと。

というより、「万歳」の上に立つ名前は、このように、きわめて不安定だということである。

「毛主席万歳」は、台湾政府の「蔣介石万歳」に変換可能である。『ある紅衛兵の告白』（梁暁声著・朱建栄・山崎一子訳・一九九一年・情報センター出版局刊）にこんな話がある。

親友の王文琪が、鞄の中から一冊の雑誌をとりだす。『中国青年』のバックナンバーで、その裏表紙を示した。

「社員はみな向日葵」という表題の絵であった。

「数人の人民公社の青年男女社員が、鋤を肩に、意気高らかに、黄色の麦の穂波の中を行進している」

主人公は、おざなりに「よく描けているね」といってしまう。すると親友は「どこがよく描けてるんだ！」と反論する。驚いて、「文琪、これはとても革命的な絵だね。なんで、そんなことを言うんだ」と聞く。「とても革命的な絵だと？　革命的なんてくそくらえだ！」と彼は答えたので、「この絵の何を研究すると言うのだ。おれにはわからないが」と主人公は問う。ようやく王文琪は、こう答える。

「この絵は反動も反動、反動の最たるものだ！　絵の中に反動標語が隠されているのだ」

主人公の私はぽかんとしてしまう。それを見て、彼は大声で、わざと言《こと》一言《こと》、ゆっくりと言った。

「蒋、介、石、万、歳！」

その絵の中に「蒋介石万歳！」という反動標語が隠されているというのだ。しかし、どう見ても、そんな言葉など発見できない。

「この麦の穂をよく見てみろ。横になっているだろう。なぜ横になっているかわかるか」

「風が吹いているからだろう。この娘の髪も風に吹かれて横に靡いているじゃないか」

「さにあらず！　麦とは何だね。草本植物だろう。これは草冠《くさかんむり》を表しているんだ。蒋介石の蒋は何冠だ。草冠だろう。それからこの麦の茎をよく見てみろ。これは縦棒を表しているし、こっちも縦棒を表している。その上にこの麦の葉を加えれば、縦棒は、鈎に曲がるだろう。上の二枚の麦の葉が一つは右払い、一つは左払いだ。介の字じゃないか。それでも違うと思うか」

といった調子で、「蒋介石万歳」の隠し言葉を説明していくのである。「私」は、どうしても、こじつけに思えてならず、「これはおまえが気づいたことか」と聞く。

「おれがそんな鋭い目を持っているものか。中央通りの宣伝板に、この絵を数十倍に拡大して、階級闘争の教育の実例にしていたのだ。おれだって、教えられてはじめてわかったというわけだ……」

おそろしいことになった。こじつけの張本人は、党宣伝部なのである。「蔣介石万歳」を発見できずに、なまじ反対したりすると、「〈反動的〉立場で画家の行為を弁護する」ことになり、「階級闘争のねじの締め方が足りない」証拠となってしまうのに気づくからだ。

この「階級闘争の教育の実例」は、いかに「毛沢東万歳」というスローガンが、中国全土に定着してしまったかを示すだけでなく、「蔣介石万歳」にもなりうる不安を如実に示している。

だが、文革期にあって、「毛沢東万歳」というスローガンの仮想敵は、「劉少奇万歳」だったであろう。

鄭義の「小説・中国共産党三国志」という副題を持つ『天安門の六人』（丸山勝訳・一九九三年・読売新聞社刊）は、フィクションではあるが、きわめて説得力をもつ著作である。というのも、実録の類も、きわめて疑わしいからであり、なにが真相なのか、わからないからでもある。

『史記』以来、中国の史書は、極端にいえばみなフィクションだといえる。だから、かえってフィクションの中に中国流の「真相」が踊っていることがある。宣伝の「実相」も踊る。現実こそフィクションであり、フィクションこそ真実であるという認識が「中国」にはあるとさえいえる。『天安門の六人』の中に「劉少奇主席万歳！」という章がある。王光美の机の上に飾られた額縁の中の劉少奇が抜けだしてきて、彼女と対話するという単純な幻想的構成をとっている。彼女は、劉少奇の亡霊に対し「毛沢東思想」という新語を作り、『毛沢東選集』の主任であり、毛沢東の指名で「国家主席」ともなったあなたの命をなぜ彼は奪おうとしたのかと涙ぐみながら問う。

苦笑しながら、劉少奇は一息ついたあと、つぎのような話をはじめる。

「一九六一年に私が故郷の湖南省へ視察に行った時のことだが、あちこちの壁に〈劉主席万歳〉という大きなスローガンが書きつけてあるのを見た。私はすぐ地元の幹部を呼んで、それを即刻すべて塗り消すように指示した。わが党と国家には主席は一人だけしかいないから、もしスローガンを叫ぶとしたら〈毛主席万歳〉でなければばいけない、と言ってね。ところが毛主席は、こういうスローガンが出たことをどこかから聞きつけていたらしい。それから三年後に、党政治局員でそろって〈蘆蕩火種〉という革命模範劇を鑑賞した時に、たまたまそれがわかったんだ」

毛沢東も、湖南省の出身である。「国家には主席は一人だけしかいない」という理屈以上に、大問題である。ひいきのひき倒しである。

湖南省といっても広い。熱烈なる劉少奇びいきがいてもおかしくない。しかし、毛沢東をさしおいて「劉少奇万歳」とやられてはかなわない。「同郷」は、有効なコネの空間でもあるが、いがみあう空間でもある。毛沢東びいきは、忠義づらして、いがみあうように注進しないはずもない。あくまでも小説であるにしても、それに近いことがあったにちがいない。おそらく「いいじゃないか」と言いながら、心は屈折したにちがいない。

「劇が終わると、毛さんは政治局員と一緒にステージに上がり、劇団員と会った。俳優たちは喜んで〈毛主席万歳〉を叫んだんだね。すると毛さんは、手を振って万歳をやめさせて、冗談めかして言ったんだ。〈諸君、一人だけ個人の名前を挙げて万歳を叫ぶのはよろしくない〉

「〈劉主席には万歳は言わないのか。人民解放軍の総司令は万歳じゃないのか。総理はどうなんだ。そういうことになるからね。万歳を叫ぶんなら、ここに来ているみんなに万歳を唱えなくちゃならなくなる〉。俳優たちは、これはただの冗談だと思ってどっと笑ったが、私には毛さんの含むところがちゃんとわかった」

劉少奇というより、作者の鄭義は、毛沢東の屈折、重層した性格をよく知っているといわなくてはならない。このころの毛沢東は、偶像崇拝を否定していた。否定は、いつ肯定にひっくりかえるかわからない。

私は、こころみに『劉少奇選集』を調べてみた。講演報告、談話なども著作集に入るのが、中国のならいである。一九五〇年ごろの例をみても、講演の類は、たいてい「万歳」の連発でしめくくられている。ただし「偉大なるメーデー、全中国と全世界の勤労人民の祝日万歳」といったものは、「万歳」の上に人名が付されることはない。だが、「中国共産党成立三十周年祝賀大会における講演」（一九五一年）の中で、はっきり劉少奇は、「毛沢東万歳」をとなえている。「偉大な、光栄ある、正しい中国共産党万歳！」と叫んだあと、「わが党の創立者、指導者、中国人民革命の勝利的組織者、指導者同志毛沢東万歳！」と。劉少奇こそが、「毛沢東万歳！」というスローガンの創始者だったといえぬこともないのである。

三

毛主席は神様より偉い

「中国の紅衛兵は、毛沢東主席を神様のようにあがめているのではないか、これは個人崇拝に通じるものではないか」（高木健夫『紅衛兵』一九六七年・合同出版刊）

高木健夫は、大森実などとともに、文化大革命のはじまった一九六六年の中国の嵐、つまり紅衛兵旋風をこの目で見た数少ない一人である。文人記者ともいうべき彼は、たくさんの著書をもち、読売新聞の社友であったためか、十八年間の中国体験も生きたのか、紅衛兵と接するチャンスをもった。そのころ、世界中は、特に資本主義諸国（自由主義諸国）のインテリたちは、素朴に、紅衛兵たちの「毛沢東万歳」と叫ぶ熱狂をいぶかしがっていた。それは、単純な発想で、社会主義国は、彼等の宣伝通りに唯物主義と思いこんでいたから、「毛沢東万歳」に神格化や個人崇拝を見て、これは唯心主義ではないかと単純に疑問を抱いたわけだ。

資本主義国とて唯物主義であり、信仰の自由が許されているにすぎず、社会主義国とて建て前として信仰の自由を許していたということを、知らぬか、すっかり忘れていた。そもそも当時の社会主義国を見れば、過半数は、独裁政治で個人崇拝を強制していたはずで、「毛沢東」に対してのみ、異をとなえるのも妙なものである。

高木健夫もその一人であって、紅衛兵とのインタビューが許された時、「毛沢東主席を神様のようにあがめているのではないか」とつい問いただしてしまったのである。彼の「神様のように」の言葉に対し、紅衛兵たちがいっせいに朗らかな笑い声をあげたあと、その中の指導者は代表するように「毛主席は神様よりえらい」とズバリ断言してみせた。

「考えてごらんなさい、神様は伝説の世界のことで、わたしたちは見たこともない。ほんとうに全中国を指導し、解放したのは神様ではなくて、毛沢東主席の指導する中国共産党、人民解放軍だったではないか。これは、はっきりした歴史上の事実である。神様でもやらなかったことをやった人は、やっぱり神様よりえらいというはかないではないか」

このご明答に、高木健夫が、むっとしたかどうかわからぬが、「それならば、君たちは毛沢東主席のいっことは無批判できくのか」と問い返している。神様より偉いが、人間である。まちがいあれば「遠慮なく批判する」と、颯爽たる答である。

毛沢東が、「個人崇拝」を黙認したことはあきらかである。だが、高木健夫に「神より偉い」が人間である、と答えた紅衛兵が初期にいたことはまちがいなく、おそらく、まもなく彼等は排除され、或いは党に反抗し、弾圧されただろう。

毛主席と握手したるはこの手なりと紅衛兵は誇らかに叫べり
乙女子は声のかぎりに毛主席万歳と叫び涙流せり

これは、文革の嵐を見た高木健夫の短歌だが、個人崇拝とともに、毛沢東を大スター化している要素が混じっていたともいえる。自由主義諸国の若者が、ビートルズに熱狂したのと、同質のものである。毛沢東は歌わなかったが、詩があり、語録があり、代って彼等がそれを歌った。スローガン化した「毛沢東万歳」も歌になった。

だが、この「毛沢東万歳」は、時とともに変質していく。「毛沢東万歳」を叫ぶのは、紅衛兵の特権ではなくなっていく。民衆のものとなっていく。強制だけでなく、生き抜くための知恵として、彼等は「毛沢東万歳」を叫ぶ。かくて「毛沢東万歳」は、歪みつつ、いよいよ生き延びていく。

のちに毛沢東は、「万歳」はともかく、「偉大」の連発をよせと宣伝部に指示したが、制御しようもなかった。毛沢東が「万歳」をいったん利用した以上、民衆も利用する。権力闘争するものたちは、たがいに利用しあう。ただその歪みの中で、やはり神の如く毛沢東を素朴に信仰するものが、かなりいたのも、事実なのである。それは、信仰といってよい。中国では、古代から善政を施した官吏は、死後、神となった。いや、生きている時でさえ、神となった。この土俗信仰の対象に、中国を解放した時からなっていた側面がある。この信仰は、毛沢東の政治的必要上の演出や個人的な嫌悪などに、なんら構うところのないものだ。

「常に叫ばれ続けた〈万歳〉の声は、毛を無邪気にしてしまった。磁石の磁力が消滅しても、人民はなお彼を無条件に擁護すると思ったのだ。だが、すでに役どころは入れ替わっていた。彼は依然として偶像だったが、別の目的を実現するために利用されるようになっていた」

『私の紅衛兵時代』の中で、陳凱歌はこう言う。もう死んでしまった以上、「万歳」を叫ぶものはいないが、「利用」ということでは、今もなお「毛沢東」は生きつづけている。「皇帝」を強力に意識していた毛沢東は、無邪気だったといえるし、その運命を知り尽くしていた彼は無邪気でなかったともいえる。私は、百年やそこらは、なお「利用」するものは続き、土俗信仰的「毛沢東」崇拝は、中国解放を体験した人が生き残っているころまでは続くだろうと思う。

命を賭けた絶対のスローガン

ここで、土俗信仰的なものは、あらゆるイデオロギーの工作や民衆の知恵をのりこえていることを踏まえつつ、もうすこし、文革中の「毛沢東万歳」の「利用」のしかたと「強制」の例、そしてしたたかな「抵抗」のありかたをみておきたい。

まっすぐにわれをみつめて揺るがざりき革命に捧げて悔いなき瞳

これも高木健夫の短歌だが、とかく大人は、この少年少女たちの「瞳」に戸惑う。戸惑いつつ感傷してしまうとその暴力までも美化しかねない。中国の民衆（一般人もインテリも）は、その暴力を見て、その「瞳」にだまされず冷やかだったが、「毛沢東」をふりかざす暴力をやはり怖れた。紅衛兵が威力を失うと、同じ暴力をもって打ちかえしている。「瞳」に濁りがないのは、無知のためであり、生理的には、まだ機械としての目が新しいからにすぎない。

「無垢な青年の魂が政治に利用され」などという表現は、だから、ほどほどにしておかなくてはならぬのだ。「利用」されもするが「利用」にも乗るのである。そう断わけしておかないと、若者を見くびることになる。

一九六八年の夏ごろから、紅衛兵に対する弾圧がはじまり、海を泳いで脱出をはかるものが続出した。一九七三年六月号の『文藝春秋』に、その一人である「ケン・リン」という青年の手記がのっている。（『紅衛兵の〈裏切られた革命〉』大門一男訳）かつて彼は福建紅衛兵の幹部クラスだった。

「経験交流」のため無料の列車に乗って北京へ向うが、超満員なだけでなく、最も困ったのはトイレだったと告白している。

「男は列車が走っている間に、ズボンを下げて窓からすれば簡単だが、女はそうはいかず、いかにもみじめだった」

つまり、たれ流しである。その臭気で、列車は「走る監獄」だった。「床がびしょ濡れになってきたので、ぼくらはナイフで列車の床に穴をあけた。これが女生徒たちの臨時トイレになった」という。まさに黄金の経験である。彼が最もびっくりしたのは、列車にのりこんでくる安徽省の乞食の群れである。

保安当局は、定期的に浮浪者狩りをし、無料乗車券とお金を渡し、国へ帰らせようとした。乞食たちは、金を貰うと、

「毛主席万歳！」

を叫んだ。乞食たちは、このスローガンの「利用」のしかたをよく知っているのである。皮肉でもあり、飢えるものに対処できない毛沢東への「抵抗」でもある。それが、はっきりするのは、金がなくなった時である。

「毛沢東のおやじは犬だった！」

とわめくのである。「犬」とは、蔣介石のスパイだったという意味だろう。つまり、彼等は、逮捕されるのを望んでいる。監獄に入れば、くさい飯にありつけるからだ。乞食の凄まじい光景を見て、少女の一人は、「これが新しい中国なの」と泣きだしたりする。まさに毛沢東は、紅衛兵たちに一大教育を課したわけだ。

ようやく北京へ着き、天安門広場で、七時間待ってようやく毛沢東の姿をついに見るのだが、ここでもトイレの問題がおこっている。百万の紅衛兵が集っているのだから、広場に用意された二、三百の便所ではまにあわないので、たれ流しとなる。「群衆は歓呼の声を挙げた。僕も何度もとび上がり、〈毛主席万歳〉と手を上げて叫んだ。そのうち、ぼくは鞋《くつ》の片方が脱げ落ちたのに気づいた。ぼくは人を押し分けてかがみ、鞋を拾って穿くと、また立ち上って毛沢東を見た。ぼくのまわりでも同じことをやっていた」

どうして鞋が脱げるのだろうか。ひとつわからない。おそらく毛沢東を見ようと背伸びするからであろうか。

それとも中国の鞋は脱げやすくできているのだろうか。

もちろん、紅衛兵接見の群衆写真から、このような青年たちのあせりなどは見えてこない。アップと俯瞰の撮影により、その数の凄さと紅衛兵の熱狂する姿が強調されるのみである。ましてや、たれ流しによる悪臭など匂ってこない。ケン・リンは、自分たちの熱狂は、偽りのものだと正直に言っている。「本当に熱狂していたら、どうして周囲のことだの、鞋のことなど気になるだろう？」と。少年少女たちは、偽りの演出に対し、偽りの心（いい加減というべきか）をもって対したのだといわんばかりである。亡命したばかりの青年の告白であり、わざと悪ぶって見せたともいえるし、筆録するアメリカの学者の誘導質問にひっかかったともいえる。いずれにしろ、

「毛沢東万歳！」

と耳割れんばかりに轟いた叫びの背後には、純粋のみが宿っていたわけでない。毛沢東への敬愛の精神からすれば、広場を小便で濡らすことは、冒瀆である。純粋と排泄は矛盾するものでないが、純粋が強調されすぎると、やはり妙なものとなってくる。またケン・リンは双眼鏡持参で、天安門広場へやってきて毛沢東をその二つの穴から拡大して覗いている。この双眼鏡は、彼等の弾劾に耐えかねて自殺した教師の家から、死んだとて罪は消えぬとなお押し入った際に失敬してきたものだった。あまりの仲間の狼藉に耐えられず、家の百科事典を読むふりをして加担を避けたセンシビリティと同時に、欲しかった双眼鏡を失敬してくる勇気はもっていたのである。

「毛沢東万歳」

の叫びが、一種の痴呆に近い快楽であり、自己放棄の感謝の声であるうちは、まだよい。それが政治的スローガンとして成長していくと、かならず病理の影がでてくる。梁暁声の『ある紅衛兵の告白』の中に、こんな話がでてくる。

友人が、こんなカレンダーを主人公に見せる。「白い髭の老人が、五、六歳の少女にローマ字を教えている」絵が描かれている。よく見ると、ローマ字の振ってある字は〈毛主席万……〉の四字だった。なぜだ？ なぜ

「歳」を書かないのかと友人はいう。「不敬」に当り、字を書き足す余白なしとも思ってみるが、自信なげに「作者はこれを描いた時、そこまで考えなかったのではないか」と主人公は答える。

これは省略法であり、余韻をひきだす絵画のイロハのはずだが、「毛沢東万歳」がスローガン化して硬直したからには、まさに「不敬」へ転じる。友人は「さにあらず」と主人公の答を否定し、少女のおさげに結んであるリボンに「打」という文字が、髪の毛の中に「倒」の字が隠されている、つまり「毛主席を打倒せよ」という反動標語なのだと証明してみせる。

一種の遊びだともいえるが、この硬直の時代に、その余裕などない。むしろ脅迫宣伝の道具と化してしまっているのである。こじつけだといっても、ほとんど無意味であり、この謎かけに答えられないと、一家の命さえ危うくなる。

この『ある紅衛兵の告白』の中に、「毛主席万歳」が、まるで独立した「声の生物」、もし「悪魔」がいるなら声そのものが悪魔の姿をなして、おそろしげに、せせら笑うが如く動いていくくだりがある。それは、人々の強迫神経症のあらわれだとも言える。たとえば、主人公の友人が「紅衛兵」と紅衛兵になれない紅外囲集会の席で、まるで「てんかん」でも起したように、「突然飛び上がり、跳ね上がって、腕を振りまわしながら」、「毛主席万歳！　毛主席万歳！　毛主席万歳！」

を叫びだすくだりである。あまりの突発性に、三十秒は仲間もポカンとしてしまう。ふつう、この「毛主席万歳」には、どこで叫ぶかの段取りがあり、かならず誘導するものがいるからである。それが無視されたので、一瞬の空白ができたのであるが、そのまま沈黙していると不敬どころか反動と思われかねないことに気づき、あわてて、場にいあわせたものたちは、ただ、わけもなく「毛主席万歳」を叫ばねばならない。しかもこの友人は、発作の勢いを利用しており、「毛主席万歳！」と叫ぶのをやめようとしない。

「台の上の紅衛兵のリーダーたちも彼と一緒に叫ばないわけにはいかなかった」

「ひっきりなしにたった一つのスローガンだけを叫んでいると、たとえそれが最も革命的なスローガンであったとしても、十数回も叫べば飽きてくるし、喉も痛くなってしまう」

「〔私も〕叫びながら彼を見ると、顔には感動よりはむしろ快感を吐き出しているような表情が読み取れた」

「私は彼が意を決して、声を振り絞って、紅衛兵と〈紅外囲〉の喉を潰してしまおうとしているのではあるまいかと疑ってしまった」

考えようによって、この果てしなく続く「毛主席万歳」の連呼は、文化大革命批判だともいえるし、その中に内在する狂気をあえて体現してみせたのだともいえる。「わたしたちはただ何万回となくこおどりして、毛主席万歳！　万歳！　万々歳！　と高らかに歓迎するばかりです」（ジョージ・ロビンソン『未完の文化大革命』安藤次郎訳・一九七〇年・東洋経済新報社刊）と口ではいえても、やはり修辞でしかない。この修辞通りに主人公の友人は実行に移そうとしている。

だれも叫ぶなとか叫び過ぎだとか、絶対に言えないものに「毛沢東万歳」はいまや成長してしまっている。いつもは先導役のリーダーたちも、台上でうんざりしているが、しかたなく一緒に叫ぶしかない。このノンフィクションの中でも、もっともおそろしい場面の一つである。

この果てしなき連呼の地獄を中断させたのは、腕章をつけることのできない「紅外囲」のだれかが立ち上がり、「畜生」と呟いたものがいると注進したことである。ここで、ようやく「毛主席万歳」という連呼の地獄から抜けだせたわけで、みんなはホッとしたはずだが、こんどは、その犯人さがしが、あらたな地獄となる。「畜生」は、「敬虔」に万歳を叫ぶものへの侮辱であるだけでなく、みんなの気持を代表してもいたから複雑である。梁暁声は、こう述べる。

「一緒にスローガンを一、二回叫んだときは十分に敬虔であり、三、四回目にはまだ八、七割方敬虔であっても、五回、六回、七回、八回ときりがないほど叫び続けているうちに、いかなる敬虔さもすっかり消え失せてしまう。

いかなる事でも、いかなる時でも、敬虔さを失ったときに、それを悟られるのは我慢できないものだ」我慢できないどころか命が危いのである。

万歳から万砕へ

ウー・ニンクンの『シングル・ティアー』（滝川義人訳・一九九三年・原書房刊）は、文革中、右派反革命分子として下放された英文学教授の手記である。

「下放」といっても、「牛舎」に軟禁され、たえず査問を受け批判集会にひっぱりだされ、しかも集団白状書をまとめあげて、それを暗記し、毎朝、毛沢東の胸像に向って斉唱しなければならなかった。（三度の食後にも、毛主席万歳を肖像画に向って叫んだ）

「われわれは、あなた様と不滅の毛沢東思想そして光輝ある革命路線に対して罪を犯した、反革命分子の集まりであります……われらは、毛沢東思想という顕微鏡をもってわれらの罪深い過去をつぶさに点検し、新しい緑葉に生まれ返って、できるかぎりすみやかにあなた様の光輝ある革命路線へ復帰することを、ここに厳粛にお誓い申し上げます」

といった調子で、最後は、「偉大な指導者毛主席万歳！」「中国人民の偉大なる救済主万歳！」「不滅の毛沢東思想万歳！」「毛主席の光輝ある革命路線万歳！」を叫ぶのである。まさに強制であるが、たんなる押しつけでなく、自発性が強制されるわけだ。下放地では、紅衛兵が彼等を監理した。

だが、一九六九年ごろから、彼の手記によると、猛毒の風を巻きおこした「毛主席万歳」の声も、やや鳴りをひそめたようだ。

ある日、昼食をとりにきた紅衛兵が、例によって「毛主席万歳」を叫んでいると、彼等を指導している労働者

がやってきて、

「お前たち、何をしているつもりか？　封建的な堕落行為をやるんじゃない！」

と一喝する。

紅衛兵は、時代の風にのり遅れたかと、びっくり仰天する。紅衛兵が四旧破壊にのりだしたころより、この「毛主席万歳」がはじまった。この「万歳」は、どうしたって四旧の行為なのだが、高木健夫に紅衛兵が快活に答えたように、毛沢東は神より凄いという超論理によって特例化された。しかし、風向き次第で、すぐにもとの封建的慣習へ戻ってしまうものでもあったのだ。この「毛主席万歳」を叫ぶことが禁止になったわけでないが、緩和の指令はでたといえるだろう。それは、紅衛兵の骨抜きの完了を意味してもいる。

しかし、「万歳」を元の意味に還元するなら、人間の生命にかぎりあることを大前提にした「永遠なれ」の祈りなのである。病院では、朝礼に際し、かならず『毛主席万歳、万歳、万々歳！　毛主席の親密な戦友林副主席身体健康健康』を祈ったという。（近藤妙子『北京の二十年』一九八四年・新潮社刊）病院らしいといえばいえるが、林彪に対しては「健康」だけで、毛沢東には「永遠」を祈ったわけだ。林彪は、毛沢東の「永遠」を阻もうとして、失敗し自ら先に死ぬ。「身体健康健康」は、すぐにも削除されたであろう。

とはいえ、毛沢東の生命も、あれほど「万歳」の応援を受けながら、数年後には、林彪のあとを追うことになる。『アジア・レビュー』（一九七六年冬号）に「北京レポート」を寄せていた北恭子は、「過さん」という四十ぐらいの女性の、

「毛主席万歳！　と、もういえなくなりました」

という呆然とした呟きを記している。なるほど「万歳」の語は、意味の上では、毛沢東の死により反故となったのである。北恭子は、文革中の職場の闘争を想い浮べ、あらゆるスローガンの中で、もっとも人々が「心をこめ、熱狂」したのは、「毛主席万歳！」だったとし、「旧中国の苦しさと、今の幸せをひっくるめたあらゆる感謝

をこめていたのではないか」と述べているが、感傷である。ただ、二分は正しいといえる。
「万歳《ワンソイ》」は「万砕《ワンソイ》」にも通じる。「万砕」は、「粉々に砕けろ」である。『諸君!』の一九七七年一月号に発表された佐藤慎一郎の「毛沢東〈万歳!〉と〈万砕〉」によると、元紅衛兵は、「私たちが、毛主席ばんざいを叫ぶ時のばんざいは、万砕の方を叫んでいるんです」と彼に語ったというが、そうだったとすれば、毛沢東が紅衛兵を棄てた時からだろう。

毛沢東の死が伝えられると、香港では、「毛沢東万砕」の標語が早くも貼られたという。だが、意味の空無化されたスローガンとしての「毛沢東万歳」であるなら、機あらば、いつでも甦える用意がなされているといえる。

★紅衛兵の腕章

「一」 無限の通行証

今も同じかもしれないが、中国文化大革命の風俗としてもっとも興味があるのは、「やくざ」と「乞食」の存在である。一面、彼等は、この動乱の中を、どこ吹く風、悠然とふてぶてしく生きていたと思うからだ。

一九六六年の十月、紅衛兵のケン・リンは、厦門《アモイ》八中の代表に選ばれ、福州厦門市から汽車に乗って経験交流のため（葉飛らへの批判闘争に参加するため）、北京へ向かう。彼は、ズックの鞄の中に、「他の団体と交換する紅衛兵腕章」をしのばせている。（「紅衛兵の〈裏切られた革命〉」）

このころ、すでに紅衛兵の腕章は、団体によって特色のあるものを作るようになっていて、「毛沢東バッジ」と同じように交換の対象となっていた。このようなことは、少年少女たちは、いつだって早い。一度腕章を貰う権利をうると、予備に同じものを何枚も持っていても違反ではなかったようだ。

旅の途中、ケン・リンと仲間を乗せた列車は浙江省の小駅にさしかかったころ、急ブレーキをかけて停車している。

何百人もの乞食たちが、線路の上に寝ていたからである。列車を停め、乗りこむ

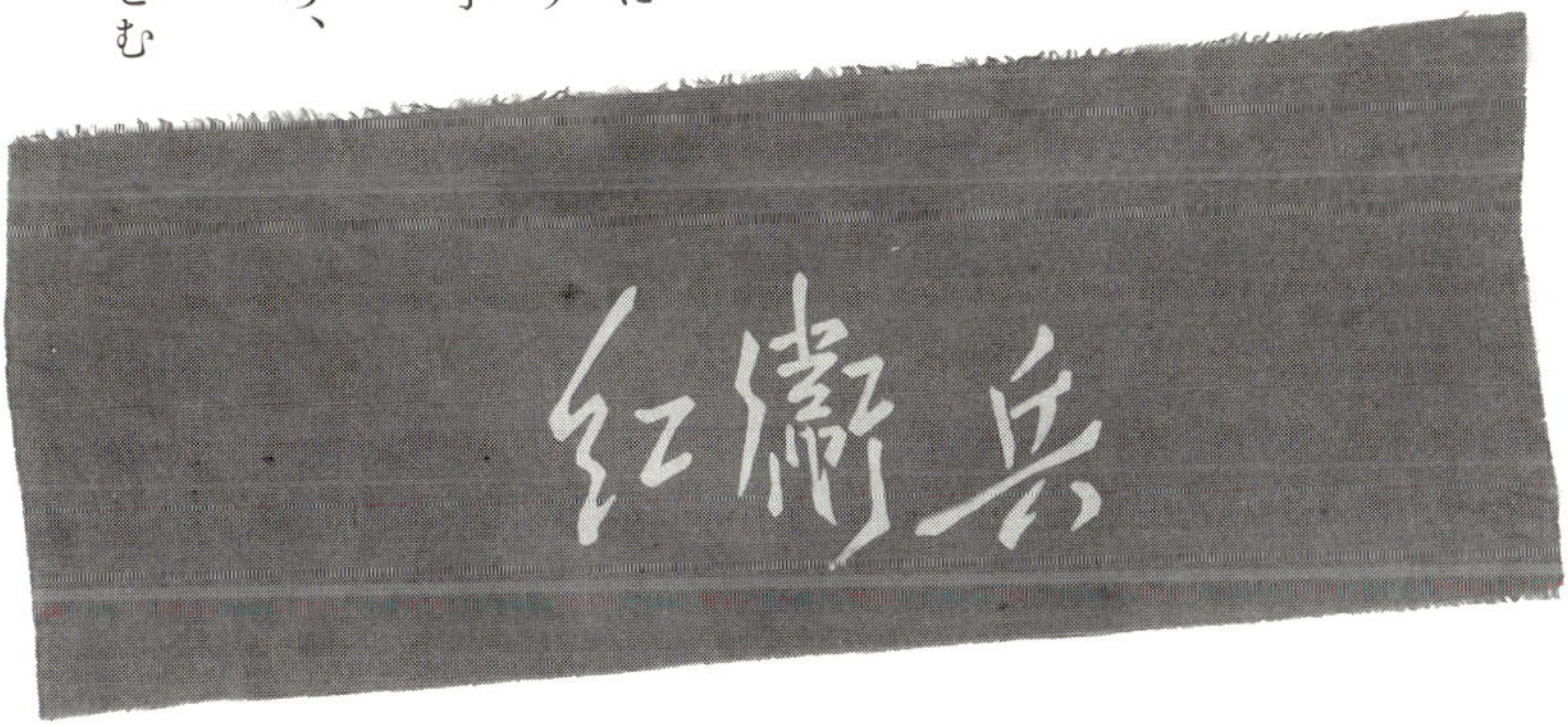

❖……筆者が所蔵していた紅衛兵の腕章。赤地に黄色の文字で「紅衛兵」とプリントされている

ため、わざと寝ていたのである。乞食たちの手だとわかっていても、ひき殺すわけにもいかぬので、しかたなく運転手は列車を停める。停まるや、彼等は鉄棒でガラスを割って、車内に侵入してくる。ケン・リンの車輌にも乞食たちはやってきて、紅衛兵の腕章を巻いた中学生の彼等を見とがめると、席をゆずれと強要した。

「おれたちを乞食だと思うなよ。おれたちだって紅衛兵なんだ」

とかく乞食は、人を食ったセリフをいう特性がある。それができないようなら、乞食の資格がない。彼等は、紅衛兵が、急に異常な権力をもったことを知っているのである。

「じゃなぜ制服を着て、腕章を巻いてないんです」

こわかったにちがいないが、ケン・リンは、こう尋ねかえしている。

「おれたちは腹を満たすこともできないんだ。どうして服が買える？　それともおれに金を貸してくれるか？」

彼等はふてぶてしい。乞食といっても、飢饉などで村を棄てた流民であり、食を求めて中国中放浪している民なのである。反乱などがおこれば、彼等は兵となる。反乱者は、彼等を拾って軍勢をふくらまし、時に王朝を倒す。むかし、乞食をインタビューしたことがある。彼等はみなわけ知りであり、情報通であり、暇あれば、拾ってきた新聞をすみからすみまで読んでいるので、なかなかの知識人であり、「おれたちを乞食と思うなよ」の自負を心の底にひめている。へたなことをいうと、ヤケドする。彼等は独特の話術をもっている。

ケン・リンは、金がないから紅衛兵の制服を買えないという乞食（おそらく若者にちがいない）のセリフをきいて、なんだ、紅衛兵だなんて嘘をついてと思ったにちがいない。そういうケンの心をみすかすかのように、

「彼はポケットから紅衛兵の腕章を出すと、僕の前でひらひらさせて見せた」

この乞食は、「紅衛兵の腕章」に憧れているのではなく、「威光」をよく知っていたのである。上手に用いれば、この腕章ひとつで、ニセの紅衛兵にさえなれる。

一九六六年九月二日、「紅衛兵条例」が、すでに発布されていた。それによると、「標示」として、「紅衛兵は

赤い腕章をつけ、紅衛兵という三つの文字を黄色で書く」と規定されている。赤い色をのぞけば、その「三字」という文字数は、かならずしも守られていたといえないが、ケンのいう「制服」の規定などないのである。軍服軍帽、ベルトは流行にすぎない。

「入隊手続き」は、「各人が申請し、大衆討論し、組織が審査決定する」といったものだが、時に応じてニセの紅衛兵でよいのなら、赤い腕章が手に入ればよい。どこかで盗んだのか、脅しとったのか、乞食は、チャッカリ腕章をもっていたのである。ポケットにしのばせていたのは、今は、「乞食」スタイルのほうが、生きていくのに有利であり、この腕章でなんらかの余得にありつけるチャンスにぶつかれば、さっと腕に巻けばよいのである。

ケンが言っているように、紅衛兵は、「無料乗車券」、交流経費として「三百元」、「宿泊費用無料」という権益をもっていた。食事は自己負担だといっているが、腕章があれば、タダでありつけたのである。

作家魯迅の孫で、台湾に亡命した周令飛の『北京よ、さらば』を読むと、文革がはじまった一九六六年、彼は、中学二年生であった。紅衛兵の入隊申請の手続きをするが、「見事に拒絶された」とある。彼の通っている学校の生徒は、「資本主義の黒い苗」とされていたのである。

母の弟（ずっと年齢の離れた末弟か）は、上海の紅衛兵のリーダーで北京へ経験交流にやってきた。周令飛は、母の実家は「民族ブルジョワ階級」なので、どうして「紅衛兵」になれたのか、しきりといぶかしがっているが、齢はそうかわらなくても叔父に当たる彼の尻にくっついて、大陸の大半を交流して歩くことになる。まさに情実のコネによる悪用である。腕章ぐらいは、簡単に叔父が手にいれてくれたであろう。つまり彼もまたニセの紅衛兵であった。

「造反の大旗の下に私たちは長江の南北を走破したが、それは紅衛兵の腕章がだれからも阻止されない無限の通行証だったからだ」

この叔父も周令飛も、紅衛兵の権益を利用して、大陸を観光旅行して歩いたといってよい。叔父は不良紅衛兵であり、周令飛はニセの紅衛兵であった。もちろん各地でそれなりの造反活動をしたと思えるが、周令飛が気にいったのは、ビラまきであった。各地方の、

「各機関の紙やインクを使って随時宣伝ビラをバラまくことに最大の興味を覚えた。私は一度汽車の昇降口に立って線路の両側の人にビラをまいたことがあった」

「そのビラには〈×××を打倒しよう〉とか、〈だれそれを引きずり出せ〉、〈どこそこの省を砲撃しよう〉とか〈だれそれの頭を叩き割れ〉、などと書かれていた」

「私はそれが宙天高く舞い上がるのを見て心が晴れ晴れし、紅衛兵に参加して本当によかった、実に光栄だ、とその当時は思っていた」

まだ中学生だ。しかたなしともいえるが、太平楽である。この魯迅の孫は、文革を回想して、

「〈造反行列〉に参加した数千万の紅衛兵のなかには、おそらく私と同じように興味本位の者も多かったのではないかと思う」

「もちろん〈革命目的〉追求のための人もいたことは否定できない。だが実際のところ、大部分の紅衛兵は〈遊び半分〉だったのではないだろうか？」

と正直に答えている。彼は、「物見遊山」であることを隠さないのである。ボンボンである。

彼は、叔父から融通を受けた「紅衛兵の腕章」に対し、「無限の通行証」だと言っているが、いつも腕に巻いていたわけでもないらしい。大都市育ちの上海や北京の紅衛兵たちには、いつも腕章を巻きつけているのは、かっこ悪しという観念があって、ふだんは、はずしていたとも考えられる。ある時は、南方の貴陽に、すごく遅れて、ようやく汽車が到着した時などは、おなかがよほどすいていたのか、

「私たちは大急ぎで紅衛兵の腕章をつけ、〈造反大隊〉の接待所に飛び込んで飯を食った」

とある。これまた「腕章」の威力というしかない。

「遊び半分」の周令飛も、列車から沿線の民衆に向かってビラを撒いた時「光栄」を感じている。これは「紅衛兵の腕章」を巻いている故におこる心理現象であるだろう。

紅衛兵の経験交流は、果てしなき満員列車の旅であった。いくらロハだといっても、食事には困ったらしい。なにしろ彼らは、食べざかりなのである。列車に食堂があったとしても、紅衛兵で鮨詰めであって見れば、機能を果たさなかっただろう。

ケン・リンの経験交流に話を戻すならば、飢えた彼等は、ある駅に着いた時、ドッと汽車から飛び降り、ハム、ナシ、干し牛肉、肉饅頭の並べてある売店を襲撃している。

「売子は仰天して〈金が先だ！　金が先だ！〉と叫んだが、金を持たない何人かは食べものを抱えて走り去った。一人がそうすると、何百人もがそれを見習った。売子は地面に押し倒され、売店はひっくり返された」

群衆心理である。ケン・リンも生まれてはじめて「かっぱらい」をやったと告白している。飢えもあるが、やはり「面白半分」もあるだろう。しかしこの時、ケン・リンは、後悔するようなできごとを体験している。

「列車が出る直前、ぼくは仲間の一人がいないことに気づいた。窓から見ると、彼はまだ地面のものを拾っていたので、ぼくは手を振ってどなったが、もう遅かった。ぼくらが最後に見たのは、売子たちに囲まれている彼の後ろ姿だった」

同行八人（男五人女三人）の一人を置き去りにしてしまったのだ。涙がでてくるようなくだりである。どうやら食べ物に関するかぎり、「紅衛兵の腕章」が、効き目を発揮するのは、各地の、「接待所」だけだったようだ。仲間の女の子たちは、しょんぼりしてしまい、ついにはケン・リンを責めだした。

「匪賊みたいな略奪を働いた上、同志を一人失って、紅衛兵の腕章にドロを塗った」

女子紅衛兵たちが「腕章に泥を塗った」となじったのは、どういう意味であろうか。

それは、腕章をつけることによって心に生じる栄光、光栄、名誉といった感覚、気分、観念の「存在」を無視しては成立しないものである。ノンポリ少年である周令飛でさえ、列車からビラを撒いている時に覚えた誇らかな昂揚感（錯覚でもある）とも連絡している。

この昂揚感は、特権意識、エリート意識にもつながっている。マイナスに働けば、権利権力の乱用となる。プラスに働けば、純粋の表現、模範の行動となる。このプラス面も、偽善や信じこみの危険性と皮一枚であり、過剰となれば大きくマイナスに働く。悪用のマイナス面と同様、暴力にまで発展する。暴力の絶対肯定である。

その象徴として「紅衛兵の腕章」がある。

「最初の紅衛兵組織ができたのは同年（一九六六年）五月二十九日、清華大学付属中学であった。文化大革命で自分たちの役割を演じよう、と考えた十四、五歳までの少年たちの組織であった」

「彼らは紅衛兵という黄色い文字を捺《お》した赤い木綿の腕章をつけた。このアイデアはたちまち人気を博し、間もなく首都のあらゆる学校に紅衛兵が出現するに至った」

右はジャック・チェンの『文化大革命の内側で』からの引用である。当時、彼はジャーナリストであった。「ブルジョア的権威者」として批判にさらされたこともある。

「腕章」の威力は、ヒットラーとゲッベルスのナチスが証明ずみである。しかし、この「紅衛兵の腕章」は、たんなる「標識」として上から下へもたらされたものでない。ひょんな少年たちのアイデアの具体化から、とんとん拍子に発展し、いわば流行現象化したもので、最終的には上から、よしと承認されたものである。

当時、清華大学付属中学の生徒で「紅衛兵」の名付け親である張承志は、腕章のアイデアも出したわけではないが、この着用が流行現象となって全国に氾濫した時、かならずしも肯定的でなかった。

八月の中旬になって「経験交流」の嵐が大陸に吹き荒れた時、福州の紅衛兵ケン・リンや、上海の紅衛兵についてまわった北京生まれの周令飛と同じように、彼もまた北京から地方に出ている。ナチスもヒットラー・ユーゲントや労働者に対して用いた「無銭旅行」の餌だが、この魅力に勝てなかったと見える。この「革命大《タ》串《チョア》連《ンリエン》」とも呼ばれた「経験交流」を彼は、その著『紅衛兵の時代』の中で、「〈新しい事物〉が出現した」と言っている。この表現は、面白い。文化大革命は、「事物」を乱発した時代なのである。

「八月十四日、私は酈桃生、哈紅星ら十数人の仲間と夜汽車に乗り、中国の西北部へ出発した。列車内を埋めつくした紅衛兵の中で、清華付中の紅衛兵十数人だけが腕章をつけていなかった――私たちは腕章を強調するのは形式主義だと見なしていたからである」

張承志は、こう言っている。

彼と仲間の行動は、紅衛兵運動は自分たちよりはじまったという誇りからきている。

「他とは違うことを認めてほしいというエリート主義的な心情は、清華付中紅衛兵の特質ともいうべきものだった」とも自ら述べている。

少年少女たちには、付和雷同しなければ心の落ちつかぬところと、みんなと一緒はいやだというところがある。前者は、大多数である。

後者は、へそまがりだともいわれるが、正統だという誇りもある。みせびらかしは恥であるというセンスでもある。形式主義だと張承志がいうように、批判精神も旺盛であり、誠実だが、少数派におちるとシニックになる。こういう精神の動きは、「流行」の敵である。ノンポリ自任のいいかげんな少年である周令飛なども経験交流中にいつもこれ見よがしに「紅衛兵の腕章」をつけていることは、形式主義で毛沢東主義に反するという批判の目はなかったにしても、恥ずかしい、かっこ悪いと思うところがあったのだろう。

しかし、張承志らが経験交流の旅に出てから四日後の八月十八日、毛沢東が紅衛兵と接見した。この時、毛沢東が、「紅衛兵の腕章」をつけたことは、これまでも何度か述べたが、このことをジャック・チェンは、

「象徴的であった」

としている。

その象徴性は、きわめて多義的である。いろいろな意味を包含していて、いろいろ言うことができるが、だからこそ象徴的なのである。全国から北京へやってきた若者たちを社で世話し、宿や毛布をあたえ、食堂を利用させ、自ら衣類もあたえることのあったジャック・チェンは、「青年」ということを考えたようだ。

「彼〔毛沢東〕は中国の青年のことを気づかっていたのである」

実際に、毛沢東は、青年たちに対し気をつかっていたことを私も疑わない。だが、利用しようとしていたことも疑いようもない。それが政治である。いったい、毛沢東は、どのように気をつかっていたのか。

「結局のところ、青年たちは、その親たちが参加するか、少なくとも、目撃していたところの革命的な闘争について何ひとつ知っていなかった」

「青年たちは古い社会のことを何ひとつ知っていなかった。親たちが若いものに節約しなければいかん、といって、昔のひどい暮しのことを語ってきかせると、考えのない若者たちのなかには〈そう、でもいまは社会主義の中国なのだよ！〉と口答えしたりするものもある有様だった」

「青年たちはしっかりしているであろうか？　青年たちは現代世界の混乱のなかで前進していく道をみつけることができるだろうか？」

「この青年たち、あるいはそのつぎの世代は、ジョン・フォスター・ダレス（元米国務長官）が予言したように、資本主義の道をすすむようになるのであろうか」

青年に気をつかっているのは、ジャック・チェンこそだともいえる。毛沢東は、この大集会の日、軍服を着ていた。その腕に「紅衛兵の腕章」を巻くことを認めた。このことに対し、ジャック・チェンは、「象徴」を見たにちがいない。革命を知らない青年との握手という単純なものでもない。

「この年とった戦士は人民解放軍の軍服をまとっていた。彼は国を紅くしておくために、そして殆ど真っ白になるくらい色あせてしまった部分を、もう一度紅く塗りつけるために、再び戦場へとおもむきつつあったからである」

ジャック・チェンこそが、毛沢東の中に自分の理想を勝手に見ている感じでもあるが、毛沢東にも、革命を知らない青年に戦場をあたえ革命を経験させるというような考えがなかったといえない。

そのような意味でも、いきがり、かっこつけたがる清華大付属中学生の気まぐれから流行したともいえる「紅衛兵の腕章」を自らつけることは、「象徴的だった」のである。

赤は、革命の赤、共産党の赤。その赤い腕章の上に黄色で書かれた「紅衛兵」の三文字は、わざわざ毛沢東が彼等に書いてあたえたわけでない。しかし、書体は、毛沢東の手そのものである。紅衛兵のだれかが、これまでの毛沢東の「書」の群から「紅」と「衛」と「兵」を集めてきて一つにしたのである。これを「集字」という。

毛沢東が、それを腕に巻くことは、まさに「象徴的」なことだったのである。「紅衛兵」が、この瞬間から、「毛沢東」とともにあり、「毛沢東」のものとなったことを意味する。毛沢東の書を「集字」して作った「紅衛兵の腕章」の意味は、遠くから第三者が考えている以上に大きいのである。

さて、腕章を見せびらかし、やたら「紅衛兵」たることを強調するのは「形式主義」であり、あえて経験交流の旅にも持参しなかった「第一世代」の紅衛兵である張承志は、毛沢東の紅衛兵接見を旅の途中で知った。おそらくテレビで見、新聞で知ったのだろう。北京に残っていた清華付属中の仲間数十人も天安門城楼で、毛沢東と一緒に写真を撮るチャンスをえたことも知った。切歯扼腕、口惜しかったにちがいない。

「私たちは僻遠の地で赤い布を買い、それを切って腕章にした。新しい時期が始まったのだ」

赤い布を買ったということは、必要な時のみ腕に巻き、ふだんはポケットにしまいこんでおくのではなく、実際にはじめから持参しなかったことがわかる。

「新しい時期が始まったのだ」

という彼の言葉は、意味深長である。

かっぱらいをやったばかりに友だちの一人を置き去りにした厦門の紅衛兵ケン・リンが、仲間の女子紅衛兵に「腕章に泥を塗った」となじられたのは、毛沢東の顔に泥を塗ったと同然に変わっていたからである。

二

猛威をふるう「赤い腕章」

旧華族の西園寺公一は、若いころ社会主義に興味を抱いた父の公望の血が騒ぐのか、日中友好の仕事のためもあって、一九五八年から北京に住みこんでいた。趣味は、魚釣りである。一九六六年の八月、まさに文革の始まった真っ最中、「呑気すぎると思いはしたものの」、釣竿持参で哈尔浜《ハルビン》へ避暑に出かけている。

八月十八日は、毛沢東が天安門で紅衛兵に接見した日である。八月二十日、西園寺公一はまた釣りにでかける。車が哈尔浜工業学院のそばにさしかかった時、おびただしい若者たちが校門の中へ吸いこまれていくのを見る。どうしたのかと運転手にきくと、「〔接見式に〕参加した哈尔浜の代表がかえってきて、その報告大集会があるんです」と答えた。彼の著書『北京十二年』（一九七〇年・朝日新聞社刊）に従って私は書いている。

中国共産党の宣伝構造は、「報告」という上意下達の波紋形式で、すこしずつ小さな輪になって縮小されながら何度も繰り返されていく。広い中国では、もう、これしかないという宣伝形式だともいえる。それは、「北京土産」という娯楽側面をもつが、伝達の過程で、過剰表現、表現不足、誤解などの歪みが生じる可能性もある。

中央の派閥が解釈につけこんで力を蓄える温床ともなる。もっといえば、地方は中央からの伝達を受けながら独自化し、中央を無視して独立王国化する可能性もはらみ、なかなか「一元化」しにくい。だから中央は、たえず一元化のための策を講じつづけねばならない。「紅衛兵運動」も、その企みに対し毛沢東のもとへ一元化しようとした側面をもつのである。

さて、西園寺公一は、釣りの一日を終えて、宿へ戻ってくる。

「宿舎は、広場に哈尓浜第一のギリシア正教の大教会のあるかたわらをちょっと入ったところにあるぜいたくな独立家屋だったが、車が表通りの人通りをゆくときはともかく、裏通りへ折れると、一面に紅い、細長い小旗のような布が敷かれているではないか。いったいなんだろう？　車を止めて、出てみると、驚いた。なんと、紅衛兵の腕章ではないか。紅衛兵という字を捺染《おしぞめ》して、干してあるわけだ」

捺染《なつせん》は、模様を色糊でもって布に印刷する。機械捺染と型染めがあるらしい。どの方法を用いたのかわからぬが、そのモデルは、紅衛兵の少女が謁見の際に毛沢東の腕へ巻いたものだろうか。それとも哈尓浜の紅衛兵の特色をすこしでも出そうとしたものだろうか。

それにしても、十八日に「謁見」、二十日に「報告大集会」、同時進行だったのか、その夕方には、早くも紅衛兵の腕章の大量生産がなされ、裏通りの路上を占拠して天日に乾かされていたのである。そして、その二、三日後には、「なんと、威容を誇るかのようにそびえ立っていた、あのギリシア正教の大教会が、一夜のうちに忽然と姿をかき消してしまっているではないか」と西園寺公一も驚いている。

つまり、「四旧」打破の運動が早くも開始されていたのである。紅衛兵が、ブルドーザをもってきて、ひきずり倒してしまったのである。学生たちが、ブルドーザをもっているはずもないから（工場から持ちだすということもありうる）、彼等を背後から糸を引く党指導者（党組織）が、紅衛兵運動の初期のころには、まだあったというべきか。まもなく、そういう彼等にも手に負えなくなる。九月二日に紅衛兵条例が発令された。その中に「組織と規律および党の政策に違反すれば、組織にしたがって処罰する」という条項がある。しかし、そんな下達も、「孫悟空」紅衛兵のエネルギーには、なにするものぞと無視されていく。

政治評論家大森実は、一九六六年の紅衛兵旋風を日本人としてわが目で見た数少ない一人であるが、その著『天安門炎上す』で、

「毛沢東は常に〈よく準備された行動家〉といわれてきたが、どうもこんどの紅衛兵革命は〈準備〉が足らないような気がするのだ」

と述べている。

それは、長蛇の列をなして毛沢東バッジを買うために並んでいる紅衛兵の姿や、右腕に巻かれた赤い腕章を見ての感想であった。

「私が広州で、はじめてみた紅衛兵の腕章は、字体がまちまちだが、中には〈紅衛兵〉の三文字を自分で、墨で書いたものも発見できた」

「上海にきて、その〈手製〉のものが、めっきり減ったようだが、広州では、黄色く〈紅衛兵〉の三文字を染めぬいた〈官製〉の腕章のなかに、三割方ぐらい、墨の〈手製〉のものが発見されたのである」

紅衛兵条例による腕章のデザイン指示は、きわめて簡単なものである。「紅衛兵」の三文字と「黄色」という色指定のみである。大森実は、「手製」と「官製」にわけている。はたして「官製」などはあったのだろうか。謁見の際、紅衛兵の側から毛沢東に進呈した腕章が、一つの手本になったとしても、北京や上海や哈尔浜などの大都市を除いて、ただちに工場へ注文し捺染した腕章などできない。この場合とて、官製といいきれないだろう。捺染できなければ、黄色という色指定も守られない。

「赤い腕章」であれば、それでよしというところまで、おそらく基準はさがっていく。なにしろ、暴れまくる紅衛兵は、指示通りのものができるまで待ってなどいられない。早く右腕に巻きたいのである。これがなければ、

暴れまわることができない。ただ赤けれは生地の種類も縦幅も自由に作られ、文字も即席の墨書きとなったとして、不思議でない。

哈尔浜の紅衛兵にしても、短時間で大量生産された「腕章」がなければ（バックの党組織によって民間工場に注文されたのでなく、工学院が自発的に生産を荷ったとしたなら、専門学校であるから突貫作業も可能だったといえる）、西園寺公一をびっくりさせたギリシア正教の教会の倒壊と消失もありえなかったともいえる。「赤い腕章」の威力である。細部をうるさく指示し厳守を命じることの無意味さを党中央とて諒解しないわけにいかなかっただろう。「紅衛兵の腕章は、いうなれば、武装革命の場合の、軍服に匹敵するはずだが、その〈軍服〉が、〈便衣隊的〉であるのは、明らかに〈準備の不足〉である」

大森実は「北京ではじめて猛威を発揮したハイ・ティーンの紅衛兵は、腕章を巻いていないものもあったというではないか」といいながら、毛沢東の文革が「準備不足」であったことを強調している。鋭いといってよい。ここから発展して、毛沢東の革命のタイム・テーブルの狂いを推測している。

予想もしない盛り上がりに、この「赤い腕章」そのものさえ危機に陥り、布地が払底したのである。壁新聞の猛威で、紙が払底したのと同じである。盛り上がりすぎて、制御さえきかなくなるのだが、しかし準備不足のおかげで、「紅衛兵」運動は、旋風化したともいえるのだ。

むしろ、紅衛兵の利用という革命のタイム・テーブルが、着々と進んでいて、宣伝部を動員して綿密な計画をめぐらしていたなら、もしその通りに成功し、若者たちが踊ったとしても、これほどまでの爆発力をもたなかっただろう。紅衛兵運動は、清華大学の付属中学から自然発生した小さな火種に対し扇の風を送ったのは、毛沢東だったとしても、その爆発力までは計算に入っておらず、それに乗りつつも、操縦がむずかしく、ひたすら驚き呆れるばかりだったにちがいない。

大森実のいうタイム・テーブルは、「具体的な技術面」をさしている。それこそ「紅衛兵」のために官製の赤い腕章が、ひそかに用意され、ただちに配布できるようになっていなければならないはずである。

毛沢東の接見以前に、いろいろな赤い腕章が乱舞していた。少女の手によって毛沢東の右腕に巻かれた腕章は一例にすぎなかったはずで、これをモデル指定したとしても、あまりにも急騰した盛り上がりの前には、まにあわぬのである。紅衛兵条例の指示が、官製のもの以外は使用を禁ずるとしなかったのには、それなりの理由があるのである。

宣伝論の立場からすると、画一化をはかる時間のなかったことが、しくじりというわけでもない。「紅衛兵」という暴力的宣伝体に対し、「赤い腕章」という制限以外は、すべて放置したところに成功の原因がある。つまり、紅衛兵たちの流行感覚にまかせたのである。

流行もまたファッションであり、画一化である。大森実は、広州で、上海からきた紅衛兵にインタビューしているが、途中でいや気がさしている。

「彼は、はじめて出場した甲子園球場で、ヒットを打った高校生のような顔で、右腕の腕章を誇らしげにみせた。毛沢東が、革命の〈前衛〉として、プロレタリアの子である紅衛兵たちを、革命の前面に押し出した戦術意図は、瞭然である。型通りのことしかいいたがらぬ彼から多くの説明をきき出す必要もないのではないか」

つまり、紅衛兵のスタイルを規制しなくても、「赤い腕章」さえあれば、「型通り」の人形になるということである。あとは、彼等のファッション感覚にまかせれば、ひとりでに型ができていき、みな右ならえすることを素早く計算したにちがいない。うまく手綱をとれるかどうかは別として（かなりこの破壊力を見くびっていた）、一種の自然利用である。見かけが、型に入るだけでなく、なにより「毛沢東思想」に対して型に入る。

ファッションが運命をかえる

「私がかよっていた第四中学では、北京からやってきた紅衛兵の指導で八月十六日に紅衛兵組織が作られた。私は政治集会や過激なスローガンがいやで仮病を使って家にいたので、第四中学に紅衛兵組織ができたことも知らずにいた。二日後に〈学校へもどって偉大なるプロレタリア文化大革命に参加するように〉という電話がかかってきて、はじめてそのことを知った」

右はユン・チアンの『ワイルド・スワン』からの引用。彼女は、文革当時、四川省の中学生だった。四川省は、「中央文革小組の煽動が直接届かないこともあって」、かなりのんびりである。彼女の中学に紅衛兵組織が作られたのは、ようやく八月十六日になってからである。それも「北京からやってきた紅衛兵の指導」によってである。彼女は、高級幹部の子弟だったので、資格は十分だったが、入らなかった。この二日後の北京で、毛沢東の紅衛兵接見があったわけで、北京の紅衛兵は、あらかじめこの日を期して遅れている四川に活をいれにきたのだろうか。ズル休みの彼女も、ついに呼びだされる。

「学校へ行ってみると、たくさんの生徒が赤い布地に金色で〈紅衛兵〉と書いた腕章をつけて意気揚々と歩きまわっていた」

文字の色は「金色」とあるが、「黄色」ではなかろうか。黄も金にやや似ている。この場合も哈尔浜と同様に二日間で腕章が配布されている。北京の紅衛兵が指導しているのだから、腕章の幅や書体などは統一されていたというべきだろう。赤い布地は、すぐに手配できたとしても捺染めの作業は、簡単だったのだろうか。

ともかく集団行動の嫌いな彼女も、しぶしぶ入隊申請をすることになる。申請は、自主性を重んじていたが、接見以来、「紅衛兵」は、「毛沢東主席の子供」になったわけで、「参加する以外に選択肢」がなくなってしまったのである。(入りたくても入れない生徒にとっては、ぜいたくな悩みなのである) だが、学年の紅衛兵リーダーは、「もっと断乎たる態度」がなければ、だめだと返答してきた。彼は、彼女を気にいっていたというから、わざと拒否したのだともいえる。恋の反動である。紅衛兵になれないのはよしとしても、彼女は苦手な四旧打破の集団行動に参加しない訳にいかなかった。

ただ困ったことは、高級幹部の父が、走資派として四川大学の紅衛兵のつるし上げにあったことである。資格があるのに紅衛兵となるのがいやだといっていた彼女も、父が黒五類のレッテルをはられたなら、いやだもしぶしぶも、無意味になってしまう。自分に片思いのリーダーのおかげで、十月一日の国慶節に紅衛兵になることができる。

「金色の文字で〈紅衛兵〉と書いた赤い腕章を手にしてみると、胸がわくわくした」

と彼女は書いている。この感情は、紅衛兵に普遍のものだが、彼女の場合、父のことが心配で、この腕章によって自分が守られるような気がしたからではないか。(と同時に、いつ「黒五類」のレッテルがはられるのではないかという不安も起こるようになる)

「当時は、毛沢東が紅衛兵を接見したときに着ていたような旧式の軍服に革のベルトを締めるのが紅衛兵のファッションだった」

集団行動の嫌いな彼女も、ファッションには、目がなかったようだ。人間は、いい加減で、矛盾しているのである。人の矛盾を衝く自己主張というものは、ぜいたくなものである。

「私もみんなと同じ格好がしたくてうずうずしていたので、紅衛兵の登録が終わるとすぐに家に走って帰り、古いトランクの底から、母が五〇年代初めに着ていた薄いグレーのレーニン・ジャケットをひっぱり出した。私には少し大きすぎたので、祖母に頼んであちこち縫い縮めてもらった。父のズボンから抜きとった革のベルトを締めると、私は完璧な紅衛兵だった」

たとえば、このころ階級章のなかった人民解放軍の制服は、まさに画一である。しかし紅衛兵は、「兵」といっても制服がない。銃ももたされていない。ただしリーダーがいて命令系統はある。大森実が、便衣隊的しいったのは、その意味である。平服で敵地に侵入し、攻撃をかけるのが、便衣隊である。もっとも、武器を隠しもっている。

だが、「旧式の軍服」をもちだすことが、紅衛兵の流行となったのは、軍服がないことへの不満というより、毛沢東が紅衛兵への接見式に「軍服」を着ていたからである。毛沢東の了として彼等は、軍服をファッションにとりいれるアイデアが、だれかによって実行され、それがたちまち、かっこよいものとして、われもわれもと拡っていくのである。

ファッションの「自由」はあるが、その自由には模倣性があり、画一性に収斂され、画一化の悦びさえ生じ、毛沢東の道具として完璧となっていく。みなと同じくありたいとしても、軍服など支給されるわけでないから、それぞれ違ってしまい、違ったままに工夫の悦びも生じるが、その悦びの自由感の中で、画一化の輪は、着実に縮まっていく。「ファッション」といっても、「赤い腕章」が、画一の軍服を代理しているのである。それが、人民解放軍の軍服と違ったところである。

彼女は、母の「レーニン・ジャケット」をひっぱりだしている。これは、女子紅衛兵の流行だったのかもしれない。皮のベルトは、男物。父のを借用する。

「こんな格好で街に出るのは、少々気がひけた。ちょっと猛々しすぎるような気がしたのだ。でも、私はこの服装でいることに決めた」

引っこみ思案の彼女は、素朴なファッションの悦びと表裏して、その姿で人前に出ることをはばかるが、やはり、このスタイルでいこうと決心するのは、おびえがあるからだ。防衛本能である。

「私はいつも自分のファッションが自慢だった。本物の解放軍の制服を着て、制帽をかぶっていたからだ。父は毎年、軍から制服と制帽を支給されるが、いま着ているもので間に合うからといって、私のためにSサイズをもらってきてくれた。Sサイズでも私には大きかったから、裾を上げてもらったりして着ていた」

孔祥林の『孔子家の家訓』（一九九三年・文藝春秋刊）からの引用である。彼は、孔子の末裔であり、現に『中国画報』の日本総代表である。（*執筆時一九九三年）

文革が起った時、毛沢東の別荘のあった北戴河にある小学校三年生である。小学校の紅衛兵のリーダーである上級生の誘いで（小学最上級生には許されたようだ）、毛沢東の接見紅衛兵大会に参加している。「孔健（孔祥林）、北京に遊びに行かないか。毛沢東にも会えるから。お前が孔子の子孫（七十五代目）だということはどうでもいいから、オレたちについてこいよ」という言葉に乗ったのである。

父は、海軍の技術将校である。祖父は造反派に痛めつけられ（『孔子』は、四旧の権化として紅衛兵のターゲットである）たので気になったが、「みんな神様のように崇める毛沢東に会える」ということを選んで、親に黙って北京へ向かっている。いわば家出である。「赤い腕章」は、上級生が用意してくれたはずである。

のちに父の勤務が青島に移ったので、転校する。文革も少し治まる。孔子の子孫ということでいじめにもあうが、性格が好かれるというのか、不思議な生命力で、あっさり切り抜けているところがある。『毛沢東語録』も半分は、暗誦できるという少年なのである。祖父に小さい時から『論語』を教わっていたから毛沢東の『語録』は、ほとんど『論語』の言葉をもって言い替えできることも発見している。

彼が中学生になったころ、紅衛兵は、完全に没落している。中学生になると腕章はなくなると書いているが、どうだったのだろう。かつて紅衛兵の間で、古い軍服が流行したが、孔祥林は、「本物の解放軍の制服」を着て学校に通っていたのである。このスタイルが許されたのも、初期紅衛兵が先鞭をつけたからだろう。

「この呉クンは緑色の軍服を着用していて、洗濯のために脱ぐのも惜しいものだから、衿や袖口にあかがしみこんで、ぴかぴかに光っているのだった。うでのところに、赤い絹地の五寸もある腕章をまいていて、それが人眼をひく。誰かに会うと、右手を腰にあてるのが癖になっていて、それで相手は、いやでもこの赤い腕章が示す権威から、視線をそらすことができない」

陳若曦の短篇集『北京のひとり者』の一篇「尹県長」からの引用である。なんとも、おかしいのは、このように観察する作者の視線のせいだが、文革初期にあちこちで見られた風景であろう。小説であるが、その通りだったと考えてよい。

赤い腕章の生地は、木綿ばかりでなく、「絹」の自由選択もありえたことを示している。五寸というから、その赤い腕章は、かなり幅広の目立つものだといわなくてはならない。

のちに「右手を腰にあてるのが癖」「天下を睥睨《へいげい》する紅衛兵」である「呉クン」は、遠い親戚の「尹県長」を「毛沢東万歳」と気が狂ったようにさけんで銃殺しなければならなくなる。この短篇の主人公が、「呉クン」から「尹県長」を紹介された時、

「礼儀正しくわたしたちに頭をさげ、微笑したものの、そのいぶかしげな視線は、ずっと呉クンの腕に巻かれた腕章を追っていた」

とある。

『ワイルド・スワン』のユン・チアンも、迷いを棄ててレーニン・ジャケットに革のベルトを締め、腕に「紅衛兵」と書いた赤い腕章をしたばっかりに、街頭闘争に参加しなければならなくなる。「腕章」は人間の運命をかえていく。

国民政府の蔣介石の肖像を隠しもっているというアパートへ押しかけた時、日ごろ好意をもっていた銭《チアン》が、革ベルトで上半身裸の女性を打っているのを見る。ふるえながら抗議すると、彼は軽蔑の目で彼女を見、「自分と階級敵人とのあいだに、一線を画すのだ……血を見るのがこわいなら、紅衛兵になるな！」と怒鳴り返される。

三

「これは香港の極道世界を描いたものです。猟奇的です。しかし、この珍しい内容は作者の妄想によるものではありません。実話です」

いつだって、「作者の妄想」は、現実に及ばない。絵空事のような珍しい内容はいつだって現実の側にある。真実だといっても、嘘に見える世界である。少ないなりにパターンをなして存在していて、ありふれた「作者の妄想」のパターンときわめて近似した様相を呈する。そのようなパターンの実際の体験者が、かりに「小説になる」とネタを提供しようとした時、作家は拒否することが多い。

そのようなワリのあわない仕事をあえて「実話」だといって試みたのが、張士敏の『夜明け前、彼女は逝《い》った――中国文化大革命の影で』(仙波妙子訳・一九九二年・武蔵野書房刊)である。実話意識があるのなら、「小説体」というべきだろう。

一九八〇年の初夏の早朝、香港の渚に、ビキニの水着をつけた女の水死体があがる。「ちょっととがった顎に刻んだような唇が少し開いて、白臘のような肌に金のネックレスと長い髪がまといついて悩ましいほどの美人である」。このような表現は、作者のセンスであり、文飾であるが、乳房の上に黒ばらの文身《いれずみ》などというのは、「実話」かもしれない。この「黒ばらの文身」がもとで、身元が割れてくる。香港の暗黒街を牛耳る康楽有限公司の副会長である郁金花の遺体だとわかる。三文映画のようだが、ありうることである。

次の章で、作者の張士敏は、小説のテクニックにより(実話だとて、展開の工夫がある)、十二年前(一九六八年)の、文化大革命の大陸中国へ溯る。場所は、広西省城南のある中学校である。一九六八年の秋というから、すでに毛沢東が「紅衛兵」を切り棄てにかかり、「下放」が始まった時期だが、大陸全土で内ゲバが激化したころでもある。桂中学では「狂風兵団」と「駆虎豹」が「わが方こそが毛主席の革命路線を堅持しているのだ」と主張し、大砲と戦車以外の武器はすべて使用して、たがいに十数名の死傷者を出すという内ゲバになっていた。校舎の四階にたてこもる「狂風兵団」は劣勢である。

「この集団の指揮者は学生革命委員会副主任の郁金花という。十九才、高校三年生である。彼女は短い髪の毛をきりりとゴムバンドで結び、洗いざらしの黄色い軍服の腕には赤い腕章、腰の革バンドには手榴弾と五四年式のピストルを提げ、さらに手に自動小銃を抱えるという勇ましい出で立ちで全軍に君臨している」

ここにも、絵空事の真実がある。けっして小説的文飾でないだろう。彼女のスタイルには、「紅衛兵」のファッションの完成がある。おそらく胸に毛沢東バッジがいくつか輝き、レーニン帽が頭上にあるとつけ加えてよい。彼等の初期の武器は、バックルつきの革バンドだけだったが、手榴弾、自動小銃まで手にいれるに至っている。しかも、女性がボスとなっている。

武力闘争には、ファッションが必要である。いわば、「絵空事」が必要である。「紅衛兵」は、制服のファッションを与えられたわけでないから、自分たちで、たがいに真似しあい、工夫しながら、あれこれ加え切りすて淘汰しつつ「スタイル」をつくっていった。だが、完成した時が、彼等の終焉だったともいえる。

この小説のヒロイン郁金花は、父親が工場の炊事夫、母親は女工。紅五類の最良の条件をもっていた。しかも学業優秀、美貌、体育文芸にも秀れ、合唱団員でもある。性格は、目立ちたがりで、陽件である。

田舎の小宇宙内のこととはいえ、文革がなくても、つねに「スター」は必要である。彼女は「スター」の資格充分である。

文革が始まれば、「紅五類」という最良の条件が生きて、そのまま地方の紅衛兵のスターに祭りあげられてもしかたない。あまりに小説的好条件が彼女に揃いすぎている、というわけでもないだろう。少ないなりに広い中国大陸には、彼女のようなタイプなどゴロゴロいたであろう。「少ないなりに」と私が言うのは、この条件の揃わぬものが、これまた膨大な数だったからである。

だが、これだけの条件が揃い、スターの条件が揃っていても「文革の闘士《スター》」になれるわけでない。人間が一変するくらいの行動と決断力が必要になってくる。

「文革前はただの読書ずきで、歌をうたい、武術の習得に励む以外は格別のこともなかったのに、文化大革命の砲声が彼女を一変させてしまった。潜在していた名誉欲と権力欲は、金のいらない全国旅行、〈大串联〉（文革中に紅衛兵に許された無賃通行旅行）によって彼女の視界を大きく広げ、狂気じみた自信と情熱で〈狂風〉の大旗を掲げて自ら司令を任じたのである」

郁金花とて、平凡な田舎の高校のスターでしかなかったが、文革は、「名誉欲と権力欲」「自信と情熱」を引きだしたといっている。毛沢東の教育論と権力奪取のための若者の利用論の観点からすれば、「自信と情熱」はともかく紅衛兵の心に「名誉欲と権力欲」の灯がともるのは、まったく余分なことであっただろう。

毛沢東は、「赤い腕章」にわが意志と同然というお墨つきを与えたが、制服を与えなかった。「兵」の名を黙認しながら、これでは宙ぶらりんなわけで、彼等は「赤い腕章」を「制服」同然のものとして認識していく。希望と誇りを与える「赤いネッカチーフ」と同じ程度に考えていたとしたなら、大誤算だったわけだ。

さらに彼等は、「赤い腕章」を中心に、若者のファッション感覚をもって帽子、軍服、ベルトという風に「制服」として整えていく。「制服」は、宣伝体であるとともに権力体系であり、名誉欲の世界である。この小説の女主人公の、「名誉欲と権力欲」が覚醒されたとしても、なんら不思議でない。つまり、プロパーな紅衛兵論として述べるなら、比喩としての「兵」であり「兵団」であったものが、本格化して、「兵」そのもの「兵団」そのものとなっていく。

あわてた毛沢東は、彼等を「下放」して去勢しようとするのだが、その初期のころは、すでに内ゲバの時代に入っており、その鎮静に手間どるのである。

この小説（実話）のヒロインは、内ゲバに破れ、香港に脱出する。国内にいるかぎり、殺されるとわかっているからである。それまで資本主義打破のため戦ってきたのに、資本主義の香港へ逃れるという皮肉を生きなければならなくなる。

著者のあとがきによると、文革中、香港に密入国したのは、五十万。その多くは、紅衛兵だったという。「香港に潜入した紅衛兵や知識人の青年たちは、社会主義の大陸から百八十度の転換で戸惑いし、親戚も知人も仕事もなく、進んで危険な仕事や暴力団に入る可能性が多かったのです」

彼等は、「大陸野郎」と呼ばれた。暴力団以上に命知らずだったからである。「大陸で武装闘争に参加していたし、派閥闘争や内戦や陰謀と偽りの玄人だったからです」と作者は述べている。田舎の紅衛兵のスターであった郁金花は、美貌を武器に、香港の暗黒街でも頭角をあらわし、世界的な暴力組織の副会頭にまでのしあがるが、最後はボスに殺される。

この小説の中で、相手のガードが拳銃を構えると、彼女が白いスーツの前をパッとめくる場面がある。「何と、郁金花の腰の回り、革バンドに手榴弾がずらりと並んでいる。そして彼女は、右の人さし指を導火線にひっかけている」

「みえないか！」と冷たく笑って「私のこの指が動いたら、ここにいる人全員が地獄いきだわね」と郁金花は叫ぶ。まるでギャング映画だが、紅衛兵たちの一部の者はこの絵空事を日々に生きていたところもあるのである。それは、「赤い腕章」のもとに作りあげた制服の力だといえる。この小説は、「赤い腕章の運命」だと言ってもよい。

相手のギャングのボスが鉾を収め、「郁嬢、恐れ入りましたよ、これは多分大陸の紅衛兵の風がある……」と感心すれば、「そういってもいいわね」と答えたあと、

「でも紅衛兵の全部が全部こうとは限らない」

と彼女は小さく笑う。多分、内ゲバ闘争の中で、味方の中から逃亡者がたくさん出たのを知っていたからである。「赤い腕章」という制服の限界だった。

腕章がもたらした栄光と挫折

「本書は実際は純粋小説ではありません。ほとんど虚構の部分はありません」

『ある紅衛兵の告白』の梁暁声も、むなしくこう言っている。人々が信じこんでいる現実というものが、時間とともに、たえず忘却にさらされて不安定であり、日常の日々とて記憶間違いや嘘や誇張によって進行している世界であることが、わからなくなっている。

中国の伝統的な「虚は実」「実は虚」というかつて日常化されていた発想や思考が、とうに破産しているため、自分の体験を書こうとする時、急に不安になってきて、このような言い訳が必要になってくる。

「文化大革命」という大動乱は、いわゆる「現実」という観念さえ崩壊させただけでなく、「小説」という観念さえ粉砕してしまった。(なによりも、文革以前に彼等の日常は、あまりに宣伝という嘘に犯されていた) このことが、虚と実の分別を崩し、崩れたままに自分の声を出し始めた文革以後の中国の文芸を、かえって目をみはらせるものに仕立てたともいえる。

梁暁声の『ある紅衛兵の告白』は、ハルビンの中学校が舞台となっている。最初の紅衛兵組織は、北京からやってきた紅衛兵によって指導されたことがわかる。

「北京から紅衛兵が来た」

「紅衛兵？　どんな軍服を着ていたか？」

「軍服は着ていなかった。赤い腕章をつけていた。今日、第三高等中学校で革命を呼び掛ける演説をするそうだ！」

北京の紅衛兵来たる、というニュースが入ってきた時の中学生たちの囁きである。彼等が「紅衛兵ファッション」に対して、いかに敏感であるかは、この囁きからもわかる。

紅衛兵組織が誕生すると、腕章の授与式がある。自分の名前が呼ばれると、全校生徒の注目する中、台上にのぼって、うやうやしく両手で受けとるのである。うしろめたさのある（実は、父がかつて国民党の兵士だった）主人公は、台上で金縛りに遭ったように手を伸ばすことができない。授与する役割の女子紅衛兵が、それを見て腕につけてやり、

「見てください。彼は非常に感動しているのです。きっといま彼は心の中で毛主席に向かい、千言万語を費やして表現しようとしているのです。しかし彼は感動のあまりひと言も話すことができないのです！」

毛沢東万歳の声がわきおこる。まさしくショーである。儀式は、すべて宣伝ショーである。マイクをもった司会役の彼女は、「頭を上げて望むは北斗　心に思うは毛沢東」と歌いながら、主人公のそばへやってきて、「紅衛兵の腕章をはめた手で私の腕章をはめた手を握り、そのまま一緒に高々と手を挙げた」

彼は、感動とともに、その資格が失われた時のことをおそれつつ、「腕章がもたらしたこのうえない栄光と誇り」を噛みしめる。

授与式が終った時、十数本の腕章が残る。出身が「黒五類」の生徒は論外だが、「紅外囲」（紅衛兵ではないが、加入の可能性のある者）としてリストアップされた者の中から選ぶことになる。彼の友人の王文琪は、祖父が解放前に商売をしていたということで、「紅外囲」の第二等のグループに置かれていたため、その選からも洩れる。

紅衛兵組織ができるまで文革に熱心だった友人の王文琪の、赤い腕章を貰った主人公を見る目は羨望から嫉妬に変っていく。授与式が終ると、紅衛兵の合同宣誓である。まったく「赤い腕章」は、罪作りだと言わねばならない。選ばれなかったものの心に、ひび割れを作るだけでなく、友人との仲をさいていく。

「紅衛兵の腕章をつけるということは中学の卒業証書と同時に高校の入学許可書を手にしたのと同じことだった。また、紅衛兵のリーダーたちは〈革命の名において〉優秀大学への入学が保証され、将来の党と国家の各レベルの指導者の後継者として育成されることが保証されるといわれていた」

少年少女たちの心には、単純に毛沢東を崇拝すると同時に、「名誉欲と権力欲」が働いている。これらもろもろの心を一つにまとめる象徴として「赤い腕章」がある。

この布きれ一枚から、嫉妬の力学も生じる。これは、時世が変化すれば、復讐の力学に転じる。主人公は、赤い腕章を授与されて台を降りた時、紅衛兵に選ばれたものが集合しているたまり場へ行かず、紅外囲の友人の傍らへ戻った。友人の嫉妬の激化をおそれたからである。だが、このような行動は、彼にもすぐ察知される。合同宣誓の時、ためらっている主人公に向かって「行け、行け。おれが嫉いているなどと思うな」と顔をそむけて言うセリフは哀しい。この『ある紅衛兵の告白』では、この友人の描写が生彩を放つ。

ある日、この友人は、学校からの帰り道、「今日、おまえの腕章をおれにつけさせてくれ」と突然言う。あわてて主人公は「政治的な過ち」を犯すことになるから、絶対にできないと答える。

「たいしたことはない。おれが腕章をつけて、おまえはまずおれと一緒におれの家に行くのだ。家に入ってから腕章をおまえに返せば、おまえが紅衛兵の身分で家に帰るのに、全然差し障《さわ》りはないだろう」

主人公は、ためらいながらも、従う。近所でただ一人、息子だけが腕章をつけていないことに肩身のせまい思いをしていた彼の母親は、「この子も紅衛兵になった」と喜ぶ。

この友人の王文璞が、ついに名実ともに、この「赤い腕章」をつける日がくる。大衆の面前で父親を告発することによってである。このショックで父は自殺、母は半身不随。兄は怒って彼を殺そうとする。彼は学校の地下室に住むようになる。

「紅衛兵の腕章をつけたがったのは、ひょっとすると紅衛兵のだれにも気兼ねすることなく彼らを公の場で軽蔑することができるためと、紅衛兵のだれとも（当然、その中には私も含まれる）平等であるという意識を持つことができるため」と主人公は推測し、その代償は大きすぎたと考える。

社会主義の中国になっても、やくざだけは消えなかった。共産党独裁の政権は、乞食と同様にチンピラやくざを解消できなかったのである。文革中にもいたそのやくざが、紅衛兵の女子中学生をレイプする事件がおこる。文革前は、ひたすら彼等をおそれていたが、「赤い腕章」をつけ、暴力の味を知った今は、敢然とその退治にのりだす。つぎつぎと逮捕し、学校の地下室に監禁し、訊問し拷問し、犯人を見つけだそうとした。女のやくざに対する女子紅衛兵の拷問ぶりは、男子紅衛兵以上だったと書いている。女のやくざがみな美人であることが、なんとも理不尽で、憎悪の念を燃やしたのだと主人公は推理する。

友人の王文琪は、しだいに精神状態がおかしくなっていく。ただ、「紅衛兵の腕章」だけをやたらと大切にした。「とにかくよく洗う。汚れていなくても洗っていた」。そして紅衛兵組織本部に押しいり、腕章を盗みだそうとして捕まるが、洗濯して干している間にも、つけていたいからだと答える。

王文琪は、まもなく殺人を犯す。悔いあらためた美人のやくざを暴行して殺す。王文琪は、女子紅衛兵を暴行したやくざと一緒に死刑を宣告され、その日のうち処刑された。

使い捨てられる「赤い腕章」

「赤い腕章」は、誇らしい、羨ましいという両対局の感情を若者たちの心に生産させながら、彼等の運命をさだめていく。

『ビートルズを知らなかった紅衛兵』の唐亜明は、文革が始まった時、十三才で、兄や姉が誇らしげに「赤い腕章」をしているのを見て、羨ましく思った口である。のちに父が走資派として批判され、さんざん苦労をなめた。

その彼は、こう言う。

「毛主席が天安門で紅衛兵に接見したある日、天安門城楼の中の休憩室で、父（『人民日報』編集長）は林彪と社説の修正のことについて相談していた。北京の大学紅衛兵第一司令部の代表が前へ出てきて、紅衛兵の腕章を贈呈した。毛主席に〇〇一号、林彪に〇〇二号、周恩来に〇〇三号、父は折よくその側にいたので、〇〇九号を受けとった。赤い腕章に黄色の〈紅衛兵〉の文字が染められている。この腕章は家宝として今でもとってある」

少女によって腕にまかれた毛沢東だけでなく、一時期、林彪ら党の高級幹部たちも、彼等に媚びて紅衛兵の腕章をつけていた。それをどこで入手したのかが、これでわかる。しかし彼は、今も「家宝」にしていると書いている。文革中、何千万枚の「赤い腕章」が作られたか不明だが、多くは棄てられたにちがいなく、たしかにそれは、貴重な歴史的記念品である。

この党幹部に贈呈された「赤い腕章」の生地は、やはり木綿だったのだろうか。紅衛兵の発生した清華高級中学の学生であり、紅衛兵の時代の張承志と同級であったという鄭義の『中国の地の底で』（藤井省三監訳・一九九三年・朝日新聞社刊）は、痛烈な書である。

彼は自らを「老兵」と名乗った幹部子弟中心の第一期紅衛兵でない。労働者、農民の血統を最善とする第二期紅衛兵で、彼自らは「平民紅衛兵」と呼んでいる。「紅衛兵」と一口に言っても、一九六六年十月以後は、二つの「紅衛兵は並存」し、「真向から対立」していたと言う。

「歴史の高みに立てば、後者こそ人民の意思を代表し、人民が圧迫に反逆した〈もう一つの文化革命〉の魂であったことを見いだすであろう」

と断言している。この後者も、分裂をくりかえすのだが、『夜明け前、彼女は逝った』の郁金花も、『ある紅衛兵の告白』の主人公も、後者である。『紅衛兵の時代』の張承志は、第一期の「老兵」である。その中でも血統をふりまわしたりしない良心的な老兵に属するのだろう。張承志は、第三期の紅衛兵を設定している。

「党中央による血統論批判をきっかけに全国の工場や農村を含むさまざまな大衆組織が〈紅衛兵〉を自称した」

この「大衆組織」の中に大学生も入る。「たとえば清華大学では〈清華大学の井岡山紅衛兵〉が出現し、のちに〈井岡山兵団〉と改称した」「暴力はいわゆる〈血統〉のよい紅衛兵だけでなく、あらゆる人々の手に委ねられるようになった」としている。

鄭義の「老兵」に対する憎悪は、深い。老兵の内部では、「各自の地位は両親の官職の高低で決められた」とし、のちに「連動」を結成するが、「あらゆる悪事に手を染め、自覚的に人民を敵とした反動組織」としている。

「連動内部にはさらに貴賎の別があり、もちろんその物差しも親父である。親父の位が一番高い者が赤い羅紗の腕章、その下が赤い緞子《どんす》、その下が赤い繻子、そのまた下は赤い木綿である。それでも足りぬのか、生地の他にその幅まできまっていたのである！」

いずれにしても、腕章は、みな「赤い」。この「赤い腕章」をつけた紅衛兵は、一期二期三期と順々に切り棄てられていく。

万里の長城

［ばんりのちょうじょう］

★無人地帯のからっぽ空間

「ノーマンズランド」へようこそ

「明の十三陵とその北方・万里の長城だけは外国人が自由に行くのを認められている。外国人も、その外縁を五百メートルほどよじ登ることができる。……だがそれを除いて外国人在住者は北京の中をぐるぐる回る以外ない。北京はいわば暗殺された街だ」

一九七二年、五月から六カ月間、中国を旅してまわったベルギー生まれのフランス人、シモン・レイの『中国の影』からの引用である。彼は魯迅研究の中国学者で、解放前に十年、解放後も二十年間続けて中国を訪問してきたという。とすれば刻々の変化に対して、彼は中国人以上に敏感な比較の目をもって観察できる条件を備えている。

しかし、

「過去二十年間毎年のように中国を訪問してきたが、たった一度といえども、バスや市電に乗ったこともなく、通りがかりの安飯屋で麵の一杯をすすったことも、友人の家に予定外の訪問をして、ありあわせの食事をしたり、一夜を過したという経験はない」

❖……居庸関付近の万里の長城。1982年ごろ撮影

と、まるで威張るように言っているのもおかしいが、文革時代にかぎらず、解放後も一貫して、中国は、徹底した宣伝政策により、外国人に見せたいもの、見せてよいものしか、その目に接触させなかったことがよくわかる。都合のよいものしか見せたくないという政治宣伝の敵は、外部旅行者の「偶発性、即興性、自発性」である。その可能性をすべて排除するように組織していったのが、中国共産党による解放以後なのである。限られたコースの設定、離脱を防ぐガイドの監視(同じものしか見せない)によって、その排除を徹底化するのである。これに対し、それは「ノーマンズランド」を作るやりかただ、とシモン・レイは言っている。さらに、側につきそうガイドだけでなく、

「外国人がどこへ行こうと、常にどこにでも目を光らす全能の当局が派遣したお目付け役や下っ端役人が居て、外国人の周囲を空っぽに」

する。これこそが、シモン・レイの言う「ノーマンズランド」、つまり無人地帯のからっぽ空間を作るのである。これは、案内される場所でのみおこる空白現象である。案内されない場所は、まったく暗黒空間なわけだ。

なぜ、明の十三陵と万里の長城のみ、外国人旅行者が自由に歩きまわるのを認めたのか。一九七二年といえば、林彪事件に決着がついたころで、まだ文革期だが、ひとまず終わったとも言われていたころで、少なくとも旧蹟に対し破壊の限りを尽した紅衛兵運動は終息していた。明の十三陵と万里の長城だけは、その破壊を免れていたから、自由に徘徊できたともいえるだろう。

というより、そもそもこの二つの空間には、壊すべき物がなかったのである。明の十三陵は、地下宮殿は閉鎖されたというから、石像をのぞけば外部空間は、谷間でしかない。万里の長城は、城壁でしかない。これでは、壊しようがなかっただろう。

なによりも、万里の長城は、毛沢東の崇拝する秦の始皇帝が作った聖なる城壁なのである。実際は、明の時代に修復されたものなのだが、なにしろ、ピラミッドと双璧の奇蹟と言われる建造物なのだから、世界に誇ってよく、

中国の機密や悪い部分を覗かれる心配のあまりない万里の長城を開放してもよいという配慮があったのだろう。

といっても、北京に近い八達嶺のみである。東は河北省の山海関から西は甘粛省の嘉峪関まで五四〇〇キロ（本当は、実測不能といわれている）の城壁を開放したのでない。八達嶺は、もっとも高い城壁とされているが、公開するのは、何キロかにすぎず、これなら、外国の観光客を監視できる範囲だ。

日本の評論家の亀井勝一郎が、八達嶺の万里の長城を見たのは、一九六〇年である。

「桁はづれに巨大で、一體何んのためにこれほどの長城を造《つく》つたのか、ふしぎな氣がする。茫然とすると言つてもよい。むろん外敵の侵入を防ぐためにはちがひないが、それにしても〈永遠〉を信じなければ、かうした造型は不可能ではなからうか。こゝにあらはれた持久の精神とは〈永遠〉をめざしたときの絶望を宿してゐるとさへ思はれた」

「大きな煉瓦と石を組みあはせた高さ九メートル城壁、その上の幅は四・五メートルある。女牆《じょしょう》を築いて銃眼をひらき、およそ百メートルの間隔に墩臺《とんだい》がそびえてゐる。私はいま生れてはじめて、夢にさへ豫想しなかつた長城に立つてゐるのだといふ感動があつた」（『中国の旅』一九六二年・講談社刊）

中国人民対外文化協会と中国作家協会の招待で、亀井勝一郎は、中国を訪問した。同行者に団長の野間宏の他、当時、新人ほやほやの開高健・大江健三郎がいる。文化大革命がおこる六年前であるが、この招待は、中国の積極的な友好の名のもとでの対外宣伝策である。亀井勝一郎は、敬虔《けいけん》に感動していて、宣伝本位には、まさに「はまってくれた」という文章を書いている。

日本人には、大陸に侵略をしかけたにもかかわらず、どこか中国コンプレックスがある。第二次世界大戦で敗戦国になったというコンプレックスとは、まったくちがったものである。島国である日本人の中国大陸への憧れもあるが、かつて日本が中国文化の深い影響のもとに育ってきたという記憶がそうさせているのかもしれない。

亀井勝一郎は、泥沼の日中戦争の際、中国へ行かなかったのか、憧れやひけめを露骨にしていないが、敬虔なのである。

「やがてわたしのゐる墩臺のつゞきの頂上の方から革命歌が聞えてきた。十數人の青年たちがこちらへやつてくる。あとで聞いたが、北京大學の學生諸君ださうである。私を見ると一齊に拍手をもつて迎へてくれた。通譯も誰も居らず、私ひとりなので、ニコニコ笑つて私も拍手をもつて答へた。白髪の私は老人とまちがはれ、こゝにひとり落伍して閉口してゐるのだと思つたかもしれない」

皮肉なシモン・レイなら、これをこそ「ノーマンズランド」だと言うだろう。亀井勝一郎は、うるさい通訳の監視を免れて、「ひとり」の気分になって、「万里の長城」に感動している時、革命歌を唄う北京大学の学生たちにばったりと出逢う。それは、まさに偶然の僥倖の時に出喰わしたかのように感じるが、やはり「ノーマンズランド」現象なのである。

北京大学の学生たちとて、演技しているわけでもなく、日本人に逢うことは、偶然なのである。しかし彼等が万里の長城へ散策にくることそのものが、革命の練習をしているのであり、そこで異国人に出会った時は、意識無意識と無関係に、たちまち「友好」のまなざしをもった監視人となるのである。

「學生たちが去ると、長城の上は再び靜かになつた。世界各國からの見物人が多いとみえて、世界各國語による落書が至るところにある。〈落書をすべからず〉とは書いてないが、〈こゝで詩を譜すべからず〉といつた風のはり札があつた。落書すべからずと同じ意味らしいが、風流な言葉である」

北京から、この八達嶺まで、車で二時間、中国人の長い歴史を宣伝するのにふさわしい、かっこうな観光地があったものである。世界各国の落書きがあったという。

このころの革命中国は、世界中にその「躍進のイメージ」を宣伝しようとしていた。「四旧」打破の国内宣伝はまだ行われていず、この躍進の証明として、長い歴史をもった中国の伝統があることを彼等の心へ植えつけるのに、党幹部が寝起きしている清の「紫禁城」や明の皇帝の墓である「十三陵」のモニュメントと同じくらい、

「万里の長城」は、危険度のすくない宣伝的構築物であり、絶対の宣伝観光コースとしておあつらえに蛇体をくねらせていたのである。

「かういふところに一泊して、夕暮の長城を眺めたり、また月夜の情景に接したらどうだらうか。言語を絶した壮大なもの凄さを感ずるにちがひない。数千年にわたる歴史の呻きが聞えてくるやうな氣がした。数枚のスケッチをこゝろみ、一服してゐると、百メートルほど頂上の墩臺まで登つた一行が歸つてきた。誰も口をきかない。どう形容していゝのかわからないほど、つまりあきれる以外にないやうな大造型なのである」

このような「あきれる」現象は、一つの宣伝的「はまり」である。このようなものを作る中国人だ、困難な「革命」も成功してみせるかもしれないという信頼感を与えるからである。

だが、西洋人は、日本人のような「はまり」かたをしない。アルジェリア生まれのフランスの作家ジュール・ロワは、一九六四年、二カ月にわたって中国を旅した。彼は反植民地主義の容共派の作家と目され、フランス国営テレビは協力を断っている。彼は中国革命史を書きたいという意志をもち、亀井勝一郎らを招待した「対外文化協会」の招待という形式をとったものの、旅費は自弁のつもりでいたが、そのテーマに気づいた（下手なことを書かれたくない）当局は、全面負担に切りかえてくる。ロワは、水くさく断っている。

「わたしの見聞するところを断罪するにしても、ただ批判するだけにしても、わたしは相手から恩知らずだといって非難されてもしかたがないことになるではないか。そしてまた、反対に、もしわたしが心からの讃辞をねりあげたとしても、いったいひとはそれをまじめにとってくれるだろうか？」

このような正論は、宣伝が本体である社会主義国家にとって、まったく、たちの悪いものであり、食客の仁義の伝統をもつ中国人にとって、愛想のないものなのである。亀井勝一郎は、一宿一飯の恩によって賛美したりせず、節度のあるピュアさを保持している。宣伝論的には、「はまり」であるが。ロワのピュアは、まったく手に負えない。かくてロワの旅行記は、きわめてぎくしゃくした不機嫌なものとなった。その著が『中国で経験したこと』である。

「中国四千年」の宣伝力

ジュール・ロワのルポは、中国の上空にさしかかったジェット機の中からはじまる。だれかが、「長城だ!」と叫ぶ。ロワは、窓にかがみこむが、なにも見えない。瞬間、失望するが、

「急峻な山々をのりこえ、川をまたぎ、ときには海にはいり、平野をさえぎって三〇〇〇キロ以上もつづく長城、それをたとえ一瞬、目にしたところで、それ以上のなにかを得ることになったろうか」

とすぐに反省し、いずれ「わたしは、好きなだけ時間をかけてその長城をたどってみるつもり」と気をとりなおしている。

彼の中にも日本人と違った意味での「中国」への夢がある。

「長征や革命途上の各地の戦闘という英雄的な交響曲のひびきとかさなりあって、伝説の中国、アヘンや硬玉や絹の国、西欧人の夢をかきたてずにはおかない中国」

のイメージが人並みにあった。まもなく、この勝手な「イメージ」が、毛沢東の作りだそうとしている人工的な「イメージ」と衝突するのである。

その衝突から見えてくるのが、文革を目前にした中国の姿である。さらに同行した若い妻との「ズレ」が、いよいよ彼を不機嫌にしたともいえる。同伴という旅の原則に反しただけでも、彼はピュアだったといえる。

ここでは、彼の不機嫌につきあうわけにいかない。「万里の長城」である。彼は、「長城」に夢をふくらませていたが、出発前に調べつくしていた。しかし、作家としての誠実《エゴ》から、この目でじっくりみたいということに固執していた。二週間も北京に閉じこめられ、つまり中国側のスケジュールに規制され、いらだっていた。やたら

と「万里」を強調する中国人の案内で、長城を見たくなく、あきらめてもよいとさえ思いはじめた。「宣伝」の空虚にのせられたくないのである。

「わたしは、ことさらいそいで長城を見に行きたいとは思っていなかった。陝西省を訪れるときに見ればいい、と思っていたからである。しかし、その計画は結局実現不可能だということだった。この地方の道路は狭すぎて、ラバに乗らないと歩けないのである」

この言葉の背後に、中国のガイド側とロワとのやりとりを想像することができる。北京から二時間の八達嶺や居庸関を見るようにと彼等はすすめたにちがいない。有名な遺跡や風景は、目減りしていて（イメージ化されすぎていて）、がっかりすることが多いのをロワは知っている。

ジュール・ロワは、陝西省の長城を見たいと言っているが、それは楡林鎮の長城だろうか。そこは観光地としてまだ、整備されていないだけでなく、宣伝的に見せたくない場所であるのか、あるいは、余分なことはしたくないという中国の官僚主義によってか、おそらく、体よく断られ、いらだつロワは、「古い石の堆積」である「長城」など苦労して見なくてもよいという気分になっている。だが、彼は、妥協する。ガイド側の宣伝熱心、自分たちが組み立てたスケジュールを断られたら困るという官僚主義ないし面子主義によって、しつこく八達嶺の長城の見学をすすめたにちがいない。

「結局、わたしは観光客に見せる部分を見に行くことを承知した。ある晴れた日の朝早く、わたしたちは出発したのだが、天気はすぐにくずれた。長城に守られた山のふもとについたときには雨がふっていた」

雨の長城、濃い霧にかすむ長城もまたよしではないか、という気分になれず、中国に天気予報がないことを当るが、「要するに運が悪いんだ」という返事が戻ってくる。

「わたしに見せた長城はカルカソンヌかモン・サン・ミシェルの城壁に似ており、その壁には、ここを訪れた人の名前やら、ふたつならんでからみあったハートの落書きやらまでちゃんとそろっていた。ないのはクレープ売りぐらいのものだった」

城壁の「落書き」への感想でも、亀井勝一郎と、これだけ違う。亀井は、世界各国の言葉で書かれたそれらを読めず、模様のように見ていたかもしれないが、ロワは読めるので腹だたしかったという差もある。

チボール・メンデは、ハンガリー生まれのフランス人で、国際ジャーナリストである。おそらくジュール・ロワは、一九五九年のルポである彼の著『中国とその影』(高橋正訳・一九六二年・弘文堂刊)を読んでいたと思われるが、これまた辛口である。当然「万里の長城」を訪れたと思うが、その見物記はない。かわりに「新しい万里の長城」という章を設けている。なにも、「新しい万里の長城」が、建設されはじめたというわけでない。

「昔から今日まで、積もりに積もった不満は、共産主義という思想のセメントと混じり合って、中国を精神的に外国から隔離する、新しい万里の長城の土台になっているのだ。しかも、この新しい精神の万里の長城は、蛮族の侵入を防ぐために構築された、かつての石と煉瓦の万里の長城より、遙かに効果的に中国と外界との交流を阻止する障害となっているのである」

つまり、「精神」の万里の長城である。

「共産主義が勝利を占めてから十五年足らずのうちに、中国はその国力と国際的な影響力の増大に自信を持つようになった」

この自信から、露骨に外国を無視するようになり、「中華意識」を強め尊大になったというのである。もとより「万里の長城」は、夷狄を排するために生まれた。いまや精神上の「万里の長城」を築きつつあるというのだ。つまり、国力がない時にも、侵略され放題の時にもあった「中華意識」の拡大、西欧側の目からすれば、増長である。

この夷狄思想は、外国をしめだし国際的に孤立することもいとわぬが、受けいれる時も、鎖国同然と見る。受けいれないというかたちを確認するために受けいれるのである。たとえば、メンデの目を封ずるためにメンデを招き、どうしても封じきれなければ、もう招かぬというやりかたである。

だが、これは、なにも中国の特長でなく、社会主義国すべてがそうだったといえるだろう。メンデは、そう考えず、「中華意識」の拡大ばかりが気になるのである。西欧の「中国コンプレックス」だろう。「万里の長城」が匈奴《きょうど》をしめだしたため、その支属のフン族がヨーロッパに侵入したという被害者意識をもっているのである。「百年間虐げられてきた中国は、その反動として、いまや、相手を恐れさせることに満足しているのである」

満足かどうかは別として、この指摘は事実でもある。国内的に困りぬいていた時でも、世界中が、あっけにとられ、かつ恐れていたのは、事実なのである。鎖国同然の文化大革命の時もそうであり、今日の自由化政策にも言えることである。勝手に相手がおそれるところもあるが、それに乗じておそれさせるところもある。それは、中国の対外宣伝力というより、「中華四千年」の力でもある。「中華四千年」の中におそるべき宣伝力が包蔵されているのである。

なにも時代が古ければ古いほど、よいというわけでもない。エジプトやインドは、中国より古いといえるが、その潜在力をみくびり、だれもおそれないからだ。中国の場合、勝手に諸国が「中華四千年」におそれるのでもあるが、内に眠る中華意識を叩いて、乗じてもくるのである。国家エゴイズムの観点からすれば、自然の力学である。

実際は、「万里の長城」なるもの、夷狄を追いだすことに成功していたわけでない。なぜなら、中国の王朝の半ばは、夷狄が打ち立てたものだからである。といって無力だったわけでない。もちろん防衛力にもなっていたが、やはり夷狄は、頭と力を用い、その強壁を破って侵入してきたということである。

侵入して漢民族の国家を倒し、新しく王朝をうちたてた異民族は、もともと騎馬民族であるから、農耕民族である漢民族の文化を学ばなければ統治もかなわない。そこで、自らも「中華」に同化し、他の夷狄の侵入を防ぐため、「万里の長城」を補強していかねばならない。夷狄が、夷狄から守るの図と笑う必要はない。漢民族でなくても「中華意識」の民族に変革されている。

まさに兵器の変化により、その城壁は無力化したともいえるが、昔もいまも、「万里の長城」は、「中華意識」の象徴だったのである。

毛沢東の詞に「六盤山」がある。ジュール・ロワが生きた武勲詩として憧れた名高き「長征」は、まさに長城を目指した大遠征でもあったのだ。

長城に到らずんば好漢にあらず
指を屈すれば行程二万里

しかし、ジュール・ロワも、シモン・レイも、そしてチボール・メンデも、これら純粋にフランス人といえないフランス人たちは、独特のエスプリを利かして、「毛沢東崇拝」の現象に抵抗している。しかし文化大革命がはじまると、なにを誤ってか、毛沢東主義者を続出させたのも、またフランスなのである。

★北京から七一キロ

心の中の「長征」マラソン

北京の街は、初冬の十一月を迎えると、見渡すかぎり白菜の風景とかわる。越冬のための食糧として白菜が売りだされるからである。

と同時に、健康法として大人から子供まで「跑足《だくあし》」をする姿が目立つようになる。駆け足、ジョギング、大きくはマラソンである。健康のためだけでなく「強い意志と苦しみに耐えうる精神を養う」という党宣伝ともかさなっていた。今は、どうなのだろうか。このことは、浜口允子の『北京三里屯第三小学校』（一九七六年・岩波新書）によって知った。

著者は、一九七二年から七五年にかけ、日中覚書貿易事務所北京駐在員として夫が赴任、同行したため、子供たちを日本の小学校から三里屯第三小学校へ転学させることになった。この「跑歩」は、中国共産党の半強制的運動で、とりわけ小学校には、

「二万五千里長征象征長跑」

❖……抗日戦争中、「万里の長城」を使って移動する中国軍

なるものが課せられていた。日本語に訳すと「二万五千里〈長征〉紀年マラソン」である。江西省瑞金から陝西省北部の保安まで、毛沢東の紅軍は、一年すこしかけて（一九三四年十月〜三五年十月）、二万五千里の距離を踏破して大移動したが、それを「長征」と呼ぶ。

この大遠征は、西洋人がルポして発表したためもあって、世界中にひろまり、二十世紀の最大のロマンとして憧憬されるに至った。「眠れる獅子」とおだてられながら、西欧にも日本にも、したい放題にされていた中国に対し、あらためて「驚異」の目をもって見直されたのは、「長征」からはじまったと言ってよいだろう。なにごとにつけ懐疑的な西欧のインテリも、この「ロマン」に酔い、人間もまだ棄てたものでないと勇気づけるものがあった。

中国国内で、この「長征」が大々的に宣伝されたのは、文化大革命中である。この間、紅衛兵たちは、しきりと旅をしたが、「長征」のもじりだったとも言える。毛沢東が大パトロンとなっての「長征もどき」「長征ごっこ」である。実際に長い旅をして自ら苦労を体験し、建国の苦難を偲ぶのである。

国家財政が破綻するほど、なぜかくも推奨されたかといえば、若者たちのエネルギーを「革命」というおいしい言葉のもとにひきだし、「実権派」を打倒するということもあったが、「長征」の体験者たちが、みな年をとり、そのような労苦を知らない若い世代が増えたことを憂えたからでもある。

政策が成功していれば、最近の若者は、と言っていればすんでしまうが、そうではなかったので、自分たちの失敗の尻を「長征」の労苦を忘れた人民の「たるみ」に原因を見出すようになる。一種の責任転嫁である。ただの老人のくりごととしてすんでしまうものを、国が本腰をいれて政策化し、次の世代をになう若者の精神の叩きなおしをはじめたのである。

それまでも「長征」の各地は、すでに記念化されていたが、文革中は、まさに「聖地」と化していく。長征なんて知らない世代は、面白がって、その大遠征の道程をシミュレーションし、その労苦を模擬する。模擬と言っても、実際に徒歩で旅するのであるから、いろいろなことがあり、危険や死をともなう冒険にもなった。

『北京三里屯第三小学校』の中にでてくる「二万五千里〈長征〉紀年マラソン」は、そういう流れにあるものである。著者の浜口允子は、一九七三年十一月はじめ、学校から帰ってきた息子が、つぎのようなことを言ったと書いている。

「今日から冬休みまでの三ヵ月間で、五年以上は各クラスごとに、四年以下は学年で長征を記念して〈井岡山から延安まで〉走るんだよ。今日、早速走ったんだ」

一九七三年は、文革が「動乱十年」だとすれば、林彪の死、米中・日中国交の端緒が切られてから、まもなくのころで、とうに紅衛兵の猛威が鎮圧されてから、時ひさしいが、「長征」の教育宣伝は、かたちをかえ、なお続いていたのである。

もちろん、長征マラソンと言っても、まず井岡山へ出かけ、延安まで走るわけでない。トリックがある。

「学校の柵の内をぐるりと走ると、一周で二〇〇メートル、柵の外側のみちを四角に走ると、一周で四〇〇メートル、近くの工人体育場へ行って、その周りの道を、一周すると、二四〇〇メートルになる」

なるほど、かなりわかってきた。次の言葉をきけば、もっとわかる。

「今日だって、僕八回まわったんだよ。僕たちのクラスは四十七人いるんだ。四十七人が毎日学校の外側を八周するとしたら……。八周よりもっと走る子だっているんだよ」

富士山の何十倍の高さになるとか、地球を何周したことになるといった言いかたをよく耳にするが、同じ発想である。これらは、無意識の結果に対して言うのだが、ここでは、「目的」化されている。

社会主義は、徹底した「目標《ノルマ》」の世界であった。ここに水増しなどの偽りの申告がおこり、頽廃もおこるのだが、その目標は、「精神」しだいだ、鍛えねばならぬという発想がおこる。このマラソンなども、辛苦の練習であるとともに、目的をたて、それを遂行するための練習なのである。級単位で完遂すればよいというのは、おなさけというより、共同の練習なのである。悪く言えば、子供の時から、忠犬ロボットに仕立てる（洗脳する）ということでもあるが、つぎのくだりなどは、好きである。

「こうして子供たちは走り始めた。朝早く走る子、夜走る子、別な道をきめて走る子、グループで走る子などいろいろだが、みんな実によく走った。私たちのアパートの前の道も、小学生や中学生が、朝に晩に走って行った。朝早く目覚めた時など、下のみちをパタパタと走る音がかすかに聞えた。冬の夜明けはおそい。外をすかしてみると、暗いなかを子供たちが次々走って行くのがみえた」

冬休みに入る前、どのクラスもみなノルマ達成し、「延安」に「ゴールイン」したという。この時十才の子は、三十才になっている。この「マラソン」はどのような思い出になっているのだろうか。

七四年になると、「目標」がすこしかわって、「北京―延安」となった。この新目標の設定は、「走る」運動をやらせる側のコツである。ところが、著者の二人の子供たちは、よほど面白くなったのか（疲れても先生にほめられるのがたのしみで走りつづけるのだという）、級での『北京―延安』の他に、自分で目標を立てて、走るようになった。

「迅は〈長城まで〉、斉は〈明の十三陵まで〉行ってくることにした。北京から、八達嶺という万里の長城の見物場所までは七一キロメートル余あり、その途中から一寸入ったところにある明の十三陵までは、同じく四五キロメートルほどあった」

ここで「万里の長城」が出てくる。いくら北京より近いといって、そこまで走ったわけでなく、市内のどこかを走るのである。

しかし著者の息子たちは、この目標を先生に申告したであろうか。これは、あくまでも自分たちの心の中の目標で、走った距離を「北京―延安」マラソンに加算し、クラスのだれよりも早くノルマ達成するのを競ったのだともいえるが、先生がそのひそかな目標を知ったなら、怒るというより、けげんな気持ちになったかもしれない。

「外夷」を招き入れる長城

私は文革にからむ文献をたくさん読んできて、「万里の長城」にからむ記事が見当たらぬのを不思議に思ってきた。地方の紅衛兵でも、北京へやってきて、まず見たいのは「天安門」で、汽車でも北京より三時間あまりの、世界に誇る「万里の長城」へ行ったという記録をあまり見ないのである。

あれは、外国人が見るものだと、中国人たちは思っていたか、おのぼりが見るものだと言われるのを嫌ってか、それとも一度は見ても、あまり興味を抱かなかったためなのかもしれない。心理的には、「万里の長城」は、異民族のうちたてた清朝以来、意味を失い、兵器の革新によって役立たずになっている。有名すぎて見たくないという客気もある。

遺伝子インプット論的には、民衆の犠牲の上に立って「万里の長城」は出来たのであり、そのようにさかんに宣伝もされており、民衆圧迫の反面教師として強制でもされないかぎり、「見たい」という気など到底おこらぬ観光名所だったのかもしれぬ。

それでも『ビートルズを知らなかった紅衛兵』を読むと、中に若者の唐亜明が「万里の長城」へ行った時の記念撮影が二葉はさまれているのに気づく。一葉は、文革以前の一九五六年のもので、右派闘争の前年である。ソ連軍事代表と一緒に写っている。

彼の父は、そのころ解放軍報社の記者である。「万里の長城」にソ連軍事代表を案内し、その時、まだ幼稚園児だった彼は他の子供たちとも一緒に連れていかれたのだろう。その軍事代表が、中国人のあまりの貧しさを見て、こんな社会主義なら、社会主義などなくてよいと言ったことを、あとで父にきいたのか書きしるしているものの、「万里の長城」の感想など記していない。小さすぎて、憶えていないということもあるだろう。

もう一葉は、一九六六年のものである。中学一年生になっている。父も、『人民日報』の総編集長になっている。職業柄、外国代表団と逢う機会が多い。赤い腕章をした日本の「毛沢東思想学習会」の人たちが来た時、父の代わりに北京市工芸美術品工場の見学には、姉と二人で案内している。

「ある日曜日、父はアフリカの記者たちと一緒に万里の長城へ行くことになった。私たちの兄弟も行きたいと言ったので、連れていってくれた。父はA・Aジャーナリスト協会中国支部の責任者の一人だった。アフリカの記者たちは手に〈毛主席語録〉という赤い表紙の本を持ち、胸に毛主席のバッジをつけ、〈東方紅〉の歌を歌いながら、万里の長城を登った」

北京生まれの子供たちは、小学校の低学年の時などに、修学旅行で八〇キロ先の「万里の長城」へ一度くらいは行くのがふつうなのだろうか。それとも案外、「万里の長城」は、近さが中途半端なので北京っ子は行かぬのかもしれぬ。そこで、ボクも行きたいということになったのか。

唐亜明は、この本で、「万里の長城」を見てどう感じたのかを書き記していない。ただ、彼等との記念写真の時のことはよく憶えている。そんなものだろう。すなわち、

「ある記者は私を抱いて記念写真を撮った。あんなに強烈なわきがのにおいをかいだのは生まれて初めてだ。〈おりる、おりる〉と叫んだが聞いてくれない。みんなで万里の長城をバックにして笑顔の写真を撮った」

とのみ記している。少し気になるのは、その集団撮影の背後にある大文字の看板だ。「世界各国人民革命闘争」と読める。

『北京三里屯第三小学校』に話を戻すなら、イメージ・マラソンだったにしても、著者の子供たちが外国人（中国人が勝手に送りこむのだが）やおのぼりさん専用といってよい「明の十三陵」や「万里の長城」まで走ろうと設定したのは、まさしく「日本人」だったからであろう。

毛沢東は、長征中、「長城に到らずんば好漢に非ず」と詩に歌った。熱狂的な毛沢東崇拝者だった紅衛兵たち

は、その詩の通りに、なぜ「万里の長城」へ行かなかったのか。

文革の初期、列車の混乱を回避して、当局は紅衛兵が行くことを禁じていたのだろうか。外国人旅行者が多いので、彼等と悶着をおこすかもしれぬことをおそれたのか。列車がだめなら、徒歩だって行ける。地方紅衛兵は、「長征」の兵士を気どり、徒歩で北京までやってくるものもいた。歩くのは、お手のものである。おそらく資料のあたりかたに私の「不運」があるにすぎぬとも言えるにしろ、なんら感じいるようなものがなかったのだろう。

「万里の長城」は、中国の北部に築かれた城壁である。夷狄は四囲にいるが、東は、海に面している。南は、北ほどに怖るべき蛮夷はいない。西には、チベット族がいるが、山脈が天然の城壁をなしている。中国の各王朝が怖れたのは、北部からの侵略である。唐王朝が、あまり長城の築造につとめなくとも、被害を受けなかったのは、侵略の気配があれば、積極的に長城の外へ討って出たためとも言われる。

長征は、南から西へ動いて、西北の端の保安が終点である。保安は、長城がそれに沿っている河西回廊の要地である甘粛省の蘭州から遠くない。毛沢東が「長城に到らずんば好漢に非ず」と言ったのは、この長征の最終目的地であったからだ。「好漢」と歌っているが、『水滸伝』を意識しての用語である。長征中、ゲリラ戦の出てくる『水滸伝』と苦難の旅をつづける『西遊記』は、痛快極まる読みものとしてでなく、戦略戦術やマルクス思想に即して学習されたという説もある。

英国人で詩人でもあるロバート・ペインは、第二次世界大戦中、中国の大学で教え、毛沢東にも延安で逢っているが、彼の著『毛沢東』（宇野輝雄訳・一九六七年・角川文庫）によれば、

「一九三六年十二月、中国共産党のソヴィエト政府は保安から延安へ移動した。この遷都には大きな価値があった。延安は古い昔から県城の所在地で、西安から万里の長城にいたる道の途中にある大都市のひとつであった。紀元前二百年、茅盾《ぼうじゅん》の指揮する北方匈奴《きょうど》はここから、秦《しん》の始皇帝が統一をなしとげた大帝国に猛攻撃をくわえ、莫大な戦利品を手中におさめて凱旋《がいせん》した」

「歴史的な意味でもっと重大なのは、一六三四年、農民暴動の首領である李自成が延安を占拠したことによって純然たる漢民族王朝がついに崩壊したということであろう。すなわち、李自成を駆逐せんとして呉三桂《ごさんけい》が満洲民族を中国の国土内に呼びいれたのが原因で、明王朝は滅亡する羽目になったのである」

今に残る「万里の長城」は、明代に築造したものだが、自分の手で「外夷」を招きいれたのでは、どうにもならぬ。

ペインに言わせれば、「延安は偉大なる王朝が崩壊の道をたどる姿を目撃したのであり、毛沢東も歴史には非常な関心をもっていたので、延安にはまったく別種の王朝が誕生するのではないかと思うようになった」と言うのだ。この憶測がすこし矛盾しているのは、それだと、毛沢東の中国共産党は、「外夷」になってしまうではないか。外国のマルクス・レーニンを学んでいるという点では、中国共産党もまた「外夷」である。だが、そのような意識をもつはずもない。もし、ペインの言うごとく王朝の夢を毛沢東が抱くことがあったなら、都合のよい共通点のみを拾いだして縁起をかついだのであり、そして、その通りに「帝王」となったのだ。

「外夷」といえば、今まさにこの時、中国へ侵入しようとしている夷狄があった。「日本軍」である。翌一九三七年、ついに日中戦争が勃発する。毛沢東は、このころ、日本を、こう考えていたとペインは言う。

「日本軍もいわば古代蛮族が近代化したものにすぎないと考えて、陝西省北部を根拠地にえらんだことはかならずや日本軍のもたらす脅威によって正当化されると確信しつつ、日本軍が侵攻を開始する時期を忍耐づよく待っていた。陝西の近くには有名な万里の長城があり、そのまた向こうには鄂爾多斯《オルドス》砂漠がある。いざとなれば、ここでふたたび長征を敢行して、敵の追撃をかわすこともできると」

つまり毛沢東にとって、近代化された「東夷」なのである。ただ日本人は、たしかに侵略としか言いようもないのに、どこかそう思っていないところがある。これは、今でもそうなのではないか。勝手に親しいイメージを中国に抱き続けている。大アジア主義の宣伝が国民にいきわたっていたせいなのか。海を渡り、満州へ入り「万里の長城」をのりこえて、中国の関内へ奥深く踏みこみ、互いに殺しあいをしながら、どこか、そういう不気味なところがある。東夷の感覚がない。これは、中国人にとって、なんとも不思議なのではあるまいか。

外国人のための大宣伝物

毛沢東が、詩で示した長城のイメージは、北京郊外の八達嶺ではない。「六盤山」の場合、イメージがはっきりしていて、陝西省北西の「万里の長城」だった。しかしもう一つ毛沢東には、長城を詠った詩がある。「沁園春　雪」である。ペイン絶賛の詩である。

千里　氷《こおり》封《ふう》じ
万里　雪　飄《ひるがえ》る
長城の内と外を望めば
惟《た》だ　莽莽《ぼうぼう》たるを　余《あま》すのみ

この長城とて、八達嶺と言えない。一九四五年八月、蔣介石と会談するため重慶に飛行機で向かった時、機内で作られたといわれる。ほぼ日本軍の敗北は、知っていたはずだ。なんと抽象的で象徴的な「万里の長城」であろうか。

「長城の内と外を望めば」と「内」「外」にわけて、毛沢東はとらえている。飛行機の視覚は、鳥瞰の図である。しかし同じ鳥瞰でも長城のてっぺんから、内と外を見わたした時とは、またちがったものであろう。毛沢東は、「内」と「外」をどう見たのだろう。空から見おろせば、内と外も一つと感じたのだろうか。どうもそうと思えない。

作家の杉森久英が、武田泰淳などとともに文革中の中国へ行ったのは、一九七二年であろうか。彼の著『中国見たまま』(一九七二年・文藝春秋刊)を読んでも、ひとつはっきりしないのだが、やはり、この旅で、「万里の長城」を見物している。

「今ではピラミッドや日本の古城と同様、すっかり観光用のものになっていて、城壁の下の広場にはレストハウス、売店めいたものが建てられ、観光バスが何台もならんでいる。長い年月に崩れ落ちた石はていねいに積み重ねられ、セメントで補強され、女子供にも上り下りしやすいように、石の段や手すりなどが付加えられている。高い所に登ってみると、たしかに偉観である」

第二次世界大戦までは、清朝のふるさとである満州、つまり東北地方は、長城の内と外ということからすれば、「外」である。中国の版図の中にふくまれ、一つとなっている。ただ無用と化した長城が、「内と外」をわけているにすぎない。領土としては、国境線が、「内と外」をさだめている。

だから、徹底して、北京郊外の八達嶺のみを「観客化」してしまったのであろうか。もはや毛沢東にとって、中国人にとって、「万里の長城」はなんなのか。文革期において、一つ、宣伝として活性化できなかったことを念頭に、なんだろうと思うのだ。

杉森久英は、この偉観をそのまま認め、「君臨する帝王は、壮大な夢に酔うことができた」であろうと月並みな感慨にふけっている。「君臨する帝王」と言う時、毛沢東を重ねあわせていたのだろうか。毛沢東は、観光用のため八達嶺を修理修築しただけである。この「観光用」ということの意味を解くことが、おそらく重要なのだろう。

「ふと見ると、うねうねと続く城壁の一番高いところをめざして、一人の若者が、大きな旗をひるがえしながら、勢よく進んでゆく。くすんだ山の木々の中に、旗の色の赤だけが、燃えるようである。どこかの観光団の一人なのだろうか。おそらく彼は天下を征服したような快感にひたっているのだろう」

この勢いよく走る若者は、中国人だが、かつての牙をむいた紅衛兵でない。紅衛兵たちが、この「万里の長城」を聖地化しなかったのは、「四旧」とみなしたからかもしれない。政府が「明の十三陵」と「万里の長城」だけは、破壊を許さなかったこともある。他の用途を考えていたからであろうか。破壊を許したとしても、「万里の長城」など、手のほどこしようもなかったであろう。国内の観光用としての「万里の長城」の用途は、なんであろう。中国人の偉大を再認識させることだろうか。

「内」なる中国人への「観光」のためというのは、ほんのつけたしで、北京郊外の「万里の長城」は、「外」なる外国人の「観光」のためにのみ用意されている大宣伝物なのではないか。

★石の大蛇が身をくねらせて

万里の長城が文化大革命である

日本の作家杉森久英は、文革中の紀行文『中国見たまま』の中で、「万里の長城」はすでに「観光」化されていると述べた。

そのような指摘は彼ならずとも、だれだってすぐ感じとれるものだろうし、むしろ今日の日本人なら観光施設としての不備に文句をつけかねない。しかし杉森は、その「観光」性にもう一つ、京劇の武将の「物々しい隈取り」を例にとった「奥」の意図を見とっている。

「私は万里の長城を見たときも、この本来の用途は装飾用だと思った。……あの壮大な外観を見、かかるすばらしいものを築き得る皇帝の権力はどのようなものかと、畏怖をおぼえて、戦わずして降伏する蛮族がいたら、それこそ彼らの思う壺なのである」

「思う壺」になかなかならなかったのは、歴史的事実でもあるが、「装飾用」としての効果は、やはりあったといってよいだろう。

「私は中国のいたるところで見かける〈アメリカ帝国主義は張り子の虎である〉という標語ほど、中国人の気質を丸出しにしたものは

❖……〔日本の田中角栄首相、大平正芳外相は、1972年9月27日、中国の姫鵬飛外交部長、呉徳北京市革命委員会主任の案内で万里の長城を遊覧した（新華社＝中国通信)〕

ないと思っている。中国人は、常に自分を内容以上にいかめしく、おそろしげに装うことを知っているから、いかめしく、おそろしげに見えるが、実はそれほどいかめしくも、おそろしくもないことをも知っているのである……なぜならば、自分自身が張り子だからである」

張り子の虎宣伝の原型は、なにも中国にかぎらずどこの国の政治的人間もがする「自己宣伝」としてパターン化されているものでそれはそのまま政治宣伝の要諦にもなっているのであり、対外宣伝のきわめつきの手法であろう。たとえば、「中国の歴史三千年」を匂わせることなども、事実そうであるだけに、「張り子の虎」なのである。インドなどは、宣伝下手な上に、その国力がみくびられすぎ、「歴史」に関心なく、国土も中国のように茫漠たるスケールをもたぬため、「張り子の虎」を使いきれない。

イタリアの作家アルベルト・モラビアは、一九六七年、文革たけなわの中国を訪問している。『わたしの中国観─文革中国を旅して』の中で、「なぜ、そのように大仕掛けなことを行わねばならないのか?」という自己疑惑に対して、彼は二つの仮説をたてた。一つは、米中戦争を前提にアメリカの消費文明と反対の貧困の文明をつくりだし自己の戦いを有利に導こうとしているという、うがった見方。もう一つは、「文化大革命が本質において、一種の万里城であるということ。つまり、文化大革命は一種の国家主義的な自立政策であり、この政策によって――それは中国の歴史上ことさらに新しいものではない――またもや中国は自己の文化圏内に閉じこもり、長期間にわたる外界への無関心の態度を、換言すれば自立の体制を打ち立てようとしている」

所詮、権力闘争だったという観点に立てば、うがちすぎともいえるが、「無意識的な自己防衛」として、そうだったともいえる。なおもいえば、このモラビアの二つの仮定はともに、権力闘争の際、毛沢東派が用いた宣伝文句にまんまと彼がはまって概括してみせたにすぎぬともいえる。だが、文化大革命を「万里の長城」に見立てたのは、排外性に敏感な西洋人らしい鋭さである。

モラビアは、「万里の長城」に保守主義のメッセージを読みとる。いわゆる「中華思想」である。「万里の長城」が作りだされた瞬間から、その彼方は、「無」となり「空」となったというのだ。

モラビアは、そのようなことを考えながら、本物の「万里の長城」(八達嶺)へ向かう。まず美しいレリーフのある門を眺めながら、「長城が役に立たなくなったときから、今日の中国人たちはそれに対する興味を失くしてしまった。別の時代がくれば、別の長城が必要になる」。

一部だけ修復するのは、象徴としてであり、今、真の「万里の長城」は、「文化大革命」そのものだというのである。だが、いざその姿を見るや、「神話の効力と威力」を彼は感じる。

「喉もとからは左右に山々が遠ざかり、そこを起点に峰から峰へ山々がいわば逃げてゆく。そして青空の果てに刻みこまれた、ふた筋の、連綿と打ち続く山並みの上を、そのうねりにそって、灰色の石の大蛇が身をくねらせてゆく」

彼が事前に用意した観念は崩れ、すっかり感動してしまっている。長城そのものに中国人は興味を失ったが、かわりに観光客化していると見る。

「群れをなし、長城の下に取りつき、ゆっくりと、蟻の群れのように、望楼に向って這いのぼってゆく。彼らは袋に弁当を詰め、手拭にくるんだ酒のびんを下げて、登ってゆく」

一九六七年は、文革のまっさかりであるが、紅衛兵の姿を彼は認めていない。私は、長城は外国人専用でなかったことだけは、まちがいないにしろ、紅衛兵だけでなく、一般中国人に対してもなんらかの規制があったように思えてならない。

モラビアは、「万里の長城」をもともと中国人に潜在しているという、軍事能力を知らせる教育宣伝的役割を自国民に対して果している と見ている。「大蛇が身をくねらせて」いる長城の姿に息を呑んだ彼だったが、ほどなくすこし前まで自分がとらわれていた観念をとり戻し、案内人に向かっていう。

「私には万里の長城が、何よりもまず、象徴として見えるのです」

「何の象徴ですか？」

「打ち克ちがたい中国の保守主義の象徴」

「打ち克てぬものなどありません。今日の中国は革命国家です、世界のなかでも最も革命的な国家です。そして万里の長城は中国の軍事技術の水準の高さを示すものです」

と機械的にあしらわれている。

モラビアが、もし「文化大革命」の背後に「保守主義」がとぐろを巻いているのを見たとしたなら、やはり相当な鋭さだといえる。残存している保守性（四旧）の打破は、「文化大革命」のお題目だったからだ。しかし、攘夷の閉鎖性をその運動に見ていた彼にとっては、保守主義（中華思想）そのものだったのかもしれない。

それにしても、この案内人の返答ぶりは、当時の状況に合わせた模範的で宣伝的な解答である。外国人に対しては、「ノーマンズランド」にするのが、彼の首のかかった任務だからであり、彼の本心は、外国人に対して胸をそびやかす気持があったとしても、どのようなものであったのか、わかったものでない。（おそらく長城に案内することそのものに彼は倦み、うんざりしていただろう）

同じ文学者でも、モラビアと同じ一九六七年に中国を訪問した日本の高橋和巳は、案内されるまま「万里の長城」を見物しているが、かなり異なった感想をもった。中国文学者でもあるから、簡単に礼讃しているわけでないが、「一つの望楼までゆったり散歩するのに、はや呼吸の乱れてくる石畳の壁上を歩むだけでも、どれだけの巨大な労力がこれに費やされたかは、否応なしに感得される」と言い、皇帝の権力意識や排外思想のシンボルを見ようとしていない。（「新しき長城」・『〈同時代ライブラリー〉孤立無援の思想』一九九一年・岩波書店刊）

「秦代の長城改築のさい、夫を苦役にとられ、はるばるそのあとを追ってきてみれば夫は人柱として土に埋められてしまっていて、天を仰いで号泣した孟姜女の故事を思い出しながら、彼方にひろがる荒涼たる原野と、解放後植林はされながらもなお岩肌を露出する磽确《こうかく》たる山脈を眺めていて、ふと私は、国境をこえていらいの十余日間、私の目には恐ろしく不思議に思われたさまざまな政治現象は、やはりあまりにも広大なこの国土のあり方と関係があるのだと気づいた」

戦後の日本人の「万里の長城」は、一面として有吉佐和子の小説に描かれたりしたこともあって、「孟姜女の故事」が普及し、民衆の悲惨の産物というイメージがかなり浸透していた。それを彼も引いているが、「あまりにも広大な国土」のせいだという「啓示」をえて、一挙に『毛主席語録』の「本当の金城鉄壁とは何か。それは大衆である」の言葉を想起し、

「頼りになるのは、城壁ではなく、人の心しかない。〈毛主席語録〉がひたすらに人の要素を説き、なかんずく人の思想を優先することが、不意に私には納得できるような気がした」

といい、「新しき長城」は、「征服されざる七億の人民の精神、その人の和である」と毛沢東は考えているのであろうとし、「技術としての政治ではなく、秀れて道徳的な哲学がいま中国全土で実験されようとしている」と好意的に理想化している。ニュアンスはかなり違うにしろ、モラビアが、「新しい長城」は「文化大革命」だといったのと、一面では、通いあうものがある。

一九七一年、高橋和巳は夭折する。

「徹底した民衆の創意への信頼と、宗教の始祖に対する以上の個人崇拝。語の正しい意味でのアナーキズムの自由連合思想に近い各地の造反運動と、外圧と戦うための強烈な国家統一志向。まったく背馳する志向が、いま中国では、不思議に表裏一体して存在しているのである」

当時、日本の全共闘世代に対し、かなり説得力のあった言葉である。高橋和巳が、もし今も生きていたら、訂正の余地なしと、やはりいうであろうか。「民衆の創意への信頼」があったとはとうてい思えないが、高橋和巳がいうように「背馳する志向」が『不思議に表裏している」、ほんの一時期があったことだけは、たしかであろう。

「なつかしい」中国のシンボル

日本人の心の底にある「中国」への憧憬は、なんだろうと思うことがある。私の中にもある。あるが故に私は中国へ行かない。

一九六九年十一月、中国生まれで、アジア経済研究所所員であった嶋倉民生は、日中覚書事務所の所員として北京へ赴任する。中国に憧憬を持つこと久しかった彼だけに、民兵が行進しながら「抗日軍歌」を歌いつつ、「〈殺!〉という気合いもろとも突き出される銃剣の列をみると、敵地にきたような気持ちになった」と告白している。(『北京日記』一九七二年・日本経済新聞社刊)

日本の経済人は、このころから訪中している。「東京経済人訪中団」の一人である永野新日鉄会長が、北京空港へ見送りにきた中国対外貿易省の一人に向かって、

「頂上に到らずんば男に非ずというわけで、団員一同で、がんばりました」

と冗談を言っているのを嶋倉民生は目撃している。毛沢東の詩の一句「長城に到らざれば男に非ず」をもじったのである。

「頂上」と「長城」は、日本語で同音である。(中国人も同音仮借を得意とするが、頂上は同音でない) 万里の長城の「頂上」は、若い高橋和巳でも、火を吹いたのである。財界の長老たちにとっては、難行である。「万里の長城」効果は頂上までの「しんどさ」が寺院がよくするように演出されているのかもしれない。

「日本の政財界の長老たちは、明治育ちの漢学の素養から毛主席の詩を理解し、長城参観に当ってその詩を想い浮かべ、談笑の中で、〈長城〉と〈頂上〉を置き換えてみせるなど、西欧人にはマネのできない、東洋人の心のあそびや心の触れ合いが中国の人とできるのではないだろうか」

この発想は、一種の「すり寄り」であり、危険な落し穴にはまりかねず、かえって両国の溝を拡げる。共同通信の北京特派員であった伊藤正の『チャイナ・ウォッチング』(一九八一年・CBSソニー出版刊)を読むと、こんなことを言っている。

「わたしは一九七二年に初めて訪中して、万里の長城に登ったとき、大きな感動に襲われた。長城のスケールの大きさにではなく、中国人の防衛意識の強烈さにである。そこには周辺異民族への強烈な警戒心と恐怖心が感じられた」

フランス人が、拒否感を感じとるのと、また別のものだが、この著者と同じ世代なので、なんとなく私はわかる気もする。私が子供のころ、戦争に敗けて中国から帰ってきた日本人たちが、すこし前まで「チャンコロ」と蔑視しながら「万里の長城」をのりこえて侵入したことなど忘れ、やたらと「かなわぬ、凄い民族だ」とはめあげるのを不思議な気持できいていた。

カルチャー・ショックというより、中国の民衆が「国」や「政治」よりも、「人間」の善悪しか信用しいないことに驚いているように思えた。いったん「かなわぬ」とシャッポを脱いだことによって、いちど中国体験をもった人たちは、中国人の敵意を忘れ、なつかしがるのではないか。またアメリカに負けたという意識があっても、中国に降伏したという感覚が薄く、殺しあいをやったにもかかわらず、人なつこく、なつかしがる。

『万里の長城の彼方に』(一九七二年・芦書房)という非売品の本がある。やはり共同通信の記者であった小西政治の遺稿で、彼が滞在していたのは、戦前である。中国人記者との交流や恋愛の思い出などが、にがく、なつかしげにここでは描かれている。友だちの中国人記者も恋人であった中国の娘も、毛沢東のいる延安へと脱出していく。小西もまた朝鮮経由で日本へ帰る。戦争が終る一年前の、一九四四年である。

「慧敏と張永康は万里の長城の内長城線を越えたであろう。私は山海関で外長城線を越えた。西と東に袂を分かったのだ。そして私が日本の土を踏んだように彼等もまた生きて、その素志を貫くだろう。お互に万里の長城の彼方に消えたという感慨がジーンと胸底深く響いてくる」と小西政治はその回想記を結んでいる。慧敏は、彼の恋人。張永康は彼の友人である記者。彼等が脱出して延安へ行くためには、長城を越えなければならない。だが、いずれ「長城を越えずんば、好漢にあらず」と戻ってくるために越えるのである。

小西には、「夷狄」として長城を越え日本へ帰るという感覚がない。中国を去り、恋人と別れることが断腸の思いなのであり、その帰路に「なつかしさ」の象徴である万里の長城を越えるのである。彼は慧敏に、京都を案内したいとしきりと囁いていた。京都は、中国の洛陽を真似た街であるという思いがあったからだ。日本人の一方的な中国への「なつかしさ」は、ここにも根があるといえるだろう。

一九七二年二月、ニクソンの米中会談にあたって、前年より予備交渉を行ったのは、キッシンジャーである。「中国人は、冷血な権力政治の実行家であり、とても西側のインテリ層が想像しているようなロマンチックな人道主義者などではない」（バーナード・カルブ『キッシンジャーの道』高田正純訳・一九七四年・徳間書店刊）と彼は考えていた。

最初の訪中の際（七月）、キッシンジャーは、あちこちと案内されている。紫禁城も見学している。「広大な構成は、ふだんはたくさんの観光客が押しかけるのだが、この日は半日閉鎖され、われわれ六人のアメリカ人だけが案内された」と書いているから、そのあたり状況に応じ自在に案内する（宣伝する）場所のありようを調節するのである。

十月の訪中の際、「万里の長城と明の十三陵などを見学したが、七月の時のように物珍しげな観光客からぜんぜん隔離されていなかった」と書いている。彼にいわせれば、「これ見よがしに公衆の面前に姿を現すことになった」のである。つまり「見世物」として宣伝のだしに使われたのである。頤和園《いわえん》では、「湖にこぎ出した船の上で、文字通り数百人の観衆が見守る中でお茶を飲んだ」と皮肉っている。

どうも、キッシンジャーは、宣伝嫌いなところがある。政治宣伝は、アメリカとて、お手のもののはずなのである。ついに一九七二年二月、ニクソン大統領は北京を訪問する。この米中会談をアメリカ政府は、テレビのゴールデンアワーに流したいと願っていた。かくて、「双方の思惑が重なり合って、華やかなショーが催された。こうして、大統領は万里の長城、紫禁城、明の十三陵、頤和園、天壇などの中国の過去の建物や名跡を相次いで見物した。天壇は、かつて皇帝が忘我の境に達し、今の北京中心街のいくつかの同心円のなかに、幾何学的に正確な宇宙を見出すという厚顔ぶりをみせたところだった」

なんとも口が悪い。アメリカ人というよりヨーロッパ人の感性である。この「観光」には、すでに見物していたこともあって、サボタージュしている。「奇妙なアメリカ人が中国史の驚異に直面して、どんな振る舞いをするかを検討するモルモットに利用され」るのを拒んだのである。

ニクソンは、真面目にこのモルモット役を演じている。随行しなかったキッシンジャーは、ホテルのテレビで見ていたのか、

「〈これが長城だ〉。ニクソンは、万里の長城に集まった記者団にこういうと、この人類のもっとも印象的な創造物の一つに感心してみせた」

馬鹿じゃなかろうかといわんばかりの調子で書いている。「テレビ」のために、この「見学旅行」はあったと彼は見ているのである。

これにくらべれば、この年の九月に訪中した田中角栄は、おおらかであった。大平外相は、交渉決裂の場合を考えなければならなかったので、万里の長城の見物（九月二十七日）も、上の空だった。

「足が中々進まない。足早やに歩く田中よりずっと遅れてしまった」

『アサヒグラフ』（一九七二年十月十三日号）を見ると、はたして田中角栄は、「ヨーッ」と片手をあげながら先頭を切って歩いている。うしろの大平の顔は、憂鬱そのものである。

「人類が残した二つの大きな遺跡は、これとピラミッドだな。テコを利用したり、石を積むために当時としてはずいぶん高度の技術を用いている。そうでないと千年も二千年ももたないよ」

と一級建築士らしい感想を記者団に述べ、ごきげんである。その日の午後四時、第三回田中・周恩来会談が開かれた。田中は、周恩来と顔を合わせると、今日、万里の長城を見物したことを伝えた。

「万里の長城に到らざれば好漢にあらず、という諺があります」

と周恩来が田中をくすぐったと永野信利の『天皇と鄧小平の握手』(一九七三年・行政問題研究所刊)の中にある。

「諺」ではない、毛沢東の詩詞である。先に掲出の『アサヒグラフ』によれば、

「万里の長城は六千キロの長さだが、改造論によると、六千キロの高速道路をつくる予定になっているんですね」

とさらに周恩来がくすぐれば、角栄は、

「日本の一部には日本列島改造は難しいという意見があるが、きょう、万里の長城を見て、改造できると自信を持ちました」

とおおらかである。つづいて毛沢東との会見があり、その日の夜の会談では、大平の杞憂をよそに、日本の妥協案に中国側が歩みよる。

一九七七年。四人組が粉砕される。周恩来、毛沢東は、すでに逝った。詩人の田間は、「万里の長城に登る」という詩を作った。(『中国人民詩集』井口克己編訳・一九七八年・たいまつ社刊)

ソ連修正主義者が〝緩和〟調でうたいあげても
雲海を見る
長城に登り

兵士は不戦の看板などかけはしない
惜しみなく青春の血潮を散らしても
それは紅梅の花となって春のくるのを告げるだろう！

もっぱら対外宣伝の大王たる「万里の長城」にはさして人々は興味を示さず、物見遊山の対象にすぎなかったように思えてならぬが、四人組の暴風から解放され、文革の終焉が告げられるや、気分一新やっと登ってみる気をおこしたのだろうか。この詩では、長城の彼方の「ソ連」が夷狄となっている。

跋（一）——草森紳一さんのこと……………天野祐吉

『広告批評』に草森さんの連載が始まったのは、一九八九年の一月号だった。以後、一九九九年の五月号まで、実に十年四カ月にわたって、私たちは草森さんの原稿をいただくことになる。一回が四〇〇字詰原稿用紙で二十枚くらいだから、その枚数は最終的に二千枚をこえることになった。

すごいのは枚数だけではない。それ以上に、中身がすごい。ヒトラーの宣伝術を解剖した『絶対の宣伝』（全四巻・一九七八～七九年・番町書房刊）を読んだときも、その濃さに驚嘆したが、これはそれをはるかに上回ると、一年も読み進むうちに確信するようになった。

それだけではない。ヒトラーが宣伝の天才だったことは広く知られているし、それを扱った研究書も内外に多い。が、毛沢東の文化大革命を「宣伝」という視点からとらえ、ここまで執拗に紹介・解析した本は、世界にもまず例がないと言っていいんじゃないだろうか。

こんなに長い期間にわたって連載をしてもらいながら、ぼくはついに草森さんにお目にかかる機会がなかった。

当時はもう、『広告批評』の編集長はぼくから島森路子に代わっていたし、この企画そのものも島森によるものであって、ぼくは「最も早く原稿が読める読者」の椅子に追いやられて（？）いたからである。

草森さんの連載がはじまった一九八九年一月号の編集後記に、島森はこう書いている。

「今年の新連載のトップバッターとして草森紳一さんが登場です。『ナチのプロパガンダ』の大冊をものしている草森さんのそもそもの専門は『中国詩』。大道芸をはじめ、広告でも日本の大先輩である中国の、その広告的話法のもとを、あの『文化大〝宣伝〟革命』を通して探ってみようという〝万里の長城〟みたいな企画です。ご期待ください」

島森の興奮が行間からも感じられる。が、いかに万里の長城とはいいながら、そのときはこの連載が十年も続くとは、当の島森も思ってはいなかったろう。


以来、毎月一回、島森の門前仲町通いが始まった。最初は編集部の立木さとみが、一九九〇年からは白滝明央が同行、以後は白滝だけで行くこともあったが、島森もできるだけ原稿の受け取りや資料集めの打ち合わせに出向いていたように思う。

ちなみに、草森さんから、原稿が郵便なりファックスなりで送られてきたことは一度もなかったように思う。すべて、編集者への手渡しである。その原稿はすべて手書きで、いかにもヘビースモーカーの草森さんの原稿らしく、その一枚一枚にたばこの匂いがしみこんでいた。

といっても、原稿の手渡しは、草森さんに限らない。いまでは考えられないことだが、原稿というものは編集者が著者の家にもらいに行くのが常識だったのである。

原稿をもらいに行って、著者の目の前で読ませてもらう。で、自分なりの意見や感想をいう。そこから、著者とのさまざまな対話が生まれる。編集者は、それによって育てられたし、著者もまたそこから自分なりに学んだりした。ぼく自身の体験からいっても、それでどれほど自分が成長したか。トクをしたか。島森や白滝にとっても、月に一度、門前仲町を訪ねることは、資料集めの苦労を忘れさせるような大きな楽しみだったに違いない。

「中国文化大革命の大宣伝」の連載を一回休んで、『広告批評』に何度か別の原稿を書いていただいたこともある。それは「寅さん」のことであったり、「マイケル・ジャクソン」のことであったり、大衆文化のヒーローたちについての草森的考察の原稿だった。

島森の編集後記にもあったが、草森さんの〝専門〟は「中国詩」である。が、草森さんの仕事には、文学・歴史・映画・演劇・絵画・写真・広告・旅・都市……と、まったく〝専門〟を感じさせない間口の広さがある。それでいて、どれもみな奥行きの深いところが、草森さんの草森さんたるゆえんなのだが、すべての事象を等距離でとらえるその視線は、まさにジャーナリストのそれといっていいだろう。

もともとジャーナリストには〝専門〟などはない。全方位アマチュア人間であり、なんにでも旺盛な好奇心を燃やす野次馬の代表である。草森さんが、自分の肩書きをあえて「物書き」としたのは、草森さんの根底にそんな意識があったからではないかと、ぼくは勝手に想像している。

亡くなった加藤周一さんのような、いわゆる知識人の中にも、ジャーナリスティックな目を持った巨人がいるけれど、草森さんの場合はそういう知識人とは意識的に距離を置いたところで、その仕事をつづけてきた。こんなユニークな巨人は、ぼくの知るかぎり、ほかにはいない。

こんなわけで、この大著の解説を書くのは、まったくぼくの任ではない。企画者であり編集者である島森路子か、編集担当者の白滝明央の仕事である。が、白滝はその後病没し、島森はいま病をえて療養中で、この本の出ることをたいへん喜んでいるが、残念ながら原稿を書くことができない。で、やむをえず、ぼくが代役を引き受けることになった。

ちなみに、この連載が一〇八回で終わったその号に、編集長の島森と担当の白滝は、こう書いている。

「草森さんの連載『中国文化大革命の大宣伝』が今月で終了します。スタートしたのが、一九八九年の一月、思えば歴史的な年に出発したことになりますが、巨大なテーマに十年以上、がっちりと取り組んでいただきました。スタートした頃は、文革時の資料がほとんどなく、まずその収集に苦労があったのに、連載途中から堰を切ったように出版され始めたのも印象深い出来事でした。ところで、『産児制限』『切手』など、スタート時にあがっていたテーマのいくつかが見送りになりました。それでも終了したのは、数年前に、キリがないから一〇八回（人間の煩悩の数）でやめようとご本人が言い出されたのがその理由ですが、連載は終わっても、なにかとお力を貸していただけるものと勝手に決めつけて、お礼に代えさせていただきます。（島森）」

「〈資料の山に埋もれて苦労したその月の特集に触れたあとで……〉しかし資料の山と言えば、草森紳一さんの部屋はこんなものではありません。まさに〝寝床以外はすべてが本〟という環境で、『中国文化大革命の大宣伝』は、十年にわたり執筆されました。僕が担当になったのは、まだ駆け出しだった九〇年（第一七回）からですが、永代橋を渡ったところにある草森さんのお宅に毎月うかがい、原稿と一緒に、貴重なお話や、一つの事象を幾重にも解釈する草森さん流の多面的なモノの見方をたくさんいただいて帰れたのは、編集者にとってなによりの糧になりました。長い間、本当にありがとうございました。（白滝）」

（あまの・ゆうきち　コラムニスト）

主要人物紹介

王光美（おう・こうび）一九二一～二〇〇六年

アメリカ生まれ、天津育ち。四八年劉少奇と結婚。四九年共産党入党。六四年全人大河北省代表。六七年北京清華大学文革工作組主任顧問。同年失脚。六九年投獄。七九年名誉回復。以後社会科学院副秘書長兼外事局長、全国政協常務委員など。

王洪文（おう・こうぶん）一九三五～九二年

吉林省長春出身。五二年共産党入党。五三年上海の工場労働者となる。文革開始とともに革命造反派のリーダーとなる。上海市党委員会書記を経て七三年党中央副主席・政治局常務委員。七六年逮捕され、八一年無期懲役、政治権利終身剝奪の判決を受ける。九二年獄死。

汪東興（おう・とうこう）一九一六年～

江西省泰和出身。三二年共産党入党。延安時代から毛沢東の警護を勤める。五五年公安部副部長。六六年党中央弁公庁主任。六七年中央警備団長。七〇年中央軍事委員会政治保衛局長。七七年党副主席、八〇年解任。八二年党中央委員解任。八五年党中央顧問委員会委員。

華国鋒（か・こくほう）一九二一～二〇〇八年

山西省交城出身。三八年共産党入党。毛沢東の郷里湖南省で実績を上げ、文革で急昇進する。六九年中央委員。七六年党主席・党中央軍事委主席・国務院総理。八〇年総理解任。八一年「歴史決議」で批判され党主席および中央軍事委主席を解任。

賀龍（が・りゅう）一八九六～一九六九年

湖南省桑植出身。一四年革命運動に加わり、二六年以降北伐、長征に参加。建国後は副総理兼国家体育委員会主任。五五年元帥。文革期に迫害を受け死去。七四年名誉回復。

蒯大富（かい・だいふ）一九四五年～

江蘇省浜海出身。六七年当時清華大学システム工学部化学科の学生、同大学「井岡山兵団」責任者。六七年四月北京市革命委員会常務委員。六八年極左グループの一人として逮捕、失脚。七八年再逮捕。八三年二月懲役十七年の判決を受ける。八七年釈放。民間企業に就職。

郭沫若（かく・まつじゃく）一八九二〜一九七八年
四川省楽山出身。一四年日本留学。一六年佐藤富子(安娜)と結婚(後に離婚)。二五年中山大学文学院長。二七年共産党入党。国共分裂後日本に亡命。四九年政協副主席、政務院副総理、中国科学院院長。六三年中日友好協会名誉会長。六四年全人大四川省代表。文革初期自己批判。

江青（こう・せい）一九一三〜九一年。本名・李進、字は雲鶴
山東省諸城出身。上海で映画女優となる。芸名藍蘋。三八年延安に入る。三九年毛沢東と結婚、江青と改名。四九年政務院文化部映画事業指導委員会委員。六三年京劇改革を皮切りに「文芸革命」に着手。六五年呉晗の歴史劇『海瑞免官』を批判し、文化大革命の端緒とした。六六年中共中央文革小組第一副組長。六九年中央政治局委員。七六年「四人組」の一員として逮捕され、八一年執行延期二年の死刑、政治権利終身剝奪の判決を受ける。八三年無期懲役に減刑。九一年自宅で自殺。

康生（こう・せい）一八九八〜一九七五年。本名・趙栄
山東省膠南出身。二五年共産党入党。三一年中共中央組織部長。四二年整風運動指導。四九年中央人民政府委員。六六年文革小組顧問。七五年病死。八〇年文革における「反革命陰謀活動」の罪により党籍剝奪。

朱徳（しゅ・とく）一八八六〜一九七六年
四川省儀隴出身。〇九年中国革命同盟会参加。二二年ドイツ留学、共産党入党。二七年南昌蜂起に参加。二八年井岡山で毛沢東と合流、紅軍総司令となり、以後各地を転戦。三七年以後八路軍総司令として活躍。四九年中央人民政府副主席。五四年国家副主席。五六年中共中央副主席。五九年全人大常務委員長。文革で紅衛兵の批判を受けたが、六九年中央委員に再選、七三年中央政治局常務委員。

周恩来（しゅう・おんらい）一八九八〜一九七六年
江蘇省淮安出身。一七年日本留学。二〇年渡仏。二二年共産党入党、共産主義青年団欧州支部書記。二三年ドイツ留学。二四〜二六年黄埔軍官学校政治部主任。三四年長征に参加。三五年遵義会議で毛沢東を支持。三六年西安事件に際し蔣介石釈放に尽力。四九年政協副主席、政務院総理、外交部長（〜五八年）。以後内政外交の最高責任者として手腕を発揮。文革期には毛沢東を補佐しつつも、古参幹部を擁護したことから林彪・江青らと対立。七六年一月八日死去。その追悼をめぐって第一次天安門事件発生。

蔣介石（しょう・かいせき）一八八七〜一九七五年
浙江省奉化出身。〇七年保定軍官学校卒業後、日本の陸軍士官学校に留学。中国革命同盟会に参加。孫文の信頼を受け黄埔軍官学校校長。孫文の死後継者として国民革命を指揮。二七年上海で「四・一二クーデター」を断行し共産党を弾圧、同年南京国民政府主席兼軍事委員会委員長。四八年国民政府総統。四九年台湾に移り、以後「大陸反攻」をとなえる。

張玉鳳（ちょう・ぎょくほう）一九四四年〜
黒竜江省牡丹江出身。毛沢東の晩年における生活秘書。もと列車服務員で毛死去当時、毛の身辺に最も近い女性であった。後に毛沢東蔵書目録編集。二〇〇四年引退。

張春橋（ちょう・しゅんきょう）一九一八〜二〇〇五年
山東省巨野出身。五六年上海市党委員会宣伝部長。六六年上海市党委員会第一書記。六七年上海市革命委員会主任。七三年党政治局常務委員。七五年副総理。七六年「四人組」の一人として逮捕。八一年執行延期二年の死刑、政治権利終身剝奪の判決。八三年無期懲役に減刑。獄中で黙秘を続ける。

陳伯達（ちん・はくたつ）一九〇五〜八九年
福建省恵安出身。二七年共産党入党。四九年党中央宣伝部副部長。五六年中央委員。五八年『紅旗』編集長。六六年中央文革小組組長、中央政治局常務委員。七三年林彪とともに陰謀を企んだとして党籍剝奪。八一年懲役十八年、政治権利剝奪五年の判決。八八年刑期満了。

田漢（でん・かん）一八九八〜一九六八年
劇作家、詩人。湖南省長沙出身。日本留学。三二年共産党入党。六〇年文連副主席兼全国戯劇工作者協会主席。六五年批判を受け六八年獄死。七九年名誉回復。国歌「義勇軍行進曲」の作詞者。

鄧小平（とう・しょうへい）一九〇四〜九七年
四川省広安出身。二〇年渡仏。二二年同地で中国社会主義青年団旅欧支部に参加し二四年共産党入党。二六年モスクワ中山大学に赴き同年末帰国。三三年まで中共中央秘書長、中国労農紅軍第七・八軍政治委員、中共瑞金県委員会書記、江西省委員会宣伝部長などを歴任。三三年「左傾」指導者として解任。三四年長征参加、中共中央秘書長。三五年遵義会議に出席。抗日戦争期は八路軍総政治部副主任など要職につく。五〇年党中央西南局第一書記・西南軍政委副主席。五四年より国務院副総理、中共中央秘書長、国防委員会副主席。中央政治局委員を歴任。五六年政治局常務委員兼総書記。六六年文革で失脚。七三年副総理で復活。同年中共一〇全大会で中央委員、のち中央軍事委員会副主席、解放軍総参謀長。七五年中共中央政治局委員・同常務委員・同副主席。七六年第一次天安門事件で全職務解任。七七年全職務回復。党路線を経済建設に転換。八一年中央軍事委主席。八二年党中央顧問委員会主任。八七年中央軍事委主席。八九年辞任後も「最高指導者」として権力を掌握。

陶鋳（とう・ちゅう）一九〇八〜六九年
湖南省祁陽出身。二六年共産党入党。文革初期、推進者として六六年党宣伝部長、政治局常務委員。六七年「中南地区のフルシチョフ」と攻撃され失脚。七八年名誉回復。

彭真（ほう・しん）一九〇二〜九七年
山西省曲沃出身。二三年共産党入党。二九年国民党政府に逮捕され三六年まで入獄。その後中共中央北方局書記兼組織部長。四五年党中央組織部長、中央政治局委員。四九年政務院政治法律委員会副主任。五一年北京市長。五四年全人大常務委員会副委員長。五六年北京市党委員会第一書記。文革初期に批判を受け、六六年北京市党委第一書記解任。七九年名誉回復。八三年全国人民代表大会常務委員長。

彭徳懐（ほう・とくかい）一八九八〜一九七四年

湖南省湘潭出身。二八年共産党入党。長征参加。四五年中央政治局委員。四九年中央人民政府委員、人民革命軍事委員会副主席。朝鮮戦争で中国人民義勇軍司令。五四年国務院副総理、国防部長。五五年元帥。五九年廬山会議において大躍進批判を行ない失脚。七四年迫害を受け死去。七八年名誉回復。

毛遠新（もう・えんしん）一九三九年〜

湖南省湘潭出身。毛沢東の弟・毛沢民の長男。六八年遼寧省革命委員会副主任。毛沢東の「連絡員」となる。七三年遼寧省党委員会書記、党一〇全大会主席団員。文革後期に江青の指示で活躍。七六年「四人組」とともに失脚。懲役十七年。釈放後上海で技術者となり、二〇〇一年引退。

毛沢東（もう・たくとう）一八九三〜一九七六年

湖南省湘潭出身。一八年長沙第一師範卒業後、北京大学図書館に勤務。二一年中国共産党第一回大会に出席。同年楊開慧と結婚。二七年井岡山根拠地建設。三一年中華ソビエト共和国設立（首都江西省瑞金）、主席に就任。三四年国民党の攻撃を受け瑞金を放棄、長征開始。三五年遵義会議で党の主導権を掌握、陝北根拠地建設。三九年江青と結婚。四二年から延安で整風運動を展開。四三年党中央委員会・中央政治局・中央書記処主席に就任、中共の最終決定権を確保。四九年北京入城、中華人民共和国の成立を宣言、中央人民政府主席。五〇年モスクワで、中ソ友好同盟相互援助条約締結。朝鮮戦争に参戦を決断。五一年『武訓伝』批判開始。五四年国家主席、中共中央軍事委員会主席、『紅楼夢』批判開始。五五年胡風批判開始。五六年「百花斉放、百家争鳴」提唱。五七年反右派闘争発動。五八年「人民公社はすばらしい」と発言し大躍進政策を推進するも失敗。五九年国家主席の地位を劉少奇に譲る。六五年社会主義教育運動発動。六六年文化大革命発動。七一年林彪事件に大きな衝撃を受ける。七四年批林批孔運動発動。七五年『水滸伝』批判と「右からの巻き返しへの反撃」を提起。七六年九月九日死去。八一年の「歴史決議」で部分否定されたが、その後も評価をめぐる議論が続いている。

葉群（よう・ぐん）一九一七〜七一年

福建省閩侯出身。三五年「一二・九」学生運動に参加、後に延安へ。林彪と結婚。六七年軍文革小組副組長、林彪事務室主任。七一年林彪事件に参画、モンゴルで林彪とともに墜死。

葉剣英（よう・けんえい）一八九七〜一九八六年

広東省梅県出身。孫文に従い革命運動に参加。一九二四年黄埔軍官学校教務部副主任。長征に参加。国共会談代表。四九年北京市長。五五年元帥。文革期に林彪・江青らと対立。七三年党副主席。七五年国防部長。七六年「四人組」逮捕を指揮。七八年全国人民代表大会常務委員長。八三年引退。

姚文元（よう・ぶんげん）一九三一～二〇〇五年 [redacted]
浙江省諸曁出身。四八年共産党入党。文革前まで上海作家協会理事。六五年呉晗の『海瑞免官』を批判、文革の発端となる。六六年中央文革小組員。七六年「四人組」の一人として逮捕。八一年懲役二十年、政治権利剝奪五年の刑を受ける。九六年釈放。回想録を執筆したが発禁。

羅瑞卿（ら・ずいけい）一九〇六～七八年 [redacted]
四川省南充出身。二六年共産主義青年団入団。二八年共産党入党。三四年長征に参加。四九～五九年公安部長。五九年国務院副総理、人民解放軍総参謀長。文革期に紅衛兵の攻撃を受け自殺未遂で重傷。七七年党中央委員に復活。七八年八月東ドイツ（当時）で死去。

李志綏（り・しすい）一九一九～九五年 [redacted]
北京出身。四八年渡豪。四九年帰国。五二年共産党入党。五四～七六年毛沢東の侍医兼医療班長。八八年妻と米国移住。九四年『毛沢東私人医生回想録』を出版。

劉少奇（りゅう・しょうき）一八九八～一九六九年 [redacted]
湖南省寧郷出身。二一年ソ連留学、共産党入党。二二年帰国、労働運動を指導。四八年全国総工会名誉主席。四九年政治協商会議常務委員、中央政府副主席、中ソ友好協会会長。五九年国家主席。六〇年代初期から毛沢東との政治路線の差違が強まり、文革期に「党内の資本主義の道を歩む最大の実権派」として批判され、迫害を受け六九年十一月十二日死去。八〇年名誉回復。

林彪（りん・ぴょう）一九〇七～七一年 [redacted]
湖南省黄岡出身。二五年黄埔軍官学校入学、共産党入党。二七年南昌蜂起に参加。解放戦争当時第四野戦軍司令官。五九年国防部長。六九年党副主席、「毛沢東の後継者」と党規約に明記される。七〇年廬山会議で国家主席の再設置を提起するも毛沢東の拒否にあう。以後、毛沢東打倒を企てクーデター計画「〈五七一工程〉紀要」を立案するが失敗、七一年九月十三日モンゴルで墜死。

林立果（りん・りっか）一九四四～七一年 [redacted]
陝西省延安生まれ。林彪の長男。六七年空軍に入隊、直ちに空軍司令部党委員会事務所副主任兼空軍作戦部副部長。七一年「〈五七一工程〉紀要」を作成し毛沢東暗殺を企てたが失敗、両親らと共に逃亡をはかりモンゴルで墜死。

辻康吾作「主要中国人人名注」（厳家祺・高皋『文化大革命十年史』辻康吾監訳・二〇〇二年・岩波現代文庫・全三巻）より抜粋、一部加筆した

初出一覧(上巻)　雑誌『広告批評』掲載

宣伝体	1989年 1月 (113)号	～	6月 (118)号
紅衛兵	89年 7月 (119)号		
	10月 (121)号	～	90年 5月 (128)号
スローガン	90年 6月 (129)号	～	9月 (131)号
	11月 (133)号		
下放	90年 12月 (134)号	～	91年 1月 (135)号
	91年 3月 (137)号	～	91年 5月 (139)号
米中外交	91年 6月 (140)号	～	9月 (142)号
林彪／四人組	91年 10月 (143)号	～	92年 9月 (153)号
大義、親ヲ滅ス	92年 10月 (154)号	～	93年 1月 (157)号
毛主席万歳	93年 2月 (158)号	～	9月 (164)号
	11月 (166)号	～	12月 (167)号
万里の長城	94年 9月 (175)号	～	11月 (177)号

※(　)内は通巻号数

著者略歴

草森紳一（くさもり・しんいち）

1938年北海道生まれ。慶應義塾大学中国文学科卒業。
宣伝、文学、美術、書、ファッション、カメラ、デザイン、マンガなど、
広範な分野にわたって著述がある。
1973年『江戸のデザイン』（駸々堂出版）で毎日出版文化賞受賞。
2008年3月、7万冊ともいわれる蔵書を遺し逝去。
著書に『ナンセンスの練習』、『円の冒険』、
『絶対の宣伝　ナチス・プロパガンダ（全4巻）』、
『素朴の大砲　画志アンリ・ルッソー』、『コンパクトカメラの大冒険』、
『荷風の永代橋』、『あやかり富士』、『随筆　本が崩れる』など多数。
書籍未刊行の原稿が膨大に遺されており、没後、『夢の展翅』（青土社）、
『不許可写真』（文春新書）、『「穴」を探る』（河出書房新社）など、
著書が続々発刊されている。

中国文化大革命の大宣伝［上］

［発行日］――2009年5月30日　初版第1刷発行

［著者］――草森紳一

［発行者］――相澤正夫

［発行所］――芸術新聞社

〒101-0051
東京都千代田区神田神保町3-6 能楽書林ビル
TEL　03-3263-1637（販売）
03-3263-1710（編集）
FAX　03-3263-1659
URL　http://www.gei-shin.co.jp

［印刷・製本］――シナノ印刷株式会社

［装幀・デザイン］――美柑和俊［MIKAN-DESIGN］

ISBN978-4-87586-174-4 C0095